THÉORIE

DES

LOIS POLITIQUES

DE LA

MONARCHIE FRANÇAISE

CRAPELET, IMPRIMEUR DE LA COUR DE CASSATION

RUE DE VAUGIRARD, N° 9

THÉORIE

DES

LOIS POLITIQUES

DE LA

MONARCHIE FRANÇAISE

PAR Mlle DE LEZARDIERE

NOUVELLE ÉDITION

CONSIDÉRABLEMENT AUGMENTÉE

ET

PUBLIÉE SOUS LES AUSPICES

DE MM. LES MINISTRES DES AFFAIRES ÉTRANGÈRES ET DE L'INSTRUCTION PUBLIQUE

PAR LE Vte DE LEZARDIERE

- - - - - -

TOME PREMIER.

CRAPELET
ET LAHURE
ÉDITEURS

A PARIS

AU COMPTOIR DES IMPRIMEURS-UNIS

QUAI MALAQUAIS, N° 15

M DCCC XLIV

AVERTISSEMENT.

L'OUVRAGE que nous publions est divisé en trois époques. Les deux premières furent imprimées sans nom d'auteur, en 1792. Les violences révolutionnaires en suspendirent la publication et la mise en vente. Plus tard, les magasins du libraire furent pillés. Il ne s'est conservé qu'un très-petit nombre d'exemplaires de cet ouvrage; ils n'ont jamais été dans le commerce.

La troisième époque est imprimée aujourd'hui pour la première fois. Elle embrasse l'intervalle compris entre le IXe et le XIVe siècle, entre Charles-le-Chauve et saint Louis. Les causes et les effets de l'institution féodale y sont traités avec des développements de nature à intéresser les lecteurs, et peut-être à dissiper quelques erreurs.

A l'époque où fut entrepris cet ouvrage, les origines de notre droit public étaient fort controversées. Des écrivains modernes avaient étrangement méconnu les faits primitifs de notre histoire.

L'auteur de la *Théorie des Lois politiques*, atta-

quant des erreurs accréditées, crut devoir donner
à ses assertions l'appui d'autorités irrécusables. Le
texte ou *Discours* est suivi d'un *Sommaire* analy-
tique des *Preuves* et enfin ces *Preuves* elles-mêmes
sont rapportées avec étendue.

L'histoire de France, au siècle dernier, était
presque un livre fermé; elle a été étudiée de nos
jours. De graves écrivains ont fait justice des erreurs que l'ignorance et la légèreté avaient entas-
sées sur l'histoire des premiers âges de la monarchie. La masse de preuves que l'auteur de la *Théorie
des Lois politiques* crut devoir accumuler à l'appui
de ses assertions, pourrait donc aujourd'hui sembler superflue. Cependant, on a cru devoir respecter son travail, et les deux premières époques
sont dans cette édition ce qu'elles furent dans l'édition de 1792, sauf quelque changement de distribution et la suppression de la traduction des textes
latins.

Quant à la troisième époque, il n'a été possible
de publier que le *Discours* et les *Sommaires des
Preuves*. Les cahiers contenant les *Preuves* ont été
perdus en 1793.

L'immense travail et la bonne foi de l'auteur
seront évidents aux yeux de ceux qui auront lu
attentivement les trois divisions des deux premières
époques, et devront donner créance aux citations
faites dans la dernière partie. Les lecteurs qui vou-

dront tout vérifier pourront d'ailleurs facilement rechercher dans les auteurs cités les preuves perdues, mais toujours indiquées dans les *Sommaires*.

Ce fut à la fin du règne de Louis XV que le plan de ce vaste ouvrage fut conçu, dans un château, au fond du Poitou, par une très-jeune personne : mademoiselle de Lezardiere avait eu, dès son enfance, un goût irrésistible pour les études graves, et spécialement pour celle de l'histoire de son pays. Témoin des malheurs de la France à cette honteuse époque, elle en attribua une grande partie à l'ignorance générale de ses institutions et de son droit public, elle entreprit de découvrir et de démontrer quelles furent ces institutions à l'origine de la monarchie, et les variations qu'elles subirent d'âge en âge.

Ce ne fut pas sans contradiction que l'auteur de la *Théorie des Lois politiques* poursuivit son travail; l'esprit positif du baron de Lezardiere, son père, s'effraya de cette vocation. Il chercha longtemps à détourner sa fille de la voie extraordinaire dans laquelle elle s'engageait. Frappé à la fin de sa persistance et du caractère de son travail, il communiqua ses premiers essais à M. de Malesherbes, son plus intime ami. Celui-ci les fit connaître à M. de Brecquigny, à M. le duc de Nivernais, à Dom Poirier, nommé plus tard censeur de l'ouvrage, et à d'autres hommes éclairés. Tous attachèrent à ce travail une grande importance, encouragèrent l'auteur à le poursuivre, et mirent à sa disposition tous les monuments historiques dont ils étaient possesseurs.

La famille de mademoiselle de Lezardiere aime à se rappeler que ce fut M. de Malesherbes qui suivit, à Paris, l'impression du livre, et que ce fut lui qui en corrigea les épreuves.

Mademoiselle de Lezardiere (Marie-Charlotte-Pauline-Robert) naquit en 1754, et mourut en 1835; sa vie n'offre aucune particularité remarquable; elle partagea les persécutions et les malheurs de sa famille pendant la Révolution; elle revint en 1801 dans la Vendée avec les débris de cette famille. Elle y demeura jusqu'à sa mort.

La gravité, la singularité même de ses travaux avaient laissé à son caractère toute sa modestie et toute sa simplicité. Sa piété, austère pour elle, était douce envers les autres. L'amour de la France fut le seul sentiment exalté chez elle; elle ressentait ses malheurs comme des malheurs de famille.

Nourrie, pour ainsi parler, des traditions de l'antique monarchie, mademoiselle de Lezardiere se rattacha en 1814 aux conditions de la monarchie nouvelle; elle était trop éclairée pour penser que la royauté dont elle avait présagé la chute au xviiie siècle, pût renaître aux conditions sous lesquelles elle avait succombé. Elle espéra voir assurés par la Charte constitutionnelle les deux objets de son culte, la monarchie et la liberté, convaincue que les limites imposées au pouvoir sont la garantie de son droit et la condition de sa durée.

A son retour en France, mademoiselle de Lezardiere n'avait retrouvé qu'imparfaitement sa patrie; la belle bibliothèque de son père avait été brûlée avec le château qu'il habitait; ses manuscrits étaient perdus ou dispersés; les immenses matériaux qu'elle avait amassés pour la suite de son ouvrage étaient détruits. Pour réparer tant de pertes, il eût fallu des déplacements, une fortune. Celle de sa famille était détruite. Elle dut donc, dans toute la force de l'âge et de l'intelligence, abandonner les travaux auxquels elle avait consacré sa vie.

La résignation avec laquelle elle accepta ce sacrifice donna la mesure de son caractère : sa tendresse pour sa famille, les soins qu'elle lui prodigua, son active charité envers les pauvres remplirent son existence. Personne ne surprit jamais chez elle un murmure, un retour amer vers le passé; la vie commune sembla lui suffire. Sa mémoire est honorée par tous ceux qui l'ont connue; elle est restée bien chère à ceux des siens qui lui ont survécu.

M. Guizot et M. Villemain, Ministres des affaires étrangères et de l'instruction publique, ont souscrit sur les fonds de leurs ministères à un nombre d'exemplaires suffisants pour décider cette publication. Ce sont des juges compétents du mérite d'un ouvrage historique. Ils ne pouvaient attester d'une façon plus éclatante l'importance qu'ils attachent à celui-ci.

Le vicomte DE LEZARDIERE.

TABLE

THÉORIE

DES

LOIS POLITIQUES

DE LA

MONARCHIE FRANÇAISE.

PREMIÈRE ÉPOQUE.

LOIS POLITIQUES DES GAULOIS AVANT L'ÉTABLISSEMENT DE LA MONARCHIE.

LIVRE PREMIER.

DE L'ÉTAT DE LA GAULE AU MOMENT OÙ LES ROMAINS EN FIRENT LA CONQUÊTE; DES EFFETS DE LA CONQUÊTE, ET DE L'ÉTABLISSEMENT DU GOUVERNEMENT IMPÉRIAL DANS LA GAULE.

CHAPITRE PREMIER.

De l'état des Gaules avant la conquête de Jules-César.

I. Dans les temps les plus reculés dont l'histoire fasse mention, le peuple gaulois avait été renommé comme un peuple libre et belliqueux; mais ce peuple avait déjà perdu sa liberté et sa valeur première, à l'époque où César entreprit la conquête des Gaules.

II. Les Gaulois nous sont représentés alors abattus sous l'aristocratie tyrannique des druides, qui étaient à la fois prêtres, législateurs et magistrats; le peuple voyait en eux les interprètes de la volonté du ciel; les lois qu'ils faisaient avaient une autorité absolue, ils étaient juges souverains dans les affaires publiques et privées.

Il y avait, de plus, un ordre de chevaliers, *equites*, voués à la profession des armes; ces chevaliers étaient puissants et honorés dans l'état. Le peuple, écarté des délibérations publiques, était compté pour rien; dépouillé et réduit au désespoir par les exactions des druides et des chevaliers, presque tout le petit peuple, préférant pour vivre l'esclavage civil à l'esclavage politique, se rendait esclave des riches.

CHAPITRE II.

De la conquête des Gaules par Jules-César.

I. La conquête des Gaules par Jules-César fut rapide et facile. Le peuple, qui quittait des maîtres odieux et un gouvernement oppresseur, changea volontiers de maîtres et de gouvernement, et, déjà habitué à la servitude politique, il demeura parfaitement soumis sous un joug étranger.

II. Les Gaules furent réduites en province romaine.

CHAPITRE III.

Admission des provinces conquises, et spécialement des Gaules, au droit de cité dans l'empire romain. Conclusion de ce livre.

I. Depuis le règne d'Auguste jusqu'à celui d'Antonin, les habitants des provinces conquises par les Romains acquirent successivement le droit de cité à Rome.

II. L'effet de cette révolution fut d'effacer toutes les inégalités et les distinctions qui s'étaient conservées jusqu'alors entre les anciens Romains et les peuples conquis.

III. La Gaule fut une des premières provinces qui
sollicitèrent et obtinrent le droit de cité à Rome.

IV. Les Gaulois, devenus Romains, abandonnèrent
bientôt leur culte, leur langue, leurs coutumes, pour
adopter le culte, la langue et les coutumes des Romains.

Le gouvernement impérial régnant désormais seul
dans les Gaules, c'est dans l'histoire et les principes de
ce gouvernement qu'il faut étudier le régime politique
des Gaulois, jusqu'à l'arrivée des Barbares.

LIVRE DEUXIÈME.

DE LA DIVISION DES TERRES DE L'EMPIRE ; DE L'ÉTAT DU PEUPLE DE ROME ; DE LA COMPOSITION DU SÉNAT, ET DE L'ÉTAT DES DIVERSES CLASSES DE CITOYENS QUI POSSÉDAIENT DANS L'EMPIRE DIFFÉRENTS PRIVILÈGES.

CHAPITRE Iᵉʳ.

Division du territoire de la ville de Rome et des autres terres de l'empire.

I. On vit, sous les empereurs, Rome et son territoire, qui s'étendait alors tout au plus à cent milles au delà des murailles de la ville, former un district séparé de l'Italie et du reste de l'empire.

L'Italie elle-même et les autres pays conquis se subdivisèrent en provinces, et ces provinces en cités.

II. Une cité renferma non-seulement une ville principale et ce que nous nommerions sa banlieue, mais encore un vaste territoire ; l'étendue d'une cité fut, en un mot, égale à l'étendue qui fut donnée à chaque évêché de l'empire, après l'établissement du christianisme.

CHAPITRE II.

De l'état du peuple de Rome sous les empereurs.

I. Le désir de participer à l'exercice de la puissance publique, l'intérêt de partager les prérogatives des citoyens romains, ces deux motifs, qui avaient appelé dans les murs de Rome libre l'élite des habitants du monde, n'eurent plus d'objet sous les empereurs.

Tibère, en enlevant aux habitants de Rome le droit de faire corps, le droit de voter aux comices, leur avait enlevé tous les droits politiques qu'ils avaient exercés du temps de la république. L'extension du titre de citoyen romain à tous les sujets des provinces acheva d'effacer toutes les distinctions mises par les lois de la république entre les habitants de Rome et les habitants des provinces.

II. Le peuple de Rome, proprement dit, se trouva donc borné, sous le gouvernement impérial, aux particuliers que leur intérêt personnel portait à demeurer dans la ville et dans l'enclave du territoire de la cité de Rome; et ce peuple, qui ne subsistait plus que des distributions de vivres qu'il recevait des empereurs, qui ne s'occupait que des spectacles que les empereurs lui donnaient, dorénavant étranger aux affaires publiques, corrompu par l'oisiveté, la misère et les plaisirs, devint le plus vil de tous les peuples.

CHAPITRE III.

De la composition du sénat romain sous le gouvernement impérial.

I. Le nombre des sénateurs nécessaires pour porter un sénatus-consulte, fixé à quatre cents dans la république, devint arbitraire sous les empereurs, et fut réduit à cinquante sous le règne de Constance.

II. Depuis la destruction de la république, les sénateurs furent choisis indistinctement dans toutes les familles des citoyens romains de toutes les parties de ce vaste empire, et même parmi les enfants des affranchis, pourvu que ces citoyens eussent un revenu honnête en fonds de terres.

III. Tous ceux qui avaient exercé les principales magistratures, ou reçu du prince le titre seulement honoraire de ces magistratures, acquirent le droit de siéger au sénat.

IV. Or, tous les citoyens, les fils des affranchis même, pouvaient obtenir ces magistratures et ces titres.

V. Comme tous les habitants des provinces étaient devenus citoyens romains, ils étaient tous indistinctement susceptibles de devenir sénateurs, et susceptibles de recevoir les dignités ou les titres, seulement honoraires, de ces dignités, qui donnaient l'entrée au sénat : on vit donc dans le sénat, des sénateurs originaires des différentes provinces, aussi bien que des sénateurs originaires de Rome.

VI. Depuis l'empereur Gallien, la profession militaire fut interdite aux simples sénateurs, mais non pas aux citoyens admis dans le sénat, à raison des magistratures, ou seulement des titres honoraires de ces magistratures.

VII. On vit, après comme avant Gallien, les consulaires et les anciens préfets, qui remplissaient les charges militaires, être admis dans cette assemblée.

VIII et IX. Enfin, sous l'empire romain, la composition du sénat devint absolument dépendante de la volonté du prince. Il nomma seul à son gré les simples sénateurs, et concéda à qui il lui plut les magistratures ou les titres honoraires de ces magistratures, qui rendaient sénateurs.

X. Lui seul enfin, à titre de censeur perpétuel, fut maître de destituer tous les sénateurs qu'il voudrait.

CHAPITRE IV.

Des prérogatives des sénateurs et de leurs familles.

I. Les sénateurs en général furent distingués des autres citoyens, qui formaient le petit peuple.

II. Les sénateurs eurent le titre de clarissimes.

III. Les descendants des sénateurs en ligne masculine étaient appelés clarissimes, et ce dernier titre passa des maris aux femmes des sénateurs et même des pères aux filles, à moins qu'elles n'eussent épousé des hommes du peuple.

IV. Les sénateurs et les clarissimes dépendirent immédiatement d'un autre tribunal que les simples citoyens.

V. Ils furent exempts des tourments de la question, excepté dans l'accusation du crime de lèse-majesté.

VI. Enfin, les sénateurs et les clarissimes furent exempts des fonctions municipales, et formèrent un corps séparé des autres citoyens propriétaires, affectés à ces fonctions.

CHAPITRE V.

Des officiers du palais.

Tous ceux qui servaient dans le palais du prince furent distingués des simples citoyens, par l'exemption privilégiée des fonctions municipales et curiales; ces avantages se perpétuèrent dans leurs familles, en faveur de ceux de leurs fils qui naquirent depuis que les pères occupaient des charges dans le palais.

CHAPITRE VI.

De la milice cohortale.

La milice cohortale formait la dernière classe des citoyens non ecclésiastiques, que les lois exemptaient des fonctions curiales.

I. Les cohortales composaient, sous les empereurs, ce qu'on appelait l'office des gouverneurs, des présidents, des juges.

II. Ils étaient les officiers de ces magistrats et leurs appariteurs.

C'était aux cohortales ou appariteurs à arrêter les accusés et à les garder; en un mot, les cohortales étaient chargés de prêter main-forte aux magistrats dont ils dépendaient.

III. La milice des cohortales était inférieure à la milice des camps, à la milice armée, et, en général, la profession des cohortales était avilie dans l'opinion publique.

IV. Les cohortales devaient servir vingt-cinq ans.

V. Ceux de leurs enfants qui étaient nés pendant le temps qu'ils étaient cohortales étaient forcés d'embrasser la profession de leur père.

VI. Les cohortales, pendant le temps de leur service, et après même qu'ils l'avaient accompli, étaient exempts des fonctions municipales et curiales.

VII. Il était enfin défendu et aux cohortales et à ceux de leurs enfants liés par la naissance au même état, de se soustraire à la milice cohortale, soit en passant dans la milice armée, soit en recevant quelque dignité.

CHAPITRE VII.

De l'état du clergé.

La religion catholique étant devenue dominante dans l'empire romain depuis le règne de Constantin, les clercs formèrent encore un nouveau corps privilégié dans l'État, et l'une des prérogatives de ce corps fut de soustraire entièrement ses membres aux fonctions municipales.

LIVRE TROISIÈME.

CHAPITRE Ier.

Établissement des troupes soudoyées dans l'empire. Plan de ce livre.

La révolution, qui éleva la puissance impériale, priva pour jamais les citoyens et les sujets de Rome du droit de porter les armes, et substitua pour toujours aux troupes véritablement nationales, des troupes composées d'hommes qui furent dès lors séparés et distincts de tous les autres ordres de citoyens.

Ce fut ce grand changement qui fit naître dans l'état le corps de la milice armée, dont on va expliquer la composition et la constitution.

CHAPITRE II.

Des cohortes prétoriennes et des légions.

I. Lors de l'établissement du pouvoir impérial sous Auguste, la milice des camps ou la milice armée fut principalement composée de deux corps différents; le premier corps se forma des cohortes prétoriennes, chargées de la garde des empereurs et de la garde de Rome.

Le second corps fut formé des diverses légions réparties sur les frontières pour la défense de l'empire.

II. Les citoyens romains, c'est-à-dire les habitants de Rome, et ceux des habitants des provinces qui avaient obtenu, au temps d'Auguste, le droit de cité, étaient seuls admis dans les cohortes prétoriennes et dans les légions.

CHAPITRE III.

Des cohortes auxiliaires.

Avant que les habitants des provinces conquises eussent été déclarés citoyens romains, les empereurs levaient, parmi les peuples de ces provinces, des corps appelés *cohortes auxiliaires.*

I. Les cohortes auxiliaires étaient au nombre des troupes soudoyées qu'Auguste avait substituées aux troupes nationales.

II. Les soldats auxiliaires étaient enrôlés pour long-temps; ils portaient les armes dans les mêmes camps que les légions, et souvent très-loin de leur patrie, sous le commandement des officiers militaires de l'empire; enfin, les empereurs et leurs officiers augmentaient, diminuaient, transplantaient et congédiaient à leur gré les cohortes auxiliaires.

CHAPITRE IV.

Changement de la milice armée; dernière distribution de cette milice sous le gouvernement impérial.

Les premières divisions sous lesquelles nous avons considéré la milice armée éprouvèrent différents changements dans l'empire; il ne fut plus question des cohortes auxiliaires lorsque tous les habitants des provinces furent devenus citoyens romains, parce que tous les sujets de l'empire étant admis aux mêmes droits, et susceptibles du même service, furent reçus dans les légions.

I. Les cohortes prétoriennes furent aussi détruites par Constantin, et remplacées par des troupes appelées troupes du palais.

II. Depuis la fin du IIIe siècle, et surtout au dernier siècle de l'empire, les empereurs appelèrent à leur service des corps entiers de guerriers barbares, qui servirent dans les armées romaines sous le nom de *confédérés* et d'*auxiliaires.*

III. Les empereurs s'acquirent encore d'autres forces militaires, en concédant diverses terres de l'empire à des particuliers barbares, à condition qu'ils porteraient les armes sous les officiers impériaux, et ces guerriers, qu'on appela *lètes*, composèrent une nouvelle milice.

IV. Enfin, depuis le IIIᵉ siècle, il exista dans l'empire des corps distincts des troupes du palais et des légions; on donna à ces corps le nom de *troupes ripuaires*; ils furent formés indistinctement de soldats romains et de guerriers barbares.

Ces troupes étaient uniquement destinées à la garde des frontières, et spécialement à la garde des rives du Rhin; on désignait indifféremment les soldats qui les composaient sous les noms de soldats des frontières ou de soldats ripuaires; ils étaient dans la dépendance immédiate des officiers de l'empereur; ils recevaient chacun une part de terres sur les frontières, qui suffisait à l'entretien de leurs familles, et leurs terres ne passaient à leurs enfants qu'à condition qu'ils s'engageraient dans la même milice.

CHAPITRE V.

Résumé de la constitution des troupes romaines sous les empereurs.

Les troupes auxiliaires n'eurent, dans l'empire romain, qu'une existence précaire et momentanée.

Les troupes étrangères ne devinrent nombreuses et ne furent nécessaires aux empereurs qu'au dernier siècle de l'empire.

C'est donc dans les troupes romaines proprement dites, formées des cohortes prétoriennes ou des troupes du palais, et enfin des légions, que l'on doit envisager la force publique de l'empire et le corps de la milice armée.

Toutes les règles de la constitution et de la discipline des troupes romaines, sous les empereurs, tendaient au but unique d'affectionner exclusivement les soldats à leur profession, et de les diviser d'intérêts d'avec le reste des citoyens.

I. Tout citoyen qui avait l'âge et la force de corps requis pouvait être soldat, quelle que fût son origine et sa pauvreté.

II. Les soldats prétoriens étaient enrôlés pour seize ans, et les soldats légionnaires pour vingt ans; ils passaient tout le temps de leur service dans les camps, sous la discipline et la juridiction militaires, entièrement soustraits à tout emploi civil.

III. Le sort des simples soldats romains était avantageux, ils étaient nourris et vêtus en totalité aux dépens du public.

IV. Ils recevaient, en outre, une solde qui était considérable.

V. Tout soldat qui avait achevé le temps de son service recevait la récompense de la vétérance, qui le mettait dans une aisance honnête le reste de sa vie; les soldats romains trouvaient, jusque dans les derniers rangs de la milice, l'espoir de parvenir aux rangs les plus élevés.

VI. C'était parmi les simples soldats, choisis sans égard à la fortune ou à la naissance, que l'on prenait les officiers inférieurs.

VII. Quoique le rang d'ancienneté fût compté dans les promotions, on y dérogeait sans cesse pour le mérite des services, et les soldats devenus officiers pouvaient monter de grade en grade et parvenir jusqu'au commandement des armées.

VIII. A ces avantages, les lois romaines ajoutaient des priviléges dans l'ordre civil, qui prononçaient toute prépondérance en faveur de la profession militaire.

Depuis le règne de Constantin, tous les militaires, dans quelque grade qu'ils fussent, étaient, pour les affaires criminelles, justiciables des seuls officiers militaires et soumis à des peines moins sévères que les simples citoyens; ils conservaient ces prérogatives après être sortis du service.

IX. Enfin, les militaires, après leur retraite du service, étaient exempts pour le reste de leur vie des fonctions curiales, et transmettaient cette exemption à leurs fils, à condition que ceux-ci embrasseraient la profession des armes.

LIVRE QUATRIÈME.

CHAPITRE Ier.

Des fonctions municipales et des citoyens appelés à les remplir sous le nom de curiales.

I. Le droit romain désignait les charges ou fonctions municipales sous les noms différents de *charges municipales*, de *charges curiales*, de *charges personnelles et mixtes*, de *charges civiles et publiques*, et enfin de *charges de la patrie*.

II et III. Les *curiales* et les *décurions* étaient les citoyens obligés à remplir les fonctions municipales.

IV et V. Tout citoyen âgé de plus de dix-huit ans, et possesseur d'un revenu honnête en fonds de terre, dont la mesure était fixée pour le moins à vingt-cinq journaux romains, devait remplir les fonctions municipales et être curiale dans la cité de son domicile, à moins qu'il ne se trouvât compris dans les diverses classes de citoyens privilégiés qui étaient dispensés de ces fonctions.

VI. Le droit romain faisait considérer la généralité des citoyens appelés aux charges municipales sous les deux dénominations différentes de *municipes* et d'*habitants*.

VII. Le municipe était celui qui, étant domicilié dans la cité dont il était originaire, s'y trouvait obligé aux fonctions municipales.

L'habitant était celui qui, ayant quitté la cité de son origine pour devenir propriétaire et domicilié dans une autre cité, se trouvait obligé aux fonctions municipales de cette cité.

CHAPITRE II.

Du corps municipal, ou de l'assemblée de la curie, et de la nomination des curiales.

I. Tous les curiales en général avaient le droit et l'obligation de former dans chaque cité le corps municipal, que l'on appelait la *curie* ou l'*ordre*; ce corps, sous l'une ou l'autre de ces deux dénominations, qui étaient synonymes, traitait de toutes les affaires communes de la cité.

II. La curie n'était censée complète que quand les deux tiers de ses membres s'y trouvaient présents; chaque curiale avait droit de suffrage, et les délibérations de la curie se prenaient à la pluralité des voix.

III et IV. C'était la curie de chaque cité qui nommait curiales ceux que leur âge, leur domicile et leur fortune rendaient susceptibles d'être appelés aux fonctions municipales de la cité, dans quelque classe de citoyens qu'ils se trouvassent.

CHAPITRE III.
De la nomination des magistrats municipaux.

La réunion des curiales à la curie de chaque cité avait pour objet de traiter des affaires communes de la cité, et aussi de nommer les magistrats et les officiers inférieurs affectés aux différentes fonctions municipales.

I. Les magistrats municipaux des curies s'appelaient *duumvirs* et *principaux*.

II. Les duumvirs étaient en charge pour un an, et les principaux en charge pour cinq ans : les uns et les autres étaient pris parmi les curiales et élus par la curie.

III. Les noms donnés aux différentes charges des officiers inférieurs des curies ne nous sont pas tous parvenus; mais on sait qu'ils étaient en charge au moins pour un an, et toujours élus par les curies et parmi les curiales.

CHAPITRE IV.
Des obligations, des charges, des priviléges des curiales.

I. Chaque curiale devait remplir successivement chacun des offices municipaux, et ne pouvait parvenir aux magistratures qu'après avoir rempli tous les offices inférieurs.

II. Mais les curiales n'étaient plus rappelés aux charges ni aux magistratures qu'ils avaient une fois remplies, dès qu'il se trouvait dans le corps municipal un assez grand nombre de curiales pour remplir à leur tour ces mêmes charges.

III. Les curiales étaient obligés d'assister régulièrement aux assemblées des curies, jusqu'à ce qu'ils eussent accompli par degrés toutes les charges et magistratures de la cité.

IV. Mais après qu'ils les avaient remplies, leur obligation personnelle était pleinement acquittée; ils jouissaient, de droit, du titre honoraire de comte, pouvaient entrer dans le sénat, et parvenir aux dignités qui exemptaient des fonctions municipales, à condition toutefois que leur bien restait affecté aux charges onéreuses de la curie, et que les priviléges des dignités auxquelles ils parviendraient, passeraient seulement à ceux de leurs enfants qui seraient nés depuis qu'ils auraient obtenu ces dignités.

V. Ceux qui exerçaient les charges et les magistratures municipales ne recevaient aucun émolument.

VI. Les seules distinctions réelles qui leur fussent accordées, étaient le privilége d'être exempts des tourments de la question, dans la plupart des accusations, et d'être soumis, en cas de crime, à des peines moins sévères que les hommes du petit peuple.

CHAPITRE V.

Distinction entre les curiales et les simples citoyens.

On a vu que les sénateurs et les magistrats qui avaient le droit d'entrer au sénat, les officiers du palais, les cohortales, les militaires et les descendants de tous ces divers privilégiés, comptaient parmi leurs priviléges l'exemption des fonctions curiales.

On a vu aussi que la pauvreté seule dispensait de ces fonctions les citoyens de la dernière classe du peuple.

Il résulta de ces exceptions opposées, que les curies ne furent composées que des citoyens propriétaires qu'aucun privilége ne distinguait dans l'État, et que cependant leur pauvreté n'excluait pas de la curie. La destination de ces citoyens aux fonctions curiales devint irrévocable pour eux et leurs descendants, et fut prononcée par les lois les plus formelles et les plus rigoureuses.

I. Ces lois obligèrent expressément tous les municipes nommés par la curie, à se soumettre à leur nomination.

II. Les mêmes lois retinrent encore dans les curies les citoyens déjà curiales, ou susceptibles de le devenir, en ordonnant la confiscation totale de la propriété de ceux qui, pour se soustraire aux obligations de la curie, auraient changé de domicile, se seraient cachés, enfin auraient déserté la cité.

III. Les lois interdirent de plus à tout curiale la faculté de vendre la propriété qui le rendait susceptible des fonctions municipales, sans la permission expresse du gouverneur de la province.

IV. Les héritiers des curiales, même lorsqu'ils étaient étrangers à la curie, et les filles et les veuves des curiales qui n'épousaient pas un curiale, devaient laisser à la curie le quart des biens dont ils héritaient.

V. Ce n'était qu'après avoir rempli toutes les charges et magistratures municipales, qu'il était permis aux curiales et aux enfants des curiales d'entrer dans le sénat et de parvenir aux dignités et aux offices du palais.

VI. Il était absolument défendu aux curiales et aux enfants des curiales de s'enrôler dans la milice cohortale ni dans la milice armée.

VII. Enfin, les curiales ni les enfants des curiales ne pouvaient entrer dans le clergé, à moins d'abandonner la jouissance de leurs biens à un de leurs parents, qui remplit pour eux les fonctions curiales, ou de laisser entièrement la propriété de ces biens à la curie dont ils se séparaient.

CHAPITRE VI.

Des plébéiens ou du petit peuple.

I. Au-dessous des citoyens exempts par priviléges des fonctions municipales, au-dessous des curiales destinés à ces fonctions, il existait une dernière classe de citoyens, connue sous la dénomination de plébéiens ou de petit peuple, classe que sa pauvreté écartait de la curie.

Les plébéiens étaient au-dessous des curiales, en ce que, ne connaissant ni exemptions ni priviléges, ils étaient en butte à toute la rigueur des lois pénales, et, en ce que, ne prenant point de part au délibérations des curies, ils paraissaient n'avoir aucun droit politique.

II. Mais les plébéiens, à raison même de la pauvreté qui les écartait des curies, jouissaient de la faculté de s'enrôler dans la milice cohortale et dans la milice armée, d'entrer dans les offices du palais, de choisir, en un mot, leur profession; ainsi, ils pouvaient par leurs services, s'élever aux dignités qui rendaient supérieurs aux curiales ceux qui les possédaient.

III. Les lois impériales avaient enfin accordé aux plébéiens une sorte de protection, par l'institution des *défenseurs*.

Le défenseur était un magistrat que tous les citoyens, propriétaires de la cité, laïques et ecclésiastiques, curiales et plébéiens, avaient droit de nommer parmi les citoyens qui n'étaient point curiales.

IV. Le défenseur était expressément chargé de porter et de défendre devant les tribunaux les causes des plébéiens, et de faire connaître aux empereurs mêmes les vexations et les injustices auxquelles le petit peuple était exposé.

CHAPITRE VII.

De l'esclavage et de l'état des esclaves sous le gouvernement impérial.

On a vu que la tyrannie aristocratique, sous laquelle les Gaulois gémissaient avant l'arrivée de Jules-César dans les Gaules, avait forcé la plupart des simples citoyens à vendre leur liberté aux riches; il y avait donc déjà un grand nombre d'esclaves dans les Gaules, avant que les Romains s'en fussent rendus maîtres. On sait encore que dans les guerres continuelles qui avaient mené Rome à la conquête de l'univers, les vainqueurs, selon le droit des gens suivi alors dans le monde entier, avaient réduit en servitude les innombrables prisonniers faits dans le cours de ces guerres.

I. Les esclaves s'étaient donc multipliés à l'infini dans les maisons et sur les terres des Romains, à l'époque où le gouvernement impérial prit la place de la république, époque à laquelle les provinces gauloises étaient déjà soumises aux Romains.

II. Les lois romaines, qui d'abord avaient été d'une rigueur atroce à l'égard des esclaves, s'adoucirent considérablement sous le gouvernement impérial.

Les maîtres n'eurent plus le droit arbitraire de vie et de mort sur les esclaves, tant domestiques que colons; ils purent seulement leur infliger des peines correctionnelles.

III. Les maîtres furent obligés de soigner leurs esclaves dans leurs maladies.

IV. Les esclaves furent autorisés à se défendre eux-mêmes en justice dans les accusations criminelles, quand leurs maîtres refuseraient d'entrer en cause pour eux; cependant les lois infligèrent des peines plus sévères aux esclaves qu'aux hommes libres.

V. Les esclaves domestiques ne purent rien posséder, rien acquérir qui n'appartînt à leurs maîtres : les esclaves colons ne purent disposer de leur pécule sans l'aveu de leurs maîtres.

VI. Les maîtres purent vendre les esclaves domestiques à qui il leur plaisait, et aliéner les colons avec les domaines.

CHAPITRE VIII.

Condition particulière des esclaves colons.

I. Les lois impériales, sans avoir retiré les colons de l'état de l'esclavage, leur avaient accordé l'avantage de ne payer aux maîtres sur la terre qu'ils cultivaient, qu'une redevance fixe qui n'était pas susceptible d'augmentation arbitraire, et le droit de réclamer en justice contre les maîtres qui auraient exigé d'eux au delà de la somme fixe.

II. Les colons étaient, pour tout le reste, si dépendants de leur maître, si attachés à son domaine, que ce maître avait droit de les y rappeler eux et leur postérité, et qu'il pouvait les y retenir enchaînés : la prescription de ce droit de suite des maîtres à l'égard des colons ne s'établissait en faveur de ces derniers qu'au bout de trente ans pour les hommes, et de vingt ans pour les femmes.

III. Enfin, la condition des colons était tellement distincte et séparée de celle des ingénus dans l'empire romain, que les enfants d'une femme colonne, mariée avec un ingénu, suivaient la condition de la mère, et rentraient de droit dans le domaine et la propriété du maître de cette colonne.

LIVRE CINQUIÈME.

CHAPITRE Ier.

Origine et progrès du gouvernement impérial.

Auguste devenu tout-puissant éleva le gouvernement impérial sur les ruines du gouvernement républicain; il parut pourtant respecter quelques formes de l'ancienne constitution, mais ces ombres disparurent bientôt, et sous les premiers successeurs d'Auguste le nouveau système politique acquit tout son développement : on va donc montrer la puissance impériale dans son état de consommation, sans s'arrêter à marquer les derniers degrés qu'Auguste avait laissés à franchir à ses premiers successeurs pour atteindre le comble de l'absolu pouvoir.

CHAPITRE II.

De la nature du gouvernement impérial.

I. La révolution qui établit le gouvernement impérial assura aux empereurs le pouvoir de faire la paix et la guerre, de commander les armées, d'augmenter, de diminuer les troupes, d'ordonner souverainement de l'avancement, des récompenses et des peines, à l'égard des membres de tous les corps militaires composés des meilleurs soldats de la terre, et de soldats qui devaient de plus en plus être séparés d'intérêts d'avec les autres citoyens.

II et III. La révolution qui établit le gouvernement impérial concentra enfin dans la seule main des empereurs l'autorité des diverses magistratures de la république, l'autorité du sénat, et jusqu'à l'autorité souveraine et législative du peuple romain.

En conséquence de ce double abandon des forces et des pouvoirs de la société, il ne pouvait y avoir ni résistance effective, ni réclamation fondée contre des princes qui disposaient à leur gré de toutes les troupes de l'État et dont les volontés étaient des lois. Les empereurs se trouvaient donc revêtus de la puissance la plus étendue et la plus absolue qui ait jamais existé parmi les hommes.

CHAPITRE III.

De l'institution et destitution des magistrats chargés de l'exercice de la puissance publique dans l'empire romain.

I. Les tribunaux des préteurs qui avaient exercé sous la république le pouvoir de juger et d'exécuter, modifiés par le nouveau gouvernement, ne furent plus ce qu'ils avaient été; les préteurs ne conservèrent que le jugement d'un petit nombre d'affaires civiles, quelques fonctions de police, une juridiction volontaire, très-peu étendue, et une apparence de dignité sans puissance.

Les pouvoirs de juger et d'exécuter furent répartis sur un nouveau plan par les lois impériales, et le prince réunissant en lui la plénitude du pouvoir de juger, délégua ce pouvoir à des hommes de son choix.

II. Le préfet de la ville de Rome, nommé par l'empereur, fut, après l'empereur, le seul juge criminel dans la ville et dans le territoire de Rome.

III. Les juges des provinces portèrent les noms différents de proconsuls, de préteurs, de propréteurs, de lieutenants de César.

IV et V. Mais leur véritable titre fut celui de gouverneurs ou celui de présidents, et il n'y eut dans les provinces qu'une seule magistrature et un seul magistrat, que le prince nommait, et destituait aussi à son gré.

VI. Chaque préfet du prétoire fut enfin un juge unique, à qui l'empereur confia l'exercice de toute la puissance impériale, sur les points commis par le prince à sa juridiction.

CHAPITRE IV.

De la juridiction en première instance.

I. La puissance de juger en première instance toutes les causes criminelles dans Rome et son territoire appartenait au préfet de la ville.

II. Les accusations contre les sénateurs, qu'Auguste avait d'abord réservées au jugement du sénat, revinrent elles-mêmes au tribunal du préfet de la ville.

III. Mais ce magistrat, pour juger ces sénateurs, devait s'adjoindre cinq clarissimes tirés au sort.

IV. La puissance de juger en première instance de toutes les causes criminelles et de toutes les causes civiles, de quelque importance, qui s'élevaient dans la province, appartenait exclusivement aux magistrats chargés de régir la province, comme gouverneurs ou présidents.

V. Tous les magistrats en général et les gouverneurs de province en particulier avaient la faculté de déléguer le droit de juger en première instance les causes de la moindre importance, dont ils ne voulaient point connaitre par eux-mêmes, à tels particuliers qu'il leur plaisait de donner pour juges aux parties.

VI. Les magistrats et les gouverneurs nommaient à leur gré, parmi les simples citoyens, ceux qu'ils donnaient pour juges : aucun de ces juges *ad hoc* ne pouvait refuser sa commission, et les sentences de chacun de ces juges, ainsi nommés, demeuraient toujours sujettes à l'appel devant chacun des magistrats et gouverneurs qui les avaient nommés.

CHAPITRE V.

De la puissance de juger des empereurs.

I. Le tribunal des empereurs s'élevait au-dessus des divers tribunaux du préfet de Rome et de chaque gouverneur de province : il ne pouvait y avoir d'appel des jugements des empereurs.

II. L'empereur était maître d'évoquer à son tribunal les affaires de la compétence ordinaire des autres tribunaux.

III. Il n'y avait que les coupables convaincus par leur aveu devant le premier juge, qui fussent privés de la faveur de l'appel à l'empereur.

IV. Tous les autres jugements civils ou criminels,

V. Même contre les sénateurs, étaient sujets à cet appel.

VI. Un homme ne pouvait exercer seul la juridiction immense et souveraine dévolue à l'empereur : il fallait qu'il la partageât, en rendant des hommes de son choix juges, et juges souverains comme lui, dans les causes dont il ne voulait pas se charger lui-même.

VII. Les préfets du prétoire reçurent donc du prince le droit de juger souverainement, à sa place, les affaires dont il lui plut de se décharger sur eux.

VIII. L'empereur eut encore la faculté illimitée de déléguer telles personnes qu'il voulut choisir extraordinairement, pour juger à sa place souverainement et sans appel toutes les causes particulières qu'il lui plaisait de leur abandonner.

Mais voici le comble du pouvoir de juger des empereurs.

IX. Chaque juge de province avait l'option de juger lui-même, ou de consulter le prince sur le jugement des affaires civiles et criminelles portées devant lui; la réponse du prince était un jugement.

X. Le juge qui voulait recourir au prince devait publier et communiquer aux parties et aux accusés l'écrit dans lequel il exposait la cause avant de l'adresser à l'empereur; il devait recevoir sur cet écrit les réponses et les observations des parties.

XI. Les parties ou accusés ne pouvaient insérer dans

leurs réponses et observations aucun fait qu'ils n'eussent déjà avancé dans la procédure : ils n'avaient que cinq jours pour présenter leurs réponses, et, ce terme écoulé, qu'ils eussent répondu ou non, ils n'étaient plus admis à présenter aucune observation au prince.

Le juge envoyait à la fois au prince, après l'expiration des cinq jours, sa lettre ou consultation, les observations et réponses des parties, si elles en avaient fourni, et toutes les autres pièces de la procédure.

XII. Il était défendu aux parties, et impossible aux accusés de paraître devant le prince, lorsqu'il recevait les consultations des juges sur leurs affaires.

XIII. Cependant les simples lettres missives par lesquelles le prince, sans avoir entendu ni parties ni accusés, décidait de telles causes, étaient des arrêts souverains et sans appel qui s'exécutaient immanquablement en matière civile, en matière criminelle, en matière capitale.

CHAPITRE VI.

De l'union de la puissance exécutrice et de la puissance de juger dans l'empire romain.

Deux pouvoirs essentiellement distincts concourent à terminer les affaires civiles et criminelles sous tous les gouvernements possibles : le pouvoir de juger, qui prononce sur la justice ou l'injustice des accusations criminelles et des poursuites civiles; la puissance exécutrice qui commande et assure par l'emploi de la force publique l'exécution des jugements.

Ces deux pouvoirs sont divisés aujourd'hui sous presque tous les gouvernements européens.

I. Ils se réunirent, sous l'empire romain, dans les personnes du préfet de Rome,

II. De chaque gouverneur de province,

III et IV. De chaque préfet du prétoire,

V. Enfin, dans la personne du prince, et l'on vit,

d'une extrémité de l'empire à l'autre, les mêmes personnes juger et faire exécuter les jugements.

CHAPITRE VII.

De l'essence et de la composition des tribunaux souverains dans l'empire romain.

I. Tous les juges de l'empire romain, et l'empereur lui-même, admirent des assesseurs à leurs tribunaux, sans qu'aucune loi expresse les y eût obligés.

Les assesseurs des juges particuliers étaient en petit nombre; c'était aux juges de les entretenir, de les récompenser, et de les choisir parmi les hommes les plus instruits et les plus capables de les aider par leurs lumières.

II. Les lois avaient seulement refusé aux juges des provinces de choisir leurs assesseurs dans la province même.

III. Elles avaient d'ailleurs si peu gêné leur choix, qu'un des jurisconsultes du Digeste mettait en question si les infâmes pourraient être admis ou non au rang d'assesseurs, parce que les lois n'avaient même pas prononcé leur exclusion.

IV. Les assesseurs n'avaient que voix consultative, et non voix délibérative; le juge, maître de suivre ou de rejeter leur avis, prononçait seul, sans le concours de leur suffrage.

V. Les empereurs choisissaient pareillement leurs assesseurs pour le temps qu'il leur plaisait, parmi les principaux citoyens, patriciens et chevaliers; les assesseurs donnaient leur avis en secret, séparément, et sans se le communiquer.

VI. L'empereur, maître de suivre ou de ne pas suivre de tels avis, prononçait seul, sans même que l'on sût si les lumières des autres avaient seulement influé sur son jugement.

Ainsi, au tribunal du préfet de Rome, à celui de chaque gouverneur de province, à celui de chaque préfet du prétoire, à celui de l'empereur, à tous et chacun des tribunaux qui prononçaient les jugements civils et criminels dans l'empire romain, il n'existait qu'un seul juge, quoiqu'il parût plusieurs membres, et d'une seule voix émanaient à la fois le jugement et l'ordre de l'exécution, sans aucun concours de suffrages.

CHAPITRE VIII.

Des fonctions civiles des curiales, de leurs magistrats et des défenseurs.

Le double pouvoir de juger et d'exécuter, exercé dans toutes les provinces de l'empire romain par un magistrat unique, étranger aux provinces, ne pouvait être modéré ni balancé par l'influence des corps municipaux, pas même par celle du défenseur de la cité.

I. Dans les affaires civiles, la juridiction des magistrats municipaux et du corps des curiales était essentiellement volontaire.

II. Cette juridiction se bornait à nommer les tuteurs et les curateurs, à recevoir les testaments et les contrats passés par les habitants des cités : la présence d'un officier de la curie et de trois curiales suffisait à cette fonction.

III. Dans les affaires criminelles, les magistrats municipaux n'avaient que la juridiction provisoire qui tenait à la police générale; ils pouvaient faire subir aux esclaves des peines correctionnelles, mais non leur infliger des peines capitales; ils étaient étroitement obligés d'arrêter tous coupables surpris en flagrant délit, et de les interroger sur-le-champ, mais ils ne pouvaient les juger; leurs fonctions se bornaient donc à former acte des saisies et interrogatoires, et à renvoyer, au bout de trente jours au plus tard, la procédure et les accusés par-devant le juge de la province, qui seul prononçait sur l'accusation.

IV et V. Enfin, les curiales et leurs magistrats, loin de participer au droit de juger civilement et criminellement les citoyens, ne jugeaient pas même leurs membres. Les magistrats municipaux et les curiales étaient justiciables du juge unique de la province, comme tous les autres citoyens, et les causes civiles dans lesquelles les curies en corps étaient parties, étaient du ressort de ce juge unique, aussi bien que les causes criminelles et capitales des personnes des curiales et des magistrats municipaux.

VI. Quant aux défenseurs, leurs fonctions civiles étaient de concourir avec les magistrats municipaux à la nomination des tuteurs ou curateurs, à la réception des testaments et des contrats passés dans la cité, aux inventaires réguliers des biens des pupilles; ces fonctions regardaient les défenseurs seuls dans les lieux où il n'y avait point de curies.

VII. Les défenseurs avaient un droit dont ne jouissaient point les curiales, celui de juger contradictoirement les affaires civiles, où la chose contestée n'excédait pas la valeur de cinquante sous; mais il leur était interdit de juger aucune affaire d'un plus grand intérêt.

VIII. Les défenseurs ne pouvaient enfin faire donner la question ni imposer d'amende, et ils n'avaient pas plus de pouvoir que les curiales dans les causes criminelles.

CHAPITRE IX.

Conclusion du système des lois impériales sur les pouvoirs de juger et d'exécuter.

Voilà tout le système des lois impériales, sur la nature et la distribution des pouvoirs de juger et d'exécuter.

Ce système, abus monstrueux de la plénitude de la puissance législative abandonnée aux empereurs, consomma la réunion de tous les pouvoirs dans la seule main du prince et de ses agents, et faisant rapidement disparaître les formes qui tenaient encore à la constitution républicaine, il eut bientôt rendu le prince seul, ou ses mandataires, arbitres de la liberté, de la vie et des propriétés de tous les citoyens du plus grand empire de l'univers.

LIVRE SIXIÈME.

CHAPITRE Ier.

Des domaines patrimoniaux du prince, des fonds et des revenus des cités.

I. Les empereurs possédaient de vastes domaines territoriaux dans les diverses provinces de l'empire, soit comme patrimoine du prince, soit comme patrimoine de la république.

II. Ils percevaient encore des impôts sur les consommations.

III. Le domaine des empereurs se grossissait encore par les droits de confiscation et de déshérence établis en leur faveur.

IV. Tous les domaines des empereurs étaient disponibles à leur volonté, ils pouvaient aliéner leurs biens-fonds à qui ils voulaient; ils pouvaient concéder les droits qu'ils avaient coutume de percevoir sur les consommations; ils pouvaient attribuer à qui il leur plaisait les biens échus au fisc, par confiscation ou par déshérence.

V. Les cités possédaient en commun des biens-fonds, elles jouissaient encore de quelques impositions que les empereurs leur avaient permis d'établir sur les marchandises qui se vendaient chez elles.

VI. Enfin, les cités possédèrent par la concession particulière des empereurs le tiers des impôts attribués au fisc sur les consommations.

VII. Les cités pouvaient acquérir des biens-fonds, mais elles ne pouvaient vendre les biens qu'elles possédaient, qu'avec la permission du prince.

VIII. Les revenus communs des cités étaient appelés biens et revenus publics.

IX. Ils étaient spécialement destinés à l'entretien et aux réparations des édifices publics des villes.

X. C'étaient les curies qui les administraient au nom des cités.

CHAPITRE II.
Des charges onéreuses des citoyens.

Tous les citoyens de l'empire étaient astreints à une foule de contributions qui tournaient à la décharge du trésor public.

I. Ils devaient fournir les provisions de vivres nécessaires à la subsistance des soldats;

II. Et les provisions de bouche aux gouverneurs de provinces et aux officiers du palais.

III. Ils contribuaient en nature ou en argent aux dépenses de l'enrôlement et de l'équipement des soldats de recrue.

IV. Ces diverses contributions imposées aux possesseurs étaient des charges annuelles, exigibles et mesurées sur les forces des propriétaires.

V. Tous les citoyens propriétaires dans l'empire romain devaient de plus contribuer, proportionnellement à leur propriété, à la réparation des chemins publics,

VI. Et à la construction ou reconstruction des murs des villes.

VII. Enfin, tous les citoyens propriétaires contribuaient encore aux frais de la poste, ou course publique, c'est-à-dire qu'ils fournissaient gratuitement des chevaux et des voitures à ceux qui étaient autorisés par le prince à en demander.

CHAPITRE III.
Des charges particulières des curiales.

Outre les charges communes avec les autres citoyens, les curiales en supportaient de particulières, qui tournaient encore à la décharge du trésor du prince.

I. Les curiales ou leurs agents devaient ordonner de la régie, de l'emploi des revenus communs des cités;

II. Faire faire les réparations des chemins et des murs des villes;

III. Répartir et exiger dans leurs cités les contributions et les tributs, faire fournir les chevaux de poste.

IV. Les cités étaient dans l'usage d'offrir au prince, par forme de présent, des couronnes d'or, ou de l'or en nature, à raison de l'avènement du prince à l'empire, des bienfaits publics reçus de lui, ou des événements heureux; et les curiales seuls contribuaient à ces dons.

V. Enfin, les curiales étaient obligés de donner, à leurs dépens, des spectacles publics dans leurs cités.

CHAPITRE IV.

De la responsabilité des curiales dans toutes les parties de leur administration.

Les curies répondaient solidairement des pertes que la cité ou le fisc pouvaient éprouver par la prévarication ou la négligence des officiers et magistrats curiales chargés des divers détails de l'administration municipale : cette solidarité était d'autant plus terrible, qu'au lieu de se diviser entre tous les curiales, elle s'arrêtait d'abord sur certains membres particuliers.

La nécessité de nommer aux magistratures et aux offices inférieurs de la curie entraînait celle de cautionner, sous l'engagement de toute sa fortune, celui que l'on avait nommé; et la première magistrature dans la curie donnant la première voix, ceux qui avaient le rang le plus élevé y couraient les premiers le risque de la subversion de leur fortune. Ainsi, le premier nominateur du magistrat, de l'officier ou du receveur insolvable étant sa première caution, il était poursuivi, jusqu'à ce que sa fortune fût épuisée à l'acquittement des charges de celui qu'il avait nommé. Après le premier nominateur, le collègue du décemvir était poursuivi comme seconde caution ; si cette seconde caution était encore insuffisante, la poursuite retombait sur ceux qui l'avaient nommé lui-même : enfin, dans tous les cas où les fortunes de ces diverses cautions n'auraient pas rempli toutes les obligations du débiteur, la curie était solidairement chargée d'acquitter le reste de la dette.

C'était ainsi que le système bursal, ayant rejeté tous les risques, toutes les pertes sur les corps municipaux, n'avait réservé de sûreté que pour le fisc.

Les fonctions municipales, si multipliées et si onéreuses par leurs conséquences, occupaient en outre en pure perte le temps des citoyens, puisqu'elles ne procuraient aucune rétribution. Il y avait de plus des lois précises qui obligeaient tout héritier d'un curiale, lorsque cet héritier ne devenait pas curiale lui-même, à abandonner à la curie le quart des biens dont il héritait. Le quart des revenus d'un curiale était donc estimé nécessaire à l'acquittement des charges auxquelles il était obligé dans la curie.

CHAPITRE V.

Des tributs établis au profit du fisc dans l'empire romain.

I. Divers tributs se levaient au profit du fisc dans l'empire romain ; le premier de ces tributs s'appelait *indiction* et se payait annuellement : c'était un impôt territorial réparti par arpent.

II. Il a été souvent appelé improprement *capitation*.

III. Cet impôt était sujet à des augmentations extraordinaires, et ces augmentations étaient appelées *super-indiction*.

L'indiction, ou l'impôt territorial, portait sur tous les fonds, à la seule exception des biens qui appartenaient au prince.

IV. Le fisc percevait encore une imposition annuelle, qui était une véritable capitation : cette imposition, purement personnelle, portait sur tous les citoyens, même sur ceux qui n'avaient point de propriété, même sur les colons.

V. Le fisc percevait de plus une imposition sur tous les profits provenant du commerce, qu'on appelait imposition *lustrale :* elle ne regardait que les marchands et négociants, et était une véritable taxe d'industrie.

VI. Enfin, le fisc percevait des impôts sur les choses qui se vendaient et s'achetaient, qui montaient à la valeur du huitième des objets vendus : tels étaient ces impôts généraux sur les consommations, dont une partie tournait au profit des cités, avec qui les empereurs en avaient partagé le produit.

CHAPITRE VI.

De l'assiette des impositions et des charges territoriales.

I. On avait formé dans l'empire romain un cadastre général de tous les fonds de terre situés dans chaque cité, soit qu'ils fussent possédés par les habitants de la cité, soit qu'ils fussent possédés par les habitants des autres cités.

II. C'était sur les déclarations des propriétaires, et sur la discussion que l'on faisait de ces déclarations, que se formait le cadastre.

Ce cadastre devait désigner le nom des possesseurs, celui de chaque domaine, le nombre des arpents que chaque domaine renfermait, ceux qui devaient être ensemencés dans les dix années qui suivaient la confection du cadastre. Ce cadastre devait marquer, arpent par arpent, les différentes espèces de cultures et de productions de chaque domaine, dans le plus grand détail possible.

III. C'était sur le cadastre général des fonds de l'empire, subdivisés par cités, que l'on imposait et répartissait les indictions, les super-indictions, les contributions aux fournitures de grains, la contribution au vêtement des troupes, à l'enrôlement et équipement des recrues, à l'entretien des chemins, et enfin la contribution aux réparations des murs des villes.

IV. Les cadastres pouvaient se réformer en tout ou en partie sur la demande des curies, sur celle des provinces, ou même des particuliers, à raison des circonstances qui, changeant l'état des domaines, devaient changer aussi la mesure de leur contribution.

La rigueur des lois fiscales de l'empire romain était telle, cependant, que les réformes des cadastres ne pouvaient tourner à la décharge des particuliers.

Celui qui exposait la non-valeur d'un de ses domaines, s'il lui restait d'autres terres fertiles, voyait la somme de sa dette envers le fisc réduite au prorata de la non-valeur de ce domaine; mais le montant de cette réduction était reporté en entier sur le domaine fertile qui lui restait; ainsi, le particulier n'avait rien gagné à cette formalité, et le fisc n'avait renoncé à aucune partie de ce qu'il avait été dans l'usage de percevoir jusque-là.

Les lois impériales avaient elles-mêmes fixé les cas extraordinaires où l'on pourrait accorder des décharges aux propriétaires : elles promettaient ces décharges en conséquence des malheurs arrivés par force majeure, tels que le bouleversement d'un territoire par un tremblement de terre, etc., la destruction d'une vigne par le feu, etc.

Mais hors des circonstances ainsi prévues par les lois, aucun agent du pouvoir impérial, aucun des officiers préposés à la perception des revenus du fisc n'avait le pouvoir d'adoucir la charge des impôts, en faveur de quelque infortune particulière que ce fût.

Le fisc poursuivait tellement l'impôt territorial, que ceux à qui il revenait par succession des terres fertiles et des terres incultes ne pouvaient se soustraire au paiement de l'imposition de celles qui étaient incultes, toujours rejetées sur les terres fertiles, sans renoncer à toute la succession.

V. Il fallait que le fisc retrouvât son droit, même sur les terres abandonnées par leurs possesseurs; ces terres étaient données par le prince aux particuliers qui voulaient les accepter, avec exemption de tributs pour deux ans; les anciens propriétaires n'avaient que deux mois pour s'opposer à cette transmission qui devenait irrévocable par leur silence.

VI. Enfin, s'il ne se trouvait personne qui voulût recevoir les terres abandonnées, les curies devaient les posséder en commun, à la charge d'en payer l'impôt jusqu'à ce qu'elles eussent trouvé des particuliers qui voulussent s'en charger; et si les curies ne pouvaient acquitter cette charge, l'impôt des terres abandonnées se rejetait sur toutes les autres possessions : ainsi, tous les possesseurs de terres des cités répondant les uns pour les autres, étaient imposés subsidiairement plutôt que de faire souffrir aux revenus du fisc la moindre réduction.

CHAPITRE VII.

Hypothèque des impositions sur les biens.

I. Toutes les impositions et contributions réparties par arpent emportaient l'hypothèque du fonds. Le fisc avait droit de faire vendre au bout de l'an les propriétés dont les tributs et les autres charges n'étaient pas acquittés.

II. Le fisc avait le droit de poursuivre non-seulement la rentrée des impositions et contributions de l'année courante, mais encore le recouvrement de celles des années précédentes dont le paiement ne serait pas prouvé, et ces poursuites pouvaient s'étendre jusqu'à vingt ou trente années.

III. Si un propriétaire vendait son bien pour se soustraire à ces poursuites, l'acquéreur de ce bien était obligé d'acquitter en entier les arrérages d'impôts dus par le fonds qu'il achetait.

CHAPITRE VIII.

Du pouvoir fiscal.

I. Les empereurs eurent seuls le pouvoir d'établir, de changer, d'augmenter arbitrairement les impôts.

II. Ils chargeaient les préfets du prétoire de prescrire à chaque province les charges à acquitter dans l'année.

III. Les préfets du prétoire et les gouverneurs de province étaient encore chargés d'ordonner les réformes des cens et des cadastres, lorsqu'elles étaient demandées par des cités ou par des provinces entières. L'exécution de ces réformes était toujours confiée à des commissaires, appelés *censeurs*, *égaliseurs* et *inspecteurs*. Ces commissaires étaient choisis ou par l'empereur, ou par les préfets du prétoire, ou par les gouverneurs de province.

IV. Les gouverneurs de province connaissaient seuls du jugement en première instance des contestations civiles et des accusations criminelles, auxquelles la répartition et la levée des tributs pouvaient donner lieu.

V. L'appel de ces jugements ne devait être porté qu'à l'empereur ou à ses préfets du prétoire.

VI. Les gouverneurs de province étaient encore chargés de faire payer immédiatement dans leurs provinces les contributions ou impositions dues au fisc, et d'employer la voie de rigueur pour y contraindre.

VII. Enfin, on ne pouvait suspendre par appel l'effet des contraintes qui avaient pour objet de faire payer les impôts et les contributions dus au fisc.

CHAPITRE IX.

De l'emploi des cohortales, des curiales et des soldats, relativement à la perception et aux contraintes.

I. Les cohortales des gouverneurs de province concouraient avec les curiales à opérer la levée des tributs et des contributions ordinaires.

II. Les cohortales étaient spécialement chargés d'exécuter les contraintes, et la fonction des curiales se bornait à requérir le paiement, et à convaincre et dénoncer les particuliers qui le refusaient.

III. Les gouverneurs de province faisaient exécuter par leurs seuls officiers l'exaction de plusieurs charges extraordinaires, telles que les contributions à l'habillement des troupes et aux provisions de vivres dues à ces gouverneurs eux-mêmes.

IV. Les empereurs transportaient, quand il leur plaisait, aux cohortales seuls les perceptions ordinairement confiées aux curiales.

V. Il y avait encore des officiers militaires, des officiers du palais, des agents des affaires du prince, qui parcouraient les provinces pour presser les gouverneurs de livrer aux troupes, et de faire rendre au fisc au temps fixé, les contributions et les tributs ordinaires.

VI et VII. Enfin, les gouverneurs de province et leurs officiers étaient si rigoureusement obligés à réaliser la perception des contributions et des tributs, qu'ils devaient fournir à leurs dépens ce qui manquait aux provisions de grains des troupes, si elles n'étaient pas livrées dans l'année, et de payer vingt livres d'or au bout de l'an, si tous les tributs n'avaient pas été versés au trésor du prince.

CHAPITRE X.

Des bornes des fonctions curiales.

La réunion de toutes les branches du pouvoir politique et du pouvoir fiscal dans la main du prince et de ses officiers réduisit les curies et leurs magistrats à n'être que les agents passifs des gouverneurs de province, qui étaient eux-mêmes les agents nécessaires du prince. Ainsi, l'exercice des fonctions municipales ne modéra en rien l'influence du magistrat unique, qui ordonnait partout de l'établissement et de l'exécution des lois bursales.

I. Les curiales ne pouvaient nommer les membres de leur corps, ni les magistrats, que sauf l'appel aux gouverneurs de province, dont les jugements suffisaient pour annuler ces nominations.

II. Ils étaient chargés de la répartition et de la levée des impositions et contributions dues au fisc ; mais les cadastres de ces impositions étant l'ouvrage des commissaires nommés par le prince ou par ses officiers, les curiales étaient forcés de recevoir ces cadastres des mains des gouverneurs de province.

III. Les curiales pouvaient, il est vrai, demander la réforme des cadastres, mais cette réforme et la confection des nouveaux cadastres regardaient toujours les commissaires nommés par le prince ; le travail de ces commissaires devait être approuvé par les préfets ou par le prince, et si les citoyens se plaignaient, ce n'était point à la curie, mais au gouverneur de province à connaître de leurs plaintes.

Enfin, la faculté de répartir et de lever les impositions n'appartenait au curies que précairement, puisque les empereurs pouvaient la reprendre à leur gré.

IV. Ainsi donc, le seul effet favorable qui pût résulter pour les provinces de l'existence des curies, le seul fruit que les curiales pussent tirer du droit de s'assembler dans chaque cité, dans chaque province, fut de pouvoir porter au prince des demandes et des réclamations sur les intérêts communs, et de lui déférer les injustices que l'on faisait éprouver, en son nom, à la province, à la curie.

LIVRE SEPTIÈME.

CHAPITRE Ier.

Réflexions sur la véritable origine de la puissance impériale.

Ce ne fut point l'aveu libre des peuples, ce fut la force des armes, qui soumit à la puissance impériale la république romaine; la chute de la république arriva parce que l'ambition des principaux citoyens parvint à séparer les intérêts des légions des intérêts de la patrie, et à les attacher uniquement à leurs chefs.

Ce fut alors que l'impulsion irrésistible des légions composées de satellites des triumvirs, après avoir favorisé toutes les horreurs du triumvirat, mit le peuple dans l'impossibilité de refuser à Auguste, dernier des triumvirs, l'abandon de tous les droits qui purent tenter l'ambition de cet usurpateur.

CHAPITRE II.

Anéantissement de toute influence du peuple et du sénat sous le gouvernement impérial.

La cession par laquelle le peuple et le sénat romains s'étaient dépouillés de la puissance souveraine pour en revêtir les empereurs, eut les effets les plus funestes.

Les empereurs, saisis de toute la puissance du peuple romain, gouvernèrent en effet avec la plus entière indépendance de ses suffrages.

Ce peuple, lié par la terreur à une obéissance passive, vit sans résistance les empereurs le dépouiller de ses droits les plus chers, jusqu'à anéantir son existence politique.

Les empereurs, revêtus de tous les pouvoirs qui avaient appartenu à la république, exercèrent ces pouvoirs sans

dépendre du sénat ; maîtres de choisir, maîtres de dégrader arbitrairement les sénateurs, et de les juger par
l'appel, ils ne trouvèrent plus dans ce corps que des
hommes de leur choix, dont ils dictaient les suffrages,
quand ils ne dédaignaient pas de les invoquer.

L'influence du sénat fut donc aussi nulle que l'influence du corps du peuple dans le gouvernement impérial.

CHAPITRE III.

Réflexions sur l'influence du sénat dans les nominations des empereurs.

Le sénat, comme représentant du peuple, rentrait de
droit en possession du pouvoir suprême, à la mort de
chaque empereur ; il avait donc le droit d'élire seul un
nouvel empereur ; il s'attribua même celui de condamner
la mémoire de quelques princes, et osa condamner les
personnes de Néron et de Maximin ; mais la force militaire disposa toujours des volontés du sénat, ou se joua
de ses décrets.

Les princes les plus chers aux armées, établis par le
sénat, ne furent proclamés et revêtus réellement du suprême pouvoir, que par le consentement exprès des soldats.

Lorsque les décrets du sénat contre les empereurs
eurent un effet réel, c'est que le sénat, dans ces décrets,
avait suivi l'impulsion du corps militaire.

Au contraire, lorsque le sénat tenta d'agir contre
cette impulsion, ou de la prévenir, ses décrets furent
renversés par des actes de violence de la part des soldats,
et n'eurent aucun effet.

Enfin, l'usage constant de la nomination des empereurs par les armées finit par faire disparaître l'usage
des proclamations par le sénat ; et les empereurs ne
regardant ces proclamations que comme une formalité
vaine, cessèrent de les exiger.

CHAPITRE IV.

De la perpétuité du pouvoir impérial, de la nomination des empereurs
par les armées.

Les institutions militaires de l'empire multipliant les
avantages de la profession des armes, et la séparant absolument de l'état civil, cimentèrent de plus en plus la
prépondérance des guerriers sur les citoyens, et attachèrent d'autant plus fortement les premiers au gouvernement impérial.

Comme la volonté des soldats, sanctionnée par le peuple, avait décidé de l'élévation du pouvoir d'Auguste;
la volonté des soldats, sanctionnée par le sénat, nomma
les successeurs d'Auguste, et perpétua le gouvernement
impérial.

Le gouvernement impérial fut donc d'autant plus irrévocable, que la faculté de le maintenir dépendit principalement des gens de guerre.

CHAPITRE V.

Des abus qui résultèrent de la puissance législative des empereurs.

Le pouvoir législatif, illimité dans la main du prince,
dérogea aux anciennes lois civiles et criminelles, dans
les principales affaires où le prince était intéressé.

Il éleva les lois impériales contre les droits naturels
des hommes, il leur donna l'empreinte des passions et
des erreurs, qui naissent en foule de l'ivresse du pouvoir
sans bornes.

I. La définition du crime de lèse-majesté fut arbitraire.

II. Une partie des précautions que la loi romaine
avait adoptées pour défendre l'innocence dans les jugements, fut sans application dans l'accusation de ce
crime.

III. Les lois qui autorisèrent le prince à prononcer,
d'après les seules consultations des juges, sur le sort
des accusés et des parties qu'il ne pouvait ni voir ni entendre, livrèrent la décision de la plupart des affaires
aux passions ou à la négligence des subalternes, que le
prince devait nécessairement déléguer pour l'expédition
de ses réponses.

IV. Enfin, le pouvoir législatif d'un seul produisit
souvent des lois contraires à l'équité, à la nature, à la
raison.

CHAPITRE VI.

Des abus du pouvoir de juger sous l'empire romain.

Les sages lois romaines, que la république avait, pour
ainsi dire, léguées à l'empire, présentaient en vain au
pouvoir de juger des règles sublimes : la dispensation
de ce pouvoir dans l'empire rendit ces règles sans effet,
toutes les fois que les passions d'un juge unique l'invi-
tèrent à les enfreindre.

Les empereurs jugeant sans concours et sans appel, les
arrêts les plus atroces sortaient souvent de leur bouche.

Les empereurs déléguant à qui il leur plaisait le jugement souverain, des jugements iniques résultaient du
choix que des princes faibles ou trompés faisaient de leurs
commissaires.

Le pouvoir de juger n'avait pas de moindres inconvé-
nients dans la main des gouverneurs de provinces, que
dans celle des empereurs ; leurs jugements étaient aussi
arbitraires ; et les voies d'appel à l'empereur ou aux préfets, qui semblaient ouvertes pour en réparer l'injustice,
étaient rendues illusoires dans la plupart des affaires.

Il n'y avait point d'appel du jugement des affaires sur
lesquelles un gouverneur de province avait consulté
l'empereur, la réponse de l'empereur étant une décision
souveraine : or, cette décision était rendue sur une

instruction et une consultation qui avaient été envoyées au prince par le gouverneur de province; les parties pouvaient user du droit de répondre par écrit à cette instruction, qui avait dû leur être communiquée; mais comme elles n'avaient que cinq jours pour former leurs réponses, on sent assez que l'instruction et l'avis du gouverneur devaient dicter, la plupart du temps, les décisions souveraines de l'empereur.

Dans les jugements des affaires sur lesquelles les gouverneurs de province n'avaient pas consulté l'empereur, le droit d'appel restait aux parties; mais cet appel ne pouvant être porté que devant le préfet du prétoire ou devant l'empereur, elles avaient toujours à lutter devant un juge unique, contre la puissance, les richesses, le crédit à la cour, de leur premier juge intéressé au maintien de la sentence.

CHAPITRE VII.

Des malheurs qu'entraîna l'imposition territoriale dans l'empire romain.

1. Ce fut l'abus du pouvoir fiscal dans la main des empereurs, qui corrompit une institution très-sage en elle-même, l'institution du cadastre général des biens-fonds et de l'imposition, répartie d'après ce cadastre, de la majeure partie des tributs et des contributions dus au fisc.

Le cadastre général, en hypothéquant le fonds même des terres à l'impôt qui en fut la suite, tenta l'avidité du prince et de ses officiers, par le tableau de tout ce qu'il parut possible de prendre sur la fortune des sujets.

Le prince, unique arbitre des impositions, acquit par ce moyen la funeste facilité de réaliser dans l'instant, par la vente des fonds, les impositions excessives que le revenu ne pouvait remplir. Les revenus et les dépenses du prince se mesurèrent bientôt sur l'évaluation de ce que le peuple pouvait donner dans l'instant, et non sur l'estime de ce qu'il pourrait donner toujours.

II. Le poids des contributions territoriales devint énorme, et causa bientôt l'abandon des moins bonnes terres dont le produit ne compensait plus les charges.

Mais comme l'avidité du fisc ne pouvait reculer, on prit le parti de reverser la taxe des terres incultes sur les terres fertiles; la surcharge générale augmenta par cet expédient, et l'abandon des terres fertiles suivit bientôt celui des terres incultes.

Cet abandon laissant le fisc sans hypothèque, tarit ses richesses dans leur source, et il fallut rendre les contraintes personnelles.

III. Cependant, les contraintes personnelles ne s'exercèrent au profit du fisc, que contre ceux qui, possédant encore des richesses mobilières, tâchaient de les dérober aux regards des agents du fisc.

IV. Mais les contraintes les plus cruelles ne pouvant rien contre la pauvreté absolue, cette pauvreté arrêta enfin la perception des tributs, et il fallut que le fisc laissât arriérer les paiements annuels de beaucoup de citoyens, pendant dix, vingt, trente années, et fût enfin forcé de remettre la dette entière.

CHAPITRE VIII.

Des malheurs qui résultèrent de la distribution du pouvoir fiscal sous l'empire romain.

I. On peut juger à quel point on porta la rigueur et l'injustice de la perception des tributs dans l'empire romain en se rappelant quelle était, dans cet empire, la distribution du pouvoir fiscal. C'était le gouverneur de chaque province qui y dirigeait l'exaction des tributs.

Ce gouverneur réunissait la plénitude de tous les pouvoirs propres à le faire craindre des contribuables, et ce gouverneur lui-même devait au fisc des indemnités et des amendes, lorsque les impositions n'avaient pas été réalisées en entier à l'époque des recouvrements.

On voit que cet officier était intéressé à mettre toute la suite, toute la rigueur possible dans l'exaction des tributs.

Les cohortales séparés d'intérêt des autres citoyens, et dépendant uniquement du gouverneur, étaient les agents qu'il devait employer à l'exaction des contraintes.

Les cohortales partageant la responsabilité du gouverneur avaient par là un titre de plus pour être craints des contribuables.

Enfin, comme si l'intérêt et les risques personnels du gouverneur et des cohortales n'avaient pas été d'assez sûrs garants de l'activité et de la rigueur de leur exaction, ils étaient souvent pressés et excités directement par des officiers militaires et des officiers du palais, dépêchés extraordinairement à cette fin au nom de l'empereur.

Ces envoyés, redoutables par leur crédit aux gouverneurs mêmes, levèrent quelquefois directement les tributs, et mirent encore plus de violence dans leur conduite que les autres exacteurs.

Les impositions étant énormes, les divers préposés à la perception étant puissamment intéressés à l'effectuer, armés, de plus, de tous les moyens de force, et arbitres de l'usage de ces moyens contre les contribuables, on conçoit aisément à quels excès ils durent se porter.

Les officiers militaires se firent quelquefois payer plus du double des dettes réelles : les tourments de la question furent employés pour forcer les contribuables à avouer jusqu'à la dernière partie de leurs possessions.

Sous l'empereur Galère, cet abus fut au point qu'on livra aux tourments, après le redevable, sa famille et ses esclaves; en vain, plusieurs lois impériales défendirent-elles l'usage des tortures pour l'exaction des tributs, cette barbarie s'exerça malgré les lois.

Les lois impériales offraient contre les vexations fiscales

le recours au prince ou au préfet du prétoire; mais l'effroi qui régnait dans les provinces de la puissance et du crédit des gouverneurs dut la plupart du temps retenir les réclamations.

II. Enfin, tel fut dans les provinces le poids des charges publiques et l'excès des vexations fiscales de tout genre, que leurs habitants, pour s'y soustraire, furent réduits à fuir dans les déserts et chez les Barbares, ou à se rendre esclaves des riches.

CHAPITRE IX.

Des malheurs qui résultèrent dans l'empire romain de la régie municipale.

La régie municipale, gage infaillible du bonheur dans les États libres, était devenue, sous l'empire romain, un moyen d'oppression.

Le système politique qui réduisait les curiales à la fonction d'imposer sur les peuples toutes les charges qu'inventaient les empereurs, et qui surchargeait les curiales de fonctions et de responsabilités auxquelles les fortunes particulières ne pouvaient jamais suffire, rendit ces fonctions également odieuses et redoutables.

L'exemption des fonctions municipales étant un privilége attaché à toutes les charges et dignités civiles et militaires, les corps municipaux se trouvèrent formés de citoyens obscurs qu'une nécessité fatale et irrésistible appelait et retenait malgré eux : ils furent exposés plus immédiatement que les autres habitants des provinces aux entreprises arbitraires des gouverneurs, qui avaient le droit de prononcer sur tous leurs intérêts, d'ordonner de toutes leurs fonctions, et d'exercer contre chacun d'eux le double pouvoir de juger et de punir.

Ce n'étaient pas de tels corps qui pouvaient user, ni pour eux-mêmes, ni pour le peuple, de la faculté de réclamer devant le prince; ils étaient eux-mêmes les pre-

mières victimes de la tyrannie fiscale qui désolait les provinces.

Les juges des provinces se permirent de porter des
condamnations criminelles contre les curies en corps; ils
se permirent de rendre les curiales solidairement responsables de l'imposition territoriale pour les possesseurs de
leurs cités, et d'infliger pour dettes aux curiales les plus
cruelles tortures.

Les lois impériales s'élevèrent contre ces excès; mais
elles servirent plutôt à en manifester la preuve qu'à les
réprimer, puisqu'on vit, malgré ces lois, les malheurs,
l'avilissement, le désespoir des curiales, croître de plus
en plus, et monter à leur comble. Leur malheur et leur
désespoir furent tels, que l'on vit communément les curiales s'abstenir des *noces légitimes* pour ne pas laisser
des enfants curiales; d'autres offrirent la cession de leurs
biens pour cesser d'être curiales; d'autres s'enfuyaient
en grand nombre dans les déserts, ou se rendaient esclaves
des riches pour se délivrer du titre de curiales.

Enfin, leur avilissement fut si grand, qu'il y eut des
juges qui condamnèrent des coupables à devenir curiales,
pour peine de leurs crimes.

CHAPITRE X.

De la diminution de la valeur des fonds de terre; de la dépopulation générale.

I. L'hypothèque des fonds de terres aux impôts, dans
l'empire romain, diminua le nombre des petits propriétaires, à proportion que les impôts s'accrurent.

L'oppression des curiales et le désespoir qui les faisait
renoncer à leurs possessions pour s'expatrier, se cacher,
se rendre esclaves, uniquement afin de sortir de la curie,
contribuèrent encore à anéantir la plupart des propriétés médiocres.

Ces deux causes funestes qui faisaient abandonner
journellement au fisc de vastes domaines devenus incul-

tes, donnaient aux empereurs un intérêt puissant à placer de nouveaux possesseurs dans ces domaines, sur lesquels se fondait la fortune du fisc.

D'un autre côté, les lois qui assujettissaient à la curie les moindres plébéiens, dès qu'ils acquéraient des fonds, faisaient refuser les domaines vacants dans les curies, quoiqu'ils fussent offerts gratuitement à qui voulait les prendre.

Telle fut la réduction de la valeur des biens-fonds dans les provinces romaines, aux derniers siècles de l'empire, que l'on trouvait dans les contrées les plus fertiles de l'Italie, de l'Asie et de la Gaule, une étendue immense de terres désertes qu'il fallait distribuer à des soldats étrangers, ce qui était presque le seul moyen de les rendre à la culture.

II. Les empereurs firent des lois pour porter les citoyens au mariage.

III. Ils en firent pour défendre aux pères d'exposer ou faire périr leurs enfants; ils en firent encore pour défendre aux curiales de s'expatrier ou de se rendre esclaves.

L'inutilité de ces lois, trop faibles contre la corruption, la misère et le malheur, montra à quel point le gouvernement impérial, en dégoûtant les habitants des provinces du travail et de la propriété, avait dégradé chez eux jusqu'aux sentiments naturels; et malgré ces lois, l'esclavage civil s'étendit continuellement, et la dépopulation devint générale.

CHAPITRE XI.

Des malheurs de la condition des empereurs.

Les empereurs n'eurent jamais à craindre les révoltes des peuples, qui étaient assez contenus par la terreur des armées; mais aussi n'eurent-ils aucun secours à attendre de ces peuples, désarmés et avilis, contre les révoltes des soldats.

La prépondérance du corps militaire sur les citoyens et le droit de transmettre la puissance impériale, passé dans la main des soldats, devinrent funestes à la sûreté des princes régnants; les armées se révoltaient contre les bons et les mauvais empereurs; contre les bons, lorsqu'ils voulaient rappeler la discipline militaire ou modérer les dons excessifs aux soldats; contre les mauvais et les insensés, lorsqu'ils cessaient de flatter les armées, ou que, par la dissipation du trésor public, ils s'étaient mis hors d'état de continuer à prodiguer les gratifications.

Les nouvelles institutions militaires de Constantin modérèrent un peu les insurrections des armées; mais la situation des empereurs ne fut guère moins précaire que sous les règnes précédents; et l'on vit encore souvent de bons et de mauvais princes massacrés par leurs soldats; enfin, depuis Auguste, jusqu'à la chute de l'empire, la couronne impériale fut élective, par la seule raison qu'un ordre de succession héréditaire eût enlevé aux soldats l'avantage de faire seuls les empereurs.

CHAPITRE XII.

De la chute de l'empire.

Le progrès de tant d'abus introduits par le despotisme des empereurs dans toutes les parties du gouvernement entraîna enfin la chute de l'empire.

Pour soustraire la personne des empereurs aux insurrections des armées, pour réduire les dépenses militaires auxquelles l'état ruiné ne pouvait plus subvenir, Constantin et ses successeurs s'avisèrent de plusieurs moyens d'affaiblir la discipline des troupes romaines, et en même temps d'en diminuer le nombre, en leur associant des troupes d'étrangers; mais ces mesures mêmes, privant l'empire de ses défenseurs naturels, enhardirent les invasions des Barbares, et précipitèrent leurs conquêtes sur les provinces romaines.

CHAPITRE XIII.

Conclusion de ce livre.

Telle fut dans l'empire romain la malheureuse condition des sujets et du prince : tels furent les effets de la réunion de tous les pouvoirs dans la main d'un seul, réunion qui fut cause qu'il ne resta au peuple aucun moyen de résistance aux volontés les plus capricieuses du prince.

Si cette réunion de tous les pouvoirs dans une seule main eût pu se concilier avec un gouvernement équitable, c'eût été sans doute dans l'empire romain.

C'est là que les lumières, généralement répandues, auraient dû inviter les princes à respecter l'opinion publique, et multiplier à leurs yeux les moyens de faire les plus grands biens aux hommes.

Là, le sénat présentait au prince l'image de ce conseil antique et révéré qui avait fait la gloire et le bonheur de la république.

Là, les lois civiles et criminelles les plus sages enseignaient le respect dû à la propriété et à l'innocence.

Là, le choix des impositions les plus équitables par leur nature, et jusqu'à l'existence des assemblées municipales, semblaient autant de garants contre les vexations fiscales.

Mais la grande leçon de l'histoire est de montrer la réunion de tous les pouvoirs, trahissant, dans la main des empereurs, tant de moyens privilégiés de faire le bonheur des hommes, transporter dans les siècles les plus éclairés et au sein de la société la mieux policée les horreurs du despotisme oriental, prononcer enfin le malheur du prince le malheur du peuple, et la chute de l'empire.

LIVRE HUITIÈME.

DES INVASIONS DES BARBARES DANS LA GAULE PENDANT LES IVᵉ ET Vᵉ SIÈCLES ; DES PROGRÈS DES CONQUÊTES DES BARBARES DANS LA GAULE A LA CHUTE DE L'EMPIRE D'OCCIDENT ; DE L'INFLUENCE DE LA CONQUÊTE SUR LE SORT DES NATURELS DU PAYS ; DE L'ÉTAT MALHEUREUX DES HABITANTS DE LA GAULE AU Vᵉ SIÈCLE.

CHAPITRE Iᵉʳ.

Des invasions des Barbares dans les Gaules aux IVᵉ et Vᵉ siècles.

I. Les invasions des Barbares, qui préparèrent la chute de l'empire, désolèrent particulièrement la Gaule, dès les troisième et quatrième siècles. Les provinces septentrionales de cette contrée avaient été souvent ravagées par les Allemands et par les Francs.

II. Au commencement du cinquième siècle, les Vandales, les Suèves, les Alains se répandirent dans la Gaule, durant quatre années, et en désolèrent successivement toutes les provinces.

Aux Vandales, aux Suèves, aux Alains succédèrent les Francs et les Visigoths ; ils dévastèrent les provinces gauloises, sans y former, pour lors, d'établissements.

Après les Francs et les Visigoths, la terrible armée des Huns, conduite par Attila, porta la désolation dans cette contrée.

III. Les Gaulois furent enfin exposés, durant le cinquième siècle, aux ravages des stipendiaires barbares, à qui les empereurs avaient donné des terres dans la Gaule, et particulièrement aux ravages des Alains, fixés sur les bords de la Loire.

CHAPITRE II.

Des conquêtes des Barbares dans la Gaule sous l'empire romain; de l'établissement des Bretons dans les Gaules, et des divisions du domaine des Gaules au moment de la chute de l'empire.

Les invasions des Barbares dans la Gaule furent promptement suivies de la conquête de cette contrée, qui sortit presque entière des mains des Romains, avant la chute du trône d'Occident.

I. Sous les derniers empereurs, les Visigoths, peuple germanique et indépendant de Rome, acquirent, les armes à la main, ou par des traités qu'ils dictèrent en vainqueurs, un grand domaine dans l'empire.

II. Ils gouvernèrent, indépendamment des Romains, la partie des Gaules qu'ils avaient conquise.

III et IV. C'était la totalité des trois provinces d'Aquitaine, la première province narbonnaise, et les cités de Tours, d'Arles et de Marseille.

V, VI et VII. Vers la même époque, les Bourguignons, peuple également indépendant de l'empire, conquirent la première province lyonnaise, la province séquanaise, la province des Alpes grecques ou pennines, et la province viennoise, à l'exception des cités d'Arles et de Marseille.

VIII et IX. Enfin, les Visigoths et les Bourguignons se partagèrent le domaine de la deuxième province narbonnaise et de la province des Alpes maritimes.

X. Une colonie de Bretons, formée par les descendants d'un corps de troupes que le tyran Maxime avait levé dans l'île de Bretagne et conduit dans les Gaules, occupait, depuis cette époque, les cités et anciens diocèses de Saint-Malo, de Vannes et de Cornouailles, dont les territoires des évêchés de Dol, Saint-Brieux et Treguier furent démembrés dans la suite : l'établissement de ces Bretons s'était maintenu sous les empereurs; ils vi-

vaient sous leurs propres chefs, à la condition de fournir des troupes aux empereurs.

Peu de temps après les premiers établissements des
Visigoths et des Bourguignons,

XI et XII. Les Francs commencèrent leurs conquêtes.
Passant le Rhin au-dessus de Cologne, ils s'avancèrent
avec leur roi Clodion jusqu'à la Somme, et subjuguèrent
toutes les régions qui se trouvent entre ces deux fleuves,
c'est-à-dire les cités et diocèses de Tournay, de Cambray, de Noyon, de Beauvais, de Senlis et d'Amiens.

XIII. Sous Childéric, père de Clovis, les Francs s'établirent dans l'Ile-de-France, et prirent Paris, après un
siége de cinq ans.

XIV et XV. Ils acquirent dès lors le Maine, la Normandie et l'Orléanais, et parvinrent jusqu'à la cité d'Angers, dont ils se rendirent maîtres.

Les progrès des Barbares dans la Gaule, jusqu'au
moment de la chute du trône d'Occident, avaient donc
tellement réduit le domaine impérial, que sur cent
quinze cités des Gaules, on ne pouvait trouver que les
cités de Reims, Soissons, Troyes, Boulogne, Mayence,
Spire, Strasbourg, Bâle, Metz, Toul, Verdun, Nantes,
Rennes et le pays qui s'étend depuis Cologne jusqu'à la
mer, renfermant l'ancien territoire de l'évêché de Liége
et de l'île des Bataves, qui n'eussent pas déjà passé sous
un joug étranger.

XVI. Ces contrées qui avaient échappé aux Barbares
furent régies, sous les deux derniers règnes, et depuis
la mort d'Augustule, par Egidius, maître de la milice,
et son fils Siagrius, qui, après avoir d'abord commandé
aux Romains des Gaules au nom des empereurs, leur
commandèrent en chefs indépendants, quand il n'y eut
plus d'empereur, jusqu'au moment où les conquêtes de
Clovis réunirent ces diverses possessions romaines à la
monarchie franque.

CHAPITRE III.

De l'influence de la conquête des Gaules sur les naturels du pays.

Durant le cours des événements qui avaient concouru à la conquête des Gaules, avant même la chute du trône d'Occident, on vit les Gaulois demeurer alternativement sujets des empereurs, dans tous les lieux qui étaient tenus par les troupes romaines, ou bien passer sous la puissance des Barbares, selon que les troupes romaines étaient battues ou victorieuses.

La lâcheté nécessaire d'un peuple désarmé et abattu sous un long esclavage avait en effet réduit les Gaulois dans un état purement passif, à l'égard des événements et des conquêtes dont leur pays fut le théâtre, aux quatrième et cinquième siècles.

L'histoire nous les représente partout tranquilles spectateurs de la désolation de leurs campagnes, attendant en tremblant, sans songer jamais à les prévenir, des ennemis féroces qui massacraient de sang-froid ceux qu'ils ne pouvaient réduire en esclavage, et contre lesquels il semble que le désespoir eût dû rendre le courage. Les Vandales, les Suèves et les Alains, qui pillent l'une après l'autre les cités de la Gaule, qui exercent, durant quatre ans, dans ses provinces, tous les genres de violence et de cruauté, n'éprouvent point de résistance de la part des habitants. Trèves, brûlée quatre fois par les Francs, ne se met pas plus en peine de prévenir la dernière invasion que la première. La conquête des Gaules se fait, en un mot, sur les armées impériales, qui seules s'opposent aux Barbares, et non sur les naturels du pays, qui changent de maîtres, sans s'armer une seule fois pour leur propre défense.

CHAPITRE IV.

Comment la conquête de la Gaule n'entraîna aucune capitulation entre les Gaulois et les Barbares.

I. Il n'exista point entre les conquérants barbares et les Gaulois de capitulation destinée à conserver à ceux-ci une partie de l'administration précédente et à mêler le gouvernement romain au gouvernement germanique.

II. Ces capitulations auraient été sans objet, par rapport aux habitants des Gaules; ils n'avaient pas une règle de gouvernement qu'ils dussent se soucier de conserver; ils ne connaissaient que la servitude. Ces capitulations eussent été sans objet, de la part des conquérants germaniques; ces conquérants n'ayant point éprouvé de résistance de la part des Gaulois, rien ne les forçait de limiter en leur faveur le droit de la victoire : d'ailleurs, ces peuples armés ne pouvaient craindre que les Gaulois refusassent d'obéir aux lois qu'ils leur dicteraient, quand la patience inébranlable avec laquelle ils les avaient vus souffrir depuis un siècle les maux de la guerre, jointe aux vexations de leurs avides maîtres, témoignaient si bien qu'il n'était point de tyrannie capable de les soulever.

CHAPITRE V.

De l'état déplorable des habitants de la Gaule au ve siècle.

Le droit des gens, suivi dans le monde entier, laissait les vainqueurs maîtres absolus de la vie, des biens et de la liberté des vaincus; ce droit des gens fut suivi dans toute la rigueur par les peuples barbares qui se portèrent dans les Gaules, et mit le comble à la désolation de cette malheureuse contrée.

Les Barbares, dans le cours de leurs invasions et de leurs conquêtes, pillaient tout le plat pays, brûlaient

toutes les villes, enlevaient les effets des habitants, faisaient captifs, et nécessairement esclaves, toutes les personnes qu'ils pouvaient entraîner, et massacraient le
reste; de sorte qu'il n'échappait à la mort et à la servitude que ceux qui pouvaient se cacher aux vainqueurs.
Ces excès, qui se commettaient dans un pays ouvert de
toutes parts, n'eurent presque aucune interruption pendant un siècle, et durèrent, dans les Gaules, jusqu'à
l'établissement de la monarchie.

CHAPITRE VI.

Idée générale de la dépopulation et des progrès de la servitude dans la Gaule à la fin du vᵉ siècle.

Toutes les causes capables de diminuer la population
chez un peuple policé, et en même temps d'y étendre
l'esclavage, avaient concouru de tout temps à dépeupler
la Gaule, et à précipiter dans la servitude civile presque
tout les habitants.

La tyrannie aristocratique des druides et des grands
avait déjà conduit à l'esclavage civil, par l'oppression et
la misère, presque tout le petit peuple de la Gaule, avant
que la Gaule entière eût subi le joug des Romains. L'oppression générale des provinces, sous le régime impérial,
n'avait fait qu'accroître sans interruption la dépopulation
et la servitude dans les Gaules. Enfin, les saccagements des
Barbares, répétés tant de fois au cinquième siècle, avaient
porté des coups encore plus funestes à ce qui restait de
vie et de liberté parmi les habitants de cette malheureuse
contrée.

LIVRE NEUVIÈME.

CHAPITRE Iᵉʳ.

Idée de ce livre.

Ce fut au sein de la Germanie que plusieurs nations barbares se réunissant en un seul corps, et confondant leurs différents noms sous un nom nouveau, formèrent la nation des Francs; la démonstration de ces faits sera le premier objet de ce livre.

Après avoir fait reconnaître dans les anciens Germains les ancêtres des premiers Francs, nous rechercherons les coutumes primitives des Francs dans celles des anciens habitants de la Germanie, dont le caractère vraiment original y déposa le germe précieux qui devait reproduire la liberté sur la terre.

CHAPITRE II.

De l'indépendance primitive des Germains, et en particulier des Germains occidentaux.

I. Tandis que presque tous les peuples policés de l'Europe avaient subi le joug des Romains, on vit les sauvages habitants de la Germanie, défendant avec un courage indomptable un pays presque inaccessible, repoussant les légions, se maintenir indépendants et ennemis de l'empire, jusqu'au temps où ils sortirent de leurs forêts pour détruire ce même empire.

II. Parmi les nations nombreuses qui habitèrent en Germanie, on distingue les Cauques, les Cattes, les Chérusques, les Chamaves, les Bructères, les Angrivariens; ces nations occupèrent presque toute la Germanie occidentale en deçà de l'Elbe, jusqu'à l'époque où les premiers Francs parurent seuls habitants et possesseurs de ces mêmes contrées.

III, IV et V. Ces nations, des plus célèbres entre les nations germaniques, furent celles qui opposèrent la résistance la plus forte et la plus constante aux armées romaines, et qui toujours jouèrent le premier rôle dans les guerres offensives et défensives contre les Romains.

CHAPITRE III.
De l'origine des Francs.

A l'époque où les Germains occidentaux nommés encore Cauques, Cattes, Chérusques, Bructères, Chamaves et Angrivariens, s'étaient rendus le plus célèbres, par leurs guerres contre l'empire, par leurs forces, par leur réunion; à l'époque où les meilleurs historiens avaient attaché leurs regards sur ces Barbares, comme sur des peuples qui en imposaient à Rome même, leurs noms disparurent subitement, sans qu'il fût fait mention de transmigration, de conquêtes, ni d'aucune révolution violente dont l'éclat eût frappé les historiens, et qu'ils n'eussent point passé sous silence.

I. A la place de ces six nations barbares, distinctes par leurs noms, conformes par leur origine et leurs coutumes, unies dans leurs entreprises, on voit paraître tout à coup la seule nation franque, qui occupe le même territoire, et qui suit les mêmes coutumes que les Germains, qui soutient le même plan de guerre contre Rome, et finit par la conquête des Gaules.

La nation franque ne fut donc que l'association de plusieurs nations germaniques, qui, se confondant en un seul peuple, adoptèrent un nom nouveau et commun; ces Cauques, Cattes, Chérusques, Chamaves, Bructères et Angrivariens, anciens habitants de la Germanie occidentale, sont donc les ancêtres des Francs, auxquels ils

transmirent leur langue, leurs coutumes, leur indépendance, leur haine pour le nom romain, et l'héritage des
entreprises par lesquelles ils devaient un jour s'enrichir
des dépouilles de cet empire, et s'établir sur ses ruines.
Toutes les circonstances de l'histoire viennent à l'appui
de ce fait important : les écrivains qui font mention de
l'existence des Francs en Germanie, au quatrième siècle
de l'ère chrétienne, les y représentent comme habitant
leur ancienne patrie.

II. Ils les dépeignent sous tous les traits des Germains.

III. Ils les représentent dans un état de guerre continuelle avec Rome, depuis l'époque où ils commencèrent
à porter le nom de Francs, jusqu'à la fin du quatrième
siècle.

IV. Les Francs nous sont ailleurs encore représentés
comme renfermant plusieurs peuples ou nations,

V. Faisant la guerre en commun, ayant tous le même
gouvernement, comme ayant été connus précédemment
sous le nom de Germains, et comme ayant depuis changé
de nom.

VI. Enfin plusieurs auteurs des premiers siècles tranchent toute incertitude, lorsqu'ils prononcent que ceux
qui de leur temps sont appelés Francs avaient été auparavant appelés Germains ;

VII. Lorsqu'ils attestent encore que les Cauques, les
Cattes, les Chérusques, les Chamaves, les Bructères et
les Angrivariens sont des Francs, et composent le peuple
des Francs, c'est-à-dire des hommes libres par excellence.

CHAPITRE IV.

Du premier territoire des Francs.

L'ancien territoire occupé par les Francs, à l'époque
où ils formèrent leur association et adoptèrent un nom
commun, était situé dans la Germanie, en deçà de l'Elbe.

I. Il touchait vers le nord à l'Elbe, fleuve qui les séparait du pays des Saxons.

II. Au midi, il s'étendait jusqu'à la rive droite du Bas-Rhin.

III. A l'occident, il était borné par l'Océan.

IV. A l'orient enfin il s'étendait jusqu'au Mein, et confinait avec le pays des Thuringes, des Allemands et des Suèves.

V et VI. Les Frisons, peuple germanique, indépendant des Francs, conservaient un territoire particulier dans quelques îles et terrains, situés vers les embouchures du Rhin.

Les Francs possédaient donc dans la Germanie, en deçà de l'Elbe, tout le territoire situé entre l'Elbe et le Rhin, le Mein et l'Océan, la Thuringe et la Frise exceptées. Il suffit de se rappeler ce qui a été établi plus haut sur l'habitation des anciens Cauques, Cattes, Chérusques, Chamaves, Bructères, Angrivariens, et l'on reconnaît le même pays, la même situation géographique.

CHAPITRE V.

De l'état des propriétés et des personnes; de la profession militaire et des assemblées générales chez les anciens Germains et les premiers Francs.

I. La passion des armes, de la liberté, de l'égalité, et l'horreur du luxe n'avaient point permis le partage des terres chez les Germains : les terres appartenaient en commun à tous les citoyens, et chaque famille recevait tous les ans, de la main des magistrats, le terrain jugé nécessaire à sa subsistance.

II. Il y avait des hommes libres et des esclaves chez les nations germaniques; les hommes libres, dédaignant les travaux de l'agriculture, les abandonnaient aux esclaves, qui étaient seulement sujets à la servitude de la glèbe.

III. Les Germains ne connaissaient ni troupes soudoyées, ni tributs; chaque homme libre devenu majeur avait le droit et l'obligation de porter les armes pour sa patrie : tous les citoyens de l'État étaient également ses défenseurs.

IV. Tous les citoyens, indistinctement appelés à l'exercice des armes, avaient indistinctement aussi le droit de faire corps et de délibérer sur les affaires publiques, dans des assemblées fixées à des époques certaines.

C'était indépendamment de l'ordre d'aucun magistrat, c'était en vertu de l'ancienne coutume, que, dans chaque État germanique, tous les hommes libres s'assemblaient chaque mois, au temps de la nouvelle ou de la pleine lune, pour traiter des affaires communes; dans ces assemblées, chaque citoyen avait séance et voix délibérative.

CHAPITRE VI.

De la distribution des principaux pouvoirs politiques chez les anciens Germains et les premiers Francs.

I. Les Germains occidentaux, avant et après l'association qui les confondit sous le nom de Francs, et jusqu'au commencement du cinquième siècle, n'eurent point de rois et se gouvernèrent en république.

II. Les Germains qui n'avaient point de rois étaient conduits par plusieurs magistrats électifs, appelés princes, et c'était l'assemblée générale du peuple qui élisait ces magistrats.

III. La plénitude des pouvoirs politiques appartenait uniquement à l'assemblée générale du peuple dans les cités germaniques.

IV. C'était à l'assemblée générale que l'on délibérait sur les affaires majeures; c'était l'assemblée générale qui jugeait les crimes publics; et si les princes préparaient et proposaient dans cette assemblée les délibérations, c'était toujours le vœu de la multitude qui les sanctionnait; ainsi le gouvernement était essentiellement démocratique.

CHAPITRE VII.

De la fonction de rendre la justice, ou du pouvoir civil.

I. Les Germains ne connaissaient que quatre crimes capitaux ; ils pendaient les traîtres et les transfuges ; ils noyaient les infâmes et ceux qui refusaient d'aller à la guerre ; le jugement et la punition de ces crimes avaient été réservés à l'assemblée générale. A l'égard des autres affaires, soit civiles, soit criminelles, les Germains vivaient encore dans l'état de nature ; chaque particulier pouvait se faire justice soi-même.

II. Les offensés et leurs familles avaient la faculté de poursuivre par les armes la vengeance des torts et des violences qu'ils avaient éprouvés, et tous les parents étaient obligés d'entrer dans ces poursuites.

Il y avait des amendes infligées à chaque crime, qui étaient moins destinées à punir le coupable qu'à apaiser le ressentiment des offensés, et aussitôt que ceux-ci les recevaient, ils renonçaient à toute vengeance ; mais le paiement de la satisfaction par les agresseurs, et la réception de cette satisfaction par les offensés et leurs familles, étaient purement volontaires.

III. Les princes exerçaient, chacun dans un canton séparé, et concurremment avec cent compagnons tirés du peuple, certaines fonctions, que l'on appelait rendre la justice : ces fonctions ne pouvaient être que celles d'arbitres, puisqu'aucun magistrat n'était chez les Germains revêtu du pouvoir de contraindre.

CHAPITRE VIII.

Du droit de guerre et des commandements militaires chez les anciens Germains et les premiers Francs.

I. Les usages germaniques autorisaient non-seulement les guerres générales que le vœu de l'assemblée du peuple décidait, mais encore les guerres particulières, qui se déterminaient par l'accord volontaire d'un certain nombre de citoyens.

II. Le commandement, dans les guerres générales, appartenait au chef que la nation voulait nommer pour la conduire, et le pouvoir de ce chef cessait avec la guerre.

III. Le commandement, dans les guerres particulières, appartenait à ceux qui avaient réuni en leur faveur le choix de tous les citoyens intéressés dans ces guerres.

IV. Dans quelque main que résidassent les commandements militaires, l'esprit d'indépendance bornait extrêmement l'autorité des chefs; ils ne pouvaient punir arbitrairement, et c'était par la persuasion et l'exemple, plutôt que par l'autorité, qu'ils conduisaient leurs guerriers.

V. Les princes dont la dignité et la puissance dépendaient du nombre des guerriers qu'ils savaient engager à les suivre dans leurs entreprises, n'épargnaient rien pour s'en attacher un grand nombre; et lorsque la gloire du chef et ses bienfaits lui avaient affectionné ses compagnons d'armes, l'engagement devenait perpétuel, le serment le plus sacré les liait à jamais à l'obligation de suivre sa fortune; ainsi personne, dans ces associations germaniques, ne marchait à la guerre que sous les ordres d'un chef du choix de la nation, ou de son propre choix.

CHAPITRE IX.

Du nombre des guerriers et de la puissance des Francs avant la conquête des Gaules.

On trouve dans l'histoire des détails précis sur le nombre des hommes libres de chacune des nations qui entrèrent dans la formation du peuple franc, et encore sur le nombre des hommes libres du peuple entier; ces détails combinés ne permettent pas de penser qu'à l'époque de la conquête des Gaules il pût y avoir chez les

Francs moins de quatre cent mille hommes libres en état de porter les armes.

I. Tacite compte soixante mille hommes libres chez les seuls Bructères.

II. Il représente les Cattes et les Cauques comme des nations très-puissantes et très-nombreuses, en comparaison des Bructères; et il représente les Angrivariens, les Chérusques et les Chamaves comme égaux aux Bructères.

Depuis que ces diverses nations se furent réunies en un seul peuple sous le nom de Francs, les grands exploits que ce peuple exécuta suffiraient seuls pour donner l'idée du grand nombre de ses guerriers.

III. Les Allemands furent subjugués en un jour par les Francs et le furent pour toujours.

IV. La nation des Allemands renfermait cependant plus de soixante mille hommes en état de porter les armes.

V, VI et VII. La terreur que les Francs imprimèrent d'abord sous Clovis aux Visigoths et aux Bourguignons, les avantages soutenus de ce prince et de ses fils sur ces deux nations, dont la dernière et la moins puissante avait cependant quatre-vingt mille hommes en état de porter les armes, prononcent de reste que les Francs étaient un peuple nombreux.

VIII. Enfin Théodebert, dont les États ne comprenaient que le quart de la monarchie, conduisait en Italie une armée de cent mille hommes.

CHAPITRE X.

Réflexions sur les circonstances singulières qui favorisaient la population parmi les peuples germains, et particulièrement chez les Francs.

L'ancien territoire des Francs était assez vaste pour pouvoir contenir un peuple immense, puisqu'il embrassait, à l'exception de la Frise, tout le terrain que le Rhin, l'Océan, l'Elbe et le Mein renferment.

I. Les terres de la Germanie occidentale en deçà de l'Elbe étaient très-fertiles en beaucoup d'endroits. Les récoltes que faisaient les esclaves de la glèbe et le produit des immenses troupeaux fournissaient aux hommes libres une subsistance assurée. De nouveaux esclaves que les Francs ramenaient de leurs continuelles expéditions, dans les derniers siècles de l'empire, multipliaient les moyens de culture, et augmentaient par là la population qui est la suite nécessaire de l'augmentation de la culture.

II. L'austérité des mœurs chez les nations germaniques, le respect pour le lien du mariage, la loi d'une seule femme favorisaient aussi la population que ne contredisait aucune invention tyrannique.

CHAPITRE XI.

Conclusion de ce livre.

I. On retrouve l'esprit de tout ce qui vient d'être dit du caractère et des coutumes des Germains dans les lois de presque toutes les nations d'origine germanique.

II. Les premiers traits de l'histoire et de la législation des Francs montrent ces coutumes maintenues chez eux jusqu'au commencement du cinquième siècle.

Les Germains n'avaient jamais été subjugués; ils n'obéirent qu'à la nature lorsqu'ils se rangèrent en société.

La constante uniformité des coutumes primitives des différents peuples germains indique assez que ces coutumes ne furent point l'ouvrage d'un législateur particulier; elles dérivaient à la fois de l'espèce et de la disposition des lieux, et des passions que la nature enfante et favorise dans les pays froids.

L'antique Germanie, pays montueux, couvert de forêts et de marécages, traversé par de grands fleuves, offrait partout des positions à de petites sociétés et écartait la possibilité d'une grande; les peuples qui l'habitaient, simples, sans richesses, sans luxe, sans aucune des fan-

I. 5

taisies de la volupté, avaient peu de choses à régler par
le droit civil; ils n'attachaient de prix qu'à la liberté politique.

Les coutumes germaniques ne limitaient l'indépendance des citoyens qu'autant qu'il était nécessaire pour
écarter toute usurpation domestique ou étrangère, et
les règles de leur association, résumant suivant ce principe toutes les idées mères de la liberté, remplirent
tellement leur objet, qu'elles sont encore aujourd'hui
les bases sur lesquelles reposent et se soutiennent presque
tous les gouvernements modérés de l'Europe.

Autant l'extrême liberté est opposée à l'extrême servitude, autant la liberté qu'on trouvait en Germanie
contrastait avec la servitude sous laquelle gémissaient
tous les sujets de l'empire romain. Aussi les Germains
ne connurent le gouvernement impérial que pour lui
vouer une haine implacable; Dion, Tacite et Florus ne
trouvent point d'expressions trop fortes pour peindre ce
sentiment chez les Germains occidentaux, ancêtres des
Francs.

III. Enfin cette haine, nourrie par une guerre de
quatre siècles, chez les Germains occidentaux, devenus
Francs, parle encore dans la loi salique. La nation qui se
glorifie, dans le premier de ses monuments, d'avoir
toujours écarté d'elle le joug des Romains, semble pré-
méditer et préparer dès lors la destruction et l'anéantissement de ce gouvernement tyrannique.

DEUXIÈME ÉPOQUE.

RENFERMANT LES SIÈCLES QUI S'ÉCOULÈRENT DEPUIS L'ÉLÉVA-
TION DE CLOVIS SUR LE TRÔNE, JUSQU'A LA FIN DU RÈGNE
DE CHARLES-LE-CHAUVE.

PREMIÈRE PARTIE.

DE L'ÉTENDUE DU DOMAINE DE LA MONARCHIE, DE L'ÉTAT CIVIL DES SUJETS,
DE L'INSTITUTION DE LA ROYAUTÉ, DES ARMÉES ET DES ASSEMBLÉES GÉNÉ-
RALES, DE LA PUISSANCE LÉGISLATIVE SOUS LES DEUX PREMIÈRES RACES.

LIVRE PREMIER.

TABLEAU DES CONQUÊTES DES FRANCS SOUS LEURS PREMIERS ROIS, ET DE TOUTES LES
ACQUISITIONS QUI ÉTENDIRENT LE DOMAINE DE LA MONARCHIE, DEPUIS CLOVIS JUSQU'A
CHARLEMAGNE.

CHAPITRE 1er.

Tableau sommaire des divers pays qui furent réunis sous une seule
monarchie aux règnes de Clovis et de ses fils.

On a fait voir, à la première époque de cet ouvrage,
que les Francs étaient déjà maîtres avant Clovis de presque tout le nord de la Gaule. Il reste à parler des acquisitions qu'ils firent depuis sous Clovis et ses fils.

Les Francs, sous les étendards de Clovis, se rendirent
premièrement maîtres de ce qui restait des cités gauloises
gouvernées par des officiers romains. Il s'emparèrent
ensuite du pays des Allemands et des Bavarois. Immédiatement après, ils acquirent le pays des Ripuaires,
qui comprenait l'île des Bataves, et qui s'étendait depuis
cette île, formée par le Rhin et la Meuse, près de l'embouchure de ces deux fleuves, jusqu'à la hauteur du territoire de Cologne. D'un autre côté, les Francs, sous
Clovis, firent reconnaître leur autorité dans la petite

Bretagne, qui était composée alors des cités de Vannes, de Saint-Malo et de Cornouailles. Enfin, sous Clovis, ils conquirent les provinces gauloises, tenues alors par les Visigoths, à la réserve de la Septimanie.

Sous les fils de Clovis, les Francs conquirent les pays des Thuringes et des Bourguignons, et ils reçurent des Ostrogoths en toute propriété les cités d'Arles et de Marseille, et tout le pays situé entre le Rhône et les Alpes, qui sépare la Gaule de la Ligurie, et qui avait été cédé précédemment par les Visigoths aux Ostrogoths. Toutes ces conquêtes réunies par les Francs à la Germanie occidentale, pays de leur origine, formèrent au milieu du sixième siècle, un État qui comprenait toute la Germanie en deçà de l'Elbe et toute la Gaule transalpine, à l'exception seulement de la Frise et de la Septimanie.

Le droit de la guerre qui était suivi dans tout l'univers, au temps des conquêtes des Francs, abandonnant sans réserve au pouvoir des vainqueurs la liberté, les lois, les propriétés, la vie et la personne des vaincus, il importe de distinguer entre les acquisitions qui étendirent l'empire des Francs, celles qui appartinrent seulement aux armes, d'avec celles qui furent l'effet d'une capitulation ou d'un traité quelconque.

CHAPITRE II.

Des conquêtes des Francs sous Clovis, sur les Romains, les Allemands et les Bavarois.

I. On a déjà vu, avant Clovis, les Francs conquérir, le fer et la flamme à la main, les provinces du nord de la Gaule soumises à l'empire romain : ce fut d'une manière aussi violente qu'ils s'emparèrent, sous Clovis, des autres parties de la Gaule où commandaient encore des officiers romains.

II et III. Les Allemands, vaincus à Tolbiac, et les Bavarois, soumis par les armes aussitôt que les Allemands, ne capitulèrent point non plus avec Clovis, et reçurent la loi sur le champ de bataille.

CHAPITRE III.

Union de la province ripuaire à la monarchie franque.

Ce fut par une véritable capitulation que les Francs se rendirent maitres du pays situé au-dessous de Cologne, entre la Meuse, le Rhin et l'Océan, pays qui portait alors le nom de Province ripuaire.

Il sera nécessaire de connaitre les divers territoires qui formaient le domaine réuni à la monarchie, sous le nom de pays des Ripuaires. Il faut donc remonter à l'origine de ce peuple, qui forma une portion intéressante des sujets de l'empire franc, et rendre compte de son état politique et des divers noms sous lesquels il avait été successivement connu avant son union à cet empire : sans cette double connaissance on ne pourrait établir sur des preuves solides les conditions de la réunion de ce pays et de ce peuple à l'empire et au peuple francs.

CHAPITRE IV.

Première dénomination du territoire uni à la monarchie sous le nom de Province ripuaire; origine du peuple qui possédait ce territoire.

I. Le pays des Bataves, situé à l'extrémité des Gaules, composé d'une île formée et enveloppée par le Rhin et la Meuse, et d'une très-petite étendue de terrain contiguë à cette île, faisait partie du pays acquis à la monarchie, sous le nom de Ripuaire.

II. Dès le premier siècle de l'ère chrétienne, cette île avait été peuplée par une migration de Cattes, qu'une guerre civile avait chassés de leur pays. Une migration de Caninéfates avait suivi de près cette première colonie, et ces deux peuples, tous deux d'origine germanique, n'en avaient plus formé qu'un sous le nom de Bataves.

III. La nation batave ne fut jamais, comme les peuples gaulois, asservie par les Romains : elle s'était alliée avec eux par un traité qui lui conservait ses lois, ses usages, son gouvernement, l'exemption de tout tribut et le droit de porter les armes ; par ce traité, elle s'était seulement obligée à faire la guerre pour les Romains, et à fournir à leurs armées des corps de troupes auxiliaires, commandés par les grands de la nation.

CHAPITRE V.

Substitution du nom d'Arborique à celui de Batave chez le même peuple.

Après le quatrième siècle, le nom de Batave ne se trouve plus dans l'histoire contemporaine; mais il est impossible de ne pas reconnaître que les Bataves étaient le même peuple dont Procope a parlé sous le nom d'Arborique. Procope a dit des Arboriques, « qu'ils habitaient « près des Francs lorsque les Francs habitaient les lieux « marécageux qui se trouvent près de l'embouchure du « Rhin, et où le Rhin se jette dans l'Océan. »

Procope a décrit précisément, par là, l'île et le pays que nous avons fait voir occupé par les Bataves.

Procope a dit que les Francs et les Arboriques « sorti- « rent autrefois d'une seule république, » et cela, « dans le « temps où les Francs étaient encore appelés Germains, » c'est-à-dire avant le troisième siècle.

On a montré que les Bataves sortaient des Cattes, qui faisaient partie de la république des Germains occiden- taux, dont les Francs eux-mêmes étaient issus.

Procope a dit des Arboriques que « depuis longtemps « ils étaient dépendants des Romains et faisaient la guerre « pour eux; » mais il a montré ensuite que ces peuples dé- fendaient eux-mêmes leur pays et résistèrent aux Francs qui, au cinquième siècle, tentèrent de les subjuguer. C'est établir précisément que les Arboriques étaient alliés, et non pas sujets des empereurs, et dire des Ar-

boriques ce qui a été dit des Bataves sur ce point intéres-
sant.

CHAPITRE VI.

De l'union des Arboriques aux Francs ; de l'union d'un corps de soldats
romains aux Arboriques et aux Francs; de la substitution du nom de
Ripuaires à celui d'Arboriques.

I. On lit dans Procope que les Arboriques s'unirent
par un traité à la nation des Francs, sous le règne de
Clovis : cet écrivain ajoute encore qu'un corps de soldats
romains, stationné sur un terrain limitrophe de celui
qu'occupaient les Arboriques, se donna, à peu près à la
même époque, aux Arboriques et aux Francs, avec le
territoire qu'ils occupaient et qu'ils défendaient sous les
derniers empereurs romains.

Procope marque de plus expressément que les Arboriques ne s'unirent aux Francs qu'à condition d'être, en
tout, égaux aux Francs, et que les soldats romains ne se
donnèrent aux Arboriques et aux Francs qu'à condition
de conserver les coutumes de leurs pères.

Ce récit de Procope, qui écrivait au commencement
du sixième siècle, est le dernier monument dans lequel
les Arboriques soient nommés; mais les monuments des
deux premières races, qui commencent à paraître au temps
où finit Procope, nomment ripuaire un peuple dans
lequel il est impossible de ne pas reconnaître les Arboriques de Procope.

II. On y voit le peuple ripuaire occuper précisément
le territoire habité par les Arboriques.

III. On trouve, chez les Ripuaires, des traits incontestables d'une origine germanique, et Procope avait dit
des Arboriques, qu'ils étaient d'origine germanique.

IV. La loi ripuaire montre partout la nation ripuaire
comme une nation distincte de la nation des Francs,
mais dont les citoyens sont, en tout, égaux aux Francs :
Procope en a dit autant des Arboriques.

V. Enfin, la loi ripuaire fait reconnaître, dans la province ripuaire même, des citoyens, Romains d'origine, vivant sous la loi romaine, qui représentent les descendants de ces soldats romains qui, au rapport de Procope, s'étaient donnés aux Arboriques et aux Francs, à condition de conserver les usages de leurs pères.

CHAPITRE VII.

De l'état de la petite Bretagne depuis l'établissement de la monarchie franque.

C'est dans les historiens de la grande Bretagne que l'on a pris ce que l'on a écrit ci-devant du premier établissement des Bretons dans les Gaules, et de leur état sous le gouvernement impérial.

Mais les traditions bretonnes ne font point connaître quel fut l'état des Bretons dans la Gaule, depuis l'établissement de la monarchie des Francs, jusqu'au milieu du neuvième siècle.

Les monuments de l'histoire de France suppléent en quelque chose au défaut des monuments nationaux et nous donnent quelques notions générales sur le sort des Bretons, pendant les premiers siècles de la monarchie. Voici les seuls faits qu'on croit pouvoir avancer.

I. Le peuple breton conserva, dans la Gaule, depuis le règne de Clovis, le domaine qu'il avait sous les empereurs, et qui comprenait les anciens diocèses de Vannes, de Saint-Malo et Cornouailles.

II. Le peuple breton fut toujours gouverné, depuis Clovis, par des chefs héréditaires tirés de sa propre nation.

III. Ces chefs, appelés comtes, ducs ou même rois, se reconnurent dépendants des monarques francs.

IV. Les Bretons ne firent point partie du peuple de la monarchie franque, puisqu'on ne les vit ni dans les armées générales, ni dans les placités généraux, et que ni la puissance législative, ni la juridiction souveraine de l'empire franc ne s'exercèrent à leur égard.

CHAPITRE VIII.

Conquête du pays des Visigoths sous Clovis.

I. Ce fut par la force des armes que les Francs triomphèrent des Visigoths et se saisirent de la plus grande partie des domaines que ceux-ci avaient conquis et possédaient dans les Gaules.

Ce fut sans distinction entre les Visigoths, nouveaux conquérants du midi de la Gaule, et les Gaulois, anciens habitants du pays conquis, que les Francs exterminèrent ou rendirent esclaves tous ceux que leur livra la victoire.

II. Cependant les Visigoths, après une défaite totale, trouvèrent, par le secours des forces des Ostrogoths, les moyens de sauver quelques débris de leur empire; ces deux peuples forcèrent les Francs de renoncer à la Septimanie.

III. Ce qui était resté de Visigoths, se réfugiant dans cette contrée et dans les Espagnes, y forma un royaume à part, qui se conserva dans les mêmes limites pendant la première race. Les Francs possédèrent donc en toute propriété, en vertu de cette conquête, tout ce que les Visigoths avaient possédé dans la Gaule, excepté la Septimanie.

CHAPITRE IX.

Conquête de la Thuringe et de la Bourgogne, consommée par les fils de Clovis.

I. Les conquêtes de la Thuringe et de la Bourgogne furent achevées sous les fils de Clovis. La Thuringe céda à la première victoire, et passa au pouvoir des vainqueurs sans faire de conditions.

II. La Bourgogne résista plus longtemps : on voit

d'une part, dans les écrits contemporains, les rois francs et leurs armées s'enrichir des dépouilles des habitants de ce pays, et y commettre toutes sortes d'excès; d'autre part, on voit les Bourguignons, peuple nombreux, résister pendant deux campagnes, avant de s'incorporer à l'empire franc. Enfin, l'an 534, les princes francs se rendirent maîtres de la Bourgogne et partagèrent le royaume entre eux.

III. L'histoire dépose vaguement que le peuple bourguignon se soumit à de certaines conditions; ce fut donc une capitulation qui acquit à la monarchie française tout le domaine que les Bourguignons avaient précédemment enlevé à l'empire romain.

CHAPITRE X.

Acquisition des cités d'Arles et de Marseille, et des territoires voisins, par les fils de Clovis.

La dernière acquisition que firent dans les Gaules les fils de Clovis, fut celle des régions, situées sur le rivage de la Méditerranée, entre le Rhône et les Alpes, qui comprenaient les cités d'Arles et de Marseille : ces contrées, tenues auparavant par les Visigoths, avaient été unies, sous le grand Théodoric, au royaume des Ostrogoths, nouveaux conquérants de l'Italie, et elles faisaient partie de ce royaume au commencement du sixième siècle.

A cette époque, Justinien entreprit de reconquérir toutes les provinces que les Ostrogoths avaient enlevées à l'empire, et, à l'ouverture de la guerre, les Ostrogoths et l'empereur Justinien cherchèrent à l'envi à mettre les Francs de leur parti.

Les Ostrogoths commencèrent par leur céder toute la partie de la Gaule dont ils étaient en possession, c'est-à-dire le pays situé entre le Rhône, les Alpes et la Méditerranée, où se trouvait Marseille.

L'empereur Justinien, pour ne point être troublé par

les Francs dans ses entreprises contre les Ostrogoths, confirma, par une renonciation authentique, la cession que les Ostrogoths leur avaient faite de cette partie des Gaules.

CHAPITRE XI.

Conquête de la Septimanie, consommée à la naissance de la seconde race.

La province de la Septimanie, qui avait échappé aux conquêtes de Clovis sur les Visigoths, cette province, dont les Francs avaient depuis vainement tenté de s'emparer, tomba enfin sous leur domination, dans le passage de la première à la seconde race.

Les armes de Charles-Martel commencèrent cette conquête, et celles de Pépin l'achevèrent.

Les Francs, conduits par Charles-Martel, pénétrèrent dans la Septimanie, ravagèrent tout le pays, s'emparèrent des villes de Nîmes, d'Agen et de Béziers, malgré l'opposition des Sarrasins établis dans les Espagnes et réunis en armes aux Visigoths.

Trente-trois ans après, les Francs, sous les étendards de Pépin, poursuivirent la conquête commencée, et assiégèrent Narbonne : ce fut alors que les Goths, capitulant avec les Francs, sur l'assurance que Pépin leur conserverait leurs lois civiles, se soumirent à sa puissance, tombèrent eux-mêmes sur les Sarrasins qu'ils achevèrent de détruire, livrèrent aux Francs Narbonne et son territoire, et devinrent enfin sujets de la monarchie, aux mêmes droits que les peuples qui s'y étaient réunis avant eux.

CHAPITRE XII.

Conquête de la Frise et de la Saxe par Charles-Martel et Charlemagne.

I. Les dernières conquêtes qui agrandirent le domaine de la monarchie, du côté du nord, furent celles de la Frise et de la Saxe. Dans la première, faite sous la conduite de Charles-Martel, il n'y eut aucune capitulation, et le pays des Frisons fut soumis entièrement et uniquement par la force des armes.

II. A la suite des guerres de Charlemagne contre les Saxons, ce fut un accord proposé par ce prince et reçu par les Saxons qui lui soumit leur pays : ils consentirent à renoncer à l'idolâtrie et furent admis à former un même peuple avec les Francs.

Ces deux dernières conquêtes n'ayant uni que pour un temps très-court la Frise et la Saxe au domaine de la monarchie, il importe peu d'approfondir les conditions particulières qui furent imposées aux vaincus.

LIVRE DEUXIÈME.

DES RÈGLES QUI FIXÈRENT L'ÉTAT POLITIQUE ET CIVIL DES HABITANTS DE LA MONARCHIE, ET DE LA NATURE DES MONUMENTS QUI PEUVENT NOUS FAIRE CONNAITRE CES RÈGLES.

CHAPITRE 1er.

De l'autorité des coutumes ou lois non écrites, et de l'autorité des lois écrites.

Les coutumes et lois non écrites, dont la tradition rappelait les dispositions et maintenait l'autorité, avaient été les seules règles connues chez les anciens Germains, avant qu'ils eussent pris le nom de Francs. Alors ils n'avaient point l'usage de l'écriture; mais dès que les Germains occidentaux eurent commencé à former leur association et à porter le nom de Francs, ils connurent des lois écrites, et ces lois qu'ils avaient admises avant leur établissement dans les Gaules, continuèrent à les régir sous le gouvernement monarchique.

En adoptant les lois écrites, les Francs ne renoncèrent point à l'autorité des coutumes qui avaient formé dans l'origine leur unique législation; ces coutumes fixaient parmi eux les points les plus importants du droit politique, militaire et civil; elles y conservèrent une autorité égale à celle de quelque loi écrite que ce pût être. On doit donc considérer la législation fondamentale de la monarchie, comme un composé de lois écrites et de lois non écrites.

Les dispositions des coutumes ne pouvant être connues que par leur observation, et les dispositions des lois écrites ne pouvant l'être que par les codes qui les renferment, le tableau du droit public primordial de la monarchie doit résulter, en premier lieu, des faits historiques qui établissent l'observation, et conséquemment l'existence des règles non écrites, et, en second lieu, des monuments qui renferment les textes des lois écrites.

CHAPITRE II.

Du droit qu'avaient les citoyens de la monarchie franque de suivre chacun sa loi civile.

I. La conquête et les traités avaient réuni sous un gouvernement commun les diverses nations qui habitaient la monarchie franque; mais les lois générales de ce gouvernement avaient conservé aux citoyens originaires de nations différentes l'usage des lois civiles particulières qui leur avaient été propres avant la conquête.

II. La loi qu'on appelait *loi salique* avait été rédigée chez les Francs, immédiatement avant l'époque de la création de la royauté.

III. Elle fut la loi civile particulière des citoyens francs d'origine.

IV. Les Ripuaires furent régis par un code civil différent du code des Francs, et conforme aux coutumes de leurs pères. Les Bavarois et les Allemands eurent aussi chacun un code civil particulier, conforme à leurs anciens usages.

V. Les Bourguignons retinrent, sous les rois francs, l'usage de la loi civile que Gondebaud, l'avant-dernier de leurs rois, avait publiée, et elle conserva le nom de *loi Gombette.*

VI. Les Romains, ou anciens habitants des Gaules, suivirent le code civil qui les avait régis dans l'empire.

VII. C'était le code Théodosien, seul connu en Occident à l'époque de la fondation de la monarchie.

VIII. Les Visigoths, habitués dans la Septimanie et la Catalogne, conquises sous la seconde race, conservèrent l'usage des lois civiles Visigothes, publiées par les anciens rois de cette nation.

IX. Enfin, lorsque les princes carliens eurent dompté

les Frisons et les Saxons, ils laissèrent à chacun de ces peuples les coutumes civiles de leurs pères, et les firent rédiger dans leurs codes.

X. Par une exception à ces principes généraux, l'accord des lois générales de l'empire franc, et des lois de l'Église gallicane, soumit le clergé aux lois civiles romaines; de sorte que les citoyens de diverse origine, du moment qu'ils devenaient clercs, étaient considérés comme une partie de la nation romaine, et ne connaissaient plus d'autre loi particulière que le code Théodosien.

CHAPITRE III.

Des lois générales de l'empire franc, et de leur supériorité sur les lois nationales.

Les lois générales de l'empire franc consistaient dans les coutumes adoptées par le roi et l'assemblée des citoyens de la monarchie, et dans les lois écrites, publiées par les rois mérovingiens sous le nom de *décrets,* et par les rois carliens sous le nom de *capitulaires.*

I. Les coutumes générales obligeaient tous les sujets sans distinction de nation.

II et III. Les lois publiées par les rois mérovingiens sous les noms de décret ou convention, et celles publiées par les princes carliens sous le nom de capitulaires, avaient une égale autorité.

IV et V. Ces lois générales, supérieures aux codes particuliers, pouvaient ajouter et déroger par des règlements formels aux dispositions des diverses lois nationales, et faire cesser l'observation des principales dispositions de ces lois, par des dispositions contraires. En un mot, les lois nationales, ne subsistant qu'avec subordination à la puissance dispensatrice des lois générales, et pliant toujours devant ces lois, ne pouvaient conserver d'empire qu'autant que la puissance législative consentait à leur en laisser.

On verra, dans la suite de cet ouvrage, de quelle sorte ces lois générales, émanant du concours de plusieurs nations qui ne formaient plus qu'un peuple, vinrent à rappeler peu à peu les systèmes divers des codes particuliers au système général d'une législation unique.

CHAPITRE IV.

Du premier dépôt de lois qui ait existé en France ; de la dissipation de ce dépôt, et des monuments qui nous indiquent, à son défaut, les lois générales des deux premières races.

I. Les lois écrites des quatre premiers siècles de la monarchie étaient remises au chancelier aussitôt leur publication, et l'on en gardait des exemplaires dans un registre qui se conservait au palais du roi.

II. Ce registre était l'unique dépôt public des lois des deux premières races ; et comme on n'en trouve point de vestige dans les dépôts publics connus depuis la troisième race, il est évident que ce registre s'est perdu, soit durant les désordres des derniers règnes des rois carliens, soit lors de l'enlèvement fait sous Philippe-Auguste de tous les papiers de la Couronne.

Les autorités qui nous ont transmis immédiatement la connaissance des lois des deux premières races se réduisent donc aux copies, ou extraits des exemplaires originaux perdus, et les degrés d'autorité de ces sortes de monuments se mesurent sur leur date plus ou moins éloignée de l'époque des originaux, sur la gravité des écrivains qui nous les ont transmis, enfin sur l'accord des différents témoignages qui déposent en faveur de l'authenticité de ces monuments.

Ce sera dans ces monuments que l'on puisera les preuves de cet ouvrage : il est donc essentiel de fixer le degré de confiance qui est dû à chacun d'eux ; c'est ce qui nous reste à remplir.

CHAPITRE V.

De la nature des monuments qui nous ont transmis les dispositions des lois de la première race.

Les dispositifs des codes saliques, ripuaires, allemands et bavarois ont été conservés dans des manuscrits authentiques et très-anciens, et les prologues de ces codes indiquent précisément les époques des rédactions et réformations qu'ils subirent sous divers règnes. Des copies entières d'un décret de Childebert II, conservées dans divers manuscrits authentiques et contemporains, font connaître plusieurs des conditions qui furent observées dans la rédaction de divers textes de la loi salique. On a aussi la copie entière du préambule de la souscription, et de la plupart des dispositifs d'un décret de Clotaire II, de l'an 616, dans des manuscrits authentiques et contemporains.

Des manuscrits authentiques et contemporains nous ont transmis la copie des dispositifs de deux décrets publiés, l'un sous Childebert II, l'autre sous Clotaire II; mais l'on a omis dans les manuscrits le préambule et la souscription de ces lois.

CHAPITRE VI.

De la nature des monuments qui nous ont transmis les lois de la seconde race.

I. Les capitulaires des années 816, 817, 844, 862, 864 et 869, sont les seules lois dont les copies entières se soient conservées dans des manuscrits authentiques et contemporains.

II. Baluze a publié, par ordre de dates, divers extraits des capitulaires des carliens, rédigés dans les temps mêmes de leur publication et recueillis dans beaucoup de manuscrits anciens et authentiques. La plupart de ces

écrits contiennent la copie des dispositifs des lois des rois
carliens; mais, à l'exception de ceux que nous venons
de citer, aucun ne rapporte le préambule ou la souscription des lois dont il présente l'extrait : quelques-uns
suppléent au défaut de préambule et de souscription, par
des notes qui indiquent l'époque et les formes de la promulgation des lois; d'autres ne donnent que le nom du
prince qui les avait publiées; il y en a qui n'indiquent pas
même ce nom; plusieurs enfin n'offrent qu'une notice
imparfaite des lois qu'ils rappellent, ou même se bornent
à donner le titre, et non le texte de certains dispositifs.

III. Angésise recueillit, vers le milieu du neuvième
siècle, une partie des capitulaires de Charlemagne et de
Louis-le-Pieux, et peu de temps après lui, Benoit Lévite
réunit dans trois autres livres divers articles des capitulaires de ces deux princes et de Pépin.

Les recueils d'Angésise et de Benoit Lévite participent
aux imperfections que nous avons remarquées dans les
écrits publiés par Baluze sous le nom de capitulaires, et
ni l'un ni l'autre, ni tous les deux ensemble, ne réunissent en entier les dispositifs des lois des règnes auxquels
ils les rapportent.

Les quatre livres d'Angésise, et les trois appendices qui
y sont joints, ne contiennent que l'extrait des lois, et non
point leurs copies entières; on n'y voit que les simples
dispositifs des capitulaires, rangés par ordre des matières, et non par ordre de dates, sans faire mention ni des
préambules, ni des souscriptions, ni des époques des
lois.

Le recueil d'Angésise ayant été formé sur les copies
particulières répandues dans le royaume que l'auteur
avait pu recouvrer, il est arrivé de là que plusieurs des
articles intitulés *capitulaires*, ne sont que des notes
incomplètes des dispositifs des lois, et non les dispositifs
mêmes. Enfin, Angésise n'a publié qu'une partie, et non

la totalité des capitulaires de Charlemagne et de Louis-le-Pieux.

Le recueil de Benoît Lévite se forma, comme celui d'Angésise, sur les copies particulières des lois des premiers carliens qui étaient répandues dans le royaume, et qu'il put recouvrer ; l'auteur rapporte les dispositifs des lois, tels qu'ils étaient dans ces copies, sans préambule ni souscription, ajoutant seulement à quelques dispositifs, des intitulés qui font connaître les formes de la promulgation des lois, le règne et l'époque de leur publication.

Des trois livres de Benoît Lévite, le premier seul renferme, exclusivement à tous autres actes, des actes de législation, et les deux autres contiennent, confusément avec ces actes, beaucoup d'objets étrangers. Enfin, Benoît Lévite, invitant lui-même ceux qui viendront après lui à recueillir les capitulaires des carliens qu'il n'a pu retrouver, nous montre que ce dernier recueil ne renferme point toute la législation des règnes des trois premiers rois carliens.

IV. Il faut remarquer que c'est le mot *capitulum* qui désigne les ordonnances de nos rois appelées capitulaires, et que ce mot *capitulum*, désignant aussi bien les divisions de tout ouvrage quelconque, que les divisions des lois générales, beaucoup d'écrits publiés dans les trois recueils de Baluze, d'Angésise et de Benoît Lévite sous le nom de capitulaires, sont absolument étrangers à la législation, et ne sauraient se confondre avec les lois générales de la seconde race.

CHAPITRE VII.

Des monuments indirects qui peuvent faire connaître les lois non écrites des deux premières races.

L'existence de beaucoup de coutumes qui avaient force de loi, et la perte certaine d'une partie des lois écrites sous les deux premières races, forceront à consulter sur la législation de ces époques, en outre des décrets des mérovingiens et des capitulaires des carliens, les monuments historiques qui démontrent l'existence de diverses lois.

Les monuments historiques démontrent en effet l'existence des lois dont ils prouvent l'observation constante, ou dont ils rappellent les dispositions à leurs contemporains; et lorsque des historiens citent immédiatement des textes de lois écrites, ils prouvent encore plus formellement que les originaux existaient de leur temps.

On appelait formules, dans les quatre premiers siècles de la monarchie, des modèles d'actes, de contrats et de procédures dressés par des hommes plus instruits que les autres, pour guider le commun des citoyens dans la rédaction de ces mêmes actes.

Les formules étaient la même chose que les styles civils et criminels que les praticiens publient de nos jours, et qu'il suffit de copier, en remplissant des noms en blanc, pour rédiger dans les formes les actes de procédure. Les formules de Marculfe, et celles qui ont été publiées par Bignon, Lindenbrog, etc., présentent à peu près tous les actes en usage dans ces temps-là : ces monuments fournissent des lumières variées sur tous les détails des lois civiles et criminelles, générales et particulières, qui régissaient les diverses nations et le corps entier du peuple. Elles nous apprennent, de la manière la moins suspecte, les usages, les principes et les règles positives. Les originaux de ces formules, avouées et pratiquées dans leur siècle, sont un supplément valable des lois dont elles empruntent les formes qu'elles proposent, et qui existaient au temps de la rédaction de ces formules.

Les diplômes étaient les actes de l'autorité du prince, qui ne faisaient pas partie de la législation; on les invoque, non comme des lois, mais comme rendant témoignage des lois, des règles, des principes d'après lesquels ils statuent. Enfin, sous le titre général d'actes originaux, on comprend les contrats, les chartes et les actes de procédure et de jugements qui eurent lieu dans les quatre premiers siècles de la monarchie, et qui font connaître les dispositions des lois, sur lesquelles chacun d'eux a été assis.

LIVRE TROISIÈME.

DU PARTAGE DU BUTIN ET DES TERRES CONQUISES ENTRE LES ROIS FRANCS ET LEURS PEUPLES ; IDÉES GÉNÉRALES SUR LE TAUX DES MONNAIES ET L'ÉTAT DE LA CULTURE, DANS LES PREMIERS AGES DE LA MONARCHIE ; DE LA DIVISION PAR MANSES DE TOUTES LES TERRES DU ROYAUME.

CHAPITRE Ier.
Idée de ce livre.

Avant de traiter de l'état politique du peuple franc, on doit faire connaître quelle fut la distribution du domaine de la conquête entre le roi et ses sujets, et quel fut le sort respectif des peuples conquérants, et des différents peuples conquis réunis dans une seule monarchie : ce sera le premier objet de ce livre. Tout ce qui peut instruire sur le taux des monnaies, sur l'état de la culture, sur la division des possessions, le progrès des arts dans l'empire franc, doit aussi être traité ; puisque ces différents objets servent à donner une idée des mœurs et du génie du peuple et du degré de civilisation où il était parvenu lors de la fondation de la monarchie.

Le défaut de monuments positifs nous réduit à n'approfondir qu'une partie de ces objets, et à présenter sur les autres des idées générales, ou des approximations liées au peu de notions positives que l'on trouve dans l'histoire de ces commencements.

Mais, constamment attaché aux règles que nous nous sommes imposées dans la composition de cet ouvrage, nous ne poserons en fait que ce que nous pourrons prouver ; et, sans créer aucun système, nous présenterons les vraisemblances sur les points ignorés, de manière à donner des idées liées et conséquentes : au reste, aucun des points sur lesquels la preuve littérale manque ici n'est essentiel au corps des principes qui doivent s'enchaîner dans cet ouvrage.

CHAPITRE II.

Du partage des fruits de la conquête entre les rois francs et leurs peuples.

Nos premiers rois ne disposèrent point arbitrairement du domaine de leurs conquêtes : ces conquêtes, qu'ils durent au concours des volontés et des forces de la nation, se partagèrent d'accord, comme le butin, entre les monarques et les sujets.

CHAPITRE III.

De l'usage que les rois et les Francs firent du droit de la guerre et du droit de conquête.

I. Les rois et les guerriers francs, dans le cours de leurs conquêtes, exercèrent sans obstacle et sans ménagement toute l'atrocité du droit des gens des peuples barbares. Ils ravirent, les armes à la main, aux Gaulois et aux divers peuples sur lesquels ils conquirent les provinces gauloises, toutes les richesses mobilières et les biens-fonds qui tentèrent leur avidité.

II. Tous les captifs furent par eux réduits en esclavage.

III. De cette sorte, les Francs acquirent d'immenses propriétés territoriales, qui furent subdivisées dans la Gaule, entre les rois et les familles franques, immédiatement après la conquête.

CHAPITRE IV.

Différences qui existèrent entre les conditions respectives de chacune des nations réunies au peuple franc.

I. La conquête des Gaules une fois terminée, les conquérants cessèrent d'envahir, et les hommes libres qui restèrent parmi les vaincus, ne formant plus qu'un seul peuple avec les Francs et les Ripuaires, les premières lois de la monarchie garantirent pour l'avenir la liberté civile et les propriétés qu'ils avaient conservées après la conquête. Les diverses nations ne participèrent pas cependant avec une entière égalité aux avantages civils de leur réunion aux Francs; et les différences de leur sort respectif furent relatives aux différentes conditions auxquelles elles avaient été incorporées à l'empire franc.

Les Ripuaires se donnèrent eux-mêmes aux Francs, et les Barbares, qui capitulèrent avec eux, furent en tout égaux aux Francs.

Une partie des Gaulois, avec les provinces qu'ils occupaient, ayant passé sans résistance sous la puissance des Francs, une autre partie déjà subjuguée par les Barbares avait suivi, dans une sujétion passive, l'union qui s'était faite de son ancien domaine à l'empire des nouveaux vainqueurs. Les Gaulois ne durent qu'au système politique sur lequel s'établissait la monarchie franque le maintien de leur liberté et de leurs propriétés, et n'eurent rien à opposer aux lois qui abaissèrent leur état civil au-dessous de celui des Francs, des Ripuaires et des Barbares.

II. Les différences de l'état civil des Gaulois à celui des autres nations se marquent par les lois générales qui, dans le système des compositions, fixèrent pour les torts éprouvés par un Gaulois ou Romain, et pour le meurtre même de ce citoyen, des satisfactions inférieures de moitié à celles imposées pour les mêmes offenses ou le même crime commis à l'égard d'un Franc, d'un Ripuaire ou d'un Barbare.

CHAPITRE V.

De la valeur des monnaies et des denrées.

La première chose nécessaire pour donner une idée juste de la valeur des possessions, est de fixer la valeur des monnaies qui en est la mesure. On sait qu'il existait dans l'empire franc, dès les premiers âges de la monarchie, de l'or monnayé ; mais il y était si rare, que les plus fortes sommes ne s'y désignaient ordinairement, dans les lois et dans les actes, que par la monnaie d'argent qui était le seul métal monnayé d'un usage général.

I. Le poids seul déterminait la valeur de la monnaie courante dans l'empire franc ; durant les deux premières races, le denier était la monnaie réelle ; on se servait le plus généralement des termes de sous et de livres.

II. Une livre signifiait douze onces pesant d'argent ; un sou signifiait la vingtième partie du poids de douze onces.

III. Un denier pesait la douzième partie du sou, et c'était en cumulant les deniers que l'on composait les sous et les livres.

IV. Aux premiers siècles de l'empire franc, la livre de blé était de seize onces.

V. Le boisseau était de quatre-vingt-seize livres, et son prix ordinaire de quatre deniers.

VI. Le prix commun des bestiaux était à raison de deux sous pour un fort bœuf. Le prix des bestiaux était donc très-vil en comparaison de celui des grains.

VII. Le prix des vêtements, des armes et de tous les travaux d'industrie était excessif en comparaison du prix des grains et même du prix des bestiaux.

CHAPITRE VI.

Idée du rapport de nos monnaies actuelles aux monnaies anciennes, usitées dans l'empire franc.

Les noms de deniers, sous et livres servirent de tous temps en France pour exprimer les valeurs numéraires. Sans entrer dans la question difficile et compliquée de la valeur intrinsèque des monnaies anciennes et de nos monnaies actuelles, on peut, en comparant ces monnaies par leur titre, donner des idées générales et relatives sur le prix des choses qui se vendaient et s'achetaient dans les premiers siècles de la monarchie, et sur le prix auquel elles se vendent et s'achètent aujourd'hui.

Nous avons des notions certaines de ce que le denier, le sou, la livre ancienne pouvaient procurer en denrées de première nécessité, et c'est en comparant les nombres de deniers, sous ou livres avec lesquels on paierait aujourd'hui égale quantité des mêmes denrées, que nous parvenons à connaître quelle somme, en livres, sous et deniers de nos monnaies, représente à peu près dans le commerce les moindres sommes des anciens deniers, sous et livres.

On vient de voir qu'aux premiers siècles de la monarchie, un boisseau de froment, du poids de 96 livres, se vendait ordinairement quatre deniers.

Le sou de la monnaie des Francs, se composant de douze deniers, représentait donc alors, au prix commun, trois boisseaux de froment, pesant chacun 96 livres.

On a choisi entre les mesures usitées celle qui simplifie le plus la comparaison que l'on cherche à faire; on prend le boisseau actuel du poids de 72 livres; on apprécie à la somme de 6 livres, monnaie actuelle, le boisseau de froment; ce prix semble modéré.

Il faut quatre boisseaux de froment, pesant chacun 72 livres, pour équivaloir à trois boisseaux de froment pesant, au temps de Charlemagne, chacun 96 livres.

Si quatre boisseaux de froment, au prix de 6 francs le boisseau, se paient la somme de 24 livres, au temps où nous sommes, si la même quantité de froment se payait un sou dans les temps anciens, la somme de 24 livres, au temps où nous sommes, représente un sou du temps dont nous parlons.

D'après cette donnée le rapport de la monnaie ancienne à la monnaie actuelle serait de 1 à 480.

On a trouvé qu'un bon bœuf se vendait communément, durant les deux premières races, le prix de deux sous. Aujourd'hui un bon bœuf, c'est-à-dire un bœuf sans vices et dans toute sa force, se paierait au prix commun 200 livres.

D'après cette approximation, le rapport de la monnaie ancienne à la monnaie actuelle serait de 2 sous à 200 livres, ou de 1 sou à 100 livres, et finalement de 1 sou à 2000 sous. Ayant démontré que dans les premiers âges de la monarchie le blé était à un très-haut prix, en comparaison des autres denrées, nous ne fixerons pas la valeur proportionnelle des monnaies anciennes et nouvelles sur le seul prix des blés.

Par la raison contraire, nous ne fixerons pas cette valeur proportionnelle sur le seul prix des bestiaux, que nous avons montré être extrêmement bas dans la France ancienne, en comparaison des autres denrées.

Les prix relatifs des blés et des bestiaux étant cependant les objets les plus palpables et les plus solides pour établir une approximation raisonnable de la valeur relative des monnaies anciennes et nouvelles, nous combinerons ces objets, pour prendre le milieu entre leurs extrêmes.

Diminuons donc en idée la moitié sur le prix du boisseau de froment dans la France ancienne : nous aurons 6 deniers pour trois boisseaux, et le rapport de la monnaie ancienne à la monnaie actuelle, au lieu d'être de 1 à 480, sera presque de 1 à 1000.

Augmentons en idée moitié sur le prix des bestiaux dans la France ancienne : nous aurons quatre sous pour le prix d'un bœuf, et le rapport de la monnaie ancienne à la monnaie actuelle, au lieu d'être de 1 à 2000, sera de 1 à 1000. En résumant ce calcul et adoptant l'idée générale qu'il nous présente, nous envisagerons la livre ancienne comme équivalente à mille livres de notre monnaie; le sou à cinquante livres; le denier à plus de quatre livres.

CHAPITRE VII.

De la division par manses de toutes les terres du royaume.

I. Tous les domaines du royaume des Francs, aux premiers siècles, se divisaient en manses. Un manse pouvait contenir une maison, des bois, des pâturages et toujours une certaine quantité de terres labourables.

II. L'étendue territoriale d'un manse fut toujours invariablement la même.

III et IV. Elle revenait à la mesure de douze journaux romains, qui représentent six arpents, mesure de Paris.

LIVRE QUATRIÈME.

DU GRAND NOMBRE DES ESCLAVES QUI SE TROUVAIENT DANS LA MONARCHIE FRANQUE ; DE
LA PROPORTION QUI EXISTAIT ENTRE LE NOMBRE DES HOMMES LIBRES ET LE NOMBRE
DES ESCLAVES ; DE LA GRANDE SUPÉRIORITÉ DU NOMBRE DES HOMMES LIBRES FRANCS
ET BARBARES, SUR LE NOMBRE DES HOMMES LIBRES GAULOIS OU ROMAINS.

CHAPITRE Ier.

De l'existence de l'esclavage de la glèbe dans l'empire romain.

L'esclavage de la glèbe exista dans l'empire franc durant les quatre premiers siècles de la monarchie, sous toutes sortes de formes et de dénominations.

I et II. Les noms de *Colons* et *Accolæ* désignèrent également les esclaves attachés à la culture, qui appartenaient, comme immeubles, aux terres sur lesquelles ils vivaient, et qui suivaient ces terres dans toutes leurs mutations.

III. Les noms de *Fiscalins* désignèrent précisément les esclaves ou colons du fisc.

IV et V. Les noms d'*Aldions* et de *Lides* appartinrent à des esclaves attachés aux terres, aux mêmes conditions que les colons.

VI. Les hommes du roi, hommes ecclésiastiques, ne furent autres que les colons esclaves, appartenant au fisc ou aux églises.

VII. Enfin les tributaires, ou hommes publics, furent une dernière classe d'esclaves attachés aux terres, à des conditions différentes des autres esclaves ; mais, comme eux, immeubles et aliénables avec les terres.

VIII. Les monuments qui nous découvrent toutes ces diverses classes nous indiquent quelques différences entre les conditions de l'esclavage de chacune : mais il n'importe pas à l'objet politique dans lequel nous considérons ici l'esclavage, de scruter à fond ces différences, qui marquaient plusieurs classes et une seule condition.

CHAPITRE II.

Du grand nombre des esclaves de la glèbe dans l'empire franc.

I. Ce qui a été établi dans le chapitre précédent, pour marquer l'existence de l'esclavage de la glèbe dans la monarchie primitive, fixe déjà les idées sur la grande multitude d'hommes qui furent soumis à une telle condition dans cette monarchie. En effet, les mêmes autorités qui montrent que, les colons, accolæ, servi, mancipii, fiscalins, aldions, hommes du roi, hommes ecclésiastiques, lides, tributaires, étaient autant d'esclaves cultivateurs, font envisager chacune de ces classes comme très-nombreuse, toutes et chacune comme dévouées à la culture et comme dépendances immédiates des propriétés territoriales, toutes attachées aux domaines, et les suivant dans leurs différentes mutations ou aliénations.

II. De nouvelles autorités viennent encore fortifier la preuve qui a résulté des premières.

III. Dans divers actes et monuments historiques, les esclaves de la propriété des particuliers sont comptés par centaines ou par milliers; une multitude d'actes, de dons, ventes ou échanges de terres font toujours mention d'esclaves sur les domaines aliénés.

IV. On trouve les esclaves jusque sur les terres tenues en bénéfice ou à vie.

V. On ne supposait pas alors qu'un domaine en valeur pût exister sans esclaves. On estimait généralement qu'une famille d'esclaves était attachée à chacune des menses qui composaient les différentes propriétés. Des modèles d'actes de donation, vente, échange, supposaient toujours des esclaves attachés aux terres; enfin, il n'est presque point de provinces, où des monuments précis ne contastent l'existence des esclaves de la glèbe sur un grand nombre de domaines différents.

CHAPITRE III.

De l'existence et de l'étendue de l'esclavage domestique.

I. Sous le titre d'esclaves domestiques l'on comprend généralement tous les esclaves meubles, qui se négociaient indépendamment des terres, et comme tous les autres effets commerçables. Un grand nombre de ces esclaves, habitant dans la maison du maître, y rendaient seuls tous les services privés, et remplaçaient entièrement la classe des domestiques, existante aujourd'hui parmi nous.

II, III, IV, V et VI. Les esclaves domestiques, attachés chacun à un maître, exerçaient à son profit tous les arts connus dans le temps et dans l'empire dont nous parlons, et remplaçaient presque entièrement les divers artisans reconnus aujourd'hui parmi nous.

VII. Il paraît qu'il y avait encore, dans le nombre de ces esclaves meubles, une classe d'hommes qui, n'étant point affectés au service domestique du maître, et qui, ne travaillant point comme artisans, étaient employés à des services ruraux.

VIII. Enfin le vil prix des esclaves démontre mieux que tout le reste combien ils étaient communs : leur prix ordinaire était au-dessous de douze sous de la monnaie d'alors, c'est-à-dire au-dessous de la somme représentative de six cents livres environ de notre monnaie.

CHAPITRE IV.

De l'état civil des esclaves, et des différents degrés d'affranchissement.

I. Les lois franques, à l'instar de toutes les lois connues dans les empires où l'esclavage fut admis, refusèrent tous les droits de citoyen aux êtres dévoués à cette condition par la servitude de la glèbe ou par la servitude domestique ; les esclaves ne purent s'allier aux personnes libres, sans les entraîner dans l'esclavage ; ils ne purent être promus aux ordres ecclésiastiques, à moins d'avoir été préalablement affranchis.

Les réparations des violences faites à un esclave se réduisaient à des compositions en argent qui se payaient au maître de l'esclave.

II. Les esclaves n'avaient point d'action en justice, et ils étaient incapables de contracter un acte civil. Les maîtres étant responsables du crime de leurs esclaves, eurent aussi le droit de leur imposer toute sorte de peines correctionnelles

Le bien particulier que les esclaves pouvaient avoir en propre avant d'être tombés en servitude, et celui qu'ils pouvaient acquérir par leurs travaux et leur industrie, étaient également la propriété des maîtres; et les esclaves n'en jouissaient et n'en disposaient que par leur expresse permission et autorisation, même après l'affranchissement.

Les maîtres avaient le droit de rappeler à la servitude leurs esclaves et la postérité de leurs esclaves, sans aucune prescription d'années, toutes les fois qu'ils pouvaient prouver leur droit primitif sur eux, et qu'il n'existait point d'actes par lesquels ils les eussent légitimement affranchis.

III. Enfin les maîtres vendaient à leur gré les esclaves domestiques et aliénaient librement les esclaves de la glèbe avec les domaines dont ils dépendaient.

IV. Il y avait trois manières d'affranchir les esclaves. La première s'appelait affranchissement par le denier; elle s'effectuait devant le roi : de ce moment l'esclave entrait en possession de tous les droits des hommes libres barbares, et recevait le titre d'ingénu, qui désignait chez les Barbares, l'état de parfaite liberté.

La seconde manière d'affranchir avait lieu dans l'église: le maître y déclarait son esclave citoyen romain, et l'esclave, par cet acte, devenait égal à l'homme libre romain.

V. La troisième manière d'affranchir consistait, ou dans une déclaration faite à l'église, ou dans un acte écrit en présence de témoins; par cet acte, l'esclave devenait tabulaire ou affranchi, et n'acquérait point une liberté entière, puisqu'il demeurait sujet à des obligations personnelles envers le maître, et tellement attaché au domaine où il avait d'abord été fixé, qu'il suivait, comme les esclaves, toutes les mutations de ce domaine.

La liberté et la puissance d'affranchir les esclaves, d'une de ces trois manières, appartenait absolument aux maîtres dans l'empire franc.

CHAPITRE V.

Idée de la proportion qui existait entre le nombre des hommes libres et le nombre des esclaves, dans l'empire franc.

La supposition qui réduirait au vingtième des habitants de la France actuelle le nombre de ceux qui vivent uniquement du produit de leurs propriétés, ne pourrait paraître exagérée.

Quelque augmentation que le luxe et le commerce aient pu apporter, sous la troisième race, dans le nombre des laboureurs, domestiques, manœuvres et artisans, c'est probablement la supposer trop forte que de porter ce nombre au double de celui qui existait sous les deux premières races : or on a prouvé qu'à ces époques, les esclaves remplissaient généralement ces différents emplois. Ce serait donc l'évaluation la plus faible possible, qui porterait le nombre des esclaves, sous les deux premières races, aux neuf dixièmes des habitants de la monarchie.

I. Les Visigoths étaient un peuple de la même origine que les Francs; ils s'établirent dans les Espagnes à la même époque que les Francs dans la Gaule, dans des circonstances à peu près semblables, et la loi des Visi-

goths portait que chaque homme libre devait mener à la guerre le dixième de ses esclaves. Cette disposition de la loi ne doit-elle pas faire présumer qu'il y avait au moins dix esclaves pour un homme libre chez les Visigoths? et cette proportion présumée aussi fortement chez un peuple de mêmes mœurs que les Francs, de même origine que les Francs, conquérant ainsi que les Francs d'un pays soumis comme la Gaule au terrible gouvernement romain, ne prête-t-elle pas une grande force à la supposition par laquelle on établit qu'il existait au moins neuf esclaves pour un homme libre, dans les premiers âges de la monarchie franque?

En Russie on compte environ vingt-deux millions d'habitants, parmi lesquels au moins dix-neuf millions d'esclaves; cependant l'on ne connaît en Russie que l'esclavage de la glèbe, et les progrès rapides de la civilisation, depuis Pierre-le-Grand, y ont diminué sans cesse les servitudes.

CHAPITRE VI.

Ce ne furent point les lois primitives de la monarchie qui favorisèrent ou accrurent les servitudes.

I. Si l'on a vu dans l'empire romain l'oppression politique et les vexations fiscales, détruisant l'état et les propriétés des citoyens, étendre chaque jour l'esclavage civil, on ne verra rien de semblable sous la constitution de la monarchie franque, qui respecta également la liberté personnelle et les propriétés. L'on remarque, à la vérité, que les lois civiles de l'empire franc mirent l'esclavage au rang des peines, à l'égard de ceux qui ne pouvaient payer les amendes infligées à tous les délits privés, non capitaux.

II. Mais alors même, la servitude ne fut infligée qu'aux coupables et non à leur famille.

III. La confiscation, si souvent pratiquée dans l'empire

romain, et qui réduisait les familles des condamnés à se vendre, n'eut lieu dans l'empire franc que pour le crime de lèse-majesté au premier chef, et pour celui de désertion. Enfin l'affranchissement des esclaves demeurant toujours, dans l'empire franc, à la disposition absolue des maîtres, dut rendre à la société autant de citoyens que l'application des peines civiles pouvait lui en enlever.

Ce n'est donc point dans le premier droit civil des Francs que l'on doit chercher la cause de la multitude de servitudes qui existèrent chez eux aussitôt après leur établissement dans les Gaules.

CHAPITRE VII.

Le droit des gens suivi dans les guerres que les Francs eurent entre eux sous les deux premières races, n'eut point l'effet d'accroître le nombre des servitudes.

Le droit des gens, suivi par les Francs dans les guerres qui leur assujettirent les Allemands, Bavarois, Thuringes et Bourguignons, put bien réduire à l'esclavage quelques naturels barbares saisis dans l'action de la guerre; la conquête qui unit ces peuples au gouvernement des Francs dut encore apporter dans le sein de la monarchie un certain nombre d'esclaves, formé des captifs que ces Barbares avaient enlevés dans leurs différentes guerres contre les Romains et les Gaulois. Mais les guerres qui soumirent les Allemands, Bavarois, Thuringes, Bourguignons, furent de trop courte durée pour qu'on puisse supposer qu'elles aient acquis aux Francs un grand nombre de captifs, et ce nombre, réuni à celui que les Barbares avaient pu apporter à la monarchie, forme un ensemble trop borné pour répondre à l'idée générale que l'on a donnée de l'étendue de l'esclavage dans la monarchie franque.

Quant aux guerres civiles qui eurent lieu entre les princes francs, depuis Clovis jusqu'à Charles-le-Chauve, elles ne purent accroître le nombre des servitudes ; le but de la victoire pour chaque prince étant de faire reconnaître sa puissance à tout ou partie du peuple de la monarchie, le premier acte qui la suivait était ordinairement d'assurer aux citoyens soumis la possession de leur liberté et de leur propriété, pour acquérir à ce prix leur serment de fidélité.

CHAPITRE VIII.

Causes réelles du grand nombre d'esclaves déjà existants dans les Gaules lors de la fondation de la monarchie des Francs.

C'est dans les malheurs de la Gaule, c'est dans l'état d'oppression auquel ses habitants furent livrés, avant et depuis les conquêtes de Jules-César, qu'il faut chercher les causes de la multitude prodigieuse des servitudes déjà existantes au moment de la fondation de la monarchie des Francs.

On a fait voir que la tyrannie des druides dans les Gaules avait déjà réduit presque tout le petit peuple en esclavage avant la conquête de César.

On a épuisé la preuve du grand nombre des servitudes qui avaient résulté, dans les temps qui suivirent, et du despotisme impérial, et des invasions des Barbares, qui s'étaient succédé, presque sans interruption, depuis le troisième jusqu'au cinquième siècle.

On a vu les guerres qui préparèrent pendant un siècle et consommèrent à la fin les conquêtes des Visigoths, des Bourguignons et des Francs dans les Gaules, livrer aux vainqueurs et précipiter dans l'esclavage la foule innombrable de captifs dont ils s'emparèrent.

Ce fut après que tous ces fléaux eurent condamné à la servitude le plus grand nombre des hommes libres, Gaulois et Romains, que les vainqueurs fondèrent enfin la monarchie des Francs.

La législation primordiale, s'établissant alors, maintint

la possession des esclaves déjà acquis à chaque citoyen, comme les autres propriétés; et la presque totalité des regnicoles de la Gaule, ayant précédemment subi le joug de l'esclavage des Francs, des autres Barbares, ou de leurs propres concitoyens, resta dans la servitude et composa presque seule la somme prodigieuse d'esclaves dont on a fait voir l'existence lors de la fondation de la monarchie.

CHAPITRE IX.

Idée de la population générale de la monarchie des Francs : supériorité des hommes libres francs sur les hommes libres gaulois ou romains.

Aucun monument ne nous donne une idée précise de la population générale de la monarchie sous les deux premières races. Des considérations sur la nature des choses et les circonstances les plus remarquables de l'histoire de ces premiers âges pourront cependant nous en donner une idée approximative.

Le territoire de la monarchie franque était beaucoup plus étendu alors que de nos jours, mais des parties immenses en étaient incultes et inhabitables : le commerce et les richesses dont il est la source sont des causes nouvelles de population qui n'agissaient pas dans les premiers âges de la monarchie.

D'après ces considérations, il semble que l'évaluation la plus forte de la population d'alors ne la porterait pas à un plus grand nombre d'habitants que celui que renferme aujourd'hui la France. Le calcul qui porte ce nombre à 24 millions est le plus généralement adopté et celui que l'on prend pour base.

On a fait voir que les esclaves formaient au moins les neuf dixièmes des habitants de la monarchie franque; le nombre des hommes libres s'y élevait donc au plus à 2 400 000.

On a fait voir que chez les nations germaines, les seuls hommes libres portaient les armes. Quelle que fût la passion de ces peuples pour la guerre, le nombre des guerriers combattants ne put jamais s'élever au-dessus du tiers des individus libres de ces nations; or la nation des Francs fournissant 400 000 combattants, la nation des Bourguignons 80 000, la nation des Allemands 60 000, ces trois nations, qui renfermaient ensemble 540 000 combattants, durent renfermer ensemble 1 620 000 individus libres, c'est-à-dire plus des deux tiers des hommes libres de l'empire franc.

Dans les 780 000 individus libres qui n'étaient ni Francs, ni Bourguignons, ni Allemands, étaient compris les Thuringes, peuple regardé comme puissant, les Ripuaires qui avaient résisté aux Francs, les Bretons qui dès le cinquième siècle avaient fourni douze mille guerriers aux Romains, et enfin les Gaulois.

Il est donc évident que les Gaulois ne formaient que la plus petite partie des habitants libres de l'empire franc; et on croit qu'il suffit pour rendre sensible la preuve de cette vérité, d'avoir ajouté ces réflexions aux circonstances déjà développées.

D'ailleurs l'inexactitude qu'on peut reprocher aux bases de ce calcul ne peut être qu'une certaine exagéraration ou dans le nombre total des habitants de la monarchie à son origine, ou dans la proportion établie entre le nombre des individus libres et celui des combattants de chaque nation germaine : or la modération que l'on pourrait désirer à ces deux supputations démontrerait mieux encore la grande supériorité du nombre des hommes libres barbares sur celui des hommes libres gaulois ou romains.

CHAPITRE X.

Du sens du mot peuple. Du nom de **Francs** *donné à tous les hommes libres des diverses nations qui composèrent le corps de la monarchie.*

I. Le mot *peuple* signifiait la totalité des citoyens, à la différence du mot *nation*, qui ne s'appliquait qu'à chacune des nations de diverse origine, dont la réunion formait le peuple de l'empire franc.

II. La prépondérance en tout sens des Francs sur les autres nations fit que le peuple entier s'appela peuple des Francs.

III. Les rois ne prirent que le titre de rois des Francs;

IV. Le royaume s'appela le royaume des Francs.

V. Les assemblées du peuple ou des sujets s'appelèrent les assemblées des Francs.

VI. Enfin le mot *franc*, perdant sa signification première, devint bientôt, dans toute la monarchie, synonyme de celui d'*homme libre*.

LIVRE CINQUIÈME.

DE LA SOURCE DES LOIS FONDAMENTALES DE LA MONARCHIE DES FRANCS ; DE LA FIDÉLITÉ
JURÉE AU ROI ; DU SERVICE MILITAIRE DE L'ARMÉE ; DES ASSEMBLÉES GÉNÉRALES ET
DE LA PUISSANCE LÉGISLATIVE.

———

CHAPITRE Iᵉʳ.

Source des lois fondamentales de la monarchie franque.

On a vu que les Gaulois, les Allemands, les Bavarois et les Thuringiens furent soumis aux rois francs par la force seule, et n'obtinrent aucune capitulation.

On a vu que la soumission volontaire des Bataves ou Ripuaires, et la capitulation obtenue par les Bourguignons, n'eurent d'autre effet que d'identifier l'une et l'autre nation à la nation des Francs.

On a vu que ce fut sous le titre de rois des Francs que les princes mérovingiens commandèrent d'abord indistinctement à tous les sujets de la monarchie.

Il suit évidemment de ces faits que les diverses nations qui composèrent, avec les Francs, le peuple de la monarchie, passèrent sous le même gouvernement que les Francs. Ce sera donc dans les règles politiques admises par les Francs, à l'époque où commença la conquête, que l'on reconnaîtra les lois fondamentales d'où dérivèrent les droits respectifs des rois et des divers sujets dans la monarchie franque.

CHAPITRE II.

De l'établissement de la royauté chez les Francs.

Les coutumes politiques des anciens Germains avaient suffi pour leur sûreté, tant qu'ils avaient habité leurs forêts ; ils y étaient défendus par la nature, et ils s'y réunissaient facilement contre les ennemis du dehors.

Mais lorsque les divers peuples germains, réunis sous le nom de Francs, commencèrent leurs conquêtes, lorsqu'ils se répandirent dans la Gaule, c'est-à-dire dans un pays immense et ouvert de toutes parts, l'intérêt de leur nouvelle existence politique leur prescrivit le sacrifice d'une partie de l'extrême indépendance dont ils avaient joui en Germanie. Les Francs sentirent le besoin de créer une nouvelle magistrature qui réunît des pouvoirs plus grands et plus fixes que les magistratures germaniques, et ils instituèrent la royauté.

CHAPITRE III.

De l'époque et de la nature de l'acte qui établit la royauté.

I. Ce fut au commencement du cinquième siècle, et avant leur premier établissement dans les Gaules, que les Francs, encore en Germanie, admirent un roi parmi eux.

II. Leurs monarques, héréditaires dans la même famille, se succédèrent depuis Clodion, jusqu'à Clovis, qui consomma la conquête des Gaules.

III. Les Francs étaient libres ; ils portaient tous les armes, et ces hommes indépendants, choisissant un roi parmi leurs égaux, fondèrent la monarchie française.

La convention qui éleva le premier roi chez les Francs n'est pas parvenue jusqu'à nous, parce qu'elle se forma au sein d'une nation barbare, dont les lois les plus importantes n'étaient pas écrites. C'est donc aux règles subséquentes, avouées et suivies par les monarques et les sujets, et conservées par l'histoire, à nous apprendre les droits et les pouvoirs que les Francs conférèrent à leurs monarques, et ceux qu'ils se réservèrent.

Ces règles importantes prouveront, dans la suite de cet

ouvrage, la participation respective du monarque et des sujets aux différents pouvoirs politiques, en même temps que l'exercice de ces pouvoirs prouvera à son tour l'existence des règles qui en fixèrent la distribution.

CHAPITRE IV.

De l'accord des principes de la vraie religion avec les droits du prince et du peuple dans la monarchie française.

Toute puissance vient de Dieu, sans doute; mais pour établir toutes les puissances temporelles Dieu se sert du ministère des hommes, et, dans l'ordre ordinaire de sa Providence, il abandonne à la raison humaine la dispensation des lois politiques qui établissent immédiatement les diverses puissances temporelles légitimes.

On va voir les lois politiques, qui devinrent le titre sacré de la puissance royale dans la monarchie française, réserver aux sujets des droits qui leur assurèrent une participation constante aux pouvoirs politiques.

La réserve de ces droits, qui appartenaient aux Francs, et qu'ils furent libres de retenir, alors qu'ils étaient libres de créer ou de ne pas créer un roi, fut donc une stipulation légitime et sacrée, et ne fut pas moins dans l'ordre de Dieu que la puissance royale elle-même.

CHAPITRE V.

De la fidélité jurée au roi.

I. Le serment de fidélité au roi fut le premier devoir que les lois fondamentales de la monarchie franque imposèrent aux sujets. Ce serment devait se prêter aux nouveaux monarques, lors de leur avénement au trône, par les sujets de toute nation, de tout ordre, de tout rang. Le citoyen qui n'avait pas été en âge de prêter serment, lors de l'avénement d'un roi, était étroitement obligé à le lui prêter, dès qu'il avait atteint l'âge.

II. Cet âge était fixé à douze ans par les lois primitives.

III, IV et V. Tout citoyen de quelque condition qu'il fût, et la généralité des citoyens, étaient obligés à renouveler le serment de fidélité au roi régnant, toutes les fois que le roi voulait l'exiger. Enfin, en vertu du serment de fidélité prêté au roi par tous les sujets, tous ses sujets étaient appelés ses fidèles.

CHAPITRE VI.

Des droits que le serment de fidélité assura au roi.

On promettait, par le serment de fidélité, de ne jamais rien entreprendre contre la vie des rois, et de respecter toujours dans leurs mains le pouvoir et les prééminences que la constitution avait attachés à la royauté.

Les lois qui avaient obligé l'universalité des citoyens à la prestation du serment de fidélité les engageaient aussi, sous peine de parjure, à ne jamais attenter à la sûreté ni aux prérogatives du monarque, et rendaient tous les tribunaux de l'État, et jusqu'au corps du peuple, dont tous les membres étaient liés par ce devoir sacré, incompétents pour juger, dégrader, ou punir la personne du prince.

Les rois francs trouvèrent donc dans l'établissement du serment de fidélité ce droit qui fut la base et la sûreté de tous les autres, ce droit qui les mit au-dessus des lois qui vengent les crimes privés et publics, et qui rendit à la fois leurs personnes indépendantes des jugements criminels, et leur dignité irrévocable.

CHAPITRE VII.

De l'armée offensive et défensive de l'État, composée de la généralité du peuple.

I. Il n'y avait point eu de troupes soudoyées dans les anciennes cités germaniques ; il n'y en eut point dans la monarchie franque. L'armée offensive et défensive de l'État fut composée de la généralité des fidèles, c'est-à-dire du corps du peuple de la monarchie.

II, III, IV et V. Les citoyens de toutes les nations et de tous les rangs, confondus dans le peuple de la monarchie, furent donc astreints au service militaire.

VI. Les citoyens de toutes les contrées du royaume, même des lieux les plus éloignés des frontières où l'armée devait se porter, durent à la fois s'y réunir.

VII. Enfin les citoyens de toutes les provinces du royaume furent obligés de prendre les armes pour repousser les ennemis étrangers des lieux de leur domicile.

CHAPITRE VIII.

Du service militaire dû par les grands ecclésiastiques à l'armée générale.

I. Telle fut l'importance de l'obligation du service militaire à l'armée générale, dans les premiers siècles de la monarchie, qu'elle eut lieu même à l'égard des grands ecclésiastiques, évêques et abbés, jusqu'au neuvième siècle.

II. Les canons avaient toujours interdit la profession des armes aux clercs et aux moines. L'esprit, autant que la lettre des lois de la religion catholique, prononçait cette prohibition.

III. Mais ces autorités cédaient à la coutume ancienne, et à l'esprit guerrier qui dominait chez les Francs. On vit donc, jusqu'au neuvième siècle, beaucoup d'évêques et d'abbés marcher et combattre en personne aux armées à la tête de leurs vassaux.

Une loi authentique, émanée du prince et du peuple, interdit encore, sous le règne de Charlemagne, l'usage des armes aux évêques et aux abbés; mais au mépris de cette loi, on vit, aussitôt après la mort de ce prince, des grands ecclésiastiques, évêques et abbés, reconnaître et adopter de nouveau l'obligation du service militaire personnel, et marcher, comme les autres grands, sous les étendards des princes, aux armées générales.

CHAPITRE IX.

Du droit des rois d'appeler les citoyens à l'armée générale, et de l'ordre dans lequel ils remplissaient le service militaire.

I. Ce fut aux monarques francs qu'appartint exclusivement, durant les deux premières races, le droit d'appeler et de réunir les citoyens à l'armée générale.

II. Du droit de les réunir suit l'obligation de les licencier à la fin de chaque campagne.

Tous les ordres de citoyens furent également astreints à se rendre à la convocation du prince, et à s'y rendre dans l'ordre que les lois avaient réglé.

III. Les simples hommes libres, habitants des comtés, duchés, ou patriciats, furent obligés de marcher à l'armée, sous les ordres des comtes, ducs, ou patrices dont ils dépendaient; et les comtes, ducs, ou patrices furent obligés de les y conduire en personne.

IV. Les bénéficiers, ou vassaux des grands ecclésiastiques et laïques, furent obligés de marcher à l'armée sous leurs ordres, et ces grands ecclésiastiques, ou laïques, furent obligés de conduire en personne leurs bénéficiers, ou vassaux.

V. Si quelqu'un des grands avait une dispense valable du service militaire, ses vassaux devaient marcher à l'armée sous les ordres du comte du district.

Ainsi, tous les citoyens appelés à l'armée générale durent se trouver réunis au lieu et au moment indiqué par la convocation royale dans un ordre hiérarchique : les comtes, ducs, ou patrices, à la tête des hommes libres de leurs districts, et les grands ecclésiastiques et laïques à la tête de leurs vassaux.

CHAPITRE X.

Des charges du service militaire de l'armée générale.

I. Les citoyens de diverses nations et de divers rangs, appelés à l'armée générale, avaient le droit d'exiger des habitants des diverses contrées qu'ils traversaient dans le royaume, le *fodrum*, c'est-à-dire les fourrages et le grain nécessaires à la nourriture journalière de leurs chevaux.

II. Mais ces mêmes citoyens étaient obligés de se nourrir à leurs dépens, pendant tout le chemin qu'ils faisaient dans le royaume, pour atteindre le rendez-vous général de l'armée, sans pouvoir tirer aucune contribution des habitants des contrées qu'ils traversaient, et ils devaient encore apporter au rendez-vous de cette armée une provision de vivre de trois mois, et se fournir d'armes et de vêtements.

Cette obligation onéreuse fut adoucie en faveur des guerriers qui traversaient le royaume d'une extrémité à l'autre. Il fut établi dans une loi de Charlemagne, qu'à un certain terme de leur route leurs provisions de vivres seraient acceptées, c'est-à-dire qu'ils pourraient commencer à se nourrir sur ces provisions, pendant ce qui leur restait de chemin à faire pour atteindre le rendez-vous général.

CHAPITRE XI.

Des personnes qui entraient dans le corps du peuple appelé à l'armée.

La loi fondamentale, qui voulait que les citoyens qui formaient l'armée générale ne reçussent aucune solde et pourvussent à leur équipement et entretien, ne permettait d'appeler à l'armée que les citoyens dont la fortune pouvait suffire aux dépenses du service militaire; ce ne put donc être que l'élite des possesseurs de fonds, et non la totalité des citoyens en état de porter les armes, qui composa l'armée générale de l'empire franc, durant les quatre premiers siècles de la monarchie.

Cette obligation regarda, en premier lieu, tous les grands et vassaux royaux, nécessairement assez riches pour subvenir aux dépenses du service militaire de l'armée.

Cette obligation regarda ensuite tous les bénéficiers, ou vassaux des grands et des autres seigneurs.

I. L'obligation du service militaire, et toutes les charges qui en étaient inséparables, regarda encore les simples hommes libres, propriétaires d'une somme honnête en biens-fonds.

Jusqu'à l'an 812 l'étendue de propriété, à raison de laquelle un citoyen était obligé de marcher à l'armée, était de trois manses et au-dessus. Depuis l'an 812 on fixa cette étendue à quatre manses et au-dessus.

Enfin les petits propriétaires qui possédaient entre plusieurs trois ou quatre manses devaient s'entendre pour envoyer l'un d'eux à l'armée, défrayé en commun par les autres.

II. Il ne faut pas croire que le titre de bénéficier engageât des citoyens à supporter les dépenses de la guerre, sans donner les facultés nécessaires pour y subvenir. Comme tout citoyen était libre de recevoir ou de refuser un bénéfice, personne ne devait consentir à recevoir le bénéfice dont le revenu ne compensait pas les charges et les risques du service de l'armée, auquel celui qui acceptait le bénéfice se trouvait astreint.

III. Quant à ceux que leur pauvreté dispensait du service, ou que la modicité de leurs revenus réduisait à ne marcher que d'une année à l'autre, ils étaient toujours obligés de se porter à la défense de leurs frontières, et obligés encore de travailler aux réparations des communications militaires, pendant que leurs concitoyens marchaient à l'armée.

IV. Il fallait bien quelques exceptions à une règle aussi générale ; les comtes et les vassaux royaux furent autorisés, par des lois positives, à dispenser chaque année deux hommes parmi ceux qui étaient nouvellement mariés, et à laisser encore dans chacun de leur district deux guerriers pendant chaque campagne, chargés de veiller au maintien de la paix et de la sûreté.

CHAPITRE XII.

Évaluation de ce qu'il en coûtait pour accomplir le service militaire

I. Une épée et un poignard valaient sept sous, une cuirasse deux sous, le casque et l'aigrette six sous, le bouclier et la lance deux sous, la subsistance du guerrier pendant la route et les trois mois de campagne, durant lesquels il se défrayait, peut s'estimer à trois sous, total : vingt sous, qui représentent à peu près mille livres de notre monnaie, en s'en tenant à l'évaluation faite précédemment du taux relatif des monnaies, aux neuvième et dix-huitième siècles.

II. Comme on n'avait pas à renouveler chaque année toutes les pièces de l'armure, dont plusieurs duraient plus d'une campagne, et comme aussi la totalité de ces armes n'était pas exigée de chaque guerrier, il ne faut pas compter que chacun prit sur soi annuellement vingt sous pour s'équiper et se défrayer à l'armée, et si l'on réduit l'estimation de la somme qu'il en devait coûter chaque année, entre douze et quinze sous, on se trouvera appuyé par l'autorité d'une loi de Charlemagne qui la suppose au même taux.

Pour comparer maintenant la somme de dépense annuelle du service militaire de l'armée et la mesure de propriété à raison de laquelle il était exigé, il faut se rappeler ce qui a été établi au livre III, sur l'étendue et la valeur du manse. Un manse en culture fournissait à l'entretien d'une famille d'esclaves colons qui en partageait le produit avec le maître. Un manse en culture était estimé suffisant pour l'entretien du prêtre de chaque paroisse. En estimant un tel domaine à six cents livres de rente aujourd'hui, c'est-à-dire douze sous chez les Francs, on ne croit pas le porter trop haut.

La contribution au service militaire, exigée à raison de la propriété de quatre manses, par les lois de Charlemagne, devait donc monter au quart des revenus du guerrier qui ne possédait que la mesure de propriété indispensable.

CHAPITRE XIII.

Des amendes infligées à ceux qui refusaient de servir à l'armée.

I. Dès l'origine de la monarchie les lois avaient infligé, sous les noms de ban et d'hériban, une amende de soixante sous aux citoyens qui manquaient au service de l'armée, et cette amende, équivalente à trois mille livres de notre monnaie, appartenait au roi.

Tous ceux que leur rang, leur état, ou la mesure de leurs propriétés assujettissaient au service militaire personnel, étaient également sujets à l'hériban, s'ils manquaient au service après en avoir été requis par le roi.

Les moindres propriétaires même étaient sujets à l'hériban, s'ils manquaient à fournir la contribution au service qui leur était imposé à raison de leurs propriétés.

II. Mais cette amende ne s'infligeait jamais aux particuliers que le défaut de propriété soustrayait à la charge du service militaire.

Si l'hériban se fût levé sur les revenus territoriaux, ou sur les fonds mêmes, la perception de cette amende eût détruit les propriétés des familles et diminué d'autant le nombre des guerriers de l'état, entretenus par ces propriétés.

III. On ne put donc saisir pour le paiement de l'héri-ban que les effets mobiliers superflus, et il fut absolu-ment défendu de saisir, pour obtenir ce paiement, les biens-fonds, les esclaves et les effets nécessaires.

IV. On préféra les contraintes sur les personnes à celles qui auraient porté sur les fonds; les particuliers qui ne pouvaient payer l'hériban sur leurs meubles furent obligés à servir le roi comme esclaves, jusqu'à ce qu'ils eussent acquitté la totalité de l'amende; mais cette servitude momentanée ne changeait rien à l'état et aux propriétés de la famille du citoyen qui y était condamné: sa femme et ses enfants ne participaient point à son sort, et s'il mourait avant de s'être acquitté, ses héritiers recueillaient sa succession sans être tenus de payer l'hé-riban dont il était mort débiteur.

V. Enfin l'hériban ne s'exigeait en entier que des citoyens qui possédaient, en effets mobiliers, le double de la valeur de cette amende, et il se réduisait, en propor-tion des moindres fortunes, à la moitié, au quart et au douzième de la somme première.

CHAPITRE XIV.

Idée générale du nombre des guerriers qui formaient l'armée

On vient de voir que l'obligation du service à l'armée générale ne portait, dans l'empire franc, que sur les propriétaires et les bénéficiers; cette obligation ne de-vait atteindre que les chefs de famille.

En effet, avant l'âge où un fils de famille s'établissait, il n'avait point communément de propriété, et avant cet âge il ne pouvait contracter avec un seigneur, pour recevoir de lui un bénéfice.

On a vu encore que l'obligation du service à l'armée avait lieu à raison de la propriété réunie, ou divisée, de trois manses, avant l'an 812, de quatre manses depuis cette époque. Les lois excluaient ainsi de l'armée générale tous les hommes libres pauvres, et n'y appelaient qu'une partie de ceux qui avaient peu de fortune.

D'après ces faits certains, on peut se former une idée approchée du nombre des guerriers qui devaient se rassembler à l'armée, et expliquer comment la loi du service militaire de l'armée s'exécutait sous les deux premières races.

Il faut se rappeler ici ce qui a été établi précédemment sur l'existence et l'étendue de l'esclavage dans l'empire franc.

Il faut se rappeler encore les idées adoptées ci-dessus sur la proportion entre le nombre des esclaves et celui des hommes libres et sur l'état de la population générale, idées selon lesquelles la population générale dans la monarchie devait s'élever au plus à vingt-quatre millions d'habitants.

Il faut se rappeler enfin les principes d'après lesquels on a supposé que les esclaves devaient former les neuf dixièmes des habitants de la monarchie, et que le dixième restant de personnes libres, divisé par familles de quatre personnes, devait composer six cent mille familles : que sur ce nombre, on suppose cent mille familles d'hommes libres, trop pauvres pour acquitter le service militaire; voilà cent mille chefs de famille qui ne paraissent point aux armées. Que l'on admette ensuite cent mille familles, possédant chacune quatre manses et au delà, tant parmi les possesseurs d'alleu, que parmi les grands et bénéficiers de toute classe, on trouvera cent mille citoyens obligés par les lois à marcher en personne à l'armée générale. Que l'on admette enfin quatre cent mille familles possédant entre elles en diverses proportions la valeur d'un manse par famille; elles auront, depuis l'an 812, donné à l'armée un guerrier sur quatre familles. Le nombre des guerriers combattant à l'armée générale ne s'élèverait, d'après cette estimation, qu'au nombre de deux cent mille.

On pourrait, sans doute, estimer le nombre des propriétaires plus haut qu'il n'a été porté ici, et diminuer
proportionnellement celui des pauvres. On pourrait
encore, en estimant le nombre total des habitants au-
dessus de vingt-quatre millions, élever en proportion le
nombre des hommes libres ; mais les preuves positives
de la répartition du service militaire, à raison d'une
somme considérable de propriétés, arrêteront toujours
les combinaisons à un terme approchant de l'estimation
qui est affectée ici. Si l'on déduit enfin du nombre général des hommes libres astreints au service militaire ceux
que l'infirmité ou les maladies retenaient chez eux, et
ceux que les comtes et vassaux royaux étaient autorisés
à dispenser du service d'une année par chaque comté et
chaque fief, on conclura toujours que le nombre total
des guerriers propriétaires, réunis chaque année à l'armée générale de l'empire franc, put à peine égaler celui
des stipendiaires que les grandes monarchies européennes
entretiennent de nos jours. Les institutions fondamentales de la monarchie, sur le service militaire de l'armée, étaient donc praticables par leur nature.

CHAPITRE XV.

Des expressions diverses usitées pour désigner les assemblées générales ou placités généraux.

Avant de traiter à fond des assemblées générales de
l'empire franc, il convient d'établir, d'une manière
incontestable, les différents termes employés dans le
langage d'alors pour les désigner.

I, II, III, IV, V, VI, VII et VIII. On désignait indifféremment une seule et même assemblée sous les noms
d'assemblées des calendes et du champ de mars, assemblées des calendes et du champ de mai, synode, placité,
assemblée générale, assemblée des Francs, et de tous les
Francs, assemblée du peuple, et de tout le peuple.

IX. Enfin cette assemblée était spécialement appelée placité général, et cette dernière dénomination sera la seule employée dans cet ouvrage.

CHAPITRE XVI.

De l'origine des placités généraux, et de l'usage qui eut lieu constamment de les assembler sous les deux premières races.

Depuis l'origine de la monarchie, jusqu'à la mort de Charles-le-Chauve, l'ancienne coutume de l'État obligeait les rois à convoquer le placité général au commencement de chaque année.

I. Depuis l'avénement de Clovis au trône, jusqu'à la mort de Dagobert Ier, c'est-à-dire jusqu'à l'élévation des maires du palais, les rois mérovingiens reconnurent l'autorité de cette ancienne coutume de l'État et s'y conformèrent.

II. Durant l'administration des maires du palais, jusqu'au couronnement de Pépin, les maires réunirent au nom des rois, et suivant l'ancienne coutume de l'État, les placités généraux annuels.

III. Depuis le couronnement de Pépin, jusqu'à la mort de Charles-le-Chauve, cette ancienne coutume de l'État fut constamment reconnue.

IV, V, VI et VII. Les princes s'y conformèrent, en réunissant annuellement, au commencement de l'été, les placités généraux.

Les rois mérovingiens et carliens possédèrent et exercèrent constamment, durant ces diverses époques, le droit de convoquer encore des placités généraux extraordinaires, si des circonstances le demandaient.

VIII et IX. Charlemagne et Louis-le-Pieux firent même usage de ce droit, pour réunir annuellement un placité général à l'automne, outre le placité général du printemps.

X. Ils conservèrent toujours la faculté de convoquer

les placités généraux extraordinaires, hors les temps de l'automne et du printemps.

XI et XII. Le droit de convoquer les placités généraux annuels et extraordinaires, et le droit de séparer les assemblées, fut constamment exercé par les rois.

XIII et XIV. L'objet essentiel des assemblées générales fut de traiter avec le prince de toutes sortes d'affaires publiques.

CHAPITRE XVII.

De la composition du placité général.

I, II, III, IV, V, VI, VII et VIII. Le placité général était l'assemblée générale du peuple. Cette vérité a déjà été prouvée lorsque l'on a établi qu'une seule et même assemblée, appelée par différents noms, était aussi désignée sous les titres d'assemblée générale des Francs, d'assemblée générale de tout le peuple, de tous les fidèles; ces expressions consacrées désignent effectivement l'essence du placité général, qui était la réunion du corps des hommes libres de l'État; corps dans lequel les sujets de toute nation, de tout ordre, de tout rang, se trouvaient confondus.

IX. En conséquence, les citoyens de diverses nations, qui entraient dans la composition du peuple franc, eurent séance et voix délibérative au placité général, aussi bien que les citoyens d'origine franque.

Et les simples citoyens eurent séance et voix délibérative au placité général, aussi bien que les grands.

CHAPITRE XVIII.

De l'identité du placité général et de l'armée.

I. Le même ordre du roi, qui appelait à l'armée les grands, les simples bénéficiers et les hommes libres des comtés astreints au service militaire, les obligea de se rendre en armes et équipés pour la guerre, au placité général du printemps, indiqué par le roi, et cette règle fut suivie en temps de paix comme en temps de guerre.

II. Les citoyens appelés au placité étaient obligés de s'y rendre, dans le même ordre qui leur était prescrit pour aller à l'armée; les comtes conduisaient les hommes libres de leurs districts, et les grands conduisaient leurs vassaux; toute contravention à cet ordre était punie par la même amende que le refus du service militaire.

III et IV. Les citoyens appelés par l'ordre du prince au placité général étaient obligés à s'y rendre de toutes les parties du royaume, et même des plus reculées du lieu du rendez-vous.

La réunion du placité général se faisait ordinairement dans un camp en plein air, ou sous des tentes, ainsi que se faisait la réunion de l'armée; et l'on avait affecté de mettre les assemblées au printemps, parce que c'est la saison où l'on part pour la guerre.

Enfin le placité général contenait tous les hommes qui formaient l'armée, et l'armée contenait tous les hommes qui formaient le placité général.

V, VI et VII. Ces deux corps étaient le même corps, vu dans deux situations différentes : au placité, c'était le peuple délibérant avec le roi; ensuite c'était l'armée des Francs prête à combattre sous les enseignes de son prince.

CHAPITRE XIX.

Différence du placité général de l'automne et du placité général du printemps.

On a vu que le placité général de l'automne ne fut point, comme celui du printemps, établi par la constitution primitive, et transmis par l'ancienne coutume de l'État, et que cette seconde institution résulta de la

volonté des princes, qui avaient le droit général de convoquer leurs peuples autant de fois qu'il leur plaisait.

I. Aussi les princes carliens, libres de convoquer ou
de ne pas convoquer cette seconde assemblée, étaient
également libres d'en régler la forme et la composition,
et d'y appeler ou la totalité, ou seulement une partie
des membres dont la totalité entrait nécessairement dans
la composition du placité général du printemps.

II. Les rois pouvaient, s'ils le voulaient, commander
aux membres convoqués au placité de l'automne, d'y
venir sans armes, au lieu que rien ne pouvait les dispenser de venir en armes et équipés pour la guerre, aux placités du printemps.

Mais le droit essentiel du peuple de concourir à toutes
les délibérations politiques, et d'y concourir par la
réunion complète de tous les membres du placité du
printemps, demeura inaltérable, parce que le placité de
l'automne, qui ne réunissait qu'une partie des grands,
n'avait point l'autorité du placité général du printemps.

Le roi n'assemblait le placité de l'automne que pour
préparer et proposer les objets de délibération à soumettre au placité général du printemps; mais il n'appartenait qu'à la grande assemblée complète, au seul placité
du printemps, de porter les grandes décisions et de promulguer des lois.

Il est croyable que les princes pouvaient, quand ils le
voulaient, trouver dans le placité de l'automne, comme
dans tout placité extraordinaire, la plénitude de la puissance du placité général du printemps. Ils n'avaient pour
cela qu'à en rendre la composition aussi complète que
celle du placité du printemps. Cependant, sur cent sept
placités généraux du printemps ou de l'automne, tenus
sous la seconde race, et dont l'histoire est consignée dans
des autorités contemporaines, on ne trouve pas un seul
placité de l'automne qui ait exercé l'autorité propre au
premier placité de l'année.

CHAPITRE XX.

Réflexions sur l'identité du placité général et de l'armée.

L'identité de l'armée et du placité général une fois prouvée éclaircit toutes les idées que l'on avait données précédemment sur l'essence et les différentes fonctions de ce même corps.

En faisant connaître quelles furent les conditions requises pour appeler les citoyens à l'armée générale, on a montré que le nombre des membres de cette armée put à peine égaler le nombre de stipendiaires qu'entretiennent de nos jours les monarchies européennes.

En reconnaissant que les seuls citoyens appelés aux armées furent admis aux placités généraux, on doit reconnaître encore que le nombre des membres de cette assemblée put à peine égaler le nombre de citoyens réunis aux comices, dans les siècles les plus florissants de la république romaine.

L'on conçoit enfin comment un seul corps de peuple suffisait à délibérer une ou plusieurs fois chaque année, dans les assemblées générales, et à exécuter en armée une ou plusieurs campagnes de guerre, si les circonstances l'exigeaient, lorsque l'on voit que les fonctions militaires et les fonctions politiques de ce peuple étaient tellement liées qu'elles naissaient d'une seule réunion.

CHAPITRE XXI.

De la distribution de la puissance législative.

I. La puissance législative appartint individuellement au roi et au peuple, dès l'origine de la monarchie; elle fut constamment exercée, sous les deux premières races, par le roi et le peuple, mais dans une union tellement indivisible, que le roi ne l'exerçait point sans le peuple, ni le peuple sans le roi.

II, III, IV, V et VI. Ce grand principe, qui fut la base de la constitution de la monarchie, se maintint pendant les quatre premiers siècles; et en conséquence toutes les lois qui s'établirent sous les deux premières races reçurent leur sanction de la volonté du roi et de l'aveu exprès du peuple.

Ce même principe, fortifié par l'usage de quatre siècles, fut enfin reconnu et consacré sous la seconde race, dans les lois les plus solennelles.

VII et VIII. La conséquence du partage de la puissance législative entre le roi et le peuple, le prince et les sujets, fut qu'ils étaient étroitement obligés à conserver, les uns à l'égard des autres, les lois établies, et ne pouvaient jamais y déroger par leurs volontés particulières.

CHAPITRE XXII.

Droit du placité général de concourir avec le roi à l'exercice de la puissance législative.

I. Ce fut au placité général que se déploya la puissance législative, par le concours éclatant des volontés du prince et du peuple.

Dans cette assemblée, les citoyens, sans choix, sans élection, sans distinction, vinrent exercer, chacun individuellement, leur droit de participation à la puissance suprême, droit établi en même temps que la royauté.

Quand il manqua quelques-unes des conditions requises par la constitution, pour la réunion du corps du peuple aux placités généraux, la puissance législative manqua aussi à ces assemblées.

En effet, on a vu que les seconds placités de l'année, étant ordinairement incomplets, n'avaient d'autre fonction que celle de préparer les délibérations du placité général parfait, c'est-à-dire celui du printemps.

Le roi attendait donc toujours l'époque de la réunion

du placité général, pour y faire adopter les lois qu'il projetait d'établir.

Les lois même demandées par le peuple dans le placité de l'automne restaient en proposition jusqu'à la réunion du placité du printemps.

II. Enfin le roi ni le peuple ne reconnaissaient que dans l'assemblée du placité général, formée dans les règles que la constitution avait consacrées, la réunion des deux puissances, l'accord de la voix du roi et de la voix du peuple, nécessaire pour former des lois.

CHAPITRE XXIII.

De la manière dont le roi et le corps du peuple concouraient aux actes législatifs.

I. Les lois fondamentales qui fixèrent le partage de la puissance législative entre le roi et le corps du peuple attribuèrent au seul monarque l'institution et l'initiative des lois.

Le langage universel des monuments contemporains rappelle partout les lois que le roi a faites et que le peuple a consenties.

La maxime qui fixe le plus précisément la nécessité du *consentement du peuple* à la loi, établit la nécessité absolue *de la constitution du roi.*

On ne voit pas un projet de loi, présenté dans une assemblée par autre que par le roi, et la délibération du corps du peuple ne peut conduire qu'à un refus, ou à une acceptation simple qui rejette ou consacre la loi.

II. Quand le corps du peuple désire une loi nouvelle, il n'a pas le droit d'en présenter la rédaction, il consigne son vœu dans une pétition en forme de requête, que le roi est maître de rejeter ou de recevoir; mais lorsque le roi a reçu la requête, il compose la loi, en règle les articles tels qu'il les juge convenables; elle est rédigée en son nom et lui devient tellement propre, qu'il faut une nouvelle délibération de l'assemblée qui a demandé la loi, pour consentir la rédaction que le prince en a faite.

CHAPITRE XXIV.

De la forme des délibérations aux placités généraux.

Les actes de délibérations des placités généraux n'étant pas venus jusqu'à nous, on ne peut donner qu'une idée générale des formes de ces délibérations.

I. On fera connaitre dans la suite de cet ouvrage l'origine et l'existence de la cour royale, cour souveraine de l'État, qui, comme conseil du prince, traitait avec lui en tout temps des grandes affaires publiques. Les membres de cette cour se trouvaient compris dans la convocation générale, qui réunissait au placité général tous les hommes libres francs.

Les premiers membres de la cour royale étaient appelés conseillers du roi, conseillers et sénateurs du royaume; tous les grands du royaume étaient admis à partager leurs fonctions, quand ils voulaient siéger avec eux.

II. Les conseillers du roi compris parmi les grands, et les grands réunis aux conseillers en titre, se séparaient du peuple à l'ouverture du placité général. Le roi trouvait dans leur réunion le conseil politique qui devait discuter et rédiger sous ses yeux les propositions et les projets de loi, qu'il se préparait à présenter à l'assemblée de son propre mouvement, ou d'après les demandes de cette assemblée.

III. Cependant, le travail des grands n'était qu'une préparation aux délibérations qui devaient émaner des volontés réunies du prince et du corps entier du peuple.

Lors donc qu'il s'agissait de conclure sur les divers articles du travail des grands, ces grands quittaient les lieux où ils avaient été d'abord établis et se confondaient avec la multitude : ce n'était qu'après cette réunion de tous les membres du placité général, que les délibéra-

tions définitives sur les lois nouvelles et sur les autres
affaires publiques se prenaient sans distinction d'ordres,
et étaient promulguées comme étant le résultat du vœu
du peuple uni au vœu du prince, et non le résultat des
suffrages de certains ordres.

CHAPITRE XXV.

Conclusion de ce livre.

Un peuple libre, guerrier et vainqueur, fonda la monarchie française. Si cette vérité n'était pas affirmée par
les historiens, on la reconnaitrait dans les premières lois
que ce peuple porta, et dans les droits qu'il se réserva,
lors même qu'il se donna un chef héréditaire et irrévocable.

On a vu les plus importantes de ces lois stipuler pour
tous les citoyens la conservation du droit de porter les
armes, et du droit de former les assemblées dépositaires
de la puissance législative souveraine. Ces droits formèrent la balance du pouvoir confié au monarque de rassembler et de commander les armées, de convoquer et
de présider les assemblées générales, et de concourir avec
ces assemblées à la formation des lois.

On remarque dans ces lois une attention égale à prévenir les entreprises des rois contre la liberté du peuple,
et les entreprises du peuple contre les prérogatives de la
royauté; et cette balance est véritablement le caractère
distinctif du gouvernement monarchique. En effet,
qu'est-ce qu'une monarchie? c'est un état qui a un chef
unique et irrévocable, à qui les lois ont conféré un
grand pouvoir, mais dont les sujets peuvent conserver et
défendre, contre les volontés arbitraires du prince, les
droits et les propriétés qu'ils tiennent des lois.

Dans tout état où le peuple exercerait la puissance
législative indépendamment du roi, le peuple pourrait
abroger la royauté par une loi nouvelle et ramener tout

à coup l'égalité républicaine ; le monarque ne serait plus irrévocable, il n'y aurait par conséquent plus de monarchie.

Dans tout état où le prince serait seul législateur, le prince pourrait prononcer, par une loi nouvelle, l'anéantissement des droits et des propriétés du peuple. Il n'y aurait dès lors plus de droits, plus de propriétés garanties aux sujets, par conséquent plus de monarchie.

La véritable monarchie n'existera donc jamais que dans un gouvernement où la loi de l'indivisibilité de la puissance législative entre le roi et le peuple aura fondé la sûreté de l'état du prince, la sûreté de l'état des sujets, sur la fixation inébranlable de leurs droits respectifs.

PREUVES.

PREMIÈRE ÉPOQUE.

LIVRE PREMIER.

CHAPITRE 1er.

De l'état de la Gaule avant la conquête de Jules-César.

I. Ce qui est dit dans ce chapitre de l'indépendance primitive et de l'ancien caractère des Gaulois est appuyé sur l'autorité des commentaires de César; ils relèvent l'indépendance, la puissance, les exploits guerriers des anciens peuples gaulois: ils comparent les mœurs et l'état politique de ces peuples, aux mœurs et à l'état politique des Germains; César va jusqu'à donner, dans cette comparaison, l'avantage aux anciens Gaulois sur les Germains.

II. La preuve de l'état d'asservissement dans lequel les Gaulois se trouvèrent, avant de passer sous le joug de l'empire, résulte :

1°. Des commentaires de César; sans se faire historien de la

I. Fuit antea tempus quum Germanos Galli virtute superarent et ultro bella inferrent, ac propter hominum multitudinem agrique inopiam trans Rhenum colonias mitterent. Itaque ea quæ fertilissima sunt Germaniæ loca circum Hercynium sylvam... Volcæ Tectosages occuparunt, atque ibi consederunt. Quæ gens ad hoc tempus iis sedibus se continet, summamque habet justitiæ et bellicæ laudis opinionem; nuncque in eadem inopia, egestate.... qua Germani, permanent; eodem victu et cultu corporis utuntur. Gallis autem pro-pinquitas et transmarinarum rerum notitia, multa ad copiam atque usus largitur... multisque victi præliis, ne se quidem ipsi cum illis virtute comparant. (*Extr. des Commentaires de César*, liv. vi, ch. 24. Rec. de D. Bouquet, t. I, pag. 256.)

II.—1°. In omni Gallia eorum hominum, qui aliquo sunt numero atque honore, genera sunt duo : nam plebs pene servorum habetur loco, quæ per se nihil audet, et nulli adhibetur consilio; plerique quum aut ære alieno, aut magnitudine tributorum, aut injuria potentiorum premuntur, sese

révolution qui avait changé l'état et le caractère gaulois. César décrit en contemporain l'aristocratie despotique sous laquelle cette nation était asservie de son temps, et l'influence funeste de ce gouvernement sur le courage et le génie de ces peuples;

2°. Des écrits de Strabon; on y trouve que les jugements publics et privés étaient confiés aux druides, dans la Gaule.

CHAPITRE II.

De la conquête de la Gaule par Jules-César.

I. La preuve de ce qui a été dit sur la rapidité et la facilité avec lesquelles la conquête des Gaules fut exécutée par Jules-César, résulte :

1°. Du témoignage de Strabon; il assure que « les Romains « subjuguèrent les Gaulois, bien plus facilement que les Espa- « gnols; »

2°. D'un discours de l'empereur Claude au sénat; il dit que « nulle guerre ne fut plus courte que celle qui soumit les « Gaulois à l'empire, et que, depuis, il exista entre eux et les « Romains une paix ferme et continuelle; »

in servitutem dicant : in hos eadem omnia sunt jura, quæ dominis in servos.

De his duobus generibus alterum est druidum, alterum equitum. Illi rebus divinis intersunt, sacrificia publica ac privata procurant, religiones interpretantur.... magnoque ii sunt apud eos honore. Nam fere de omnibus controversiis, publicis privatisque, constituunt; et si quod est admissum facinus, si cædes facta; si de hæreditate, de finibus, controversia est, iidem decernunt præmia, pœnasque constituunt.... Ii certo anni tempore in finibus Carnutum, quæ regio totius Galliæ media habetur, considunt .. Huc omnes undique qui controversias habent, conveniunt, eorumque judiciis decretisque parent.

Alterum genus est equitum. Ii, quum.... aliquod bellum incidit, (quod ante Cæsaris adventum fere quotannis accidere solebat)... omnes in bello versantur; atque eorum, ut quisque est genere copiisque amplissimus, ita plurimos circum se ambactos clientesque habet. Hanc unam gratiam potentiamque noverunt. (*Extrait des Commentaires de César,* c. 13 et 15. D. Bouquet, t. 1, p. 255 et 256.)

2°. Druidæ... de horum justitia summa omnium est opinio; itaque et publica iis et privata judicia committuntur... maxime judicia de cæde in commissa sunt. (*Extr. des écrits de Strabon.* D. Bouquet, t. 1, p. 31.)

I. — 1°. Romani multo hos facilius quam Hispanos subegerunt. (*Extr. des écrits de Strabon,* liv. IV. D. Bouquet, t. 1, p. 29.)

2°. Si cuncta bella recenseas, nullum breviore spatio quam adversus Gallos confectum : continua inde ac firma pax. (*Extr. d'un discours de l'empereur Claude.* Annales de Tacite, liv. II, chap. 24. D. Bouquet, t. 1, p. 425.)

3°. D'un récit d'Hirtius, continuateur du livre VIII des commentaires de César; on y lit que « la Gaule trouva sa condition « meilleure sous l'obéissance romaine » qu'elle n'avait été précédemment ;

4°. Du témoignage de l'historien Josèphe « toutes les Gaules, « dit-il, sont tributaires des Romains ; elles croient que leur « félicité dépend de celle de ce grand empire, et elles obéissent « à douze cents soldats. »

II. La preuve de la réduction de la Gaule en province romaine, résulte :

1°. De l'histoire de Suétone ; elle atteste que « César réduisit « toute la Gaule en province, » et lui imposa un tribut ;

2°. De l'histoire de Tite-Live ; il rapporte que « Auguste fit « le dénombrement des trois Gaules, que César son père avait « vaincues. »

CHAPITRE III.

Admission des provinces conquises, et spécialement des Gaules, au droit de cité, dans l'empire romain.

I. La preuve, qu'au règne d'Antonin, le droit de cité était devenu commun aux habitants de toutes les provinces de l'empire, résulte :

1°. D'un texte d'Ulpien, cité au Digeste, et d'une novelle de l'empereur Justinien ; le texte d'Ulpien porte, que « tous « ceux qui sont dans le monde romain furent rendus ci- « toyens romains » par la constitution de l'empereur Antonin.

3°. Cæsar... defessam tot adversis præliis Galliam, conditione parendi meliore, facile in pace continuit. (*Extr. d'un écrit d'Hirtius*, continuation des Commentaires de César, liv. VIII, chap. 49. D. Bouquet, t. I, p. 200.)

4°. Voyez *Histoire de Josèphe*, traduction française, par Arnaud d'Andilly, t. III, p. 324.

II. — 1°. Omnem Galliam, quæ a saltu Pyrenæo Alpibusque et monte Gebenna, fluminibus Rheno et Rhodano continetur.... in provinciæ formam redegit. (*Extr. de la Vie de Jules César*, par Suétone, livre I, chap. 25. D. Bouquet, t. I, p 370.)

2°. Quum ille (Augustus) con-

ventum Narbone ageret, census a tribus Galliis, quas Cæsar pater vicerat, actus. (*Extr. de l'Histoire de Tite-Live*. Epitome du livre CXXXIV. D Bouquet, t. I, p. 367.)

I —1°. In orbe romano qui sunt, ex constitutione imperatoris Antonini cives romani effecti sunt. (*Extr. d'un texte d'Ulpien*. Digeste, liv. I, tit. 5, n° 17. Corps du Droit Civil, t. I, p. 16.)

Antoninus Pius cognominatus... jus romanæ civitatis prius ab unoquoque subjectorum petiit. et taliter ex iis, qui vocantur peregrini, ad romanam ingenuitatem deducens, hoc ille omnibus in commune subjectis donavit. (*Extr. d'une Novelle de Justinien*,

— Justinien dit que « l'empereur Antonin-le-Pieux, admet-
« tant à la liberté romaine ceux qui étaient regardés comme
« étrangers, donna en commun, à tous les sujets, le droit de
« cité à Rome, demandé auparavant par chaque sujet en par-
« ticulier; »

2°. D'un passage de saint Augustin; il témoigne que « tous
« les habitants de l'empire furent rendus citoyens romains. »

II. La preuve que le droit de cité effaça toute inégalité et
toute distinction entre les naturels romains et les peuples conquis, résulte d'un discours de Céréalis, général romain, aux
Gaulois, habitants de Trèves, rapporté par Tacite : « Tout est
« commun entre nous, dit-il; nous ne nous sommes réservé
« aucun privilége particulier : chérissez une ville qui donne
« aux vaincus les mêmes droits qu'aux vainqueurs. »

III. La preuve que les Gaulois sollicitèrent, et qu'ils obtinrent des premiers le droit de cité à Rome, résulte :

1°. Du témoignage de Tacite; il rapporte que les grands de
la Gaule, sous Claude, et tous les Gaulois, sous Galba, avaient
sollicité et obtenu, comme une grande faveur, le droit de cité
à Rome;

2°. D'un texte de Plutarque; il montre quelle importance
les Gaulois attachaient au titre de citoyen romain, en disant
que « beaucoup de personnes pensèrent que les Gaulois avaient
« acheté ce titre de Galba. »

---

chap. 5. Corps du Droit Civil, t. II, p. 164.)

2°. Humanissime factum est ut omnes ad romanum imperium per-tinentes, societatem acciperent civi-tatis, et romani cives essent. (*Extr. du Livre de la Cité de Dieu*, liv. v, chap. 17; OEuvres de saint Augustin, t. V, p. 313.)

II. « Regna bellaque per Gallias « semper fuere, donec in nostrum jus « concederetis. . Cætera in communi « sita sunt; ipsi has aliasque provin-« cias regitis; nihil separatum clau-« sumve... proinde pacem et urbem, « quam victi victoresque eodem jure « obtinemus, amate, diligite. » (*Extr. d'un Discours de Céréalis*. Histoire de Tacite, liv. IV, chap. 73. D. Bou-quet, t. I, p. 445.)

III.—1°. Quum de supplendo senatu agitaretur, primoresque Galliæ, quæ Comata appellatur .. civitatem ro-manam assecuti, jus adipiscendorum in urbe honorum expeterent. (*Extr. des Annales de Tacite, sur le règne de Claude*, liv. II, chap. 2. D. Bou-quet, t. I, p. 425)

Galliæ super memoriam Vindicis obligatæ... dono romanæ civitatis...; proximæ tamen germanis exercitibus Galliarum civitates, non eodem ho-nore habitæ, quædam etiam finibus adeptis, pari dolore commoda aliena ac suas injurias metiebantur. (*Tacite sur le règne de Galba*, liv. I, chap. 8. D. Bouquet, t. I, p. 426.)

2°. Voyez *Plutarque, Vie de Galba*, traduction d'Amyot p. 1270.

IV. La preuve que les Gaulois, devenus citoyens romains, abandonnèrent bientôt leur culte, leur langue, leurs coutumes, pour adopter le culte, la langue et les coutumes des Romains, résulte :

1°. De l'histoire naturelle de Pline, et des écrits de Suétone; ils témoignent que la religion des druides, et les superstitions odieuses de leur culte, furent abolies dans la Gaule, sous les règnes de Tibère et de Claude ;

2°. De la géographie de Strabon; elle parle des Gaulois, voisins du Rhône, et dit « qu'ils avaient adopté, pour la plu- « part, les usages, les coutumes, la langue des Romains, et « avaient même obtenu le droit de cité à Rome. » Il ajoute « qu'un temple avait été élevé à Auguste, devant la ville de « Lyon, par le commun décret de tous les Gaulois; »

3°. Et enfin, de la suite du discours déjà cité de l'empereur Claude au sénat ; « Les Gaulois, dit-il, sont déjà mêlés avec « nous par les alliances, les mœurs et les arts. »

IV. — 1°. Tiberii Cæsaris principa- tus sustulit druidas eorum. (*Extr. de l'Histoire naturelle de Pline*, liv. xxx, ch. 1. D. Bouquet, t. I, p. 66.)

Druidarum religionem apud Gal- los,.... et tantum civibus sub Au- gusto interdictam, penitus abolevit. (*Extr. de la Vie de Claude César, par Suétone*, chap. 26. D. Bouquet, t. I, p. 372.)

2°. Volcæ Rhodano vicini sunt, oppositos habentes in altera ripa Sa- lyas et Cavaros. Horum nomen obti- nuit, ita ut omnes qui eam colunt regionem barbari, Cavari appellen- tur; quanquam ne barbari quidem adhuc sunt, plerique jam omnes ro-

manam formam linguamque et vitæ rationem, quidam etiam civitatem adepti. (*Extr. des écrits de Strabon*, liv. iv. D. Bouquet, t. I, p. 16.)

Templum ab omnibus communi sententia Gallis Cæsari Augusto ante hanc urbem... est positum. (*Extr. des écrits de Strabon*, liv. iv. D. Bouquet, t. I, p. 23.)

3°. Jam moribus, artibus, affi- nitatibus nostris mixti, aurum et opes suas inferant potius, quam sepa- rati habeant. (*Discours de l'empereur Claude au sénat. Ann. de Tacite*, liv. 11, chap. 24. D. Bouquet, t. I, page 425.)

LIVRE DEUXIÈME.

CHAPITRE Ier.

Division du territoire de la ville de Rome, et des autres terres de l'empire.

1. La preuve de ce qui a été dit sur la circonscription du district de la cité de Rome, sous le gouvernement impérial, et sur la division en province, et la subdivision en cité, de l'Italie et des autres provinces conquises, résulte :

1°. De l'histoire de Dion ; elle témoigne qu'il fut arrêté par Auguste que « le préfet de Rome jugerait dans la ville, et hors « la ville, jusqu'à la distance de quatre-vingt-un milles. » Dion ajoute que de plus, il fut arrêté, qu'Auguste diviserait toutes les autres terres de l'empire romain, selon les peuples et les nations ;

2°. D'une loi générale de Constantin-le-Grand ; cette loi s'applique expressément, d'abord à Rome, et dans les cent milles de Rome, ensuite dans l'Italie, et enfin dans le reste des provinces ;

3°. D'une ancienne notice des dignités de l'empire, publiée vers le commencement du ve siècle : elle marque que les Gaules étaient divisées en dix-sept provinces ;

4°. De l'ancienne notice des Gaules ; elle compte cent quinze cités dans les dix-sept provinces des Gaules ;

---

1. — 1°. Præfectus urbis primariis viris quidam creandus est, qui omnes magistratus... gesserit, non ut per absentiam magistratuum rempublicam administraret : sed ut... in rebus urbi præsit, ... capitalesque... in urbe, ac extra eam usque ad xxxx: millia passuum dijudicet......

Universam Italiam, quantum ejus ultra xciv millia passuum ab urbe distat, cæterasque omnes nobis subditas terras insulasque, secundum populos ac nationes, distribue. (*Conseil de Mécène à Auguste.* Histoire de Dion, liv. lii, pag. 628 et 629.)

2°. Placuit.... in urbe Roma usque ad anni tricesimi extremum diem spatia prorogari, et intra centesimum urbis Romæ milliarium... per omnem vero Italiam usque ad finem anni vicesimi et noni : in cæteris omnibus provinciis usque ad completum annum vicesimum et octavum. (*Extr. d'une loi générale de Constantin-le-Grand.* Code Théodos., liv. xi, tit. 16, t. I, p. 161.)

3°. Sub dispositione..... præfecti prætorio Galliarum provinciæ Galliæ xvii. (*Extr. d'une ancienne notice des dignités de l'empire, publiée vers le commencement du ve siècle.* D. Bouquet, t. I, p. 125.)

4°. In provinciis xvii civitates cxv. (*Extrait de l'ancienne notice des Gaules.* D. Bouquet, t. I, p. 141

5°. D'un texte de Pomponius, cité au Digeste; il montre que le titre de cité désignait non-seulement une ville, mais un territoire, puisqu'il comprend dans la définition d'une cité, les champs qui sont renfermés dans les limites de cette cité.

II. La preuve que l'enclave des cités de l'empire romain représentait l'étendue du territoire d'un évêché, résulte d'une loi des empereurs Léon et Anthémius; elle ordonne que « chaque cité conserve un évêque qui lui soit propre; » et entrant dans quelques autres détails sur ce point, elle emploie constamment le mot de *cité* pour celui d'*évêché*.

CHAPITRE II.

De l'état du peuple de Rome sous les empereurs.

I. La preuve que le peuple de Rome avait déjà perdu le droit de s'assembler et de voter aux comices, avant que les peuples des provinces eussent été égalés à lui, résulte :

1°. Du témoignage de Tacite ; il rapporte que les comices, c'est-à-dire les assemblées où le peuple donnait son suffrage, dans les affaires publiques, passèrent, sous Tibère, du champ de Mars au sénat ;

2°. De la Vie de Caligula, par Suétone ; cet auteur rapporte que « Caligula tenta en vain de rétablir l'usage des assemblées « du peuple, et de lui rendre la liberté de donner ses suffrages. »

II. La preuve du grand avilissement où fut réduit le peuple de Rome, à l'époque dont nous traitons, résulte :

5°. Territorium est universitas agrorum inter fines cujusque civitatis. (*Extr. d'un texte de Pomponius*, Digeste de Justinien, liv. L, tit. 17, n° 239, §. 8. Corps du Droit Civil, t. I, p. 1983.

II. Unaquæque civitas proprium episcopum habeto; et si quis vel per divinum rescriptum civitatem aliquam aut suo episcopo, aut territorio, aut alio quopiam jure privare audeat, exuatur bonis et infamis reddatur. (*Extr. d'une loi des empereurs Léon et Anthémius*, Code Just., liv. I. tit. 3. Corps du Droit Civil, t. II, p. 37.)

I. — 1°. Tum primum e campo comitia ad patres translata sunt: nam ad eam diem, etsi potissima arbitrio principis, quædam tamen studiis tribuum fiebant. Neque populus jus questus est, nisi inani rumore ; et senatus largitionibus ac precibus sordidis exsolutus, libens tenuit. (*Extr. des Ann. de Tacite, sur le règne de Tibère*, liv. I, chap. 15.)

2°. ...... Tentavit et comitiorum more revocato suffragia populo reddere. (*Extr. de la Vie de Caligula par Suétone*, chap. 16, p. 405.)

II. — 1°. .... Qui dabat olim imperium, fasces, legiones, omnia, nunc se continet, atque duas tantum res anxius optat, Panem et circenses.

(*Extr. d'une Satire de Juvénal.* Satire 10, vers 78.)

1°. D'une satire de Juvénal, qui l'exprime dans les termes les plus forts;

2°. De l'histoire de Tacite; elle rapporte que lorsque l'armée d'Antoine, général de Vespasien, entra dans Rome, pour y attaquer les soldats de Vitellius, « le peuple regardait ce combat « comme il eût regardé un spectacle; qu'il prodiguait les applau- « dissements aux vainqueurs; » livrant ceux qui se réfugiaient dans les maisons; enlevant une grande partie de butin. Tacite ajoute, « qu'il n'y eut aucune interruption dans les divertisse- « ments; que, dans la ville, on se réjouissait comme aux jours « de fêtes; que, sans intérêt pour aucun des deux partis, on « triomphait des maux publics; »

3°. Et enfin, d'un édit d'Aurélien, rapporté par Vopisque, et adressé au peuple de Rome : « Je me charge, dit-il, d'as- « surer la tranquillité de Rome : occupez-vous des jeux publics; « assistez aux spectacles du cirque; les affaires publiques sont « notre occupation; les plaisirs sont votre affaire. »

CHAPITRE III.

De la composition du sénat romain, sous le gouvernement impérial.

I. La preuve de ce qui a été dit du nombre des sénateurs requis sous les empereurs pour porter un sénatus-consulte, résulte :

1°. Du témoignage de Dion; il dit qu'Auguste abolit la règle qui voulait quatre cents sénateurs pour porter un sénatus-consulte;

2°. Aderat pugnantibus spectator populus, utque in ludicro certamine, hos modo, rursus illos clamore et plausu fovebat; quoties pars altera inclinasset, abditos..... si quam in domum refugerant, erui jugularique expostulantes, parte majore prædæ potiebantur; nam milite ad sangui- nem et cædes obverso, spolia in vul- gus cedebant..... Confluxerant ante armati exercitus in urbe, L. Sylla semel Cinnaque victoribus : nec tunc minus crudelitatis; nunc inhumana securitas, et ne minimo quidem tem- poris voluptates intermissæ : velut fes- tis diebus id quoque gaudium acce- deret, ... nulla partium cura, ma- lis publicis læti. (*Extr. des Histoires de Tacite*, liv. III, chap. 83, p. 496.)

3°. Ego efficiam ne sit aliqua solli- citudo romana : vacato ludis, vacate circensibus, nos publicæ necessitates teneant, vos occupent voluptates. (*Extr. de la Vie de Firmus, par Vo- pisque.*)

I. — 1°. Augustus.... senatus-con- sulta etiam a paucioribus quam cccc senatoribus, ut fieri possent, statuit; quam ante, ea hunc numerum..... requirerent. (*Extr. de l'Histoire de Dion*, liv. LIV, p. 511.)

2 . D'une loi de l'empereur Constance : elle fixe à cinquante au moins le nombre des sénateurs nécessaires pour porter un sénatus-consulte.

II. La preuve que, sous le gouvernement impérial, le sénat fut composé de sénateurs choisis indistinctement dans toutes les familles de citoyens qui avaient un revenu honnête, et même parmi les enfants d'affranchis, résulte :

1°. D'un passage de Suétone sur la vie d'Auguste; il témoigne que « Auguste ordonna que l'on n'admit, parmi les sénateurs, « que ceux qui possédaient douze cent mille sesterces en biens- « fonds; »

2°. De la Vie de Claude, écrite par Suétone ; elle atteste que « Claude donna la dignité de sénateurs aux fils mêmes des « affranchis, » pourvu qu'ils eussent été adoptés d'abord par des chevaliers romains;

3°. D'une loi de l'empereur Julien, qui déclare ne point empêcher que les fils des affranchis puissent être admis à la dignité de clarissime.

III. La preuve que ceux qui avaient rempli les principales magistratures ou reçu le simple titre honoraire de ces magistratures, acquéraient le droit de siéger au sénat, résulte :

1°. D'un texte de Dion; il marque en général qu'il y avait des magistratures qui donnaient à ceux qui les avaient reçues le droit d'entrer dans le sénat ;

2°. D'une loi de l'empereur Constance; elle compte, parmi

2°. Placet ne minus quinquaginta clarissimi veniant in senatum. (*Extr. de la Loi de l'empereur Constance.* Code Théodos., liv. vi, tit. 4, loi 9. Godefroy, t. II, p. 42.)

II. — 1°. Senatorum censum ampliavit, ac pro octingentorum millium summa, duodecies sestertium taxavit. (*Extr. de la Vie d'Auguste, par Suétone,* liv. II, chap. 41, p. 173.)

2°. Latum clavum, quamvis initio affirmasset non lecturum senatorem, nisi civis romani adnepotem, etiam libertini filio tribuit : sed sub conditione, si prius ab equite romano adoptatus esset. (*Extr. de la Vie de Claude, par Suétone,* liv. v, chap. 24, p. 514 et 515.)

3°. Libertorum filios adipisci cla-

rissimam dignitatem non prohibemus. (*Extr. d'une loi de l'empereur Julien,* Code de Justinien, liv. XII, tit. 1, n° 9, t. II, p. 914.)

III. — 1°. Absente adhuc ab urbe Augusto, senatus-consultum fuerat factum, ut xx viri (magistratus hoc nomen est) ex equitibus constituerentur, quorum deinde nullus in senatum est allectus, nisi quem etiam alium magistratum, cujus ratione senator fieri, gessisset. (*Extr. de l'Histoire de Dion,* liv. LIV, p. 704.)

2°. Prætores designentur senatus-consulto legitime celebrato, ita ut adsint decem e procerum numero, qui ordinarie consules fuerint, quique præfecturæ gesserint dignitatem, proconsulari etiam honore sublimes....

les personnes qui ont voix délibérative au sénat, ceux qui ont été consuls ordinaires, préfets, proconsuls et préteurs ;

3°. D'une loi des empereurs Valentinien, Valens et Gratien : elle marque que « le préfet de la ville, le préfet du prétoire, « les maitres de la cavalerie et de l'infanterie, » après même qu'ils étaient sortis des charges, avaient voix dans le sénat ;

4°. D'une loi des empereurs Gratien, Valentinien et Théodose-le-Grand ; elle marque que « ceux qui ont rempli les prin « cipales magistratures, ou reçu les ornements de ces magistra « tures, sont admis parmi les sénateurs, » et font partie du corps du sénat.

IV. La preuve que les citoyens de diverses origines pouvaient parvenir à toutes les magistratures, résulte :

1°. D'un texte d'Ulpien au Digeste, qui marque que les hommes du petit peuple pouvaient parvenir aux magistratures ;

2°. Des annales de Tacite ; on y voit que Claude admit aux magistratures les enfants des affranchis, en conséquence d'un usage qui remontait aux temps de la république.

V. La preuve que le sénat romain fut composé des sénateurs originaires des provinces, aussi bien que des sénateurs originaires de Rome, résulte :

1°. D'un passage de Tacite ; il marque que les principaux Gaulois de la province Narbonnaise étaient reçus dans le sénat,

---

etiam his præsentibus, qui præturæ insignia, honoremque anté susceperint, latis per ordinem sententiis designentur. (*Extr. d'une loi de l'empereur Constance.* Code Théodos., liv. vi, tit. 4, loi 12, t. II, p. 46.)

3°. Præfectum urbi, præfectum prætorio, magistros equitum ac peditum indiscrete ducimus dignitatis, usque adeo videlicet, ut quum ad privatam secesserit vitam, cum loco velimus esse potiorem, qui alios promotionis tempore..... præcesserit.... cæterum in amplissimo curiæ nostræ, intimoque concessu, digestas ordinationibus priscis obtineant dignitates. (*Extr. d'une loi des empereurs Valentinien, Valens et Gratien.* Cod. Théodos., liv. vi, tit. 7, loi 1, t. II. p. 77.)

4°. Ii quibus detulimus splendidos magistratus, ... in .... ordinem senatorium, et illam...... curiam cooptentur. (*Extr. d'une loi des empereurs Gratien, Valentinien et Théodose.* Cod e Théodos., liv. xii, tit. 1, loi 132, t. IV, p. 466.)

IV. — 1°. Hodie obtinuit indifferenter quæstores creari, tam patricios quam plebeios. Ingressus est enim et quasi primordium gerendorum honorum, sententiæque in senatu dicendæ. (*Extr. d'un texte d'Ulpien au Digeste,* liv. 1, tit. 13, n° 1, §. 3. Corps du Droit civil, t. I, p. 38.)

2°. Princeps..... vocato senatu ita exorsus est : Libertinorum filiis magistratus mandari, non... recens, sed priori populo factitatum est. (*Extr. des Ann. de Tacite,* liv. ix, chap. 24, p. 207 et 208.)

V. — 1°. Galliæ narbonensi..... datum, ut senatoribus ejus provinciæ, non exquisita principis sententia ...

sous le règne de Claude, et habitaient, cependant, une partie du temps dans leur pays ;

2°. D'un discours de Claude au sénat ; il marque que « les « Latins et les hommes d'autres nations parviennent successi- « vement a . magistratures de Rome ; »

3°. D'un texte de Suétone ; il nous apprend que Vespasien choisit les plus gens de bien dans l'Italie et dans les provinces, pour les placer dans l'ordre des chevaliers et dans le sénat ;

4°. D'un panégyrique de Constantin, par Nazarius ; il dit que Rome appela, dans son sénat, les principaux habitants de toutes les provinces.

VI. La preuve que, depuis l'empereur Gallien, la profession militaire fut interdite aux simples sénateurs, résulte littérale- ment du témoignage d'Aurélius Victor.

VII. La preuve qu'après Gallien, les consulaires, les anciens préfets, qui étaient membres du sénat, pouvaient être en même temps officiers militaires, résulte :

1°. D'une loi des empereurs Gratien, Valentinien et Théo- dose ; elle montre que l'on nommait maîtres de l'infanterie et de la cavalerie des hommes qui avaient été préteurs, et qui avaient, en cette qualité d'anciens préteurs, entrée dans le sénat ;

2°. D'une loi des empereurs Honorius et Théodose ; elle admet dans le sénat, « parmi les consulaires, les dix premiers « officiers de la milice armée, » qu'on appelle les *protecteurs*.

---

res suas invisere liceret. (*Extr. des Ann. de Tacite*, liv. xii, chap. 23, p. 22 j.)

2°. Plebei magistratus post patri- cios, latini post plebeios, cæterarum Italiæ gentium post latinos. (*Extr. d'un discours de l'empereur Claude au sénat*, Annales de Tacite, liv. 11, chap. 24, p. 208.)

3°. Supplevitque recensito senatu et equite ; submotis indignissimis, et ho- nestissimo quoque Italicorum ac Pro- vincialium electo. (*Extr. des écrits de Suétone, Vie de Vespasien*, p. 79.)

4°. Quam ex omnibus provinciis op- timates viros curiæ Roma pignora- veris, ut senatus dignato non tam no- mine quam re esset illustrior, quum ex totius orbis flore constaret. (*Extr*

d'un panégyrique de Constantin, par Nazarius. Commentaires de Godefroi sur le Code Théodos., t. I, p. 91.)

VI. ..... Senatum militia vetuit, etiam adire exercitum. (*Extr. de la Vie de Gallien, par Aurélius-Victor.*)

VII. — 1°. Quisquis magisterium equitum peditumque susceperit, et gesserit ante... præfecturam. (*Extr. d'une loi des Empereurs Gratien, Va- lentia en et Théodose. Code Théodos. liv. vi, tit. 8. loi 2, t. II, p. 80.)

2°. Protectores armatam militiam subeuntes. . inglorios esse non pati- mur... ita his quoque honorem con- gruum condonamus, ut..... decem primi eorum clarissimatus dignitate fruantur, et... exeuntibus... consu- larem sibimet vindicent dignitatem.

VIII. La preuve que l'empereur nommait seul, et à son gré, les simples sénateurs, résulte :

1°. De l'histoire de Dion ; elle met en fait que « les empe- « reurs ont obtenu, avec la censure perpétuelle, le pouvoir « d'admettre qui leur plaît dans l'ordre des sénateurs ; »

2°. D'un passage de Suétone ; il porte que « Vespasien choisit « seul dans l'Italie et les provinces, ceux qui devaient remplir « les places vacantes dans le sénat ; »

3°. D'une loi des empereurs Gratien, Valentien et Théo- dose ; elle marque que « c'était le bienfait des princes qui « revêtait les sénateurs de leur dignité. »

IX. La preuve que l'empereur donnait seul les magistra- tures, et les titres ou ornements des magistratures qui ou- vraient l'entrée du sénat, résulte :

1°. D'une loi des empereurs Gratien, Valentinien et Théo- dose ; elle le marque en général ;

2°. De plusieurs lois impériales ; elles font mieux connaître encore avec quelle indépendance les empereurs disposaient des titres des magistratures, qui donnaient l'entrée du sénat, en assurant le titre et le rang de sénateurs à des officiers qui exer- çaient dans le palais diverses fonctions.

---

et in amplissimo ordine... velut ex consularibus habeantur. (*Extr. d'une loi des empereurs Honorius et Théo- dose.* Code Théodos., liv. vi, tit. 2½, loi 9, t. II, p. 139.)

VIII. — 1°. Ex censoria appella- tione... senatorium ordinem adscri- bendi, aliosque ex iis removendi pro suo arbitrio licentiam consequuntur. (*Extr. de l'Histoire romaine de Dion*, liv. LIII, p. 665.)

2°. *Voyez* un texte de Vespasien à l'article V de ce chapitre, n° 3.

3°. Si quis senatorium consecutus nostra largitate fastigium .. (*Extr. d'une loi des empereurs Gratien, Va- lentinien et Théodose.* Code Théo- dos., liv. vi, tit. 2, loi 2, t. II, p. 11.)

IX. — 1°. *Voyez* une loi de Gratien, Valentinien et Théodose, à l'article III de ce chapitre, n° ½.

2°. Præter primicerios protectorum domesticorum decem primi scholarum, quum ad... dignitatem.... perve- nerint, statim clarissimatus honore

decorati.... ex consularibus esse me- reantur. (*Extr. de plusieurs lois impe- riales. Loi des empereurs Théodose et Valentinien.* Code Théodos., liv. vi, tit. 2½, loi 10, t. II, p. 139.)

In scriniis palatii militantes post viginti annos transactæ militiæ, si discedendum sibi esse decreverint, consulari honore fulti... habeantur, huncque honorem dignitatis in senatu teneant.

Iis a quibus dispositionum nostra- rum norma seriesque servatur, eadem privilegia honoresque peractæ militiæ tribuimus, quæ scriniorum nostrorum meritis nuper præcepimus custodiri. (*Lois des empereurs Arcade et Hono- rius.* Code Théodos., liv. vi, tit. 26, loi 8 et 9, t. II, p. 154 et 155.)

Agentibus in rebus... præstitimus... ut post principatum in amplissimo ordine inter consulares habeantur. (*Loi des empereurs Gratien, Valen- tinien et Théodose,* Code Théodos., liv. vi, tit. 27, t. II, p. 170.)

X. La preuve du droit qu'avaient les empereurs d'exclure du sénat chacun de ceux qui formaient ce corps, résulte :

1°. Des écrits de Dion ; ils attestent que ce droit appartient aux empereurs, à titre de censeurs ;

2°. Du témoignage de Trébellius-Pollio ; il montre que l'empereur Valérien confia l'exercice de ce pouvoir à un de ses officiers, et qu'il était reçu alors que la plénitude de ce pouvoir était attachée au nom d'Auguste.

CHAPITRE IV.

Prérogatives des sénateurs et de leurs familles.

I. La preuve que les sénateurs étaient distingués en général des autres citoyens, résulte d'un texte du jurisconsulte Gaius ; il dit que « le peuple (*plebs*) est composé de tous les citoyens « qui ne sont pas sénateurs. »

II. La preuve que les sénateurs avaient le titre de clarissimes, résulte :

1°. D'une loi des empereurs Valens, Gratien et Théodose ; elle compte les sénateurs parmi les clarissimes ;

2°. Du livre des étymologies d'Isidore, qui dit que les sénateurs du troisième ordre sont appelés clarissimes.

III. La preuve que tous les descendants des sénateurs en ligne masculine étaient appelés clarissimes, et que ce dernier titre était propre aux femmes des sénateurs, et même à leurs filles, à moins qu'elles n'eussent épousé des hommes du peuple, résulte :

1°. Des passages des jurisconsultes Ulpien et Paul ; ils mar-

---

X. — 1°. *Voyez* l'extrait de Dion, à l'article VIII de ce chapitre, n° 1.

2°. Inquit Valeriano Decius : Suscipe censuram ; tu æstimabis qui munere in curia debeant..... sed Valeriano sententia hujusmodi fuit : Hæc sunt propter quæ Augustum nomen tenetis, apud vos censura decedit. (*Extr. d'un récit de Trebellius Pollio, Vie de Valérien, chap. 1 et 2.*)

I. Plebs est cæteri cives sine senatoribus. (*Extr. d'un texte du jurisconsulte Gaius. Dig. de Just., liv. L, tit. 16, n° 238, t. I, p. 1982.*)

II. — 1°. Senator vel alius clarissimus privatos habeat filios, editos quippe antequam susciperet dignitatem. (*Extr. d'une loi des empereurs Valens, Gratien et Théodose. Code de Just., liv. XII, tit. 1, n° 11, t. II, page 914.*)

2°. Primi ordines senatorum dicuntur illustres, secundi spectabiles, tertii clarissimi. (*Extrait des étymologies d'Isidore. Liv. IX, chap. 4, n° 11, t. I, p. 249.*)

III. — 1°. Senatores accipiendum est eos, qui a patriciis et consulibus

quent que « l'on doit compter parmi les sénateurs ceux qui « descendent des consulaires et des hommes illustres qui ont « voix délibérative dans le sénat, » et que ceux qui descendent en ligne masculine des sénateurs ont le rang de sénateurs ;

2°. D'une loi des empereurs Valens, Gratien et Théodose ; elle déclare que « les enfants nés d'un sénateur, depuis qu'il « a reçu cette dignité, sont clarissimes ; »

3°. D'un texte du jurisconsulte Ulpien, cité au Digeste, et d'une loi de l'empereur Alexandre ; on y voit que « les femmes « mariées aux hommes clarissimes étaient comptées parmi les « clarissimes, » et que « les filles des sénateurs étaient aussi « comptées parmi les clarissimes, » pourvu qu'elles n'épousassent point de plébéiens.

IV. La preuve que les sénateurs et les clarissimes dépendirent d'un autre tribunal que le reste des citoyens, résulte, d'une loi des empereurs Valens, Valentinien et Gratien ; elle porte que dans toute accusation intentée contre un sénateur, la fonction du juge ordinaire se borne à une première information, qu'il doit renvoyer ensuite à l'empereur ou à ses pré-

---

usque ad omnes illustres viros descendunt : quia et hi soli in senatu sententiam dicere possunt. (*Extr. d'un texte d'Ulpien*, Dig. de Just., liv. 1, tit. 9, n° 12, t. I, p. 26.)

A senatore in adoptionem filius datus ei qui inferioris dignitatis est, quasi senatoris filius videtur : quia non amittitur senatoria dignitas adoptione. (*Extr. d'un texte de Paul*. Dig. de Just., liv. 1, tit. 9, n° 6, t. I, p. 25.)

Liberos senatorum accipere debemus, non tantum senatorum filios, verum omnes qui geniti... ex liberis eorum dicuntur, sive naturales sive adoptivi sint liberi senatorum ;..... sed si ex filia senatoris natus sit, spectare debemus patris ejus conditionem. (*Extr. d'un texte d'Ulpien*, Dig. de Just., liv. 1, tit. 9, n° 10, t. I, p. 25.)

2°. Senator vel alius clarissimus privatos habeat filios, editos quippe antequam susciperet dignitatem, quod non solum circa masculos dignoscitur constitutum, verum etiam circa filias simili conditione servandum. (*Extr. d'une loi des empereurs Valens, Gratien et Théodose*. Code de Just., liv. XII, tit. 1, n° 11, t. II, p. 914 et 915.)

3°. Feminæ nuptæ clarissimis personis, clarissimarum personarum appellatione continentur ; clarissimarum feminarum nomine senatorum filiæ, nisi quæ viros clarissimos sortitæ sunt, non habentur. Feminis enim dignitatem clarissimam mariti tribuunt : parentes vero, donec plebeii nuptiis fuerint copulatæ. (*Extr. d'un texte d'Ulpien*, Dig., liv. 1, tit. 9, n° 8, t. I, p. 25.)

Si..... avum consularem et patrem prætorium virum habuistis, et non privatæ conditionis hominibus, sed clarissimis nupseritis, claritatem generis retinetis.(*Loi d'Alexandre*, Code de Just., liv. XII, tit. 1, loi 1, t. II, p. 914.)

IV. Provincialis judex, vel intra Italiam, quum in ejus discrepationem criminalis causæ dictio adversum senatorem inciderit,..... cognoscendi causas habeat potestatem ; verum nihil de animadversione decernens... integro... capitis statu, referat ad scientiam nostram, vel ad inclytas potestates..... Præfecto urbi cognoscente de capite senatorum, spectatorum maxime virorum judicium quinquevirale sociabitur, et de præsentibus et

fets; elle marque que « quand le préfet de la ville jugera la « cause capitale d'un sénateur, il s'adjoindra cinq hommes qui « aient déjà administré des charges, et qui soient pris par sort « et non par choix. »

V. La preuve que les sénateurs et clarissimes étaient exempts des tourments de la question, hors les cas de lèse-majesté, résulte :

1°. Des lois des empereurs Valens, Valentinien et Gratien ; elles prononcent formellement la règle et l'exception ;

2°. Du témoignage d'Ammien Marcellin ; il est conforme à la loi que l'on vient de citer.

VI. La preuve que les sénateurs étaient exempts des fonctions municipales, et entièrement distingués des curiales qui remplissaient ces fonctions, résulte :

1°. D'un passage du jurisconsulte Hermogénien ; il témoigne que « celui qui a reçu la dignité de sénateur cesse d'être mu- « nicipe quant aux charges ; »

2°. D'une loi des empereurs Arcade et Honorius ; d'une loi

administratorum honore functis lice-bit adjungere sorte ductos, non sponte delectos. (*Extr. d'une loi des empe-reur Valens, Valentinien et Gratien.* Code Théodos., liv. ix, tit. 1, loi 13, t. III, p. 17.)

V. — 1°. Severam indagationem per tormenta quærendi a senatorio nomine submovemus. (*Extrait de deux lois des empereurs Valens, Gratien et Va-lentinien.* Code Théodos., tit. 35, loi 3, t. III, p. 251.) — *Le même dispositif se trouve,* Code de Just., liv. xII, tit. 1, loi 10, t. II, p. 914.)

Nullus omnino ob fidiculas perfe-rendas, inconsultis ac nescientibus nobis.... auctoramento generis, aut dignitatis defensione nudetur, excepta tamen majestatis causa, in qua sola omnibus æqua conditio est. (*Code Théodos.,* liv. ix, tit. 35, loi 1, t. III, p. 248.)

2°. Decreto nobilitatis legati mit-tuntur.... oraturi ne delictis sup-plicia sint grandiora, neve senator quisquam.... illicito more tormentis exponeretur. (*Extrait d'Ammien Mar-cellin.* Commentaires du Code Théo-dos., t. III, p. 251.)

Ubi majestas pulsata degraditur, a quæstionibus nullam Cornelia leges exemere fortunam. (*Notes du Code Théodos.,* liv. ix, t. II, p. 125.)

VI. — 1°. Municeps esse desinit, se-natoriam adeptus dignitatem, quan-tum ad munera. (*Extr. d'un texte d'Hermogénien,* Dig., liv. L, tit. 1, n° 23, t. I, p. 914.)

2°. Liberi.... paternæ dignitatis objectu curialia vincula non exuant, nisi forte quis jam senatore susceptus. (*Extr. de la loi des empereurs Ar-cadius et Honorius,* Code Théodos., liv. xII, tit. 1, loi 155, t. IV, p. 490.)

Qui curiali ortus familia, ante completa munera patriæ, senator fac-tus est, fructu careat, quousque mu-neribus absolvatur : quibus expletis, si velit sumptuosum ordinem senato-rium vitare, renuntiet dignitati : si permanserit, liberos quos ediderit habeat senatores, prætores, jam quæs-toresque, non muneri decurionum obnoxios. (*Extr. d'une loi de Valen-tinien et Valens,* Code Théodos., liv. xII, tit. 1, loi 58, t IV, p. 404.)

Senatores, et eorum filii filiæque... nepotes, pronepotes et proneptes ex filio, origine eximuntur, licet muni-

de Valentinien et Valens, et d'un texte de Paul, au Digeste, qui témoignent que « les enfants des sénateurs, nés depuis que « leur père était parvenu à cette dignité, étaient exempts des fonctions curiales; »

3°. D'un passage de Libanius; il témoigne que « les curies « des cités étaient réduites à rien, parce qu'une partie de ceux « qui les composaient étaient passés dans la milice ou dans le « sénat; »

4°. D'une loi des empereurs Arcade et Honorius; elle veut « qu'il n'y ait aucune réunion des fonctions municipales et « des fonctions sénatoriales. » c'est à-dire que, suivant cette loi, il est défendu d'exercer en même temps ces deux fonctions;

5°. D'une loi de l'empereur Julien; elle marque que les maisons des sénateurs sont exemptes des charges curiales;

6°. D'une loi des empereurs Arcade et Honorius; elle déclare que les terres des curiales sont distinguées des terres des sénateurs, et que les possessions des maisons des curiales diffèrent des possessions des maisons des clarissimes.

CHAPITRE V.

Des officiers du palais.

La preuve que ceux qui servaient dans le palais étaient distingués des simples citoyens par une exemption privilégiée des fonctions municipales et curiales. et que ces avantages passaient aux enfants des officiers du palais, qui étaient nés depuis

---

cipalem retineant dignitatem. (*Extr. d'un texte de Paul.* Dig., liv. L, tit. I, n° 22, §. 5, t. II, p. 1914.)

3°. Ostendit(Julianus)...providentiam circa curias civitatum : quæ olim certo quum et multitudine floruissent, in nihilum postea redactæ sunt, translatis rursum paucis in militiam, aliis in senatum. (*Extr. des écrits de Libanius.* Commentaire du Code Théodos., t. IV, p. 387.)

4°. Senatoriæ functionis curiæque sit nulla conjunctio. (*Extr. d'une loi des empereurs Arcadius et Honorius.* Code Théodos., liv. VI, tit. 3, loi 2, t. II, p. 30.)

5°. Curialium munera... inferiora

esse minime dubitatur; atque ideo a senatoriis easdem domibus submoveri oportet. (*Extr. d'une loi de Julien.* Code Théodos., liv. XI, tit. 23, loi 2, t. IV, p. 169.)

6°. A curialibus terris senatoria gleva discreta sit, nec ulla fiat in possidendo clarissimarum domorum curialiumque conjunctio. (*Extr. d'une loi d'Arcadius et Honorius.* Code Théodos., liv. VI, tit. 3, loi 3, t. II, p. 30.)

A palatinis, tam his qui obsequiis nostris inculpata officia præbuerunt. quam illis qui in scriniis nostris... versati sunt. procul universas calumnias, sive nominationes, jubemus esse

que leurs pères servaient dans le palais, résulte complétement de deux lois de Constantin.

CHAPITRE VI.

De la milice cohortale.

I. La preuve que les cohortales formaient ce qu'on appelait l'office des gouverneurs de provinces, des préfets du prétoire, des proconsuls et des juges, et qu'ils étaient les officiers de ces magistrats, résulte des lois des empereurs Valentinien, Valens et Gratien ; Constantin, Honorius et Théodose : elles veulent que ceux qui composent l'office des gouverneurs de provinces soient inscrits sous le nom de cohortales, et elles appellent officiers des gouverneurs et des divers juges ceux qui composaient l'office de ces magistrats.

II. La preuve que les cohortales étaient les appariteurs des divers magistrats ou juges, que c'étaient eux qui étaient chargés de garder et arrêter les accusés, et en général, de prêter main-forte aux magistrats dont ils dépendaient, résulte :

1°. D'une loi des empereurs Théodose et Valentinien ; elle parle du cohortale appariteur, ou de l'homme lié à la co-

summotas; idque beneficium ad filios eorum atque nepotes ipso ordine sanguinis pervenire, atque immunes eos a cunctis muneribus sordidis et personalibus permanere. (*Extr. des lois de Constantin.* Code Théodos., l. VI, tit. 37, loi 1, t. II, p. 235.)

De cubiculis nostris vacatione donatos, vel diversis obsequiis palatinis scriniis... epistolarum, libellorumque vel officio largitionum comitatensium singularumve urbium... ad legum nostrarum privilegia volumus pertinere : ut nec ipsi, nec filii, nec nepotes eorum ad curiam, vel honores, vel onera, munera municipalia devocentur. (*Code Théodos.*, liv. VI, tit. 35, loi 3, t. II, p. 236 et 237.)

I Officia rectorum provinciarum tuæ magnificentiæ litteris volumus admoneri, ut susceptos in officio proprio probatos cohortium nomine...... æstiment inserendos. (*Extr. de lois impériales. Loi des empereurs Valentinien, Valens et Gratien*, Code

Théodos., liv. VIII, tit. 4, loi 12, t. II. p. 451.)

De his qui officia præsidialia deserentes ad sacramenta militiæ adspirasse noscuntur.... jubemus, ut, retentis his qui veteranorum seu militum filii esse noscuntur, cæteros gravitas tua officiis propriis restituere non moretur. (*Loi de Constantin*, Code Théodos., liv. VIII, tit. 4, loi 4, t. II, p. 484.)

Quicumque ex diversis omnium moderatorum officiales contra vetitum altioris militiæ gradum indebite obtinuisse noscuntur, in propria revocentur officia; universos igitur appariteres, quos extra conscientiam tuam... claruerit ad militiam convolasse, præcipimus revocari, similique præceptione diversorum judicium officiales antiquæ militiæ restitui. (*Loi d'Honorius et Théodose*, Code Théod. liv. VIII, tit. 4, loi 25, t. II, p 503.)

II.—1°. Si cohortalis apparitor, aut obnoxius cohorti, ad ullam post-

horte , comme ayant la même dépendance de l'état que l'un exerce , et auquel l'autre doit appartenir ; et continuant de traiter des engagements de cet état, ce n'est plus que du nom de cohortale dont elle se sert , pour désigner ou le cohortale appariteur, ou celui qui est dans l'obligation d'entrer dans la cohorte ;

2°. D'une loi des empereurs Valentinien , Gratien et Théodose ; elle montre que les appariteurs gardaient les accusés arrêtés ;

3°. D'une loi des empereurs Arcadius et Théodose ; elle marque que « si la multitude coupable ne peut être réprimée « par l'exécution des appariteurs civils, les juges de l'Afrique « doivent implorer le secours de la force des appariteurs armés. « et s'adresser au comte de l'Afrique. »

Cette loi montre bien que les appariteurs armés ou cohortales , étaient chargés de prêter main-forte aux magistrats civils.

III. La preuve de l'infériorité de la milice cohortale, à l'égard de la milice armée et de l'avilissement de la milice cohortale. résulte :

1°. Des lois de Constantin , d'Honorius , et de Théodose et Valentinien ; elles ordonnent que « ceux qui auraient quitté « ce qu'on appelait les offices des gouverneurs et des présidents. « pour passer à un degré de la milice plus élevé, soient rappelés « à leurs offices ; »

2°. D'une autre loi des empereurs Honorius et Théodose ;

---

hac adspiraverit dignitatem, spoliatus omnibus impetrati honoris insignibus, ad statum prisitinum revocetur : liberis etiam in tali ejus conditione susceptis, fortunæ patriæ mancipandis. (*Extr. d'une loi des empereurs Theodose et Valentinien.* Code Théodos., liv. viii, tit. 4, loi 3.)

2°. Quisquis fuerit exhibitus usque ad negotii terminum, ab eo cui primum traditus fuerat observari eum , apparitore decernimus. (*Extr. d'une loi des empereurs Gratien, Valentinien et Théodose.* Code. Théod., liv. viii, tit. 8, loi 2, t, II, p. 590.)

3°. Quod si multitudo violenta civilis apparitionis executione..... non potuerit præsentari, quod se armis ,

aut locorum difficultate tueatur , judices africani armatæ apparitionis præsidium , datis ad...... comitem Africæ litteris deposcant, ut rei talium criminum non evadant. (*Extr. d'une loi des empereurs Arcade et Honorius.* Code Théodos. , liv. xvi, tit. 2, loi 31, t. VI, p. 66 et 67.)

III.—1°. *Voyez* les extraits des lois de Constantin , d'Honorius et de Théodose , cités à l'article 1ᵉʳ de ce chapitre, et la loi des empereurs Théodose et Valentinien, à l'article II de ce chapitre, n° 1.

2°. In cohortalinorum militia..... tempora propaganda censemus, non quod majores in ipsis reipublicæ vires sint, quam in curialibus constitutæ.

elle compare les cohortales aux curiales, c'est-à-dire, à ceux qui sont chargés des fonctions municipales ; et elle donne la supériorité aux curiales sur les cohortales, ce qui est ravaler ceux-ci à la dernière classe des citoyens.

IV. La preuve que les cohortales étaient enrôlés pour vingt-cinq ans, et que ceux de leurs enfants qui étaient nés pendant le temps qu'ils étaient cohortales étaient obligés d'embrasser la profession de leurs pères, résulte :

1°. D'une loi de Constantin ; elle traite des exemptions qui seront accordées aux cohortales, « après qu'ils auront obtenu une vacance honorable, après qu'ils auront accompli vingt-cinq ans de service ; » et montre ainsi clairement, que le terme fixé pour la vacance était le terme de vingt-cinq ans ;

2°. D'une loi des empereurs Théodose et Valentinien, déjà citée ; elle marque qu'un cohortale « est lié à son état » au point de ne pouvoir s'en détacher, même pour recevoir des dignités honorables, et que ses enfants, nés pendant qu'il était cohortale, sont obligés à remplir la fonction de leur père. Cette loi, rapprochée de la précédente, qui indique le terme où finit l'obligation du service des cohortales, achève la preuve sur ce point ;

3°. De deux lois des empereurs Honorius et Théodose ; elles défendent expressément que le cohortale, ou le fils d'un cohortale, ayant déserté cette condition, ose s'attribuer un autre état ; elles répètent qu'il faut que les enfants des cohortales suivent la condition de leurs pères.

V. La preuve que les cohortales, durant leur temps de ser-

---

sed quod non hisdem privilegiis inferioris sortis homines debeant honorari.... liberos... cohortalium... originalem sequi conditionem oportet. (*Extr. d'une loi des empereurs Honorius et Théodose.* Code Théodos., liv. VI, tit. 35, loi 14, t. II, p. 245.)

IV.—1°. Quoniam iniquissime tyrannus constituit ut qui ex cohortali militia honestam vacationem rerum suarum meruerint, civilibus officiis et curiæ necessitatibus inserviant : placet, hac lege cessante, eos qui cohortali militia, completis 25 stipendiis discesserint, ad nulla deinceps... munera curiæ devocari. (*Extr. d'une loi*

de l'empereur Constantin. Code Théodos., liv. VIII, tit. 4, loi 1, t. II, p. 481.)

2°. *Voyez* l'art. II de ce chap. n° 1. (*Extr. des lois des empereurs Théodose et Valentinien.*)

3°. Præcipimus observari.... ut.... neque cohortalinus.... aut cohortalini filius conditione deserta aliam audeat adspirare fortunam. (*Loi d'Honorius et de Théodose.* Code Théodos., liv. VIII, tit. 4, loi 28, t. II, p. 504.)

Liberos... cohortalium... originalem sequi conditionem oportet. (*Loi d'Honorius et de Théodose.* Code Théodos., liv. VI, tit. 35, t. II, p. 245.)

V. *Voyez* une loi de Constantin,

vice, et après même que ce service était accompli, étaient exempts des fonctions municipales et curiales, résulte complètement d'une loi de Constantin, et d'une autre loi des empereurs Valentinien et Valens.

VI. La preuve que les cohortales et leurs enfants ne pouvaient se soustraire à la milice cohortale, ni en passant dans la milice armée ni en s'élevant à des dignités, résulte des lois de Constantin, de Valentinien, d'Honorius et de Théodose, déjà citées dans ce chapitre.

CHAPITRE VII.

État du clergé.

La preuve que tous les clercs furent exempts des fonctions curiales depuis Constantin, résulte complétement des lois de Constantin, d'Arcade et d'Honorius.

à l'article IV de ce chapitre, et une loi des empereurs Valentinien et Valens, à l'article III de ce même chapitre.

VI. Voyez à l'article I de ce chapitre les deux dernières autorités, à l'article II le n° 1, et enfin l'article V en entier.

Ch. VII. Jam pridem sanximus ut catholicæ legis antistites et clerici... ad munera curialia minime devocentur. (*Loi de l'empereur Constantin.* Code Théodos., liv. xvi, tit. 2, loi 11, t. VI, p. 36.)

Curialibus muneribus atque omni inquietudine civilium functionum exsortes cunctos clericos esse oportet.

(*Loi de Constantin.* Code Théodos., liv. xi, tit. 2, loi 9, t. VI, p. 33.)

Lectores... cæterique clerici qui per injuriam hæreticorum ad curiam devocati sunt, absolvantur, et de cætero ad similitudinem orientis minime ad curias revocentur, sed immunitate plenissima potiantur (*Loi de Constantin.* Code Théodos., liv. xv, tit. 2, loi 7, tome VI, page 31.)

Quemcumque clericum indignum officio suo episcopus judicaverit, et ab ecclesiæ ministerio segregaverit, aut si qui professum sacræ religionis sponte dereliquerit, sibi eum curia vindicet. (*Loi des empereurs Arcadius et Honorius.* Code Théodos., liv. xvi, tit. 2, loi 39, t. VI, p. 76.)

LIVRE TROISIÈME.

CHAPITRE Iᵉʳ.

Établissement des troupes soudoyées dans l'empire.

La preuve du changement qui priva les citoyens et les sujets de Rome du droit de porter les armes, et qui substitua des corps de troupes perpétuels aux troupes nationales, résulte :

1°. Des conseils de Mécène à Auguste, rapportés par Dion, et du témoignage de cet historien, qui atteste que les conseils de Mécène, suivis par Auguste et ses successeurs, renfermaient tout le plan du gouvernement. L'avis de Mécène conclut à ce que les citoyens et les sujets de l'empire fussent dépouillés du droit de porter les armes, et que des corps de troupes perpétuels fussent substitués aux troupes nationales. Dion atteste que « l'avis de Mécène l'emporta » dans le conseil d'Auguste, que le plan qu'il avait tracé fut exécuté dès lors dans sa plus grande partie, qu'il y eut certains changements qu'Auguste différa, et quelques autres qui ne s'exécutèrent que sous ses successeurs ;

Cu. I.—1°. Milites... perpetuo alendi sunt ex civibus, fœderatis, ac subditis delecti, ad provincias tutandas, pro ratione necessitatis, temporibus diversis, plures paucioresve, qui semper in armis sint, bellicasque artes assidue exerceant, hyberna locis opportunissimis habeant, certum militiæ tempus expleant, ita ut non nihil ætatis etiam ante senium supersit.... ac si omnibus qui integra sunt ætate, armorum et rei bellicæ usum concedamus, semper seditiones ab iis, et bella intestina excitabuntur : jam si armorum eis usu interdicamus, ac post suppetias ab eis accipere opus habeamus, periculum est ne imperitis ac inexercitatis militibus utendum nobis sit. Itaque hæc mea est sententia, ut robustissimi omnes, quique sibi alendis quam minime sufficiunt, in exercitus conscribantur, ac in armis exerceantur, reliqui omnes ab armis et re bellica vacent; nam et illi soli militiæ dediti, rectius eam facient : et hi facilius agriculturam, navigationes, reliquasque pacis actiones exercebunt, cum neque ad arma concurrere opus habeant, et alii eorum defendendorum causa excubent. Jam ea hominum multitudo, quæ ætate ac viribus validissima, rapto vivere potissimum cogitur, citra ullius injuriam aletur, et reliqua pars sine periculo degent. (*Extr. de l'Histoire de Dion*, liv. LII, p. 634.)

Mæcenatis consilium prætulit: non tamen omnia statimque is suasisset, agere instituit... Ideoque alia confestim mutavit, alia postea temporis: nonnulla etiam sequentibus imperatoribus perficienda reliquit. (*Extr. de l'Histoire de Dion*, liv. LII, p. 647.)

2°. D'un texte d'Hérodien ; il atteste que « Auguste avait ôté au peuple l'usage des armes ; »

3°. D'un passage du juris-consulte Marcien ; il dit, qu'en vertu de la loi Julia (publiée sous Auguste) on était convaincu de violence publique, quand on avait chez soi d'autres armes que celles qui étaient d'usage pour la chasse ou dans les voyages ;

4°. D'une loi des empereurs Valentinien et Valens, rapportée au Code Théodosien et au Code Justinien ; elle défend à toutes personnes de porter les armes à l'insu et sans permission du prince ;

5°. Et enfin, d'une loi de l'empereur Valentinien III ; elle ordonne que « les habitants de l'Italie se défendent eux-mêmes contre les pirateries des Vandales : » cette loi paraît lever une interdiction formelle, en autorisant les citoyens à s'armer.

CHAPITRE II.

Cohortes prétoriennes et légions.

I. La preuve de l'existence des cohortes de la ville, et des cohortes prétoriennes, chargées de la garde de Rome, ainsi que de l'existence des légions réparties sur les frontières pour la défense de l'empire, résulte :

1°. D'un récit de Tacite ; cet auteur, faisant l'énumé-

2°. Voyez *Hérodien*, liv. II, traduction française, par l'abbé Mongault, p. 93.

3°. Lege Julia de vi publica tenetur, qui arma, tela domi suæ, agrove in villa præter usum venationis, vel itineris... coegerit. (*Extr. d'un passage de Marcien*, Dig., liv. XLVIII, tit. 6, n° 1, t. I, p. 1844.)

4°. Nulli prorsus, nobis insciis atque inconsultis, quorumlibet armorum movendorum copia tribuatur. (*Extr. d'une loi des empereurs Valentinien et Valens*. Code Théodos., liv. XV, tit. 15, loi 1, t. V, p. 419. Le même dispositif au Code Justinien, liv. XI, tit. 46, loi 1, t. II, p. 890.)

5°. Nec molestum esse id provincialibus nostris credimus, quod pro ipsorum salute disponitur, ut resistendi prædonibus cura subeatur... Singulos universosque nostros monemus edicto, ut.... ex animo, quo debent, propria defensare, cum suis adversus hostes, si vis exegerit..... utantur armis. (*Extr. d'une loi de l'empereur Valentinien. De reddito jure armorum*. Nov. Théodos., tit. 20, à la fin du Code Théodos., t. VI, p. 10.)

I. — 1°. Percensuit..... numerum legionum..... Quod mihi quoque exequendum reor, quæ tum romani copia in armis ... præcipuum robur Rhenum juxta, commune in Germanos Gallosque subsidium, octo legiones erant. Hispaniæ recens perdomitæ tribus habebantur. Mauros Juba rex acceperat, donum populi romani ; cætera Africæ per duas legiones, parique numero Ægyptus

ration des forces de l'empire sous Tibère, compte « trois cohortes de la ville, neuf cohortes prétoriennes, et vingt-trois légions, distribuées sur les diverses provinces de l'empire ; »

2°. De l'Histoire de Dion, où l'on voit que l'empire avait, de son temps (du temps de Sévère), vingt-trois ou vingt-cinq légions, en comptant pour légions l'ensemble des cohortes de la ville, et l'ensemble des cohortes prétoriennes.

II. La preuve que les cohortes prétoriennes et les légions étaient composées de citoyens romains, résulte des Annales de Tacite ; elles marquent que les soldats des cohortes prétoriennes étaient tirés, pour la plupart, de l'Étrurie, du vieux Latium, et des anciennes colonies romaines ; elles marquent aussi que les cohortes légionnaires étaient composées de citoyens romains.

CHAPITRE III.

Cohortes auxiliaires.

I. La preuve que les cohortes auxiliaires, levées parmi les sujets de Rome, étaient de véritables troupes soudoyées, résulte :

1°. Des conseils déjà cités de Mécène à Auguste ; ils supposent des soldats choisis parmi les citoyens, les alliés, les sujets,

---

dehinc initio ab Syria usque ad flumen Euphratem, quantum ingenti terrarum sinu ambitur, quatuor legionibus coercitum : accolis Ibero Albanoque, et aliis regibus qui magnitudine nostra proteguntur adversum externa imperia. Et Thraciam Rhæmetalces ac liberi Rotyis ; ripamque Danubii, legionum duæ in Pannonia, duæ in Mæsia attinebant ; totidem apud Dalmatiam locatis, quæ posita regionis a tergo illis, ac si repentinum auxilium Italia posceret, haud procul accirentur ; quanquam insideret urbem proprius miles, tres urbanæ, novem prætoriæ cohortes, Etruria fere... delectæ, aut vetere Latio, et coloniis antiquitus romanis. (*Extr. des Annales de Tacite*, liv. IV, chap. 4 et 5, t. II, p. 389 et 390.)

2°. Nostro tempore tot sunt legiones præter urbanam et prætoriam. Sub Augusto XXIII vel XXV : istæ alebantur. (*Extr. de l'Histoire de Dion*, liv. LV, p. 735.)

II. *Voyez* l'extrait des Annales de Tacite, au n° 1 de l'article précédent.

Legionariis... cohortibus civium romanorum trecenos nummos viritim dedit. (liv. 1, chap. 8, *Extr. de l'Histoire de Tacite*, t. I, p. 372.)

Proferri libellum recitarique jussit. Opes publicæ continebantur, quantum civium sociorumque in armis,... quæ conscia sua manu præscripserat Augustus. (*Ibid.* liv. 1, chap. 11, t. I, p. 375.)

I. — 1°. *Voyez* dans l'extrait des écrits de Dion les conseils de Mécène

comme étant tous entretenus par l'empereur, et tous soumis à la même discipline et au même régime militaire;

2°. D'un passage de Tacite; il dit qu'un état dressé par Auguste contenait le détail des forces de la république, consistant dans « les armées composées des citoyens, et dans les armées « composées des alliées; »

3°. D'un texte de Dion; il dit qu'en outre de vingt-cinq légions, l'empire avait, sous Auguste, beaucoup d'autres troupes auxiliaires d'infanterie et de cavalerie;

4°. De l'Histoire de Tacite; il appelle alliés les sujets des provinces romaines, qui avaient formé des corps de recrues dans les armées de Vespasien, et que Vespasien renvoya dans les provinces, à la paix, disant que les légions suffisaient à l'empire.

II. La preuve que les soldats auxiliaires étaient enrôlés pour un long temps, qu'ils portaient les armes dans les mêmes camps que les légions, et même très-loin de leur patrie, sous le commandement des officiers militaires de l'empire, entièrement sujets aux ordres de l'empereur, ou de ses officiers, qui les transplantaient, augmentaient, ou diminuaient à volonté, résulte :

1°. Des conseils de Mécène à Auguste, déjà cités; Mécène suppose que les troupes levées parmi les alliés, sous Auguste, étaient enrôlées pour un long temps, et continuellement retenues sous les armes et dans les camps, aussi bien que les soldats romains proprement dits;

2°. D'un texte de Tacite; il représente les cohortes auxiliaires, levées chez les Tongres, c'est-à-dire dans un canton de la Gaule, et combattant sous Agricola, comme composées

---

à Auguste, au chapitre I de ce livre, art. I, n° 1.

2°. *Voyez* l'extrait des Annales de Tacite, au chapitre précédent, art. II, dernière autorité.

Voyez un autre extrait des Annales de Tacite, au chapitre précédent, art. I, n° 1.

3°. Sub Augusto autem xxiii, vel xxv.... ac multæ... aliæ auxiliariæ equitum peditumque... quorum certus numerus mihi non constat. (*Extr. de l'Histoire de Dion*, liv. lv, p. 735.)

4°. Quum.... Cerealis Maguntia convenit... delectus per Galliam habitos in civitates remittit, ac nuntiare jubet sufficere imperio legiones; socii ad munia pacis redirent, securi velut confecto bello, quod romanæ manus excepissent. (*Extr. de l'Histoire de Tacite*, liv. iv, chap. 71, p. 539.)

II. — 1°. *Voyez* dans l'extrait de l'Histoire de Dion, les conseils de Mécène à Auguste, au chap. I de ce livre, art. I, n° 1.

2°. Agricola... cohortes... Tungro-

d'anciens soldats, consommés dans le métier de la guerre par une longue expérience ;

3°. De divers récits de Tacite ; ils font voir que les auxiliaires servaient avec les légions, sous les ordres des officiers de l'empire, durant les règnes de Tibère et de Claude ; ils montrent même que les cohortes auxiliaires, levées dans les Gaules, passèrent la mer avec les légions, pour aller faire la guerre dans la Grande-Bretagne ; ils marquent que le nombre de ces cohortes n'était point fixé, qu'on les transplantait, augmentait et diminuait selon le besoin, et que Vitellius rendit aux cités des Gaules un grand nombre de ces corps d'alliés, qu'il en avait tirés au commencement d'une entreprise guerrière.

CHAPITRE IV.

Changement dans la milice armée : dernière distribution de cette milice sous le gouvernement impérial.

I. La preuve que les cohortes prétoriennes furent remplacées sous Constantin par les troupes du palais résulte clairement d'un passage d'Aurélius Victor, dans la Vie de Constantin ; il y est dit « que les cohortes prétoriennes, plus propres « à favoriser les factions qu'utiles à la république, furent sup- « primées, et qu'on consacra en même temps des troupes et

---

rum duas cohortatus est, ut rem ad mucrones ac manus adducerent ; quod et ipsis vetustate militiæ exercitatum. (*Extr. de Tacite, Vie d'Agricola,* chap. 36, t. II, p. 339.)

3°. Germanicus.... sequitur ardorem militum ; junctoque ponte transmittit duodecim millia e legionibus, sex et viginti socias cohortes.

Silius cum legionibus duabus incedens, præmissa auxiliari manu, vastat Sequanorum pagos. (*Extr. des Annales de Tacite,* liv. 1, chap. 49, t. I, p. 394 ; et liv. III, chap. 45, t. II, p. 369.)

Ita disposuit, ut peditum auxilia, quæ octo millia erant, media aciem firmarent ;... legiones pro vallo stetere, ingens victoriæ decus citra romanum sanguinem bellanti, et auxilium, si pellerentur. (*Extr. de*

Tacite, Vie d'Agricola, chap. 35, t. II, p. 337 et 338.)

Auxilia cohortium.... sed persequi incertum fuerit, quum ex usu temporis huc illuc mearent, gliscerent numero, et aliquando minuerentur. (*Extr. des Annales de Tacite,* liv. IV, chap. 5, t. II, p. 349.)

Vitellius... reddita civitatibus Gallorum auxilia, ingens numerus, et prima statim defectione, inter inania belli assumptus ; cæterum, ut largilionibus allectæ tamen imperii opes sufficerent, amputari legionum auxiliorumque numeros jubet, vetitis supplementis, et promiscuæ missiones offerebantur. (*Extr. des Histoires de Tacite,* liv. II, chap. 69.) Recueil des œuvres de Tacite, p. 438.)

1...Quorum odio prætoriæ legiones

« une garde militaire à l'empereur, en reconnaissance de ce
« bienfait. »

Ce trait de l'histoire est si universellement reconnu, qu'on
a cru pouvoir s'en tenir au témoignage de cet auteur.

II. La preuve que, depuis Constantin, les empereurs admirent à leur service des corps entiers de guerriers barbares, qui
combattaient dans les armées romaines sous les noms de confédérés ou d'auxiliaires, résulte :

1°. D'un texte de Jornandès; il dit que depuis que « les
« Goths se furent alliés à l'empire, sous le règne de Constan-
« tin, ils offrirent à l'empire un corps de troupes de quarante
« mille hommes, et que cette milice était appelée la milice des
« confédérés, » du temps de Jornandès, qui écrivait au cinquième siècle ;

2°. Des textes d'Ammien Marcellin; ils montrent que sous
Constance, « des troupes d'auxiliaires barbares d'au delà du
« Rhin venaient s'enrôler volontairement au service de l'em-
« pire, à de certaines conditions; »

3°. D'un texte de Jornandès; il montre que des guerriers
barbares de différentes nations formaient des corps d'auxiliaires, dans l'armée qu'Aëtius conduisit contre le roi des
Huns ;

4°. D'une loi de Valentinien III; elle montre que les trou-

---

ac subsidia factionibus aptiora quam
urbi Romæ sublata penitus; simul arma atque usus indumenti militaris adhuc cuncta...Flavii meritis sacravere...
(*Extr. de la Vie de Constantin*, par
Aurélius Victor.)

II.—1°. Gothi inito fœdere cum imperatore, quadraginta suorum millia
in solatia... obtulere, quorum .. militia usque ad præsens in republica no-
minatur, id est fœderati. (*Extr. de
l'Histoire des Goths*, de Jornandès.
Dubos, *Histoire de l'établissement de
la Monarchie Française*, t. I, p.
95.)

2°. Decentium tribunum et nota-
rium misit, auxiliares milites... abstracturum Ærulos et Batavos,.... ut
adesse possint armis... movendis in
Parthos. Julianus... illud tamen nec
dissimulare potuit, nec silere, ut illi

nullas paterentur molestias, qui relictis
laribus trans-Rhenania, sub hoc venerant pacto, ne voluntarii barbari militares... transire ad nostra... arcerentur. (*Extr. d'Ammien Marcellin*,
liv. xx, chap. 4, p. 185.)

3°. His enim adfuere auxiliares franci, sarmatæ, armoratiani, litiani, burgundiones, saxones, riparioli, ibrio-
nes, quondam milites romani, tunc
vero jam in numero auxilianorum
exquisiti. (*Extr. de l'Histoire des
Goths*, de Jornandès, chap. 36. D.
Bouquet, t. II, p. 23.)

4°. Magister militum Sigivaltus,
tam militum quam fœderatorum tuitionem urbibus ac littoribus non de-
sinat ordinare. (*Extr. d'une loi de
Valentinien*. Notes du Père Sirmond,
sur les ouvrages de Sidoine Apollinaire, p. 124, cité par Dubos

pes romaines étaient divisées en confédérés et soldats proprement dits.

III. La preuve que les empereurs donnaient des terres désertes dans diverses parties de l'empire, et nommément dans la Gaule, à des étrangers, qu'on appelait Létes, qui venaient s'établir sur ces terres, et qui portaient les armes sous les ordres des officiers militaires de l'empire, résulte :

1°. D'une loi des empereurs Arcade et Honorius ; elle marque que « les terres qu'on appelait terres des Létes, étaient « concédées, par l'ordre des empereurs, aux particuliers des « nations étrangères, qui se donnaient à l'empire ; »

2°. D'une ancienne notice des Gaules ; elle compte les Létes des diverses nations barbares parmi les troupes de l'empire qui étaient réparties dans les Gaules, sous les ordres des officiers impériaux.

IV. La preuve qu'il existait dans l'empire des corps distincts des troupes du palais et des légions, sous les noms de soldats ripuaires, ou de soldats des frontières, résulte :

1°. D'une loi des empereurs Arcade et Honorius ; elle distingue, parmi les troupes romaines, « les troupes du palais, les « cohortes légionnaires, et les troupes ripuaires ; »

2°. D'une loi de l'empereur Valentinien ; elle montre qu'il y avait « des soldats stationnés sur la rive du Rhin, » et des officiers particuliers, chargés de les commander ;

---

sur la Monarchie Française, t. I, p. 95.)

III.—1°. Quoniam ex multis gentibus sequentes romanam felicitatem se ad nostrum imperium contulerunt, quibus terræ læticæ administrandæ sunt, nullus ex his agris aliquid, nisi ex nostra adnotatione mereatur. (Extr. d'une loi des empereurs Arcade et Honorius. Code Théodos., liv. xiii, tit. 11, loi 9, t. V, p. 132.)

2°. Præpositura magistri militum... in provincia lugdunensi secunda et tertia, præfectus Lætorum batavorum et gentilium Suevorum, Bajocas et Constantiæ.. præfectus Lætorum francorum, Redonas.... (Extr. de la Notice des Gaules, par le Père Sirmond. D. Bouquet, t. I, p. 128.)

IV.—1°. Sciant igitur comites vel duces, quibus regendæ militiæ cura commissa est, non solum de comita-

tensibus ac palatinis numeris ad alios numeros militem transferri non licere, sed ne ipsis quidem seu de comitatensibus legionibus, seu de riparieneibus, castricianis... cuiquam eorum transferendi militem copiam attributam. (Extr. d'une loi des empereurs Arcade et Honorius. Code Théodos., liv. vii, tit. 1, loi 18, t. II, p. 293.)

2°. Jumenta sua milites, ad Rheni limitem constituti, suppeditare, etiam regalibus (Francorum et Alamanorum)eorumque legatis, ad comitatum imp. proficiscentibus... vetantur.

Tam duces quam etiam comites, et quibus Rheni est mandata custodia,.. ut neque regalibus, neque legatis sua milites jumenta suppeditent. (Extr. d'une loi de l'empereur Valentinien. Code Théodos., liv. vii, tit. 1, loi 9, t. 2, p. 281.)

3°. D'une loi des empereurs Valentinien et Valens ; elle distingue, parmi « les soldats de recrue, ceux qui s'enrôlaient « dans les compagnies légionnaires, et ceux qui étaient établis « sur la rive, dans les troupes auxiliaires ; »

4°. D'une loi des empereurs Honorius et Théodose, qui montre que c'était l'usage de concéder des terres à des barbares, chargés « du soin et de la défense des frontières ; » cette loi veut qu'aucun particulier ne puisse posséder les terres, qu'il était d'usage de donner aux Barbares, à moins qu'il n'acquitte le même service que les Barbares ;

5°. D'une loi des empereurs Valentinien et Théodose; elle fait concession expresse aux soldats des frontières, de certaines terres situées sur ces frontières, qu'ils étaient destinés à défendre ;

6°. Et enfin, des passages de Lampride et de Vopisque ; le premier marque que l'empereur Alexandre Sévère donna à des soldats, spécialement attachés aux frontières, des terres qu'ils avaient enlevées aux Barbares, avec les esclaves et les bestiaux, pour les cultiver : le second marque que dès le règne

---

3°. Ut universi qui militaria sacramenta susceperint, eo anno quo fuerint numeris adgregati..... immunes propriis capitibus mox futuri sint ; completis vero quinque annorum stipendiis, qui comitatensibus numeris fuerit sociatus, patris quoque et matris, necnon et uxoris suæ capitationem... excusavit. Hii, vero qui in ripa per cuneos auxiliaque fuerint constituti, cum proprio capite uxorem suam tantum post quinque annos... præstet immunes. (*Extr. d'une loi des empereurs Valentinien et Valens*. Code Théodos., liv. vii, tit. 13, loi 7, t. II, p. 378 et 379.)

4°. Terrarum spatia, quæ gentilibus, propter curam munitionemque limitis atque fossati, antiquorum humana fuerant provisione concessa, comperimus aliquos retinere. Si eorum cupiditate vel desiderio retineantur, circa curam fossati, tuitionemque limitis studio vel labore noverint serviendum, ut illi quos huic operi antiquitas deputarat : alioquin sciant, hæc spatia vel ad gentiles, si potuerint inveniri,... esse non immerito transferenda. (*Extr. d'une loi des*

empereurs *Honorius et Théodose*. Code Théodos., liv. vii, tit. 15, t. II, p. 393 et 394.)

5°. Agros etiam limitaneos universos cum paludibus,... quos... limitanei milites... ipsi curare pro suo compendio atque arare consueverunt.... ab his firmiter... detineri... volumus. (*Extr. d'une loi de Théodose et de Valentinien*. Nov. Théodos., tit. 31, t. VI, p. 14.)

6°. Sola quæ de hostibus capta sunt limitaneis ducibus et militibus donavit, ita ut eorum ita essent, si hæredes illorum militarent, nec unquam ad privatos pertinerent, dicens attentius hos militaturos, si etiam sua rura defenderent. Addidit sane his et animalia et servos, ut possent colere quod acceperant. (*Extr. des écrits de Lampride.* Dubos, histoire de la Monarchie Française, t. I, p. 86.)

Accepit præterea sedecim millia tyronum, quos omnes per diversas provincias sparsit, ita ut numeris, vel limitaneis militibus, quinquagenos et sexagenos intersereret, dicens sentiendum esse, non videndum, quum auxiliaribus barbaris romanus juvatur

de Probus, on admettait les Barbares parmi les soldats des frontières.

CHAPITRE V.

Résumé de la constitution des troupes romaines sous les empereurs.

I. La preuve que tous les citoyens qui avaient l'âge et la force requise pouvaient être enrôlés dans les troupes romaines, s'ils n'étaient point engagés dans d'autres offices, sans que la pauvreté même fût un titre d'exclusion, résulte :

1°. Des conseils de Mécène à Auguste, rapportés par Dion, et déjà cités ; ils mettent en principe que les soldats doivent être choisis de préférence, « entre les citoyens les plus pau- « vres, » et par conséquent dans les dernières classes, « pourvu « qu'ils aient l'âge et la force requise ; »

2°. Cette preuve se consommera par les faits qui seront établis au livre suivant ; on y verra qu'il n'y avait que les seuls curiales, c'est-à-dire des citoyens domiciliés et propriétaires, dans les diverses cités des provinces romaines, dévoués et obligés, par leur naissance et leur fortune, à d'autres fonctions, qui fussent privés, dans l'empire romain, de la faculté de s'enrôler dans les armées.

II. La preuve que les soldats prétoriens étaient enrôlés pour seize ans, et les soldats légionnaires pour vingt ans, et que les uns et les autres passaient ce temps de service dans les camps, sous la discipline et la juridiction militaires, entièrement soustraits à tout emploi civil, résulte :

1°. De l'Histoire romaine de Dion ; elle rapporte qu'il fut établi sous Auguste, que « les soldats prétoriens recevraient, « au bout de seize ans, et le reste des troupes au bout de vingt « ans, » les récompenses de leurs services ;

Compositis igitur rebus in Gallia, tales ad senatum litteras dedit... Omnes jam barbari vobis arant, et contra exteriores gentes militant. (*Extr. de Vopisque, règne de Probus. Hist. Aug.,* t. II, p. 663, 664 et 665.)

I. — 1°. *Voyez* l'extrait de Dion, au chapitre 1 de ce livre, art. I, n° 1.

2°. *Voyez* les lois des empereurs,

rapportées dans le livre suivant, chapitre V, art. VI.

II. — 1°. Decretum est ut cohortibus prætoriis, postquam annos sedecim meruissent, viritim vicena millia nummum, reliquis exactis viginti annis militiæ, duodena darentur. (*Extr. de l'Histoire de Dion,* liv. LV, p. 733.)

2°. D'un texte de Tacite; il marque que Tibère renouvela les règles établies avant lui, sur le temps du service des soldats légionnaires; règles qu'un moment de sédition avait forcé d'abolir;

3°. Des conseils de Mécène à Auguste, rapportés dans l'histoire de Dion, et déjà cités; suivant le plan donné par Mécène et exécuté par Auguste, les soldats enrôlés par les empereurs « passaient tout leur temps de service dans les camps, « sous la discipline militaire ; »

4°. Des Annales de Tacite; on y voit que Séjan réunit les cohortes prétoriennes dans un camp, pour y maintenir une plus sévère discipline, et les éloigner des plaisirs de la ville ; que, dès le temps de Tibère, les légions étaient cantonnées sur les diverses frontières de l'empire; enfin, Tacite attribue la sédition qui eut lieu parmi les légions de Pannonie, à ce que l'on avait interrompu leurs travaux accoutumés, et qu'ils avaient commencé pour lors à désirer le repos et à mépriser la discipline.

III. La preuve que les soldats romains étaient nourris et vêtus aux dépens du public résulte :

1°. Des écrits de Végèce et de Lampride ; ils le marquent expressément;

2°. Centesimam rerum venalium post bella civilia institutam, deprecante populo, edixit Tiberius militare ærarium eo subsidio niti, simul imparem oneri rempublicam, nisi vicesimo militiæ anno veterani dimitterentur. Ita proximæ seditionis male consulta, quibus sexderim stipendiorum finem expresserant, abolita in posterum. (*Extr. des Annales de Tacite*, liv. 1, chap. 78, t. I, p. 733.)

3°. *Voyez* l'extrait de Dion, au chapitre I de ce livre, art. I, n° 1.

4°. Vim præfecturæ modicam antea, intendit, dispersas per urbem cohortes una in castra conducendo... Prætendebat lascivire militem diductum : si quid subitum ingruat, majore auxilio pariter subveniri; et saverius acturos, si vallum statuatur procul urbis illecebris. (*Extr. des Annales de Tacite*, liv. IV, chap. 2, t. II, p. 388.)

Voyez un extrait des Annales de Tacite, au chap. II de ce livre, art I, n° 1.

Hic rerum urbanarum status erat, cum Pannonicas legiones seditio incessit ; castris æstivis tres simul legiones habebantur, præsidente Junio Blæso, qui fine Augusti, et initiis Tiberii auditis,... intermiserat solita munia. Eo principio lascivire miles,... pessimi cujusque sermonibus præbere aures, denique... otium cupere, disciplinam et laborem aspernari. (*Extr. des Annales de Tacite*, liv. 1, chap. 16, t. I, p. 3-7.)

III. — 1°. Imperatoris militum qui veste et annona publica pascebantur. (*Texte de Végèce*, liv. II, chap. 19, cité dans les Commentaires du Code Théodos.)

Ne quem adscriptum, id est, vacantium haberet, ne annonis rempublicam gravaret, dicens malum pupillum esse imperatorem, qui ex visceribus provincialium homines non neces-

3°. Des lois des empereurs Constantin, Valentinien et Valens, Gratien, Honorius, Théodose et Arcadius : elles statuent sur « les provisions en grains, et autres provisions de bouche, « que les habitants des provinces étaient tenus de fournir et « d'apporter au camp, » et sur les contributions aux vêtements des troupes, que les habitants des provinces fournissaient en argent.

IV. La preuve que les soldats romains jouissaient d'une solde avantageuse résulte d'un texte de Suétone; il montre qu'au temps de Domitien, chaque soldat pouvait faire des épargnes considérables sur sa paye, et il dit « que le même « Domitien augmenta de trois sous d'or cette paye de chaque « soldat. »

V. La preuve que les soldats qui avaient achevé leur temps de service recevaient les priviléges de la vétérance, résulte :

1°. D'un passage de Dion; il marque qu'Auguste établit que l'on donnerait « vingt mille pièces d'argent de récompense à « chaque soldat prétorien, et douze mille pièces de récom- « pense à chaque soldat légionnaire, » après qu'ils auraient accompli leur temps de service;

---

ros, nec reipublicæ utiles pasceret. (Texte de Lampride. Commentaire du Code Théodos., t. II, p. 285.)

2°. Tribunos, sive præpositos, qui milites nostros curant, annonas (per dies singulos.... sibi debitos) in horreis derelinquere non oportet, ut procuratores seu susceptores vel præpositi pagorum et horreorum eam comparent : hinc enim fit, ut a provincialibus, non annonas sed pecunias postulent.... ipsis etiam speciebus remanentibus viliatis atque corruptis. (Extr. d'une loi de l'empereur Constantin, Code Théodos., liv. VII, tit. 4, loi 1, t. II, p. 298 et 299.)

Sicut fieri per omnes limites .. præcipimus, species annonarias, a vicinioribus limitibus provincialibus ordinatis ad castra conferri. (Extr. d'une loi des empereurs Valentinien et Valens, Code Théodos., liv. VII, tit. 4, loi 15, t. II, p. 312.)

Militaris adæratio vestis a collatoribus exigatur;... ita ut quinque ejus partes... militibus erogentur in pretio, sexta vero portio... clementiæ nos-

træ. (Extr. d'une loi d'Honorius et de Théodose. Code Théodos., liv. VII, tit. 6, loi 5, t. II, p. 339.)

Militibus nostris per Illyricum non binos trimesses pro singulis clamidibus, sed singulos solidos dari præcipias.

Auctoritas tua per omnes provincias cunctis numeris ac militibus a novembri mense de novello vino annonam dari disponat. (Extr. de deux lois d'Arcadius et Honorius. Code Théodos., liv. VII, tit. 6, loi 4, t. II, p. 338; et même liv., tit. 4, loi 25, t. II, p. 321.)

IV. Germinuari legionum castra prohibuit, nec plusquam mille nummos a quoquam ad signa deponi, quod L. Antonius apud duarum legionum hiberna, res novas moliens, fiduciam cepisse etiam ex depositorum summa videbatur; addidit et quartum stipendium militum, aureos ternos. (Extr. de la Vie de Domitien, par Suétone, liv. VIII, p. 686 et 687.)

V. — 1°. Voyez un extrait de l'Histoire de Dion, art. II de ce chap., n° 1.

2°. D'une loi de Constantin ; elle veut que l'on donne aux vétérans une portion « de terre vacante , et vingt mille pièces « d'argent, un couple de bœufs, et une provision de subsis- « tance ; » et elle veut que l'on donne « cent pièces aux vété- « rans qui ne voudront pas cultiver la terre ; »

3°. D'une loi de Valentinien , Valens et Gratien ; elle mar- que que les vétérans qui négociaient, étaient exempts de toute redevance sur le commerce.

VI. La preuve que c'était parmi les simples soldats que l'on prenait les officiers inférieurs , et que le mérite des services l'emportait dans les promotions sur le rang d'ancienneté, ré- sulte clairement de deux lois des empereurs Théodose, Arcade et Honorius.

VII. La preuve que les simples soldats, devenus officiers, pouvaient monter , par leurs services , aux rangs les plus élevés, résulte des exemples historiques, dans lesquels on voit de simples soldats , sans naissance ni sans fortune , parvenus

---

2°. Veterani , juxta nostrum præ- ceptum , vacantes terras accipiant , easque perpetuo habeant...... et ad emenda ruri necessaria pecuniæ in nummum viginti quinque millia fo!- lium consequantur : boum quoque par , et frugum promiscuarum mo- dios centum ; qui autem negotii ge- rendi habuerit voluptatem, huic cen- tum follium summam... habere per- mittimus. (*Extr. d'une loi de l'em- pereur Constantin*, Code Théodos. , liv. vi, titre 20, loi 3, t. II, p. 425.)

3°. Jussimus, veteranis nostris , vel agnatis , licere emere, vendere, nego- tiari : quos, secundum veterem con- suetudinem parentum nostrorum, ab omni munere universisque redditi- bus auri argentique... indemnes esse oportet. (*Extr. d'une loi des empe- reurs Valentinien, Valens et Gra- tien.* Code Théodos. , liv. vii, tit. 20, loi 9, t. II , p. 431.)

VI. Quicumque infantes, vel pueri, militare cœperunt, sterni eos inter ultimos jussimus; ita ut ex eo tem- pore ex quo parere cœperint, locum sibi incipiant vindicare , ut laborum suffragiis incrementa militiæ conse- quantur.

In omnibus qui nomen militiæ de-

derunt, ratio est habenda meritorum, ut is potissimum potiorem adipiscatur gradum, qui meruerit de labore suf- fragium. (*Extr. de deux lois de l'em- pereur Honorius.* Code Théodos., liv. vii, tit. 1, loi 14, t. II , p. 290; et même liv., tit. 3, loi 1 , t. II, p. 297.)

VII. L'empereur Maximien était de la partie la plus reculée de la Thrace. La grandeur et la force de son corps le firent recevoir dans la cavalerie, où ayant passé en peu de temps par tous les degrés de la milice, il se vit élevé jusqu'au gouvernement des provinces et au commandement des armées. (*Extr. d'Hérodien*, liv. vi, traduct. française imprimée à Paris, l'an 1700, liv. iii, chap. 5, art. 8, p. 257.)

Maximus atque Balbinus impe- ratores facti sunt.... Maximo pater fuit Maximus, unus e plebe, ut non- nulli dicunt , faber ferrarius, ut alii, redarius vehicularius fabricator, ope- ram grammatico rhetori non multum dedit ; si quidem semper virtuti et militari severitati studuit ; attamen militaris tribunus fuit..... et pos- tea præturam, inde proconsulatum Bithiniæ egit ; atque inde translatus est ad Rhenum; rem contra Germanos

de grade en grade, arriver jusqu'au commandement des armées.

VIII. La preuve des exemptions et des priviléges accordés aux soldats et aux militaires en général, résulte :

1°. D'une loi de Constantin ; elle marque que les militaires ne pouvaient être poursuivis criminellement, que par-devant les officiers militaires ;

2°. Des lois des empereurs Dioclétien et Maximin : elles veulent que les soldats, les militaires et leurs enfants, même après qu'ils ont quitté le service, soient assujettis à des peines moins sévères que les simples plébéiens ;

3°. D'une loi de l'empereur Julien ; elle marque que les curiales ne pouvaient retenir parmi eux ceux qui avaient porté les armes et ceux qui avaient des commandements militaires.

IX. La preuve que les enfants des vétérans ne jouissaient des exemptions et priviléges qui leur étaient accordés, qu'à

---

satis feliciter egit, post hæc præfectus urbis. (*Extr. de Capitolin, Vie de Maxime et de Balbin*; Hist. Aug., t. II, p. 142 et 143.)

Aurélien était, comme plusieurs de ses prédécesseurs, un soldat de fortune, chez lequel le mérite avait suppléé à l'obscurité de la naissance ; il entra dans le service dès ses premières années : l'empereur Valérien lui donna le commandement des troupes de l'Illyrie. (*Extr. de Vopisque; Vie d'Aurélien*, chap. 3 et 18, cité par Crevier, t. XI, p. 40 et suiv.)

VIII.—1°. Definitum est provinciarum rectores in civilibus causis litigia terminare, et si militantes exceperint jurgia, vel moverint... In criminalibus etiam causis, si miles poposcerit reum, provinciæ rector inquirat : si militans aliquid admisisse firmetur, is cognoscat cui militaris rei cura mandata est. (*Extr. d'une loi de Constantin.* Code Théodos., liv. II, tit. I, loi 2, t. I, p. 77.)

2°. Milites neque tormentis, neque plebeiorum pœnis in causis criminum subjungi concedimus, etiamsi non emeritis stipendiis suis videntur esse dimissi : exceptis his qui scilicet ignominiose sunt soluti : quod et in filiis

militum et veteranorum servabitur. (*Extr. d'une loi des empereurs Dioclétien et Maximin.* Code Justin., liv. IX, tit. 41, t. II, p. 796.)

3°. Non obstat curialium petitioni, quod hii quos incolas dixerunt, alibi decuriones esse dicuntur : poterunt enim et apud eos detineri... si non aut arma gesserunt, aut expeditioni militari præfuerunt. (*Extr. d'une loi de Julien.* Code Théodos., liv. XII, t. I, loi 52, t. IV, p. 393.)

IX. Veteranorum filios, propter privilegia parentibus eorum indulta vacare non patimur : sed... ad alterutrum compelli jubemus, ut aut decurionatus muneribus obtemperent, aut militent.

Veteranorum filii, vel eorum qui præpositi vel protectores fuerunt, vel cæterorum qui quemlibet gradum militiæ tenuerunt, si invalidi et imbecilles sint, curiis adgregentur... qui... ex his patresfamilias sunt et idonei functionibus publicis, eligantur ad augendum curialium numerum; singularum civitatum ordinibus commonendis, ut quos norunt idoneos, nominare non dubitent, præter eos quos vigor et fortitudo defendendæ reipublicæ idoneos facit. (*Extr. de*

condition qu'ils embrasseraient la profession militaire, résulte précisément des lois des empereurs Constantin, Valentinien et Valens.

deux lois de l'empereur Constantin. Code Théodos., liv. vi, tit. 22, lois 2 et 5, t. II, p. 440 et 442.)

Eorum liberos qui armis inhaeserunt, ad usum bellicum revocantes... quod si quosdam aut imbecillitas valetudinis, aut habitudo corporis.... ab armatae militiae conditione submoverit, eos jubemus in officiis cetera militare. Nam si post definitam a nobis aetatem ignobile otium adamaverint, curiis obnoxii erunt sine controversia pro virium qualitate (*Extr. d'une loi des empereurs Valentinien et Valens.* Code Théodos., l. vii, tit. 1, loi 5, t. II, p. 276.)

LIVRE QUATRIÈME.

CHAPITRE Iᵉʳ.

Des fonctions municipales, et des citoyens appelés à les remplir sous le nom de curiales.

I. La preuve que le droit romain désigna les charges et fonctions municipales, sous les noms différents de *charges curiales*, de *charges personnelles et mixtes*, de *charges civiles et publiques*, et de *charges de la patrie*, résulte :

1°. D'une loi des empereurs Constance et Constant; elle suppose que les offices curiales et fonctions municipales sont attribués aux mêmes personnes ;

2°. D'un passage du jurisconsulte Arcadius Charisius; il dit que les charges personnelles et mixtes sont appelées charges civiles ou publiques ;

3°. D'une loi des empereurs Dioclétien et Maximin; elle appelle charges civiles les charges curiales;

4°. D'une loi des empereurs Arcade et Honorius : elle appelle les mêmes charges fonctions publiques, et charges de la patrie.

II. La preuve que les curiales furent les citoyens appelés à remplir les charges municipales résulte complétement des

---

I — 1°. Fungantur officiis curialibus ac municipalium munerum cura. (*Extr. d'une loi des empereurs Constantin et Constant*. Code Théod., liv. xii, tit. 1, loi 42, t. IV, p. 381.)

2°. Personalia... et mixta munera, civilia seu publica appellantur. (*Extr. d'un texte du jurisconsulte Arcadius Charisius*. Dig. de Just., liv. t, tit. 4, n° 18, §. 28, t. I, p. 1928.)

3°. Personæ... curialium vel civilium munerum vacationem non habent. (*Extr. d'une loi des empereurs Dioclétien et Maximin*. Code de Just., liv. x, tit. 37, loi 1, t. II, p. 858.)

4°. Ad subeunda patriæ munera, dignissimi et meritis et facultatibus, eligantur: ne tales forte nominentur, qui functiones publicas implere non possint. (*Extr. d'une loi des empereurs*

Arcade et Honorius. Code Théod., liv. xii, tit. 1, loi 140, t. IV, p. 480.)

II. Qui origine sunt curiali, ad subeundam publicorum munerum functionem protrahantur. (*Loi des empereurs Valentinien et Valens*. Code Théodos., liv. xii, tit. 1, loi 76, t. IV, p. 426.)

Qui... ex his patres familias sunt, et idonei functionibus publicis, eligantur ad augendum curialium numerum.

Nemo prorsus curialium... descendorum munerum patriæ habeat facultatem. (*Loi de Constantin*. Code Théodos., liv. vii, tit. 22, loi 5, t. II, p. 442; et liv. xii, tit. 1, loi 111, t. IV, p. 456.)

Curiales omnium civitatum nullam pro re privata nostra debent inquietudinem sustinere, ... satis est si civi-

---

lois des empereurs Valentinien, Valens, Constantin, Constance et Constant.

III. La preuve que les décurions étaient les mêmes que les curiales résulte :

1°. De la comparaison de l'interprétation d'une loi du Code Théodosien, et de la loi même ; l'interprétation appelle *décurion* celui que la loi nomme *curiale* ;

2°. D'une autre loi de Constantin ; elle emploie comme synonyme les noms de décurions et de curiales ;

3°. D'un passage d'Isidore ; il dit formellement que « les « curiales et les décurions sont les mêmes personnes. »

IV. La preuve que dès l'âge de dix-huit ans un citoyen était susceptible des fonctions curiales est établie dans une loi de l'empereur Constantin.

V. La preuve que l'on ne pouvait nommer aux fonctions municipales que les citoyens qui avaient un revenu honnête en fonds de terre, et que la mesure de plus de vingt-cinq journaux était celle de la propriété exigée au moins pour devenir curiale, résulte :

1°. D'une loi des empereurs Arcade et Honorius, et d'une

tatum munera per eos congrua compellantur. (*Loi de Constantin*. Code Théodos., liv. xii. tit. 1, loi 30, t. IV, p. 368; et Code de Just., liv. x, tit. 31, loi 21, t. II, p. 834.)

Rarum Carthaginis splendidissimæ senatum, et exiguos admodum curiales residere conquestus es, dum universi indebitæ dignitatis infulas... mercantur : istiusmodi viri, demptis honoribus imaginariis,.... civicis muneribus subjugentur. (*Loi de Constant et de Constance*. Code Théodos., liv. xii, tit. 1, loi 27, t. IV, p. 368.)

III. — 1°. Nullus decurionum ad procurationes vel curas civitatum accedat, nisi omnibus omnino muneribus satisfecerit patriæ.

INTERPRETATIO. Ista lex hoc jubet, nullum curialem... aut curatoris, aut defensoris officium debere suscipere, nisi omnibus... ante muneribus satisfecerit. (*Extr. d'une loi de Constantin, et de son interprétation*. Code Théodos., liv. xii, tit. 1, loi 20, t. IV, p. 362.)

2°. Si ... decurio .. fuerit servæ

conjunctus,... jubemus ... ipsum decurionem in insulam deportari, ... prædiis... et rusticis mancipiis civitati, cujus curialis fuerat, mancipandis, si patria potestate fuerit liberatus. (*Extr. d'une autre loi de Constantin*. Code Théodos., liv. xii, tit. 1, loi 6, t. IV, p. 350.)

3°. Curiales iidem et decuriones; et dicti curiales, quia civilia munera procurant et exequuntur. (*Extr. des Etymologies d'Isidore*, chap. 4, n° 22. Recueil des ouvrages d'Isidore, t. I, p. 230.)

IV. Filios decurionum, qui decem et octo annorum ætate vegetantur, per provinciam Carthaginem muneribus civicis adgregari præcipimus. (*Extr. d'une loi de Constantin*. Code Théodos., liv. xii, tit. 1, loi 7, t. IV, p. 351.)

V. — 1°. *Voyez* une loi des empereurs Arcade et Honorius citée à l'art. I de ce chapitre, n° 4.

Substantiam muneribus aptam possidens curia non liberatur.

Jubemus omnes curias admovere, ut... revocetur ad curiam, non so-

loi de Constantin; elles marquent que, pour qu'un citoyen soit élu curiale, il faut « qu'il ait une fortune capable de fournir « aux charges publiques; »

2°. D'une loi des empereurs Constance et Constant; elle fixe positivement à plus de vingt-cinq journaux la mesure de propriété requise pour être appelé parmi les curiales.

VI. La preuve que tous les domiciliés dans la cité furent obligés aux fonctions curiales, dès qu'ils eurent la mesure de propriété requise, résulte :

1°. Des autorités que l'on vient de citer à l'article précédent; en marquant les conditions auxquelles un citoyen pouvait être admis dans la curie, elles marquent expressément que celui qui y peut être admis y est obligé;

2°. D'une loi de Constantin; elle interdit l'entrée du clergé à tous ceux qui sont susceptibles des fonctions curiales, et ordonne que tous ceux qui auraient violé cette règle soient rendus à la curie;

3°. D'une loi de l'empereur Julien; elle veut que ce soit parmi les citoyens et le peuple de chaque ville, que l'on prenne les curiales de chaque ville;

4°. D'une loi des empereurs Dioclétien et Maximin; elle marque que « celui qui fixait son domicile dans une cité, était

---

lum si originalis sit, sed et... substantiam muneribus aptam possidens. (*Extr. d'une loi de l'empereur Constantin.* Code Théodos., liv. xii, tit. 1, loi 13, t. IV, p. 357.)

2°. De possessoribus idoneis ad curiam vocandis; quisque hac in re possessionis modus.

Sancimus, ut quicumque ultra viginti quinque jugera privato dominio possidens,... curiali consortio vindicetur. (*Extr. d'une loi des empereurs Constance et Constant.* Code Théodos., liv. xii, tit. 1, loi 33, t. IV, p. 369.)

VI. — 1°. *Voyez* les autorités citées à l'article précédent.

2°. Quum constitutio emissa præcipiat nullum deinceps decurionem, vel ex decurione progenitum, vel etiam instructum idoneis facultatibus, atque obeundis publicis muneribus opportunum, ad clericorum nomen ... confugere : sed eos in...

dumtaxat clericorum loca subrogari, qui fortuna tenues, neque muneribus civilibus teneantur obstricti... præcipimus... illos qui post legem latam obsequia publica declinantes ad clericorum numerum confugerunt..... curiæ restitui, et civilibus obsequiis inservire. (*Extr. d'une loi de Constantin.* Code Théodos., liv. xvi, tit. 2, loi 3, t. VI, p. 22.)

3°. Placuit etiam designare, quæ corpora sunt, in quibus nominationis juste solemnitas exercetur : decurionum enim filios necdum curiæ mancipatos, et plebeios ejusdem oppidi cives, quos ad decurionum subeunda munera splendidior fortuna subvexit, licet nominare solemniter. (*Extr. d'une loi de l'empereur Julien.* Code Théodos., liv. xii, tit. 1, loi 53, t. IV, p. 394.)

4°. Si in patria uxoris tuæ, vel qualibet alia domicilium defixisti, incolatus jure ultro te ejusdem civi-

« obligé de remplir les charges de la cité, » où il avait son domicile.

VII. La preuve de la définition qu'on a donnée du municipe et de l'habitant résulte :

1°. Des textes de Paulus, cités au Digeste ; ils expliquent que l'on appelle en général municipes ceux qui sont nés dans la cité où ils habitent encore, et ils sont appelés municipes parce qu'ils remplissent les charges civiles ;

2°. D'un écrit d'Isidore ; il dit que « les municipes sont les citoyens originaires du lieu, exerçant l'office dans ce lieu ; »

3°. D'un texte de Pomponius, cité au Digeste ; il marque que « l'habitant est celui qui a transporté son domicile dans « quelque contrée ; »

4°. De deux lois des empereurs Dioclétien et Maximin ; la première explique que « le domicile fait l'habitant, que le « domicile de quelqu'un est le lieu où il a établi sa famille, et « la principale partie de sa fortune ; » la seconde loi porte que « celui qui établit son domicile dans une cité, devenant, par « droit, habitant de cette cité, est obligé de remplir les charges « de cette cité ; »

5°. Et enfin, d'une loi de l'empereur Constantin ; elle marque que le nom de citoyen et le lieu de l'habitation obligeaient également aux fonctions curiales.

tatis muneribus obligati. (*Extr. d'une loi des empereurs Dioclétien et Maximin*. Code de Just., liv. x, tit. 39, loi 5, t. II. p. 348.)

VII. — 1°. Municipes intelligendi sunt, et qui in eodem municipio nati sunt.

Municipes dicti, quod munera civilia capiant. (*Extr. de deux textes du jurisconsulte Paul*. Digeste. liv. 1, tit. 16, n° 228, t. I, p. 1981 ; et mêmes liv. et tit., n° 18, t. I, p. 1952.)

2°. Municipes... dicti eo quod fisci munera accipiant : municipales autem originales cives sunt et in locum officium gerentes. (*Extr. d'un texte d'Isidore sur les différences*, chap. 37, œuvres d'Isidore. t. I, p. 32.)

3°. Incola est, qui aliqua regione domicilium suum contulit. (*Extr. d'un texte du jurisconsulte Pompo-* nius. Digeste. liv. 1, tit. 16, n° 239. §. 2, t. I, p. 1982.)

4°. Incolas, (sicut et divus Hadrianus edicto suo manifestissime declaravit), domicilium facit... Singulos habere domicilium, non ambigitur, ubi quis larem, rerumque, ac fortunarum suarum summam constituit. (*Extr. d'une loi des empereurs Dioclétien et Maximin*. Code de Just. liv. x, tit. 39, loi 7, t. II, p. 848.)

Voyez une loi de Dioclétien et Maximin, à l'article précédent, n° 4.

5°. Nullum advocatum a curia, cui tenetur obnoxius, patimur excusari : videlicet, si civico nomine, aut vinculo incolatus, oppidana necessitas eum detinet obligatum. (*Extr. d'une loi de Constantin*. Code Théodos. liv. xii, tit. 1, loi 46, t. IV, p. 384)

CHAPITRE II.

Du corps municipal ou de l'assemblée de la curie, et de la nomination des curiales.

I. La preuve que tous ceux qui étaient appelés aux charges municipales, sous le titre de curiales, formaient, en chaque cité, le corps municipal, que l'on appelait la curie, ou l'ordre, et qui devait traiter des affaires communes de la cité, résulte:

1°. D'une loi des empereurs Honorius et Théodose; elle ordonne, en général, que « tous les curiales s'assemblent dans le « lieu de la curie, à moins d'empéchements invincibles; »

2°. D'une loi des empereurs Dioclétien et Maximin; elle montre que les décurions étaient convoqués à la curie, pour les nominations annuelles;

3°. D'une loi de l'empereur Théodose; elle emploie les expressions de *curie* et d'*ordre*, pour désigner le même corps;

4°. D'une loi de Justinien; en faisant mention de l'institution des curiales, sous l'empire romain, elle montre que ces assemblées avaient été établies dans chaque cité, pour traiter des affaires communes.

II. La preuve que l'assemblée de la curie n'était complète que quand les deux tiers de ses membres s'y trouvaient réunis, que chaque curiale y avait droit de suffrage, et que les délibérations s'y prenaient à la pluralité des voix, résulte:

1°. D'une loi de l'empereur Théodose, et d'un texte d'Ulpien, cité au Digeste, qui prononcent que les deux tiers des

---

I. — 1°. Universos curiales præcipimus... (si non ægritudine, vel alia inexcusabili necessitate impediuntur) in locum curiæ convenire. (*Extr. d'une loi des empereurs Honorius et Théodose*. Code Théodos., liv. xii, tit. 12, loi 15, t. IV, p. 598.)

2°. Observare oportebit.... ut decurionibus solemniter in curiam convocatis nominationem...faciant. (*Extr. d'une loi des empereurs Dioclétien et Maximin*. Code de Just., liv. x, tit. 31, loi 2, t. II, p. 833.)

3°. Quum duæ partes ordinis in urbe positæ totius curiæ instar exhibeant. (*Extr. d'une loi de l'empereur Théodose*. Code Théodos., liv. xii, tit. 1, loi 142, t. IV, p. 482.

4°. Qui rempublicam olim nobis disposuerunt, existimaverunt oportere, secundum regiæ urbis instar, adunare in unaquaque civitate nobiles viros, et unicuique.... dare curiam per quam debuissent agi quæ publica sunt, atque omnia fieri secundum ordinem. *Extr. d'une loi de Justinien*. Novelle de Just., liv. iv, tit. 17, t. II, p. 105.)

II. — 1°. In nominationibus faciendis duæ partes curiæ sufficiunt. Nominationum forma vacillare non debet, si omnes qui albo curiæ continentur, adesse non possunt; ne paucorum absentia, sive necessaria, sive fortuita, debilitet quod a majore parte ordinis salubriter fuerit consti-

membres de l'ordre ou de la curie, réunis dans la ville principale, suffisent et sont nécessaires pour représenter toute la curie;

2°. D'une loi des empereurs Dioclétien et Maximin; elle marque que «tous les décurions convoqués à la curie faisaient « les nominations; »

3°. Et enfin, d'un passage du jurisconsulte Scévola, cité au Digeste; il témoigne que « ce qui se fait par la majeure « partie de la curie a la même autorité que si tous l'avaient « fait. »

III. La preuve que c'était aux curies de nommer curiales ceux des habitants de chaque cité que les lois appelaient aux fonctions municipales, résulte:

1°. D'une loi des empereurs Valentinien et Valens; elle montre que c'était à la curie seule de nommer les curiales qui devaient entrer dans ces assemblées;

2°. D'une loi de Constantin; elle montre que c'était par les nominations des curiales que les citoyens étaient appelés aux curies;

3°. D'une loi de l'empereur Julien; elle montre que c'étaient les nominations solennelles des curies qui mettaient un citoyen au nombre des curiales.

---

tutum : cum duæ partes in urbe positæ, totius curiæ instar exhibeant. (*Extr. d'une loi de l'empereur Théodose*. Code Théodos., liv. XII, tit. 1, loi 142, t. IV, p. 482.

Lege municipali cavetur, ut ordo non aliter habeatur, quam duabus partibus adhibitis. (*Extr. d'un texte d'Ulpien*. Dig. de Just., liv. L, tit. 9, n° 3, t. I, p. 1039.)

2°. *En 'oye*a une loi des empereurs Dioclétien et Maximin, au n° 2 de l'article précédent.

3°. Quod major pars curiæ effecit, pro eo habetur, ac si omnes egerint. (*Extr. d'un passage du jurisconsulte Scévola*. Dig. de Just., liv. L, tit. 1, n° 19, t. I, p. 1913.)

III. — 1°. Ordinibus curiarum .... non adgregentur, nisi nominati, nisi electi, quos ipsi ordines cœtibus suis duxerint adgregandos. (*Extr. d'une loi des empereurs Valentinien et Va-*

lens. Code Théodos., liv. XII, tit. 1, loi 66, t. IV, p. 416.)

2°. Quoniam nonnulli diversarum civitatum curiales ... minores, quibus publica tutela debetur, ad curiæ consortium devocarunt, ut septem vel octo annorum constitutos nonnullos nominasse firmentur; decernimus, ut omnino nullus in curiam nominationibus devocetur,... nisi qui decimum et octavum annum ætatis fuerit ingressus. (*Extr. d'une loi de Constantin.* Code Théodos., liv. XII, tit. 1, loi 19, t. IV, p. 361.)

3°. De nominationibus quibusdam curialium revocandis, deque decurionum filiis et plebeiis locupletibus ad curiam nominandis.

Omnes omnino, præter solemnes nominationes factas a curiis, in irritum devocamus. (*Extr. d'une loi de l'empereur Julien.* Code Théodos. liv. XII, tit. 1, loi 53, t. IV, p. 394.)

IV. La preuve que les curies étaient autorisées à élire les citoyens de toutes classes, du moment qu'ils avaient acquis la mesure de propriété qui rendait susceptible des fonctions curiales, résulte :

1°. D'une loi de l'empereur Théodose-le-Grand ; elle autorise les curies à élire curiales les plébéiens des dernières classes ;

2°. D'une loi des empereurs Gratien et Théodose : elle autorise les curies à appeler dans leur corps les marchands, les négociants, dès qu'ils auront acquis des propriétés foncières.

CHAPITRE III.

De la nomination des magistrats municipaux.

I. La preuve que les duumvirs et les principaux étaient les magistrats municipaux des curies, résulte d'un passage d'Isidore ; il dit que « les magistrats principaux et duumvirs sont les « officiers de l'ordre des curiales. »

II. La preuve que les duumvirs étaient en charge pour un an, et les principaux pour cinq ans, et que les uns et les autres étaient pris parmi les curiales et élus par les curies, résulte :

1°. D'une loi de l'empereur Constantin ; elle impose comme une peine à ceux qui ont fui la charge de duumvirs l'obligation de remplir cette charge deux ans entiers, et elle fait ainsi

IV. — 1°. Concessum curialibus provinciæ Mysiæ, ut quos e plebe idoneos habent, ad decurionatus munia devocent : ne personæ famulantium, facultate locupletes, onera, pro quibus patrimonia requiruntur, obscuritate nominis vilioris evadant. (*Extr. d'une loi de l'empereur Théodose-le-Grand.* Code Théodos., liv. XII, tit. 1, loi 96, t. IV, p. 441.)

2°. Negotiatores prædiorum possessores, ad curiam vocari jure posse.

Si quis negotiator fundos comparaverit, et ut aliquorum possessor prædiorum vocetur ad curiam, ei necessitatis umbra non adsit, quod propterea pecuniam quam habet in conversatione, mercatoribus indictum aurum argentumque agnoscit ; sed nominatione facta, ejus pareat functionibus, cui se sponte dedit, pecuniæ usum in glebæ commodum

conferendo. (*Extr. d'une loi des empereurs Gratien et Théodose.* Code Théodos., liv. XII, tit. 1, loi 72, t. IV, p. 421.)

I. Principales magistratus et duumvirales curialium officiorum ordinis sunt. Principales dicti, quod primi sint e magistratibus ; magistratus vero, quod majores sint reliquis officiis. (*Extr. des Étymologies d'Isidore*, chap. 4, nos 24 et 25. OEuvres d'Isidore, t. 1, p. 230.)

II. — 1°. De duumviratus refugarum pœna.

Si ad magistratum nominati aufugerint, requirantur ; et si pertinaci animo latere patuerint, his ipsorum bona permittantur qui præsenti tempore in locum eorum ad duumviratus munera vocabuntur ; ita ut si postea reperti fuerint, biennio integro onera duumviratus cogantur agnos-

juger que le temps que devait durer ordinairement l'exercice de la charge de duumvir n'était que d'une année;

2°. D'une loi des empereurs Théodose et Honorius; elle marque que les principaux ne pouvaient sortir de charge qu'au bout de cinq ans, et qu'ils étaient élus par le consentement de la curie;

3°. D'un passage du jurisconsulte Paul; il marque précisément qu'il fallait avoir été décurion, c'est-à-dire curiale, pour pouvoir être nommé au duumvirat et aux autres dignités;

4°. D'une loi de Constantin; elle montre en général que c'étaient les décurions, c'est-à-dire les curiales, qui étaient nommés aux magistratures municipales;

5°. D'une loi des empereurs Valentinien, Valens et Gratien; elle dit que les deux tiers des curiales doivent assister à la curie, pour la nomination des duumvirs.

III. La preuve qu'il existait divers officiers des curies, inférieurs aux magistrats, et que ces officiers étaient en charge, au moins pour une année, et toujours élus par la curie et parmi les curiales, résulte :

1°. Du témoignage d'Isidore; il compte les magistrats principaux et duumvirs au nombre des officiers des curies; mais

cere : omnes enim qui obsequia publicorum munerum declinare temptaverint, simili conditione teneri oportet. (*Extr. d'une loi de l'empereur Constantin*. Code Théodos., liv. xII, tit. 1, loi 16, t. IV, p. 359.)

2°. De principalibus, quanto tempore id munus sustinere debeat; qui eligendi.

Placuit principales viros e curia in Galliis non ante discedere, quam quinquennium in administratione compleverint;.... sane quoniam principalem locum, et gubernacula urbium probatos administrare ipsa magnitudo deposcit.... Consensu curiæ eligendos esse censemus, qui contemplatione actuum omnium possint respondere judicio. (*Extr. d'une loi des empereurs Théodose et Honorius*. Code Théodos., liv. xII, tit. 1, loi 171, t. IV, p. 501.)

3°. Is qui non fit decurio, duumvirato vel aliis honoribus fungi non potest. (*Extr. d'un passage du juris-*

consulte Paul. Digeste de Just., liv. I, tit. 2, n° 7, t. I, p. 1919.)

4°. Decuriones ad magistratum nominari debent. (*Extr. d'une loi de l'empereur Constantin*. Code de Just., liv. I, tit. 56, t. II, p. 134.)

5°. In nominationibus duumvirorum faciendis, quis curialium numerus requiratur?

In nominationibus a singulis quibusque ordinibus celebrandis, dudum expressæ quantitatis modum catenus volumus custodiri, ut eorum in duabus, quæ concilio adesse debent, partibus, numerus derogetur, quos aut objectus debilitatis alienat, aut senectus pigra remoratur, aut clericatus obsequia vindicarunt, aut crimen desertionis absentat, ut ex reliquo numero duobus tertiis supputandis. (*Extr. d'une loi des empereurs Valentinien, Valens et Gratien*. Code Théodos., liv. xII, tit. 1, loi 48, t. IV, p. 433.)

III. — 1°. *Voyez* le texte d'Isidore,

il suppose qu'il y avait, dans les curies, d'autres officiers, inférieurs à ceux qui étaient appelés magistrats;

2°. D'une loi des empereurs Valentinien et Valens; elle marque qu'il y avait divers officiers curiales inférieurs aux principaux, et que ces divers officiers étaient élus par gradation et par ordre:

3°. D'une loi des empereurs Arcade et Honorius; elle marque que les curies avaient des officiers nommés receveurs des impositions du canon, et préposés des greniers, qui étaient en charge pour cinq ans;

4°. D'une loi des empereurs Arcade et Honorius; elle montre que les exacteurs étaient pris parmi les curiales, et étaient en charge pour deux ans au plus;

5°. Et enfin, d'une loi des empereurs Gratien, Valentinien et Théodose; elle atteste que les curies nommaient les receveurs et exacteurs.

au n° 1 de l'article I des preuves de ce chapitre.

2°. Gradatim et servato ordine promotiones curialium fieri oportere.

Nemo, originis suæ oblitus et patriæ cui domicilii jure devinctus est, ad gubernacula provinciæ nitatur ascendere, priusquam decursis gradatim curiæ muneribus subvehatur: nec vero a duumviratu, vel a sacerdotio incipiat; sed servato ordine, omnium officiorum sollicitudinem sustineat :... nec vero principalium vel sacerdotalium, cum nullam curialium officiorum agnoverint functionem, in honores primos irrepant; post munera vero et magistratus gradatim patriæ persolutos, aditus singulis ad administrationes publicas... recludatur. (Extr. d'une loi des empereurs Valentinien et Valens. Code Théodos., liv. xii, tit. 1, loi 77, t. IV, p. 427.)

3°. Susceptores canonis horreorumque præpositi, singulis annis, audiente... vicario et præfecto annonæ, expensionem susceptarum specierum probare cogantur; ita ut si

qui eorum idonei probabuntur, quinquennio in hujus officii statione permaneant, et electi deinceps de curiis memorato muneri subrogentur.(Extr. d'une loi des empereurs Arcade et Honorius. Code Théodos., liv. xii, tit. 6, loi 24, t. IV, p. 555.)

4°. Non perpetui exactores.... teneantur, sed per annos singulos... mutentur : nisi aut consuetudo civitatis aut raritas ordinis eos per biennium esse compellat.

Interpretatio. Lex ista hoc jubet, non debere exactores, qui uno anno exegerint, secundi anni exactionem suscipere, ... nisi forte aut consuetudo civitatis, aut raritas curialium per biennium eos exactores esse compellat. (Extr. d'une loi des empereurs Arcade et Honorius. Code Théodos., liv. xii, tit. 6, loi 22, t. IV, p. 553.)

5°. Exactores vel susceptores in celeberrimo cœtu curiæ, consensu et judicio omnium, sub actorum testificatione firmentur. (Extr. d'une loi des empereurs Gratien, Valentinien et Théodose. Code Théodos., liv. xii, tit. 6, loi 20, t. IV, p. 552.)

CHAPITRE IV.

Des obligations, des charges, des privilèges des curiales.

I. La preuve que tout curiale devait remplir successivement tous les offices et toutes les charges de la curie, sans pouvoir parvenir aux magistratures, qu'après avoir passé par les offices inférieurs, résulte complétement d'une loi des empereurs Valentinien et Valens.

II. La preuve que les curiales n'étaient plus rappelés aux charges ni aux magistratures qu'ils avaient une fois remplies, lorsqu'il se trouvait dans les curies des curiales qui, n'ayant pas passé par ces mêmes charges et magistratures, devaient les remplir à leur tour, résulte :

1°. De deux lois des empereurs Dioclétien et Maximin ; elles ne permettent pas qu'on appelle à des charges municipales ceux qui les ont déjà remplies, s'il y a un nombre suffisant de citoyens, qui puissent être revêtus de ces mêmes charges ;

2°. D'une loi des empereurs Arcade et Honorius ; elle dit qu'il est injuste de faire remplir deux fois les mêmes charges aux mêmes personnes, dans les cités où il y a des citoyens qui n'ont point encore accompli ces charges.

III. La preuve que les curiales étaient obligés d'assister régulièrement aux assemblées des curies, et de faire partie du corps des curies, jusqu'à ce qu'ils eussent rempli toutes les charges et magistratures municipales, résulte :

1°. D'une loi des empereurs Valentinien, Valens et Gratien ; elle montre qu'il n'était permis à aucun curiale de s'absenter de l'assemblée de la curie sans cause légitime, puisqu'elle

---

I. *Voyez* l'extrait d'une loi des empereurs Valentinien et Valens, au chapitre précédent, art. III, n° 2.

II. — 1°. Majoribus honoribus functos, ad minores devocari non oportere rationis est. (*Extr. d'une loi de l'empereur Dioclétien.* Code de Just., liv. x, tit. 42, t. II, p. 850.)

Quum te omnibus muneribus functum esse adseveres, ad eadem munera, si aliorum civium copia est, qui obsequilis civilibus fungi possunt, præses provinciæ devocari te non permittet. (*Extr. d'une loi de l'empereur*

Maximin. Code de Just., liv. x, tit. 42, loi 3, t. III, p. 850.)

2°. Quis tam inveniri iniquus arbiter rerum potest, qui in urbibus.... curialium numerositate locupletibus : ad iterationem quempiam transacti oneris impellat, ut cum alii needum pene initiati curiæ sacris fuerint, alios continuatio et repetitæ sæpe functiones affligant ? (*Extr. d'une loi des empereurs Arcade et Honorius.* Code Théodos., liv. xii, tit. 5, loi 3, t. IV, p. 533.)

III. — 1°. *Voyez* l'extrait d'une loi

suppose que « l'infirmité, la vieillesse, la profession cléricale, une désertion criminelle, » étaient les seules causes de l'absence des curiales, qui ne se trouvaient pas à la curie lors des nominations;

2°. De deux lois, l'une de Gratien et Théodose, l'autre d'Arcade et Honorius : elles défendent aux curiales de se substituer soit leur fils, soit quelque autre, dans l'exercice des fonctions curiales;

3°. D'une loi des empereurs Valentinien et Valens; elle veut « que les curiales soient contraints, par la puissance judiciaire, à demeurer dans les villes, et défend de leur laisser « transporter leur domicile à la campagne; »

4°. D'une loi de l'empereur Constance; elle défend « qu'aucun avocat ne se délivre de la curie, s'il y est obligé « par le nom de citoyen, ou le lieu de l'habitation; »

5°. De deux lois de Constantin; la première réserve au prince seul, et interdit à tous les juges, la faculté de dispenser les curiales des fonctions municipales; la seconde témoigne que la curie même ne peut dispenser des fonctions municipales;

des empereurs Valentinien, Valens et Gratien, au chapitre précédent, art. II, n° 5.

2°. Nemo prorsus curialium, substituto filio vel quolibet alio, deserendorum munerum patriæ habeat facultatem. (*Extr. d'une loi de Gratien et de Théodose.* Code Théodos., liv. xii, tit. 1, loi 111, t. IV, p. 456.)

Nullus qui... curiæ tenetur obnoxius, per substitutam quamcumque personam curiales impleat functiones. (*Extr. d'une loi des empereurs Arcade et Honorius.* Code de Just., liv. x, tit. 31, loi 60, t. II, p. 840.)

3°. Judiciario omnes vigore constringes, ne vacuatis urbibus ad agros magis, quod frequenti lege prohibetur, larem curiales transferant familiarem. (*Extr. d'une loi des empereurs Valentinien et Valens.* Code Théodos., liv. xii, tit. 18, loi 1, t. IV, p. 646.)

4°. Nullum... advocatum a curia... patimur excusari: videlicet, si civico nomine aut vinculo incolatus, oppidanea necessitas eum detinet obligatum. (*Extr. d'une loi de l'empereur Constance.* Code Théodos., liv. xii, tit. 1, loi 46, t. IV, p. 384.)

5°. Nemo judex civilium munerum vacationem cuiquam præstare curiali conetur, vel aliquem suo arbitrio de curia liberet : nam si quis fuerit ejusmodi infortunio depravatus, ut debeat sublevari, de ejus nomine ad nostram scientiam referri oportet, ut certo temporis spatio civilium munerum ei vacatio porrigatur.

Vacuatis rescriptis per quæ munerum civilium nonnullis est vacatio præstituta, omnes civilibus necessitatibus adgregentur : ita ut nec consensu civium vel curiæ, præstita cuiquam immunitas valeat, sed omnes ad munerum societatem conveniantur. (*Extr. de deux lois de Constantin.* Code Théodos., liv. xii, tit. 1, loi 1, t. IV, p. 343; et mêmes liv. et tit., loi 17, t. IV, p. 360.)

6°. De deux lois des empereurs Théodose, Arcade et Honorius ; elles ordonnent « que tous ceux qui se doivent à la « curie soient obligés de remplir les charges municipales, et « demeurent continuellement dans la curie. »

IV. La preuve des exemptions, droits et priviléges accordés aux curiales qui avaient accompli toutes les charges et magistratures de leur cité, à condition toutefois que leur bien restât affecté aux charges onéreuses de la curie, et à condition encore que les priviléges des dignités auxquelles ils parviendraient ne passeraient qu'à ceux de leurs enfants qui seraient nés depuis qu'ils auraient obtenu ces dignités, résulte :

1°. D'une loi des empereurs Valentinien et Valens ; cette loi veut « que les curiales qui ont accompli dignement et par degré « toutes les charges de leur cité reçoivent l'immunité, jouissent « du repos qu'ils ont mérité par leurs travaux, ainsi que du « titre de comte ; »

2°. D'une autre loi des empereurs Valentinien et Valens ; elle permet « que le curiale qui aura accompli toutes les charges « municipales soit reçu dans l'ordre sénatorial, de manière « que la demande des citoyens ne le poursuive plus ; »

3°. D'une autre loi des mêmes princes ; elle admet « les curia- « les qui auront accompli successivement toutes les charges et « magistratures de la patrie, à concourir aux charges de l'ad- « ministration publique ; »

6°. Omnes qui quolibet curiæ jure debentur, cujuscumque superstitionis sint, ad implenda munia teneantur.

Omnes omnino... perpetuo curiis perseverent. (*Extr. de deux lois des empereurs Théodose, Arcade et Honorius.* Code Théodos., liv. XII, tit. I, loi 157, t. IV, p. 402 ; et mêmes liv. et tit., loi 159, t. IV, p. 493.)

IV.—1°. Qui ad... principalis honorem, gradatim et per ordinem, muneribus expeditis... labore pervenerint, si publice ab universo ordine comprobantur, habeantur immunes, otio fruituri, quod continui laboris testimonio promerentur : honorem etiam eis et comitibus, addi censemus, quem hii consequi solent qui fidem suam in administrandis rebus publicis adprobarint. (*Extr.*

d'une loi des empereurs *Valentinien et Valens.* Code Théodos., liv. XII, tit. I, loi 75, t. IV, p. 425.)

2°. Senatoria dignitate, quando quibusque conditionibus curialis curia liberetur.

Nemo ad ordinem senatorium ante functionem omnium munerum municipalium senator accedat ; quum autem universis transactis, patriæ stipendia fuerit emensus, tum cum ita ordinis senatorii complexus excipiet, ut reposcentium civium flagitatio non fatiget. (*Extr. d'une loi des empereurs Valentinien et Valens.* Code Théodos., liv. XII, tit. I, loi 57, t. IV, p. 403.)

3°. *Voyez* l'extrait d'une loi des empereurs Valentinien et Valens, au chapitre III, art. III, n° 2.

4°. D'une loi des empereurs Valentinien et Valens; elle montre que les curiales pouvaient parvenir à la dignité de sénateurs, après avoir rempli toutes les charges municipales; mais que les biens du curiale, devenu sénateur, restaient obligés aux charges onéreuses de la curie;

5°. Et enfin, d'une loi des empereurs Arcade et Honorius; elle marque que « le curiale qui a rempli le cours de ses fonc- « tions peut parvenir aux diverses dignités » qui donnent l'entrée du sénat, mais elle veut que les enfants de ce curiale sénateur, « et toute sa succession, ne soient point soustraits « aux obligations curiales, si ce n'est celui qui serait né du « curiale déjà sénateur. »

V. La preuve que les charges et les magistratures mu- nicipales n'attribuaient aucun émolument résulte complé- tement d'un texte du jurisconsulte Callistratus, cité au Di- geste.

VI. La preuve que les curiales et les magistrats municipaux étaient ordinairement exempts des tourments de la question, et soumis à des peines moins sévères que les simples plébéiens, résulte complétement d'une loi des empereurs Dioclétien et

---

4°. *Voyez* une loi des empereurs Valentinien et Valens, mêmes cha- pitre et article, n° 2.

5°. De dignitatibus senatoriis vel illustribus curialibus collatis.

Quia ... splendidissimum ordinem submoveri dignitatibus non oportet, quisquis honorum emensus curialia onera,..... vel administrationis, vel quarumcumque aliarum dignitatum, insulas impetraverit, ipse quidem decoretur insignibus : sed liberi, omnisque successio paternae digni- tatis objectu curialia vincula non exuant, nisi forte quis jam senator susceptus consortio curiae nobilioris adnectitur. (*Extr. d'une loi des empe- reurs Arcade et Honorius*, Code Théo- dos., liv. XII, tit. 1, loi 155, t. IV, p. 490.)

V. Honor municipalis est admi- nistratio reipublicae cum dignitatis gradu, sive cum sumptu, sive sine erogatione contingens.... Publicum munus dicitur, quod in adminis- tranda republica cum sumptu sine titulo dignitatis subimus. (*Extr. d'un*

passage du jurisconsulte *Callistratus*. Digeste de Just., liv. L, tit. 4, n° 14, t. I, p. 1924.)

VI. Divo Marco placuit eminen- tissimorum quidem necnon perfectis- simorum virorum usque ad prone- potes liberos, plebeiorum poenis vel quaestionibus non subjici;... in decu- rionibus autem et filiis eorum hoc observari vir prudentissimus Domi- tius Ulpianus.... refert. (*Extr. d'une loi des empereurs Dioclétien et Maxi- min*. Code de Just. liv. IX, tit. 41, loi 11, t. II, p. 797.)

Si matrem tuam decurionis filiam probatum fuerit, apparebit eam non oportuisse.... in opus metalli dari. (*Extr. d'une loi de l'empereur Alexan- dre*. Code de Just., liv. IX, tit. 47, loi 9, t. II, p. 802.)

Decuriones in metallum damnari non possunt, nec in opus metalli, nec furcae subjici, vel vivi exuri; et si forte hujuscemodi sententia fue- rint affecti, liberandi erunt.

Parentes quoque et liberi decu- rionum in eadem causa sunt.

Maximin, d'une loi de l'empereur Alexandre, et d'un passage du jurisconsulte Ulpien.

CHAPITRE V.

Distinction entre les curiales et les simples citoyens.

I. La preuve que les curiales n'étaient pas libres de refuser de remplir les offices et magistratures auxquels il étaient nommés par les curies, résulte :

1°. D'une loi de Constantin; elle ordonne « que ceux qui, « ayant été nommés duumvirs ont pris la fuite, soient rechers « chés; » elle permet à ceux qui exerceront les emplois à leur place, de se servir de leurs biens; elle condamne ces fugitifs à subir les charges du duumvirat deux ans entiers; elle veut enfin que ces règles s'appliquent en général à tous curiales qui auraient entrepris de se refuser aux fonctions des divers autres offices municipaux;

2°. D'un texte d'Ulpien, cité au Digeste; il marque que « quiconque ayant été créé magistrat dans une cité, refusait « de recevoir la charge qui lui était imposée, était forcé à la « remplir, par le président de la province; »

3°. D'une loi de l'empereur Constance; elle veut que les duumvirs déserteurs soient contraints à remplir l'obligation de leur condition, et à répondre des dépenses que la cité a avancées pour eux;

4°. Et enfin, d'une loi de Constantin; elle défend d'admettre la cession de biens de ceux qui offrent cette cession, pour se soustraire aux charges et magistratures; elle veut

---

Liberos non tantum filios accipere debemus, verum omnes liberos.

Etiam in plebeia familia suscepti. (*Extr. d'un texte d'Ulpien.* Dig., liv. xlviii, tit. 19, n° 9, t. I, p. 1854.)

I. — 1°. *Voyez* l'extrait d'une loi de Constantin, au chapitre III, art. II, n° 1.

2°. Si quis magistratus in municipio creatus, munere injuncto fungi detrectet, per præsides munus adgnoscere cogendus est. (*Extr. d'un* texte d'Ulpien. Dig. de Just., liv. i. tit. 4, n° 9, t. I, p. 1923.)

3°. Duumvirorum desertorum pœna. Magistratus desertores ad eam gravitatem tua faciat necessitatem conditionis urgeri, ut quascumque pro his expensas civitas prærogavit refundere protinus ... cogantur. (*Extr. d'une loi de Constance et Constant.* Code Théodos., liv. xii, tit. 1, loi 29, t. IV, p. 370.)

4°. Propter honorem municipalem vel munus, bonis cedentium invi-

qu'ils soient revêtus de ces charges et de ces magistratures, malgré eux.

II. La preuve de la rigueur des lois qui engageaient dans la curie les citoyens, déjà curiales, ou susceptibles par leur fortune de le devenir, résulte :

1°. D'une loi des empereurs Théodose et Honorius ; elle ordonne de rendre aux villes, par la sévérité d'une censure convenable, les curiales « qui, n'ayant pas accompli les charges, refusent d'être ce qu'ils sont nés ; »

2°. De plusieurs lois des empereurs Arcade, Honorius, Gratien et Théodose ; elles portent la sévérité envers ceux qui se sont dérobés, de quelque manière que ce soit, aux charges de la curie, jusqu'à ordonner la confiscation de leurs terres et de tous leurs biens, au profit de la curie ;

---

diosam admitti cessionem, minime convenit, sed his obnoxios pro modo substantiæ fungi. (*Extr. d'une loi de Constantin.* Code de Just., liv. vii, tit. 71, loi 5, t. II, p. 671.)

II. —1°. Eos curiales, qui non expletis muneribus, declinarunt esse quod nati sunt, reddi urbibus debita censura præcipimus. (*Extr. d'une loi des empereurs Théodose et Honorius.* Code Théodos., liv. xii, tit. 1, loi 170, t. IV, p. 500.)

2°. Curiales omnes jubemus... ne civitates fugiant, aut deserant, rus habitandi causa ; fundum quem civitati prætulerint scientes fisco esse sociandum, eoque rure esse carituros, cujus causa impios se, vitando patriam, demonstrarint. (*Extr. d'une loi des empereurs Arcade et Honorius.* Code Théodos., liv. xii, tit. 18, loi 2, t. IV, p. 616.)

Refugarum evagantium curialium intra quinquennium non recurrentium pœna.

Fraudem civium non ferendam in dispendium ire civitatum animadvertimus, quum municipes, aut peregrinando, munera civitatum, aut militiæ ambitione, declinant : intra quinquennium igitur, nisi ad curiam reverterint, facultates eorum... curiæ addici decernimus. (*Extr. d'une loi de Gratien et Théodose.* Code Théodos., liv. x, tit. 1, loi 143, t. IV, p. 482.)

De bonis eorum qui curias deserunt.

Ut ex eorum bonis, qui se... muniis civitatum, interdictæ dudum ambitione militiæ, vel qualibet fraude subtrahere conati fuerint, curiis quas deseruerant, consulatur ; itaque si vocati edictis... hi tamen qui manifestis curiæ nexibus illigantur, latere potius quam redire maluerint, sciant post emensum annum... ex facultatibus suis, curiis quas destituerant, esse consulendum. (*Extr. d'une loi de Théodose et Arcade.* Code de Just., liv. x, tit. 31, loi 51, t. II, p. 838.)

Oppidorum... per Bythiniam, curiales publicis illudere functionibus per suam fugam cognovimus ; jubemusque, ut edictis primitus evocati, utilitatibus se patriæ et ei cui nati sunt restituant civitati ; quod si, etiam post publicam admonitionem, fugæ vita præfertur, tunc ex idoneis quibusque corporibus, ac potissimum ex his qui in sublimitatis tuæ officio probatam militiam peregerunt, in locum fugacium subrogentur, ita ut quorum subeunt necessitates, et patrimonia consequantur : illis qui sponte patriam reliquerunt, id necessitatis habituris, ut perpetuo careant, cui nihil commodi contulerunt. (*Extr. d'une loi de Valentinien, Théodose et Arcade.* Code Théodos., liv. xii, tit. 1, loi 119, t. IV, p. 463.)

3°. D'une loi des empereurs Valentinien et Valens : elle ordonne que tous ceux qui sont d'origine curiale soient forcés à remplir les charges publiques ; elle condamne à perdre leurs biens ceux de ces citoyens qui se seront cachés, pour éviter d'entrer dans la curie ;

4°. De deux lois des empereurs Valentinien, Gratien et Théodose ; elles interdisent à tous ceux qui descendent de race curiale la faculté de s'exempter des liens de la curie, et ordonnent aux juges de les rappeler, suivant les anciens décrets ;

5°. D'une loi des empereurs Honorius et Théodose : elle veut que « ceux que la naissance a obligés aux fonctions muni- « cipales soient forcés de subir le sort qui leur est propre ; »

6°. D'une loi des empereurs Honorius et Théodose-le-Jeune ; elle défend « au curiale et au fils de curiale de déserter cette « condition, pour aspirer à une autre fortune ; »

7°. D'une loi des empereurs Arcade et Honorius, déjà citée ; elle montre que les enfants, dont les pères étaient parvenus à la dignité de sénateurs, après avoir rempli tous les degrés de la curie, restaient néanmoins sujets aux obligations curiales, lorsqu'ils étaient nés avant l'élévation de leurs pères au rang de sénateurs ;

8°. D'un passage du jurisconsulte Gaius ; d'une loi des

3°. Ex omnibus domibus producti, qui origine sunt curiali, ad subeundam publicorum munerum functionem protrahantur ; quippe cum occultatoribus talium... rerum discrimen incumbat. (*Extr. d'une loi des empereurs Valentinien et Valens.* Code Théodos., liv. xii, tit. 1, loi 76, t. IV, p. 426.)

4°. De curialibus et curialium filiis ad curiam revocandis.

In muneribus peragendis....... priorum praeceptorum decreta sublimitas tua custodiat ; eos quoque qui advocationis obtentu curialia onera declinant, agere universa compellat ;... ipsos quin etiam filios magistrorum, qui ex curiali stirpe descendunt, simili modo esse decernat.

Omnes omnino quos paterna obsequia municipes fecerunt, resultandi curiæ nexibus... licentiam penitus amittant. (*Extr. de deux lois des em-* pereurs *Valentinien*, *Gratien et Théodose*. Code Théodos., liv. xii, tit. 1, loi 98, t. IV, p. 444 ; et même liv. et tit., loi 89, t. IV, p. 437.)

5°. Universi... quos sors nascendi municipalibus obligavit, fortunam propriam subire cogantur. (*Extr. d'une loi des empereurs Honorius et Théodose.* Code Théodos., liv. xii, tit. 1, loi 172, t. IV, p. 502.)

6°. Hæc præcepimus observari... ut neque curialis... neque curialis... filius, conditione deserta, aliam audeat adspirare fortunam. (*Extr. d'une loi des empereurs Honorius et Théodose - le - Jeune.* Code Théodos., liv. viii, tit. 4, loi 28, t. II, p. 504.)

7°. *Voyez* une loi d'Arcade et Honorius, à l'art. IV du chapitre précédent, n° 5.

8°. Incola et his magistratibus parere debet, apud quos incola est, et illis, apud quos civis est : nec tan-

empereurs Constantin et Julien; on y voit que les municipes, qui quittaient le domicile de leurs pères pour éviter les fonctions municipales, étaient astreints à accomplir toutes les charges et magistratures municipales, et dans la cité de leur origine, et dans celle où ils s'établissaient;

9°. D'une loi de l'empereur Théodose-le-Grand : elle autorise les curies à appeler aux fonctions des décurions les plébéiens capables : il est clair que, par plébéiens capables, la loi entend ceux qui, n'étant pas d'origine curiale, se trouvaient cependant assez riches pour remplir les fonctions municipales;

10°. D'une loi des empereurs Théodose et Gratien; elle montre que, dès que les négociants acquéraient la propriété requise pour être curiales, ils ne pouvaient plus s'en défendre, et devaient être assujettis aux fonctions municipales;

11°. Et enfin, des lois citées au chapitre précédent; on y a vu que rien ne dispensait le curiale de la résidence dans la cité, et de l'asservissement aux fonctions municipales, qu'il était interdit aux juges civils et à l'assemblée de la curie, d'accorder à un curiale aucune exemption de son service.

III. La preuve qu'aucun curiale ne pouvait vendre, sans l'aveu du gouverneur de la province, ses propriétés territoriales, dont la possession était un des titres qui le rendait

---

tum municipali jurisdictioni in utroque municipio subjectus est, verum etiam omnibus publicis muneribus fungi debet. (*Extr. d'un passage du jurisconsulte Gaius.* Dig. de Just., liv. L, tit. 1, n° 29, t. I, p. 1915.)

Incolatus in alia civitate obtentu, originali curia nemo liberatur.

Si quis vel ex majore, vel ex minore civitate originem ducit, si eamdem evitare studens, ad alienam se civitatem incolatus occasione contulerit,... ut.... earum civitatum decurionatus onera sustineat, in una voluntatis, in altera originis gratia. (*Extr. d'une loi de l'empereur Constantin.* Code Théodos., liv. XII, tit. 1, loi 12, t. IV, p. 356)

De incolis quoque, etsi alibi decurionibus, ad curiam vocandis.

Nonobstat curialium petitioni, quod hii quos incolas dixerunt, alibi

decuriones esse dicuntur; poterunt enim et apud eos detineri, si eorum patitur substantia, et ante conventionem incolatui renuntiare noluerunt. (*Extr. d'une loi de l'empereur Julien.* Code Théodos., liv. XII, tit. 1, loi 52, t. IV, p. 393.)

9°. *Voyez* une loi de Théodose-le-Grand, au chapitre II de ce livre, art. IV, n° 1.

10°. *Voyez* une loi de Gratien et Théodose, au chapitre II, art. IV, n° 2.

11°. *Voyez* les lois citées au chapitre précédent, art. IV.

III. Generali sanctione decernimus, ut si curialis praedium urbanum aut rusticum vendat cujuscumque conditionis emptori, apud rectorem provinciae idoneas causas alienationis alleget.... ut ita distrahenda possessionis facultatem accipiat, si aliena-

curiale, résulte complétement d'une loi des empereurs Honorius et Théodose.

IV. La preuve que les héritiers curiales, qui étaient étrangers à la curie, et les filles ou veuves des curiales, qui n'épousaient pas un homme de la curie, devaient laisser à cette curie la propriété du quart des biens dont ils héritaient, résulte complétement de deux lois des empereurs Théodose et Valentinien.

V. La preuve que ce n'était qu'après avoir rempli toutes les charges et magistratures municipales qu'il était permis aux curiales, et aux enfants des curiales, d'entrer dans le sénat et de parvenir aux dignités et offices du palais, résulte

1°. D'une loi des empereurs Valentinien et Valens; elle veut « que tous les curiales, qui par faveur seront montés à « un plus haut rang, et parvenus à quelque dignité, avant d'avoir « rempli toutes les charges municipales, soient rappelés au ser- « vice de leur ordre; »

2°. D'une autre loi des empereurs Valentinien et Valens, « elle interdit aux curiales l'entrée dans l'ordre des sénateurs, « avant d'avoir accompli toutes les charges municipales; elle « veut que les curiales qui auraient méprisé cette loi soient

---

tionis necessitatem probaverit; infirma enim erit venditio, si hæc fuerit forma neglecta, ita ut pretium emptor amittat, et venditori cum fructibus in læsam possessionem restituat. (*Extr. d'une loi des empereurs Honorius et Théodose.* Code Théodos., liv. xii, tit. 3, loi 2, t. IV, p. 527.)

IV. Meminimus, nuper emissa lego,... portionem quartam de facultatibus curialium sati munus implentium.... ab intestato, ad quemque (præterquam si ad filios curiales deferatur) curialium deputasse corporibus.

Quod si post parentum obitum inveniantur innuptæ vel viduæ,... volumus... ut... quarta portio, aut apud eam, si in matrimonio curialis ejusdem civitatis fuerit collocata, perpetuo jure permaneat; vel si.... alienum ab eadem curia sortiatur maritum, memorata pars.... curiæ addicatur.

Si decurionum consortio sit alienus qui curiali successit, competentis eidem juris,... sive ex parte hæresit,... partem quartam... a curia petit decernimus. (*Extr. de deux lois des empereurs Théodose et Valentinien.* Code de Just., liv. 2, tit. 3j, loi 2, t. II, p. 844 et 845; et mêmes liv. et tit., loi 1, t. II, p. 843.)

V. — 1°. Omnes curiales, qui qualibet gratia, prius ad altiorem gradum properaverint, quam munia universa percurrerint, ad ordinem necessitatum suarum revocentur; nec ante ad usurpatam dignitatem admittantur, quam quæ patriæ debentur, impleverint. (*Extr. d'une loi des empereurs Valentinien et Valens.* Code Théodos., liv. xii, tit. 1, loi 65, t. IV, p. 415.)

2°. Nemo ad ordinem senatorium ante functionem omnium munerum municipalium senator accedat.... Hii autem qui legem nostram neglexerint, exempti senatorio albo, quoad municipalibus necessitatibus satisfaciant, non capiant cassi honoris augmentum; nam qui cupiunt incremen-

« rayés de la matricule du sénat, et que ceux qui prétendent à
« cette dignité prouvent juridiquement qu'ils ont accompli leurs
« charges; »

5. D'une loi des empereurs Gratien, Valentinien et Théodose: elle ordonne « de rappeler à la curie ceux qui, étant
« obligés par leur origine à recevoir les charges municipales,
« se sont efforcés de parvenir à de plus grands emplois. »

VI. La preuve de la défense faite aux curiales et aux enfants
des curiales d'entrer dans la milice cohortale et dans la milice
armée, résulte:

1°. D'une loi des empereurs Honorius et Théodose; elle
défend aux curiales d'aspirer à quelque milice que ce soit;
elle veut que le curiale qui viole cette règle soit retiré de la
milice, et attaché aux fonctions municipales;

2°. De trois lois de Constantin; elles veulent que les curiales
et les fils des curiales qui seraient entrés dans les diverses
milices soient retirés de tous les offices, et rendus à la
curie;

tum honoris adipisci, perfunctos se
esse muneribus, actis debent ordinarii judicis approbare, in locum
suum scilicet filiis subrogatis. (*Extr.
d'une autre loi des empereurs Valentinien et Valens.* Code Théodos.,
liv. XII, tit. 1, loi 57, t. IV, p. 403.)

3°. Omnes ad curiam praecipimus
revocari, qui ad munera subeunda
originalibus vinculis occupati, officia
conantur exhibere majora, sive se
splendidissimo senatui tradiderunt,
sive per officia militantes obsequia
patriae denegarunt. (*Extr. d'une loi
des empereurs Valentinien, Gratien
et Théodose.* Code Théodos., liv. XII,
tit. 1, loi 81, t. IV, p. 432.)

VI. — 1°. De retrahendis curialibus
ex quacumque militia.

Universarum civitatum ordinibus
consulentes, retro principum statuta
firmamus, ut nemo nexui curiae
mancipatus ad cujuslibet militiae sacramentum audeat adspirare, vel
hoc admisso, mox abstractus militia,
obsequiis oppidaneis mancipetur.
(*Extr. d'une loi des empereurs Honorius et Théodose.* Code Théodos.,
liv. XII, tit. 1, loi 168, t. IV, p. 499.)

2°. Quum decuriones decurionum-
que filii, deque his geniti, ad diversas militias confugiant, jubemus,
eos in quibuscumque officiis militantes, exemptos militia, restitui
curiae. (*Extr. d'une loi de Constantin.* Code Théodos., liv. XII, tit. 1,
loi 22, t. IV, p. 365.)

Nullus... ex... decurionibus eorumque filiis, in quocumque officio mi-
litet; sed ex omnibus officiis... re-
tracti, protinus curiis... reddantur.
(*Ibid.* Liv. VIII, tit. 2, loi 1, t. II,
p. 474.)

Quoniam curias desolari cognovimus, his qui per originem obnoxii
sunt, militiam sibi.... poscentibus, et
ad legiones vel diversa officia curren-
tibus, jubemus, omnes curias admoneri, ut quos intra viginti stipendia
in officiis deprehenderit, vel originem defugisse, vel spreta nominatione, militiae se inseruisse, hos ad
curiam retrahant, et de cetero sciant
esse servandum; et qui derelicta
curia militaverit, revocetur ad curiam, non solum si originalis sit,
sed et si substantiam muneribus
aptam possidens ad militiam confugerit. (*Ibid.* Liv. XII, tit. 1, loi 13,
t. IV, p. 357.)

3°. D'une loi des empereurs Théodose et Valentinien; elle veut « que tout curiale, ou homme sujet à la curie, qui soit « entré dans la milice, soit rappelé à sa condition, sans aucune « prescription de temps, de même que ses enfants; »

4°. D'une loi des empereurs Constance et Constant; elle veut « que ceux qui abandonnent les curies pour passer dans « la milice armée ou dans les offices du palais soient rappelés « aux curies; »

5°. D'une loi de Constantin; elle veut « que tous ceux qui « se trouvent dans les légions et cohortes, et dont il est prouvé « qu'ils sont de race curiale, ou qu'ils ont été auparavant « nommés à la curie, soient rendus à cette curie; »

6°. Et enfin, d'une loi des empereurs Gratien, Valentinien et Théodose; elle veut que celui qui entre dans la milice prouve, « par acte authentique, qu'il n'est point sorti d'un « père ou d'un aïeul municipe, et qu'il est tout à fait étranger « à la curie. »

VII. La preuve que les curiales ni leurs enfants ne pouvaient entrer dans le clergé, qu'en laissant la jouissance de leur bien à quelqu'un qui voulût être curiale à leur place, ou

---

3°. Si quis decurio, aut subjectus curiæ, ullam ante hanc legem gessit militiam.... in eodem latarum pridem constitutionum sanctio observetur; post hanc vero legem, si quis ex his ausus fuerit ullam affectare militiam, nulla præscriptione temporis muniatur, sed ad conditionem propriam retrahantur: ne ipse, vel ejus liberi post talem ipsius statum procreati, quod patriæ debetur valeant declinare. (*Extr. d'une loi des empereurs Théodose et Valentinien.* Code Théodos., liv. xii, tit. i, loi 188, t. IV, p. 518.)

4°. Quoniam nonnulli, curiis derelictis, domesticorum seu protectorum se consortio copularunt.... etiam quidam nomen dederunt militiæ, aut palatinis sunt officiis adgregati, cunctos jubemus..., ad curias revocari. (*Extr. d'une loi des empereurs Constance et Constant.* Code Théodos., liv. xii, tit. i, loi 38, t. IV, p. 377.)

5°. Quoniam diversis præstitimus, ut legionibus vel cohortibus deputentur, vel militiæ restituantur, quis-

quis hujusmodi beneficium proferat, requiratur, utrum ex genere decurionum sit, vel ante nominatus ad curiam, ut si quid tale probetur, curiæ suæ et civitati reddatur. (*Extr. d'une loi de l'empereur Constantin.* Code Théodos., liv. xii, tit. i, loi 10, t. IV, p. 354.)

6°. A curiali nexu immunem se esse is, qui se militiæ offert, probare debet.

Quisquis cinguli sacramenta desiderat,.... primitus acta conficiat, et se ostendat non patre, non avo esse municipe, penitusque ab ordinis necessitatibus alienum. (*Extr. d'une loi des empereurs Gratien, Valentinien et Théodose.* Code Théodos., liv. vii, tit. 2, loi 2, t. II, p. 296.)

VII. Clericatu quibus conditionibus curialis curia liberatur.

Qui partes eligit ecclesiæ, aut in propinquum bona propria conferendo eum pro se faciat curialem, aut facultatibus curiæ cedat quam reliquit. (*Extr. d'une loi des empereurs Valentinien et Valens.* Code

bien en abandonnant ces biens à la curie elle-même, résulte complétement d'une loi des empereurs Valentinien et Valens, et d'un écrit de saint Ambroise contre Symmaque.

CHAPITRE VI.

Des plébéiens ou du petit peuple.

I. La preuve que les plébéiens étaient au-dessous des curiales, et formaient la dernière classe des citoyens dans l'empire romain, résulte :

1°. Des autorités citées au chapitre IV de ce livre ; on y a vu que, pour les mêmes crimes, les curiales subissaient des peines moins rigoureuses que les plébéiens, et qu'ils étaient exempts des tourments de la question, dans la plupart des accusations pour lesquelles les plébéiens y étaient livrés ;

2°. D'une loi de Julien, déjà citée ; elle distingue, parmi les habitants des cités, les enfants des curiales d'avec les simples plébéiens ;

3°. D'une loi des empereurs Théodose et Gratien ; elle marque que les plébéiens étaient les citoyens de la plus basse origine.

II. La preuve de ce qui a été dit sur la faculté conservée aux plébéiens, et refusée aux curiales, de s'enrôler dans toutes les milices, de parvenir à toutes les dignités, et même aux plus élevées, est déjà établie par les développements offerts dans les deux livres précédents ; on y a vu que les dignités civiles et militaires étaient accordées, sans qu'on eût aucun égard à la naissance ; que les soldats, tirés des dernières classes de citoyens, pouvaient devenir généraux d'armées, et que les seuls curiales étaient liés si étroitement à leur curie, que tout moyen de passer à un autre état leur était interdit.

Théodos., liv. xii, tit. 1, loi 59, t. IV, p. 405.)

Si privilegium quærat sacerdos (christianus) ut onus curiale declinet, patria atque avita et omnium facultatum possessione cedendum est. (*Extr. d'un écrit de saint Ambroise contre Symmaque*. Comment. du Code Théodos., t. IV, p. 446.)

I. — 1°. *Voyez* l'extrait des lois des empereurs Dioclétien et Maxi-min, et d'un passage d'Ulpien, au chapitre IV, art. VI, n° 1.

2°. *Voyez* l'extrait d'une loi de Julien, au chapitre 1er de ce livre, art. VI, n° 3.

3°. *Voyez* l'extrait d'une loi de Théodose-le-Grand, au chapitre II de ce livre, art. VI, n° 1.

II. *Voyez* l'ensemble des autorités qui ont servi de preuves aux deux livres précédents.

III. La preuve que les défenseurs étaient nommés par tous les citoyens, propriétaires des cités, curiales ou non curiales, ecclésiastiques et laïques, et qu'ils étaient choisis parmi les citoyens qui n'étaient point curiales, résulte :

1°. D'une loi des empereurs Honorius et Théodose; elle marque « que les évêques, les clercs, les posses-eurs de « dignités, les curiales, les simples propriétaires, concouraient « à former le décret d'institution du défenseur de chaque cité. »

2°. D'une loi des empereurs Valentinien et Valens; elle défend de choisir le défenseur parmi les curiales.

IV. La preuve de ce qui a été dit sur les fonctions des défenseurs chargés de la protection du petit peuple résulte :

1°. Des lois des empereurs Gratien, Valentinien, Théodose, Arcade et Honorius; ces lois veulent « que les défenseurs soient « comme les pères du peuple, qu'ils protégent les habitants des

---

III.—1°. Defensores ita præcipimus ordinari, ut... episcoporum, necnon clericorum, et honoratorum, ac possessorum, et curialium decreto constituantur. (*Extr. d'une loi des empereurs Honorius et Théodose. Code de Just., liv. 1, tit. 55, loi 8, t. II, p. 134.*)

2°. Defensores civitatum non ex decurionum corpore sed ex aliis idoneis personis huic officio deputentur. (*Extr. d'une loi des empereurs Valentinien et Valens. Code de Just., liv. 1, tit. 55, loi 2, t. II, p. 133.*)

IV. — 1°. In defensoribus universarum provinciarum erit administrationis hæc forma, et tempus quinquennii spatii metiendum; scilicet ut... parentis vicem plebi exhibeas: descriptionibus rusticos urbanosque non patiaris affligi; officialium insolentiam, judicum procacitati... occurras; ingrediendi, cum voles, ad judicem liberam habeas facultatem; superexigendi damna.... plus potentium ab his, quos liberorum loco tueri debes, excludas, nec patiaris quicquam ultra delegationem solitam ab his exigi. (*Extr. d'une loi des empereurs Gratien, Valentinien et Théodose. Code de Just., liv. 1, tit. 55, loi 4, t. II, p. 133.*)

Defensores... plebem vel decuriones ab omni improborum insolentia et temeritate tueantur. (*Extr. d'une loi de Valentinien, Théodose et Arcade.*

Code de Just., liv. 1, tit. 55, loi 5, t. II, p. 133.)

Quod si quid a qualibet persona, contra publicam disciplinam in læsionem possessorum fieri cognoverint defensores, referendi habeant potestatem ad illustres,... viros præfectos prætorii, et... magistros equitum et peditum. (*Extr. d'une loi d'Honorius et Théodose. Code de Just., liv. 1, tit. 55, loi 8, t. II, p. 134.*)

2°. De civitatum per omnes provincias positarum raritate cogitantes, quibus fugientibus incolis defensorum auxilio destitutis, qui unumquemque civium... vindicare consueverant,... priscæ consuetudinis morem revocandum esse censuimus, ... ut ... viri judicio universitatis electi, auctoritatem tuendæ in civitatibus suis plebis accipiant, et... insinuandi auribus mansuetudinis nostræ habeant potestatem;... ut... qui accidentia in provinciarum nostrarum parte... intenti curis majoribus ignoramus, eorum ad emendandum suggestionibus instruamur, et qui per injuriam compulsorum ruralos habitationes et solitudines expetunt, sub defensorum tuitione degentes... se urbium conspectibus repetiti domicilii habitatione restituant. (*Extr. d'une loi des empereurs Léon et Majorien. Nov. Théodos. liv. IV, tit. 5, t. VI, p. 35.*)

« campagnes et les décurions; qu'ils aient la faculté de récla-
« mer devant le juge, devant le préfet du prétoire et les autres
« officiers; »

5°. D'une loi des empereurs Léon et Majorien; elle marque
que les défenseurs avaient même le droit « de faire des repré-
« sentations aux empereurs, en faveur des citoyens du petit
« peuple. »

CHAPITRE VII.

De l'esclavage et de l'état des esclaves sous le gouvernement impérial.

I. La preuve de l'existence de la multitude des esclaves,
tant domestiques que colons, sous le gouvernement impérial,
résulte en général des faits historiques antécédents, dont il a
été fait mention en parlant de l'état de la Gaule avant sa
conquête de Jules-César; cette preuve résulte encore:

1°. Du témoignage de Tacite; il rapporte que des nations
d'esclaves, d'usages et de culte différents, existaient dans les
maisons des particuliers romains, de sorte que la crainte était
nécessaire pour les contenir;

2°. De plusieurs lois de Constantin, et d'une loi de Valentinien et Valens; elles supposent sur tous les domaines des
esclaves laboureurs, des esclaves colons, des familles d'esclaves laboureurs; elles représentent le colon comme labou-
rant un fonds qui ne lui appartient pas.

I. — 1°. Postquam... nationes in familiis habemus, quibus diversi ritus, externa sacra aut nulla sunt, colluviem istam non nisi metu coercueris. (*Extr. des Annales de Tacite*, liv. x, chap. 44, p. 297.)

2°. Intercessores a rectoribus provinciarum dati, ad exigenda debita ea quæ civiliter poscuntur, non servos aratores, aut boves aratorios... de possessionibus abstrahant, ex quo tributorum illatio retardatur. (*Extr. d'une loi de Constantin*. Code Théodos., liv. II, tit. 30, loi 1, t. I, p. 224.)

In Sardinia fundis patrimonialibus vel emphyteuticariis, per diversos nunc dominos distributis, oportet sic possessionum fieri divisiones, ut integra apud possessorem unumquem-

que servorum agnatio permaneret : quis enim ferat liberos a parentibus, a fratribus sorores, a viris conjuges segregari? (*Ibid.*, tit. 25, loi 1, t. I, p. 199.)

Si quis prædium vendere voluerit, vel donare, retinere sibi, transfe-rendos ad alia loca colonos, privata pactione non possit : qui enim colonos utiles credunt, aut cum prædiis eos tenere debent, aut profuturos aliis derelinquere, si ipsi sibi prædia pro-desse desperant. (*Ibid.*, liv. XIII, tit. 10, loi 3, t. V, p. 118.)

Non dubium est, colonis arva quæ subigunt usque adeo alienandi jus non esse. (*Extr. d'une loi de Valen-tinien et Valens*. Code Théodos. liv. v, tit. 11, loi 1, t. I, p. 460.)

II. La preuve que les lois impériales refusaient aux maîtres le droit de vie et de mort sur leurs esclaves, et qu'ils pouvaient seulement leur imposer des peines correctionnelles, se lit dans un texte de Gaius, au Digeste de Justinien.

III. La preuve que les maîtres étaient obligés de soigner leurs esclaves malades se lit dans la Vie de Claude par Suétone.

IV. La preuve que les esclaves avaient droit de se défendre eux-mêmes dans les accusations criminelles, si les maîtres refusaient d'entrer en cause pour eux, se trouve dans les textes de Marcien et d'Ulpien, au Digeste de Justinien.

V. La preuve que les esclaves domestiques ne pouvaient rien posséder, rien acquérir qui n'appartînt à leurs maîtres, et que les colons ne pouvaient disposer de leur pécule que de l'avis de leurs maîtres, résulte d'un texte de Gaius, au Digeste de Justinien, et d'une loi des empereurs Arcade et Honorius.

VI. La preuve que les maîtres vendaient librement leurs esclaves domestiques, et aliénaient librement les colons avec les domaines, résulte d'un texte d'Ulpien, au Digeste de Jus-

II. Hoc tempore nullis hominibus qui sub imperio romano sunt, licet supra modum et sine causa legibus cognita in servos suos sævire; nam ex constitutione divi Antonini qui sine causa servum suum occiderit, non minus puniri jubetur, quam si alienum servum occiderit. (*Extr. d'un texte de Gaius.* Dig. de Just., liv. I, tit. 6, n° 1, t. I, p. 17.)

III. Quum quidam ægra et affecta mancipia in insulam Æsculapii tædio medendi exponerent, omnes qui exponerentur, liberos esse sanxit, nec redire in ditionem domini, si convaluissent; quod si quis necare quem mallet, quam exponere, cædis crimine teneri. (*Extr. de la Vie de Claude, par Suétone*, chap. 38, p. 517.)

IV. Sciendum est, si in capitali causa suum servum reum crimine factum quis non defenderit, non eum pro derelicto haberi; et ideo si absolutus fuerit, non liberum fieri, sed manere domini (*Extr. d'un texte de Marcien.* Dig. de Just., liv. XLVIII, tit. 1, n° 9, t. I, p. 1790.)

Si non defendantur servi a dominis, non utique statim ad supplicium deducuntur, sed permittetur eis defendi. (*Extr. d'un texte d'Ulpien.* Dig. de Just., liv. XLVIII, tit. 19, n° 19, t. I, p. 1857.)

V. Quodcumque per servum adquiritur, id domino adquiritur. (*Extr. d'un texte de Gaius.* Dig. de Just., liv. I, tit. 6, n° 1, p. 17.)

Quum sæpissime decretum sit, ne quid de peculio suo cuiquam colonorum, ignorante domino prædii, aut vendere aut alio modo alienare liceret. (*Extr. d'une loi des empereurs Arcade et Honorius.* Code de Just., liv. XI, tit. 49, loi 2, t. II, p. 895.)

VI. Qui bona fide servum emit, hoc edicto non tenebitur. (*Extr. d'un texte d'Ulpien.* Dig. de Just., liv. I, tit. 3, n° 1.)

A quibus ipsos, utpote dominis, cum possessionibus distrahi posse non dubium est. (*Extr. d'une loi des empereurs Valentinien, Théodose et Arcade.* Code de Just., liv. XI, tit. 49, loi 2, t. II, p. 895.)

tinien, d'une loi des empereurs Valentinien, Théodose et Arcade, et d'une loi de Constantin.

CHAPITRE VIII.

Condition particulière des esclaves colons.

I. La preuve que d'après les lois impériales les colons ne devaient à leurs maîtres qu'une redevance fixe, et qu'ils avaient le droit de réclamer contre toute surcharge arbitraire, résulte :

1°. D'une loi de Constantin; elle autorise « le colon à se « plaindre devant le juge, si le maître a plus exigé de lui que « ce n'était la coutume, et condamne, en ce cas, le maître à « restitution; »

2°. D'une loi d'Arcade et d'Honorius; elle interdit aux colons toute autre action civile contre leurs maîtres, que celle dont nous venons de parler.

II. La preuve de tous les droits du maître, pour retenir et rappeler les personnes et les familles de leurs esclaves colons aux terres auxquelles ils étaient attachés, résulte:

1°. D'une loi des empereurs Théodose et Valentinien; elle ordonne que le colon qui a passé à un autre maître soit rendu, avec son pécule et sa race, à la culture du premier maître;

2°. D'une loi des empereurs Honorius et Théodose; elle

Voyez l'extrait de la première loi de Constantin citée à l'article I de ce chapitre, n° 2.

I. — 1°. Quisquis colonus plus a domino exigitur, quam ante consueverat et quam in anterioribus temporibus exactum est. adeat judicem, ... et facinus comprobet; ut ille qui convincitur amplius postulare, quam accipere consueverat, hoc facere in posterum prohibeatur, prius reddito quod superexactione perpetrata noscitur extorsisse. (*Extr. d'une loi de l'empereur Constantin.* Code de Just., liv. xi. tit. 49. t. II, p. 895.)

2°. In causis civilibus, hujusmodi hominum generi adversus dominos, vel patronos aditum intercludimus, et vocem negamus (exceptis superexactionibus in quibus retro prin-

cipes facultatem eis super hoc interpellandi praebuerunt). (*Extr. d'une loi des empereurs Arcade et Honorius.* Code de Just., liv. xi, tit. 49, t. II, p. 895.)

II. — 1°. Si quis ... alienum colonum suscipiendum, retinendumve crediderit, duas auri libras ei cogatur exsolvere, cujus agros transfuga cultore vacuaverit : ita ut eumdem cum omni peculio suo et agnitione restituat. (*Extr. d'une loi des empereurs Théodose et Valentinien.* Code de Just., liv. xi, tit. 51, loi 1, t. II, p. 896.)

2°. Si quis colonus originalis, vel inquilinus, ante triginta annos de possessione discessit, neque ad solum genitale silentii continuatione repetitus est, omnis ab ipso, vel a quo forte

veut que, si le colon s'est enfui de la propriété dont il est originaire, il puisse être réclamé pendant trente ans, et la femme colone, pendant vingt ans, et qu'ils soient rappelés au domaine, avec leur postérité;

3°. D'une loi de l'empereur Constantin; elle autorise le maître à enchaîner les colons qui ont comploté de s'enfuir.

III. La preuve qu'une femme colone qui épousait un homme libre ne sortait point pour cela de la dépendance où elle était née, et devait rendre ses enfants au domaine de son premier maître, résulte d'une loi des empereurs Gratien et Théodose.

possidetur, calumnia penitus excludatur; ... quod si quis originarius intra hos triginta annos de possessione discessit, ... neque de ejus conditione dubitatur, eum, contradictione submota, loco cui natus est cum origine jubemus sine dilatione restitui. Quod si forte ipse, de cujus proprietate certatur, fatali sorte consumptus est, ejus posteritatem agrorum juri cum omni peculio ... celeri jubemus executione revocari. In feminis sane observationem volumus esse diversam.

INTERPRETATIO. Colona, etiamsi xx annis in alieno dominio et jure permanserit, a priore domino non requiratur. (*Extr. d'une loi des empereurs Honorius et Théodose, et de son interpretation.* Code Théodos. liv. v, tit. 10, loi 1, t. I, p. 457.)

3°. Apud quemcumque coloni juris alieni fuerit inventus, is non solum eumdem origini suae restituat, ... ipsos etiam colonos, qui fugam meditantur, in servilem conditionem ferro ligari conveniet, ut officia quae liberis congruunt, merito servilis condemnationis compellantur implere. (*Extr. d'une loi de l'empereur Constantin.* Code Théodos., liv. v, tit. 9, loi 1, t. I, p. 455.)

III. Ex ingenuo, et colonis, ancillaque nostris natos natasve, origini ex qua matres eorum sunt, facies deputari. (*Extr. des lois des empereurs Gratien et Théodose.* Code de Just., liv. x, tit. 67, loi 4, t. II, p. 908.)

LIVRE CINQUIÈME.

CHAPITRE Iᵉʳ.

Origine et progrès du gouvernement impérial.

Ce chapitre n'exige pas de preuves.

CHAPITRE II.

De la nature du gouvernement impérial.

I. La preuve de ce qui a été dit de la puissance militaire des empereurs résulte :

1°. Du témoignage de Dion, qui dit que « les empereurs « ont le droit de lever des armées, d'user de l'argent public, » et de faire la guerre et la paix ;

2°. D'un texte de la loi *Regia*; elle reconnaît dans la main de l'empereur le droit de faire alliance avec qui il voudra.

OBSERVATION. Les faits les plus éclatants de l'histoire romaine, et les seuls traits recueillis au livre III de ce traité, démontrent tellement le droit exclusif des empereurs de commander les armées, de disposer de l'avancement, des récompenses et des peines, à l'égard de tous les membres du corps militaire, qu'il paraît inutile de rassembler un plus grand nombre de preuves sur cet article.

I. — 1°. Cæsar unus in omnibus rebus plenum erat imperium habiturus, cum et pecuniam ... et milites in sua haberet potestate.

Exercitus scribendi, pecuniæ conficiendi, bella suscipiendi, pacem faciendi... jus habent. (*Extr. de l'Histoire romaine de Dion*, liv. LIII, p. 663 et 665.)

2°. Fœdusve cum quibus volet facere liceat ita uti licuit D. Augusto, Tit. Julio Cæsari Aug. Tiberioque, Claudio Cæsari, Aug. Germanico ; ... utique quæcumque ex usu reipublicæ ... censebit ei agere, facere jus potestasque sit. (*Extr. de la loi Regia*, dans les Mémoires de l'Académie des Belles-Lettres, t. XXIV, p. 336 et 337.)

II. La preuve de la réunion de l'autorité des diverses magistratures de la république dans la seule main des empereurs est établie avec beaucoup de clarté par les plus excellents historiens de la révolution qui éleva Auguste à la souveraine puissance.

1°. Tacite rapporte par quel art Auguste prépara la concession, qu'il voulait obtenir, des pouvoirs de tous les corps de la république, et conclut « qu'il appela à lui les fonc-
« tions du sénat, la juridiction des magistrats, le pouvoir des
« lois. »

2°. Dion marque que « l'empire fut donné à Auguste, par
« la convention du sénat, » et que ce fut du sénat romain et du peuple que les empereurs reçurent tous les titres qui donnaient le plus de puissance dans le gouvernement populaire; en conséquence, au rapport de Dion, « les empereurs exercè-
« rent souvent le pouvoir et les fonctions des consuls et pro-
« consuls, et des autres magistrats; le titre d'empereur substitué
« à celui de dictateur désigne leur pleine et entière puissance;
« à ces titres, ils ont le droit de lever des armées, d'user de
« l'argent public, de faire la paix et la guerre, d'ordonner de
« toutes les affaires étrangères et intérieures, de faire mourir
« dans les murs de Rome les sénateurs et les chevaliers; les
« empereurs, au titre de censeurs, inscrivent dans l'ordre des

II. — 1°. Cæsar dux reliquus : posito triumviri nomine, consulem se ferens, et ad tuendam plebem tribunitio jure contentum ; ubi militem donis, populum annona, cunctos dulcedine otii pellexit, insurgere paulatim, munia senatus, magistratuum, legum in se trahere. (*Extr. des Annales de Tacite*, liv. 1, chap. 2, t. 1, p. 367 et 368.)

2°. Pacto omne populi senatusque imperium ad Augustum rediit.

Quod ne videantur imperatores ex potentia potius quam legibus habere, omnia quæ in populari forma reipublicæ multum valuerant, senatu populoque volentibus, ea cum ipsis nominibus in se recipiunt, excepta dictatura. Consules enim fiunt sæpe numero, et quoties extra pomœrium sint, proconsules dicuntur, nomenque imperatoris, non modo si qui aliquam victoriam retulerint, sed et

alias reliqui omnes, ad significandam plenam suam et perfectam potentiam, semper gerunt, loco nominis regii et dictatoris... Horum nominum ratione, exercitus scribendi, pecuniæ conficiendi, bella suscipiendi, pacem faciendi, peregrinis atque urbanis rebus perpetua ... potestate imperandi atque etiam intra pomœrium equites senatoresque necandi; aliaque omnia quæ consulibus aliisque magistratibus facere licet, agendi jus habent. Ex censoria autem appellatione in vitam et mores inquirendi, census agendi, in equestrem ac senatorium ordinem adscribendi, aliaque ex iis removendi pro suo arbitrio licentiam consequuntur. Quod autem omnibus sacerdotiis inaugurati sunt ... semperque unus (si quidem duo vel tres simul imperatores sunt) summum pontificatum gerit, eo fit et omnes religiones et sacrificia in su

« sénateurs et en chassent qui il leur plaît; les empereurs
« remplissent toujours la souveraine sacrificature.

« La puissance tribunitienne donne aux empereurs le moyen
« de s'opposer aux résolutions qui se prendraient contre leur
« volonté; elle fait, de plus, que leur personne est sacrée;
« s'ils sont lésés ou offensés par quelqu'un, quand ce serait de
« parole légère, ils peuvent le faire mourir comme sacrilège.

« Enfin, les empereurs ont la prérogative unique d'être
« déliés des lois, et Auguste, affranchi des lois, put véritablement
« et complétement faire ou ne pas faire toutes choses, selon
« son gré. »

III. La preuve particulière que les empereurs possédèrent
et exercèrent la plénitude de la puissance législative résulte :

1°. Des écrits de Dion, Suétone, Pline-le-Jeune et Ulpien ;
on y voit qu'Auguste eut « le pouvoir de porter les lois,
« qu'il voulut que la puissance législative lui fût accordée :
« que ce qui a plu au prince a force de lois, parce que le
« peuple, par la loi Regia, lui a transporté tout son empire
« et toute sa puissance; »

2°. Des textes d'Ulpien et de Jules Capitolin, d'une loi de
Constance et de Julien; ces autorités montrent que les rescrits,

habeant manu. At tribunitia potestas, quam ... quisque imperator habuit, efficit ut intercedere iis, quæ
ab aliis contra ipsorum placitum mo-
ventur, possint, ac sacrosancti sint,
ita ut si vel minimo sermone se ab
aliquo læsos existiment, ... eum tanquam qui se piaculo obstrinxerit necare queant ... Hæc igitur singula
cum legibus fuerint stabilita in ea
reipublicæ institutione, qua penes
populum est summa rerum, imperatores cum ipsis nominibus sibi
sumunt, ut nihil sibi a subditis non
datum habere videantur. Aliud porro
quoddam jus habent nulli unquam
Romano concessum. Legibus enim soluti sunt imperatores... Ad hunc itaque modum ratione eorum nominum,
quæ in populari civitatis statu usur-
pantur, omnem totius reipublicæ potestatem accipiunt, ac regiam etiam,
nisi quod invidiam nominis vitant.
.... Omni eum legum necessitate senatus liberavit, ut veluti
demonstratum a me est, vere cum

plena potestate perfecteque sui juris,
legibusque solutus, agere aut non
agere omnia suo posset pro arbitrio.
(Extr. de l'Histoire de Dion, liv. LIII,
p. 663, 664, 665, 666 et 675.)

III. — 1°. Decretum est... ut emen-
daret omnia suo arbitrio, ac leges
quas vellet ferret. (Extr. de l'Histoire
rom. de Dion, liv. LIV, p. 689.)

Recepit et morum legumque regimen æque perpetuum. (Ext. de Suétone, Vie de César-Auguste, liv. II,
p. 146.)

Quod in perpetuum mansurum
est, a te constitui decet. (Extr.
d'une lettre de Pline-le-Jeune à Trajan, liv. X, lettre 113, p. 735.)

Quod principi placuit, legis habet
vigorem : utpote quum lege Regia,
quæ de imperio ejus lata est, populus
ei ... omne suum imperium et potestatem conferat. (Extr. d'un texte
d'Ulpien. Dig. de Just., liv. 1, tit. 4,
n° 1, t. I, p. 13.)

2°. Quodcumque igitur imperator
per epistolam et subscriptionem sta-

c'est-à-dire les simples lettres par lesquelles les empereurs décidaient des questions de droit douteuses, en réponse aux consultations ou demandes des magistrats et des particuliers, avaient force de loi, pour les objets sur lesquels ils portaient;

3°. Et enfin, du style et de la forme des dispositifs des lois impériales, renfermées dans les deux Codes de Théodose et de Justinien; on y voit clairement que les princes promulguaient les lois de leur propre mouvement, sans requérir ou attendre, pour les autoriser, le consentement ou l'avis d'aucun corps de l'État, et sans éprouver aucune réclamation; on y remarque que ces lois, émanées de la seule volonté du prince, et toujours reçues par les sujets avec une soumission entière, dérogeaient et ajoutaient sans cesse, jusque sur des points d'importance majeure, aux lois même les plus anciennement établies. Le grand nombre de lois que l'on a eu occasion de citer jusqu'ici, celles que l'on doit recueillir encore, suffisent pour vérifier cette observation, et dispensent de compulser en entier ces deux Codes.

CHAPITRE III.

Institution et destitution des magistrats chargés de l'exercice de la puissance publique dans l'empire romain.

I. La preuve de ce qui a été dit sur la dégradation du pouvoir des tribunaux des préteurs, sous le gouvernement impérial, résulte:

1°. Du plan de gouvernement donné à Auguste par Mécène; on y voit « que l'empereur devait nommer lui-même les

---

tuit, vel cognoscens decrevit, ... vel edicto praecepit, legem esse constat. (*Extr. d'un texte d'Ulpien.* Dig. de Just., liv. 1, tit. 4, n° 1, t. I, p. 13.)

Fuit in jure non invalidus, adeo ut statuisset omnia rescripta veterum principum tollere, ut jure non rescriptis ageretur, nefas esse dicens leges videri Commodi et Caracalli, et hominum imperitorum voluntates. (*Extr. de Jules Capitolin, Vie de Macrin.* Hist. Aug., chap. 12, t. I, p. 767.)

Mulctabuntur judices, qui rescripta contempserint. (*Extr. d'une loi de Constance et de Julien-César.* Code Théodos., liv. 1, tit. 2, loi 5, t. I, p. 19.)

3°. Les preuves de ce numéro sont renvoyées aux corps des deux Codes impériaux.

I. — 1°. Ad quos magistratus (praeturae) ut ad consulatum etiam solos Romanos tibi eligendos censeo ... ros magistratus ipse tu constitues; magistratuum autem potestatem anti-

« préteurs, et, en leur laissant la dignité, retenir l'autorité ;
« qu'ils devaient conserver l'office de donner des jeux publics,
« et qu'on devait leur retirer le droit de juger les causes capi-
« tales » (on doit se rappeler que les conseils de Mécène à
Auguste tracèrent le plan de gouvernement qui fut exécuté
dans toutes ses parties, par Auguste et ses successeurs, ainsi
qu'il a été prouvé dans ce livre, par le témoignage de Dion) ;

2°. D'une loi des empereurs Constance et Julien ; elle
montre que la juridiction des préteurs était réduite, de leur
temps, à la connaissance de certaines affaires civiles.

II. La preuve que le préfet de Rome était nommé par le
prince ne semble pas nécessaire à établir littéralement ici,
après que l'on y a montré que le prince réunissait dans sa seule
personne tous les pouvoirs de l'État et toutes les magistratures,
la conséquence nécessaire de ce principe était que lui seul
eût la faculté de commettre l'exercice des pouvoirs en quelques mains que ce fût.

III. La preuve que les mêmes personnes, désignées sous
les noms différents de proconsuls, de propréteurs, de lieutenants de César, étaient autant d'hommes chargés du gouvernement des provinces, que le seul titre de gouverneur désignait
généralement, résulte :

1°. D'un passage de Dion, et d'un texte d'Hermogénien,
cité au Digeste ; Dion rapporte que les magistrats qu'Auguste
préposa au gouvernement des provinces furent nommés par
lui ses envoyés et propréteurs. Hermogénien marque que les

---

quitus iis concessam nequaquam ser-
vabis ;... sed honore eorum integro
relicto, tantum potentiæ detrahes,
ut neque dignitas eorum diminua-
tur, neque novi aliquid moliendi
facultas ulli adsit. Id quum aliis ratio-
nibus tum hac præcipue consequeris ;
... si autem, ut singulorum erit officii, ludos ac judicia omnia, præterquam de cæde, ... edant. (*Extr. de*
l'Histoire rom. de Dion, discours de
Mécène à Auguste, liv. LII, p. 627
et 628.)

2°. Prætori defertur hæc juris-
dictio, sancientibus nobis, ut libe-
rale negotium ipse acceptator examinet ;... tutoris dandi seu ordinandi
curatoris, impleatur ab eo interpo-

sitio decretorum : ... apud eum
quoque adipisci jubeat patronorum
judicio sedata servitus libertatem,
... liberos suos exuant potestate (patres.) (*Extr. d'une loi des empereurs*
Constance et Julien. Code Théodos.,
liv. VI, t. 4, loi 16, t. II, p. 51.)

II. Cet article est suffisamment
appuyé par les preuves qui ont établi le principe du gouvernement impérial.

III. — 1°. Provinciis patricios præ-
fecit ; ...... qui neque consulares
neque prætori essent, ipse delegit,
ac legatos suos, et propræteres nominavit. (*Extr. de l'Hist. romaine de*
Dion, liv. LIII, p. 660 et 661.)

Præsidis nomen generale est ;

proconsuls, les lieutenants de César gouvernent les provinces, et sont appelés présidents : il fait remarquer que le nom de président est général, et l'appellation de proconsul particulière, quoique l'un et l'autre désignent les hommes préposés par l'empereur au gouvernement des provinces;

2°. D'un texte de Papinien, cité au Digeste; il appelle l'envoyé de César le président ou le correcteur de la province;

3°. D'un écrit d'Athanagore; il marque que les proconsuls et les préfets sont envoyés par l'empereur dans les provinces, pour y entendre les causes, c'est-à-dire pour exercer la fonction essentielle commise aux gouverneurs des provinces dans l'empire romain;

4°. Des écrits de Josèphe, de Suétone et de Lampride; ils montrent qu'au règne de Tibère et d'Alexandre, il y avait des gouverneurs dans toutes les provinces de l'empire; que les différents noms de présidents, de proconsuls, de propréteurs ou envoyés de César, sous lesquels ces gouverneurs étaient désignés, n'ajoutaient rien aux fonctions de leur charge, qui n'était autre que le gouvernement de la province.

---

eoque et proconsules, et legati Cæsaris, et omnes provincias regentes, licet senatores sint, præsides appellantur : proconsulis appellatio specialis est. (*Extr. d'un texte d'Hermogénien.* Dig. de Just., tit. 18, t. I, p. 33.)

2°. Legatus Cæsaris, id est præses, vel corrector provinciæ. (*Extr. d'un texte de Papinien.* Dig. de Just., liv. 1, tit. 18, n° 20, t. I, p. 36.)

3°. Innocentium fama violatur; tanta quidem calumniatorum frequentia, ut proconsules et præfecti a vobis in diversas provincias missi, causis audiendis non sufficiant. (*Extr. de l'Apologie d'Athanagore, adressée aux empereurs Marc-Aurèle et Lucius-Vérus.* Préface des Actes des martyrs, recueillis par Dom Ruinard, p. 38.)

Tibère remplissait les charges de gouverneur de provinces, après la mort de ceux qui les exerçaient. Lorsque ses amis lui en demandaient la raison, il leur répondit que pour les gouverneurs de provinces, ce qui l'empêchait de les changer, c'était le désir qu'il avait de soulager les peuples ... que durant vingt ans qu'il a régné, il n'a envoyé que deux gouverneurs en Judée, Gratus et Pilate, et qu'il en a été de la même manière dans les provinces sujettes à l'empire romain. (*Extr. de l'Histoire des Juifs, par Josèphe;* traduction d'Andilly, t. III, p. 269.)

Regressus in insulam, reipublicæ quidem curam usque adeo abjecit, ut postea ... non provinciarum præsides ullos mutaverit. (*Extr. de la vie de Tibère, par Suétone,* chapitre 41, liv. 3, p. 338.)

Ubi aliquos voluisset ... rectores provinciis dare ... nomina eorum proponebat, hortans populum, ut si quis quid haberet criminis probaret. (*Extr. de Lampride.* Preuves de l'établissement du Christianisme, par M. Bullet, p. 175.)

IV. La preuve que les empereurs nommaient immédiatement le gouverneur dans chaque province résulte :

1°. Des passages déjà cités de Dion, d'Athanagore, de Josèphe et de Suétone, qui attestent ce fait pour les règnes d'Auguste, de Tibère, d'Alexandre et de Marc-Aurèle ;

2°. D'un écrit de Celse ; il témoigne que le « gouverneur « des provinces était le préposé du prince ; »

3°. Et enfin, du témoignage du jurisconsulte Modestinus ; il atteste « que, de son temps, la création de tous les magis- « trats appartient au prince. »

V. La preuve que le prince pouvait révoquer à son gré les gouverneurs des provinces résulte :

1°. D'un texte de Dion ; il montre positivement qu'Auguste s'attribua cette faculté à l'égard des propréteurs, qui, sous ce titre, étaient au nombre des gouverneurs de province, en prononçant qu'ils conserveraient leur puissance aussi long-temps que l'empereur l'aurait ordonné ;

2°. Des passages de Josèphe et de Suétone déjà cités, qui, remarquant que « Tibère avait pour maxime de ne point « changer les gouverneurs de provinces, » font voir claire-ment que le prince s'attribuait le droit de les changer.

VI. La preuve que les préfets du prétoire furent juges à la place des empereurs, et revêtus de toute la puissance impériale, dans les causes commises à leur juridiction, résulte complé-

---

IV. — 1°. *Voyez* les autorités citées à l'article précédent.

2°. Romanorum regis ... praeses ... aut procurator ... illi graves poenas repetere poterunt, si negliguntur. (*Extr. d'un passage de Celse*, rap-porté par Origène et cité par Bul-let, dans l'Histoire de l'établissement du Christianisme, p. 297.)

3°. Ad curam principis magistra-tuum creatio pertinet, non ad po-puli favorem. (*Extr. d'un texte de Modestinus.* Dig. de Just., liv. xlv, tit. 14, n° 1. t. I, p. 1836.)

V. — 1°. Hoc tribuit, ut plusquam annum essent cum imperio, quate-nus videlicet ipse statuisset .... de-cretum est ut quum in Caesaris, tum in reliquas provincias praetorii ac consulares praesides mitterentur, eosque imperator in quas visum est

ipsi regiones, ne quando ipsi videre-tur, dimisit. (*Extr. de l'Histoire rom. de Dion*, liv. v, p. 661.)

2°. *Voyez* les extraits de Josèphe et de Suétone, à l'article précédent, n°s 3 et 4.

VI. Breviter memorare necesse est, unde constituendi praefectorum prae-torio officio origo manaverit ... Regi-mentis reipublicae ad imperatores perpetuos translatis ... praefecti prae-torio a principibus electi sunt, data eis pleniore licentia ad disciplinae pu-blicae emendationem.

Credidit enim princeps, eos qui ob singularem industriam, explo-rata eorum fide, et gravitate ad ejus officii magnitudinem adhiben-tur, non aliter judicaturos esse, ... quam ipse foret judicaturus. (*Extr. d'un texte d'Aurelius-Arcadius.* Dig.

tement d'un texte d'Arcadius, cité au Digeste, et d'une loi de Constantin.

CHAPITRE IV.

De la juridiction en première instance.

I. La preuve que la puissance de juger en première instance toutes les affaires criminelles dans Rome et son territoire fut attribuée par les empereurs au préfet de la ville, résulte du discours de Mécène à Auguste, qui, au rapport de Dion, traça le plan du gouvernement impérial; d'après ce plan, le préfet de la ville devait juger des causes capitales dans la ville et hors de la ville de Rome, jusqu'à la distance de 81 milles.

II. La preuve que les causes criminelles des sénateurs furent, sous les règnes des premiers empereurs, du ressort du sénat, résulte :

1°. Du plan proposé par Mécène, et exécuté par Auguste; il ménagea au sénat le droit de juger criminellement et en première instance les sénateurs et les personnes sénatoriales;

2°. De toute l'Histoire de Tibère, par Tacite; on y voit sans cesse le sénat exercer le pouvoir de juger criminellement les sénateurs.

III. La preuve que les sénateurs perdirent le droit de juger leurs membres, et que ce droit passa au préfet de la ville, qui fut seulement obligé de s'adjoindre cinq clarissimes, est établie par une loi de Valentinien, Valens et Gratien, déjà citée; elle porte que le préfet, dans cette circonstance, devait s'adjoindre cinq hommes des plus respectables, pris parmi

---

de Just., liv. 1, tit. 11, n° 1, t. I, p. 26.)

A præfectis prætorio, qui soli vice sacra cognoscere vero dicendi sunt, provocari non sinimus. (*Extr. d'une loi de Constantin.* Code Théodos., liv. 21, tit. 30, loi 16, t. IV, p. 237.)

I. Præfectus ... urbis ex primariis viris quidam creandus est, qui omnes magistratus ... gesserit ... ut ... causas ... capitales... in urbe, ac extra eam, usque ad LXXXI millia passuum dijudiret. (*Extr. de l'Histoire romaine de Dion, Discours de Mécène à Auguste,* liv. LII, p. 628.)

II.—1°. Ut senatores, liberosque et mulieres eorum, si quod crimen perpetraverint ignominia, exilio, aut etiam morte plectendum, ... in curiam adducas, integramque de causa cognitionem senatui permittas. (*Extr. de l'Histoire romaine de Dion, Discours de Mécène à Auguste,* liv. LII. p. 638.)

2°. C'est à l'histoire de Tacite que l'on renvoie sur les faits invoqués sous ce numéro.

III. *Voyez* une loi des empereurs Valentinien, Valens et Gratien, au livre II, chapitre IV, article IV.

ceux qui avaient rempli les fonctions administratives, et l'on a vu que toutes les charges d'administration donnaient le nom de clarissime.

IV. La preuve que la puissance de juger en première instance de toutes les causes criminelles et de toutes les causes civiles de quelque importance qui s'élevaient en chaque province, appartenait exclusivement au gouverneur et au président de cette province, résulte :

1°. D'une loi des empereurs Valentinien et Valens ; elle marque que « les causes civiles des habitants des provinces se « plaident devant le gouverneur de la province ; »

2°. D'une loi des empereurs Théodose et Valentinien ; elle marque que le président ou « juge de province avait, dès « l'antiquité, le titre de juge ordinaire ; »

3°. D'une loi de l'empereur Constance ; elle porte « que les « gouverneurs des provinces devaient terminer les procès dans « les causes civiles ; »

4°. D'un texte de Paul, cité au Digeste ; il montre que le gouverneur de chaque province avait la juridiction criminelle, « à l'égard des hommes de la province, et à l'égard des « étrangers même », qui étaient accusés de crime dans la province ;

5°. Et enfin, des textes de Marcien et d'Hermogénien, cités au Digeste ; ils témoignent « que toutes les affaires dont les « préfets, les consuls, les préteurs et les autres magistrats

---

IV. — 1°. Actor rei forum sequatur : ita ut si senatores aliquid a provincialibus poscunt, eo qui provinciam regit cognitore contligant. (*Extr. d'une loi des empereurs Valentinien et Valens*. Code Théodos., liv. II, tit. I, loi 4, t. I, p. 79.)

2°. Præter ... consularem et præsidem (qui vetustatis privilegio ordinariorum judicum nomen obtinent). (*Extr. d'une loi des empereurs Théodose et Valentinien*. Nov. Théodos., tit. 23, t. VI, p. 12.)

5°. Definitum est, provinciarum rectores in civilibus causis litigia terminare, etsi militantes exceperint jurgia, vel moverint. (*Extr. d'une loi de l'empereur Constance*. Code Théodos., liv. II, tit. I, loi 2, t. I, p. 77.)

4°. Præses provinciæ in suæ provinciæ homines tantum imperium habet. ... Habet interdum imperiam et adversus extraneos homines, si quid manu commiserint : nam et in mandatis principum est, ut curet is qui provinciæ præest, malis hominibus provinciam purgare, nec distinguitur unde sint. (*Extr. d'un texte de Paul*. Dig. de Just., liv. I, tit. 18, n° 3, t. I, p. 33.)

5°. Omnia provincialia desideria, quæ Romæ varios judices habent, ad officium præsidum pertinent. (*Extr. d'un texte de Marcien*. Dig. de Just., liv. I, tit. 18, n° 11, t. I, p. 34.)

Ex omnibus causis, de quibus vel præfectus urbi, vel præfectus prætorio, itemque consules, et prætores, cæterique Romæ cognoscunt, correc-

« connaissaient à Rome, » étaient dans chaque province du ressort du président, du correcteur ou du juge de la province.

V. La preuve que les magistrats impériaux, en général, et les gouverneurs de provinces, en particulier, eurent la faculté de déléguer le droit de juger en première instance les causes de la moindre importance aux particuliers qu'il leur plut de donner pour juges aux parties, résulte :

1°. D'un texte d'Ulpien ; il marque que le droit de donner des juges faisait partie de la juridiction des principaux magistrats et juges de l'empire romain ;

2°. D'une loi des empereurs Dioclétien et Maximin, et d'une loi de l'empereur Constantin ; elles portent « que les « présidents ou gouverneurs de provinces avaient droit de « donner des juges, appelés juges pédanés, pour les affaires « de la moindre importance ; »

3°. D'une loi des empereurs Arcade et Honorius ; elle spécifie aux juges des provinces plusieurs délits légers « qui « peuvent se décider sans accusation solennelle : la loi pro- « nonce qu'il est injurieux à la majesté des fonctions des gou- « verneurs, de juger de ces moindres causes ; que les gouver- « neurs de provinces doivent connaître seulement des affaires « criminelles dans lesquelles l'accusation solennelle intervient,

torum et præsidum provinciarum est notio. (*Extr. d'un texte d'Hermogénien.* Dig. de Just., liv. 1, tit. 18, n° 10, t. I, p. 34.)

V. — 1°. Eum, qui judicare jubet, magistratum esse oportet ... (ut puta proconsul, vel prætor, vel alii qui provincias regunt.) (*Extr. d'un texte d'Ulpien.* Dig. de Just., liv. 11, tit. 1, n° 13, t. I, p. 40.)

2°. Placet nobis præsides de his causis, in quibus quod ipsi non possent cognoscere, antehac pedaneos judices dabant, notionis suæ examen adhibere, ita tamen, ut si vel propter occupationes publicas, vel propter causarum multitudinem, omnia hujusmodi negotia non potuerint cognoscere, judices dandi habeant potestatem. (*Extr. d'une loi des empereurs Dioclétien et Maximin.* Code de Just., liv. 111, tit. 3, loi 2, t. II, p. 208.)

Pedaneos judices ad humiliora negotia a rectoribus provinciarum dari posse.

Quædam sunt negotia, in quibus superfluum est moderatorem expectare provinciæ ; ideoque pedaneos judices, (hoc est, qui negotia humiliora disceptent,) constituendi damus præsidibus potestatem. (*Extr. d'une loi de l'empereur Constantin* Code Théodos., liv. 1, tit. 7, t. I, p. 42.)

3°. Criminales causæ quænam apud rectorem provinciæ disceptari debeant ?

Quum de his rebus parvis ac minimis tuæ sit injuria potestatis judicare, decretum est, eas tantum causas criminales a sinceritate tua audiri, quas meritus et dignus horror inscriptionis impleverit, quæ magnitudinem videlicet criminis ... designat, ut

« où elle désigne la grandeur du crime, et donne lieu à toute
« la sévérité des lois. »

VI. La preuve que les magistrats et les gouverneurs de
provinces nommaient à leur gré, parmi les simples citoyens,
et pour chaque affaire en particulier, ceux qu'ils donnaient
pour juges ; que ceux-ci ne pouvaient refuser leur commission,
et que leurs sentences demeuraient toujours sujettes à l'appel,
résulte :

1°. D'un texte du jurisconsulte Paul, cité au Digeste ; les
seuls individus qu'il marque ne pouvoir recevoir la commission de juges sont « le sourd, le muet, le fou, l'enfant, celui
« qui est chassé du sénat, les femmes et les esclaves ; »

2°. D'un texte d'Ulpien, cité au Digeste ; il marque que
celui que le juge a choisi « est forcé de juger, même malgré
« lui, s'il n'a point d'exemptions ; »

3°. Des textes de Julien et d'Ulpien, cités au Digeste ; ils
marquent que le juge, « à qui il était ordonné de juger,
« jugeait, jusqu'à une certaine somme, dans un certain inter-
« valle de temps, » et sur un seul procès ;

4°. D'une loi des empereurs Dioclétien et Maximin ; elle

---

alterutram partem digna legum tenere possit austeritas. (*Extr. d'une
loi des empereurs Arcade et Honorius.*
Code Théodos., liv. II, tit. I, loi 84,
t. I, p. 84.)

VI. — 1°. Non omnes judices dari
possunt ab his, qui judicis dandi jus
habent : quidam enim lege impediuntur, ne judices sint, quidam natura,
quidam moribus.

Natura, ut surdus, mutus, et perpetuo furiosus, et impubes, quia judicio carent.

Lege impeditur, qui senatu motus
est.

Moribus, fœminæ et servi ; non
quia non habent judicium, sed quia
receptum est ut civilibus officiis non
fungantur. (*Extr. d'un texte de Paul.*
Dig. de Just., liv. v, tit. I, n° 12,
t. I, p. 160.)

2°. Qui non habet excusationem,
etiam invitus judicare cogitur. Si
post causam actam cœperit se excusare judex, si quidem privilegio,
quod habuit antequam susciperet
judicium, velit se excusare, nec au-

diendus est : semel enim agnoscendo
judicium, renuntiat excusationi.
(*Extr. d'un texte d'Ulpien.* Dig. de
Just., liv. I, tit. 5, n° 13, t. I,
p. 1931.)

3°. Judex, qui usque ad certam
summam judicare jussus est, etiam de
re majori judicare potest, si inter litigatores conveniat. (*Extr. d'un texte
de Julien.* Dig. de Just., liv. v, tit. I,
n° 74, §. 1, t. I, p. 168.)

Si et judex ad tempus datus, et
omnes litigatores consentiant ... possint tempora, intra quæ jussus litem
dirimere, prorogari. (*Extr. d'un texte
d'Ulpien.* Dig. de Just., liv. v, tit I,
n° 2, §. 2, t. I, p. 159.)

Si judex, cui certa tempora præstituta erant, decesserit, et alius in
locum ejus datus fuerit, tanta ex
integro tempora in persona ejus præstituta intelligemus, quamvis magistratus nominatim hoc in sequentis
datione non expresserit. (*Ibid.,* mêmes livres et titres, n° 32, t. I,
p. 163.)

4°. *Voyez* l'extrait d'une loi des

montre que les présidents des provinces ne donnaient des
ju es que pour certaines affaires qu'ils n'avaient pas le temps
de décider;

5°. Des lois des empereurs Dioclétien et Maximin, Valentinien et Valens, et d un texte de Papinien, cité au Digeste;
ils montrent que l'appel des jugements des juges pédanés
devant les juges ordinaires était toujours permis.

CHAPITRE V.

De la puissance de juger des empereurs.

I. La preuve qu'il n'y avait point d'appel des jugements
des empereurs résulte d'un texte d'Ulpien au Digeste, qui le
dit expressément.

II. La preuve de la juridiction d'évocation des empereurs
résulte:

1°. Du plan de gouvernement proposé par Mécène, et
exécuté par Auguste; il réserve au « prince seul le jugement
« des causes criminelles des chevaliers et des principaux par-
« ticuliers; »

2°. D'une loi de Constantin; elle autorise « tout particulier

---

empereurs Dioclétien et Maximin, à
l'article précédent, n° II.

5°. Placet ut judicibus (si quos
gravitas tua disceptatores dederit)
insinuct ut delegata sibi negotia lata
sententia terminent; nec in his causis, in quibus pronuntiare debent et
possunt, facultatem sibi parere re-
mittendi ad judicium præsidiale cognoscant; ... et si judicatio alicui
litigatorum parti injusta videatur,
interponendæ provocationis potestas
a sententia ex omni causa prolata libera litigatoribus tribuatur. (*Extr.
d'une loi des empereurs Dioclétien et
Maximin*. Code de Just., liv. III,
tit. 3, loi 3, t. II, p. 208.)

Quotiens ... a magistratibus, peda-
neisque judicibus dicta sententia appellatione suspenditur, super qua
disceptatio, non auditorii sacri, sed
ordinariorum judicium cognitione
tractanda est. (*Extr. d'une loi de*

Valentinien et Valens. Code Théodos., liv. XI, tit. 31, loi 3, t. IV,
p. 282.)

Ex consensu litigantium ... a præside provinciæ judice dato, victus
potest provocare. (*Extr. d'un texte
de Papinien*. Dig. de Just., liv. XLIX,
tit. 1, n° 23, t. I, p. 1376.)

I. Stultum est illud admonere, a
principe appelare fas non esse, cum
ipse sit qui provocatur. (*Extr. d'un
texte d'Ulpien*, Dig. de Just., liv. XLIX,
tit. 2, n° 1, t. I, p. 1877.)

II. — 1°. De ... causis equitum,
centurionumque, privatorumque pri-
mariorum cognosces, ubi de capite
aut ignominia erit controversia; nam
hæc ad te solum debent referri. (*Extr.
de l'Histoire rom. de Dion*, Discours
de Mécène à Auguste, liv. LII, p. 639
et 640.)

2°. Si quis est cujuscumque loci,
ordinis, dignitatis, qui se in quem-

« qui pourra prouver quelque malversation ou injustice des
« juges, des comtes, des amis même du prince et des officiers
« de son palais, à comparaître devant le prince, et à l'inter-
« peller lui-même; Constantin promet alors qu'il l'entendra
« lui-même, qu'il discutera la cause, et qu'il se vengera de
« celui qui l'aura trompé; »

3°. D'une autre loi de Constantin ; elle évoque devant lui
les causes « des pupilles, des veuves et des autres personnes
« maltraitées de la fortune, qui imploreront son jugement
« contre des parties puissantes; »

4°. D'un passage de Suétone; il marque que Claude retint
la connaissance d'une affaire du ressort du juge ordinaire, et
d'une affaire où cet empereur était intéressé, « contraignant
« la partie à plaider devant lui, quoiqu'elle demandât son
« renvoi devant le juge ordinaire ; »

5°. Et enfin, d'un récit de Tacite; il représente Tibère,
qui, sur la prière du consulaire Pison, accusé de l'empoisonnement de Germanicus, balance s'il retiendra et jugera lui-
même l'affaire, « écoute les charges des accusateurs, les défenses
« de l'accusé, et, sans autre discussion, renvoie l'affaire au
« sénat, » également libre d'en retenir le jugement, ou de le
déférer aux juges naturels.

---

cumque judicum, comitum, amico-
rum, vel palatinorum meorum, aliquid ... manifesto probare posse
confidit, quod non integro, atque
juste gessisse videatur, intrepidus et
securus accedat, interpellet me: ipse
audiam omnia; ... si probaverit, ut
dixi, ipse me vindicabo de eo, qui
me usque ad hoc tempus simulata integritate deceperit. Illum autem,
qui hoc prodiderit, et comprobave-
rit, et dignitatibus et rebus augebo.
(*Extr. d'une loi de Constantin.* Code
Théodos., liv. IX, tit. I, loi 4, t. III,
p. 6.)

3°. Si pupilli, vel viduæ, aliique
fortunæ injuria miserabiles, judicium nostræ serenitatis oraverint,
præsertim quum alicujus potentiam
perhorrescant, cogantur eorum ad-
versarii examini nostro sui copiam
facere. (*Extr. d'une loi de Constantin.* Cod. Théodos., liv. I, tit. 10, loi 2,
t. I, p. 58.)

4°. Alium interpellatum a adver-
sariis de propria lite, negan temque
cognitionis rem, sed ordinarii juris
esse, agere causam confestim apud se
coegit, proprio negotio documentum
daturum, quam æquus judex in
alieno negotio futurus esset. (*Extr.
de la Vie de Claude, par Suétone,*
liv. v, chap. 15, p. 196.)

5°. Petitum est a principe cognitionem exciperet : quod ne reus quidem abnuebat, studia populi et patrum metuens ; contra Tiberium
spernendis rumoribus validum, ...
veraque ... judice ab uno facilius
discerni; odium et invidiam apud
multos valere ... Paucis familiaribus
adhibitis, minas accusantium, et
hinc preces audit, integramque
causam ad senatum remittit. (*Extr.
des Ann. es de Tacite,* liv. III,
chap. 10, t. II, p. 351.)

III. La preuve que les lois privaient de la faveur de l'appel les accusés convaincus de crimes capitaux par preuves manifestes et par leurs aveux, et les officiers des juges condamnés criminellement par le magistrat dont ils dépendaient, résulte :

1°. D'une loi de Constantin, et de deux lois de Constance; elles prononcent que les coupables « d'adultère, d'homicide, « d'empoisonnement et autres grands crimes, ne peuvent « appeler, quand ils ont été convaincus, et qu'ils ont avoué « leurs crimes; »

2°. D'une loi de Théodose, d'Arcade et d'Honorius; elle condamne à une forte amende les juges et les officiers cohortales, « qui laissent appeler les criminels convaincus, ou ceux « qui ont avoué leur crime ; »

3°. Et enfin, d'une loi des empereurs Valentinien et Valens; « elle interdit aux officiers des juges ou cohortales, d'appeler « de la sentence de leur propre juge, si ce n'est en cause « civile. »

IV. La preuve que, hors des exceptions que nous avons marquées, tous les jugements civils et criminels étaient sujets

---

III. — 1°. Observare curabis, ne quis homicidarum, veneficorum, maleficorum, adulterorum, itemque eorum qui manifestam violentiam commiserunt, argumentis convictus, testibus superatus, voce etiam propria vitium scelusque confessus audiatur appellans. ... Ita æquum est testibus productis, instrumentis prolatis, aliisque argumentis præstitis, si sententia contra eum lata sit, et ipse qui condemnatus est, aut minimo voce sua confessus sit, aut formidine tormentorum territus, contra se aliquid dixerit, provocandi licentiam ei non denegari. (*Extr. d'une loi de l'empereur Constance.* Code de Just., liv. vii, tit. 65, loi 2, t. II, p. 667.)

Oportuerit te ... confessione detectos, legum severitate punire, ... ut manifestis probationibus adulterio probato, ... provocatio minime admittatur; quum pari similique ratione sacrilegos nuptiarum, tanquam manifestos parricidas, insuere culleo vivos, vel exurere, judicantem oporteat. (*Extr. d'une loi de l'empereur*

Constant. Code Théodos., liv. xi, tit. 36, loi 4, t. IV, p. 295.)

Quum homicidam, vel maleficum, vel veneficum ... confessio propria, vel ... veritatis quæstio probationibus ... detexerit, provocationes suscipi non oportet. (*Ibid.,* mêmes livres et titres, loi 1, t. IV, p. 292.)

2°. Officium, quod retulit provocare convictos, vel appellare confessos, triginta auri libras inferat fisco ... Non ignaro ipso etiam judicante, nisi post sententiam dictam impleverit suas partes, eadem se mulcta qua officium, esse plectendum. (*Extr. d'une loi des empereurs Théodose, Arcade et Honorius.* Code Théodos., liv. ix, tit. 36, loi 31, t. IV, p. 314.)

3°. Nulli officialium a sententia proprii judicis provocatio tribuatur, nisi in ... ratione civili. (*Extr. d'une loi des empereurs Valentinien et Valens.* Code Théodos., liv. xi, tit. 36, loi 17, t. IV, p. 304.)

IV. Quoniam judices ordinarii provocationes existimant respuendas, placet, ut si quis appellationem sus-

à l'appel, résulte complétement des lois des empereurs Constance et Constant, Théodose, Arcade, Honorius et Julien ; elles montrent que l'on avait la faculté d'appeler de divers juges, et notamment des juges ordinaires, c'est-à-dire des gouverneurs de provinces dans toutes les causes civiles et dans toutes les affaires criminelles, même capitales.

V. La preuve du droit des empereurs de juger tous les appels jusque dans les causes criminelles des sénateurs, résulte :

1°. D'un texte d'Ulpien, cité au Digeste ; il montre « que « le prince lui-même reçoit les appels ; »

2°. D'une loi de Julien, qui atteste le même fait ;

3°. D'une loi des empereurs Valentinien, Théodose et Arcade ; elle montre pareillement que c'était à « l'audience « impériale » que les appels étaient reçus ;

4°. D'une loi de l'empereur Constantin ; elle permet d'appeler au prince « des proconsuls et des vicaires des préfets ; »

5°. Du plan de gouvernement proposé par Mécène, et exécuté par Auguste : il y fut arrêté que l'empereur jugerait des « appels interjetés des magistrats, et notamment du préfet « de la ville et des présidents de provinces, et que personne

cipere recusaverit, ... triginta auri pondo cogatur largitionibus nostris inferre. (*Extr. des lois des empereurs Constance et Constant.* Code de Just., liv. vii, tit. 62, loi 21, t. II, p. 658.)

Judices, quum in civilibus causis, tum etiam in criminalibus..... appellationes admittant, nec denegent vocem in supplicium sententia destinatis. (*Extr. d'une loi des empereurs Constance et Constant.* Code Théodos., liv. 21, tit. 30, loi 20, t. IV, p. 242.)

Sciant cuncti, sibi ab injuriis, et suspectis judicibus, et a capitali supplicio, ac fortunarum dispendio provocationem esse concessum. (*Extr. des lois des empereurs Théodose, Arcade et Honorius.* Code Théodos., liv. xi, tit. 30, loi 58, t. IV, p. 271 et 272.)

Nobis moderantibus rempublicam, nullum audebit judex provocationis perfugium jurgantibus denegare. (*Extr. d'une loi de l'empereur Julien.* Code Théodos., liv. 21, tit. 30, loi 30, t. IV, p. 250.)

V.—1°. *Voyez* l'extrait d'un texte d'Ulpien, à l'art. Ier de ce chapitre.

2°. *Voyez* la loi de Julien, citée à la fin de l'article précédent.

3°. Revocare appellationem suam unicuique minime permittatur, sed sacro auditorio totius negotii examinatio reservetur. (*Extr. d'une loi des empereurs Valentinien, Théodose et Arcade.* Code Théodos., liv. xi, tit. 30, loi 48, t. IV, p. 264.)

4°. A proconsulibus, et comitibus, et his qui vice præfectorum cognoscunt.... provocari permittimus ; ita ut appellanti judex præbeat opinionis exemplum, et acta cum refutatoriis partium, suisque litteris, ad nos dirigat. (*Extr. d'une loi de l'empereur Constantin.* Code Théodos., liv. xi, tit. 30, loi 16, t. IV, p. 237.)

5°. Ipse....de causis in quibus provocatione certatur, judicium facies, quæ a majoribus magistratibus, præfecto urbis, subcensore, præsidibus provinciarum.... ad te referuntur ; nemo enim ita merum imperium ob-

« dans l'empire n'aurait un tel pouvoir, qu'on ne pût appeler
« de lui au prince; »

6°. Des Annales de Tacite; elles citent deux exemples des
causes criminelles majeures, portées par appel devant Tibère
et Néron;

7°. D'une loi des empereurs Constance et Constant; « ils
« déclarent que le droit ancien avait autorisé les clarissimes
« à appeler de la sentence du préfet de la ville; qu'eux-mêmes
« (Constance et Constant) avaient écarté l'autorité du droit
« ancien par une loi contraire; » et que dans ce jour, ils
abrogent leur dernière loi, pour revenir au droit ancien, en
rendant le droit d'appel aux sénateurs;

8°. Et enfin, d'une loi des empereurs Valentinien, Valens
et Gratien; elle montre que c'était le prince qui décidait souverainement des causes criminelles des sénateurs, portées
d'abord devant le préfet de la ville.

VI. La preuve que les empereurs jugèrent constamment par
eux-mêmes d'une partie des causes que les évocations et les
appels traduisaient devant le prince, résulte des textes de Dion,
Suétone, Pline, Spartien, Hérodien et Ammien Marcellin;

tinere debet, ut non ab eo provocari
possit. (*Extr. de l'Histoire romaine
de Dion. Discours de Mécène à Auguste*, liv. LII, p. 639.)

6°. Messalinus.... a primoribus
civitatis revincebatur; iisque instan-
tibus, ad imperatorem provocavit.
(*Extr. des Annales de Tacite*, liv. VI,
chap. 5, t. III, p. 349.)

Vulcatius Tullinus, ac Marcellus,
senatores, et Calpurnius, eques romanus, appellato principe instantem
damnationem frustrati. (*Ibid.*, liv. XII,
chap. 8, p. 346.)

7° Dudum meminimus sancientibus nobis esse decretum, ut, juris
veteris auctoritate submota, nullus
clarissimus a praefecti urbis sententia
provocandi usurparet facultatem;
sed.... visum est, ut vetustatis auctoritas et appellandi facultas repetatur.
(*Extr. d'une loi des empereurs Constance et Constant. Code Théodos.*,
liv. XI, tit. 30, loi 23, t. IV, p. 244.)

8°. Quotiens in senatorii ordinis
viros, pro quantitate peccati, auste-
rior fuerit ultio proferenda, nostra

potissimum explerentur arbitria; quo,
rerum atque gestorum tenore com-
perto, eam formam statuere possi-
mus, quam modus facti... dictaverit.
(*Extr. d'une loi des empereurs Valentinien, Valens et Gratien. Code Théodos.*, liv. IX, tit. 40, loi 10, t. III.
p. 300.)

VI. Aliquando Augustus pro tribunali sedens, quum multos esset morte
damnaturus, praevidens hoc fore Mæ-
cenas, quum per circumstantium coronam ad ipsum irrumpere.... nequiret, haec verba in tabella scripsit:
Surge vero tandem, carnifex, eamque
tabellam.... in sinum Augusti pro-
jecit: qua lecta, is statim surrexit,
nemine morte mulctato. (*Extr. de
l'Histoire romaine de Dion*, liv. LV,
p. 720.)

Jus diligenter et industrie dixit,
pleramque et in foro pro tribunali
extra ordinem ambitiosas centum virorum sententias recidit. (*Extr. de
la Vie de Domitien par Suétone*,
liv. VIII, chap. 8, p. 787.)

Quid in omnibus cognitionibus.

ils montrent dans le plus grand détail que la plupart des empereurs rendaient la justice en personne, dans les causes civiles et dans les causes criminelles.

VII. La preuve que les préfets du prétoire jugeaient souverainement les appels dont le prince ne prenait pas connaissance lui-même, résulte :

1°. D'une loi des empereurs Théodose, Arcade et Honorius ; elle montre qu'une partie des appels des affaires criminelles était portée au préfet du prétoire, qui en avait le jugement souverain ;

2°. D'une autre loi des empereurs Constance, Constant et Julien ; elle montre qu'un seul préfet du prétoire était chargé de recevoir les appels des habitants d'un grand nombre de provinces ;

3°. D'une loi de l'empereur Constantin ; elle charge le pré-

quam mitis severitas, quam non dissoluta clementia? Non locupletando hos soles, nec aliud tibi sententiæ tuæ pretium, quam bene judicasse. Stant ante te ligatores, non de fortunis suis, sed de tua existimatione solliciti ; nec tam verentur, quid de causa sua, quam quid de moribus sentias. (*Extr. du Panégyrique de Trajan, par Pline*, chap. 80, p. 378.)

Quam judicaret (Adrianus), in consilio habuit, non amicos suos... solum, sed jurisconsultos. (*Extr. de Spartien. Comment. du Code Théodos.*, t. II, p. 99.)

Sévère, depuis la mort de Plautien, passa presque tout le reste de ses jours dans des jardins hors de Rome, et dans une maison de plaisance à la campagne ; il s'y occupait à rendre la justice, entrant volontiers dans le détail des affaires. (*Extr. d'Hérodien, traduct. de l'abbé Mongault, liv. III*, p. 146.)

Caracalla ne rendait que fort rarement la justice ; il prononçait le plus souvent au hasard. (*Ibid., liv. IV*, p. 171.)

Mammée, mère de l'empereur Alexandre, lui conseillait sur toutes choses de s'appliquer à rendre la justice, et de passer la plus grande partie du jour à donner audience. (*Ibid., liv. VI*, p. 229.)

Nec privatorum utilitates.... despiciens, litesque audiens controversas, maxime municipalium ordinum, ad quorum favorem propensior, injuste plures adnectebat. (*Extr. d'Ammien Marcellin. Comment. du Code Théodos.*, t. IV, p. 390.)

VII. — 1°. Addictos supplicio, et pro criminum immanitate damnatos, nulli clericorum, vel monachorum... per vim... vindicare liceat ac tenere ; quibus.... interponendæ provocationis copiam non negamus.... ut sive proconsul, comes Orientis, augustalis, vicarii fuerint cognitores, non tam ad clementiam nostram, quam ad amplissimas potestates sciant esse referendum ; eorum enim de his plenum volumus esse judicium, qui, si ita res est, et crimen exegerit, possint punire damnatos. (*Extr. d'une loi des empereurs Théodose, Arcade et Honorius. Code Théodos., liv. XI, tit. 30, loi 57, t. IV, p. 370.*)

2°. De Sardinia, Sicilia, Campania, Calabria, Bruttiis et Piceno, Æmilia et Venetia, et cæteris, interpositas appellationes sublimitas tua more solemni debebit audire.... terminandas. (*Extr. d'une loi des empereurs Constance, Constant et Julien. Code Théodos., liv. XI, tit. 3, loi 27, t. IV, p. 247.*)

3°. Super his, quia præside vel a quolibet alio judice, sententiam dictam

fet du prétoire « de prendre connaissance des plaintes de ceux « qui réclament contre les sentences des présidents et autres « juges; »

4°. D'un texte d'Arcadius Charisius, cité au Digeste, et d'une loi de Constantin; Arcadius atteste que l'autorité des préfets du prétoire est devenue si considérable, que l'on ne saurait plus appeler de leur jugement; la loi défend formellement « d'appeler de ces préfets, qui seuls connaissent à la « place du prince. »

VIII. La preuve que l'empereur avait le droit de commettre extraordinairement des juges pour connaître des appels portés devant lui, et que les juges commis par le prince jugeaient sans appel, résulte complétement d'un passage d'Ulpien, cité au Digeste, d'une loi de l'empereur Gordien, d'une lettre de Pline, et d'un passage d'Ammien Marcellin.

IX. La preuve que chaque juge et chaque gouverneur de province avait l'option de juger lui-même, ou de consulter le prince sur le jugement des affaires civiles et criminelles de son ressort, résulte:

infirmari deposcunt, ... sublimitatis tuæ succedat examen. (*Extr. d'une loi de l'empereur Constantin.* Code Théodos., liv. 1, tit. 5, loi 1, t. I, p. 36.)

4°. Præfectorum auctoritas.... in tantum meruit augeri, ut appellari a præfectis prætorio non possit; nam ante quæsitum fuisset, an liceret a præfectis prætorio appellare, et jure liceret, et extarent exempla eorum qui provocaverunt; postea publice sententia principali lecta, appellandi facultas interdicta est; credidit enim princeps, eos qui ob singularem industriam, explorata eorum fide et gravitate, ad ejus officii magnitudinem adhiberentur, non aliter judicaturos esse... quam ipse foret judicaturus. (*Extr. d'un texte d'Arcadius Charisius.* Dig., de Just., liv. 1, tit. 11, n°. 1, t. I, p. 26.)

A præfectis prætorio, qui soli vice sacra cognoscere vere dicendi sunt, provocari non sinimus. (*Extr. d'une loi de Constantin.* Code Théodos., liv. 11, tit. 30, loi 16, t. IV, p. 237.)

VIII. Interdum imperator ita solet judicem dare, ne liceret ab eo pro-

vocare, ut scio sæpissime a divo Marco judices datos. (*Extr. d'un texte d'Ulpien.* Dig., liv. xlix, tit. 2, n° 1, §. 4, t. I, p. 1877 et 1878.)

A judice judex delegatus, judicis dandi potestatem non habet.... nisi a principe judex datus fuerit. (*Extr. d'une loi de l'empereur Gordien.* Code de Just., liv. 111, tit. 1, loi 5, t. II, p. 200.)

Mater, amisso filio, libertos ejus eosdemque cohæredes suos, falsi et veneficii reos detulerat ad principem, judicemque impetraverat Julium Servianum. (*Extr. d'une lettre de Pline,* liv. vii, lettre 6, p. 426.)

Ad hanc inclementiam... accedebat.... quod si quis eum adisset, judicium potentis inimici declinans, alium sibi postulans dari, hoc non impetrato, ad eumdem quem metuebat, licet multa prætenderet justa, removebatur. (*Extr. d'Ammien Marcellin.* Comment. du Code Théodos., t. I, p. 59.)

IX. — 1°. Si quis judicum duxerit esse referendum, nihil inter partes pronuntiet, sed magis super quo hæsitandum putaverit, nostram consulat

1°. D'une loi de Constantin ; elle autorise les juges qui le trouvent à propos à consulter le prince ;

2°. D'une loi des empereurs Constance et Constant ; elle marque que les juges avaient droit « de rapporter au prince « les affaires criminelles, comme les affaires civiles ; »

3°. D'une loi des empereurs Valentinien et Valens ; elle montre que les gouverneurs « avaient le droit de rappor- « ter les affaires à la science du prince, en matière crimi- « nelle. »

X. La preuve de l'obligation imposée au juge de publier et communiquer aux parties et aux accusés la lettre de con- sultation qu'il devait adresser à l'empereur, de recevoir les réponses et les observations que les parties ou accusés vou- draient faire sur la lettre, et d'envoyer à la fois au prince cette lettre, ces observations, et toutes les pièces de la procédure, résulte :

1°. D'une loi de l'empereur Constantin ; elle prescrit toutes ces règles en général à un gouverneur de province, pour les affaires civiles ;

2°. D'une loi des empereurs Constance et Constant, et d'une

scientiam, aut si tulerit sententiam, minime postea ne a se provocetur. (*Extr. d'une loi de l'empereur Con- stantin, répétée par le même prince.* Code de Just., liv. vii, tit. 61, t. II, p. 654.)

2°. Quum in controversia criminali, sive civili, judex ad nos existimaverit referendum, acta ut gesta sunt, refu- tatorios libellos ut oblati sunt referri oportet ; quos quidem exigi, et intra præscriptum patria constitutione tem- pus a jurgantibus flagitari jubemus. (*Extr. d'une loi des empereurs Con- stance et Constant.* Code Théodos., liv. xi, tit. 30, loi 24, t. IV, p 245.)

3°. Super delictis provincialium, nunquam rectores provinciarum ad scientiam principum putent esse refe- rendum, nisi ediderint prius consul- tationis exemplum. Quippe tunc de- mum relationibus plena maturitas est, quum vel allegationibus refellun- tur, vel probantur assensu. (*Extr. d'une loi des empereurs Valentinien et Valens.* Code Théodos., liv. xi, tit. 29, loi 3, t. 4, p. 215.)

X.—1°. Si in negotio civili, cog- nitis utriusque actionibus pronun- tiaveris, te ad nostram scientiam re- laturum, consultationis exemplum litigatoribus intra decem dies edi apud acta jubeas, ut si cui forte relatio tua minus plena vel contraria videa- tur, is refutatorias preces similiter apud acta offerat intra dies quinque... Dicationis tuæ est, omnia quæ apud te, vel apud alios gesta fuerint in eo negotio, consultationi tuæ cum refu- tatoriis litigantis adnectere ; ita ut scias, et decem dies intra quos edi consultationem oportet, et quinque intra quos refutatoriæ offerendæ sunt, continuos debere servari : nam quin- que diebus transactis, nec offerentem preces refutatorias litigatorem debe- bis audire, sed sine his, quoniam intra statutum tempus oblatæ non sunt, gesta omnia ad nostram re- ferre scientiam. (*Extr. d'une loi de l'empereur Constantin.* Code Théo- dos., liv. xi, tit. 30, loi 1, t. IV, p. 221.)

2°. *Voyez* la loi des empereurs

loi des empereurs Valentinien et Valens ; elles rappellent et
abrégé les règles que l'on vient de voir prescrites par Constantin, et elles veulent qu'on les suive dans les affaires criminelles, comme dans les affaires civiles.

XI. La preuve de la défense faite aux parties et aux accusés,
d'alléguer des faits nouveaux dans leurs réponses aux consultations qui leur étaient communiquées par le juge, et de
la défense de présenter aucunes supplications ou réponses
nouvelles après le terme de cinq jours écoulés, résulte littéralement de deux lois de Constantin.

XII. La preuve qu'il était refusé aux parties et aux accusés, tant en matières civiles que dans les accusations criminelles, de comparaître devant le prince, dans le temps
où il recevait des consultations des juges sur leurs causes, résulte :

1°. D'une loi des empereurs Valentinien et Valens ; elle
« condamne les parties qui auront osé suivre à la cour du
« prince la consultation de leur cause, et auront été surprises
« *à l'entrée du Palais*, à payer au fisc la moitié de la valeur
« de la chose contestée ; »

2°. D'une loi des empereurs Valentinien, Théodose et

Constance et Constant, rapportée au
n° 2 de l'article précédent.

Quicumque judicum, vel appellatione interposita, vel ipse dubitans,
relationem in causa, vel civili, vel
criminali, sponderit sese missurum,
exemplum opinionis edendæ refuta-
riorumque dandorum sed et trans-
mittendæ relationis intra cum diem
servet, qui Constantiniana lege decre-
tus est : ita ut simul omnia ad cam,
de qua refertur, causam pertinentia
acta transmittat. Quod si qui judicum
posthac non ita observaverint cuncta,
in relationibus dirigendis, quæ jam
pridem statuta sunt, eo criminæ tene-
buntur,.... quo tenentur, qui meri-
legium admiserint. (*Extr. d'une loi
des empereurs Valentinien, Valens
et Gratien.* Code Théodos., liv. XI,
tit. 29, loi 5, t. IV, p. 217.)

XI. *Voyez* la loi de Constantin,
rapportée au n° 1 de l'article précédent.

Nemo in refutatione aliquid con-
gerat, quod asserere... neglexerit ;...
propter quod ei si etiam singula
oportebit, ad proferenda in judicio
universa quæ ad substantiam litigii
proficere arbitrantur,.... ut sciant
sibi... non licere refutatoriis tale
aliquid ingerere, quod apud judicem
non ausi fuerint publicare. Nam si
placet, ut judemus, assertio per litigatorem in judiciis exeratur, et integra instructio in consulti ordinem
conferatur, stabit ratum... quod judicia nostra rescripserint : neque ullus
querimoniæ locus dabitur, nec occasio supplicandi. (*Extr. d'une autre loi
de Constantin.* Code Théodos., liv. xi,
tit. 30, loi 11, t. IV, p. 231.)

XII.—1°. Si quisquam ausus consultationem sequi circa limina palatii
nostri, comitatumve fuerit deprehensus, æstimatæ litis quæ in controver-
siam venit, medietatem...... fisci
viribus inferre cogetur. (*Extr. d'une
loi des empereurs Valentinien et Valens.* Code Théodos., liv. XI, tit. 30.
loi 34, t. IV, p. 253.)

2°. Quum autem sit constitutum, ut

Arcadius ; elle rappelle la défense faite aux parties de paraître à la cour, pour suivre leur consultation ;

3°. De deux exemples authentiques, rapportés dans les écrits d'Eusèbe, et dans les **Actes des Martyrs**; ils montrent que les gouverneurs de provinces qui consultaient le prince en cas de crime, « retenaient les accusés dans leurs prisons, » jusqu'à ce qu'ils eussent reçu la réponse du prince.

XIII. La preuve que les simples lettres missives par lesquelles le prince répondait aux consultations des juges décidaient souverainement des affaires sur lesquelles ils étaient consultés, et s'exécutaient sans appel, résulte :

1°. D'une loi de Constantin ; elle déclare que « quand le « juge a porté la sentence, d'après la consultation du prince, « il n'y a point d'appel de son jugement ; »

2°. D'une autre loi de Constantin ; elle déclare « que les ré- « ponses que les empereurs auront faites sur les consultations « des juges demeureront stables, et qu'il n'y aura aucun lieu « de réclamer contre, ni permission de supplier ; »

3°. Et enfin, de deux exemples, cités déjà, de consultation faite par des gouverneurs de provinces, sur des affaires crimi- nelles ; elles montrent que les décisions que les princes ren-

---

consultationem judicis, ad comitatum sacrum missam, litigatorum nemo sequeretur,... sancimus, ut si ad consultationem anno decurso non fuerit aliqua ratione responsum, litigatores.... veniendi ad comitatum nostræ serenitatis habeant liberam facultatem. (*Extr. d'une loi des empereurs Valentinien, Théodose et Arcadius.* Code Théodos., liv. XI, tit. 30, loi 47, t. IV, p. 264.)

3°. Servi Christi, qui apud Lug- dunum et Viennam degunt, fratri- bus per Asiam et Phrygiam consti- tutis .... Perducti in forum a tribuno militum et a magistratibus civitatis, coram populo interrogati confessique usque ad præsidis adven- tum, conjecti sunt in carcerem. Post hæc, quum ad præsidem deducti essent, atque omni genere sævitiæ terretur adversus nostros .... reduci in custodiam cum cæteris ju- bet ; inde litteris ad Cæsarem datis

de his omnibus qui inclusi tene- bantur, sententiam ejus expectabat. ... Rescriptum fuerat a Cæsare ut confitentes gladio cæderentur ; hi vero qui negarent, dimitterentur incolumes. (*Extr. de l'Histoire ecclé- siastique d'Eusèbe,* liv. V, chap. I, p. 155 et 162.)

Martianus ait : Recipieris in carce- rem, ut imperator gesta cognoscat, et ejus nutu quid de te agi debeat decernatur. Lectis itaque omnibus gestis, Decius imperator altercatio- nem ... responsionis admirans ... Mar- tiano præfecturam Pamphiliæ dedit, Acacium vero ... legi suæ reddidit. (*Actes des Martyrs,* p. 142.)

XIII. — 1°. *Voyez* l'extrait d'une loi de Constantin, à l'article IX de ce chapitre, n° 1.

2°. *Voyez* l'extrait de la seconde loi de Constantin, citée à l'article XI de ce chapitre.

3°. *Voyez* les extraits d'Eusèbe et

voyèrent aux juges dans ces deux affaires s'exécutèrent sur-le-champ.

CHAPITRE VI.

De l'union de la puissance exécutrice, et de la puissance de juger dans l'empire romain.

I. La preuve que le préfet de Rome réunissait la puissance exécutrice à la puissance de juger, se forme du témoignage de Tacite, des textes des lois et des jurisconsultes cités au Digeste :

1°. Tacite marque que le préfet fut principalement institué « pour réprimer les crimes des esclaves et des citoyens fac-« tieux, qu'il fallait contenir par la force; »

2°. Ulpien dit que c'est au préfet de la ville qu'il appartient de maintenir la tranquillité publique, et qu'il doit avoir pour cela « des soldats stationnaires » à ses ordres; il prononce « que tous les magistrats (les seuls duumvirs exceptés) ont le « droit de défendre leur juridiction par un jugement pénal; » il assure enfin « que c'est aux proconsuls de juger si l'accusé « doit être mis en prison, ou livré à un soldat, ou confié à « une caution. »

II. La preuve de la réunion des deux pouvoirs dans la main des gouverneurs, présidents ou juges uniques des provinces, résulte de plusieurs lois du Code Théodosien, et de deux textes du Digeste :

1°. Une loi de l'empereur Constantin montre que c'était

---

des Actes du martyr S. Acace, à l'article précédent, n° 3.

I. — 1°. *Voyez* l'extrait de Tacite, au chapitre III de ce livre, art. II.

2°. Quies popularium, et disciplina spectaculorum ad præfecti urbi curam pertinere videtur : ... debet dispositos milites stationarios habere ad tuendam popularium quietem, et ad referendum sibi quid in urbe agatur. (*Extr. d'un texte d'Ulpien.* Dig. de Just., liv. 1, tit. 12, n° 12, t. I, p. 27.)

Omnibus magistratibus, non tamen duumviris, secundum jus potestatis suæ concessum est jurisdictionem suam defendere pœnali judicio. (*Ibid.,* liv. 11, tit. 3, n° 1, t. I, p. 43.)

De custodia reorum proconsul æstimare solet, utrum in carcerem recipienda sit persona, an militi tradenda, vel fidejussoribus committenda ... hoc vel pro criminis, quod objicitur, qualitate, vel propter honorem, aut propter ... facultates, vel pro innocentia personæ, vel pro dignitate ejus qui accusatur, facere solet. (*Ibid.,* liv. XLVIII, tit. 3, n° 1, t. I, p. 1796.)

II. — 1°. Intercessores a rectoribus provinciarum dati ad exigenda debita ea quæ civiliter poscuntur, non servos aratores, aut boves aratorios ... abstrahunt ... Si quis igitur intercessor, aut creditor, aut præfectus

« par l'ordre des gouverneurs de provinces » que se faisaient les exécutions civiles pour le paiement des dettes.

2°. Une loi des empereurs Arcade et Honorius marque que « le juge de province doit faire saisir les coupables convaincus ; « qu'il a la puissance de tirer les criminels des lieux où ils « sont cachés. »

3°. Une loi des empereurs Arcade et Honorius « veut que « les coupables de sacrilége soient traduits devant le juge, par « les citations des appariteurs » ou officiers de ce juge, gouverneur de province. La loi veut que le juge exerce la première fonction, en portant « la sentence capitale ; » elle veut qu'il exerce aussitôt la seconde, en procurant par la force l'exécution de son jugement ; « que si la multitude des coupa- « bles se défend de manière que les appariteurs ne puissent les « contraindre, » la loi ordonne enfin « que le juge demande « le secours de la milice armée, afin que les coupables n'échap- « pent pas. »

4°. Une loi de l'empereur Constance montre que c'était aux gouverneurs de provinces à imposer le supplice par jugement, et à le faire exécuter aussitôt.

5°. Une loi de Constantin et une loi des empereurs Théodose et Valentinien veulent que les gouverneurs de provinces usent « de la vigueur de l'autorité établie » envers ceux qu'ils

---

pacis, vel decurio, in hac re fuerit detectus, a rectoribus provinciarum capitali sententiæ subjugetur (*Extr. d'une loi de Constantin.* Code Théodos., liv. 11, tit. 30, loi 1, t. I, p. 224.)

2°. Minime provinciæ rector expectet in reos criminosos actorem dominicum ; sed … utatur legibus, nullo interposito rationali : latebris reus potestate ordinarii judicis protrahatur, ne per colludium actorum, judicii fiat dilatio. (*Extr. d'une loi des empereurs Arcade et Honorius.* Code Théodos., liv. 11, tit. 1, loi 11, t. I. p. 90.)

3°. Si quis in hoc genus sacrilegii proruperit, ut in ecclesias catholicas irruens, sacerdotibus et ministris, vel ipso cultu … aliquid importet injuriæ … notoriis apparitoribus (quos stationarios appellant) deferatur in notitiam potestatum ; …

provinciæ moderator … divini cultus injuriam, capitali in convictos… reos sententia noverit vindicandum ; … quod si multitudo violenta civilis apparitionis executione … non poterit præsentari, quod se armis, aut locorum difficultate tueatur, judices africani armatæ apparitionis præsidium … ad … comitem Atricæ … deposcant, ut rei talium criminum non evadant. (*Extr. d'une loi des empereurs Arcade et Honorius.* Code Théodos., liv. xvi, tit. 2, loi 31, t. VI, p. 66 et 67.)

4°. *Voyez* l'extrait d'une loi des empereurs Constance et Constant, au chapitre V de ce livre, article III, n° 1, seconde autorité.

5°. Judices provinciarum volumus vim debitæ auctoritatis assumere, ut una actores cæterosque rei privatæ nostræ, quæ provinciales, teneat disciplina ; sceleratos convictosque

auront convaincus de crime; « qu'ils les tiennent en prison, « leur fassent subir des tourments, qu'ils exercent la sévérité « de leur glaive, du glaive vengeur, » et qu'ils hâtent le supplice, quand ils jugent qu'il ne saurait se différer sans danger pour le plus grand nombre.

6°. Une loi des empereurs Arcade et Honorius montre clairement que les juges devaient faire exécuter la sentence contre les coupables convaincus qui étaient exclus de la faveur de l'appel.

7°. Les textes d'Ulpien au Digeste portent que « le gou- « verneur de province a le plus grand empire après le prince « dans la province; » ils expliquent « qu'avoir l'empire, c'est « avoir la puissance du glaive pour punir les hommes cou- « pables, » et il répète que le gouverneur de la province « a le « droit du glaive. »

8°. Un passage du jurisconsulte Paul dit que « le prési- « dent de la province doit purger cette province des hommes « pervers » qui s'y trouvent.

9°. Et enfin, une lettre de Pline à Trajan, et la réponse de Trajan à Pline trace la marche que Pline tient, comme gouverneur de province, dans les jugements criminels contre les chrétiens; il marque qu'il les interroge plusieurs fois, les « menaçant du supplice, et qu'il y fait conduire ceux qui

---

carceres teneant, tormenta dilacerent, gladius ultor interimat. (*Extr. d'une loi de l'empereur Constantin.* Code Théodos., liv. ix, tit. 1, loi 1, t. I, p. 75.)

In illos gladii sui et jus severitatis exerceant, in quos statim destringi ferrum jura præcipiunt, quorumque differre supplicium, materia est interitus plurimorum. (*Extr. d'une loi des empereurs Théodose et Valentinien.* Code Théodos., liv. ix, tit. 41, loi 1, t. III, p. 323.)

6°. *Voyez* l'extrait d'une loi des empereurs Arcade et Honorius, au chap. V, art. III, n° 2.

7°. Præses provinciæ majus imperium in ea provincia habet omnibus post principem. (*Extr. d'un texte d'Ulpien.* Dig. de Just., liv. 1, tit. 18, n° 4, t. I, p. 33.)

Merum est imperium, habere gladii potestatem ad animadvertendum

facinorosos homines. (*Ibid.*, liv. 11, tit. 1, n° 3, t. I, p. 39.)

Qui universas provincias regunt jus gladii habent, et in metallum dandi potestas eis permissa est. (*Ibid.*, liv. 1, tit. 18, n° 6, §. 8, t. I, p. 34.)

8°. *Voyez* un texte de Paul cité au Digeste, au chap. IV de ce livre, art. IV, n°. j.

9°. Domine ... interim in eis, qui ad me tanquam christiani deferebantur, hunc sum secutus modum. Interrogavi ipsos an essent christiani; confitentes iterum ac tertio interrogavi, supplicium minatus; perseverantes duci jussi, neque enim dubitabam qualecumque esset quod faterentur, pervicaciam certe et inflexibilem obstinationem debere puniri. (*Extr. d'une lettre de Pline, proconsul, à Trajan*, liv. x, épître 97, p. 722.)

Actum quem debuisti, mi Secun-

« persévèrent : » Trajan répond que cette méthode est celle que l'on doit suivre.

III. La preuve que les préfets du prétoire réunissaient au droit de juger des appels des causes criminelles le droit de punir les condamnés, est établie formellement dans une loi des empereurs Arcade et Honorius.

IV. La même preuve que nous venons d'établir par les lois et les jurisconsultes, sur la réunion des pouvoirs de juger et d'exécuter dans la main des divers magistrats chargés de rendre la justice dans l'empire romain, se confirme encore par les exemples tirés des Actes sincères des Martyrs qui en offrent de multipliés et de variés ; nous citerons entre autres :

1°. Deux exemples authentiques de jugements du préfet de la ville ;

2°. Deux exemples également authentiques de jugements des juges de provinces ;

de, in excutiendis causis eorum qui christiani ad te delati fuerant secutus es. (*Réponse de Trajan*, liv. x, épître 98, p. 726.)

III. *Voyez* l'extrait d'une loi des empereurs Arcade et Honorius, au chap. V, art. VII, n° 1.

IV. — 1°. Oblatus ... Urbicio judici Ptolemæus, id unum interrogatus est, utrum esset christianus. Ille ... confessus est.

Quum vero Urbicius Ptolemæum ad supplicium duci jussisset, Lucius quidam, qui et ipse christianus erat, adeo injustam audiens sententiam, sic Urbicium allocutus est : Quid causæ est, inquit, ut hominem neque adulterii ... nec homicidam, nec furem ... nec ullius denique sceleris reum, nominis duntaxat christiani vocabulum confitentem condemnaveris ? Hujuscemodi forma judicii non convenit temporibus imperatoris pii, nec philosophi Cæsaris filii, nec senatui romano. Tum Urbicius nullo alio responso hominem dignatus, sic eum alloquitur : Tu quoque, inquit, christianus esse mihi videris. Quumque Lucius ita esse respondisset, jussus est itidem ad supplicium duci.

Justinus, et qui cum illo erant, adducti sunt ad Romæ præsidem.

Præfectus Rusticus dixit : Nisi jussis nostris parere volueritis, cruciatus sine ulla misericordia patiemini. Justinus autem ... et reliqui omnes martyres dixerunt : ... nos ... christiani sumus, et idolis non sacrificamus.

Præfectus talem sententiam pronuntiavit : Qui diis sacrificare, et imperatoris edicto parere noluerunt, flagello cæsi ad capitalem pœnam abducantur, quemadmodum leges præcipiunt. Sancti martyres, Deum collaudantes, ad consuetum locum perducti, post verbera securi percussi sunt. (*Extr. de deux jugements authentiques du préfet de la ville*. Actes sincères des Martyrs, chap. III et IV, Recueil de Ruinart, p. 45 ; et chap. I, IV et V, p. 49 et 50.)

2°. Carthagine metropoli ... præceperunt magistratus adstare sibi Speratum, Narzalem, Cittinum, Donatum, Secundam et Vestinam ; et adstantibus eis, Saturninus proconsul dixit : Potestis veniam ... promoveri si ... conversi fueritis ad deos nostros.

Proconsul videns ipsorum ... fidei firmitatem, dedit in eos sententiam per exceptorem, dicens sic : Speratum, Narzalem, Cittinum, Veturium, Felicem, Acyllinum, Læ-

3°. Et enfin, un exemple de jugement d'un préfet du prétoire.

Dans ces divers exemples, on remarquera toujours un seul magistrat « interrogeant, jugeant, et faisant exécuter » son jugement.

V. La preuve de la réunion de la puissance exécutrice civile et de la puissance de juger dans la main des empereurs résulte :

1°. D'une loi de l'empereur Constantin ; ce prince y déclare qu'il entendra et discutera « lui-même la cause de ceux qui « se plaignent des malversations et des injustices des comtes « et des officiers du palais, et que lui-même s'en vengera ; »

2°. D'une loi des empereurs Gratien, Valentinien et Théodose ; elle déclare que « si les empereurs ont ordonné d'exercer « une vengeance plus sévère que ce n'est la coutume de l'or- « donner, » eu égard à la cause, le sort et l'état du condamné seront suspendus pendant trente jours. Cette loi même, faite pour prévenir les abus de la puissance réunie de juger et de punir, montre bien sensiblement « que cette double puissance « résidait dans la main du prince ; »

3°. Des passages de Dion, déjà cités ; on y lit « que les « empereurs ont le droit de faire mourir dans les murs de Rome

---

tantium, Januarium, Generosam, Vestinam, Donatum et Secundam, christianos se esse confitentes, et imperatori honorem et dignitatem dare recusantes, capite truncari præcipio ... Ducti sunt, et ... truncata sunt singulorum capita.

Maximus ... erat plebeius ... Comprehensus, oblatus est Optimo proconsuli apud Asiam.

Proconsul dedit in eum sententiam, dicens : Eum qui sacris legibus assensum noluit accommodare, ut magnæ deæ Dianæ sacrificaret, ad metum reliquorum christianorum obrui lapidibus præcipio, et sic raptus est. (*Extr. de deux jugements criminels des juges de provinces.* Actes sincères des Martyrs, chap. I et V ; Ruinart, p. 74 et 75 ; et chap. I et II, p. 133 et 134.)

3°. Jussit illam (Felix) Amelinus proconsul ad præfectum prætorio mitti ... Præfectus jussit Felicem

de vinculis eripi, et dixit : Felix, quare scripturas dominicas non das? ... Cui respondit : Habeo quidem, sed non do. Præfectus dixit : Felicem gladio interficite.

Ductus est ad passionis locum. (*Extr. de l'histoire d'un jugement du préfet du Prétoire.* Actes sincères des Martyrs ; Ruinart, p. 313 et 314.)

V.—1°. *Voyez* l'extrait d'une loi de l'empereur Constantin, au chap. V de ce livre, art. II, n° 1.

2°. Si vindicari in aliquos severius, contra nostram consuetudinem, pro causæ intuitu, jusserimus, nolumus statim eos aut subire pœnam, aut excipere sententiam, sed per dies xxx super statu eorum sors et fortuna suspensa sit. (*Extr. d'une loi des empereurs Gratien, Valentinien et Théodose.* Code Théodos., liv. ix, tit. 40, loi 13, t. III, p. 305.)

3°. *Voyez* l'extrait des écrits de

« les sénateurs et les chevaliers, et de faire toutes les autres
« choses qu'il appartient de faire aux magistrats qui ont le plein
« empire; »

4°. Des **Actes des Martyrs**; ils montrent que l'empereur
Trajan, après un très-court interrogatoire, condamna saint
Ignace, et sur-le-champ le fit livrer au supplice;

5°. Et enfin, d'un passage de Lampride; il marque que
l'empereur Alexandre Sévère, après avoir fait instruire une
accusation contre un homme considérable de sa cour, pro-
nonça tout de suite l'ordre de livrer ce malheureux à un supplice nouveau qu'il inventa pour lui.

CHAPITRE VII.

De l'essence et de la composition des tribunaux souverains dans l'empire romain.

I. La preuve que chacun des divers juges de l'empire romain
eut un petit nombre d'assesseurs qu'il dut choisir et récompenser, résulte :

1°. D'un passage de Dion, où il dit « que chaque préfet
« et gouverneur de province s'attache ses assesseurs ou con-
« seillers, au nombre d'un, deux ou trois;

2°. D'une loi des empereurs Dioclétien et Maximin; elle

Dion, au chap. I de ce livre, art. II,
n° 2.

4°. Timens pro Antiochenorum
ecclesia ... ductus est ad Trajanum.
Trajanus sententiavit : Ignatium
præcipimus in se ipso dicentem cir-
cumferre Crucifixum, vinctum a militibus duci in magnam Romam,
cibum bestiarum, in spectaculum
plebis futurum ; ... a ... militari du-
ritia raptus est. (*Extr. des Actes des
Martyrs*, chap. II et III; Ruinart,
p. 8 et 9.)

5°. Accusari eum Alexander jussit,
probansque per testes... quod accepisset, et quid promisisset, in foro transi-
torio ad stipitem illum ligari præcepit, et fumo apposito, quem ex lignis
fieri jusserat, necavit, præcone dicen-
te : Fumo punitus qui vendidit fu-
mum. Ac ne in una tantum causa vi-

deretur crudelior fuisse, quæsivit diligentissime antequam eum damnaret, et invenit Turinum sæpe et
in causis ab utraque parte acce-
pisse, quum eventus venderet. (*Extr.
d'un passage de Lampride.* Comment.
du Code Théodos., t. III, p. 7.)

I.—1°. Assessores potius aut consiliarios suos singuli sibi provinciarum
præfecti adsciscunt; unicum quidem
prætorius ex sui aut inferioris ordinis hominibus, tres autem consu-
laris ex ejusdem dignitatis viris ac-
cipit. (*Extr. de l'Histoire romaine de
Dion*, liv. LIX, p. 602.)

2°. Studiorum labor meretur, ut
hi qui in publicis administrationi-
bus constituti sociari sibi consilio-
rum participes cupiunt, spe præ-
miorum atque honorificentia sua
provocent eos, quorum prudentiam

dit que tous les magistrats appellent auprès d'eux des assesseurs, par « l'espérance des récompenses et des honneurs. »

II. La preuve que les assesseurs des gouverneurs de provinces devaient être étrangers à la province résulte :

1°. D'une loi des empereurs Arcade et Honorius ; elle marque que le gouverneur de province ne pouvait « retenir que « quatre mois un assesseur, citoyen de la province qu'il gou-« vernait, en attendant qu'il eût pu appeler à ses actes un « homme d'une autre province ; »

2°. D'une loi des empereurs Théodose et Valentinien : « elle assujettit à l'accusation publique celui qui, contre les « lois anciennes, aura été assesseur dans sa province, au delà « des quatre mois ; »

3°. Et enfin, d'un passage du jurisconsulte Marcien ; il dit que l'on ne pouvait être assesseur dans sa province.

III. La preuve de ce qui a été dit sur l'extrême liberté laissée au juge dans le choix des personnes de leurs assesseurs, ressort avec force d'un texte de Marcien au Digeste ; c'est dans ce texte où l'on lit que les lois ne défendent pas précisément aux infâmes d'être assesseurs, et qu'elles admettent les affranchis à cet office.

IV. La preuve que les assesseurs des divers juges de l'empire n'eurent que la voix consultative, et que chaque juge pro-

---

sibi putant esse necessariam , non metu terribili, et necessitate incongrua libertati. (*Extr. d'une loi des empereurs Dioclétien et Maximin.* Code de Just., liv. 1, tit. 51, loi 1, t. II, p. 128.)

11. — 1°. Si quis judicum , vel civem provinciæ quam reget, vel certe peregrinum , consiliarium sibi voluerit adsciscere, tantum quatuor sibi menses ad retinendum eum, quem ex eadem provincia sumpserit, tributos esse cognoscat, donec ab aliis evocatum locis , suis actibus attribuerit ; ita ut emensis quatuor mensibus crimini detur, si quis ultra hoc tempus consiliarium crediderit retinendum. (*Extr. d'une loi des empereurs Arcade et Honorius.* Code Théodos., liv. 1, tit. 1 , loi 1, t. 1, p. 67.)

2°. In consiliariis obscrvari cense-

mus, ut in eum qui in sua provincia ultra quatuor menses moderatoribus assederit, adversus leges antiquas, et divorum retro principum sita ... accusatio publici criminis immineat, nisi per cœleste oraculum, vel ... tum sedis præceptionem sese defendat. (*Extr. d'une loi des empereurs Théodose et Valentinien.* Code de Just., liv. 1, tit. 51, loi 10, t. II, p. 129.)

III. Liberti assidere possunt; infames autem , licet non prohibeantur legibus assidere, attamen arbitror, ut aliquo quoque decreto principali refertur constitutum , non posse officio assessoris fungi. (*Extr. d'un texte de Marcien.* Dig. de Just., liv. 1, tit. 22, n° 2, t. 1, p. 38.)

IV. *Voyez* les autorités citées au chapitre précédent, art. IV.

nonça seul, sans leur concours, résulte évidemment du style et de la forme de tous les divers actes de jugement que nous avons cités; c'est toujours la voix d'un seul qui annonce le jugement et l'exécution par les mots : *je juge, je condamne, et j'ordonne.*

V. La preuve de ce qui a été dit sur l'existence des assesseurs au tribunal de l'empereur, sur les personnes parmi lesquelles ils étaient choisis, et sur le secret avec lequel ces assesseurs donnaient leur avis, résulte :

1°. Des conseils de Mécène à Auguste, rapportés par Dion ;

2°. D'un passage de Spartien; il montre que l'empereur Adrien avait dans son conseil, lorsqu'il jugeait, non-seulement ses amis, mais encore des jurisconsultes.

VI. La preuve que l'empereur jugeait seul et prononçait seul les sentences, quoiqu'il parût avoir des assesseurs, résulte :

1°. Du texte de Dion, que l'on vient de citer ;

2°. Du style et de la forme des jugements prononcés par les empereurs dans leurs tribunaux ; ils y jugent et ordonnent seuls, comme chacun des autres juges de l'empire ;

3°. Des extraits de Tacite et de Dion, déjà cités ; le premier de ces auteurs marque que le motif qui excita le consulaire Pison à ne point s'opposer à ce que l'accusation de l'empoisonnement de Germanicus fût portée devant Tibère, c'est qu'il croyait « que la vérité serait mieux connue » par un seul juge que par plusieurs.

V. — 1°. De his causis, et equitum, centurionumque, privatorumque, primariorumque cognosces, ubi de capite aut ignominia erit controversia; nam hæc ad te solum debent referri, ac nemo ... alius judicare de iis debet. Adhibere autem unoquoque tempore ad ea judicia potes præstantissimos quosque patricii equestrisque ordinis viros ex consularibus et prætoriis.... Has in causis gravioribus sententias non aperte rogabis, ne necessariis suis faventes, non libere quid sentiant pronuntient ; sed in tabella eas scriptas ad te solum, ne cui alii innotescant, perferri, ac deleri statim lectas jube. Sic enim uniuscujusque sententiam certissime cognosces, si eam illi a nomine alio cognitum iri persuasum habeant. (*Extr. de l'Hist. romaine de Dion, Discours de Mécène à Auguste,* liv. LII, p. 639 et 640.)

2°. *Voyez* l'extrait de Spartien, au chap. V de ce livre, art. VI, quatrième autorité.

VI. — 1°. *Voyez* l'extrait de Dion, à l'art. V de ce chapitre, n° 1, et l'extrait des Actes des Martyrs, au chap. V, art. V.

2°. *Voyez* l'extrait de Tacite, au chap. V, art. II, n° 5.

3°. *Voyez* l'extrait de Dion, au chap. V, art. VI.

Le second montre sensiblement que la seule voix des empereurs prononçait les condamnations à leurs tribunaux.

CHAPITRE VIII.

Des fonctions civiles des curiales, de leurs magistrats, et des défenseurs.

I. La preuve que la juridiction des magistrats municipaux et des curiales dans des affaires civiles était une juridiction volontaire; qu'ils ne pouvaient agir que par les voies de conciliation; qu'ils nommaient les tuteurs et les curateurs des pupilles, recevaient les contrats et testaments, et que trois principaux ou curiales suffisaient pour exercer cette fonction, résulte:

1°. D'un passage du jurisconsulte Paul; il marque qu'entre « les parties d'accord même sur une grande affaire, on traitera « devant les magistrats municipaux; »

2°. De deux passages du même jurisconsulte; il montre que les curiales « étaient obligés de donner des tuteurs ou curateurs « aux mineurs, » lorsque ceux qui en étaient ordinairement chargés manquaient;

3°. De l'interprétation d'une loi d'Honorius; elle marque que « les testaments et autres écrits ont coutume de se confirmer par actes devant les curiales;

4°. D'une loi de l'empereur Constantin; elle veut que les donations ne puissent être valables, à moins qu'elles ne soient faites par acte public devant le juge ordinaire, « ou à défaut

---

I. — 1°. Inter convenientes et de re majori apud magistratus municipales agetur. (*Extr. d'un texte de Paul.* Dig. de Just., liv. ι, tit. 1, n° 28, t. I, p. 1915.)

2°. Ubi absunt hi qui tutores dare possunt, decuriones jubentur dare tutores, dummodo major pars conveniat; ubi non est dubium, quin unum ex se dare possint. (*Extr. d'un texte de Paul.* Dig. de Just., liv. xxvi, tit. 5, n° 19, t. I, p. 832.)

Decreto decurionum et ipsum magistratum curatorem dari potuisse respondi. (*Ibid.*, tit. 6, n° 3, t. I, p. 834.)

3°. Testamenta omnia, vel reliquas scripturas, apud censuales in urbe Roma, voluit publicari (hoc est ut in reliquis regionibus apud curiæ viros testamenta, vel quæcumque scripturæ actis firmari solent, gestorum allegatione muniantur). (*Extr. de l'interprétation d'une loi des empereurs Arcade et Honorius.* Code Théodos., interprétation de la loi 4, tit. 4, liv. iv, t. I, p. 339.)

4°. Placet, ut nulli liceat, extra provinciam laremque suum donationum instrumenta apud acta allegare, sed in quo domicilium habuerit, ... apud suum ordinarium judicem; vel, si eum abesse contigerit, apud curatorem municipalesve ejusdem civitatis; nam si hoc prætermissum fue-

« de ce juge, devant les administrateurs et les municipes de
« la cité ; »

5°. D'une loi des empereurs Arcade et Honorius ; elle marque que « les actes municipaux » qui attestaient la validité des divers contrats « pouvaient se faire devant trois principaux, « un magistrat et le greffier ; »

6°. Et enfin, d'une loi des empereurs Théodose-le-Jeune et Valentinien ; elle consent « que les actes municipaux qui « attestent la validité des contrats aient toute valeur, quand « ils auront été inscrits devant trois curiales, par l'excepteur « public. »

II. La preuve des bornes étroites de la juridiction civile des curiales et des magistrats municipaux résulte :

1°. D'une loi de l'empereur Constantin ; elle suppose que les curiales étaient chargés par les gouverneurs de provinces des exécutions pour dettes civiles ;

2°. D'un texte d'Ulpien déjà cité ; il atteste que les duumvirs ne pouvaient « défendre leurs exécutions par jugement « pénal ; »

3°. Et enfin, d'un texte de Paul cité au Digeste ; il marque que « la magistrature municipale ne peut faire les choses « qui sont plutôt de la puissance exécutrice que de la juridic- « tion ; que les magistrats municipaux ne peuvent, ni restituer « en entier, ni ordonner de la possession des biens contestés. »

---

rit, nullam firmitatem habere dona-tiones sancimus. (*Extr. d'une loi de l'empereur Constantin.* Code Théo-dos., liv. VIII, tit. 12, loi 3, t. II, p. 615.)

5°. Municipalia gesta non aliter fieri volumus, quam trium principa-lium presentia, excepto magistratu et exceptore publico; semperque hic numerus in eadem actorum testifica-tione servetur. (*Extr. d'une loi des empereurs Arcade et Honorius.* Code Théodos., liv. XII, tit. 1, loi 151, t. IV, p. 488.)

6°. Libenter annuimus ut quia pu-blico infortunio ad paucos redactus est ordinum numerus, in municipa-lium confectione gestorum sit firmi-tas, si apud tres curiales publico fuerit exceptore præscripta. (*Extr.*

d'une loi des empereurs *Théodose et Valentinien.* 23° Nov. Théodos, t. VI, p. 12.)

II. — 1°. *Voyez* l'extrait d'une loi de l'empereur Constantin, au chap. VI, art. II, n° 1.

2°. *Voyez* un texte d'Ulpien, au Digeste, cité au chap. VI, art. I, n° 2, seconde autorité.

3°. Ea quæ magis imperii sunt, quam jurisdictionis, magistratus mu-nicipalis facere non potest.

Magistratibus municipalibus non permittitur integrum restituere, bo-na ... jubere possidere, aut dotis ser-vandæ causa, vel legatorum servan-dorum causa. (*Extr. d'un texte de Paul.* Dig. de Just., liv. L, tit. 1, n° 26, t. I, p. 1915.)

III. La preuve des bornes étroites de la juridiction criminelle des magistrats municipaux résulte :

1°. D'un texte du jurisconsulte Ulpien, cité au Digeste : il marque « qu'il n'est pas permis aux magistrats municipaux « d'ordonner le supplice d'un esclave, mais qu'ils peuvent lui « infliger une légère correction ; »

2°. De deux lois des empereurs Honorius et Théodose ; elles interdisent aux magistrats municipaux de mettre en prison les criminels, et les obligent seulement à interroger ceux qui leur sont livrés, par actes municipaux, comme ayant été surpris dans le crime, et de les renvoyer avec les accusateurs et les actes de leurs saisie et interrogatoire, dans l'espace de trente jours, par-devant le gouverneur de la province, sous la garde convenable.

IV. La preuve du droit des gouverneurs de provinces de juger criminellement et capitalement les personnes des magistrats municipaux et des curiales, résulte :

1°. D'un passage du jurisconsulte Callistratus, cité au Digeste ; il le marque précisément ;

2°. D'une loi de l'empereur Théodose-le-Grand ; elle mar-

III. — 1° Magistratibus municipalibus supplicium a servo sumere non licet ; modica autem castigatio eis non est deneganda. (*Extr. d'un texte d'Ulpien.* Dig. de Just., liv. II, tit. 1, n° 12, t. 1, p. 40.)

2°. Defensores civitatum, curatores, magistratus et ordines, oblatos sibi reos in carcerem non mittant ; sed in ipso latrocinio, vel congressu violentiæ, aut perpetrato homicidio ... vel raptu, vel adulterio deprehensos, et actis municipalibus traditos, expresso crimine prosecutionibus arguentium cum his a quibus fuerint accusati, mox sub idonea prosecutione ad judicium dirigant. (*Extr. d'une loi des empereurs Honorius et Théodose.* Code Théodos., liv. IX, tit. 2, loi 5, t. III, p. 31.)

Si quos, præcepto judicum, præmisso inscriptionis vinculo reos factos, adminiculum curiæ dirigere jussum fuerit, municipalibus actis interrogentur, an velint, juxta præceptum ... patris nostri, XXX diebus sibi concessis sub moderata ... custo-

dia propter ordinationem domus propriæ in civitate residere. Quod si fieri voluerint, hoc genus beneficii cupientibus non negetur. Si vero dirigi velint, mox reos cum suis accusatoribus mittant, nec ad arbitrium adversariorum in civitatibus retineri patiantur. (*Ibid.*, loi 6, p. 32.)

IV. — 1°. De decurionibus et principalibus civitatum qui capitale admiserunt, mandatis cavetur, ut, si quis id admisisse videatur, propter quod relegandus extra provinciam in insulam fit, imperatori scribatur adjecta sententia a præside. (*Extr. d'un texte de Callistratus.* Dig. de Just., liv. XLVIII, tit. 19, n° 27, t. 1, p. 1859.)

2° Cynegio, præf. præt.

Quilibet principalium vel decurionum, vel decoctor pecuniæ publicæ, vel fraudulentus in adscriptionibus illicitis, vel immoderatus in exactione fuerit inventus.... non solum a vobis.... verum a judicibus ordinariis, plumbatarum ictibus subjiciatur. (*Extr. d'une loi de l'empereur Théodose-le-Grand.*

que que les gouverneurs de provinces infligeaient des peines corporelles aux principaux et aux curiales.

V. La preuve du droit qu'avait le gouverneur de province de juger de la validité des nominations faites par les curies, et de juger même des causes civiles où les curies étaient parties, résulte :

1°. D'un texte du jurisconsulte **Callistratus**, cité au Digeste ; il marque que « c'est au président des provinces à prononcer « sur les droits des habitants que chaque cité réclame, et que « celui qui nie d'être habitant doit poursuivre son affaire de- « vant le président, dans l'administration duquel était la cité « qui l'appelait aux charges ; »

2°. D'une loi des empereurs Dioclétien et Maximin ; elle témoigne que celui qui voulait appeler des nominations faites par les curiales, devait porter cet appel « devant le président « de la province ; »

3°. Et enfin, d'une loi des empereurs Arcade et Honorius, et d'une lettre de Pline à Trajan ; elles montrent que c'était devant le gouverneur de la province que les curies en corps portaient les causes civiles qui les intéressaient.

VI. La preuve que les défenseurs devaient concourir, et en certains cas suppléer au défaut des magistrats des curies dans plusieurs de leurs fonctions, résulte :

1°. D'une loi des empereurs Arcade et Honorius ; elle

Code Théodos., liv. XII, tit. 1, loi 117, t. IV, p. 461.)

V. — 1°. De jure ... incolarum, quos quæque civitates sibi vindicant præsidum provinciarum cognitio est, quum tamen se quis negat incolam esse, apud eum præsidem provinciæ agere debet, sub cujus cura est ea civitas, a qua vocatur ad munera. (Extr. d'un texte de Callistratus. Dig. de Just., liv. I, tit. 1, n° 37, t. I, p. 1916.)

2°. Observare oportebit magistratus, ut decurionibus solemniter in curiam convocatis, nominationem ad certa munera faciant, eamque in notitiam ejus, qui fuerit nominatus ... perferri curent : habituro appellandi, si voluerit, atque agendi facultatem apud præsidem causam suam jure consueto. (Extr. d'une loi des empereurs Dioclétien et Maximin. Code de Just., liv. x, tit. 31, loi 2, t. II, p. 833.)

3°. Omnia ædificia publica, sive juris templorum intra muros posita, vel etiam muris cohærentia ... curiales ... teneant atque possideant.... Si qua vero super hujusmodi locis fuerit orta dubitatio, non aliquid municipes ... volumus sponte præsumere ; sed a rectore provinciæ ortam dirimi quæstionem, vel ... consuli præfectorum, si judicandi exegerit difficultas. (Extr. d'une loi des empereurs Arcade et Honorius. Code Théodos., liv. XV, tit. 1, loi 41, t. V, p. 314.)

Eculicus, domine, Amisenorum civitatis, petebat apud me a Julio Pisone denariorum circiter XL millia donata ei publice ante XX annos, et bule et ecclesia consentiente. (Extr. d'une lettre de Pline à Trajan, liv. x, epît. 111, p. 733.)

VI. — 1°. *Voyez* l'extrait d'une

charge les défenseurs en même temps que les curiales, de saisir et d'interroger les coupables surpris en flagrant délit, et de les renvoyer au jugement du gouverneur de province;

2°. D'une autre loi des empereurs Arcade et Honorius; elle marque « qu'aussitôt que les tuteurs auront été ordonnés, « l'inventaire des biens des pupilles sera fait devant les prin- « cipaux et les défenseurs; »

3°. D'une loi d'Honorius et de Théodose; elle veut que les actes de donation se fassent devant les juges ordinaires, « à « défaut de juge ordinaire, devant les magistrats municipaux, « et à défaut de ceux-ci, devant les défenseurs. »

VII. La preuve que les défenseurs avaient le pouvoir de connaître des causes civiles où la chose contestée n'excédait pas la valeur de 50 sous, et qu'ils devaient laisser les autres affaires à la juridiction des gouverneurs de provinces, ré- sulte complétement d'une loi des empereurs Valentinien et Valens.

VIII. La preuve que les défenseurs ne pouvaient ni faire donner la question, ni imposer aucune amende, résulte litté- ralement d'une loi des empereurs Valentinien, Théodose et Arcade.

---

loi des empereurs Honorius et Théo- dose, à l'art. III de ce chapitre, n° 2.

2°. Tutores, eodem momento quo fuerint ordinati, ... audiant cogni- tores, ut præsentibus primatibus ... defensore, officiis publicis, inven- tario facto . omne aurum argentum- que, et quidquid vetustate temporis non mutatur ... in tutissima ... custo- dia collocetur. (*Extr. d'une loi des empereurs Arcade et Honorius.* Code Théodos., liv. III, tit. 19, loi 4, t. I, p. 326.)

3°. Gestorum confectionem, sive ante traditionem, sive post traditio- nem, fieri oportebit ut instrumentum quo continetur munificentia ... pu- blicetur ... in provinciis, apud pro- vinciarum rectores; vel, si præsto non fuerint, apud magistratus muni- cipales; vel, si civitas ea vel oppi- dum in qua donatio celebratur, non habeat magistratus , apud defenso- rem plebis. (*Extr. d'une loi des em-*

pereurs *Honorius et Théodose.* Code Théodos., liv. VIII, tit. 12, loi 12, t. II, p. 619 et 620.)

VII. Senecæ defensori.

Si quis de tenuioribus ... rebus interpellandum te esse crediderit, in minoribus causis, id est, usque ad quinquaginta solidorum summam ... conficias ;... cæteras vero, quæ dignæ forensi magnitudine videbuntur, or- dinario insinuato rectori. (*Extr. d'une loi des empereurs Valentinien et Valens.* Code de Just., liv. I, tit. 55, loi 1, t. II, p. 133.)

VIII. Defensores nihil sibi inso- lenter, nihil indebitum vindicantes, nominis sui tantum fungantur offi- cio; nullas infligant muletas, nullas exerceant quæstiones; plebem tan- tum vel decuriones ab omni impro- borum insolentia ... tueantur. (*Extr. d'une loi des empereurs Valentinien, Théodose et Arcade.* Code Théodos., liv. I, tit. 11, loi 2, t. I, p. 64.)

CHAPITRE IX.

Conclusion du système des lois impériales sur les pouvoirs de juger et d'exécuter.

Ce chapitre ne demande pas de preuves.

LIVRE SIXIÈME.

—

CHAPITRE Ier.

I. La preuve de l'existence des domaines territoriaux du prince, distingués en domaines privés et domaines de la république, résulte :

1°. D'une loi des empereurs Constantin et Constant; elle suppose qu'il y avait des terres labourables « dans le bien « propre du prince » qu'il donnait à régir à des particuliers ;

2°. D'une loi des empereurs Théodose et Valentinien; elle marque que les princes avaient « un patrimoine propre; »

3°. D'une loi des empereurs Valentinien, Valens et Gratien; elle montre qu'il y avait des « biens-fonds en terres et en « forêts, » qui faisaient partie des biens « de la républi- « que; »

4°. Des textes de Tacite; ils montrent que Tibère avait des biens-fonds qui formaient son domaine particulier.

II. La preuve que le fisc percevait des impôts sur les consommations résulte :

1°. D'un texte d'Ulpien, cité au Digeste; il appelle *vectigal*

I. — 1°. Sancimus ut quicumque ultra viginti quinque jugera privato dominio possidens, ampliorem ex re privata nostra jugerationis modum... gubernaverit,...... curiali consortio vindicetur. (*Extr. d'une loi des empereurs Constantin et Constant. Code Théodos., liv. xii, tit 1, loi 33, t. IV, p. 369 et 373.*)

2°. Excepto patrimonio pietatis nostræ (cujus quidem reditus necessitatibus publicis frequentissime deputamus) universos possessores functiones in canonicis et superindictitiis titulis... agnoscere oportere censemus. (*Extr. d'une loi des empereurs Théo-*

dose et Valentinien. Code Théodos., liv. xi, tit. 1, loi 36, t. IV, p. 46.)

3°. Curialibus omnibus conducendorum reipublicæ prædiorum, ac saltuum, inhibeatur facultas. (*Extr. d'une loi des empereurs Valentinien, Valens et Gratian. Code Théodos., liv. 11, tit. 3, loi 10, t. III, p. 300.*)

4°. Res suas Cæsar.... quibusdam ignotis ex fama mandabat. Rari per Italiam Cæsaris agri (*Extr. des Annales de Tacite, liv. iv, chap. 6 et 7, t. II, p 390 et 391.*)

II.—1°. Publica vectigalia intelligere debemus, ex quibus vectigal fiscus capit: quale est vectigal portus

« l'impôt que le fisc perçoit dans les marchés et sur les choses
« qui se vendent; »

2°. D'une loi de l'empereur Constantin; il appelle *vectigal*
« l'impôt qui se paie sur les choses qui se négocient. »

III. La preuve des droits de confiscation et de déshérence
qui grossissaient le domaine du fisc résulte :

1°. D'une loi des empereurs Gratien, Valentinien et Théodose; elle montre que les biens des coupables du crime de
lèse-majesté et des accusés condamnés à la déportation étaient
réunis au fisc;

2°. D'une loi des empereurs Arcade et Honorius; elle
montre que les biens des personnes qui mouraient sans héritiers étaient à la disposition du prince.

IV. La preuve que les biens du fisc étaient disponibles
résulte :

1°. D'un texte de Papinien au Digeste, et d'une loi de Constantin; ils montrent que les biens du fisc s'aliénaient au gré
du prince;

2°. D'une loi de l'empereur Théodose et Valentinien; elle

---

vel venalium rerum. (*Extr. d'un texte
d'Ulpien.* Dig. de Just., liv. L, tit. 16,
n° 17, §. 1, t. I, p. 952.)

2°. Universi provinciales pro his
rebus quas ad usum proprium... infe-
runt,... nullum vectigal a stationariis
exigantur; ea vero quæ... negocia-
tionis gratia portantur, solita præstatione, vel pensitationi subjugamus.
(*Extr. d'une loi de l'empereur Constantin.* Code de Just., liv. IV, tit. 62,
loi 5, t. II. p. 351.)

III.—1°. Quisquis in crimine majestatis deprehensus fuerit et punitus, bo-
naque ejus... fiscus invaserit, nullus
eorum... audeat proprio juri poscere.
(*Extr. d'une loi des empereurs Gratien, Valentinien et Théodose.* Code
Théodos., liv. x, tit. 10, loi 15, t. III,
p. 441.)

2°. Caduca bona ad competitores
jubemus ex nostra largitate transferri,
si nullum...... legitimum reliquerit
intestatus hæredem; eorum vero patrimonia mortuorum, quæ, vitæ suæ
tempore, diversis conscientiam suam
dicuntur polluisse criminibus, com-
peti nequaquam debere censemus,
nisi quos publica accusatione consti-

terit fuisse conjunctos. (*Extr. d'une
loi des empereurs Arcade et Honorius.*
Code Théodos., liv. x, tit. 10, loi 30,
t. III, p. 453.)

IV.—1°. Prædiis a fisco distractis,
.... eorumdem prædiorum onus emp-
torem spectare placuit. (*Extr. d'un
texte de Papinien.* Dig. de Just.,
liv. XIV, tit. 49, n° 36, t. I, p. 890.)

Universi cognoscant has possessiones quas de fisco nostro.... comparant, nullo a nobis jure retrahi posse;
sed propria firmitate possessas, etiam
ad posteros suos dominii perpetui
durabilitate dimitti. (*Extr. d'une loi
de Constantin.* Code de Just., liv. x,
tit. 63, t. II, p. 907.)

2°. Exceptis his vectigalibus quæ
ad .... rerum patrimonium nostrum....
pervenerunt, cætera reipublicæ civitatum atque ordinum æstimatia dis-
pendiis, quæ pro publicis necessitatibus tolerare non desinunt, reser-
ventur. Quum duas portiones ærario
nostro conferri prisca institutio dis-
posuerat, atque hanc tertiam jubemus
adeo in ditione urbium municipum-
que consistere; designatæ igitur consortium portionis juri ordinum civi-

aliène en faveur des cités « le tiers des impôts dus au fisc sur
« les consommations ; »

3°. D'une loi des empereurs Arcade et Honorius, citée à
l'article précédent ; elle montre que les biens échus par déshérence ou confiscation au fisc impérial pouvaient être cédés au
gré des empereurs.

V. La preuve que les cités possédaient en commun des
biens-fonds résulte :

D'un texte d'Ulpien au Digeste, de deux lois de Julien et
d'un écrit d'Ammien Marcellin ; ils témoignent que les cités
acquéraient et possédaient des biens-fonds et des esclaves tant
à la ville qu'à la campagne.

VI. La preuve que les cités percevaient, par l'ordre des
empereurs, des impôts particuliers sur les consommations, et
que les empereurs leur avaient encore cédé une partie des impositions de cette nature qui étaient propres au fisc, résulte :

1°. D'un passage d'Ammien Marcellin ; il montre qu'avant
la concession de Théodose, plusieurs impôts de cette espèce
furent rendus par Julien aux cités sur lesquelles le fisc les
avait envahis ;

2°. D'un texte du jurisconsulte Hermogénien, au Digeste ; il
fait mention d'impôts sur les consommations particulières aux
cités, et qu'on ne pouvait établir sans l'aveu du prince ;

tatumque obnoxium maneat, ut
etiam locandi, quanti sua interest,
licentiam sibi noverint contributam.
(*Extr. d'une loi des empereurs Théodose et Valentinien.* Code de Just.,
liv. iv, tit. 61, n° 13, t. II, p. 354.)

3°. *Voyez* une loi des empereurs
Arcade et Honorius, à l'article précédent, n° 2.

V. Civitatum bona, peculia servorum civitatum, procul dubio publica habentur. (*Extr. d'un texte
d'Ulpien.* Dig. de Just., liv. x, tit. 16,
n° 17, t. I, p. 1952.)

Possessiones publicas civitatibus
jubemus restitui; ita ut... locentur,
quo cunctarum possit civitatum re-
paratio procurari. (*Extr. d'une loi de
l'empereur Julien.* Code Théodos.,
liv. x, tit. 3, loi 1, t. III, p. 399.)

De diversis prædiis urbanis et rusticis templorum et civitatum.

Pamphiliæ etiam civitates, et quacumque aliæ quidquid sibi acquirant,
id firmiter habeant. (*Extr. d'une loi
du même prince.* Code de Just., liv. x,
tit. 49, loi 2, t. II, p. 909.)

Liberalitatis ejus testimonia plurima sunt... inter quæ, vectigalia civitatibus restituta cum fundis... quæ
vendidere præteritæ potestates. (*Extr.
d'un passage d'Ammien Marcellin.*
Comment. du Code Théodos., t. III,
p. 399.)

VI.—1°. *Voyez* l'extrait des écrits
d'Ammien Marcellin, à l'art. V de
ce chap. n° 2, dernière autorité.

2°. Vectigalia sine imperatorum
præcepto, neque præsidi, neque cu-
ratori, neque curiæ constituere, nec
reformare, et his addere vel dimi-
nuere licet. (*Extr. d'un texte d'Hermogénien.* Dig. de Just., liv. xxxix,
tit. 4, n° 10, t. I, p. 1382.)

3°. D'une loi des empereurs Sévère et Antonin ; elle marque que les empereurs permettaient quelquefois aux cités d'établir des impositions sur les consommations dans les circonstances extraordinaires ;

4°. D'une loi de l'empereur Théodose ; elle abandonne aux cités le tiers des impositions dues au fisc sur les consommations.

VII. La preuve que les cités pouvaient acquérir des biens-fonds, et ne pouvaient cependant vendre les biens qu'elles possédaient qu'avec la permission du prince, résulte d'une loi de l'empereur Julien ; elle compte des acquêts parmi les fonds des cités.

VIII. La preuve que les biens communs des cités s'appelaient biens publics résulte des textes d'Ulpien, au Digeste ; ils marquent que, quoique les biens publics soient essentiellement les biens du peuple romain, cependant les biens des cités s'appelaient abusivement biens publics.

IX. La preuve de la destination des biens des cités à diverses dépenses publiques résulte de la loi de Théodose, citée ci-dessus ; c'est pour subvenir aux dépenses « des cités et des « curies, dépenses que les cités ne cessent de supporter pour « les divers objets d'utilité publique, » qu'elle augmente le revenu des cités d'une partie des impôts sur les consommations.

X. La preuve que c'étaient les curies qui possédaient les biens communs des cités au nom des cités, résulte :

1°. D'une loi des empereurs Théodose, Arcade et Honorius ; elle montre que « les édifices publics, situés dans les « murs des cités, étaient possédés par les curiales ; »

3°. Non quidem temere permittenda est novorum vectigalium exactio ; sed si adeo tenuis est patria tua, ut extraordinario auxilio juvari debeat, allega præsidi provinciæ : ... scribet nobis, ... et an habenda sit ratio vestri... existimabimus. (*Extr. d'une loi des empereurs Sévère et Antonin.* Code de Just., liv. iv, tit. 62, loi 1, t. II, p. 352.)

4°. *Voyez* une loi de Théodose, à l'art. IV de ce chapitre, n° 2.

VII. *Voyez* l'extrait d'une loi de l'empereur Julien, à l'art. V de ce chapitre, n° 1, seconde autorité.

VIII. Bona civitatis abusive pu-

blica dicta sunt ; sola enim ea publica sunt, que populi romani sunt. (*Extr. d'un texte d'Ulpien.* Digeste de Just., liv. i, tit. 16, n° 14, t. I, p. 952.)

Voyez un autre texte d'Ulpien, à l'article V de ce chapitre.

IX. *Voyez* une loi de Théodose, à l'article IV de ce chapitre, n° 2.

X.—1°. Omnia ædificia publica ,... intra muros posita, vel etiam muris cohærentia... curiales... teneant atque custodiant. (*Extr. d'une loi des empereurs Théodose, Arcade et Honorius.* Code Théodos., liv. xv, tit. 1, loi 41, t. V, p. 314.)

I.

15

2°. D'une loi des mêmes empereurs: elle parle des curies, des cités, comme de corps qui possèdent des fonds publics;

3°. D'une loi des empereurs Théodose et Valentinien, déjà citée; elle montre que les curies disposaient, pour les dépenses des cités, du produit de divers droits sur les consommations propres à ces cités.

CHAPITRE II.

Des charges onéreuses des citoyens.

I. La preuve de l'obligation imposée aux possesseurs de fournir les provisions de vivres nécessaires à la subsistance des soldats, et de les entretenir de vêtements, résulte des écrits de Végèce et de Lampride, et de plusieurs lois impériales citées au livre III, pour prouver que les soldats étaient entretenus aux dépens du public; ces autorités forment essentiellement la preuve de cet article.

II. La preuve que les possesseurs de fonds étaient obligés de fournir des provisions de vivres aux gouverneurs de provinces et même aux officiers du palais, résulte clairement de deux lois des empereurs Honorius et Théodose.

2°. Singuli ordines civitatum ad reparationem mœnium publicorum nihil sibi amplius noverint præsumendum, præter tertiam portionem ejus canonis, qui... fundis reipublicæ quotannis conferri solet. (*Extr. d'une loi des empereurs Théodose, Arcade et Honorius.* Code Théodos., liv. 1, tit. 15, loi 33, t. V, p. 308.)

3°. *Voyez* l'extrait d'une loi de Théodose et Valentinien, à l'art. IV de ce chapitre, n° 2.

I. *Voyez* les autorités citées au livre III, dernier chapitre, art. III.

II. — 1°. Procuratores curiarum, annonarum et cellariensium specierum gratia minime fatigentur, quas in dignitatibus constituti (id est, rectores provinciarum et comites) solent accipere; nam quum adærationis æstimatio prius per centum et viginti capita exactione solidi teneretur, per sexaginta recens redegit aviditas, exindeque jam nutrita licentia tredecim tributarios non dubitavit arctare, procuratore damnum, quo ipse sub-

ditus fuisset, provincialibus infligente. Ideoque per cornicularium cujuscumque provincialis officii hanc sollicitudinem impleri conveniet: ita ut nulla ab eadem exactionis molestia provincialibus inferatur. (*Extr. d'une loi des empereurs Honorius et Théodose.* Code Théodos., liv. VII, tit. 4, t. II, p. 329.)

2°. Asclepiodoto, præf. præt.

Annonas omnes, quæ universis officiis atque... palatii ministeriis, ... cæterisque adminiculis dignitatum adsolent delegari, quasque hii qui ad earum exactionem mittuntur, pro cupiditate... sua graviter ex provincialium visceribus eruebant, ad similitudinem militum, quibus ærariæ præbentur annonæ, adærari præcipimus, ut omnibus superius designatis emolumenta debita in pretii dispositio culminis tui... taxatis præcipiat erogari. (*Extr. d'une loi d'Honorius.* Code Théodos., liv. VII, tit. 4, loi 35, t. II, p. 332.)

III. La preuve de l'obligation imposée aux citoyens de contribuer à l'enrôlement et équipement des recrues résulte complétement d'une loi des empereurs Valentinien, Valens et Gratien.

IV. La preuve que les diverses contributions imposées aux possessions envers les soldats et les officiers étaient des obligations annuelles et mesurées sur les possessions, résulte :

1°. De la loi d'Honorius et Théodose, que nous venons de citer; elle montre que les contributions de vivres imposées en faveur des gouverneurs de provinces et des comtes se mesuraient, pour les particuliers, sur le nombre des arpents, et s'augmentaient et diminuaient sur cette mesure;

2°. D'une loi des empereurs Valentinien, Valens et Gratien; elle montre que les habitants des provinces payaient une « redevance annuelle de vêtements pour les soldats, » à raison d'un certain nombre d'arpents de terre, nombre qui n'était pas le même pour toutes les provinces;

3°. D'une loi des empereurs Valentinien, Valens et Gratien; elle marque que les contributions en grains « se formaient « en nature chaque année, » à un ou plusieurs termes, « et

---

III. Tironum præbitio in patrimoniorum viribus, potius quam in personarum muneribus collocetur...... Illud... definitum est, ut hii tantum a consortibus segregentur, quorum jugatio ita magna est, ut accipere non possit adjunctum..... Inter quos vero possessionis exiguæ necessitas conjunctionem postulat,..... annorum ..... vicissitudo servetur : quippe ut senatores, cæterique qui primo anno et suo et consortis nomine tironem dederint, in sequenti vice habeantur immunes... Quem ordinem quum corpora postulantur, conveniet custodiri; sin vero aurum fuerit pro tironibus inferendum, unumquemque pro modo capitationis suæ debitum redhibere oportet, et ne aliquid dubium relinquatur, et solidorum numerum, qui temonario inferendus est, designamus ..... ut pretii modus in triginta tantummodo et sex solidis colligatur.... sex tironi gratia vestis ac sumptuum præbiturus. (*Extr. d'une loi des empereurs Valentinien, Valens et Gratien*,

tien. Code Théodos., liv. vii, tit. 13, loi 7, t. II, p. 378.)

IV. — 1°. *Voyez* la loi d'Honorius et Théodose, à l'art. II de ce chapitre, première autorité.

2°. Provinciæ Trachiarum, per viginti juga seu capita conferant vestem : Scythia et Mysia, in triginta jugis seu capitibus annua solutione defendant; per Ægyptum et Orientis partes, in triginta terrenis jugis; per Asianam vero et Ponticam diœcesim, ad eumdem numerum in capitibus, seu jugis annua vestis collatio dependatur. (*Extr. d'une loi des empereurs Valentinien, Valens et Gratian*. Code Théodos., liv. vii, tit. 6, loi 3, t. II, p. 337.)

3°. Unusquisque annonarias species, pro modo capitationis et sortium, præbiturus, per quaternos menses anni curriculo distributo, tribus vicibus summam collationis implebit. Si vero quisque uno tempore omnia sua debita optat expendere, proprio ... suo utatur arbitrio.

« se réglaient pour chacun sur la mesure de sa capitation, » ou taxe par arpent;

4°. Et enfin, d'une loi des empereurs Valentinien et Gallien ; elle met en principe et en règle « que celui qui jouit des « fruits de la terre doit acquitter les provisions de grains. »

V. La preuve de l'obligation imposée aux sujets de contribuer, proportionnellement à leur faculté, à l'entretien des chemins publics, résulte d'une loi des empereurs Honorius et Théodose; elle marque que tous les citoyens étaient obligés en général de contribuer « aux constructions et aux répara- « tions des chemins et des ponts publics. »

VI. La preuve de l'obligation imposée aux citoyens de contribuer, proportionnellement à leur possession, à la construction à neuf des murs de ville, résulte complétement d'une loi d'Arcade et d'Honorius.

VII. La preuve de l'obligation imposée en général aux citoyens, propriétaires, de fournir les chevaux et les voitures nécessaires à la course publique, c'est-à-dire à ceux qui étaient autorisés par le prince à les demander, résulte évi-

(Extr. d'une loi des empereurs Valentinien, Valens et Gratien. Code Théodos., liv. II, tit. 1, loi 15, t. IV, p. 26.)

4°. Annonas is solvere debet, qui possessiones tenet, et fructus percipit. (Extr. d'une loi des empereurs Valérien et Gallien. Code de Just., liv. x, tit. 16, t. II, p. 820.)

V. Absit ut nos instructionem viæ publicæ, et pontium, stratarumque operam ... inter sordida munera numeremus; igitur ad instructiones reparationemque itinerum, pontiumque, nullum genus hominum, ... cessare oportet; domos etiam divinas, ac ecclesias ... adscribimus. Quam legem cunctarum provinciarum judicibus intimari conveniet, ut noverint, quæ viis publicis antiquitas tribuenda decrevit, sine ... dignitatis exceptione præstanda. (Extr. d'une loi des empereurs Honorius et Théodose. Code Théodos., liv. II, tit. 3, t. V, p. 344.)

VI. Omnes provinciarum rectores litteris moneantur, ut sciant, ordines atque incolas urbium singularum, muros, vel novos debere facere, vel

firmius veteres renovare ; scilicet hoc pacto impendiis ordinandis, ut adscriptio currat pro viribus singulorum ; deinde scribantur pro æstimatione futuri operis territoria civium, ne plus poscatur aliquid, quam necessitas imperaverit ... Oportet namque per singula juga certa quæque distribui, ut par cunctis præbendorum sumptuum necessitas imponatur. (Extr. d'une loi des empereurs Arcade et Honorius. Code Théodos., liv. XV, tit. 1, loi 34, t. V, p. 308.)

VII. Nihil provincialibus indici sine nostra scientia fas est ; neque rursus, ex his quæ sunt indicta, referri; omnia igitur quæ consuetudo, vel dispositio nostra amplectitur, hoc est, cursum publicum, ... itinerum sollicitudines, cæteraque similia, cuncti possessores implere compellantur. (Extr. d'une loi de Julien. Code Théodos., liv. XI, tit. 16, loi 10, t. IV, p. 122.)

Quoniam multos perspeximus illicita præsumptione paraveredos, vel parangarias postulare, hac lege sancimus ut nulli deinceps usurpandi licentia concedatur, nisi in causa pu-

demment d'une loi de Julien, et d'une loi d'Arcade et d'Honorius.

CHAPITRE III.

Des charges particulières des curiales.

I. La preuve de l'obligation imposée aux magistrats municipaux de régir et d'employer les revenus communs des cités, résulte :

1°. D'une loi de Théodose, déjà citée ; elle montre que les curiales possédaient « les biens et impôts sur les consommations « qui appartenaient aux cités, » et qu'ils affermaient ces contributions ;

2°. D'un texte d'Ulpien cité au Digeste ; il compte au nombre des fonctions des curiales les fonctions « d'ordonner de « l'emploi de l'argent public. »

II. La preuve que les curiales ou leurs agents devaient faire faire les travaux publics se lit dans une loi des empereurs Théodose et Arcade, déjà citée.

III. La preuve que les curiales étaient chargés d'imposer et de percevoir les contributions et les tributs résulte :

1°. D'une loi de l'empereur Constantin ; elle marque que les décurions étaient établis « pour exiger les provisions de « grains dues aux troupes ; »

2°. D'une loi de l'empereur Majorien ; elle témoigne que

---

blica, vel manifestis evectionibus destinato. (*Extr. d'une loi d'Arcade et Honorius.* Code Théodos., liv. viii, tit. 5, loi 63, t. II, p. 566.)

I. — 1° *Voyez* une loi de Théodose, au chapitre I, art. IV, n° 2.

2°. Quoties filius familias ... decurio creatur, universis muneribus, quæ decurioni filio injunguntur, obstrictus est pater, quasi fidejussor pro filio ; ... proinde quidquid in republica filius gessit, pater ut fidejussor præstabit. Gestum autem in republica accipere debemus, pecuniam publicam tractare, sive erogandam decernere ; ... si curatores operum, vel cujus alterius reipublicæ creavit, tenebitur, ... et si vec-

tigalia publica locavit. (*Extr. d'un texte d'Ulpien.* Dig. de Just., liv L, tit. 1, n° 2, t. I, p. 191.)

II. *Voyez* l'extrait d'une loi des empereurs Théodose et Arcade, au chapitre précédent, art. VI.

III. — 1°. Decuriones ad ... exactionem annonarum ... nominari debent. (*Extr. d'une loi de l'empereur Constantin.* Code Théodos., l. xii, tit. 1, loi 8, t. IV, p. 352.)

2°. Hoc est quod vetus providentia dispositioque majorum, quam in omnibus sequimur atque reparamus, provincialibus judiciis exequenda commisit, quibus et nitentibus per singularum municipes civitatum ... fiscalium tributorum celebretur il-

« les municipes de chaque cité étaient chargés de faire l'impo-
« sition des tributs fiscaux, selon la législation ancienne; »

3°. D'une loi des empereurs Arcade et Honorius; elle
compte les curiales parmi les exacteurs des tributs;

4°. Des textes d'Arcadius Charisius et de Papinien, cités
au Digeste; ils montrent encore que « les décurions exigeaient
« les tributs; »

5°. D'une loi des empereurs Arcade et Honorius, et d'une
loi de Majorien; elles montrent clairement que les curiales
levaient des tributs sur les terres;

6°. D'une loi de l'empereur Julien; elle montre que l'exaction
de la capitation plébéienne est une des charges des curiales;

7°. Et enfin d'un texte d'Arcadius Charisius, cité au Digeste;
il compte l'obligation « d'exiger les provisions de grains, et
« les capitations en argent, au rang des charges personnelles, »
ou charges de la curie.

IV. La preuve de l'usage où étaient les cités de faire des
présents aux princes, à l'occasion de leur avénement au trône,
des bienfaits publics ou des événements heureux, résulte :

1°. D'une loi des empereurs Gratien, Valentinien et Théodose; elle rend témoignage de cet usage;

latio. (*Extr. d'une loi de l'empereur
Majorien.* Nov. Théodos., tit. 4,
t. VI, p. 34 et 35.)

3°. Quidquid ultra debitum fuerit
elicitum a curialibus, vel cohortalibus, vel aliis exactoribus, in duplum eruatur. (*Extr. d'une loi des
empereurs Arcade et Honorius.* Code
de Just., liv. x, tit. 20, loi 1, t. II,
p. 825.)

4°. Decaproti et icosaproti tributa
exigentes, ... fiscalia detrimenta re-
sarciunt. (*Extr. d'un texte d'Arcadius Charisius.* Dig. de Just., n° 18,
§. 26, t. I, p. 1927.)

Exigendi tributi munus ... decurionibus ... mandatur. (*Extr. d'un
texte de Papinien.* Dig. de Just.,
liv. L, tit. 1, n° 17, §. 7, t. I,
p. 1913.)

5°. Docuit tua sublimitas, exactionem tributorum senatus non posse
concurrere; ... jubemus ut senatorii
fundi, non per officia, sed per curiales potius exigantur. (*Extr. d'une
loi des empereurs Arcade et Hono-

rius.* Code Théodos., liv. VI, tit. I,
loi 4, t. II, p. 31.)

Compulsor tributi nihil amplius a
curiali noverit exigendum, quam
quod ipse a possessore susceperit.
Qui ad hoc tantummodo perurgen-
dus est, ut pariter exigat, et publicum debitorum ostendat atque con-
vincat. (*Extr. d'une loi de l'empereur
Majorien.* Nov. Théodos., tit. 1,
t. VI, p. 33.)

6°. Exactiones in capitatione plebeia, curialium munera et quidem
inferiora esse, minime dubitatur.
(*Extr. d'une loi de l'empereur Julien.*
Code Théodos., liv. XI, tit. 23, loi 2,
t. IV, p. 169.)

7°. Qui annonam .... exigit, ... et
exactores pecuniæ pro capitibus, per-
sonalis muneris sollicitudinem sustinent. (*Extr. d'un texte d'Arcadius
Charisius.* Dig. de Just., liv. L, tit. 4,
n° 8, t. I, p. 1925.)

IV. — 1°. Quæ diversarum ordines
curiarum, vel amore proprio, vel
indulgentiarum lætitia, vel rebus

2°. Des écrits de Spartien et de Jules-Capitolin ; ils témoignent que l'usage des cités, d'offrir de l'or aux princes à leur avénement, était établi dès le deuxième siècle ;

3°. Et enfin, d'une loi des empereurs Valentinien et Valens ; elle montre que la contribution à l'or des couronnes ne regardait que les curiales, et était absolument volontaire.

V. La preuve que les magistrats municipaux devaient donner à leurs dépens des spectacles publics dans leurs cités, résulte :

1°. D'une loi des empereurs Valentinien, Valens et Gratien ; elle témoigne que l'ordonnance « des spectacles publics « n'appartenait pas aux juges, mais aux magistrats des villes, « aux dépens desquels ils se donnaient ; »

2°. D'une loi des empereurs Arcade et Honorius : elle « oblige les duumvirs d'Antioche à fournir six cents sous pour « les spectacles de la cité. »

prospere gestis admoniti, in coronis aureis signisque diversis obtulerint, in quacumque fuerint oblata materia, in ea suscipiantur, ne id quod voluntate offertur ... injuria inesquatur. (*Extr. d'une loi des empereurs Gratien, Valentinien et Théodose*, Code Théodos., liv. xii. tit. 13, loi 4, t. IV, p. 604.)

2°. ... Aurum coronarium Italie remisit, in provinciis minuit... (*Extr. de Spartien, Vie d'Adrien.*)

Aurum coronarium, quod adoptionis suæ causa oblatum fuerat, Italicis totum, medium provincialibus reddidit... (*Extr. de Jules Capitolin, Vie d'Aurélien.*)

Coronas, quas mihi obtulerunt omnes Galliæ civitates, aureas, vestræ, P. C., clementia dedicavi. (*Extr. de Vopisque, lettre de Probus au Sénat.*) Voyez pour ces trois autorités le Comment. du Code Théodos., t. IV, p. 602.

3°. Nullus, exceptis curialibus, quos pro substantia sui aurum coronarium offerre convenit, ad oblationem hanc attineatur. (*Extr. d'une*

loi des empereurs Valentinien et Valens. Code Théodos., liv. xii, tit. 13, loi 3, t. IV, p. 604.)

V. — 1°. Magistratus et sacerdotum editiones, quæ aut in civitatibus, aut certe in his debent exigi, quas delegit antiquitas, non in potestate judicum sint : qui plerumque, dum popularem plausum alienis spoliationibus aucupantur, ea quæ in competenti loco solers diligentia præparavit, ad alteram urbem transferri præcipiunt ; sed in eorum arbitrio maneant, quorum expensis ac sumptibus procurandæ sunt. (*Extr. d'une loi des empereurs Valentinien, Valens et Gratien.* Code Théodos., liv. xv, tit. 5, loi 1, t. V, p. 348.)

2°. Sexcentorum solidorum præbitionem, qua magistratuum census Antiochenorum erectus est, gratanter admisimus ; ... largitione nostræ clementiæ, ut sub hac oblectatione populus sua tristitia consoletur. (*Extr. d'une loi des empereurs Arcade et Honorius.* Code Théodos., liv. xii, tit. 1, loi 159, t. IV, p. 499.)

CHAPITRE IV.

De la responsabilité des curiales dans toutes les parties
de leur administration.

La preuve de ce qui a été dit sur la solidarité établie entre
les divers membres de la curie, qui hypothéquait non-seulement les biens du curiale, mais ceux de son nominateur et de
son collègue dans les mêmes fonctions, qui hypothéquait jusqu'aux biens de la curie à l'acquittement des charges, résulte :

1°. Des textes de Papinien au Digeste; ils montrent que
chaque magistrat ou duumvir avait sa caution dans la personne de celui qui l'avait nommé; que, de plus, les duumvirs étaient caution l'un pour l'autre, de sorte que si les
charges des fonctions d'un duumvir avaient épuisé sa fortune,
elles pouvaient épuiser ensuite celle de son « nominateur,
« puis celle de son collègue, et des nominateurs, cautions
« de ce collègue, » sans qu'il y eût aucune perte pour le corps
de la curie; mais « qu'enfin la curie elle-même » répondait au fisc de la totalité des redevances et tributs levés chez
elle;

2°. D'une loi de l'empereur Gordien, et d'une loi des empe-

Ch. IV.—1°. Si alter ex magistratibus toto anno afuerit, aut ... praesens per contumaciam, sive igna-
viam, vel aegram valetudinem, reipublicae negotia non gesserit, et omnia collega solus administraverit, nec
tamen tota res ab eo servari possit :
talis ordo dabitur, ut in primis,
qui reipublicae negotia gessit, et qui
pro eo caverunt, in solidum conveniantur; mox, peractis omnibus, periculum adgnoscat, qui non idoneum
nominavit; postremo alter ex magis-
tralibus, qui reipublicae negotiis se non
immiscuit. Nec juste, qui nominavit, universi periculum recusavit :
quum scire deberet, eum, qui nomi-
naretur, individuum officium, et
commune periculum suscepturum;
nam et quum duo gesserunt, et ab
altero servari, quod debetur, non
potest, qui collegam nominavit, in
universo convenitur. (*Extr. d'un texte
de Papinien.* Dig. de Just., liv. 1,
tit. 1, n° 13, t. 1, p. 1912.)

Fidejussores, qui salvam rempublicam fore responderunt, et qui magistratus suo periculo nominant, poenali-
bus actionibus non adstringuntur,
in quas inciderunt hi, pro quibus
intervenerunt ; eos enim damnum
reipublicae praestare satis est. (*Ibid.,*
n° 17, §. 15, t. 1, p. 1913.)

Imperator Titus Antoninus Len-
tulo Vero rescripsit, magistratuum
officium individuum, ac periculum
esse commune; quod sic intelligi
oportet, ut ita demum collegae periculum adscribatur, si neque ab ipso
qui gessit, neque ab his qui pro eo
intervenerunt ... solvendo non fuit,
honore deposito; alioquin si persona,
vel cautio sit idonea, vel solvendo
fuit, quo tempore conveniri potuit,
unusquisque in id quod administra-
vit, tenebitur. (*Ibid.,* n° 11, t. 1,
p. 1911.)

2°. Quoties duobus non separatim,
sed pro indiviso munus injungitur,
et ita ut unusquisque eorum periculo

reurs Dioclétien et Maximin : elles rentrent dans le sens des textes du Digeste, en prononçant que les deux collègues sont solidaires l'un pour l'autre, en leur donnant encore à chacun pour caution celui qui aurait été obligé de les nommer, et hypothéquant ainsi par ordre la totalité des fortunes de ces trois cautions aux risques de la perception imposée à un seul ;

3°. Des lois des empereurs Gratien, Valentinien, Théodose et Valens ; elles marquent que les receveurs et les préposés des greniers doivent être confirmés dans l'assemblée de la curie, et que tous ceux qui les auront nommés seront responsables pour eux ;

4°. D'une loi de Constantin, et d'une loi de Valentinien et Valens ; la première loi montre que si la curie avait placé le

soliditatis videatur obstrictus, manus ad nominatorem, priusquam utrique, qui id munus administraverunt ... fuerint excussi, nulla ratione porrigi possunt. Si vero separatis portionibus ad munus nominati sunt, prius pro portione conveniantur qui id munus administraverint : item fidejussores eorum. Si nec ab his quidem indemnitas fuerit servata, tunc demum creatorem ; ac si nec is quidem sufficiat novissime participem muneris conveniri debere, præses non ignorat. (*Extr. d'une loi de l'empereur Gordien.* Code de Just., liv. xi, tit. 35, loi 2, t. II, p. 884.)

Quum te et collegam tuum, magistratus vestri tempore, publicum fœnus collocasse proponas, nec potuisse debitum a quibusdam reipublicæ restitui ; quum paratus sis pro te id quod solus gessisti, reipublicæ satisfacere : consequens est reipublicam, si separati actus vestri contracti fuerint, successores collegæ tui vel rerum ejus, possessores prius ob personam ejus congredi ; et si solida indemnitas reipublicæ servata non fuerit, nominatores ejus interpellare : ac postremo loco, si quid ex nomine collegæ tui defuerit, ob culpæ nexum te interpellare : priores enim nominatores veluti fidejussores placuit obstringi. (*Extr. d'une loi des empereurs Dioclétien et Maximin.* Code de Just., liv. xi, tit. 35, loi 4, t. I, p. 884.)

3°. Exactores vel susceptores in celeberrimo cœtu curiæ, consensu et judicio omnium, sub actorum testificatione firmentur : provinciarumque rectores eorum nomina qui ad publici munus officii dediti atque obligati fuerint, innotescant, et animadvertant quicunque nominaverint, ad discrimen suum universa quæ illi gesserint redundare. (*Extr. d'une loi des empereurs Gratien, Valentinien et Théodose.* Code Théodos., liv. xii, tit. 6, loi 20, t. IV, p. 552.)

Juxta inveteratas leges, nominatores susceptorum et eorum qui ad præposituram horreorum et pagorum creantur, teneantur obnoxii, si minus idonei sint, qui ab hisdem fuerint nominati ; nec quicquam ex eorum substantia, celebrata per interpositam personam emptione, mercentur. (*Extr. d'une loi des empereurs Valentinien et Valens.* Code Théodos., liv. xii, tit. 6, loi 8, t. IV, p. 543.)

4°. Si qui debitor reipublicæ civitatis quippiam ex eo patrimonio quod habuit, quum pecuniam reipublicæ sumeret, donaverit, vel distraxerit, vel qualibet in alium ratione contulerit, ... judex omni diligentia sollicitudine debebit inquirere, ad quos ... transierint debitoris facultates, ut singuli, æqua æstimatione habita, pro rata rerum quas

bien public do la cité aux mains de débiteurs insolvables, et que le recouvrement en devint impossible, c'était à la république (ou curie) et à ses magistrats à porter et partager la perte, pour peine de n'avoir pas bien placé l'argent de la cité.

La loi de Valentinien et Valens porte que « si les receveurs « donnés par la curie ont dissipé l'argent public, la curie qui « les a nommés doit répondre pour eux. »

CHAPITRE V.

Des tributs établis au profit du fisc dans l'empire romain.

I. La preuve que l'imposition appelée indiction était une imposition territoriale, résulte :

1°. D'une loi des empereurs Théodose et Valentinien, rapprochée d'une loi de Constant, Constance et Julien ; la première témoigne en général que « les tributs annuels se levaient « sur les possesseurs de fonds, avant l'indiction écoulée ; » la « seconde marque que « les indictions se levaient annuelle- « ment ; »

2°. D'une loi des empereurs Dioclétien et Maximin ; elle dit que « l'indiction s'impose, non pas sur les personnes, mais « sur les biens ; elle veut que les contraintes pour la percep-

---

possident, conveniantur ; ... quod si quis debitores non comparaverit, vel certe ita omnia sua consumpserit, ut nemo aliquam rem ex ejus bonis possideat, id quoque debitum convenit ad dispendium reipublicæ pertinere ; ideoque periculo curatoris, magistratuum et creatorum, apud idoneos, vel dominos rusticorum prædiorum, pecunia collocanda est. (*Extr. d'une loi de Constantin.* Code Théodos., liv. XII, tit. 11, loi 1, t. IV, p. 574.)

Si susceptores de curia dati aliquid vel negligentia, vel fraude decoxerint, ad redintegrationem specierum ... ordo qui creaverit possit arctari. (*Extr. d'une loi des empereurs Valentinien et Valens.* Code Théodos., liv. XII, tit. 6, loi 9, t. IV, p. 543.)

I. — 1°. Ut omni modo antequam elabatur indictio, annua tributa ... possessor exsolvat ; si quis vero solutionem voluerit in tempora longiora differre, hunc provinciæ rector compellat. (*Extr. d'une loi des empereurs Théodose et Valentinien.* Code Théodos., liv. XI, tit. 1, loi 33, t. IV, p. 45.)

Sola jubemus exigi, quæ factis a nobis indictionibus, aliisve præceptis continentur, et quæ anniversaria consuetudine ... postulantur. (*Extr. d'une loi des empereurs Constant, Constance et Julien.* Code Théodos., liv. XI, tit. 16, loi 7, t. IV, p. 119.)

2°. Indictiones non personis, sed rebus indici solent ; et ideo ne ultra modum earumdem possessionum quas possides, conveniaris, præses pro-

« tion de l'indiction soient assurées sur la possession de cha-
« cun ; »

3°. D'une loi des empereurs Gratien, Valentinien et Théodose; elle montre que « les habitants des provinces paient les
« indictions. »

II. La preuve que le nom de capitation était attribué improprement dans l'empire romain à un impôt territorial, résulte :

1°. D'une loi des empereurs Théodose, Arcade et Honorius, et de son interprétation; la loi veut « que celui qui
« acquiert un domaine soit aussitôt inscrit sur le livre du cens,
« et s'oblige à payer la capitation, » à la décharge du vendeur;
l'interprétation appelle « tribut de la terre » ce même impôt
que la loi avait improprement nommé capitation ;

2°. D'une loi de Constance; elle confond les noms de « ca-
« pitation et d'arpent ; »

3°. Et enfin, d'une loi des empereurs Théodose et Valentinien ; elle distingue précisément l'impôt territorial de la capitation, exemptant certains sujets de la capitation, en leur
laissant « le tribut de la terre, l'obligation de payer pour l'ar-
« pent de la terre. »

vinciæ prospiciet. (*Extr. d'une loi des empereurs Dioclétien et Maximin.* Code de Just., liv. x, tit. 16, loi 3, t. II, p. 820.)

3°. Nihil superindictorum nomine ad solas præfecturæ litteras quispiam provincialis exsolvat ; neque ullius omnino indictionis titulus ... immineat, nisi nostro confirmata Judicio. (*Extr. d'une loi des empereurs Gra- tien, Valentinien et Théodose.* Code Théodos., liv. xi, tit. 6, loi 1, t. IV, p. 63.)

II. — 1°. Quisquis alienæ rei quo- quo modo dominium consequitur, statim pro ea parte qua possessor fue- rit effectus, censualibus paginis no- men suum postulet adnotari, ac se spondeat soluturum, ablataque mo- lestia de auctore in succedentem ca- pitatio transferatur.

INTERPRETATIO. Quicumque cu- juslibet rei dominium quolibet ordine acquisierit, continuo pro ea parte qua possessor effectus est, publicis

libris nomen suum petat adscribi, ac se promittat tributum agri cujus pos- sessor est, soluturum. (*Extr. d'une loi des empereurs Théodose, Arcade et Honorius, et de son Interprétation.* Code Théodos., liv. xi, tit. 3, loi 5, t. IV, p. 56.)

2°. Noster inimicus diversis immu- nitatem dederat, jugorum capitatio- nibus, et professionibus amputatis; jubemus ergo ut omnibus omnino hæc privilegia derogentur. (*Extr. d'une loi de l'empereur Constantin.* Code Théodos., liv. xi, tit. 12, loi 1, t. IV, p. 96.)

3°. Thracenses capitationes tributa non præstent, sed tributa terræ.

Per universam diœcesim Thracia- rum, sublato in perpetuum humanæ capitationis censu, jugatio tantum terrena solvatur. (*Extr. d'une loi des empereurs Théodose et Valentinien.* Code de Just., liv. xi, tit. 51, loi 1, t. II, p. 896.)

III. La preuve que l'impôt appelé super-indiction était de la même nature que l'impôt appelé indiction résulte :

1°. De la loi des empereurs Gratien et Valentinien, déjà citée ; elle fait voir que les habitants des provinces payaient les sur-indictions comme les indictions :

2°. D'une loi des empereurs Honorius et Théodose, et d'une loi de Théodose et Valentinien ; elles montrent que les super-indictions se payaient sur les fonds comme les indictions, et se réglaient sur le même cadastre.

IV. La preuve qu'il exista dans l'empire romain une imposition annuelle purement personnelle, qui fut une véritable capitation, résulte :

1°. D'une loi des empereurs Théodose et Valentinien, déjà citée ; elle distingue « la capitation du tribut de la terre ; »

2°. D'un texte d'Ulpien, cité au Digeste ; il témoigne qu'on avait égard à l'âge dans la répartition de l'impôt par tête ;

3°. D'un texte de saint Hilaire ; il montre qu'il existait dans l'empire romain « un impôt par tête, le même que Jésus-Christ « avait payé ; »

4°. Et enfin, d'un écrit de Salvien ; il dit que « le citoyen « qui a perdu sa possession paie la capitation, » que ceux qui « n'ont point de propriété » supportent les impôts.

III. — 1°. *Voyez* l'extrait d'une loi des empereurs Gratien et Valentinien, à l'article I de ce chapitre, n° 3.

2°. Omnes... possidentes, quod delegatio superindicti nomine videtur amplexa,..... cogantur inferre. (*Extr. d'une loi des empereurs Honorius et Théodose.* Code de Just., liv. x, tit. 17, loi 1, t. II, p. 822.)

Excepto patrimonio..... universos possessores functiones in canonicis, et superindictitiis titulis...... agnoscere oportere censemus. (*Extr. d'une loi des empereurs Théodose et Valentinien.* Code Théodos., liv. xi, tit. 1, loi 36, t. IV, p. 46.)

IV. — 1°. *Voyez* l'extrait d'une loi des empereurs Théodose et Valentinien, à l'article II de ce chapitre, n° 3.

2°. Ætatem in censendo significare necesse est ; quia quibusdam ætas tribuit, ne tributo onerentur ; veluti in Syriis a quatuordecim annis masculi, a duodecim fœminæ usque ad sexagesimum quintum annum tributo capitis obligantur. (*Extr. d'un texte d'Ulpien.* Dig. de Just., liv. L, tit. 15, n° 3, t. I, p. 1918.)

3°. B. Hilarius ad Constantium : Censum capitum remittis, quem Christus... exsolvit. (*Extr. des écrits de saint Hilaire.* Code Théodos., au comment. t. V, p. 117.)

4°. Quum possessio ab his recesserit, capitatio non recedit ; proprietatibus carent, et vectigalibus obruuntur. (*Extr. des écrits de Salvien.* Œuvres de Salvien, liv. v, p. 47.)

V. La preuve de l'existence d'un tribut sur les produits du commerce, qui ne regardait que les négociants et les marchands, résulte :

1°. D'une loi de Constance et de Julien ; elle marque « que « les négociants doivent fournir l'impôt en or et en ar- « gent ; »

2°. D'une loi des empereurs Arcade et Honorius ; elle marque que tous « les négociants payaient une imposition, » appelée imposition lustrale ; que cette imposition regardait encore « ceux qui prêtaient l'argent à usure ; »

3°. Et enfin, d'une loi des empereurs Valentinien et Valens ; elle marque que l'imposition « de l'or et de l'argent se payait « par les marchands, et non par les propriétaires qui négo- « ciaient du produit de leur bien propre. »

VI. La preuve de l'existence d'une imposition générale sur les consommations a déjà été établie au chapitre Ier.

VII. La preuve que cette imposition était un huitième de la valeur des objets, et que personne n'en était exempt, résulte complétement d'une loi des empereurs Valentinien et Valens.

V.—1°. Negotiatores omnes... convenit aurum argentumque præbere, clericos excipi tantum. (*Extr. d'une loi de Constance et Julien.* Code Théodos., liv. xiii, tit. 1, loi 1, t. V, page 3.)

2°. Omnes negotiatores lustralem conferre convenit pensionem ; non solum hi qui probantur in territoriis, sive in civitatibus, exercere commercia, succumbant aurariæ functioni, verum etiam qui, studentes fœnori, crescentis in dies singulos pecuniæ accessione lætantur. (*Extr. d'une loi des empereurs Arcade et Honorius.* Code Théodos., liv. xiii, tit. 1, loi 18, t. V, p. 18.)

3°. Aurum mercatoribus atque argentum, quo erogatio publica jubetur, indiximus ;...... exceptio autem eos tantummodo in hac communi sorte defendet, qui proprio jure per se aut homines suos,..... negotiantes, non tam mercatorum loco haberi debent, quam.... dominorum. (*Extr. d'une loi des empereurs Valentinien et Valens.* Code Théodos., liv. xiii, tit. 1, loi 6, t. V, p. 10.)

VI. *Voyez* les autorités citées au chapitre I.

VII. Ex præstatione vectigalium nullius omnino nomine quicquam minuatur ; quin octavas more solito constitutas omne hominum genus, quod commerciis voluerit interesse, dependat, nulla super hoc militarium personarum exceptione facienda. (*Extr. d'une loi des empereurs Valens et Valentinien.* Code de Just., liv. iv, tit. 61, loi 7, t. II, p. 351.)

CHAPITRE VI.

De l'assiette des impositions et des charges territoriales.

I. La preuve de l'existence d'un cadastre appelé *cens*, où tous les biens-fonds de chaque cité étaient estimés et évalués, résulte :

1°. D'un texte d'Ulpien, cité au Digeste ; il marque que l'on déclare dans le cens le nom de chaque fonds, sa cité, son canton, les cantons voisins ; quelle est la terre qui sera ensemencée dans les dix années prochaines ; combien le fonds comprend d'arpents ; si c'est une vigne, combien elle a de ceps ; et dans le même détail toutes les autres productions en oliviers, prés, pâturages, bois, taillis ; enfin, Ulpien marque que tous les domaines situés dans une cité devaient être déclarés dans le cens à cette cité, et le tribut de la terre s'y devait payer par les propriétaires, quoiqu'ils habitassent ailleurs :

2°. D'une loi de Constance et de Constant ; elle fait voir qu'il y avait « un cens » ou cadastre de biens-fonds dans chaque « cité des provinces » de l'empire ;

3°. D'une loi des empereurs Théodose, Arcade et Honorius ; elle marque que « tout homme qui acquérait le domaine d'au-« trui devait faire inscrire son nom dans le livre du cens. »

II. La preuve que les impositions en argent exigées par le fisc, et les provisions de grains dues aux troupes, s'imposaient sur les divers propriétaires, en conséquence de l'estimation faite dans le cens, c'est-à-dire par arpent, résulte :

1°. D'un passage d'Ulpien ; il témoigne que chaque posses-

I.—1°. Forma censuali cavetur, ut agri sic in censum referantur : nomen fundi cujusque, et in qua civitate et quo pago sit, et quos duos vicinos proximos habeat, et id arvum quod in decem annos proximos satum erit, quot jugerum sit ; vinea, quot vites habeat ; oliva, quot jugerum, et quot arbores habeat ; pratum, quod intra decem annos proximos sectum erit, quot jugerum ; pascua, quot jugerum esse videantur ; item silvæ cæduæ ; omnia ipse, qui defert, æstimet.

Is vero qui agrum in alia civitate habet, in ea civitate profiteri debet, in qua ager est : agri enim tributum in eam civitatem debet levare, in cu-

jus territorio possidetur. (*Extr. d'un texte d'Ulpien.* Dig. de Just., liv. I, tit. 15, n° 4, pr., t. 1, p. 1948.)

2°. Plerique censum fundorum suorum, jugorum, ad alias civitates transferre curarunt ; uniuscujusque itaque civitatis censum in omnibus provinciis ad proprias civitates redire censuimus. (*Extr. d'une loi des empereurs Constance et Constant.* Code Théodos., liv. XI, tit. 22, loi I, t. IV, p. 163.)

3°. *Voyez* l'extrait d'une loi des empereurs Théodose, Arcade et Honorius au chapitre précédent, art. II, n° 1.

II.—1°. *Voyez* l'extrait d'un texte d'Ulpien, à l'article précédent, n° 1.

seur « doit déclarer sa terre au cens, dans la cité où elle se
« trouve, parce que le tribut de la terre se doit payer à la cité,
« dans le territoire de laquelle elle est ; »

2°. D'une loi des empereurs Théodose, Arcade et Honorius,
et de son interprétation ; elle montre que tout nouveau possesseur de fonds « devait faire inscrire son nom dans le livre
« du cens, » et s'obliger à payer le tribut par arpent, « à la
« décharge du premier possesseur ; »

3°. D'une loi des empereurs Honorius et Théodose ; elle
veut que « le paiement du tribut se fasse dans le lieu du terri-
« toire que le cens renferme ; »

4°. D'une loi des empereurs Valentinien et Valens ; elle
marque que « l'acquittement des paiements fiscaux en général
« se devait faire sur l'arpent ou capitation ; »

5°. D'une loi des empereurs Honorius et Théodose ; elle dit
que chacun doit fournir les provisions de grains, proportion-
nément à sa taxe par arpent ;

6°. Et enfin, d'une loi des empereurs Gratien et Théodose ;
elle veut « que personne ne puisse posséder quelque chose
« d'exempt, et que les cotes des cens, une fois fixées, de-
« meurent à jamais inébranlables. »

III. La preuve que les charges extraordinaires, la contribution aux vêtements des troupes, à l'enrôlement et équipement

---

2°. *Voyez* la même loi des empereurs Théodose, Arcade et Honorius,
au chapitre précédent, art. II, n° 1.

3°. Hac generali denuo legis prae-
ceptione sancimus, ne cuiquam liceat
praestationes possessionum ad aliud
territorium ex alio transferre; sed
omnibus modis in eo loci tributaria
agnoscatur illatio, quem fides censum retinet, et necessitas publicae
adscriptionis adstringit. (*Extr. d'une
loi des empereurs Honorius et Théodose.* Code Théodos., liv. xi, tit. 22,
loi 5, t. IV, p. 166.)

4°. Illud..... adjecimus, ut tripar-
tita esset illatio fiscalium pensionum ;
sinceritas tua... procuratores... com-
moneat, ut quidquid pro jugatione
vel capitatione deposcitur,..... exsol-
vant. (*Extr. d'une loi des empereurs
Valentinien et Valens.* Code Théodos., liv. xi, tit. 7, loi 11, t. IV.
p. 74.)

5°. *Voyez* l'extrait d'une loi des
empereurs Honorius et Théodose, au
chapitre II de ce livre, art. II.

6°. Nemo aliquid immune possideat ;... exaequationes censuum, quas
consensus provinciarum, quas nostra
responsa, quas censorum et peraequatorum officia, quas auctoritates denique
ordinariorum et amplissimorum......
probaverant, inconcussa aeternitate
permaneant.... Civitatum tabulariis
erit flamma supplicium, si cujusquam
fraude... injusta profiteretur immunitas, ac non, secundum praecedentem
definitionem, omnes omnino..... necessitas tributariae functionis, firmata
censitorum, peraequatorum, provincialium judicum, peraequatione, con-
strixerit. (*Extr. d'une loi des empereurs Gratien et Théodose.* Code
Théodos., liv. xiii, tit. 10, loi 8,
t. V, p. 122.)

III. *Voyez* les autorités citées au

des recrues, et aux réparations des chemins et des murs de ville, s'imposaient par arpent, résulte complètement des autorités citées ci-dessus, au chapitre II.

IV. La preuve que l'on n'accordait de décharges des impôts qu'à raison d'accidents extraordinaires arrivés à certaines terres, et qu'on refusait les décharges pour les terres qui étaient devenues incultes, tant qu'il restait à leurs propriétaires d'autres domaines fertiles, résulte :

1°. D'un texte d'Ulpien, cité au Digeste ; il dit que l'on décharge le possesseur, « si une partie de la terre a péri par un « tremblement de terre, si les vignes sont mortes, si les arbres « sont brûlés ; » mais, que hors ces cas d'exception prévus, le propriétaire ne sera point déchargé ;

2°. D'une loi des empereurs Arcade et Honorius ; elle marque que si un possesseur « demande que son domaine désert « soit inspecté » pour obtenir une décharge, il souffrira que tous les biens qu'il possède soient examinés, pour que la charge de la possession abandonnée s'attache aux meilleures possessions, et que le patrimoine stérile étant compensé, on ne fasse plus de réclamation pour les champs déserts.

Et enfin, la loi prononce formellement « qu'il n'y aura de « soulagement que pour les domaines abandonnés dont les « possesseurs n'existent plus, ou qui sont si pauvres, qu'il est « prouvé qu'ils n'ont que ces domaines incultes ; »

3°. D'une loi des empereurs Théodose, Arcade et Hono-

---

chapitre II de ce livre, articles II, III, IV, V et VI.

IV.—1°. Vitia priorum censuum, editis novis professionibus, evanescunt. (*Extr. d'un texte d'Ulpien.* Dig. de Just., liv. 1, tit. 15, n° 2, t. I, p. 1948.)

Illam æquitatem debet admittere censitor, ut officio ejus congruat, relevari eum, qui in publicis tabulis delato modo frui certis ex causis non possit. Quare, et si agri portio chasmate perierit, debebit per censitorem relevari. Si vites mortuæ sint, vel arbores aruerint, iniquum, eum numerum inseri censui; quod si exciderit arbores, vel vites, nihilominus eum numerum profiteri jubetur, qui fuit census tempore : nisi causam excidendi censitori probabit. (*Ibid.*, n° 4, §. 1.)

2°. Si qui aliarum possessionum dominus desertum prædium suum inspici forte voluerit, universa loca quæ possidet, ... peragrari patietur, ut sarcina destitutæ possessionis, in quantum inspectio deprehenderit, possit melioribus sociari, peræquatoque omni patrimonio, nihil de desertis postea conqueratur. Tantum enim his prædiis ... levamenta præstamus, quorum aut domini omnino non extant, aut paupertate mediocres ipsa tantum prædia habere monstrantur. (*Extr. d'une loi des empereurs Arcade et Honorius.* Code Théodos, liv. XII, tit. 13, loi 14, t. V, p. 135.)

3°. Qui fundum aliquem, velut afanticorum mole depressum, cupit aliquatenus relevari, omne nihilominus patrimonium suum admisso pe-

rius ; elle rentre absolument dans le sens de celle que l'on vient de citer ;

4°. D'une loi des empereurs Valentinien et Valens ; elle ordonne la « compensation des possessions opulentes et des « possessions désertes appartenantes à la même personne , de « sorte que les possesseurs remplissent en entier la mesure de « la déclaration ; »

5°. Et enfin, d'une loi des empereurs Valentinien, Valens et Gratien ; elle oblige « les héritiers à acquitter les charges « fiscales , même sur les plus mauvais fonds, ou à renoncer « absolument aux héritages. »

V. La preuve que le fisc poursuivait tellement l'impôt sur la terre, qu'il disposait des terres abandonnées de leurs possesseurs pour les attribuer en toute propriété aux particuliers qui voulaient bien les recevoir avec l'immunité des deux années, résulte :

1°. D'une loi d'Honorius et Théodose ; elle ordonne « que « les biens sur lesquels on ne peut acquitter l'imposition soient « évalués et taxés au taux qu'ils peuvent porter, de même que « les biens dont les propriétaires ont disparu ; que si ensuite « on ne peut retrouver leurs premiers maîtres, ces biens soient

tiatur inspectore censeri. Quod quidem etiam ad singularum civitatum legationes convenit custodiri , ut scilicet omne territorium censeatur, quotiens defectorum levamen exposcitur, ut squalidiora atque jejuna, culta atque opima compensent. Nemini autem , citra nostram conscientiam , in quantolibet modo tributariam suspendere liceat functionem. (*Extr. d'une loi des empereurs Theodose, Arcade et Honorius*. Code Théodos., liv. XIII, tit. 11, loi 3, t. V, p. 127.)

4°. Compensatio opulentarum et desertarum possessionum, ad eumdem pertinentium, in re annonaria. Omnes qui per Africam opulentas desertasve centurias possident , ad integrum professionis modum necessitati publicæ satisfaciant. (*Extr. d'une loi des empereurs Valentinien et Valens.* Code Théodos., liv. XI, tit. 1, loi 10, t. IV, p. 19.)

5°. Hæredes scripti, etiam pro minus idoneis fundis, fiscale onus cogantur agnoscere : vel si renuntiandum hæreditati putent, cedant his omnibus rebus, quas ex hisdem bonis quocumque titulo et jure perceperint. (*Extr. d'une loi des empereurs Valentinien, Valens et Gratien.* Code Théodos., liv. XI, tit. 1, loi 17, t. IV, p. 28.)

V. — 1°. Loca , quæ præstationem suam implere non possunt, præcipimus adæquari , ut quid præstare possint , mera fide, et integra veritate, scribatur, id vero quod impossibile est, e vasariis publicis auferatur. Et primo quidem veteribus dominis adscribi prædia ipsa conveniet ; quorum si personæ eorumve hæredes non potuerint reperiri , vicinos vel peregrinos volentes, … dominos statuendos esse censemus. In tantum autem omnium animos beneficiis provocamus, ut id quod defectæ possessioni inspectoris arbitrio adscribitur, biennii immunitate relevetur. (*Extr.*

I.   16

« attribués aux voisins ou étrangers qui voudront bien les re-
« cevoir, » moyennant l'exemption de deux ans de tribut ;

2°. D'une loi des empereurs Honorius et Théodose ; elle témoigne que les citoyens qui avaient droit à la possession des
terres concédées, comme abandonnées par l'inspecteur ou
égaliseur, n'avaient que « l'espace de deux mois pour réclamer
« leur bien, et qu'après ce temps déterminé, ils étaient déchus
« à jamais de leurs possessions. »

VI. La preuve qu'à défaut de personnes qui voulussent
recevoir les terres abandonnées, les curies devaient en jouir
en commun avec l'immunité de trois ans, et à la charge de
payer ensuite les contributions de ces terres, et qu'enfin, si
les curies ne pouvaient supporter cette charge, les contributions des terres abandonnées se répartissaient sur toutes les
autres possessions, résulte complétement d'une loi de Constantin.

CHAPITRE VII.

Hypothèque des impositions sur les biens.

I. La preuve du droit du fisc de faire vendre les biens-fonds
pour faire réaliser l'acquittement des contributions, résulte

d'une loi des empereurs Honorius et Théodose. Code Théodos., liv. XIII, tit. 11, loi 12, t. V, p. 134.

2°. Sebastio, comiti primi ordinis. Competitionis obreptione seclusa, apud eum possessio firma permaneat, qui a peræquatore semel eam traditam fuisse constiterit ... Si quis vero privatus, aut obligatam sibi posses- sionem, quæ deserta .. permansit, aut ex aliquo titulo deberi jure confirmat, allegationes suas ... vel per se vel per aliam personam ... publicare debebit ; ita ut si æquitatis ratione suadente ad petitorem fuerit trans- lata possessio, is qui eam a peræqua- tore susceperat, rei melioratæ re- ceptis sublevetur expensis. Verum ne sub specie litis dominationis se- mel constitutæ turbentur, duorum mensium spatium censeatus servari, intra quod is qui putat sibi rem pro- babili ratione competere, debitas exerat actiones. Quod si tempus ad- scriptum silentio fuerit interveniente

transactum, nullum penitus repeten- di volumus esse principium. (*Extr. d'une loi d'Honorius et de Théodose.* Code Théodos., liv. XIII, tit. 11, loi 15, t. V, p. 135 et 136.)

VI. Prædia deserta decurionibus loci cui subsunt assignari debent, cum immunitate triennii.

Quum ... Aurelianus ... civitatum ordines pro desertis possessionibus jusserit conveniri, et pro his fundis qui invenire dominos non potuerunt, quos præceperamus earumdem pos- sessionum triennii immunitate per- cepta de solemnibus satisfacere : ser- vato hoc tenore præcipimus ut, si constiterit ad suscipiendas easdem possessiones ordines minus idoneos esse, eorumdem agrorum onera pos- sessionibus et territoriis dividanda accepta. (*Extr. d'une loi de l'empe- reur Constantin.* Code de Just., liv. XI, tit. 58, loi 1, t. II, p. 899.)

I. Nexum carcerem, plumbatarum que verbera, aut pondera, aliaque ...

des lois de Constantin et de Constance ; elles ordonnent « la
« vente irrévocable des biens de ceux qui refuseraient ou
« différeraient de satisfaire aux paiements fiscaux et à toutes
« les autres contributions imposées ; » elles autorisent « l'ad-
« judication publique de ces biens, tant des fonds que des
« esclaves, et en garantissent la possession aux adjudica-
« taires. »

II. La preuve que le fisc exigeait ordinairement des possesseurs le paiement des impositions et contributions de toutes
les années dont ils ne pouvaient justifier l'acquittement par
quittance des agents fiscaux, résulte :

1°. D'une loi des empereurs Valentinien et Valens ; elle
ordonne sous enchère la vente irrévocable des domaines pour
l'acquittement « des restes ou arrérages des provisions de bouche
« et autres dettes fiscales ; »

2°. D'une loi de l'empereur Marcien ; elle borne les poursuites en faveur des habitants des provinces, en sorte que ceux
qui « fourniront les quittances de trois années consécutives ne
« seront point tenus au tribut pour les autres, » à moins que

supplicia, in debitorum solutionibus,
vel a perversis, vel ab iratis judicibus expavescat ... Secari juxta eam
transeant solutores, vel certe, si quis
tam alienus ab humano sensu est, ut
hac indulgentia ad contumaciam
abutatur, continuetur ... custodia
militari ... Si in obdurata nequitia
permanebit, ad res ejus omnemque
substantiam cives ejus accedant, solutionis obsequio cum substantiae
proprietate suscepto ; qua facultate
praebita, omnes fore credimus pro-
niores ad solvenda ea, quae ad nostri
usus exercitus pro communi salute
poscuntur. (*Extr. d'une loi de Con-*
stantin. Code Théodos., liv. xi, tit. 7,
loi 3, t. IV, p. 68.)

Praecipimus observari, ut res
eorum, qui fiscalibus debitis per
contumaciam satisfacere differunt,
distrahantur, comparatoribus data
firmitate perpetua possidendi. (*Ibid.,*
loi 4, p. 70.)

Si quis fundum, vel mancipia ob
cessationem tributorum, vel etiam
ob vestium, auri argentique debitum, quae annua exactione solvuntur,
occupata, convento debitore, et apud

judicem ... quum solutio cessaverit,
sub hasta distracta comparaverit,
perpetuam emptionis accipiat firmitatem. (*Extr. d'une loi de l'empereur*
Constance. Code Théodos., liv. xii,
tit. 9, loi 2, t. IV, p. 88.)

II. — 1°. Quaecumque pro reliquis
... in annonaria titulo caterisve fiscalibus debitis... sub auctione licitanda
sunt, fisco auctore vendantur, ut
perpetuo penes eos sint ... quibus res
hujusmodi sub hasta solemnis arbitrio fiscus addixerit. (*Extr. d'une loi*
des empereurs Valentinien, Valens
et Gratien. Code Théodos., liv. x,
tit. 17, loi 1, t. III, p. 480.)

2°. Quicumque de provincialibus,
decurso ... posthac quantolibet annorum numero, quum probatio aliqua
ab eo tributariae solutionis exposcitur,
si trium cohaerentium sibi annorum
apochas securitatesque protulerit,
superiorum temporum apochas non
cogatur ostendere, neque ... ad illa-
tionem functionis tributariae coerceatur, nisi forte aut curialis, aut quicumque apparitor, vel ... actuarius,
vel quilibet publici debiti exactor sive
compulsor, possessorum ... habuerit

les exacteurs ne puissent reproduire la preuve manifeste que ces tributs n'avaient pas été payés ;

3°. D'une loi des empereurs Théodose-le-Jeune et Valentinien III ; « elle reproche aux exacteurs de demander les quittances détruites par la longueur des années ; » elle fait voir clairement que les agents du fisc exerçoient le droit de répétition de toutes les impositions dont le temps ou la négligence avait fait perdre les quittances ;

4°. Et enfin, d'une loi des empereurs Valentinien et Marcien, Constantin, Honorius et Théodose ; elles accordent comme grâce, comme remise, l'abolition de tous « les arrérages dus au fisc depuis vingt et trente années, » sur quelques objets que ce soit, et montrent ainsi que les poursuites du fisc pour les arrérages s'étendaient ordinairement jusqu'à ce nombre d'années, lorsque l'autorité impériale n'intervenait pas pour les arrêter.

III. La preuve que dans le cas où un possesseur avait vendu son bien pour éviter d'acquitter les arrérages qu'il devait au

cautionem ; aut id quod reposcit, deberi sibi manifesta gestorum assertione patefecerit. (*Extr. d'une loi de l'empereur Marcien. Code de Just., liv. x, tit. 22, loi 3, p. 826.*)

3°. Sciamus ... devotionem possessorum fiscalia nulla vel parva debere. ... Securitates expetant, annorum serie et vetustate consumptas, quas servare nescit simplicitas, et fiducia nihil debentis : revera enim aut quoquomodo pereunt, aut quasi justa contingit occasio deprædandi. (*Extr. d'une loi de Théodose-le-Jeune et de Valentinien III.* Nov. Théodos., tit. 7, t. VI, p. 23.)

4°. Palladio, præf. præt. Cesset ... exactio reliquorum, et sextæ indictionis initio, usque ad finem quintæ decimæ ; ... debita deleantur, sive ex possessionibus ... seu in auro, seu in argento, seu in speciebus ;... omnia collatoribus, necnon curialibus seu cohortalibus ... et aliis quicumque reperiuntur obnoxii, remittantur. (*Extr. d'une loi des empereurs Valentinien et Marcien.* Nov. Théodos., liv. III, tit. 2, t. VI, p. 30.)

A sexta indictione ... ad undecimam nuper transactam, ... tam cu-

riis, quam possessori ... reliqua indulgemus : ita ut quam in istis viginti annis ... sive in speciebus, sive pecunia ... debentur, nomine reliquorum omnibus conceduntur, nihil de his viginti annis speret publicorum cumulus horreorum, nihil area amplissimæ præfecturæ, nihil utrumque nostrum ærarium. (*Extr. d'une loi de Constantin.* Code Théodos., liv. XI, tit. 28, loi 16, t. IV, p. 211.)

Per omnes provincias orientis, et indictione undecima Valentiara, in quintam usque nuper transactam indictionem, annorum scilicet quadraginta ... tam curiis, quam collatori privato ... concessimus reliqua :... ita ut nec horreis, et præfectoriæ arcæ, nec nostro aliquid ex his ærario debeatur. (*Extr. d'une loi des empereur Honorius et Théodose.* Code Théodos., liv. XI, loi 9, tit. 28, t. IV, p. 203.)

III. Rei annonariæ emolumenta tractantes, ut cognosceremus quanta reliqua per singulas quasque provincias, ... cognovimus hanc esse causam maxime reliquorum, quod nonnulli, captati aliquorum momentarias necessitates, sub hac conditione fundos opimos comparent et electos, ut nec

fise sur ce bien, l'acquéreur était obligé de payer les arrérages dus par son vendeur sur les fonds achetés, résulte complétement d'une loi de Constantin.

CHAPITRE VIII.

Du pouvoir fiscal.

I. La preuve qu'il appartenait au prince seul de créer et d'augmenter les impositions et contributions dues au fisc, résulte :

1°. D'une loi des empereurs Constance, Constant et Julien ; elle témoigne que les habitants des provinces acquittaient les impositions et contributions ordinaires et extraordinaires en vertu des « déclarations ou des lettres du prince » seul ;

2°. D'une loi de l'empereur Constantin ; elle dit « que tous « doivent payer les impôts établis par édits signés de la main « du prince, » que si le juge ordinaire ou quelqu'un de ses agents a fait quelque remise, « il sera forcé à payer sur ses « propres biens ce qu'il aura remis aux autres ; »

3°. D'une loi des empereurs Constant, Constance et Julien, et d'une loi des empereurs Gratien, Valentinien et Théodose ; elle marque que les super-indictions ou les impositions ajoutées aux charges ordinaires s'exigeaient en vertu d'un simple ordre du prince ;

---

reliqua eorum fisco inferant, et immunes eos possideant. Ideoque placuit, ut si quem constiterit hujusmodi habuisse contractum, atque hoc genere possessionem esse mercatum, tam pro solidis censibus fundi comparati, quam pro reliquis universis ejusdem possessionis obnoxius teneatur. (*Extr. d'une loi de Constantin.* Code Théodos., liv. xi, tit. 3, loi 1, t. IV, p. 52.)

I. — 1°. Placet, nullum omnino judicem de cætero provincialibus inferendum aliquid indicere, ut ea tantum ... pensitentur, quæ canonis instituti forma complectitur, vel nostra clementia decernit inferenda, vel delegatione solemniter sanciente, vel epistolis præcedentibus. (*Extr.*

d'une loi des empereurs Constance, Constant et Julien. Code Théodos., liv. xi, tit. 16, loi 8, t. IV, p. 119.)

2°. Omnes pensitare debebunt, quæ manu nostra delegationibus adscribuntur, nihil amplius exigendi ; nam si quis vicarius, aut rector provinciæ, aliquid jam cuiquam crediderit remittendum, quod aliis remiserit, de propriis dare facultatibus compelletur. (*Extr. d'une loi de l'empereur Constantin.* Code Théodos., liv. xi, tit. 1, loi 1, t. IV, p. 6.)

3°. *Voyez* les extraits d'une loi des empereurs Constant, Constance et Julien, et d'une loi des empereurs Gratien, Valentinien et Théodose, au chapitre V, art. I, n° 1 et 3.

4°. D'une loi de l'empereur Julien ; elle montre que c'était par l'ordre seul du prince que les diverses charges et les diffé- rents tributs s'imposaient sur les provinces ;

5°. D'un passage de Suétone ; il marque que Vespasien, après avoir rétabli des impôts qui avaient été établis sous Galba, augmenta du double le tribut de plusieurs provinces ;

6°. Et enfin, de toutes les lois ci-dessus, qui statuent sur la nature, la qualité, la répartition et les remises des contribu- tions et impositions générales ; on remarque, par la forme même de ces lois, qu'elles émanèrent de la seule volonté du prince, qu'elles ne furent jamais précédées des délibérations et consultations de quelque corps que ce fût.

II. La preuve que c'étaient les ordres généraux du préfet du prétoire qui prescrivaient à chaque province les tributs et contributions qu'elle devait payer, résulte :

1°. D'une loi des empereurs Valentinien et Théodose, et d'une autre loi de Théodose et Valentinien ; elles recomman- dent au préfet du prétoire de faire notifier aux provinces la somme des tributs et contributions qui les regardent, et de forcer « indifféremment tous les possesseurs » aux paiements publics ;

2°. D'une loi des empereurs Valentinien et Valens ; elle re-

4°. Nihil provincialibus indici sine nostra scientia fas est ; neque rursus, ex his quæ sunt indicta, referri. Omnia igitur quæ consuetudo, vel dispositio nostra amplectitur..... cuncti possessores implere pariter compellantur. (Extr. d'une loi de l'empereur Julien. Code Théodos., liv. xi, tit. 16, loi 10, t. IV, p. 122.)

5°. Non contentus omissa sub Galba vestigalia revocasse, nova et gravia addidisse, auxisse tributa provinciis, nonnullis et duplicasse. (Extr. de la Vie de Vespasien. Suétone, chap. 16.)

6°. La preuve de ce numéro est renvoyée au corps entier des Codes et à toutes les lois que nous avons citées.

II. — 1°. Ante tempus solutionis debet singulis provinciis notificari, ut se præparent ad indictionem sol- vendam.

Dario, præf. præt.

Particulari delegationum notitia,

ante indictionis exordium singulis transmissa provinciis, collationis mo- dum a possessoribus ... tua sublimi- tas faciat imputari. (Extr. d'une loi des empereurs Valentinien et Théo- dose. Code de Just., liv. x, tit. 17, loi 2, t. II, p. 822.)

Flaviano, præf. præt.

Excepto patrimonio pietatis nostræ ... universos possessores functiones in canonicis et superindictitiis titulis, ab- que ullius beneficii exceptione, agno- scere oportere censemus. Tua subli- mitas ... indifferenter cunctum pos- sessorem, obnoxium videlicet publicæ functioni, ad subeunda designationis distributa compellet. (Extr. d'une loi des empereurs Théodose et Valenti- nien. Code Théodos., liv. xi, tit. 1, loi 36, t. IV, p. 46.)

2°. Secundo, præfecto præt.

Caveat ... auctoritas tua, ne, præ- ter ea quæ a mansuetudine nostra pa- tuerit indicta, tenuiorem oneret func-

commande au préfet du prétoire d'empêcher qu'on ne lève dans les provinces plus que l'empereur n'avait indiqué lui-même ;

3°. Et enfin, d'une loi des empereurs Théodose et Valentinien ; elle veut que l'on rende compte au préfet du prétoire de tout ce qui se paie des provinces au trésor du prince.

III. La preuve du droit du prince, des préfets du prétoire et des gouverneurs de provinces d'ordonner sur les demandes des cités et des provinces les réformes des cens ou des cadastres, et de confier ce soin à des commissaires de leur choix, appelés censeurs, égaliseurs et inspecteurs, résulte :

1°. D'une loi des empereurs Théodose et Gratien ; elle montre que les cens devaient se réformer par le concours, « du « consentement des habitants des provinces, des réponses du « prince à ces habitants, des soins des censeurs et égaliseurs, « et enfin, des ordres des juges ordinaires et des préfets du « prétoire ; »

2°. De deux lois des empereurs Arcade et Honorius ; elles marquent que les curies demandaient les officiers, appelés censeurs ou égaliseurs, qui réformaient les cens ou cadastres ;

3°. D'une loi des empereurs Théodose et Valentinien ; elle défend d'accorder des inspecteurs à la demande des particuliers seuls ; elle veut « qu'ils soient demandés par le vœu des cités « ou des provinces ; »

tionem : ut si quis ... amplius aliquid fuerit conatus exigere, obnoxius quadrupli repetitione teneatur. (*Extr. d'une loi des empereurs Valentinien et Valens.* Code Théodos., liv. xi, tit. 16, loi 11, t. IV, p. 123.)

3°. Volusiano, præf. præt.
Quidquid ex provinciis ad nostrum dirigetur ærarium, id non solum ad ...ærarii nostri comites, sed etiam ad eminentiam tuam ... deferatur. (*Extr. d'une loi des empereurs Théodose et Valentinien.* Code Théodos., liv. xii, tit. 6, loi 32, t. IV, p. 561.)

III. — 1°. *Voyez* l'extrait d'une loi des empereurs Théodose et Gratien, au chapitre VI, art. II, n° 6.

2°. Si curia censitorem vel peræquatorem voluerit postulare, sibi postulet. (*Extr. d'une loi des empe-*

reurs *Arcade et Honorius.* Code Théodos., liv. vi, tit. 3, loi 2, t. II, p. 30.)

A curialibus terris, senatoria gleva discreta sit... Sin vero curiales censitorem vel peræquatorem suis terris voluerint postulare, ab eorum petitione sit senatus alienus. (*Ibid.,* loi 3.)

3°. Id ... quod in canonem cecidit, anniversaria debet pensitatione persolvi, nec in præteritum, nec in posterum patimur esse concessum ; nulliqua deinceps copia relinquitur inspectores sibi specialiter expetendi, nisi secundum sanctionem nostram... ex communi civitatis aut provinciæ desiderio postulentur. (*Extr. d'une loi des empereurs Théodose et Valentinien.* Nov. Théodos., tit. 23, t. VI, p. 15.)

4°. D'une loi des empereurs Arcade et Honorius, et d'une loi de Théodose; elles montrent que les inspecteurs étaient chargés de fixer la mesure de l'imposition des possessions, c'est-à-dire de faire les cens ou cadastres;

5°. D'une loi des empereurs Anastase et Anthémius; elle montre qu'à la demande des cités, le prince envoyait « l'in-« specteur ou égaliseur; »

6°. D'une loi des empereurs Honorius et Théodose; on y voit ces princes commettre un inspecteur par leur seule volonté;

7°. D'une loi des empereurs Théodose et Arcade; elle montre que les préfets du prétoire nomment les égaliseurs;

8°. D'une loi des empereurs Honorius et Théodose; elle montre que les administrateurs des provinces, c'est-à-dire les gouverneurs, nommaient eux-mêmes les inspecteurs ou censeurs, et les choisissaient parmi les officiers des vicaires et comtes d'Orient et d'Égypte, étrangers aux curies.

IV. La preuve du droit des gouverneurs de province de connaître et juger en première instance des causes civiles et criminelles auxquelles donnaient lieu la répartition et la levée des impositions et contributions, résulte :

1°. D'une loi de Valentinien, Valens et Gratien, et d'une

4°. *Voyez* les extraits des lois des empereurs Arcade, Honorius et Théodose, chap. VI, art. IV, n°° 2 et 3.

5°. Si provincia vel civitas relevationem petat... functionis, vel inspectorem aut peræquatorem, referatur petitio ad principem, ejusque arbitrio idoneus mittatur. (*Extr. d'une loi des empereurs Anastase et Anthémius.* Code de Just., liv. x, tit. 16, loi 13, au Corps du Droit civil, t. II, p. 821.)

Sebastio, comiti primi ordinis.

6°. Eas.... possessiones quæ ante viginti..... annos speciale beneficium de recisione meruerunt, studiose peragrare debebis, ut utrum vere sint postulata remedia, vel his aliquid deceat functionis adjungi, æstimatio fida demonstret. (*Extr. d'une loi des empereurs Honorius et Théodose.* Code Théodos., liv. xiii, tit. 11, loi 16, t. V, p. 136.)

7°. Peræquationem omnibus necessariam esse non ignoramus: ideoque præcipimus, ut nullus electus, contra

judicium culminis tui... se... defendat; quoniam per cognitos ac probatos viros, compendia provincialium .... volumus ordinari. (*Extr. d'une loi adressée au préfet du prétoire par les empereurs Théodose et Arcade.* Code Théodos., liv. xiii, tit. 11, loi 6, t. V, p. 130.)

8°. Cunctis per provincias administratoribus nostra insinuetur præceptio, ut si quando e republica visum fuerit, discussiones inspectionesque aut aliquid simile agitari, ei injungant qui vicarianæ potestati, comitivæ orientis, aut augustalitati parendo, statuta peregit stipendia: ita ut si quis ex his quos palam expressimus super hoc officii munere excusando nostrum impetravit oraculum, ... nequaquam id admittatur. (*Extr. d'une loi des empereurs Honorius et Théodose.* Code Théodos., liv. xiii, tit. 11, loi 11, t. V, p. 133.)

IV.—1°. Ad Modestum, præf. præt. Modus censuum.... servetur, ut ex

loi de Valentinien et Valens ; elles montrent que c'était devant les gouverneurs de province que les citoyens qui réclamaient contre la confection du cens devaient porter leurs causes, et qu'il appartenait aux gouverneurs de provinces « d'établir la « stabilité du cens, en terminant toutes les contestations » que sa confection faisait naître ;

2°. D'une loi de Constantin ; elle montre que c'était aux gouverneurs de provinces de connaître en première instance des accusations de concussion ;.

3°. Et enfin, d'une loi de l'empereur Théodose-le-Grand ; elle montre que les gouverneurs de province avaient le droit de punir « les principaux et curiales qui dissipaient l'argent « public, » et commettaient des fraudes dans la « répartition « ou exaction des tributs. »

V. La preuve que l'appel des jugements des gouverneurs de provinces, en matière fiscale, avait lieu devant le prince et ses préfets du prétoire, résulte :

1°. D'une loi de Constantin, déjà citée ; « elle autorise « l'appel au prince ou aux préfets du prétoire, » de la part de ceux qui n'ont pu obtenir justice des vexations fiscales devant le juge de la province ;

2°. D'une loi des empereurs Anastase et Anthémius ; elle ordonne que « les plaintes des cités qui demandent soulage- « ment soient rapportées au prince ; »

---

eo qui superest, ille qui defuerit sup- plestur. Hoc autem ut rite celebretur, auctoritas tua judicibus tantum, id est rectoribus provinciarum, per- mittat potestatem : ita ut idem, quum querimonia defensorum, vel plebeio- rum ad eos fuerit nuntiata, exhibitis partibus, secundum fidem rerum, coram cognoscant, ac stabilitatem census, finita alternatione, componant. (*Extr. d'une loi des empereurs Va- lentinien, Valens et Gratien. Code Théodos., liv. xiii, tit. 10, loi 7, t. V, p. 121.*)

Ad Florentium, præf. præt.

Si quis, census inquisitione com- pleta, gravatum se esse credat, apud provinciæ judicem pulset. (*Extr. d'une loi des empereurs Valentinien et Valens. Code Théodos., liv. xiii, tit. 10, loi 5, t. V, p. 119.*)

2°. Cessent jam nunc rapaces officia- lium manus...... data copia universis qui concussi fuerint, ut præsidum instruant notionem : qui si dissimu- laverint, super eodem conquerendi vocem omnibus aperimus, apud co- mites cunctos provinciarum, aut apud præfectum prætorio, si magis fuerit in vicino, ut his referentibus edocti super talibus latrociniis, supplicia referamus. (*Extr. d'une loi de Con- stantin. Code Théodos., liv. i, tit. 7, loi i, t. I, p. 39.*)

3°. *Voyez* l'extrait d'une loi de l'em- pereur Théodose-le-Grand, au livre précédent, chapitre VIII, art. IV, n° 2.

V.—1°. *Voyez* la loi de Constan- tin, à l'article précédent, n° 2.

2°. *Voyez* l'extrait d'une loi des empereurs Anastase et Anthémius, à l'article III de ce chapitre, n° 5.

3°. D'une loi de l'empereur Julien ; elle montre que quand les juges avaient demandé quelque chose de plus qu'il n'était dû aux termes des indictions et préceptes du prince, « l'affaire « était portée devant le prince ou devant les préfets du pré- « toire, » qui imposaient des amendes aux juges et à leurs officiers, et qui faisaient eux-mêmes la restitution aux parties.

VI. La preuve que les gouverneurs de provinces étaient chargés de faire payer immédiatement dans leurs provinces les contributions ou impositions dues au fisc, et d'employer la voie de rigueur pour y contraindre, résulte :

1°. D'une loi de l'empereur Constantin ; elle montre que les « gouverneurs de provinces devaient désigner, par écrit signé « de leur main, la qualité des impôts et contributions qui de- « vaient s'exiger dans les provinces par indictions ; »

2°. D'une loi de l'empereur Majorien ; elle marque que la législation ancienne confia aux juges des provinces la charge de faire accomplir l'imposition des « tributs fiscaux ; »

3°. Et enfin, d'une loi des empereurs Théodose et Valenti- nien ; elle veut que « chaque possesseur paie les tributs annuels « avant l'indiction écoulée, et que, s'ils ont différé, les gou- « verneurs de provinces les contraignent par toute la rigueur « de l'exaction. »

VII. La preuve que l'on ne pouvait suspendre par l'appel l'effet des contraintes qui avaient pour objet de faire payer les impôts et contributions dus au fisc, résulte :

1°. D'une loi des empereurs Constance et Constant ; elle

3°. Sola jubemus exigi, quæ factis a nobis indictionibus, aliisve præcep- tis, continentur, et quæ anniversaria consuetudine.... postulantur..... Judi- cem qui ultra jussa aliquid postula- verit, duplum jubemus interre: officium vero ejus quadruplum.. quum ..... ad nos, vel præfectos prætorio fuerit querela delata, et facinus reve- latum ; ut et hæsi nobis auctoribus aut præfectis, recipiant quod per arbi- trium judicis amiserant. (Extr. d'une loi de l'empereur Julien. Code Théo- dos., liv. xi, tit. 16, loi 7, t. IV, p. 119.)

VI.—1°. Adscriptionis modum (ad superexactionem evitandam) rectores provinciarum propria manu designare debere.

Manu propria judices universi..... annonarias species, et cætera quæ indictione penduntur..... designent. (Extr. d'une loi de l'empereur Con- stantin. Code Théodos., liv. xi, tit. 1, loi 3, t. IV, p. 9.)

2°. Voyez l'extrait d'une loi de l'empereur Majorien, au chapitre III de ce livre, art. III, n° 2.

3°. Ut... antequam elabatur indic- tio, annua tributa... possessor exsol- vat. Si quis vero solutionem voluerit in tempora longiora differre, hunc provinciæ rector omni exactionis acerbitate compellat. (Extr. d'une loi des empereurs Théodose et Valenti- nien. Code Théodos., liv. xi, tit. 1, loi 35, t. IV, p. 45.)

VII.—1°. Publica utilitate sus-

prononce que, pour « l'utilité publique, l'appel est défendu
« dans les causes relatives aux dettes fiscales ; »

2°. D'une loi des empereurs Valentinien, Valens et Gratien ;
elle défend l'appel toutes les fois que « l'on demande la satis-
« faction d'un compte dû au fisc, ou que l'on exige le tribut ;
« elle veut que la puissance judiciaire s'exerce nécessairement
« contre les contumaces. »

CHAPITRE IX.

De l'emploi des cohortales, des curiales et des soldats, relativement à la perception et aux contraintes.

I. La preuve que les officiers ou cohortales des gouverneurs
de provinces concouraient avec les curiales à l'exaction des
tributs et des contributions ordinaires dues au fisc dans les provinces, résulte :

1°. De deux lois des empereurs Arcade et Honorius ; elles
comptent les cohortales aussi bien que les curiales, parmi les
exacteurs des tributs ;

2°. D'une loi des empereurs Léon et Anthémius ; elle
montre « que les officiers des gouverneurs de provinces »
concouraient à faire l'exaction des tributs « avec les cu-
« riales ; »

dente, in causis pensitationum debi-
torumque fiscalium, inhibitum est
provocationis auxilium. (*Extr. d'une
loi des empereurs Constance et Constant. Code Théodos.*, liv. xi, tit. 36,
loi 12, t. IV, p. 302.)

2°. Abstinendum prorsus appellatione sancimus, ut quotiens fiscalis
calculi satisfactio postulatur, aut tri-
butariæ functionis solemne munus
exposcitur ;... ut necessario in contu-
macem vigor judiciarius excitetur.
(*Extr. d'une loi des empereurs Valentinien, Valens et Gratien. Code
Théodos.*, liv. xi, tit. 36, loi 19,
t. IV, p. 306.)

I.—1°. *Voyez* l'extrait d'une loi
des empereurs Arcade et Honorius,
au chapitre III de ce livre, art. III,
n° 3.

Judicem oportet inquirere debitore, tabularios, fideliter prodere

nomina dominorum, apparitores sive
curiales,... convictis debitoribus imminere. (*Extr. d'une loi des empereurs Arcade et Honorius. Code
Théodos.*, liv. xi, tit. 7, loi 16, t. IV,
p. 77.)

2°. Præcipimus ut, si forte delegatio, quæ ab amplissima præfectura
in diversas provincias ex more quotannis emittitur, minus contineat omnes largitionales titulos, aut quoquomodo exactio eorum debet procedere,
nihilominus competentem exactionem
eorum a.... rectoribus provinciarum,
eorumque officiis et curialibus... procurari, vicenarum librarum auri con-
demnationem præ oculis habentibus,
si quid minus exactum vel illatum
fuerit sacro ærario. (*Extr. d'une loi
des empereurs Léon et Anthémius. Code
de Just.*, liv. x, tit. 23, loi 4, t. II,
p. 827.)

3°. D'une loi de Majorien ; elle marque que « d'après l'an-
« cien usage » et la règle reçue, « les officiers des gouverneurs
« doivent poursuivre les paiements annuels, à l'exclusion des
« officiers du palais et des hommes de la milice armée. »

II. La preuve que dans l'exaction des tributs et des contributions ordinaires les officiers des gouverneurs de provinces
étaient spécialement chargés d'exécuter les contraintes, au lieu
que la fonction des curiales se bornait à requérir le paiement,
et à convaincre et à dénoncer les particuliers qui refusaient de
contribuer et de payer, résulte :

1°. D'une loi de Valentinien III ; elle nomme les curiales exacteurs, et dit que les cohortales sont chargés des contraintes ;

2°. D'une loi de Majorien ; elle montre que le curiale peut
être lui-même poursuivi par l'officier chargé des contraintes,
mais que ce curiale n'est poursuivi qu'afin qu'il « exige le tri-
« but, et qu'il découvre et convainque le débiteur public, »
ce qui marque précisément la distinction entre les fonctions
des cohortales et des curiales.

III. La preuve que les charges extraordinaires ne s'exigeaient
point par les curiales, mais par les gouverneurs de provinces
et leurs officiers, résulte :

1°. D'une loi de l'empereur Constantin ; elle montre que
« la distribution des charges extraordinaires n'était point
« commise aux principaux, et se faisait par les gouverneurs de
« provinces ; »

3°. Præfectiaui... atque palatini, vel aliarum potestatum apparitores...... exactione suscepta contra veterem morem per provincias discurrentes, senioribus exactionibus, possessorem curialemque conventiunt, et ita omnia pro arbitrio.... extorquent, ut quum aliqua pars certa vel minima publicis compendiis inferatur, duplam aut amplius... avidus et præpotens execu-tor accipiat.... Veteri more revocato, provinciarum rectores celebrandæ exactionis summa respiciat per quo-rum officia profligari jubemus annuas functiones ; ita ut a duodecimæ indic-tionis initio, nullus palatinus armatæ potestatis minister accedat, sed uni-versa fiscalia.... per locorum judices inferantur ... ut ipsis moderatori-bus ad admonendum tantummodo directus executor immineat. (*Extr. d'une loi de l'empereur Majorien.* Nov. Théodos., tit. 4, t. VI, p. 3 et 35.)

II. — 1°. Si quis curialis exactor, vel cohortalis compulsor.... (*Extr. d'une loi de l'empereur Valentinien III.* Nov. Théodos., tit. 2, t. VI, p. 3o.)

2°. *Voyez* l'extrait d'une loi de l'empereur Majorien, au chap. III de ce livre, art. III, n° 5.

III.—1°. Extraordinariorum mune-rum distributio non est principalibus committenda ; ideoque rectores pro-vinciarum monendi sunt, ut eam dis-tributionem .. manu propria perscri-bant ... ea forma servata, ut primo a potioribus, dein a mediocribus atque

2°. D'une loi des empereurs Honorius et Théodose ; elle marque « qu'il ne faut pas que les curiales soient occupés aux « charges extraordinaires, » mais qu'il faut « que l'office du « gouverneur en fasse la recette ; »

3°. D'une loi des empereurs Honorius et Théodose ; elle dispense les curies « d'enlever les provisions de grains et de « vin qu'ont coutume de recevoir les gouverneurs de provin- « ces ; et elle en charge le chef de l'office de chaque province, « c'est-à-dire le chef des cohortales. »

IV. La preuve que les empereurs transportaient quelquefois arbitrairement aux cohortales seuls la fonction de lever les impositions ordinaires qui regardaient les curiales, résulte :

1°. De deux lois des empereurs Arcade et Honorius ; la première ordonne que les cohortales, à l'exclusion des curiales, lèvent les tributs sur la terre des sénateurs ; la seconde déroge expressément à la première, rendant cette fonction aux curiales, à l'exclusion des cohortales ;

2°. D'une loi des empereurs Valentinien et Valens ; elle montre que ces princes avaient transporté aux cohortales de certaines provinces le soin de recevoir les provisions de grains.

V. La preuve que les agents particuliers, officiers militaires, officiers du palais, agents des affaires du prince, parcouraient les provinces pour presser les gouverneurs de livrer aux troupes et au fisc au temps marqué les contributions et les tributs ordonnés, résulte :

1°. D'une loi de Majorien ; elle marque que les officiers du

infimis, quæ sunt danda præstentur. (*Extr. d'une loi de l'empereur Constantin*. Code Théodos., liv. xi, tit. 16, loi 4, t. IV, p. 113.)

2°. Extraordinariis oneribus, occupari curiales non patimur ;... susceptionem itaque vestium æquius est ab officio proconsulari ... procurari. (*Extr. d'une loi des empereurs Honorius et Théodose*. Code Théodos., liv. xii, tit. 6, loi 31, t. IV, p. 560.)

3°. *Voyez* l'extrait d'une loi des empereurs Honorius et Théodose, au chap. II de ce livre, art. II.

IV. — 1°. Ne lædendi curialibus præbeatur occasio, per apparitores

rectorum provinciæ de senatorum fundis fisco postulentur. (*Extr. d'une loi des empereurs Arcade et Honorius*. Code Théodos., liv. vi, tit. 3, loi 2, t. II, p. 30.)

Eutychiano, præf. præt.

Docuit tua sublimitas, exactionem tributorum senatus non posse occurrere ... in nonnullis provinciis ;... solum ... jubemus ut senatorii fundi, non per officia, sed per curiales potius exigantur, ad eosque iterum sollicitudo recurrat. (*Ibid.*, loi 4, p. 31.)

2°. *Voyez* l'extrait d'une loi des empereurs Valentinien et Valens, au chap. III de ce livre, art. IV.

V. — 1°. *Voyez* l'extrait d'une loi

palais recevaient quelquefois « l'exaction contre l'ancienne
« coutume ; et ordonne qu'à compter de la douzième indic-
« tion, nul officier du palais, nul homme de la milice armée
« ne se mêle » de l'exaction des tributs; cette loi, qui rappelle aux formes d'exaction consacrées par l'ancien usage,
prouve évidemment que les prédécesseurs de Majorien y
avaient dérogé avant lui, en autorisant les poursuites « faites
« par les officiers du palais » avec les soldats ;

2°. D'une loi des empereurs Honorius et Théodose, et
d'une loi d'Arcade et d'Honorius ; elles montrent que « les
« agents des affaires du prince, les officiers du palais et les
« soldats, appelés opinateurs, » allaient dans les provinces,
« non pour contraindre eux-mêmes au paiement des tributs,
« mais pour avertir et presser les gouverneurs et leurs offi-
« ciers » d'effectuer l'exaction des tributs.

VI. La preuve que les gouverneurs de provinces et leurs
officiers devaient fournir, à leurs dépens, ce qui manquait
aux provisions de grains des troupes, si elles n'étaient acquit-
tées dans l'année, résulte complétement de la loi d'Arcade et d'Honorius, que l'on vient de citer immédiatement;
elle impose cette obligation aux juges des provinces, qui
n'étaient autres que les gouverneurs, ainsi qu'on l'a prouvé
ailleurs.

VII. La preuve que les gouverneurs de provinces et leurs

---

de Majorien, à l'art. I de ce chapitre,
n° 3.

2°. Neque agentes in rebus, neque
... palatina officia ... ex quocumque
titulo fiscalis debiti, quum ad provinciam mittuntur, possessores per
se audeant convenire : sive id ex præterito reliquum trahatur, seu præ-
sentis temporis tributo solvi conveniat, sed rectores provinciarum fre-
quenter adeundo commoneant, eorumque officiis incumbant. Quod si
rector provinciæ ... declinare moles-
tiam quæret, vel ... hisdem propria
auctoritate publicæ exactionis permiserit curam, tam ipse quam officium
ejus, vicena auri pondo fisco depen-
dent. (Extr. d'une loi des empereurs
Honorius et Théodose. Code Théodos., liv. xi, tit. 7, loi 17, t. IV,
p. 79.)

Missi opinatores, (id est, exactores
militaris annonæ) cum delegatoriis
judicibus, eorum... officiis insistant...;
nihil his sit cum possessore commune, cui non militem, sed exactorem,
si sit obnoxius, convenit imminere.
... Apparitores sive curiales ... convictis debitoribus imminere; ut per-
ceptis emolumentis congruis opinatores impleto anno ad proprios numeros valeant remeare : qui si ultra
annum protracti fuerint, judices eorumque officia absque ulla mora de
proprio cogantur exsolvere militibus
quod debetur, ipsis adversus obnoxios repetitione servata. (Extr.
d'une loi d'Arcade et Honorius. Code
de Just., liv. x, tit. 19, loi 7, t. II,
p. 824.)

VI. Voyez la même loi.

VII. Voyez la loi des empereurs

officiers étaient sujets à une amende de 20 livres, s'ils n'exigeaient l'exaction des tributs, et la laissaient faire aux militaires ou aux officiers du palais, ou enfin n'exigeaient pas tous
les tributs établis, résulte complétement d'une loi des empereurs Honorius et Théodose, et d'une loi de Léon et Anthémius.

CHAPITRE X.

Des bornes des fonctions curiales.

I. La preuve que les curiales ne pouvaient nommer les
membres de leurs corps ni les magistrats municipaux que sauf
l'appel au gouverneur de province, a été établie ci-dessus.

II. La preuve du droit des gouverneurs de province de
juger des négligences et des infidélités reprochées aux officiers
des curiales dans l'exercice de leurs fonctions, et d'exiger les
dommages et intérêts dont les officiers et leurs nominateurs
devenaient responsables, résulte des lois citées ci-dessus, pour
prouver la responsabilité des nominateurs.

III. La preuve que les curiales ne pouvaient refuser ni différer la levée d'aucune imposition, résulte des autorités qui
ont été établies ci-dessus. Le pouvoir du prince d'exiger des
tributs de sa seule autorité, et l'obligation à tous les habitants
des provinces de réaliser dans l'année les tributs demandés
par le prince, et enfin, la règle qui astreignait tous les gouverneurs à employer les contraintes pour faire parvenir au
fisc, dans l'année, les tributs demandés, y sont suffisamment
établis.

IV. La preuve du droit des curiales de s'assembler en chaque cité, et de se réunir, même dans chaque province, pour
envoyer des députations présenter au prince des demandes et
des réclamations sur les intérêts communs, résulte :

1°. De deux lois des empereurs Gratien, Valentinien et

Honorius et Théodose, à l'art. V
de ce chapitre, n° 2.

Voyez l'extrait de la loi de Léon
et d'Anthémius, à l'art. I de ce chapitre, n° 2.

I. Voyez les autorités citées au
livre précédent, chap. VIII, art. V,
1°° 2 et 3.

II. Voyez une loi de Théodose,
au livre précédent, chap. VIII, art. IV,
n° 2; et une loi de l'empereur Gordien,
au chap. IV de ce livre, art. I, n° 2.

III. Voyez les autorités citées au
chap. VIII du livre précédent.

IV. — 1°. Quæcunque civitas legatos ad sacrarium nostrum voluerit

Théodose ; elles marquent que chaque cité en particulier, plusieurs cités, une province entière, avaient la liberté d'envoyer, de concert, des députés aux empereurs ;

2°. D'une loi des empereurs Théodose et Honorius ; elle montre que c'était l'assemblée des curiales qui nommait les députés que les cités envoyaient au prince.

ordinare, libera ei tribuatur facultas. (*Extr. d'une loi des empereurs Gratien, Valentinien et Théodose. Code Théodos.*, liv. xii, tit. 12, loi 8, t. IV, p. 591.)

Quum desideria sua singulæ civitates cupiunt explicare, non viritim legatos mittant ad nostri numinis comitatum, sed ... tres e provincia,

qui petitiones advehant, deleguntur. (*Ibid.*, loi 7, p. 590.)

2°. Quotiens legatio destinatur, universos curiales præcipimus, qui intra urbem consistunt ... in locum curiæ convenire. (*Extr. d'une loi des empereurs Honorius et Théodose. Code Théodos.*, liv. xii, tit. 12, loi 15, t. IV, p. 598.)

LIVRE SEPTIÈME.

CHAPITRE Ier.

Réflexions sur la véritable origine de la puissance impériale.

Les réflexions offertes dans ce chapitre s'appuient sur des faits antérieurs à l'établissement du gouvernement impérial; nous en renvoyons la vérification au corps de l'histoire romaine.

CHAPITRE II.

Anéantissement de toute influence du peuple et du sénat sous le gouvernement impérial.

Les réflexions offertes dans ce chapitre s'appuient sur des faits fondés en preuves, au commencement du livre ', concernant l'exercice des différents pouvoirs politiques dans l'empire romain.

CHAPITRE III.

Réflexions sur l'influence du sénat dans les nominations des empereurs.

Les faits rappelés dans ce chapitre étant fondés sur la notoriété historique, on se contentera de rappeler ici les principaux traits qui s'y rapportent.

1°. L'histoire romaine nous apprend que la violence ouverte des soldats empêcha le sénat d'exécuter, à la mort de Caligula, la résolution de rétablir la république, et l'obligea à livrer de nouveau tout pouvoir à l'imbécille Claude, que les soldats choisirent pour empereur.

2°. L'histoire nous apprend que les princes les plus chers aux armées, Marc-Aurèle, Commode, les enfants de Valentinien et de Constantin, n'entrèrent en possession du pouvoir suprême qu'après que les soldats eurent joint en leur faveur leur proclamation à celle du sénat: qu'à la mort d'Aurélien,

---

Liv. VII. Les quatre premiers chapitres n'exigent point de preuves.

orsque les soldats eurent renvoyé au sénat le choix de l'Empereur, le sénat n'osa élire qu'après avoir, à deux différentes fois, déféré l'élection à l'armée; et qu'enfin, après avoir élu, le sénat fit confirmer son choix par les soldats.

L'histoire nous apprend aussi que le choix des soldats força le sénat à donner la couronne aux princes qui lui étaient le plus odieux, tels que Vitellius, Othon, Didius Julianus, Héliogabale et Maximien.

3°. Les récits historiques les plus authentiques ont appris que Nerva, élu contre le vœu des soldats, eût été leur victime s'il ne se fût associé Trajan, que les armées chérissaient, et que Pertinax, Maxime et Balbin furent, au bout de peu de mois, les victimes de la fureur des soldats, parce que le sénat avait osé les élire sans l'aveu des armées.

4°. Tous les historiens contemporains ont témoigné que le sénat ne rendit l'arrêt qui condamna Néron, qu'au moment où Néron fut abandonné par les soldats; et que peu de jours auparavant, lorsque Néron avait encore les soldats dans son parti, le sénat avait condamné Vindex et Galba, comme ennemis publics, pour s'être révoltés contre Néron; que le sénat ne condamna la personne de Didius Julianus qu'après que les soldats l'eurent abandonné; et que peu auparavant, le sénat avait condamné comme ennemi public, Sévère, compétiteur de Julianus, parce que les soldats défendaient encore Didius Julianus.

5°. L'histoire nous apprend que le sénat ayant condamné la mémoire de Domitien et de Commode, ne put empêcher les soldats prétoriens de se faire livrer les meurtriers de Domitien, de rétablir la mémoire de Commode, et de lui décerner les honneurs divins; et que si la condamnation de Maximin fut l'ouvrage du sénat, ce furent du moins les soldats qui le massacrèrent, et qui immolèrent ensuite Maxime et Balbin, que le sénat avait osé élire après la condamnation de Maximin.

6°. Enfin, l'histoire des nominations des successeurs de Dioclétien, par M. Lebeau, dans l'*Histoire du Bas-Empire*, montre que les princes, trouvant dans l'élection des armées le seul titre qui les investit réellement du pouvoir impérial, dédaignèrent dans la suite de demander au sénat un aveu qu'il ne pouvait refuser.

CHAPITRE IV.

De la perpétuité du pouvoir impérial ; de la nomination des empereurs par les armées.

Les réflexions contenues au chapitre IV ne sont que la conséquence des faits posés au chapitre précédent.

CHAPITRE V.

Des abus qui résultèrent de la puissance législative des empereurs.

I. La preuve que l'accusation du crime de lèse-majesté fut arbitraire sous l'empire romain, étant à la portée de tout le monde, ne sera point rappelée ici ; en effet, l'histoire des empereurs romains présente des exemples frappants de l'abus que l'on fit de ce prétexte, pour condamner des innocents sur les accusations les plus frivoles ; Tacite relève une foule de traits semblables sous le règne de Tibère ; Pline appelle le crime de lèse-majesté, « le crime de ceux à qui on ne peut reprocher « d'autre crime. » Enfin, les sublimes réflexions de Montesquieu ont résumé tout ce que l'on pouvait dire de plus solide et de plus fort sur ce sujet, dans son *Esprit des Lois*, et dans son ouvrage sur les causes de la grandeur et de la décadence des Romains.

II. La preuve que la plupart des précautions prises par les lois romaines en faveur de l'innocence furent nulles dans les accusations du crime de lèse-majesté, résulte :

1°. D'une loi de Valentinien, Valens et Gratien ; elle soumet à la question tous les citoyens dans l'accusation de lèse-majesté, disant que « dans cette seule accusation, toute con- « dition est égale ; »

2°. D'un texte du jurisconsulte Modestinus, cité au Digeste ; il nous apprend que ceux à qui le droit d'accuser était refusé

Ch. V. — I. Cet article n'exige pas de preuves.

II.—1°. Nullus omnino cui, inconsultis ac nescientibus nobis, fidicularum tormenta inferuntur, militiæ, vel generis, aut dignitatis defensione uti prohibeatur : excepta tantum majestatis causa, in qua sola omnibus æqua conditio est. (*Extr. d'une loi des empereurs Valentinien, Valens et Gratien.* Code de Just., liv. IX, tit. 8, loi 4, t. II, p. 765.)

2°. Famosi, qui jus accusandi non habent, sine ulla dubitatione admittuntur ad hanc accusationem.

Servi quoque deferentes audiuntur,

dans tout autre cas, étaient « admis sans doute à l'accusation
« de lèse-majesté ; que les esclaves, les affranchis étaient
« admis à accuser et à dénoncer leurs maîtres ou leurs pa-
« trons ; »

3°. D'une loi d'Arcade et d'Honorius ; elle défend rigoureusement aux esclaves de dénoncer et d'accuser leurs maîtres,
en quelque cas que ce soit, « excepté seulement le crime de
« lèse-majesté ; »

4°. D'un texte de Marcien cité au Digeste, et d'une loi des
empereurs Sévère et Antonin ; on y voit que « les esclaves
« étaient tourmentés pour déposer contre leurs maîtres, dans
« l'accusation de lèse-majesté. »

III. Les observations faites dans ce chapitre sur les lois qui
autorisèrent le prince à juger, d'après les consultations des
juges, et sur les lois qui asservirent indispensablement les curiales aux fonctions municipales, s'appuient sur des faits fondés en preuves dans les deux livres précédents.

IV. La preuve que le pouvoir législatif d'un seul produisit
souvent des lois contraires à l'équité, à la nature, à la raison,
pourrait s'étendre extrêmement, si l'on voulait recueillir toutes
les lois iniques, atroces et absurdes, qui ont souillé les codes
impériaux.

On réduira ici cette preuve à quelques exemples suffisants
pour la rendre sensible.

1°. Une loi d'Arcade et d'Honorius rendit inhabiles à posséder aucun bien, à recevoir aucun testament, aucun héri-

---

et quidem dominos suos, et liberti,
patronos. (*Extr. d'un passage de Modestinus.* Dig. de Just., liv. XLVIII,
tit. 4, n° 7, t. 1, p. 1800.)

3°. Si quis ex familiaribus vel ex
servis cujuslibet domus cujuscumque
criminis delator atque accusator
emerserit, ejus existimationem, caput,
atque fortunas petiturus, cujus fami-
liaritati vel dominio inhaeserit, ante
exhibitionem testium, atque exami-
nationem judicii, in ipsa expositione
criminum atque accusationis exordio,
ultore gladio feriatur ;.... majestatis
autem crimen tantum excipimus.
(*Extr. d'une loi des empereurs Arcade
et Honorius.* Code de Just., liv. IX,
tit. 1, loi 20, t. II, p. 757.)

4°. In caput domini servi torqueatur
propter causam majestatis. (*Extr. d'un
passage du jurisconsulte Marcien.*
Code de Just., liv. IX, tit. 8, loi 8,
t. II, p. 766.)

Questionem de servis contra dominos haberi non oportet, exceptis....
crimine majestatis, quod ad salutem
principis pertinet. (*Extr. d'une loi
des empereurs Sévère et Antonin.* Code
de Just., liv. IX, tit. 41, loi 1, t. II,
p. 795.)

III. *Voyez* les autorités citées aux
deux livres précédents.

IV.—1°. Quisquis cum militibus,
vel privatis (barbaris etiam)... inierit
factionem, aut factionis ipsius susceperit sacramenta, vel dederit, de nece

tage de leurs parents ni des étrangers, les fils de ceux qui auraient conjuré contre la vie des officiers; cette loi ordonne la conservation des jours de ces infortunés; mais elle veut « qu'ils soient à perpétuité pauvres et misérables; que l'infa- « mie de leur père les accompagne toujours; qu'ils soient tels, « que gémissants dans une perpétuelle indigence, la mort soit « leur soulagement, et la vie leur supplice. »

2°. Une loi de Valentinien, Gratien et Théodose, défend, « sous peine de sacrilége, de douter que celui que l'empereur « aura choisi soit digne. »

3°. Une loi des empereurs Constance et Constant égale la peine de l'adultère à celle du parricide.

4°. Une loi de Valentinien et de Valens « condamne à être « brûlé vif celui qui se coupe les doigts pour éviter d'entrer « dans la milice. »

5°. Une loi de Valentinien, Gratien et de Théodose-le-Grand assujettit « au supplice capital et à la confiscation, celui « qui a détruit une vigne ou coupé les rameaux des arbres « fertiles pour éviter l'imposition du cens. »

---

etiam, irorum illustrium qui consiliis et consistorio nostro intersunt, sena- torum etiam.... ipso quidem, utpote majestatis reus, gladio feriatur, bonis ejus omnibus fisco nostro addictis; filii vero ejus, quibus vitam impera- toria specialiter lenitate concedimus, paterno enim deberent perire sup- plicio, in quibus paterni (hoc est hæreditarii) criminis exempla metu- antur, a materna, vel avita, omnium etiam proximorum, hæreditate ac suc- cessione habeantur alieni, testamentis extraneorum nihil capiant, sint per- petuo egentes et pauperes, infamia eos paterna semper comitetur; ad nullos unquam honores, nulla prorsus sacra- menta perveniant; sint postremo tales, ut his perpetua egestate sordentibus, sit et mors solatio, et vita supplicio. (*Extr. d'une loi des empereurs Arcade et Honorius*, Code Théodos., liv. IX, tit. 14, loi 3, t. III, p. 87.)

2°. Disputare de principali judicio non oportet: sacrilegii enim instar est, dubitare, an indignus sit, quem elegerit imperator. (*Extr. d'une loi des empereurs Gratien, Valentinien et*

Théodose. Code de Just., liv. IX, tit. 29, loi 3, t. II, p. 790.)

3°. *Voyez* l'extrait d'une loi de Constance et Constant, au livre V, chapitre V, article III, n°. 1, seconde autorité.

4°. Si quis, ad fugienda sacramenta militiæ fuerit inventus truncatione digitorum damnum corporis expe- disse, et ipse flammis concrematur. (*Extr. d'une loi de Valentinien et Valens*, Code Théodos., liv. VII, tit. 13, loi 5, t. II, p. 375.)

5°. Si quis sacrilega vitem falce succiderit, aut feraciam rumorum fetus hebetaverit, quo declinet fidem censuum, et mentiatur callido pau- pertatis ingenium, mox detectus capi- tale subibit exitium, et bona ejus in fisci jura migrabunt: illo videlicet vitante calumniam, qui forte detegi- tur laborasse, pro copia ac reparandis agrorum fetibus, non sterilitatem aut inopiam procurasse. (*Extr. d'une loi de Gratien, Valentinien et Théodose.* Code Théodos., liv. XIII, tit. 11, loi 1, t. V, p. 125.)

6°. Une autre loi de Théodose et de Gratien « inflige le « supplice du feu aux tabulaires des cités, si par la fraude « de quelqu'un ils produisent une immunité injuste, » tendant à diminuer la somme d'imposition de qui que ce soit.

CHAPITRE VI.

Des abus du pouvoir de juger sous l'empire romain.

Les observations faites dans ce chapitre sur les abus du pouvoir de juger des empereurs et de leurs délégués, tirent leur force du tableau que nous avons offert au livre V, de l'énormité de ce pouvoir et des faits historiques les plus notoires, qui en font ressortir les excès par de grands exemples.

Tacite écrivant sur les règnes de Tibère, Claude et Néron; Suétone écrivant sur les douze Césars, ne sauraient s'extraire sur ces objets ; ils doivent être lus en entier.

Les récits de M. Lebeau, sur les horreurs que commirent les commissaires délégués par Constance, par le César Gallus, par l'empereur Julien et par Valentinien Ier, présentent des traits non moins frappants et non moins multipliés.

L'histoire de Josèphe atteste les horreurs commises, sous Claude et Néron, par Festus et Florus, gouverneurs de Judée, qui n'absolvaient que ceux qui pouvaient acheter des absolutions, et qui sauvaient, pour de l'argent, les coupables les plus odieux.

Suétone atteste que Galba, gouverneur de l'Espagne sous Néron, exerça le pouvoir de juger et de punir avec un tel arbitraire, qu'il fit couper les deux mains à un homme convaincu de fraude, et mettre en croix un coupable, qui se disait citoyen romain, et qui implorait le secours des lois, pour éviter le supplice, sans statuer, au préalable, si la réclamation était fondée.

Enfin, Pline rapporte l'histoire d'un proconsul de l'Asie, condamné, sous Trajan, à porter au trésor public des sommes qu'il avait reçues pour le prix du sang des innocents qu'il avait condamnés.

6°. *Voyez* une loi de Gratien et Théodose, au chap. VI du livre précédent, art. II, n° 6.

Ch. VI. Les preuves de ce chapitre sont renvoyées au corps de l'histoire.

On n'entreprend point de produire ici les preuves détaillées des faits que l'on cite ; ils sont connus et notoires : on ne saurait non plus prétendre épuiser les citations du même genre ; le recueil en serait immense.

CHAPITRE VII.

Des malheurs qu'entraîne l'imposition territoriale dans l'empire romain.

I. La preuve du taux énorme où montèrent les tributs, et les dépenses du gouvernement impérial, est détaillée dans les écrits de Lactance, qui les représente à l'époque où ils parvinrent aux derniers excès, c'est-à-dire sous Dioclétien et Galère.

1°. Lactance atteste que les dépenses introduites sous Dioclétien furent si excessives, « que le nombre de ceux qui recevaient excédant le nombre de ceux qui donnaient, les « champs étaient abandonnés, et les terres, auparavant cultivées, changées en bois ; l'énormité des impôts territoriaux ayant détruit les forces des cultivateurs, sans que jamais le prince voulût rien diminuer des charges. »

Suivant Lactance, Galère, successeur de Dioclétien, augmenta encore les impositions, en faisant faire de nouveaux cadastres, où « les champs se mesuraient terre par terre, les « vignes et les arbres se comptaient, les animaux de toute « espèce étaient inscrits, et les têtes des hommes se notaient. »

I.—1°. Adeo major esse cœperat numerus accipientium quam dantium, ut enormitate indictionum consumptis viribus colonorum, desererentur agri, et culturæ verterentur in sylvam; et ut omnia terrore complerentur,..... multi præsides et plura officia singulis regionibus, ac pene jam civitatibus incubare; item rationales multi, et magistri, et vicarii præfectorum, quibus omnibus civiles actus admodum rari, sed condemnationes tantum et proscriptiones frequentes, exactiones rerum innumerabilium, non dicam crebræ, sed perpetuæ, et in exactionibus injuriæ non ferendæ. Nec quoque tolerari possunt, quæ ad exhibendos milites spectant. Idem insatiabili avaritia thesauros nunquam minui volebat; sed semper extraordinarias opes ac largitiones congerebat, ut ea quæ recondebat, integra atque inviolata servaret.

Illud publicæ calamitatis et communis luctus omnium fuit, census in provincias et civitates semel missus, censitoribus ubique diffusis, et omnia exagitantibus, hostilis tumultus et captivitatis horrendæ species erant. Agri glebatim metiebantur, vites et arbores numerabantur, animalia omnis generis scribebantur, hominum capita notabantur, in civitatibus urbanæ ac rusticæ plebes adunatæ, fora omnia gregibus familiarum referta; unusquisque cum liberis, cum servis aderant; tormenta ac verbera personabant, filii adversus parentes suspendebantur, fidelissimi quique servi contra dominos vexabantur, uxores adversus maritos. Si omnia defecerant, ipsi contra se torquehan-

Enfin, le même écrivain rapporte que dans la confection de
ce cens, « on tourmentait les enfants pour déposer contre
« leur père, les esclaves contre leurs maîtres, les femmes
« contre leurs maris ; que le fisc insatiable envoyait censiteurs
« sur censiteurs, et que ceux-ci devaient toujours forcer les
« nouvelles évaluations des biens, pour ne point paraître avoir
« été envoyés en vain. »

2°. La même preuve se tire encore du témoignage d'Ammien Marcellin ; il rapporte que Julien s'opposant à une surcharge proposée par un préfet du prétoire, protestait à Constance que « c'était beaucoup, si la province des Gaules
« dévastée fournissait les tributs ordinaires, sans donner des
« augmentations que nul supplice ne pourrait arracher à des
« hommes pauvres. »

II. La preuve que la surcharge générale fit abandonner
successivement les terres les moins fertiles et une partie considérable des meilleurs fonds, a déjà été établie avec force dans
le livre précédent, où l'on a vu les lois s'efforcer de prévenir
ou d'arrêter cette désertion, et statuer sur l'usage des terres
abandonnées ; la consommation de cette preuve résultera :

1°. D'un passage d'Hérodien ; il marque que dès le temps
de Pertinax, « il y avait dans l'Italie et dans les provinces
« beaucoup de terres incultes, que Pertinax abandonnait en
« propriété à tous ceux qui voulaient les faire valoir ;

tur ; et quum dolor vicerat, adscribe-
bantur quæ non habebantur. Nulla
ætatis, valetudinis excusatio. Ægri et
debiles deferebantur ; æstimabantur
ætates singulorum, parvulis adjicie-
bantur anni, senibus detrahebantur ;
luctu et mœstitia plena omnia. Quæ
veteres adversus victos jure belli fe-
cerant, hæc ille adversus Romanos
Romanisque subjectos facere ausus est.
.... Non tamen hisdem censitoribus
fides habebatur, sed alii super alios
mittebantur, tanquam plura inven-
turi ; et duplicabatur semper, illis
non invenientibus, sed ut libuit ad-
dentibus, ne frustra missi viderentur.
Interea minuebantur animalia, et
mortales obibant, et nihil minus sol-
vebantur tributa pro mortuis. (*Extr.
des écrits de Lactance. Livre de la mort
des persécuteurs*, chap. 7 et 23, t. II,
p. 191, 192, 214 et 215.)

2°. Tributi ratiocinia dispensavit.
Quamque Florentius, præfectus prætorio... quidquid in capitatione dees-
set... se supplere firmaret, ... animam
prius amittere, quam hoc sinere fieri
memorabat..... Rescripsit gratandum
esse, si provincialis hinc inde vastatæ,
saltem solemnia præbeat, nedum incrementa, quæ nulla supplicia egeni
possent hominibus extorquere. (*Extr.
d'un texte d'Ammien Marcellin*,
liv. XVII, chap. 3, p. 122.)

II.—1°. Nam primum..... quidquid
in Italia aut alibi gentium inculti soli,
etiamque sub regibus, vacaret, id
totum occupantibus et colentibus ad-
judicavit ; decemque annorum immunitatem, ac perpetuam dominii libertatem agricolis concessit. (*Extr. des
écrits d'Hérodien. Romanæ Historiæ
scriptores*, liv. II, p. 495 et 496.)

2°. Des écrits de Vopisque et d'Eumènes ; ils montrent que les empereurs étaient obligés de donner aux Barbares, et de faire cultiver par eux, des terres devenues désertes dans la Thrace et dans les plus fertiles cités de la Gaule ;

3°. D'un passage de Lactance, déjà cité ; il atteste que sous Dioclétien, les impôts faisaient abandonner les terres ;

4°. Et enfin, d'une loi des empereurs Arcade et Honorius; « elle remet le tribut sur cinq cent vingt-huit mille quarante-« deux arpents de terre dans la Campanie, qui avaient été « auparavant compris dans les cadastres, et étaient alors de-« venus incultes. »

III. La preuve des contraintes personnelles employées pour forcer au paiement des tributs résulte :

1°. D'une loi de Constantin ; elle veut « que l'on mette « sous la garde militaire les possesseurs qui refusent de payer ; » elle défend qu'on leur fasse subir « la prison, les coups de la-« nière de plomb, les poids et autres supplices ; » mais elle atteste par là même que ces moyens violents avaient été em-ployés précédemment ; elle l'atteste encore, en appelant « in-« dulgence, » la disposition qui les proscrit ;

2°. Des plaintes des habitants d'Antioche, contre une aug-

2°. (Probus) dedit : ..... Omnes jam Barbari vobis arant, vobis jam serunt, et... militant... arantur gallicana rura barbaris bobus, et juga germanica captiva præbent colla cultoribus. (Extr. des écrits de Vopisque; l'ie de Probus. D. Bouquet, t. I, p. 540.)

Sicut pridem tuo, Diocletiano auguste, jussu, supplevit deserta Thra-ciæ translatis incolis Asia ; sicut postea tuo, Maximiano auguste, nutu, Nerviorum et Trevororum arva jacen-tia.... receptus in leges Francus exco-luit, ita nunc... Constanti... quidquid in frequens Ambiano, et Bellovaco, et Tricassino solo Lingonicoque res-tabat, barbaro cultore revirescit. (Extr. du panég. de Constantin, par Eumènes. Histoire de l'établissement de la Monarchie Française, par Du-bos, t. I, p. 104.)

Quid loquar rursus intimas Franciæ nationes... ab ultimis Barbariæ litto-ribus avulsas, ut in desertis Colliæ regionibus collocatæ,.. pacem romani

imperii cultu juvarent. (Extr. du panég. de Constantin, par Eumènes. D. Bouquet, t. I, p. 715.)

3°. Voyez l'extrait d'un écrit de Lactance, à l'art. I de ce chapitre, n° 1.

4°. Honorii indulgentia Campaniæ tributa, aliquot jugerum velut deser-torum et squalidorum.

Quinqena viginti octo millia qua-draginta duo jugera, quæ Campania provincia, juxta inspectorum rela-tionem et veterum monumenta char-tarum, in desertis et squalidis locis habere dignoscitur, iisdem provin-cialibus concessimus, et chartas su-perfluæ descriptionis cremari cense-mus. (Extr. d'une loi des empereurs Arcade et Honorius. Code Théodos., liv. xi, tit. 28, loi 2, t. IV, p. 194.)

III.—1°. Voyez une loi de Constan-tin, au livre précédent, chap. VII, art. I, première autorité.

2°. Voyez l'histoire du Bas-Empire, de Lebeau, t. V, p. 221 et suivantes.

mentation d'imposition qu'avait ordonnée Théodose-le-Grand,
pour fournir aux dépenses extraordinaires d'une fête où il cé-
lébra la dixième année de son règne ; ces plaintes supposent
que l'on vendait la personne même des citoyens, pour réaliser
cette imposition ;

3°. De deux passages d'Ammien Marcellin ; cet auteur,
contemporain de Constance, Julien et Valentinien, suppose
que l'usage de mettre à la torture pour exiger le paiement des
tributs, avait lieu de son temps ; il dit en propres termes que
« l'on rougit, chez les Égyptiens, de ne pas montrer sur son
« corps les marques des coups reçus pour avoir refusé les tri-
« buts ; » il ajoute que Julien protesta à Constance « qu'aucun
« supplice ne pourrait arracher aux habitants des Gaules des
« tributs nouveaux ; »

4°. Du panégyrique de Julien, par le consul Mamertin ; il
montre que « les hommes libres étaient livrés aux tour-
« ments, pour l'exaction des tributs dans la Gaule, sous Con-
« stance. »

IV. La preuve que le fisc fut forcé de laisser arriérer les
paiements annuels de beaucoup de contribuables, et même de
renoncer à ces créances, a été établie au livre précédent,
dans lequel on a fait voir que les acheteurs des biens vendus
étaient obligés de payer les impositions arriérées sur ces
biens, et dans les lois impériales, qui remettent de tels arrérages de vingt et de quarante années ; cette preuve se fortifie
encore,

1°. Par un récit d'Ammien Marcellin, où l'on voit que
Constantin remit pour cinq ans les arrérages de tous les
tributs ;

3°. Erubescit apud eos, si quis non
indicando tributa, in corpore vibices
ostendat. (*Extr. d'Ammien Marcellin.
Comment. du Code Théodos.*, liv. xi,
tit. 7, loi 3, t. IV, p. 69.)
Voyez un autre texte d'Ammien
Marcellin, art. I de ce chapitre,
n° 2.
4°. Aliæ, quas a vastitate barba-
rica terrarum intervalla distulerant,
judicum nomine a nefariis latrouibus
obtinebantur. Ingenua indignis cru-
ciatibus corpora lacerabantur ; nemo

ab injuria liber... ut jam Barbari
desiderarentur, ut præoptaretur a
miseris fortuna captorum. (*Extr. d'un
paneg. de Julien, par le consul Mamertin.* D. Bouquet, t. I, p. 711.)
IV. La première partie de cette
preuve a été établie au livre précédent.
1°. Quinque annorum reliqua nobis remisit. (*Extr. des écrits d'Ammien Marcellin.* Comment. du Code
Théodos., liv. xi, tit. 28, loi 1, t. IV,
p. 193.)

2°. Par une loi de l'empereur Julien, qui remet aussi les arrérages des impositions territoriales.

CHAPITRE VIII.

Des malheurs qui résultèrent de la distribution du pouvoir fiscal sous l'empire romain.

I. Les observations contenues dans ce chapitre, sur la distribution du pouvoir fiscal et sur les moyens divers d'exaction, admis dans l'empire romain, s'appuient sur des faits développés et fondés en preuves dans le livre précédent ; elles s'appuient encore sur les autorités qui viennent d'être citées au chapitre précédent, pour établir l'usage des contraintes personnelles ; on y a vu que les coups, les tourments, la question, étaient les moyens de contrainte les plus usités.

II. La preuve que l'excès des vexations de tout genre réduisait les habitants des provinces à fuir, pour s'y soustraire, dans les déserts et chez les Barbares, et à se rendre esclaves des riches, résulte :

1°. Du panégyrique de Julien, par le consul Mamertin, déjà cité ; on y voit que les habitants des Gaules étaient réduits à un tel désespoir, par les vexations que les juges exerçaient contre eux sous Constance, « qu'ils désiraient l'arrivée des « Barbares, préférant la captivité à tant de maux ; »

2°. D'un récit d'Orose ; il marque « qu'il se trouvait nombre « de Romains qui préféraient la pauvreté et la liberté chez les « Barbares, à la servitude et aux tributs chez les Romains ; »

3°. D'une loi de l'empereur Constantin ; elle montre que « les habitants des provinces, réduits à la dernière pauvreté, « vendaient eux-mêmes leurs enfants ; »

2°. Excepto auro et argento, cuncta reliqua indulgemus. (*Extr. d'une loi de l'empereur Julien.* Code Théodos., liv. xi, tit. 28, loi 1, t. IV, p. 192.)

I. *Voyez* les preuves rapportées au livre VI, et les autorités citées au chapitre précédent, art. IV.

II.—1°. *Voyez* l'extrait du panégyrique de Julien, art. III de ce chapitre, n° 4.

2°. Ut inveniantur.... quidam Romani, qui malint inter Barbaros pauperem libertatem, quam inter Romanos tributariam servitutem. (*Extr. d'un écrit d'Orose.* Dubos, Hist de la Monarchie Française, t. I, p. 406.)

3°. Provinciales, egestate victus atque alimoniæ inopia laborantes, liberos suos vendere.... cognovimus. (*Extr. d'une loi de l'empereur Constantin.* Code Théodos., liv. xi, tit. 27, loi 2, t. IV, p. 190.)

4°. Des écrits de Salvien ; ils marquent que les simples citoyens romains désirent « finir leurs jours chez les Barbares ;
« qu'ils quittent l'empire pour se réfugier vers eux ; que le
« plus grand nombre abandonne ses terres et ses demeures
« pour se soustraire à la violence des exacteurs ; que plu-
« sieurs quittent volontairement le nom de citoyen, pour de-
« meurer colons des riches ; que les ennemis paraissent plus
« doux aux pauvres citoyens que les exacteurs ; qu'enfin les
« citoyens sont comme des captifs dans les fers de l'ennemi. »

CHAPITRE IX.

Des malheurs qui résultèrent dans l'empire romain de la régie municipale.

Les observations faites dans ce chapitre sur les vices essen-
tiels de la constitution des corps des curies romaines, s'appuient sur les faits que nous avons posés et fondés en preuves,
lorsque nous avons présenté le développement de cette constitution.

La preuve de l'excès des désordres et des malheurs qu'entraîna la régie municipale dans l'empire romain, s'établit par
les lois mêmes qui tentèrent en vain de l'arrêter.

1°. Ce fut une loi de Majorien qui défendit aux juges de
prononcer « des condamnations criminelles contre les curies
« en corps. »

4°. Malunt enim sub specie captivitatis vivere liberi, quam sub specie
libertatis esse captivi... Nomen civium
romanorum aliquando... magno æsti-
matum,... nunc ultro repudiatur.

Sic sunt.... quasi captivi jugo hostium pressi ; tolerant supplicium necessitate, non volo ; animo desiderant
libertatem, sed summam sustinent
servitutem.

Leviores his hostes, quam exactores
sunt, et res ipsa hoc indicat : ad hostes fugiunt, ut vim exactionis evadant.

Una et consentiens illic romanæ
plebis oratio, ut liceat eis vitam....
agere cum Barbaris.... Non solum
transfugere ab eis ad nos fratres nostri
omnino nolunt, sed ut ad eos confugiant, nos relinquunt ; et quidem mi-
rari satis non possum, quod hoc non
omnes omnino faciunt tributarii pauperes,... nisi quod una causa tantum
est, qua non faciunt, quia transferre
illuc.... habitatiunculas familiasque
non possunt ; nam quum plerique eorum agellos ac tabernacula sua deserant, ut vim exactionis evadant.

Nonnulli eorum ... qui ... fugati ab
exactoribus deserunt, ... fundos majorum expetunt, et coloni divitum
fiunt. (*Extr. des Écrits de Salvien.
Traité de la Providence*, liv. v, p. 44,
45 et 46.)

Cн. IX.—1°. Nunquam curiæ a provinciarum rectoribus generali con-
demnatione mulctentur ; quum utique
hoc et æquitas suadeat, et regula juris
antiqui, ut noxa tantum caput sequatur, ne propter unius fortasse de-
lictum alii alligantur. (*Extr. d'une
loi de Majorien*. Nov. de Majorien,
tit 1, Code Théodos , t. VI, p. 33.)

2°. Une loi de Théodose et de Valentinien, et une autre de Majorien, s'opposèrent à l'usage « admis d'astreindre les cu-« riales pour les possesseurs. »

3°. Une loi de Valentinien, Valens et Gratien s'éleva contre l'usage reçu d'infliger aux curiales « pour la dette d'autrui ou « pour la leur, » les plus cruelles tortures.

4°. Une loi des empereurs Théodose et Valentinien avoue que « l'on peut à peine trouver dans chaque ville un curiale « capable » des fonctions municipales, à cause de l'oppression qui les a fait disparaître.

5°. Une loi de Léon et de Majorien appelle les curiales, les esclaves de la république, la force des cités; puis elle avoue que « l'iniquité des juges et la vénalité des exacteurs les « réduisirent à ce point, que plusieurs, désertant la patrie, « cherchèrent des retraites cachées, furent habiter sous des « lois étrangères, s'unirent aux esclaves et aux colones des « grands, de sorte que les curies s'anéantirent. »

6°. Une loi de Justinien avoue que « les curiales s'abstien-

2°. Legatio proconsularis provinciæ, ... curiales pro aliis qui in eodem territorio possident deflavit astringi, quod ab obnoxiis sæpe debetur devotissimi quique cogantur exsolvere. Quæ res pro arbitrio compulsorum, vel ... judicum, in eam famam ... pervenit, ut nullus pene curialis idoneus in ordine cujusquam urbis valeat inveniri; cujus præsumptionis abolita consuetudine, jubemus neminem curialem pro alieni territorii debitis attineri. (*Extr. d'une loi des empereurs Théodose et Valentinien.* Code Théodos., liv. x, tit. 1, loi 186, t. IV, p. 516.)

Compulsor tributi nihil amplius a curiali noverit exigendum, quam quod ipse a possessore susceperit. (*Extr. d'une loi de Majorien.* Nov. de Majorien, tit. 1, Code Théodos., t. VI, p. 33.)

3°. Decuriones, sive ob alienum, sive ob suum debitum, exsortes omnino earum volumus esse pœnarum, quas fidiculæ, et tormenta constituunt. (*Extr. d'une loi des empereurs Valentinien, Valens et Gratien.* Code Théodos., liv. ix, tit. 35, loi 2, t. III, p. 249.)

4°. *Voyez* l'extrait d'une loi de Théodose et Valentinien, au n° 2 de cet article.

5°. Curiales servos esse reipublicæ ac viscera civitatum nullus ignorat; ... huc redegit iniquitas judicum, exactorumque plectenda venalitas, ut multi patria deserentes, natalium splendore neglecto, occultas latebras, et habitationem eligerent juris alieni; illud quoque sibi dedecoris addentes, ut dum uti volunt patrociniis potentium, colonarum se ancillarumque conjunctione polluerint. Itaque factum est, ut urbibus ordines deperirent, et prope libertatis suæ statum nonnulli per contagionem deterioris amitterent. Quod ne ulterius possit licere, ... sancimus, præteritæ præsumptionis supplicium relaxantes, ut ... ubicumque intra triginta abhinc retro annos inventi fuerint curiales... ad urbes quas deseruerant ... reducantur. (*Extr. d'une loi des empereurs Léon et Majorien.* Code Théodos., liv. iv, tit. 1, t. VI, p. 32.)

6°. Curiales .... fraudare curiam voluerunt, rem omnium impiam invenerunt, a nuptiis legitimis abstinentes. (*Extr. d'une loi de l'empereur*

« nent des noces légitimes, pour frauder les droits des cu-
« ries, » c'est-à-dire, pour éviter de laisser des enfants curiales.

7°. Une loi de Dioclétien et Maximin défend de recevoir
« la cession de biens qu'offrent les curiales, pour s'exempter
« des fonctions municipales; » elle ordonne de nouveau qu'on
les force à remplir ces fonctions.

8°. Une loi des empereurs Gratien, Valentinien et Théodose, et la loi de Majorien, déjà citée, s'élevèrent avec force
pour arrêter la désertion par laquelle les curiales se rendaient
esclaves, pour s'affranchir de l'état de curiale. Ces lois prononcèrent des peines, ordonnèrent des poursuites, rappelèrent les curiales devenus esclaves à leur premier état, après
quarante ans d'esclavage.

9°. Enfin, une loi de Valentinien et de Valens, et une loi
de Gratien, Valentinien et Théodose, défendirent « d'at-
« tacher à la curie pour peine d'un crime, d'envoyer quel-
« qu'un à la curie, au lieu de lui infliger un supplice; » ce
qui fait voir que les juges des provinces avaient admis cette
pratique.

Justinien. Nov. de Just., tit. 18, t. II,
p. 105.)

7°. Voyez l'extrait d'une loi de
Dioclétien et Maximin, au liv. IV,
chap. V, art. 1, n° 5.

8°. Si quis procurationem facultatum suarum curiali crediderit esse
mandandam, ... patrimonium ejus,
quod crediderat curiali, proscriptio
fiscalis invadat. Ille vero, qui immemor libertatis, et generis, ... servili obsecundatione damnaverit, de-
portationis incommodo subjugetur.
(Extr. d'une loi des empereurs Gratien, Valentinien et Théodose. Code
Théodos., liv. xii, tit. 1, loi 95,
t. IV, p. 439.)

Vo. ex l'extrait d'une loi des empereurs Léon et Majorien, au n° 5 de
cet article.

9°. Poenæ loco, curiæ quem addici
non debere.

Ordinibus curiarum, quorum ...
splendor vel maxime cordi est, non
aggregentur, nisi nominati, nisi
electi, quos ipsi ordines curtibus sui
duxerint aggregandos, nec quis ob
culpam ... mittatur in curiam. (Extr.
d'une loi des empereurs Valentinien
et Valens. Code Théodos., liv. xii,
tit. 1, loi 66, t. IV, p. 416.)

Poenæ nomine in curiam damnari
neminem posse.

Ne quis officialium, curiæ, poenæ
specie ... dedatur... Omnes ... judices
tuæ censuræ subditos admonebis, ne
quis æstimet curiæ, loco supplicii,
quemquam deputandum : quum utique unumquemque criminosum non
dignitas debeat, sed poena comitari.
(Extr. d'une loi des empereurs Gratien, Valentinien et Théodose. Code
Théodos., liv. xii, tit. 1, loi 108,
t. IV, p. 453.)

CHAPITRE X.

De la diminution de la valeur des fonds de terre ; de la dépopulation générale.

I. Les observations faites dans ce chapitre sur la désertion des terres et la non-valeur des biens-fonds dans les derniers siècles de l'empire romain, se fondent sur des faits établis et fondés en preuves dans ce livre et dans les livres précédents.

II. La preuve des lois qu'il fallut faire pour porter les citoyens au mariage, et la preuve de l'inutilité de ces lois, résulte complétement d'un discours d'Auguste dans Dion, et des Annales de Tacite.

III. La preuve du grand nombre des enfants tués ou exposés par leurs parents résulte :

1°. Des lois de Constantin ; elles défendent aux pères de « faire périr leurs enfants ; » elles ne leur défendent point de les exposer, et chargent seulement le fisc de la subsistance de ces enfants, que « par pauvreté, les pères ne peuvent « élever. »

2°. De plusieurs passages de saint Justin, de Tertullien et de Lactance ; ils attestent le grand nombre des « enfants tués ou « exposés par leurs parents. »

I. Cet article n'exige point de preuves.

II. Ego autem mulctam non obedientibus adauxi ;... præmia autem obtemperantibus tot ac tanta, quanta nulli virtuti præterea essent præposita, constitui. (*Extr. d'un discours d'Auguste, dans l'Histoire romaine de Dion*, liv. LVI, p. 748.)

Relatum deinde de moderanda Papia Poppæa, quam senior Augustus ... incitandis cœlibum pœnis ... sanxerat; nec ideo conjugia et educationes liberorum frequentabantur. (*Extr. des Annales de Tacite*, liv. III, chap. 25, t. II, p. 359.)

III. — 1°. Per omnes civitates Italiæ proponatur lex, quæ parentum manus a parricidio arceat.... Si quis parens afferat sobolem, quam pro paupertate educare non possit ... fiscum nostrum ... jussimus præbere obsequia. (*Extr. d'une loi de l'empereur Constantin. Code Théodos.*, liv. XI, tit. 27, loi 1, t. IV, p. 188.)

Quicumque puerum vel puellam, projectam de domo patris vel domini voluntate scientiaque, collegerit, ac suis alimentis ad robur provexerit, eumdem retineat, sub eodem statu quem apud se recollectum voluerit agitare, hoc est, sive filium, sive servum eum esse maluerit. (*Ibid.*, liv. V, tit. 7, loi 1, t. I, p. 415.)

2°. Infantes editos enecantes, legibus quidem prohibemini; sed nullæ magis leges tam impune, tam secure, sub omnium conscientia... eluduntur. (*Extr. de l'Écrit de Tertullien aux Païens*, cité par l'abbé de la Blèterie, aux remarques sur les mœurs des Germains, par Tacite, t. I, p. 160.)

Quid illi, quos falsa pietas exponere ?... Crudelius necant, quam si strangulassent ; ... nec se pluribus liberis educandis sufficere posse prætendunt. (*Extr. des écrits de Lactance. Comment. du Code Théodos.*, t. I, p. 416.)

CHAPITRE XI.

Des malheurs de la condition des empereurs.

Les observations que nous avons offertes dans ce chapitre sur la toute puissance des armées, pour ou contre les empereurs, s'appuient sur les faits historiques les plus éclatants et les plus savamment recueillis dans les écrits anciens et modernes ; on juge inutile d'en répéter les détails.

CHAPITRE XII.

De la chute de l'empire.

Les observations contenues dans ce chapitre s'appuient encore sur les faits historiques les plus universellement connus.

Les chap. XI et XII n'exigent pas de preuves.

LIVRE HUITIÈME.

—

CHAPITRE Ier.

Invasions des Barbares dans les Gaules aux IVe et Ve siècles.

I. La preuve des invasions, des guerres et des ravages dont les Gaules furent le théâtre, depuis le troisième siècle jusqu'au milieu du cinquième, et jusqu'à la conquête des Francs, résulte, pour les troisième et quatrième siècles,

1°. De l'Histoire d'Orose, et de la Chronique d'Eusèbe ; elles marquent qu'avant l'usurpation de Posthume, « les Allemands « ravagèrent les Gaules ; »

2°. Des écrits de Trébellius Pollion ; ils marquent qu'après la mort de Posthume, « la plupart des cités des Gaules et plu- « sieurs châteaux avaient été pillés et brûlés par la subite ir- « ruption des Germains ; » ils supposent que la puissance de Posthume, qui finit avec sa vie, ne dura que sept ans, ce qui montre bien peu de distance entre les ravages des Allemands dans les Gaules avant l'élévation de Posthume, et les ravages des Germains, immédiatement après sa mort ;

3°. D'un passage de Vopisque ; il marque « qu'après la mort « de Posthume, et après celle de l'empereur Aurélien, les « Gaules avaient été troublées et envahies par les Barbares « Germains, mais que tandis qu'ils couraient en assurance « toute la Gaule, » les victoires de Probus arrêtèrent leurs

---

1. — 1°. Alamani Gallias perva- gantes, etiam in Italiam transeunt ... Posthumius in Gallia invasit tyranni- dem. (*Extr. de l'Histoire d'Orose.* D. Bouquet, t. I, p. 596.)

An. CCLX. Alamani, vastatis Gal- liis, in Italiam transiere. (*Extr. de la Chron. d'Eusèbe.* D. Bouquet, t. I, p. 609.)

2°. (Lollianus) plerasque Galliæ civitates, nonnulla etiam castra, quæ Posthumius per septem annos in solo barbarico ædificaverat, quæque, interfecto Posthumio, subita irrup- tione Germanorum et direpta fuerant

et incensa, in statum veterem refor- mavit. (*Extr. de la Vie de Lollien, par Trébellius Pollion.* D. Bouquet, t. I, p. 539.)

3°. (Probus) cum ingenti exercitu Gallias petiit : quæ omnes, occiso Posthumio, turbatæ fuerant, inter- fecto Aureliano, a Germanis possessæ. Tanta autem illic prœlia feliciter gessit, ut a Barbaris sexaginta per Gallias nobilissimas reciperet civi- tates, prædam deinde omnem, qua illi præter divitias etiam efferebantur ad gloriam. Et quum jam in nostra ripa, imo per omnes Gallias securi

1.

succès, en détruisirent un grand nombre, et éloignèrent le reste :

4°. De l'Histoire d'Orose, et de la Chronique d'Eusèbe; elles marquent « qu'une armée de soixante mille Allemands » porta la guerre dans les Gaules, sous Constance Chlore, vainquit d'abord ce prince, et fut ensuite défaite par lui :

5°. Des récits d'Ammien Marcellin; ils portent que « la dé-« fense de la Gaule étant négligée, elle éprouva les pillages, « les incendies, les massacres les plus cruels de la part des « Barbares, qui parcouraient librement les provinces, per-« sonne ne les défendant, » jusqu'au temps où Silvain envoyé dans la Gaule par Constantin, chassa les Barbares ; ils ajoutent que « Chnomadaire, roi des Allemands, ayant vaincu le César « Décence, frère de Magnence, dévasta un grand nombre « de riches cités, et continua longtemps ses ravages dans la « Gaule, personne ne s'y opposant ; »

6°. D'un récit de Zozime; il marque qu'après la mort de Silvain, « les Francs, les Allemands et les Saxons avaient « ruiné quarante villes, situées près du Rhin, et emmené « captifs un grand nombre de citoyens, avec un butin im-« mense ; » il rapporte qu'alors « Constance déclara Julien « César, et l'envoya dans les Gaules, où il trouva les troupes

---

vagarentur, cæsis prope quadrin-gentis millibus qui romanum occu-paverant solum, reliquias ultra Ni-crum fluvium et Albam removit. (*Texte de l'opusque sur le règne de Probus.* D. Bouquet, t. 1, p. 540.)

4°. Constantius ... in Gallia primo prielio ab Alamanis profligato exer-citu suo, vix ipse surreptus est : secundo autem secuta est satis secunda victoria. Nam paucis horis sexaginta millia Alamanorum cæsa referuntur. (*Extr. de l'Hist. d'Orose.* D. Bou-quet, t. I, p. 597.)

Ann. cccxcvii. Juxta Lingonas a Constantio Cæsare lx millia Alama-norum cæsa. (*Extr. de la Chron. d'Eusèbe.* D. Bouquet, t. 1, p. 600.)

5°. Quum diuturna incuria Galliæ cædes acerbas, rapinasque et incen-dia, Barbaris licenter grassantibus, nullo juvante perferret, Silvanus, pedestris militiæ rector, ut efficax ad hæc corrigenda, principis jussu

perrexit ... Memorato itaque duce Gallias ex re publica discursante, Barbarosque propellente jam sibi diffidentes et trepidantes. (*Extr. de l'Hist. d'Ammien Marcellin,* liv. xv, chap. 5. D. Bouquet, t. I, p. 5**.)

Rex Chnodomarius ... Decentium Cæsarem superavit æquo marte con-gressus, et civitates erutas multas vastavit et opulentas, licentiusque diu nullo refragante, Gallias percul-tavit. (*Ibid.*, liv. xvi, chap. 12, p. 551.)

6°. Constantius videns omnes Ro-manis ubique subditas provincias barbaricis incursionibus interceptas, Francos et Alamanos et Saxones jam quadraginta ad Rhenum sitas urbes prorsus devastasse, cives et incolas infinitæ multitudinis cum innume-rabili spoliorum copia secum ab-duxisse, ... Julianum .... Cæsa-rem Constantius declarat... Quum Julianus ... ad gallicas nationes ..

« presque détruites, les Barbares passant le Rhin comme ils
« voulaient, et courant toutes les villes voisines jusqu'à la
« mer ; »

7°. Du témoignage de l'empereur Julien lui-même sur l'état
des Gaules, quand il y arriva ; ce prince écrit que « l'innom-
« brable multitude des Germains était répandue dans les Gau-
« les ; que le nombre des villes détruites montait à quarante-
« cinq ; que les Barbares occupaient l'espace de trois cents
« stades en deçà du Rhin, depuis les sources du fleuve jusqu'à
« l'Océan ; que le pays était désert dans un espace trois fois
« plus vaste, à cause des dévastations et des courses des bar-
« bares ; de sorte que les Gaulois ne pouvaient pas même en-
« voyer paître leurs troupeaux ; qu'on voyait enfin un grand
« nombre de villes abandonnées de leurs habitants, quoi-
« qu'elles fussent encore éloignées des Barbares. »

II. La preuve de la continuation des ravages des Barbares
dans les provinces gauloises, depuis le commencement du cinquième siècle, jusqu'à la conquête des Francs, résulte :

1°. De la Chronique de Prosper d'Aquitaine ; elle fixe, à
l'an 406, l'époque « de l'entrée des Vandales et des Alains
« dans la Gaule ; »

2°. De la Chronique d'Idace ; elle fixe à l'an 409 l'époque « de l'entrée des Alains, des Vandales et des Suèves en
« Espagne ; »

3°. D'un récit d'Orose, écrivain contemporain, et d'un

pervenisset, ac ... totam apud Gallis rem militarem majori ex parte la-
befactatam et perditam reperisset, et
Barbaros liberum Rheni transmissum
habentes, ac propemodum ad urbes
usque mari proximas grassantes.
(*Extr. de l'Hist. de Zosime.* D. Bouquet, t. I, p. 577 et 578.)

— Innumera Germanorum multi-
... circum eversa per Gallias oppida impune commorante... Numerus
oppidorum, quorum erant diruta
moenia, ad quinque et quadraginta
pervenerat, burgis et castellis minoribus omissis ; agri vero, quem cis
Rhenum obtinebant Barbari, tantum
erat spatium, quantum a fontibus
illius ad Oceanum usque porrigitur ;
postremi autem illorum, ac finibus

nostris citimi trecentis a Rheni ripa
stadiis distabant. Sed triplo adhuc
amplior regio ob populationes et
excursiones vasta erat et inculta ;
ubi ne pascendi quidem potestas
Gallis fieret. Erant et urbes aliquot
oppidanis vacuae, etsi nondum vicinos haberent Barbaros. (*Extr. d'une
lettre de l'empereur Julien aux Athé-
niens.* D. Bouquet, t. I, p. 725.)

II. — 1°. An. ccccvi. Vandali et
Alani Gallias, trajecto Rheno... ingressi. (*Extr. de la Chron. de Prosper
d'Aquitaine.* D. Bouquet, t. I, p. 627.)

2°. Ann. ccccix. Alani, et Vandali, et Suevi Hispanias ingressi.
(*Extr. de la Chron. d'Idace.* D. Bouquet, t. I, p. 645.)

3°. Gentes Alanorum, ... Suevo

écrit d'Isidore ; ils portent « que les Alains, les Suèves, les
« Vandales et beaucoup d'autres nations avec eux passèrent le
« Rhin, envahirent les Gaules, parvinrent rapidement ju-
« qu'aux Pyrénées, d'où ils furent repoussés, et dont ils res-
« tèrent écartés pendant trois ans ; qu'alors ils se répandirent
« dans les provinces adjacentes, et les ravagèrent ; »

4°. D'une lettre de saint Jérôme, contemporain, parlant de
la même invasion, dont les autres auteurs viennent de fixer le
temps, entre l'an 409 et l'an 412 ; il marque que « les na-
« tions les plus féroces, des peuples innombrables occupèrent
« toutes les Gaules ; » il nomme « les Quades, les Vandales,
« les Sarmates, les Alains, les Gépides, les Hérules, les
« Saxons, les Bourguignons et les Allemands ; » il atteste que
ces nations « ravagèrent tout ce qui est entre les Alpes et les
« Pyrénées, tout ce que l'Océan et le Rhin renferment ; que
« les villes de Mayence, Worms, Reims, Amiens, Arras,
« la cité des Morins, Tournay, Nimègue, Strasbourg, pas-
« sèrent sous la puissance des Germains, » après des massacres et des ravages affreux ; que « les provinces d'Aquitaine,
« les provinces lyonnaise et narbonnaise furent dévastées, à
« la réserve de peu de villes, et que ces villes elles-mêmes
« sont encore, au moment où il écrit, entourées par l'ennemi,
« et désolées par la famine ; »

5°. Des textes de Prosper Tyron ; ils marquent que « les

ram, Wandalorum, multæ cum his
aliæ ... Rhenum transeunt, Gallias
invadunt, directoque impetu Pyrenæum usque perveniunt ; cujus obice
ad tempus repulsæ, per circumjacentes provincias refunduntur. (*Extr.
de l'Histoire d'Orose.* D. Bouquet,
t. I, p. 597 et 598.)

Gentes Alanorum, Suevorum et
Wandalorum, trajecto Rheno fluvio,
in Gallias irruunt ... directoque impetu ad Pyrenæum usque perveniunt ;
... ab Hispania tribus annis repulsi,
per circumjacentes Galliæ provincias
vagabantur. (*Extr. des OEuvres
d'Isidore, Hist. des Vandales*, t I,
p. 215.)

4°. Innumerabiles et ferocissimæ
nationes universas Gallias occuparunt. Quidquid inter Alpes et Pyrenæum est, quod Oceano et Rheno

includitur, Quadus, Wandalus, Sar-
mata, Alani, Gepides, Heruli, Saxones, Burgundiones, Alemani ... vastarunt.... Maguntiacum, nobilis quondam civitas capta atque subversa
est, et in ecclesia multa hominum
millia trucidata. Vaugiones longa
obsidione deleti. Remorum urbs præpotens, Ambiani, Attrebatæ, extre-
mique hominum Morini, Tornacus,
Nemetæ, Argentoratus, translati in
Germaniam. Aquitaniæ .. lugdunensis et narbonensis provinciæ,
præter paucas urbes populata sunt
cuncta. Quas et ipsas foris gladius,
intus vastat fames. (*Extr. de la
lettre 91 de saint Jérôme.* D. Bouquet, t. I, p. 744.)

5°. An. cccx. Saxonum incur-
sione devastatam Galliarum partem.

An. cccxii. Rursum alia præ-

« Saxons dévastèrent une partie de la Gaule, l'an 410, et
« qu'il se fit un nouveau pillage des Gaules par les Goths,
« qui passèrent les Alpes sous Astolphe ; »

6°. Des Chroniques d'Idace et de Prosper Tyron ; elles rapportent que « les Goths prirent Narbonne et Valence dans
« l'année 413 ; »

7°. Du poëme de la Providence, écrit l'an 416 ; il marque que « quand l'Océan aurait inondé les Gaules, il n'y
« aurait point causé de si terribles ravages que les Barbares ;
« qu'on a enlevé tous les grains, les fruits, les bestiaux ;
« que l'on a détruit les vignes et les oliviers ; que les mai-
« sons ont été ruinées par le feu ; que le peu qui en reste est
« abandonné ; que les massacres des Goths et des Vandales ne
« cessent point ; que les châteaux bâtis sur les rochers, les
« bourgs situés sur les plus hautes montagnes n'ont pu garan-
« tir les habitants de la fureur des Barbares ; que partout on
« a été réduit aux plus cruelles extrémités ; que tous enfin,
« citoyens obscurs, chefs du peuple, enfants et jeunes filles,
« ont été massacrés indistinctement ; »

8°. D'un passage de Frigeridus, écrivain du cinquième
siècle ; il nous apprend que « la ville de Trèves fut prise et
« brûlée par les Francs l'an 411 ; »

9°. Des écrits de Prosper d'Aquitaine ; ils marquent que
« les Francs avaient occupé, avant l'an 428, la partie des

---

datio Galliarum, Gothis, qui Alarico
duce Romam ceperant, Alpes trans-
gredientibus. (*Extr. de la Chron.
de Prosper Tyron.* D. Bouquet, t. I,
p. 637 et 638.)

6°. An. ccccxIII. Gothi Narbonam ingressi vindemiæ tempore.
(*Extr. de la Chron. d'Idace.* D. Bouquet, t. I, p. 615.)
Valentia, nobilissima Galliarum
civitas a Gothis effringitur. (*Extr. de
la Chron. de Prosper Tyron.* D. Bouquet, t. I, p. 638.)

7°. Si totus gallos aere effudisset in agros
  Oceanus, vastis plus superasset aquis.
Quod sese desunt pecudes, quod semina frugum,
  Quodque locus non est vitibus aut oleis ;
Quod fundorum ardet vis abstulit ignis et imbris,
  Quarum stare aliquas tristius est vacuas.
Si toleranda mali labes, heu ! cæde dredunt
  Vandalicis gladiis sternimur et gothicis.

Non castella petris, non oppida ... utibus altis
  Imposita, aut urbes amnibus a...quoreis,
Barbarici superare dolos atque arma furoris
  Evaluere : omnes ultima pertulimus.
Nec querar exstinctam nullo discrimine plebem ;
  Mors quoque primorum cesset ab invidia ;
Majores anni ne forte et nequior ætas
  Offensas tulerint quæ meruere ibeu,
Quid pueri insontes ? quid commisere puellæ ?

(*Extr. du poeme de la Providence.* D. Bouquet,
t. I, p. 777 et 778.)

8°. An. ccccxI. Treverorum civitas
a Francis direpta incensaque est secunda irruptione. (*Passage de Frigeridus,* cité dans l'Hist. de Grégoire de
Tours, chap. 9. D. Bouquet, t. II,
p. 166.)

9°. An. ccccxxvIII. Pars Galliarum
propinqua Rheno, quam Franci possidendam occupaverant, Aetii comitis
armis recepta. (*Extr. d'un écrit de*

« Gaules, voisine du Rhin, » dont ils furent chassés par Aétius, général romain ;

10°. Du témoignage de Salvien ; il écrit, à l'époque de la prise de Carthage par les Vandales, vers l'an 440, que « la « ville de Mayence a été ruinée et brûlée ; que la cité de Co- « logne est pleine d'ennemis ; que la ville de Trèves vient « d'être ruinée pour la quatrième fois ; que l'armée des Bar- « bares marche de lieu en lieu, de ville en ville, jusqu'à ce « qu'elle les ait toutes dévastées ; qu'elle s'est répandue d'abord « dans les provinces germaniques, dans les provinces bel- « giques, dans les provinces d'Aquitaine, et enfin, dans toute « l'étendue des Gaules ; »

11°. Des récits de Prosper d'Aquitaine, d'Idace, d'Isidore et de Grégoire de Tours ; ils montrent que les Huns, conduits par Attila, l'an 450, passèrent le Rhin, dévastèrent une grande partie des Gaules de la manière la plus cruelle, et dé-truisirent beaucoup de villes.

Prosper d'Aquitaine. D. Bouquet, t. I, p. 636.)

10°. Non hoc agitur jam in Magon-tiacensium civitate : sed quia excisa atque deleta est ; non agitur Agrip-pinæ : sed quia hostibus plena ; non agitur in Treverorum urbe excellen-tissima : sed quia quadruplici est eversione prostrata. (*Extr. du Traité de la Providence, par Salvien.* D. Bouquet, t. I, p. 780.)

Excitata est in perniciem ac dedecus nostrum gens, quæ de loco in locum pergens, de urbe in urbem transiens, universa vastaret. Ac primum a solo patrio effusa est in Germaniam pri-mam ;... post... arsit regio Belgarum, deinde opes Aquitanorum.... et post hoc corpus omnium Galliarum ; sed paulatim idipsum tamen, ut dum pars clade caeditur, pars exemplo emen-daretur. (*Ibid.,* p. 782.)

11°. An. cccccı. Attila post necem fratris, auctus opibus interempti, multa vicinarum sibi gentium millia cogit in bellum, quod Gothis tantum se inferre... denuntiabat. Sed quum, transito Rheno, saevissimos ejus im-petus multae gallicanae urbes experi-rentur, cito et nostris et Gothis pla-cuit, ut furori superborum hostium, consociatis exercitibus, repugnaretur.

(*Extr. de la Chron. de Prosper d'A-quitaine.* D. Bouquet, t. I, p. 634.)

Gens Hunnorum, pace rupta, de-praedatur provincias Galliarum. Plu-rimæ civitates effractæ. In campis catalaunicis..... Aetio duci et regi Theodori... superatur... ccc ferme millia hominum in eo certamine cecidisse memorantur. (*Extr. de la Chron. d'Idace.* D. Bouquet, t. I, p. 619.)

Pace... Theuderedus cum Romanis inita, adversus Hunnos Galliarum provincias saeva populatione vastan-tes, atque urbes plurimas evertentes in campis catalaunicis, auxiliante Aetio duce romano, aperto marte con-flixit. (*Isidore, Hist. des Goths,* t. I, p. 207.)

Igitur Chuni a Pannoniis egressi.. ad Mettensem urbem, reliqua depo-pulando, perveniunt, tradentes urbem incendio, et populum in ore gladii trucidantes, ipsosque sacerdotes Do-mini ante sacrosancta altaria peri-mentes...

Attila, Chunorum rex, a Mettensi urbe egrediens,... quum multas Gal-liarum civitates opprimeret, Aure-lianis adgreditur. (*Extr. de l'Histoire de Grégoire de Tours,* liv. II, chap. 6 et 7. D. Bouquet, t. II, p. 161.)

III. La preuve des ravages que les Barbares stipendiaires de l'empire commirent dans la Gaule au cinquième siècle, résulte :

1°. Des récits de Prosper d'Aquitaine et de Sidoine Apollinaire ; le premier marque que les Huns, qui étaient au service de l'empire, furent conduits contre les Goths par Littorius, général romain, l'an 439 ; le second témoigne que les auxiliaires Huns ou Scythes ravagèrent par le fer et le feu les provinces romaines, qu'ils traversèrent à la suite de Littorius ;

2°. D'un autre passage de Prosper Tyron ; il marque que « l'an 442, les Alains auxquels le patrice Aétius avait donné « des terres dans la Gaule ultérieure, subjuguèrent par les « armes ceux qui voulurent leur résister, et ayant chassé « les propriétaires, se saisirent par la force de leurs posses- « sions. »

CHAPITRE II.

Conquêtes des Barbares dans la Gaule sous l'empire romain ; établissement des Bretons dans les Gaules, et divisions du domaine des Gaules au moment de la chute de l'empire.

I. La preuve que sous les derniers empereurs d'Occident, les Goths occidentaux, c'est-à-dire les Visigoths, acquirent, soit par des cessions, soit par des traités, soit par les armes, un grand domaine dans l'empire, résulte :

1°. De la Chronique d'Idace ; elle dit que les Goths reçurent

---

III.—1°. An. ccccxxxix. Littorius, qui secunda ab Aetio patricio potestate Chunis auxiliaribus praeerat, dum Aetii gloriam superare appetit.... pugnam cum Gothis imprudenter conseruit... cum eodem periit... manus. (Extr. de la Chron. de Prosper d'Aquitaine. D. Bouquet, t. I, p. 632.)

Littorius scythicos equites tam forte suborto Celsus aremoricæ, geticum rapiebat in agmen. Per terras, Arvernæ, tuas ; qui proximo quemque Discurru, flammulis, ferro, feritate, rapinis Deletant, pacis fallentes nomen inani.

(Extr. du Paneg. d'Aetius, par Sidoine Apollinaire. D. Bouquet, t. I, p. 805.)

2°. ccccxlii. Alani, quibus terræ

Galliæ ulterioris cum incolis dividendæ a patricio Aetio traditæ fuerant, resistentes armis subigunt, et expulsis dominis terræ, possessiones vi adipiscuntur. (Extr. de la Chron. de Prosper Tyron. D. Bouquet, t. I, p. 639.)

I.—1°. An. ccccxvi. Wallia rex Gothorum, romani nominis causa, intra Hispanias cædes magnas efficit Barbarorum.

An. ccccxx. Gothi, intermisso certamine quod agebant, per Constantium ad Gallias revocati, sedes in Aquitanica a Tolosa usque ad Oceanum acceperant. Wallia eorum rege

du patrice Constance, l'an 419, « des domaines dans l'Aqui-
« taine, depuis Toulouse jusqu'à l'Océan ; »

2°. D'un passage de Procope ; il dit que « les Visigoths
« subjuguèrent les provinces gauloises, situées au delà du
« Rhône ; »

3°. D'un passage de Grégoire de Tours ; il écrit qu'au
temps de Clodion, c'est-à-dire vers le milieu du cinquième
siècle, les Goths « dominaient en deçà de la Loire ; »

4°. Des récits de divers historiens du cinquième siècle ; ils
montrent que les Visigoths firent très-souvent la guerre à
l'empire, et étendirent par les armes leur domaine dans la
Gaule, depuis l'an 419, jusqu'à la chute de l'empire ; ils
rapportent que l'an 425, « les Goths attaquèrent la ville
« d'Arles, avec beaucoup de violence ; que l'an 436, Nar-
« bonne commença à être assiégée par les Goths, et que
« l'an 437, cette ville fut délivrée de ce siége par Aétius. »

Immédiatement après cet événement, les auteurs placent
une nouvelle entreprise du roi des Goths, contre Aétius, qui
lui soumit « plusieurs villes romaines, voisines de ses do-
« maines, » et où il tenta le siége d'Arles, dont il fut re-
poussé ; ces mêmes auteurs rapportent la défaite de Littorius,
général romain, qui eut lieu l'an 439 ; ils marquent ensuite

defuncto, Theodores succedit in regno.
(*Extr. de la Chron. d'Idace.* D. Bouquet, t. I, p. 616.)

2°. Visigothi, facta in romanum
imperium irruptione, Hispaniam universam ac provincias Galliæ trans
Rhodanum positas subegerunt. (*Extr.
de l'Hist. de Procope,* liv. 1, chap. 12.
D. Bouquet, t. II, p. 30.)

3°. Ultra Ligerim vero Gotthi do-
minabantur. Burgundiones quoque
Arrianorum sectam sequentes, habitabant trans Rhodanum. (*Extr. de
l'Hist. de Grégoire de Tours,* chap. 9.
D. Bouquet, t. II, p. 167.)

4°. An. ccccxxv. Arelas.... a Gothis
multa vi oppugnatum est, donec imminente Aetio non impuniti abscede-
rent. (*Chron. de Prosper d'Aquitaine.*
D. Bouquet, t. I, p. 639.)

An. ccccxxvi. Narbona obsideri
cœpta per Gothos.

An. ccccxxvii. Narbona obsidione

liberatur, Aetio duce. (*Chron. d'Idace.* D. Bouquet, t. I, p. 617.)

Theuderedus.... qui regno Aquita-
nico non contentus, pacis romanæ
fœdus recusat, pleraque municipia
Romanorum vicina sedibus suis occu-
pat ; Arelas nobilissimum Galliæ oppidum... oppugnat. A cujus obsidione,
imminente virtute Aetii romanæ militiæ ducis,.... abscedit.... Litorius
autem, dum primum res prosperas
adversus Gothos gessisset, ... bellum
cum Gothis imprudenter iniit, amis-
soque romano exercitu, miserabiliter
superatus interiit. (*Isidore, Hist. des
Goths,* t. I, p. 207.)

An. ccccxxxix. Litorius qui secunda
ab Aetio patricio potestate Chunis
auxiliaribus præerat... pugnam cum
Gothis imprudenter conseruit. (*Chron.
de Prosper d'Aquitaine.* D. Bouquet,
t. I, p. 632.)

An. ccccxlii. Agrippinus, Gallus et

que « l'an 463, les Goths entrèrent en possession de Nar-
« bonne, qui leur fut livrée par trahison ; que l'an 464, et
« aussitôt après la mort d'Égidius, ils envahirent des régions
« qu'ils tenaient au nom des Romains ; qu'enfin, Euric, roi des
« Visigoths, entreprit de se rendre maître de toutes les Gaules,
« l'an 468, et remporta une grande victoire contre les Ro-
« mains et les Bretons réunis. »

II. La preuve que les Visigoths gouvernèrent indépendamment des Romains la partie des Gaules qu'ils avaient conquise,
résulte :

1°. Des écrits d'Isidore ; ils marquent que ce fut sous le règne d'Euric, c'est-à-dire vers la fin du cinquième siècle, que
« les Visigoths commencèrent à avoir des lois écrites, et que,
« jusqu'alors, ils s'étaient gouvernés selon leurs coutumes
« propres ; »

2°. D'un passage de Salvien ; il montre que le domaine des
Visigoths dans la Gaule se gouvernait indépendamment de
l'empire, en disant que « c'est le vœu de tous les Romains qui
« vivent sous le domaine des Visigoths, de ne jamais passer
« sous la domination romaine. »

III. La preuve que le domaine que les Visigoths avaient
acquis dans les Gaules, tant par les concessions que par les
conquêtes, à l'époque de la chute de l'empire, comprenait

comes... AEgidio comiti... inimicus,
ut Gothorum mereretur auxilia. Narbonam tradidit Theudorico. (*Chron.*
d'Idace. D. Bouquet, t. I, p. 622 et
623.)

An. ccccLxiv. AEgidius moritur...
quo desistente, mox Gothi regiones
invadunt, quas romano nomini tuebatur. (*Isidore, Hist. des Goths,* t. I,
p. 209.)

An. ccccLxviii. Euricus ergo Vesegotharum rex... Gallias suo jure nisus
est occupare. Quod compериens An-
themius.... protinus solatia Britonum
postulavit. Quorum rex Riothimus
cum xii millibus veniens, in Bituri-
gas civitatem... navibus... Ad quos rex
Vesegotharum Euricus innumerum
ductans exercitum advenit, diuque
pugnans, Riothimum Britonum re-

gem, antequam Romani in ejus societate conjungerentur, superavit. (*Jor-*
nandès, Hist. des Goths. D. Bouquet,
t. II, p. 27.)

II.—1°. Sub hoc rege Gothi legum
statuta in scriptis habere cœperunt ;
nam antea tantum moribus et consuetudine tenebantur. (*Isidore, Hist. des*
Goths, t. I, p. 209.)

2°. Ut ne Romani quidem, qui inter
eos vivant, ista patiantur. Itaque
unum illic Romanorum omnium votum est, ne unquam eos necesse sit in
jus transire Romanorum. (*Extr. de*
Salvien, liv. v. D. Bouquet, t. I,
p. 780.)

III.—1°. An. ccccxix. Constantius
patricius pacem firmat cum Wallia,
data eidem ad inhabitandum secunda
Aquitania, et quibusdam civitatibus

la totalité des provinces d'Aquitaine, la première Narbonnaise, et les cités de Tours, d'Arles et de Marseille, résulte :

1°. Des passages de Prosper d'Aquitaine et d'Isidore; ils montrent que le patrice Constance et Honorius cédèrent aux Visigoths, l'an 419, « la deuxième province d'Aquitaine, et « quelques autres cités des provinces voisines; »

2°. Des passages de Sidoine Apollinaire et de Jornandès: Sidoine dit que sous l'empereur Nepos, « la ville de Cler« mont était la seule cité de la première Aquitaine, que la « guerre n'eût pas enlevée aux Romains, » et Jornandès dit « qu'Euric, roi des Visigoths, occupa la cité de Clermont « même; »

3°. D'un autre passage de Sidoine Apollinaire; il compte, sous le règne de l'empereur Nepos, « Bordeaux, Périgueux, « Rhodez, Limoges, Eause, Vaison, Comminges et Auch, » parmi les cités que la violence d'Euric empêcha d'avoir des évêques;

4°. D'un texte de Grégoire de Tours; il détaille les persécutions qu'Euric exerça contre les catholiques ses sujets, dans la Novempopulanie;

confinium provinciarum. (*Extr. de la Chron. de Prosper d'Aquitaine.* D. Bouquet, t. 1, p. 639.)

Voyez aussi Isidore, Histoire des Goths, liv. VII. (OEuvres d'Isidore, t. 1, p. 207.)

2°. His accedit, quod de urbibus Aquitaniæ primæ solum oppidum Arvernum romanis reliquum partibus bella fecerunt. (*Extr. de la lettre 5 de Sidoine Apollinaire.* D. Bouquet, t. I, p. 798.)

Euricus vero rex Vesegotharum, Arvernam civitatem occupavit.(*Extr. de Jornandès, Hist. des Goths,* chap. 45. D. Bouquet, t. II, p. 27.)

3°. Evarix, rex Gothorum, quod limitem regni sui... vel tutatur armorum jure, vel promovet..... Regem Gothorum, quanquam sit ob vitium merita terribilis, non tam romanis mœnibus, quam legibus christianis insidiaturum pavesco..... Burdegala ,

Petrocorii, Ruteni, Lemovices, Elusani, Vasates, Convenæ, Ausenses, multoque jam major numerus civitatum, summis sacerdotibus ipsorum morte truncatis.... Agite quatenus populos Galliarum, quos limes gothicæ sortis incluserit, teneamus et fide. (*Extr. de la lettre 6 de Sidoine Apollinaire.* D. Bouquet, t. I, p. 798.)

4°. Evarix, rex Gothorum,... gravem in Galliis super christianos intulit persecutionem. Truncabat ... perversitati suæ non consentientes; clericos carceribus subigebat; sacerdotes vero, alios dabat exilio, alios gladio trucidabat.... Templorum aditus spinis jusserat obserari;... Maxime tunc Novempopulanæ urbes ... ab hac tempestate depopulatæ sunt. (*Extr. de l'Hist. de Grégoire de Tours,* liv. II, chap. 25. D. Bouquet, t. II, p. 174.)

5°. Des écrits d'Idace; ils montrent que la cité de Toulouse fit partie du domaine cédé aux Visigoths sous Honorius;

6°. Des textes d'Isidore et d'Idace; ils montrent que « Narbonne fut livrée à Théodoric, roi des Visigoths, l'an 463; »

7°. D'un texte de Grégoire de Tours; il montre que la cité de Tours appartenait aux Visigoths, dès l'an 490;

8°. D'un passage de Jornandès; il dit que le roi Euric assujettit Arles et Marseille, du temps de l'empereur Anthémius.

IV. La preuve de l'étendue du territoire que les Visigoths possédèrent dans la Gaule, avant la chute de l'empire d'Occident, et immédiatement avant la conquête des Francs, se résume définitivement par le rapprochement et la comparaison de deux monuments authentiques et contemporains; savoir, la Notice des Gaules, et les Actes d'un concile d'Agde, tenu sous Alaric, roi des Visigoths, contemporain de Clovis.

La Notice des Gaules compte les cités et les villes qui étaient renfermées dans chacune des provinces que l'on a dit appartenir alors aux Visigoths, aux nombre de vingt-six.

Les Actes du concile d'Agde contiennent les souscriptions

5°. Voyez un extrait de la Chronique d'Idace, à l'art. I, n° 1 de ce chapitre.

6°. Voyez un autre extrait de la Chronique d'Idace, à l'art. I, n° 1 de ce chapitre, cinquième autorité.

7°. An. ccccxc. Beatus Perpetuus, Turonicæ civitatis episcopus ... quievit; in cujus loco Volusianus, unus e senatoribus, subrogatus est. Sed a Gothis suspectus habitus, episcopatus sui anno septimo in Hispanias est quasi captivus abductus. (Extr. de l'Hist. de Grégoire de Tours, liv. II, chap. 26. D. Bouquet, t. II, p. 174.)

8°. Euricus, rex Vesegotharum, romani regni vacillationem cernens, Arelatum et Massiliam propriæ subdidit ditioni. (Extr. de Jornandès, Hist. des Goths. D. Bouquet, t. II, p. 27.)

IV. Aquitanica prima : Metropolis civitas Biturigum, civitas Arvernorum, civitas Rutenorum, civitas Albiensium, civitas Cadurcorum, civitas Lemovicum, civitas Gabalum, civitas Vellavorum.

Provincia Novempopulana : Metropolis civitas Eiosatium, civitas Aquensium, civitas Lactoratium, civitas Convenarum, civitas Consorannorum, civitas Boatium, civitas Benarnensium, civitas Aturensium, civitas Vasatica, civitas ... Bigorra, civitas Elloronensium, civitas Ausciorum.

Provincia Narbonensis prima : Metropolis civitas Narbonensium, civitas Tolosatium, civitas Beterrensium, civitas Nemausensium, civitas Lutevensium ... civitas Ucceciensis. (Extr. de la Notice des Gaules, comparée aux Actes du Concile d'Agde. D. Bouquet, t. I, p. 123 et 124.)

Voyez aux actes du concile d'Agde les souscriptions des évêques de toutes les cités des provinces de la première et troisième Aquitaine, et de la pre-

des évêques de toutes les cités, à l'exception de trois : tous ces évêques se disent sujets du roi des Visigoths.

V. La preuve que les Bourguignons conquirent dans la Gaule un domaine considérable, et s'y fixèrent, avant la chute de l'empire d'Occident, résulte :

1°. D'un passage d'Orose ; il écrit, l'an 420, que les Bourguignons forment une grande nation qui a envahi « une « possession dans les Gaules ; que les Bourguignons, deve- « nus chrétiens, traitent les Gaulois en frères plutôt qu'en « sujets ; »

2°. D'un texte de Grégoire de Tours, déjà cité ; il marque que du temps de Clodion, c'est-à-dire, avant l'an 448, « les Bourguignons possédaient un royaume au delà du « Rhône ; »

3°. De la Vie de saint Sigismond ; on y voit que les Bourguignons avaient conquis, les armes à la main, avant le règne de Gondebaud, c'est-à-dire avant la chute de l'empire, le pays dont ils étaient en possession dans la Gaule ;

4°. Des textes qui montrent que les Bourguignons firent souvent la guerre à l'empire, depuis le commencement du cinquième siècle.

Saint Jérôme compte les Bourguignons parmi les nations qui dévastèrent les Gaules l'an 406.

Prosper d'Aquitaine écrit que « les Bourguignons s'em-

mière Narbonnaise, à l'exception des évêques de Bayonne, d'Aire et de Béziers. (D. Bouquet, t. IV, p. 102 et suiv.)

V.—1°. (Burgundiones) ... in magnam coaluisse gentem ; ... Galliæ hodie-que testes, in quibus, præsumpta posses-sione, consistunt.. . Omnes christiani modo facti ... mansuete innocenter-que vivant, non quasi cum subjectis gallis, sed vere cum fratribus chris-tianis. (Extr. de l'Hist. contempo-raine d'Orose, liv. VII, chap. 32. D. Bouquet, t. I, p. 597.)

2°. Voyez un texte de Grégoire de Tours, à l'art. I, n° 3, de ce chapitre.

3°. Burgundiones ... Gallias petie-runt, et more barbarico terras et po-pulos imperialibus ditionibus subju-

gatos invaserunt.... Levato rege, no-mine Gondiocho, Romanos Galliarum habitatores, quos ab ipsorum conspectibus fuga non celavit, gla-diorum manus interfecit ; paucisque relictis, et suis ditionibus subjugatis, ipsi sub eorum dominatione posti sunt.

Defuncto Gondiocho, ipsius filii Gundebadus et Gondegesilus regno suscepto, Galliarum phalanges ter-rasque inter se diviserunt (Extr. de la Vie de saint Sigismond, roi de Bourgogne. D. Bouquet, t. III, p. 402.)

4°. Voyez l'extrait des écrits de saint Jérôme, au chap. I, art. II, n° 4, de ce livre.

An. ccccxii. Burgundiones par-

« parèrent, l'an 413, d'une partie de la Gaule, voisine du
« Rhin. »

La Chronique d'Idace et celle de Prosper Tyron témoignent
que les Bourguignons furent en guerre avec les Romains l'année 436.

Prosper Tyron écrit encore que le territoire appelé « la Sa-
« baudie fut donné l'an 443 aux Bourguignons, pour le
« partager avec les naturels du pays, » et la chronique de
Marius porte que « les Bourguignons occupèrent, l'an 456,
« une partie de la Gaule, et partagèrent les terres avec les
« Gaulois. »

VI. La preuve que le domaine des Bourguignons dans la
Gaule renfermait la première province lyonnaise, la province
séquanaise et la province viennoise, à l'exception des cités
d'Arles et de Marseille, s'établit d'abord par les divers récits
des écrivains du cinquième siècle, qui indiquent que les Bourguignons occupèrent, avant la chute de l'empire romain, les
cantons qui composaient leur royaume :

1°. Grégoire de Tours rapporte que les Bourguignons possédaient, au temps de Clodion, les pays au delà du Rhône; or,
les contrées situées au delà du Rhône renfermaient en grande
partie la province lyonnaise première ; les écrits de Grégoire
de Tours montrent de plus que la cité de Langres, comprise
dans la Lyonnaise première, appartenait aux Bourguignons,
à l'époque de la mort de Sidoine Apollinaire, c'est-à-dire
l'an 474 ;

2°. Les écrits de Prosper Tyron ont montré que les Bour-

tem Galliæ propinquam Rheno obtinuerunt. (*Chron. de Prosper d'Aquitaine*. D. Bouquet, t. I, p. 627.)

An. ccccxxxvi. Burgundiones a
Romanis duce Aetio debellantur.
(*Chron. d'Idace*. D. Bouquet, t. I,
p. 617.)

Bellum contra Burgundionum gentem memorabile exarsit, quo universa
pene gens cum rege per Aetium deleta.

An. ccccxliii. Subaudia Burgundionum reliquiis datur cum indigenis dividenda. (*Chron. de Prosper
Tyron*. D. Bouquet, t. I, p. 639.)

An. ccccxlvi. Eo anno Burgundiones partem Galliæ occupaverunt,

terrasque cum gallicis senatoribus
diviserunt. (*Chron. de Marius, évêque d'Avranches*. D. Bouquet, t. II,
p. 13.)

VI. — 1°. *Voyez* l'extrait de Grégoire de Tours à l'art. I de ce chapitre,
n° 3.

Aprunculus Lingonicæ civitatis
episcopus, apud Burgundiones cæpit
haberi suspectus ... Arvernis advenit,
ibique ... datus est episcopus. (*Extr.
de l'Hist. de Grégoire de Tours*, liv. II,
chap. 23. D. Bouquet, t. II, p. 173.)

2°. *Voyez* Prosper Tyron, à l'article précédent, n° 5, quatrième et cinquième autorités.

guignons « s'étaient emparés, dès l'an 413, d'une partie de,
« Gaules, voisine du Rhin, et avaient occupé, dès l'an 443,
« la Sabaudie, » qui renfermait au moins une partie de la Sa-
voie et de la Suisse ; on reconnaît dans ces territoires la plus
grande partie de la province séquanaise, aux mains des Bourguignons, avant le milieu du cinquième siècle ;

3°. Et enfin, un passage de Grégoire de Tours montre que
les Bourguignons possédaient la Viennoise ou Provence, dès le
commencement du règne de Gondebaud, c'est-à-dire avant la
chute de l'empire.

VII. La preuve de l'étendue du territoire que les Bourguignons possédèrent dans la Gaule avant la chute de l'empire
d'Occident, et avant la conquête des Francs, se consomme
définitivement par le rapprochement et la comparaison de la
Notice des Gaules et des Actes d'un concile d'Epaonne, de
l'an 516.

La Notice des Gaules compte les cités et les villes qui étaient
renfermées dans la première province lyonnaise, dans la Séquanaise, dans les Alpes grecques ou penniques, et dans la
province viennoise ou Provence, au nombre de vingt-quatre.
Les Actes du concile d'Epaonne contiennent les souscriptions des
évêques de ces cités, qui signent comme sujets du royaume de
Bourgogne, à l'exception des évêques de Cologne, d'Avranches
et de Bâle, d'Arles et de Marseille, dont les noms ne se trouvent pas.

3°. Gundebadus et Gundegiselus fratres regnum circa Rhodanum aut Ararim cum Massiliensi provincia retinebant.... Audiens Gundegiselus Chlodovechi regis victorias, misit ad eum legationem occulte. (*Extr. de l'Histoire de Grégoire de Tours*, liv. II, chapitre 31. D. Bouquet, t. II, p. 178.)

VII. Provincia Lugdunensis prima : Metropolis civitas Iugdunensium, civitas Æduorum, civitas Lingonum, castrum Cabalonense....

Provincia ... Sequanorum : Metropolis civitas Vesontiensium, civitas Equestrium Noiodunus, civitas Elysiorum Aventicus, civitas Basiliensium, castrum Vindonissense.

Provincia Alpium graiarum et penninarum :

Civitas Centronum Darantasia, civitas Vallensium Octoduro...

Provincia viennensis : Metropolis civitas Viennensium, civitas Genuavensium, civitas Gratianopolitana, civitas Albensium, civitas Deensium, civitas Valentinorum, civitas Tricastinorum, civitas Vasiensium, civitas Arausicorum, civitas Cabellicorum, civitas Avenicorum, civitas Arelatensium, civitas Massiliensium. (*Extr. de la Notice des Gaules, comparée aux Actes d'un concile d'Epaonne.* D. Bouquet, t. I, p. 122 et 123.)

Voyez aux actes du concile d'Epaonne, de l'an 516, les souscriptions des évêques de toutes les cités nommées ci-dessus, sauf les exceptions indiquées. D. Bouquet, t. IV, p. 104.

VIII. La preuve qu'à la chute de l'empire, la deuxième province narbonnaise était partagée entre les Visigoths et les Bourguignons, et entièrement soustraite à la domination de Rome, se forme du rapprochement et de la comparaison de la Notice de l'empire, et des Actes des conciles d'Agde et d'Épaonne.

La Notice de l'empire porte que la deuxième province narbonnaise comprenait les cités « d'Aix, d'Apt, de Riez, de Fréjus, de Gap, de Sisteron et d'Antibes. »

Les Actes du concile d'Agde, de l'an 506, reçoivent les souscriptions des évêques de Fréjus et d'Antibes, comme sujets du roi des Visigoths.

Les Actes du concile d'Épaonne, de l'an 416, reçoivent les souscriptions des évêques d'Apt, de Sisteron et de Gap, comme sujets du royaume des Bourguignons.

IX. La preuve que la province des Alpes maritimes fut partagée entre les Bourguignons et les Visigoths, et sortit du domaine impérial, lors de la chute de l'empire, se forme de la combinaison de trois sortes de monuments :

1°. De la Notice de l'empire, qui montre que « la cité « d'Embrun était la métropole de la province des Alpes mari- « times, » et qui compte, dans cette province, « la cité de « Digne, après la cité d'Embrun ; »

2°. Des Actes du concile d'Épaonne, qui contiennent la souscription « de l'évêque d'Embrun, comme sujet du roi « des Bourguignons; » et des Actes du concile d'Agde, qui contiennent la souscription de « l'évêque de Digne, comme « sujet du roi des Visigoths ; »

VIII. Provincia Narbonensis secunda :
Metropolis civitas Aquensium, civitas Aptensium, civitas Reiensium, civitas Forojuliensium, civitas Vappincensium, civitas Segesteriorum, civitas Antipolitana. (Extr. de la Notice des Gaules, comparée aux actes des conciles d'Agde et d'Épaonne. D. Bouquet, t. I, p. 124.)
Voyez, aux actes du concile d'Agde, les souscriptions des évêques de Fréjus et d'Antibes. D. Bouquet, t. IV, p. 102 et 103.
Voyez, aux actes du concile d'Épaonne, les souscriptions des évêques d'Apt, de Sisteron et de Gap. D. Bouquet, t. IV, p. 104 et 105.

IX. — 1°. Provincia Alpium maritimarum :
Metropolis civitas Ebrodunensium, civitas Diniensium. (Extr. de la Notice des Gaules. D. Bouquet, t. I, p. 124.)
2°. Voyez, aux actes du concile d'Épaonne, la souscription de l'évêque d'Embrun. D. Bouquet, t. IV, p. 104.
Voyez, aux actes du concile d'Agde, la souscription de l'évêque de Digne. D. Bouquet, t. IV, p. 103.

3°. Et enfin, d'un passage de Procope, qui marque que les Visigoths, à l'instant de la chute de l'empire, obtinrent, par la concession d'Odoacre, la possession des contrées gauloises qui se trouvent en deçà du Rhône, s'étendent jusqu'aux Alpes, et séparent la Ligurie de la Gaule : telle est précisément la description d'une grande partie du territoire de la province des Alpes maritimes, que Procope atteste être sortie du domaine impérial, au commencement du sixième siècle ; on doit croire qu'à cette époque, les Bourguignons possédaient le reste, puisque la capitale même de la contrée était certainement à eux.

X. La preuve de l'établissement d'une colonie de Bretons dans les cités de Saint-Malo, Vannes, Cornouaille, Quimper-Corentin, résulte :

1°. De la Chronique de Saint-Brieux, qui recueille les plus anciennes traditions bretonnes ; elle porte que le tyran Maxime, après avoir été proclamé roi de la Grande-Bretagne, marcha dans la Gaule avec une puissante armée, et conquit le territoire qui a depuis porté le nom de Bretagne ; que les vainqueurs, ayant exterminé les naturels du pays, se fixèrent dans

---

3°. Ac tamdiu quidem Galliam, quæ cis Rhodanum fluvium est, tenuit imperator, quamdiu Romanis sua constitit civilis administrationis forma ; ubi vero illam Odoacer in tyrannidem mutavit, tunc tyranni concessu Galliam omnem ad Alpes usque, quibus Gallorum ac Ligurum fines terminantur, Visigotthi obtinuerunt. (*Extr. de l'Hist. de Procope*, liv. 1, chap. 31. D. Bouquet, t. II, p. 31.)

X. — 1°. An. ccccxxvii. Maximianus (Maximus), Cæsar rex Britanniæ creatur.... Sublimatus superbivit propter auri argentique copiam... omnem militem armatum Britanniæ collegit; non sufficiebat ei regnum Britanniæ, quin affectaret Gallias subjugare. Quam ergo transfretavit, primitus regnum adivit Armoricanum, quod Britannia nunc dicitur, et populum Gallorum tunc paganum, qui ibi erat, debellare cœpit. At Galli... obviam venientes pugnam fecerunt contra illum... Ceciderat Imbaltus cum quindecim millibus armatorum... Maximianus... vocavit... Conanum Meriadocum ad se extra turmas, ...ait : Ecce unum ex potioribus Galliæ regni subjugavimus, spem ad cætera habere possumus... Nec pigeat te regnum Britanniæ necessisse, quia quidquid in illa amisisti, tibi in hac patria restituam. Promovebo te ... in regem hujus regni, et erit hæc patria altera Britannia, quam ex genere nostro, expulsis indigenis, replebimus.

Post hæc convocatis catervis ierunt Rhedonas, quam eodem die receperunt ... diffugerant cives ... mulieribus relictis et infantibus. Horum exemplo fecerunt cæteri per urbes et oppida, ut facilis Britonibus pateret aditus.... Mulieribus parcentes, ... postremo cum universos provinciæ incolas delevissent, munierunt civitates et oppida militibus britannis... Maximianus ... distulit tamen sævitiam suam pauliper, donec sedato regno quod ceperat, ipsum populo britannico replevisset. Fecit itaque edictum suum, ut centum millia plebanorum in Britannia insula colligerentur, et ad eum venirent cum triginta millibus militum, qui ipsos intra patriam, in qua mansuri erant, ab hostili irruptione tuerentur. Quam-

cette contrée, et y reconnurent, pour premier roi, Conan Meriadec ; que de nouvelles migrations des peuples britanniques accrurent bientôt le peuple breton ; qu'après Conan, les princes de sa race se succédèrent dans le gouvernement de la Bretagne, jusqu'à la fin du septième siècle.

On voit, dans ces mêmes chroniques, que des rapports continuels se conservèrent entre les Bretons des Iles britanniques, et les nouveaux Bretons armoricains, jusqu'à l'époque où les Anglo-Saxons ayant chassé les habitants des Iles britanniques, ceux-ci trouvèrent leur asile dans la petite Bretagne, vers la fin du septième siècle :

1°. De plusieurs anciens historiens de la Grande-Bretagne, qui s'accordent à témoigner que les Bretons des Iles britanni-

que omnia perpetrasset, distribuit eos per universas armorici regni partes, fecitque alteram Britanniam, quam Conano Meriadoco donavit.... Conanus autem quandiu vitam duxit, ... in pace rexit regnum suum, et populo britannico ab omnibus inimicis suis tutelam præstitit.

Grallonus magnus ... adeptus est . . diadema, et regnum ... creavit.

Salomon fuit rex tertius.

Audroenus rex quartus.

Budicus rex quintus.

Hoelus Magnus, dicti Budici filius et nepos Arturi regis majoris Britanniæ, rex sextus fuit.... Anno ccccxc, transfretavit in majorem Britanniam ad Arturum avunculum suum, ut ipsum juvaret contra Saxones. Secum duxit de Britonibus armoricanis quindecim millia armatorum.... Urbem Lelindeoit a paganis obsessam petunt. Ut vero cum omni multitudine sua eo venerunt, præliati sunt cum Saxonibus, quibus inauditam cædem intulerunt.

Hoelus secundus, filius Hoeli Magni, Britanniam minorem laudabiliter rexit.

Alanus filius Hoeli secundi, post mortem patris sui in Britannia ... regnavit.

Hoelus tertius, filius Alani regis, fuit rex nonus minoris Britanniæ.

Salomon II. rex decimus.

Alanus ... Longus, nepos Salomonis, in minori Britania post Salomonem regnavit. Tempore istius

Alani ... Cadvalladrus ultimus rex Britonum majoris Britanniæ venit in minorem cum magna multitudine Britonum, diffugiens propter famem et pestilentiam tunc temporis in majori Britannia regnantes ... Potestas Britonum in insula cessavit, et Angli regnare cœperunt ... anno D. DCLXXIX. Quum... prædictus populus roboratus fuisset, recordatus Cadvalladrus regni jam a contagione purificati, auxilium ab Alano rege Armoricanorum petivit, ut pristinæ potestati restitueretur. At quum id ab Alano impetrasset, intonuit ei vox angelica, dum classem pararet, ut a cœptis desisteret : nolebat enim Deus Britones in insula Britanniæ diutius regnare.... Tunc Cadvalladrus, pompis seculi renuntians, Romam perrexit. (*Estr. de la Chron. de Saint-Brieux.* Preuves de l'Histoire de Bretagne, par D. Morice, t. 1, p. 9.)

2°. Britannia omni armato milite, militaribus copiis... et ingenti juventute spoliata, quæ vestigiis tyranni (Maximi) comitata domum, nusquam ultra rediit, et omni belli usus penitus ignara... multos stupet gemitque per annos. (*Estr. de Gildas le Sage. Ibid.*, p. 163.)

Maximus Britanniam omni , ne armata juventute, copiisque militaribus spoliaverat.... Secutæ in Gallias, nusquam ultra domum rediere. (*Estr. de Bède le Vénérable*, ibid, p. 164.)

Regnavit in Britannia.... Maximianus.... Noluit dimittere milites qui

I.

ques, conduits dans la Gaule par Maxime, s'y établirent, et n'en revinrent jamais;

3°. De quelques traits de l'histoire du cinquième siècle, qui s'accordent avec les témoignages des écrivains de la Grande-Bretagne, en montrant dans la troisième province lyonnaise, un corps de Bretons, distingués des naturels gaulois; et dans les armées de l'empire, des guerriers bretons, conduits par un chef de leur nation; ils marquent de plus qu'il y avait dans la cité de Vannes, au commencement du règne de Clovis, un prince particulier.

Les Actes du premier concile de Tours comptent parmi les évêques de la troisième Lyonnaise, dépendants de cette métropole, un évêque qui prend le titre d'évêque des Bretons.

Jornandès nous apprend que sous l'empereur Anthémius, Riotam, qu'il appelle roi des Bretons, servait dans les armées de l'empereur, à la tête d'un corps de « douze mille « Bretons. »

L'auteur contemporain de la Vie de saint Mélaine, évêque de Rennes, montre qu'il y avait, du temps de Clovis, dans la cité de Vannes, un prince particulier, qu'on appelait roi.

OBSERVATION. Les textes cités ici ne donnent pas de démarcations positives des limites du domaine des premiers Bretons dans la Gaule; mais la suite des faits historiques apprend que ces limites ne changèrent point, depuis le quatrième siècle, jusqu'au règne de Charles-le-Chauve; or, des preuves posi-

cum eo perrexerunt a Britannia; sed dedit illis multas regiones.... Hi sunt Britones armorici, et nunquam reversi sunt ad proprium solum. (*Extr. de Ninius*, Preuves de l'histoire de Bretagne, t. I, p. 164.)

Britonum... pars quæ armoricum... sinum obtinuit, non post Britanniæ excidium, sed longe ante a Maximo... translata est, et post multos et graves bellicos sudores... his Galliæ finibus... est remunerata. (*Extr. de Sylvestre Giraud*, ibid., p. 165.)

Britones vero, quos Maximus secum adduxerat in Gallia aremorica, usque hodie remanserunt; unde et Britones armorici vocantur, a quibus spoliata emarcuit Britannia. (*Extr. de Henri de Huntindon*, ibid., p. 164.)

Voyez dans les Actes du premier

concile de Tours, de l'an 461, la souscription de Mansuetus, évêque des Bretons, après celle des évêques de Tours, du Mans, de Bourges, de Châlons et de Rouen. Recueil des conciles, de Sirmond, t. I, p. 126.

Voyez un texte de Jornandès, à l'art. I de ce chapitre, n° 5, dernière autorité.

Episcopus Melanius.... Clodoveo.... fuit cognitus... Inter præcipua miraculorum opera, quæ per S. Melanium ....operatus est Dominus, ponendum puto, quod circa regem Venetensem Eusebium et ejus filiam, Aspasium nomine, factum esse..... invenitur. (*Extr. de la Vie de saint Mélaine, évêque de Rennes*, par un auteur contemporain. Dom Bouquet, t. III, p. 395.)

tives montreront, dans la suite de cet ouvrage, que la Bretagne comprenait seulement, jusqu'au neuvième siècle, les anciens territoires des cités de Saint-Malo, Vannes, Cornouailles et Quimper-Corentin, et non les territoires de Nantes et de Rennes.

XI. La preuve que les Francs, sous le roi Clodion, subjuguèrent tous les pays qui se trouvent depuis Cologne, entre le Rhin et la Somme, résulte complétement des écrits de Grégoire de Tours et de Frédégaire.

XII. La preuve que sous Childéric, et par conséquent avant la chute de l'empire, les Francs se rendirent maîtres des cités de Trèves et de Cologne, résulte d'un passage des Gestes des Francs, qui fixe l'époque de cette conquête avant la mort d'Egidius, c'est-à-dire avant l'an 464.

XIII. La preuve que sous Childéric les Francs conquirent Paris, résulte de l'histoire des miracles de sainte Geneviève, écrite par un auteur très-ancien; il montre, par une anecdote particulière, que Childéric demandait et commandait en maître dans la ville de Paris. Il rapporte encore que « les Francs assiégèrent Paris pendant dix ans. »

XIV. La preuve que Childéric porta ses conquêtes de l'Ile-de-France dans l'Orléanais, et s'avança jusqu'à la cité d'An-

---

XI. Qui apud Dispargum castrum habitabat, quod est in termino Thuringorum, ... missis exploratoribus ad urbem Cameracum, ... ipse secutus, Romanos proterit, civitatem apprehendit; in qua paucum tempus residens, usque Suminam fluvium occupavit. (*Extr. de l'Hist. de Grégoire de Tours*, liv. 11, chap. 9. D. Bouquet. t. II, p. 166 et 167.)

XII. In illis diebus ceperunt Franci Agrippinam civitatem super Rhenum ... multamque populum Romanorum a parte Egidii occiderunt ibi.... Venerunt autem Treviris civitatem super flurium Mosellam, vastantes terras illas, ipsamque urbem succendentes ceperunt.(*Extr. des Gestes des Francs*, chap. 7. D. Bouquet, t. II, p. 556.)

XIII. Quum esset..... Hildericus Francorum rex, venerationem qua eam dilexit, effari nequeo; adeo ut vice quadam ne vinctos quos interimere cogitabat, Genovefa abriperet,

ogrediens urbem Parisiorum, portam claudi praeceperit.

Tempore illo quo obsidionem Parisius per bis quinos, ut aiunt, annos, a Francis perpessa est. (*Extr. de la Vie de sainte Geneviève*, par un auteur anonyme fort ancien, chap. 6. D. Bouquet. t. III, p. 370.)

XIV. Igitur Childericus Aurelianis pugnas egit; Odovacrius vero cum Saxonibus Andegavos venit... Paulus vero comes cum Romanis ac Francis. Gothis bella intulit, et praedas egit. Veniente vero Odovacrio Andegavis, Childericus rex sequenti die advenit, interemptoque Paulo comite civitatem obtinuit. (*Extr. de l'Hist. de Grégoire de Tours*, liv. 11, chap. 12. D. Bouquet, t. II, p. 170 et 171.)

Childericus cum Odovacro rege Saxonum Aurelianis pugnans Andegavum victor perrexit... Paulus comes cum Romanis et Francis bellum Gothis intulit ...Childericus, Odovacro supe-

gers, dont il se rendit maître, résulte des textes de Grégoire de Tours et de Frédégaire.

XV. La preuve que la Normandie et le Maine étaient unis à la monarchie, au règne de Clovis, résulte des Actes du concile national d'Orléans de l'an 511. Les évêques de Rouen, d'Avranches, de Seez, d'Évreux, de Coutances et du Mans y souscrivent comme sujets de Clovis.

XVI. La preuve que les domaines qui restaient à l'empire dans les Gaules furent gouvernés par Egidius, maître de la milice, et ensuite par son fils Syagrius, jusqu'aux guerres de Clovis, résulte :

1°. Des textes de Grégoire de Tours, de Priscus et d'Idace : ils marquent « qu'Egidius fut fait maître de la milice » dans les Gaules par l'empereur Majorien ; Idace marque de plus qu'Egidius fit la guerre aux Goths, après la mort de Majorien ; que lui seul défendant, au nom des Romains, les deux derniers pays que les Goths voulaient envahir, ils s'en rendirent maîtres aussitôt après sa mort ;

2°. D'un texte des Gestes des Francs ; il montre que lorsque Cologne fut prise par les Francs sous Childéric II, cette ville était occupée « par un peuple de Romains du parti « d'Egidius ; »

3°. D'un passage de Grégoire de Tours ; il montre que, immédiatement après la chute du trône d'Occident, « Syagrius.

rato, Paulum comitem interfecit, Andegavis obtinuit. (*Extr. de l'Épitome de Frédégaire*, chap. 12. D. Bouquet, t. II, p. 397.)

XV. Gildaredus episcopus... Rotomagensis subscripsi.

Principius episcopus... Cenomannicæ subscripsi.

Nepus episcopus..... Abrincatinæ subscripsi.

Litharedus episcopus... Ozomensis subscripsi.

Leontianus episcopus.... Constantinæ subscripsi. (*Extr. des souscriptions du Concile d'Orléans de l'an 511.* D. Bouquet, t. IV, p. 103 et 104.)

XVI.—1°. In Galliis autem AEgidius ex Romanis magister militum datus est. (*Extr. de l'Hist. de Grégoire de Tours*, liv. II, chap. 11. D. Bouquet, t. II, p. 168.)

AEgidio, viro ex Gallia oriundo, qui Majorianum in bellis comitatus fuerat, magnasque circa se copias habebat, et ob Majoriani imperatoris cædem infensus erat. Sed cum a bello Italis inferendo avocavit ortum ipsi cum Gothis in Gallia dissidium... Cum illis certans, fortiter bellum gerebat. (*Extr. de l'Hist. du rhéteur Priscus.* D. Bouquet, t. I, p. 608.)

An. cccccxxi. Agrippinus... comes ..... AEgidio comiti... inimicus, ut Gothorum mereretur auxilia, Narbonam tradidit Theuderico.

An. cccccxiv. AEgidius moritur.... quo desistente, mox Gothi regiones invadunt, quas romano nomini tuebatur. (*Extr. de la Chron. d'Idace.* D. Bouquet, t. I, p. 622 et 623.)

2°. *Voyez* l'extrait des Gestes des Francs, cité à l'art. XII de ce chapitre.

3°. Syagrius Romanorum rex, AEgi-

« fils d'Egidius, » était roi, c'est-à-dire chef « des Romains,
« et avait son siège à la cité de Soissons, dans laquelle son père
« résida autrefois. »

CHAPITRE III.

Influence de la conquête des Gaules sur les naturels du pays.

Ce qui a été observé dans ce chapitre sur l'état purement
passif où les Gaulois étaient réduits lors des événements qui
firent passer la Gaule de la domination de l'empire à celle des
Barbares et des Francs, se trouve dans le développement
qu'on a déjà fait de ces événements.

1°. Les autorités citées au chapitre premier ont fait voir que
ce fut par l'abandon volontaire des empereurs, ou par les victoires remportées sur les forces militaires des Romains, que
les Visigoths réunirent successivement à leur royaume les
provinces gauloises de leur partage; que ce fut par la guerre
la plus cruelle que les Bourguignons s'établirent dans ces contrées de la Gaule, qui avaient auparavant été soumises à l'empire; que ce fut en triomphant par la force des troupes que
conduisaient Egidius et son fils, que les Francs s'établirent
dans les contrées tenues auparavant par les officiers de l'empire; dans toutes ces différentes rencontres, on ne voit jamais
l'action des naturels gaulois, pour résister ou consentir à la
conquête.

Les autorités citées au chapitre premier ont montré que
dans les diverses époques des troisième et quatrième siècles,
où les troupes romaines de la Gaule n'eurent pas de chefs capables de les réunir contre les Barbares, ceux-ci parcou-
rurent en pleine liberté cette contrée, et que les naturels du
pays n'ayant contre eux d'autre ressource que la fuite, ne son-
gèrent jamais à leur résister.

Les mêmes autorités ont montré comment les Vandales, les
Suèves, les Huns et les Alains, au commencement du cinquième siècle, se jetant sur les provinces gauloises, brûlèrent

---

dii filius, ad civitatem Suessonas,
quam quondam supra memoratus
Ægidius tenuerat, sedem habebat.
(Extr. de l'Hist. de Grégoire de Tours,

liv. II, chap. 27. D. Bouquet, t. II,
p. 174 et 175.)
Ch. III. — 1°. Voyez les autorités
citées au chap. 1 de ce livre, art. I.

leurs villes, ravagèrent leurs terres et massacrèrent les habitants avec la dernière cruauté, sans trouver aucune résistance.

On doit remarquer de plus que les diverses incursions et dévastations dont la Gaule fut le théâtre se succédèrent sans interruption, depuis le troisième siècle, jusqu'à la conquête des différentes provinces.

2°. Un seul passage de Salvien offre un tableau complet de la disposition passive dans laquelle les Gaulois recevaient tous les fléaux; « l'avarice, l'ivrognerie, toutes sortes de dés- « ordres, les avaient réduits à ce degré de dégradation qui « rend insensible à tout : ils ne se levèrent pas même de table, « au moment où l'ennemi entra dans la ville de Trèves. »

CHAPITRE IV.

Comment la conquête de la Gaule n'entraîna aucune capitulation entre les Gaulois et les Barbares.

I. La preuve que les conquérants barbares, bourguignons et visigoths ne se crurent obligés à aucun ménagement envers les Gaulois, résulte :

1°. De la loi des Visigoths; cette loi, qui fait mention du partage entre les vaincus et les vainqueurs, montre que les « deux tiers des terres » formèrent la portion des Visigoths, et que les Romains n'en conservèrent qu'un tiers ;

2°. De la loi des Bourguignons; elle montre que les Bourguignons, dans la partie des Gaules où ils s'établirent, s'emparèrent « des deux tiers des terres et du tiers des esclaves; »

2°. Inundarunt Gallias gentes barbaræ. Ergo, quantum ad mores perditos spectat, non eadem sunt Gallorum crimina quæ fuerunt... Denique expugnata est quater urbs Gallorum opulentissima..... Avaritia et ebrietate omnia conciderunt; ad hoc postremo rabida vini aviditate perventum est, ut principes urbis ipsius ne tunc quidem de conviviis surgerent, quum jam hostis urbem intraret. (*Extr. du Traité de la Providence, par Salvien*, liv. VII. D. Bouquet, t. I, p. 780 et 781.)

I.—1°. De divisione terrarum facta inter Gothum et Romanum.

Divisio inter Gothum et Romanum facta de portione terrarum sive sylvarum, nulla ratione turbetur ; .... nec de duabus partibus Gothi aliquid sibi Romanus præsumat aut vindicet, aut de tertia Romani Gothus sibi aliquid audeat usurpare aut vindicare;... sed quod a parentibus vel vicinis divisum est, posteritas immutare non tentet. (*Extr. de la Loi des Visigoths*, liv. x, art. 8. D. Bouquet, t. IV, p. 428 et 429.)

2°. Populus noster mancipiorum tertiam, et duas terrarum partes accepit. (*Extr. de la loi des Bourguignons*, tit. 54. D. Bouquet, t. IV. p. 271.)

3°. Des écrits de Sidoine Apollinaire et de Grégoire de Tours : ils nous apprennent qu'Euric, roi des Visigoths, alors même qu'il achevait sa conquête dans les Gaules, commettait, dans les provinces qui lui étaient déjà soumises, à l'égard des naturels du pays, l'injustice la plus sensible, en persécutant la religion catholique, et qu'il n'éprouvait cependant aucune résistance.

II. La preuve que les Francs n'eurent pas plus de ménagement envers les Gaulois que les autres conquérants barbares, résultera des autorités qui prouveront, à la seconde époque, que les Gaulois furent, de toutes les nations conquises par les Francs, celle contre laquelle les lois franques furent les plus partiales : le premier regard sur les codes saliques montre en effet que les réparations pécuniaires du meurtre et de tous les torts qu'un citoyen pouvait éprouver, étaient de moitié plus fortes pour un Franc que pour un Romain, et, en général, plus faibles pour un Romain que pour un Barbare.

CHAPITRE V.

État déplorable de la Gaule au cinquième siècle.

La preuve que le droit des gens laissait les vainqueurs maîtres absolus de la vie, de la liberté et de tous les biens des vaincus, et que ce droit des gens fut suivi dans toute son atrocité par les Barbares dans leurs invasions sur l'empire romain, est déjà établie par les autorités qui ont montré que les Barbares qui conquirent les Gaules brûlaient et pillaient les villes, dévastaient les campagnes et massacraient les naturels du pays, sans distinction d'âge et de sexe.

Cette preuve, produite dans de nouveaux détails, résulte :

1°. D'un texte de saint Ambroise ; il dit que lors des invasions des Barbares « dans la Thrace et l'Illyrie sous Valens, il « y avait tant de captifs à vendre, que ce qui restait d'hommes « libres n'aurait pu peupler une province ; »

Voyez les extraits des écrits de Sidoine Apollinaire et de Grégoire de Tours, au chap. II de ce livre, art. III, n°° 3 et 4.

II. La preuve de cet article est renvoyée à la suite de l'ouvrage.

I.—1°. Summa etiam liberalitas, captivos redimere, eripere ex hostium manibus : subtrahere neci homines. Nota sunt hæc nimis Illyrici vastitate et Thraciæ, quanti ubique venales erant toto captivi orbe, quos si revo-

2°. Des écrits de Zozime, déjà cités; ils rapportent que les Barbares ayant détruit sous Constance quarante villes des Gaules, en avaient emmené une multitude de captifs avec un butin prodigieux;

3°. D'un panégyrique de l'empereur Julien, par le consul Mamertin; il porte que sous Constance, « les Barbares étaient « possesseurs tranquilles des plus anciennes villes des Gaules; « que la noblesse gauloise avait péri par le fer, ou qu'après « avoir été entraînée en captivité, elle avait été réduite en « esclavage sous ces maîtres féroces; »

4°. D'un panégyrique de Julien, par Libanius; il rapporte que Julien accordant la paix aux Allemands, à condition de ramener les captifs faits dans les Gaules, « on vit arriver par « mer dix mille captifs, et que la multitude des autres vint « par terre avec plus de peine. » Libanius marque très-expressément que tous ces captifs avaient été enlevés par les vainqueurs, ajoutant que « ces malheureux versaient des larmes « de joie de se voir délivrés du joug de la servitude; »

5°. D'une lettre de saint Jérôme; il y donne une idée de l'état où la guerre réduisait les Gaules au commencement du cinquième siècle : « Dans ces temps malheureux, écrit-il, où « la guerre est allumée de toutes parts, on est assez riche « quand on a du pain, on est assez puissant quand on n'est « pas forcé d'être esclave; »

---

ces, unius provinciæ numerum explere non possint. (*Extr. du Livre des Offices de saint Ambroise*, liv. II, chap. 2, cité par Godefroy Comment. du Code Théodos., t. I, p. 442.)

2°. *Voyez* l'extrait des écrits de Zozime, au chap. I de ce livre, art. I, n° 6.

3°. Florentissimas quondam antiquissimasque urbes Barbari possidebant; Gallorum illa celebrata nobilitas aut ferro occiderat, aut immitibus addicta dominis serviebat. (*Extr. du Panég. de Julien, par le consul Mamertin.* D. Bouquet. t. I, p. 721.)

4°. (Julianus) diem venisse arbitratus, qua res Gallorum curandæ essent, primum quidem Alamannos ignominiose dimisit. Ut vero iterum venissent ducentes reges supplices, ...

illos pacem redimere jussit... captivos reducendo. Hi porro promiserunt, et promissis steterunt.... Captivus omnis solutus est... decem militum millibus primum mare visum, post montium et laborum multitudinem..... et qui familiares videbant jugo servitutis immunes, et qui domesticos et familiam recuperabant, collacrymabantur. (*Extr. d'un Panég. de Julien, par Libanius.* D. Bouquet, t. I, p. 733.)

5°. Juxta miserias hujus temporis, et ubique gladios sævientes, satis dives est qui pane non indiget, nimium potens est qui servire non cogitur. (*Extr. d'une lettre de saint Jérôme à Rustique. Œuvres de saint Jérôme,* p. 242.)

6°. De la Chronique d'Idace; elle marque que « Thierri, « roi des Goths, s'étant rendu maître d'une ville de Gallice « l'an 456, en emmena un grand nombre de Romains, une « multitude d'habitants de tout âge et de tout sexe, et jusqu'aux « vierges consacrées à Dieu; »

7°. De la Vie de saint Césaire; elle montre que les Visigoths avaient amené à Arles « une multitude immense de captifs, » dont ils s'étaient saisis dans leurs guerres, au temps de Clovis, et que l'évêque s'empressait de racheter;

8°. De la Vie de saint Épiphane, évêque de Pavie, écrite par un contemporain; elle montre que l'Italie, possédée par les Ostrogoths au commencement du cinquième siècle, « fut « dépouillée de ses cultivateurs originaires, » par les armes des Bourguignons; qu'après la paix, le roi des Ostrogoths traita avec Gondebaud, roi de Bourgogne, par l'intervention de saint Épiphane, du retour et du rachat de ces captifs, dont le nombre était immense, et qui étaient déjà répartis dans divers cantons de la Bourgogne ;.

6°. Theuderico rege cum exercitu ad Bracaram extremam civitatem Gallæciæ pertendentes... romanorum magna agitur captivitas captivorum. ... Virgines Dei exin quidem abductæ... promiscui sexus cum parvulis... populus omnis abstractus. (*Extr. de la Chron. d'Idace*, an 456. D. Bouquet, t. I, p. 621.)

7°. In Arelato vero, Gothis cum captivorum immensitate reversis, replentur basilicæ sacræ; ... eisque in grandi penuria alimenta pariter et vestitum homo Dei impertitur affatim, donec singulos redemptionis munere liberaret, expenso argento quod venerabilis ... antecessor suus ecclesiæ mensæ reliquerat. (*Extr. de la Vie de saint Césaire*. D. Bouquet, t. III, p. 385.)

8°. Secretius rex ... Epiphanium ... tali compellat affatu: ... Vides universa Italiæ loca originariis viduata cultoribus,.. Hæc Burgundio immitis exercuit; ... princeps eorum Gondobaldus est ... quem videndi te nimia cupido stimulat. Crede mihi, pretium captivitatis Italicæ vester aspectus; redemptos putabo esse quos cupio, si ad terras illas talis redemptor accesserit.... Ad quem quum ingressus est, salutavit.... Cui princeps: ... Liceat omnibus Italis, quoscumque Burgundionum nostrorum metus captivitatis fecit esse captivos, quos famis necessitas, quos periculorum timor advexit.... At paucos quos quasi ardore prœliandi tunc ab adversariorum suorum dominatione rapuerunt, pro illis pretii quantulumcumque percipiant, ne detestabiles apud illos fiant certaminum casus, quorum quum discrimina sustinuerunt, lucra non sentiant.... Quadringentos homines die una de sola Lugdunensi civitate redituros ad Italiam fuisse dimissos: identidem per singulas urbes Sabaudiæ vel aliarum provinciarum ... agnovimus. Ita ut istorum, quos solæ preces beatissimi viri liberarunt, plusquam sex millia animarum terris patriis redderentur; eorum vero qui redempti auro sunt, numerum ad liquidum cognovisse non potui.... Postquam tamen pecuniarum ille cumulus effusus est, continuo ad expensas redemptionis suggessit necessaria illa, quæ ibi est thesaurus ecclesiæ. (*Extr. de la Vie contemporaine de saint Épiphane*. D. Bouquet, t. III, p. 370 et 371.)

9°. D'un texte de Grégoire de Tours ; il montre que les Bourguignons étant entrés dans le canton de Brivat en Auvergne, « rendirent le peuple captif, pillèrent jusqu'aux ornements des églises, tuèrent les hommes faits, et se partagèrent par le sort le reste de la multitude ; »

10°. Et enfin, de la Vie de saint Eptade, écrite par un auteur contemporain ; elle montre que les Bourguignons avaient fait une grande multitude de captifs dans la Gaule, au cinquième siècle, et les avaient transportés en Italie : qu'Eptade parvint à en racheter un grand nombre, et les renvoya tous en liberté ; elle rapporte que, peu après, les Bourguignons ayant fait une grande multitude de captifs dans un canton du Limousin, Eptade obtint du roi des Bourguignons ceux de ces captifs qui étaient de condition libre, et que le nombre fut de « trois mille personnes, de tout âge et de tout « sexe, qui revinrent dans leur pays, avec la joie d'avoir « recouvré la liberté. »

OBSERVATIONS. Ayant établi par une chaîne de faits que les Gaulois étaient réduits à un état purement passif, lors des événements qui désolèrent leurs contrées, nous avons réfuté d'avance les systèmes qui ont élevé une opinion contraire sur des notions incomplètes et isolées.

Zozime, historien oriental, a contredit tous les monuments contemporains et nationaux, en représentant les Gaulois du commandement armorique, et de tout le reste des Gaules, dans un état de résistance et d'indépendance à l'égard des Romains. L'abbé Dubos, égaré par le trop de créance qu'il a prêtée à cet auteur, a établi sur sa foi un système tout à fait

---

9°. Post hæc venientes quidam de Burgundionibus ad Brivatensem vicum, eum ... circumdant, captoque populo, direpto ministerio sacrosancto, ultra amnem transeunt, et gladio viros interficere, reliquum vulgus sorte dividere parant. (*Récit de Grégoire de Tours, de la gloire des Martyrs*, liv. II, chap. 7. D. Bouquet, t. II, p. 466.)

10°. De Italia redemit (Eptadius) captivorum plurimam multitudinem, quæ a Burgundionibus eodem tempore fuerat effecta, et ad locum regionis suæ cum ingenuitate est revocata. Iterum parvo post tempore castrum provinciæ Lemovicinæ,... juxta regis Burgundionum a Romanis effractum est, in quo non minima enormitas facta est captivorum. Pro quibus vir beatus Eptadius ... regi Burgundionum ... per epistolam imperans ut auctoritatem suam pro ingenuorum animis daret, et obtinuit ... Ex quibus nonnunquam fere tria millia captivorum promiscui sexus et ætatis liberati ... qui ... cum magno gaudio recuperata libertate, sint reversi (*Extr. de la Vie contemporaine de saint Eptade*. D. Bouquet, t. III, p. 380.)

nouveau, qui reste sans fondement, dès que Zozime est réfuté ; et la suite de cet ouvrage doit incessamment nous conduire à la double réfutation des assertions de Zozime et du système de M. l'abbé Dubos. Un fait relevé par Sidoine Apollinaire présenterait encore une espèce de contradiction avec les principes posés généralement ici sur l'état passif des Gaulois ; Sidoine rapporte que les habitants de l'Auvergne se défendirent eux-mêmes contre les Visigoths, durant le règne de l'empereur Anthémius, et furent enfin cédés, malgré eux, aux Visigoths, par un traité de l'empereur Népos avec cette nation.

Nous ne dénions point ce fait particulier ; mais en remarquant les circonstances, nous voyons disparaître sa contradiction avec les faits établis généralement. Le chef des troupes romaines, qui défendait l'Auvergne, était Editius, fils de l'empereur Avitus, allié et ami de Sidoine Apollinaire. Editius était attaché à l'autorité impériale par ses dignités, sa naissance, ses grands biens, sa valeur, ses vertus ; et le crédit de Sidoine Apollinaire rendait Editius maître de ses concitoyens. On voit dans l'influence de cet homme extraordinaire la cause unique qui prêta un instant de ressort aux habitants de l'Auvergne, et leur inspira le courage de résister aux Barbares.

Il n'y a rien de plus à conclure de cette résistance particulière et momentanée d'une petite partie du peuple gaulois : les écrivains irréprochables qui attestent qu'il n'y avait point eu de résistance contre les Barbares de la part des naturels gaulois, l'ont attesté en général, et ont dédaigné de marquer une exception unique, qui n'a occupé qu'un petit canton, et, pour ainsi dire, un seul instant dans l'histoire de la grande révolution opérée par les Barbares.

LIVRE NEUVIÈME.

CHAPITRE Iᵉʳ.

Ce chapitre n'exige point de preuves.

CHAPITRE II.

Indépendance primitive des Germains, et en particulier des Germains occidentaux.

I. La preuve que les habitants de la Germanie se maintinrent toujours indépendants et toujours ennemis de l'empire, jusqu'au temps où ils sortirent de leurs forêts pour détruire ce même empire, s'établit en général par toute la suite des faits historiques transmis par les contemporains, et recueillis par les auteurs modernes qui ont travaillé sur l'histoire romaine; on y voit les entreprises des Romains contre la liberté germanique échouer constamment, même après de premiers succès.

Varus et ses légions, qui avaient commencé quelques établissements dans la Germanie, sont repoussés et anéantis par Arminius et les Germains.

Germanicus remporte une grande victoire sur les Germains, mais il ne garde aucune partie de leur territoire; ils demeu-

---

Ch. II. — I. Sexcentesimum et quadragesimum annum urbs nostra agebat, quam primum Cimbrorum audita sunt arma; Cœcilio Metello, ac Papirio Carbone consulibus: ex quo si ad alterum imperatoris Trajani consulatum computemus, ducenti ferme et decem anni colliguntur, tamdiu Germania vincitur! Medio tam longi ævi spatio multa invicem damna. Non Samnis, non Pœni, non Hispaniæ, Galliæve, ne Parthi quidem sæpius admonuere: quippe regno .... Arsacis acrior est Germanorum libertas ... Germani Carbone, et Cassio, et Scauro Aurelio, et Servilio Cepione, Marco quoque Manlio fusis vel captis, quinque simul consulares exercitus populo romano, Varum,

tresque cum eo legiones etiam Cæsari abstulerunt. Nec impune C. Marius in Italia, Julius in Gallia, Drusus ... et Germanicus in suis eos sedibus perculerunt. Mox ingentes C. Cæsaris minæ in ludibrium versæ. Inde otium, donec occasione discordiæ nostræ et civilium armorum, expugnatis legionum hibernis, etiam Gallias affectavere; ac rursus pulsi inde proximis temporibus triumphati magis quam victi sunt. (*Extr. de Tacite*, mœurs des Germains, chap. 3; t. I. p. 269.)

Terrebat ... illum Germaniæ vicina gens, quam nondum plane subjecerat, sed partim ... armis belloque edomuerat; nonnulli etiam ex iis effugerant, metuque principis im-

rent, après cet échec, aussi indépendants qu'auparavant, et plus que jamais ennemis de l'empire.

La même chaîne historique, qui montre les inutiles entreprises des Romains contre les Germains, nous présente encore le tableau des insurrections continuelles de ces Barbares contre l'empire, de leurs succès éclatants, et des progrès successifs par lesquels ils parvinrent à lui enlever la Gaule entière, et enfin à le détruire.

On ne saurait réunir ici toutes les preuves que l'histoire fournit, et la notoriété suffirait seule pour établir les faits dont il s'agit; on se bornera donc à rapporter les récits de Tacite et d'Hérodien, et à renvoyer aux autorités citées au commencement du livre précédent, sur les guerres des Germains contre l'empire, depuis le troisième siècle jusqu'à sa chute.

II. La preuve que les Cauques, les Cattes, les Chérusques, les Angrivariens, les Chamaves et les Bructères furent des nations germaniques qui occupèrent, dès les deux premiers siècles de l'ère chrétienne, presque toute la partie occidentale de la Germanie, résulte complétement des témoignages de Tacite; il marque l'habitation de ces différentes nations dans

presens continebantur; quare dubitabat ne despecta mox filii ætate, arma resumerent. (*Extr. de l'Hist. d'Hérodien*, liv. 1, p. 5.)

Litteræque ab Illyricis procuratoribus adfuerunt, qui eum vehementer perturbarent; ... quippe significabant Germanos Rhenum Danubiumque transgressos, romanos in fines hostiliter intrasse, oppugnareque jam exercitus ripis insidentes... Quapropter haud leviter Illyricas nationes conterminas viciuasque Italiæ periclitari : opus esse igitur ipsius præventia, totoque quantum secum exercitum haberet.... Decrevit tamen oratores ad illos de pace mittere, qui pollicerentur omnia illis principem romanum quorum foret opus præbiturum, pecuniasque daturum magna copia. Sunt enim Germani pecuniæ imprimis avidi, nunquamque non auro pacem Romanis caupouantur. (*Ibid.*, liv. vi, p. 243 et 246.)

Voyez les autorités citées au livre précédent, chap. 1er.

II. Ultra hos Catti initium sedis ab Hercynio saltu inchoant. Non ita effusis ac palustribus locis, ut ceteræ civitates, in quas Germania patescit; durant siquidem colles paulatimque rarescunt.

Proximi Cattis certum jam alveo Rhenum, quique terminus esse sufficiat, Usipii ac Teucteri colunt.

Juxta Teucteros, Bructeri occurrebant.

Angrivarios et Chamavos a tergo Dulgibini et Chasuarii cludunt, aliæque gentes, haud perinde memoratæ, a fronte Frisii excipiunt. Majoribus minoribusque Frisiis vocabulum est ex modo virium; utræque nationes usque ad Oceanum Rheno prætexuntur, ambiuntque immensos insuper lacus, et romanis classibus navigatos.

Hactenus in occidentem Germaniam novimus; in septentrionem ingenti flexu redit; ac primo statim Chaucorum gens, quanquam incipiat a Frisiis, ac partem littoris oc-

le territoire qui s'étend depuis la forêt Hercinie jusqu'à l'Océan, et depuis le Rhin jusqu'à l'Elbe.

III. La preuve que les Germains occidentaux que l'on vient de nommer furent les plus opposés aux Romains, et ceux qui eurent le plus de part aux guerres offensives et défensives contre l'empire, résulte en général des récits historiques où l'on voit que ce fut dans la Germanie occidentale que se forma l'insurrection générale contre Varus et les légions; ils nous apprennent encore qu'Arminius était à la tête des Chérusques, qui tenaient un rang distingué parmi les nations germaniques occidentales, et qu'il fut chef de l'insurrection qui chassa les Romains de la Germanie, dans laquelle plusieurs nations du même territoire furent alliées avec les Chérusques.

Les faits historiques présentent enfin la Germanie occidentale comme le théâtre de la guerre de Germanicus, et montrent depuis cette guerre les peuples de cette région sans cesse armés contre les Romains, et agissant séparément des Germains orientaux.

La preuve particulière sur cet objet résulte des Annales de Tacite; elles portent que Varus céda à la force d'Arminius; ailleurs, cet historien rapporte un discours dans lequel Arminius animant les Chérusques contre Germanicus, par le souvenir de la défaite de Varus, leur rappelait avec quelle horreur les Germains « avaient vu entre le Rhin et l'Elbe (c'est-à-dire « dans la Germanie occidentale), les haches, les faisceaux et « l'habit romain; » ajoutant que « depuis qu'ils avaient brisé « ce joug odieux, Auguste et Tibère les avaient toujours atta- « qués vainement. »

---

cupet, omnium quas exposui gentium lateribus obtenditur, donec in Cattos usque sinuetur. Tam immensum terrarum spatium non tenent tantum Chauci, sed et implent.

In latere Chaucorum Cattorumque, Cherusci. (*Extr. de Tacite, mœurs des Germains*, chap. 30 et suiv., t. 1, p. 262, 263, 265 à 268.)

III. Sed Varus fato et vi Arminii cecidit.

Volitabatque per Cheruscos arma in Segestem, arma in Cæsarem poscens... Sibi tres legiones, totidem legatos procubuisse.... Hominem Germa-

nos nunquam satis excusaturos, quod inter Albim et Rhenum, virgas, et secures, et togam viderint.... Quæ quando exuerint, invitusque discesserit ille inter numina dicatus Augustus, ille delectus Tiberius, ne imperitum adolescentulum, ne seditiosum exercitum pavescerent.

Sed crebris epistolis Tiberius monebat, rediret ad decretum triumphum ... posse et Cheruscos ceterasque rebellium gentes, quando romanæ ultioni consultum est, internis discordiis relinqui.... Haud conatus est ultra Germanicus.

Tacite, parlant ensuite de la victoire de Germanicus, marque qu'après ses premiers succès en Germanie, Tibère pressa son retour à Rome, disant « qu'il pouvait laisser les Chérusques et « les autres nations rebelles à leurs discordes intestines, » c'est-à-dire à leur état d'indépendance, « dès lors que la vengeance « romaine était remplie. » Sur le triomphe décerné à Rome à Germanicus, pour sa victoire, Tacite remarque enfin que « comme on avait empêché Germanicus de finir cette guerre, « on supposait qu'il l'avait achevée. » C'est ainsi que ce grand historien fait ressortir de tous les traits de son récit cette vérité essentielle, que les avantages momentanés des Romains dans la Germanie occidentale avaient été plus apparents que réels, et qu'on n'avait pas subjugué les vaincus.

Il achève de fixer les idées sur ce point, dans un autre passage, en parlant de la mort d'Arminius, après le départ des Romains ; il fait l'éloge de ce grand homme, et le nomme le « libérateur de la Germanie ; Arminius, dit-il, attaqua Rome « devenue le plus puissant empire ; il soutint une si longue « guerre avec des succès divers, mais il ne fut point vaincu . »

IV. La dernière preuve que les Germains occidentaux avaient conservé toute leur indépendance, après leurs guerres répétées contre les Romains, et qu'ils formaient une ligue distincte des autres Germains, résulte encore des Annales de Tacite ; on y voit qu'aussitôt « après le départ des Romains « et de Varus, les Germains tournèrent leurs armes les uns « contre les autres ; que Marabodus, qui portait le nom de « roi, odieux parmi ces peuples, était le chef d'un parti ; « qu'Arminius combattant pour la liberté, avait toute faveur ; » il conduisait les Chérusques et leurs alliés, ces anciens guer-

Germanicus ... triumphavit de Cheruscis, Cattisque et Angrivariis, quæque aliæ nationes usque Albim colunt; ... bellumque, quia prohibitus erat, pro confecto accipiebatur.
Arminius ... liberator haud dubie Germaniæ, et qui non primordia populi romani, sicut alii reges ducesque, sed florentissimum imperium lacessierit : præliis ambiguus, bello non victus. (Extr. des Annales de Tacite, liv. 1, chap. 55 et 59 ; liv. 11, chap. 26, 41 et 88.)

IV. Nam discessu Romanorum, ac vacui externo metu, gentis assuetudine, et tum æmulatione gloriæ, arma in se verterant. Vis nationum, virtus ducum in æquo : sed Marabodum regis nomen invisum apud populares; Arminium pro libertate bellantem favor habebat ... Cherusci sociique eorum, vetus Arminii miles, sumpsere bellum.... Arminius equo collustrans cuncta, . . recuperatam libertatem, trucidatas legiones, spolia adhuc et tela, Romanis

riers, qui formaient un peuple aussi puissant que le premier, et pour les exciter à bien faire il n'avait qu'à leur parler des exploits par lesquels ils avaient expulsé les Romains et recouvré la liberté ; de ces faits on peut conclure que c'étaient les mêmes Germains occidentaux qui avaient triomphé des Romains sous Arminius, qui formaient une ligne contre les Orientaux, et qu'un des principes de leur opposition était alors, que les uns avaient consenti à donner le « nom de roi » à un de leurs chefs, et que les autres ne l'admettaient pas, même en faveur du célèbre Arminius.

V. La preuve que depuis Tibère les Germains occidentaux continuèrent de faire la guerre contre Rome, résulte :

1°. Des récits de Tacite ; ils font mention d'une invasion faite dans la Gaule, sous le règne de Claude, par les Cattes ; il dit que les Bructères et les Angrivariens marchèrent avec les Bataves à la suite de Civilis, et portèrent la guerre dans la Gaule sous Vespasien ;

2°. D'un passage de Spartien ; il rapporte que « sous Marc-« Aurèle, les Cattes pénétrèrent dans la Rhétie, et menacè-« rent l'Italie ; »

3°. Des textes d'Hérodien, cités ci-dessus ; ils montrent que les Germains, habitants des rives du Rhin, faisaient la guerre aux Romains sous l'empereur Alexandre.

direpta in manibus multorum ostentabat.... Meminissent modo tot praeliorum, quorum eventu, et ad postremum ejectis Romanis, satis probatum penes utros summa belli fuerit. (*Extr. des Annales de Tacite*, liv. II, chap. 44.)

V.— 1°. In superiore Germania trepidatum adventu Cattorum latrocinia agitantium. (*Extr. des Annales de Tacite*, liv. VIII, chap. 27.)

Magna per Germanias... fama... Germaniae statim misere legatos auxilia offerentes.

Universam Batavorum gentem in arma rapit. Junguntur Bructeri Tencterique. (*Histoires de Tacite*, liv. IV, chap. 17 et 21.)

2°. Voyez la *Vie de Didius Julianus*, par Spartien, cité par Crevier. Histoire des empereurs, t. VIII, p. 291.

3°. Voyez un texte d'Hérodien sur les guerres des Germains occidentaux sous l'empire d'Alexandre, à l'art. I de ce chapitre, n° 1.

CHAPITRE III.

Origine des Francs.

I. La preuve que le pays que les Francs occupaient en Germanie au quatrième siècle fut envisagé, dans les siècles qui suivirent immédiatement, comme l'ancienne partie de la nation, résulte :

1°. De l'épitome, ou abrégé de l'Histoire de Grégoire de Tours, par Frédégaire; il suppose, d'après une chronique fabuleuse très-ancienne, que les Francs, sous ce nom de Francs, « eurent pour roi Priam, et qu'après le siège de « Troie, ils vinrent avec leurs femmes et leurs enfants occuper « la rive du Rhin; qu'ils y étaient toujours demeurés depuis « indépendants de toute domination étrangère : » de ce récit mêlé de fables, on tire une preuve solide, que dans les siècles où la monarchie des Francs fut fondée, on ne cherchait qu'en Germanie la première patrie des Francs, et que l'époque où ils avaient commencé d'y exister se perdait dans la nuit des temps ;

2°. Des textes de Grégoire de Tours et de Fortunat; ils attribuent à Clovis et à son petit-fils le nom et l'origine des Sicambres qui étaient établis dès avant le temps d'Auguste en Germanie;

3°. D'un panégyrique de Constantin, par Eumènes, écrit au commencement du quatrième siècle; il loue Constantin, « d'a- « voir alors chassé les nations franques des terres où elles « habitèrent dès leur origine, des rivages les plus reculés du « pays des Barbares, » et atteste ainsi que les Francs en Ger-

---

I. — 1°. De Francorum vero regibus, beatus Hieronimus, qui jam olim fuerant, scripsit quod prius ... Priamum habuisse regem, ... quum Troja ... caperetur.... Europam media ex ipsis pars cum Francione eorum rege ingressa fuit, ... cum uxoribus et liberis Rheni ripam occuparunt.... Vocati sunt Franci, multis post temporibus, cum ducibus externas dominationes semper negantes. (*Extr. de l'Épitome de Grégoire de Tours, par Frédégaire*, chap. 2. D. Bouquet, t. II, p. 394.)

2°. Procedit novus Constantinus ad lavacrum.... cui : ... Sanctus Dei sic intit ore facundo : Depone colla, Sicamber; adora quod incendisti, incende quod adorasti. (*Extr. de l'Hist. de Grégoire de Tours*, liv. II, chap. 31. D. Bouquet, t. II, p. 177.)

. . . . Quum
Sis primogenitus, clara de gente Sygamber,
Floret in eloquio lingua latina tua.

(*Extr. d'un poème de Fortunat*, liv. VI. D. Bouquet, t. II, p. 506.)

3°. Loquar ... intimas Franciæ nationes non jam ab his locis, quæ olim

manie habitaient un pays qui fut leur ancienne et première patrie.

II. La preuve que les Francs furent connus en Germanie sous tous les traits distinctifs des anciens Germains, ne se développera, dans toute son étendue, que dans la suite de cet ouvrage. On va présenter dans ce livre le tableau des mœurs et des coutumes germaniques; on offrira, à l'époque suivante, le tableau de la première constitution que formèrent les Francs en sortant de Germanie : par la comparaison de ces deux tableaux, on reconnaîtra à chaque trait les rapports ou l'identité des principes, des usages, des préjugés germaniques et francs.

Une autre preuve du même fait, qui sera palpable pour tous ceux qui ont étudié les racines des langues barbares, se trouve dans la plus ancienne rédaction de la loi salique, faite par les Francs, avant Clovis; les noms des quatre grands qui rédigèrent cette loi, les noms des tribunaux et des officiers civils dont elle fait mention, sont tous des noms tudesques et germaniques.

III. La preuve que depuis l'époque où les peuples de la Germanie occidentale portèrent le nom de Francs, jusqu'à la fin du quatrième siècle, ces peuples se maintinrent dans un état de guerre continuelle contre les Romains, et dans l'indépendance la plus entière de tout joug étranger, résulte :

Romani invaserant, sed a propriis ex origine suis sedibus, atque ab ultimis Barbariae littoribus avulsas. (*Extr. du Paneg. de Constantin, par Eumènes.* D. Bouquet, t. I, p. 715.)

II. Les preuves de cet article ne se développeront que dans la suite de l'ouvrage. On peut vérifier sur la plus ancienne rédaction de la loi salique ce qui a été remarqué sur les noms tudesques qu'elle emploie.

III. Aurelianus ... tribunus legionis sextæ gallicanæ, Francos irruentes, quum vagarentur per totam Galliam ... adflixit. (*Extr. de Vopisque, Vie d'Aurélien.* D. Bouquet, t. I, p. 540.)

Francorum gentes direpta Gallia, Hispaniam possiderent, vastato ac pene direpto Tarraconensium oppido. (*Aurelius Victor, Vie de Gallien,* p. 164.)

Probus ... contra Francos pugnavit.

(*Hist. de Zozime.* D. Bouquet, t. I, p. 576.)

Carausius ... quem apud Bononiam per tractum Belgicae et Armoricae pacandum mare accepisset, quod Franci et Saxones infestabant. (*Extr. d'Eutrope,* liv. ix. D. Bouquet, t. I, p. 572.)

Multa ille (Constantius) Francorum millia, qui Bataviam aliasque cis Rhenum terras invaserant, interfecit, depulit. (*Epitaphe de Constance et de Fauste, par un auteur inconnu.* D. Bouquet, t. I, p. 706.)

Tanto deorum immortalium tu es addicta consensu victoria omnium ... hostium, sed praecipue intercepti Francorum; ... milites vestri ... ad oppidum Londinense pervenerant ... O victoria multijuga ... qua Britanniae restitutae, qua vires Francorum penitus excisae. (*Paneg. de Constantin, par Eumènes. Annales des*

Des écrits d'un grand nombre d'auteurs contemporains des derniers siècles de l'empire; ils montrent les Francs dans un continuel état de guerre avec l'empire, depuis que le nom de Francs est prononcé dans l'histoire, jusqu'à la fin du quatrième siècle.

IV. La preuve que les Francs, dès qu'ils furent connus en Germanie, furent réputés renfermer plusieurs nations, résulte:

Des textes d'Aurélius-Victor et d'Eumènes: ils parlent des Francs, au commencement du quatrième siècle, comme d'un peuple composé de plusieurs nations.

Francs, à la suite de la loi salique d'Eccard, p. 267.)

Vario eventu adversum Francos à Constante pugnatur. (*Chron. de saint Jérôme*, à l'an 341. D. Bouquet, t. I, p. 610.)

Francorum gens in Gallias irruptione facta, Romanorum agros vastavit. (*Hist. de Socrate*, liv. 1, chap. 10. Annales de D. Ruinard, à la fin de la loi salique d'Eccard, p. 269.)

Constantius videns omnes Romanis ubique subditas provincias Barbaricis incursionibus interceptas, Francos et Alamanos et Saxones jam quadraginta ad Rhenum sitas urbes prorsus devastasse, cives et incolas infinitæ multitudinis cum innumerabili poliorum copia secum abduxisse, ...Julianum ... Cæsarem ...declarat. (*Hist. de Zozime*, liv. III. D. Bouquet, t. I, p. 577.)

Julianus ... Rheno exinde transmisso, regionem subito pervasit Francorum quos Attuarios vocant, inquietorum hominum, licentius etiam tum percursantium extima Galliarum. (*Hist. d'Ammien Marcellin*, liv. xx. Annales de D. Ruinart, loi salique d'Eccard, p. 271.)

Franci et Saxones iisdem contines, quo quisque erumpere potuit terra vel mari, prædis acerbis incendiisque, et captivorum funeribus hominum violabant. (*Ammien Marcellin*. D. Bouquet, t. I, p. 561.)

Eo tempore Genobaude, Marcomere et Sunnone ducibus, Franci in Germaniam prorupere, ac pluribus mortalium limite intercepto cæsis, fertiles maxime pagos depopulati.

Agrippinensi etiam Coloniæ metum incussere.... Sed onusti prædâ hostes, provinciarum opima depopulati, Rhenum transiere, pluribus suorum in romano relictis solo, ad repetendam depopulationem paratis.... Quintinus cum exercitu circa Nivisium castellum Rhenum transgressus ... casas habitatoribus vacuas atque ingentes vicos destitutos ostendit. Franci enim simulato metu se in remotiores saltus receperant.... Itaque omnibus domibus exustis....Quintino prælii duce ingressi saltus, ... implicantes se erroribus viarum, toto pervagati sunt.... Dehinc majori multitudine hostium circumfusus exercitus ... perturbatis ergo ordinibus, cæsæ legiones. Heraclio Jovinianorum tribuno, ac pene omnibus qui militibus præerant, extinctis, paucis effugium tutum nox et latibula silvarum præstitere. (*Hist. de Grégoire de Tours*, liv. II, chap. 9. D. Bouquet, t. II, p. 164.)

Treverorum civitas a Francis direpta incensaque est secunda irruptione. (*Grégoire de Tours*, liv. II, chap. 9. D. Bouquet, t. II, p. 166.)

Pars Galliarum propinqua Rheno quam Franci possidendam occupaverant, Aetii comitis armis recepta. (*Chron. de Prosper d'Aquitaine* sur l'an 428. D. Bouquet, t. I, p. 630.)

IV. *Voyez* l'extrait de la Vie de Gallien, par Aurélius Victor, à l'article précédent, seconde autorité.

Voyez l'extrait d'un panégyrique de Constantin par Eumènes, à l'art. I de ce chap. n° 3.

Terram Bataviam...a diversis Fran

V. La preuve que les diverses nations réunies sous le nom de Francs vécurent sous un gouvernement commun depuis le moment de leur association, résulte :

D'un préambule de la plus ancienne rédaction de la loi salique, et d'un texte particulier de cette loi; le préambule marque que « lorsque les Francs étaient encore tous idolâtres, « les grands de cette nation qui la gouvernaient alors dictè- « rent la loi salique; que quatre de ces grands furent élus « entre plusieurs, discutèrent et traitèrent attentivement toutes « les causes en général, et chacune en particulier, dans trois « différents *mallum*. » Le texte particulier de la loi salique montre que le *mallum* était l'assemblée où le peuple avait coutume de se réunir.

Les Francs s'étaient donc soumis à une loi générale, à des règles écrites, à une véritable puissance législative souveraine, enfin à un gouvernement commun, dès le temps où leur association commença en Germanie; et leurs mallum étaient les assemblés générales du peuple où s'exerçaient tous les pouvoirs du gouvernement.

VI. La preuve que l'origine germanique des Francs fut reconnue dans l'antiquité, résulte :

1". D'un passage de saint Jérôme; il porte « qu'un peu- « ple établi entre les Saxons et les Allemands, que les « historiens ont appelé Germain, est maintenant nommé « Franc; »

2". D'un texte d'Agathias; il dit que les Francs « ont

corum gentibus occupatam, omni hoste purgavit.

O victoria !... qua vires Francorum penitus excisæ. (*Extr. du Panég. de Constantin par Eumènes.* D. Ruinard, p. 267.)

V. Dum adhuc teneretur barbarie, inspirante Deo inquirens scientiæ clavem, juxta morum suorum qualitatem desiderans justitiam,..... dictaverunt salicam legem proceres ipsius gentis, qui tunc temporis apud eamdem erant rectores. Sunt autem electi de pluribus, viri quatuor, his nominibus, Wisogast, Bodogast, Salogast et Windogast, in locis quibus nomen Salagheve, Bodoghere et Windog-

heve. Qui per tres mallos convenientes, omnes causarum origines sollicite discurreudo, tractantes de singulis, judicium decreverunt hoc modo.... (*Extr. de l'ancien Prologue de la loi Salique.* Loi Salique de la plus ancienne rédaction, p. 4 et 5.)

Plebs... ad unum mallum convenire solet. (*Extr. de la loi Salique,* tit. 56, rédaction de Charlemagne, p. 161.)

VI.—1". Inter Saxones et Alemanos gens est.... apud historicos Germania, nunc Francia vocatur. (*Extr. de la Vie de saint Hilarion, par saint Jérôme.* D. Bouquet, t. I, p. 743.)

2". Sunt enim Franci Italis accolæ et conterminii; olim dicti Germani,

« été autrefois appelés Germains, et que ce fait est con-
« stant ; »

3°. Et enfin, d'un passage de Procope ; il dit que « les Ger-
« mains qui sont maintenant appelés Francs avaient habité
« autrefois à l'embouchure du Rhin. »

VII. La preuve que les Cauques, les Cattes, les Chérusques,
les Chamaves, les Bructères et les Angrivariens sont précisément les diverses nations que l'histoire nous montre comme
composant la nation des Francs, résulte :

1°. De la carte des chemins des provinces romaines, ou table de Peutinger, dressée sous le grand Théodose ; elle porte
que « les Cauques, les Ampsivariens ou Angrivariens, les Ché-
« rusques, les Caucaves ou Chamaves, les Bructères sont
« Francs, » et place ces peuples « sur la rive droite du Rhin,
« près de l'Océan ; »

2°. Des écrits de l'empereur Julien ; il compte les Chamaves parmi les Francs ;

3°. D'un passage de Sulpice Alexandre, historien antérieur
à Grégoire de Tours ; il compte « les Bructères, les Chamaves,
« les Ampsivariens et les Cattes, » parmi les Francs qui sou-
tinrent la guerre contre Arbogaste ; et il représente ces nations
comme établies dans le pays des Francs, et conduites par les
magistrats des Francs.

Une dernière preuve de l'identité des Germains occidentaux et des premiers Francs aurait pu s'établir ici, par le

quod quidem satis constat. (*Extr. de
l'Hist. d'Agathias*, liv. 1. D. Bouquet,
t. II, p. 47.)

3°. Rhenus in Oceanum evolvitur ;
hic sunt paludes, ubi quondam habitarunt Germani, qui Franci nunc
appellantur. (*Extr. de Procope*, liv. 1,
D. Bouquet, t. II, p. 30.)

VII.—1°. *Voyez* la Table de Peutinger. Préface de D. Bouquet, t. II,
chap. III, p. 29.)

Cette table place sur la rive droite
du Rhin près de l'Océan, « les Cau-
« ques, les Ampsivariens, les Chérus-
« ques, les Caucaves, qui sont aussi
« Francs, et les Bructères. »

2°. Adversus eos Barbaros, id est
Francos,... exercitum movens... Chamavos expuli. (*Texte de l'empereur

Julien*. Annales de D. Ruinard, loi
Salique d'Eccard, p. 270.)

3°. Refert. quod... Arbogastes Sun-
nonem et Marcomerem subregulos
Francorum gentilibus odiis insectans,
Agrippinam rigente maxime hieme
petiit, ratus tuto omnes Franciæ
recessus penetrandos... Collecto ergo
exercitu, transgressus Rhenum, Bric-
teros ripæ proximos, pagum etiam
quem Chamavi incolunt, depopulatus est, nullo unquam occursante,
nisi quod pauci ex Ampsuariis et Cha-
tis Marcomere duce in ulterioribus
collium jugis apparuere. (*Extr. d'un
passage de Sulpice Alexandre*, cité
par Grégoire de Tours, liv. 11, chap. 9.
D. Bouquet, t. II, p. 164 et 165.)

tableau géographique du pays que les Francs occupèrent en Germanie, comparé aux notions que nous avons pu recueillir sur l'habitation des anciens Cauques, Cattes, Chérusques, Chamaves, Bructères, Angrivariens; mais cette preuve n'est que différée, et va se retrouver au chapitre suivant.

CHAPITRE IV.

Premier territoire des Francs.

I. La preuve que le pays des Francs s'étendait jusqu'à l'Elbe, et était séparé par ce fleuve du pays des Saxons, résulte :

1°. D'un texte d'Ammien Marcellin; il témoigne que « les « Francs et les Saxons sont voisins ; »

2°. D'un passage de saint Jérôme; il dit que « la nation des « Francs habite entre les Saxons et les Allemands; »

3°. De la Géographie de Ptolémée; elle marque que « le « pays des Cauques, » qui fut une partie du domaine des Francs, « s'étend jusqu'à l'Elbe, qu'ensuite, jusqu'à l'extré- « mité de la Chersonèse Cimbrique, est le pays des Saxons. »

II. La preuve que l'ancien domaine des Francs s'étendait jusqu'à la rive droite du Rhin, résulte :

1°. D'un texte d'Ammien Marcellin; il témoigne que « Ju- « lien passa le Rhin pour entrer dans le pays des Francs; »

2°. D'un texte de Libanius; il dit que « la nation des Francs « habite sur le Rhin. »

III. La preuve que l'ancien domaine des Francs s'étendait jusqu'à l'Océan résulte :

1°. D'un passage de Libanius, que l'on vient de citer; c'est

I.—1°. Franci et Saxones iisdem confines. (*Extr. de l'Hist. d'Ammien Marcellin*, liv. XXVII, chap. 8. D. Bouquet, t. I, p. 561.)

2°. Inter Saxones et Alemanos gens est.... Francia vocatur. (*Extr. de la Vie de saint Hilarion, par saint Jérôme*. D. Bouquet, t. I, p. 543.)

3°. Cauchi qui appellantur parvi usque ad fluvium Visurgim... deinde Cauchi majores..... usque ad Albim fluvium, deinde supra dorsum cim- bricæ Chersonesi Saxones. (*Extr. de la Géographie de Ptolémée*, liv. II, p. 53.)

II.—1°. Julianus..... Rheno exinde transmisso, regionem subito pervasit Francorum. (*Passage d'Ammien Marcellin*. Annales des Francs, de D. Ruinard, loi Salique d'Eccard, p. 271.)

2°. Celtarum gens est supra Rhenum fluvium ad Oceanum pertingens..... Franci vocati sunt. (*Extr. de la troi- sième Oraison de Libanius*. D. Bou- quet, t. I, p. 731.)

III.—1°. *Voyez* le même passage que nous venons de rapporter immé- diatement.

près de l'Océan, » qu'il place l'ancienne habitation des Francs sur le Rhin ;

2°. D'un passage de l'empereur Julien ; il dit que « les Francs et les Saxons habitent au delà du Rhin, et près de l'Océan ; »

3°. D'un passage de Procope ; il témoigne que les Francs habitèrent autrefois près des embouchures du Rhin, au bord de l'Océan.

IV. La preuve que l'ancien domaine des Francs s'étendait jusqu'au Mein, et le long du pays des Thuringes, des Allemands et des Suèves, résulte :

1°. De la Table de Peutinger, dressée sous Théodose-le-Grand ; elle étend « le pays des Francs, en Germanie, depuis l'embouchure du Mein, jusqu'à l'embouchure du Rhin ; »

2°. D'un passage du géographe de Ravennes ; il marque que « le pays des Thuringes est en face de celui des Francs ; »

3°. D'un passage de Procope ; il dit que, « près des Francs, à l'orient, habitaient les Thuringes, et qu'au delà des Thuringes habitaient les Allemands et les Suèves ; »

4°. D'un passage de Jornandès ; il dit que « le pays des Suèves a les Francs à l'occident, au septentrion les Thuringes, et que les Allemands joignent les Suèves ; »

5°. D'un texte d'Ausone, recueilli dans une note de Dom Bouquet ; il atteste que « le pays des Francs touche aux Suèves. »

V. La preuve que les Frisons conservaient un domaine in-

2°. Franci et Saxones ultra Rhenum atque occidentis mare habitant. (*Extr. du Paneg. de Constance*, par *Julien.* D. Bouquet, t. I, p. 723.)

3°. *Voyez* l'extrait de l'Histoire de Procope au chapitre précédent, art. VI, n° 3.

IV.—1°. Eorumque (Francorum) regionem a Mœni ostio..... ad Rheni ostium in Oceanum pertinuisse.(*Extr. de la Table de Peutinger.* Préface de D. Bouquet, t. II, p. 25.)

2°. Ad faciem patriæ Francorum... et patria quæ dicitur Thuringia. (*Passage du géographe de Ravennes,* cité par Leibnitz, Traité de l'origine des Francs, dans la loi Salique, d'Eccard, p. 250.)

3°. Secundum quos ad orientem Thoringi... regionem colebant... ultra Thoringos Suabi et Alamani. (*Extr. de l'Hist. de Procope*, liv. I, D. Bouquet, t. II, p. 30.)

4°. Regio illa Suevorum... habet ab occidente Francos... a septentrione Thuringos; quibus Suevis tunc juncti Alemani etiam aderant. (*Passage de Jornandès*, cité dans l'histoire de l'établissement de la Monarchie Française par l'abbé Dubos, t. II, p. 408.)

5°. Francia juncta Suevia. (*Passage d'Ausone.* D. Bouquet, t. I, p. 715.)

V. La preuve de cet article est renvoyée à la suite de l'Ouvrage.

dépendant des Francs, est suffisamment établie par la noto-riété historique, qui apprend que le pays des Frisons n'entra dans le domaine des Francs qu'au temps de Charles Martel. Ce fait trouvera d'ailleurs sa preuve positive dans la suite de cet ouvrage, lorsqu'on traitera de la conquête de la Frise.

VI. La preuve que le domaine des Frisons consistait en quelques îles et territoires voisins, situés vers l'embouchure du Rhin, résulte :

1°. D'un passage de Pline ; c'est « entre les deux anciennes « embouchures du Rhin, appelées l'Hélie et le Flevum, » que cet auteur place « les îles des Frisons;

2°. Des écrits de Tacite déjà cités ; ils placent « le pays des « Frisons le long du Rhin, jusqu'à l'Océan; » ils marquent « que ces pays renferment de vastes lacs, et que le pays des « Cauques commence où finit la Frise. »

CHAPITRE V.

De l'état des propriétés et des personnes; de la profession militaire, et des assemblées générales chez les anciens Germains et les premiers Francs.

I. La preuve de l'institution qui rendit les terres commu-nes en Germanie, et des motifs de cette institution, résulte complétement de l'ouvrage de Tacite sur les mœurs des Ger-mains, et des Commentaires de César.

VI.—1°. In Rheno ipso, prope cen-tum millia passuum in longitudinem, ...Batavorum insula, Cannenufatum, et aliæ Frisiorum, Chaucorum... quæ sternuntur inter Helium ac Flevum. Ita appellantur ostia, in quæ effusus Rhenus, ab septentrione in lacus.... se spargit. (*Extr. de l'Hist. naturelle de Pline*, liv. IV, chap. 15. D. Bou-quet, t. I, p. 55.)

2°. *Voyez* les extraits de Tacite sur les mœurs des Germains, au chap. II, art. II, quatrième et cin-quième autorités.

I. Agri pro numero cultorum ab universis per vices occupantur..... Facilitatem partiendi camporum spa-tia præstant : arva per annos mutant. (*Extr. de Tacite, mœurs des Ger-mains*, chap. 26, t. I, p. 258.)

Neque quisquam agri modum cer-tum, aut fines proprios habet : sed magistratus ac principes in annos sin-gulos gentibus, coguationibusque hominum, qui una coierunt, quantum eis, et quo loco visum est, attribuunt agri; atque anno post alio transire cogunt. Ejus rei multas afferunt cau-sas; ne assidua consuetudine capti, studium belli gerendi agriculturæ commutent; ne latos fines parare stu-deant, potentioresque humiliores pos-sessionibus expellant; ne accuratius ad frigora atque æstus vitandos ædi-ficent; ne qua oriatur pecuniæ cupidi-tas, quæ ex re factiones dissensionesque nascuntur : ut animi æquitate plebem contineant, quum suas quisque opes cum potentissimis æquari videat. (*Extr. des Comment. de César*, liv. VI, t. I, p. 262.)

II. La preuve de l'existence des esclaves chez les Germains, et de la condition de ces esclaves, uniquement attachés aux travaux de l'agriculture que les hommes libres dédaignaient, et seulement esclaves de la glèbe, résulte complétement du livre de Tacite sur les mœurs des Germains.

III. La preuve que les Germains ne connaissaient ni les tributs ni les troupes soudoyées, et que les citoyens de chaque état avaient tous le droit et l'obligation de porter les armes, résulte :

1°. D'un passage de Dion ; en parlant de l'entreprise que fit Varus, de lever les tributs en Germanie, il dit qu'il « voulut « transformer subitement la nation, et que les Germains ne « souffrirent point son entreprise; »

2°. D'un texte de Florus; il représente le droit et l'usage de porter les armes comme une des plus anciennes coutumes de la nation germanique, comme une de celles dont les Germains conservèrent la mémoire avec passion dans le court instant pendant lequel ils furent soumis aux Romains sous Varus :

3°. Des Commentaires de César; on y voit qu'un des motifs qui porta les Germains à ne point partager les terres, fut « d'empêcher que les citoyens venant à s'attacher à leurs pos- « sessions, ne quittassent les travaux de la guerre pour ceux de « l'agriculture ; » ils montrent que les armées des Suèves, na-

---

II. Quoties bella non ineunt, non multum venatibus, plus per otium transigunt, dediti somno ciboque. Fortissimus quisque ac bellicossimus nihil agens, delegata domus et penatium et agrorum cura feminis senibusque et infirmissimo cuique ex familia, ipsi habent. (*Extr. de Tacite, mœurs des Germains, chap. 15, t. 1, p. 246.*)

Ceteris servis non in nostrum morem descriptis per familiam ministeriis utuntur. Suam quisque sedem, suos penates regit. Frumenti modum dominus, aut pecoris aut vestis, ut colono injungit, et servus hactenus paret. Cetera domus officia uxor ac liberi exsequuntur. (*Ibid.*, chap 25. p. 257.)

III.—1°. Quintilius Varus Germaniæ, post administratam Syriam, præfectus, rebus ibi gubernandis suscep-

tis instituit eam gentem subito transformare, tanquam servituti subjectis imperare, pecuniasque ut a subditis exigere : Germani ejus inceptum non tulerunt. (*Extr. de l'Hist. de Dion,* liv. LVI, p. 756.)

2°. At illi qui jam pridem rubigine oblitos enses, inertesque mœrerent equos, ut primum togas et sæviora armis jura viderunt, duce Arminio, arma corripiunt. (*Extr. de Florus,* liv. IV. p. 163.)

Voyez l'extrait des Commentaires de César, à l'art. I de ce chapitre, seconde autorité.

3°. Cognovit Suevos.... per exploratores...... liberos, uxores, suaque omnia in silvas deponerent, atque omnes qui arma ferre possent, unum in locum convenirent.... Hunc esse delectum medium fere regionum ca-

tion germanique, étaient composées « de tous les hommes en
« état de porter les armes; »

4°. De l'ouvrage de Tacite sur les mœurs des Germains : on
y voit que les armes étaient dans les mains de tous les citoyens
des nations germaniques : « Les Germains, dit-il, ne vaquent
« à aucune affaire publique ou privée, qu'ils ne soient armés :
« le jeune homme est armé pour la première fois dans l'as-
« semblée générale du peuple : voilà quel est, chez les Ger-
« mains, le premier honneur de la jeunesse : jusqu'à ce jour,
« membre de la famille seulement, le jeune homme devient
« alors membre de la république : la principale cause des suc-
« cès des Germains, c'est que leurs armées ne sont point
« composées d'hommes enrôlés au hasard, mais d'hommes
« déjà réunis par les liens du sang, mais de familles entières :
« que les Germains'entendent du champ de bataille les cris de
« leurs femmes et de leurs enfants, qui sont les témoins et
« les panégyristes de leur valeur. »

IV. La preuve de ce qui a été dit sur les assemblées générales des hommes libres germains, résulte d'un passage formel
de Tacite : il dit que « toute la nation délibère, chez les Ger-
« mains, sur les grandes affaires, qu'elles sont à l'arbitrage
« du peuple (*plebs*), que les Germains s'assemblent à certains
« jours fixés, à moins d'accidents imprévus, à la nouvelle ou

rum, quas Suevi obtinerent.... Ibi
Romanorum adventum expectare,
atque ibi decertare constituisse. (*Commentaires de César,* liv. IV, t I,
p. 154.)

4°. Quodque præcipuum fortitudinis incitamentum est, non casus,
nec fortuita conglobatio turmam aut
cuneum facit, sed familiæ et propin-
quitates, et in proximo pignora; unde
feminarum ululatus audiri, unde
vagitus infantium. Hi cuique sanctis-
simi testes, hi maximi laudatores. Ad
matres, ad conjuges vulnera ferunt :
nec illæ numerare aut exsugere plagas
pavent. (*Extr. de Tacite,* mœurs des
Germains, chap. 7, t. I, p. 233.)

Nihil autem neque publicæ, neque
privatæ rei, nisi armati agunt; sed
arma sumere non ante cuiquam mo-
ris, quam civitas suffecturum probaverit. Tum in ipso concilio, vel
principum aliquis, vel pater, vel pro-

pinquus scuto frameaque juvenem ornant. Hæc apud illos toga; hic primus juventæ honos : ante hoc domus
pars videntur, mox reipublicæ. (*Ibid.*
chap. 13, p. 239.)

Suionum ... nec arma ut apud ceteros Germanos in promiscuo. (*Ibid.*
chap. 44, p. 278.)

IV. De minoribus rebus principes
consultant, de majoribus omnes : ita
tamen ut ea quoque quorum penes
plebem arbitrium est, apud principes pertractentur. Coeunt, nisi quid
fortuitum et subitum inciderit, certis diebus, quum aut inchoatur luna
aut impletur : nam agendis rebus hoc
auspicatissimum initium credunt.
Nec dierum numerum, ut nos, sed
noctium computant; sic constituunt,
sic condicunt.... Illud ex libertate
vitium, quod non simul nec jussi
conveniunt, sed et alter et tertius
dies cunctatione coeuntium absumi-

à la pleine lune ; que n'étant réunis par aucune autorité, chacun se rend quand il veut à l'assemblée ; il dit que les Germains prennent séance, tout armés, dans cette assemblée, comme le veut la multitude ; que le roi ou le prince, et, après eux, les citoyens sont écoutés, selon l'âge, la distinction de la naissance, la gloire acquise, l'éloquence ; mais ils persuadent plutôt qu'ils ne commandent. Si l'avis proposé a déplu à la multitude, les Germains le rejettent par un murmure universel ; que s'il a été trouvé bon, ils l'applaudissent en frappant la terre de leurs armes. »

CHAPITRE VI.

De la distribution des principaux pouvoirs politiques chez les anciens Germains et les premiers Francs.

I. La preuve que les Germains occidentaux, avant et après l'association qui les confondit sous le nom de Francs, n'avaient point de roi et se gouvernaient en république, résulte :

1°. Du témoignage de César ; il représente en général les Germains comme des peuples « qui n'avaient point dans la paix de magistrats communs : »

2°. De l'ouvrage de Tacite sur les mœurs des Germains ; il distingue chez les Germains les nations qui ont des rois, et celles qui n'en ont pas, et montre que les Germains occidentaux étaient du nombre de ces derniers, disant que « le nom « de roi rendit Marobodus odieux » aux Germains occidentaux, qui avaient combattu sous Arminius ; il montre « qu'Ar-

---

tur. Ut turbæ placuit, considunt armati. Silentium per sacerdotes, quibus tunc et coercendi jus est, imperatur. Mox rex vel princeps, prout ætas cuique, prout nobilitas, prout decus bellorum, prout facundia est, audiuntur, auctoritate suadendi magis quam jubendi potestate. Si displicuit sententia, fremitu aspernantur : sin placuit, frameas concutiunt. Honoratissimum assensus genus est armis laudare. (*Extr. de Tacite*, mœurs des Germains, chap. 11, t. I, p. 237 et 238.)

1. — 1°. In pace nullus communis et magistratus ; sed principes regionum atque pagorum inter suos jus dicunt, controversiasque minuunt.

(*Extr. des Comment. de César*, liv. VI, t. I, p. 261.)

2°. Liberti non multum supra servos sunt, ... exceptis duntaxat iis gentibus quæ regnantur ; ibi enim et super ingenuos et super nobiles ascendunt. Apud cæteros, impares libertini libertatis argumentum sunt. (*Extr. de Tacite*, mœurs des Germains, chap. 25, t. I, p. 257.)

Voyez un extrait des Annales de Tacite, au chap. II de ce livre, art. IV.

Ceterum Arminius abscedentibus Romanis et pulso Maroboduo, regnum affectans, libertatem popularium adversam habuit ; petitusque armis, quum varia fortuna certaret,

« minius lui-même ayant voulu devenir roi, l'intérêt de la
« liberté arma contre lui tous les peuples ; »

3°. Du plus ancien préambule de la loi salique : il marque
que les « grands gouvernaient la nation franque, » lorsque
cette loi fut rédigée : ce qui prouve qu'alors les Francs n'avaient
point de roi.

En donnant, dans la suite de cet ouvrage, des preuves
complètes sur l'époque où la royauté s'établit chez les Francs,
on consommera le preuve que les Francs n'eurent point de roi
jusqu'au cinquième siècle.

II. La preuve que les Germains qui n'avaient point de roi
étaient gouvernés par des magistrats appelés princes, élus par
l'assemblée générale du peuple, résulte :

1°. Du témoignage de César ; il dit « qu'il n'y a point chez les
« Germains, en temps de paix, de magistrat commun à toute la
« nation ; mais qu'il y a des princes qui ont, dans chaque peu-
« plade, l'administration de la justice. »

2°. De l'ouvrage de Tacite sur les mœurs des Germains : il
montre qu'il y avait plusieurs princes « dans les divers can-
« tons, et qu'ils étaient élus dans l'assemblée générale de la
« nation. »

III. La preuve que la décision des affaires majeures appartenait au peuple dans les assemblées générales, résulte complétement d'un texte de Tacite, cité au dernier article du chapitre précédent.

IV. La preuve particulière du droit qu'avait l'assemblée
générale de juger des crimes capitaux, résulte littéralement
d'un autre texte de Tacite.

---

dolo propinquorum cecidit. (*Extr. des
Annales de Tacite*, liv. 11, chap. 88,
p. 87.)

3°. *Voyez* l'extrait du prologue
d'une ancienne rédaction de la loi
salique, au chap. III de ce livre,
art. V.

II. — 1°. *Voyez* l'extrait des Commentaires de César, à l'article précédent, n° 1.

2°. Principum aliquis, vel pater,
vel propinquus scuto frameaque juvenem ornant. (*Extr. de Tacite*,

mœurs des Germains, chap. 12, t. I,
p. 239.)

Eliguntur in iisdem conciliis et
principes, qui jura per pagos vicosque reddunt. (*Ibid.*, chap. 13, t. I,
p. 240.)

III. *Voyez* le texte de Tacite sur
les mœurs des Germains, au dernier
article du chapitre précédent.

IV. Licet apud concilium accusare
quoque, et discrimen capitis inten-
dere. (*Extr. de Tacite*, mœurs des
Germains, chap. 12, t. I, p. 238.)

CHAPITRE VII.

De la fonction de rendre la justice, ou du pouvoir civil.

I. La preuve que les Germains ne connaissaient que quatre crimes capitaux, et que les autres crimes s'expiaient par des amendes, résulte complétement de l'ouvrage de Tacite sur les mœurs des Germains.

II. La preuve que les offensés et leurs familles avaient la faculté de poursuivre ou de venger les torts et violences qu'ils avaient éprouvés, et que tous les parents étaient obligés d'entrer dans la vengeance; qu'il y avait des amendes infligées aux crimes; mais que le paiement de ces amendes était volontaire de la part des agresseurs, comme l'acceptation était volontaire de la part des offensés, qui, dès qu'ils recevaient les compositions, renonçaient à toute vengeance, résulte:

1°. De l'ouvrage de Tacite sur les mœurs des Germains; il dit « qu'il est nécessaire, chez les Germains, d'adopter les ini- » mitiés de ses proches; que cependant les haines ne sont pas » irréconciliables; que l'homicide même s'expie par le don » d'une certaine quantité de bétail, et que toute la famille re- » çoit cette satisfaction; »

2°. D'un passage de Velleius Paterculus; il dit que « les » Germains décident par les armes les affaires qui se suivent » en justice réglée chez les Romains. »

III. La preuve que les princes exerçaient, chacun dans un canton séparé du territoire de la cité, la fonction de rendre la justice, avec cent citoyens tirés du peuple du canton, et qui leur étaient associés, mais que les fonctions des princes et

---

I. Distinctio pœnarum ex delicto: proditores et transfugas arboribus suspendunt; ignavos, et imbelles, et corpore infames ... mergunt ;... sed et levioribus delictis pro modo pœnarum,... convicti mulctantur. (*Extr. de Tacite*, mœurs des Germains, chap. 12, t. I, p. 238 et 239.)

II. — 1°. Suscipere tam inimicitias seu patris seu propinqui, quam amicitias necesse est; nec implacabiles durant. Luitur enim etiam homicidium certo armentorum ac pecorum numero, recipitque satisfactionem universa domus, utiliter in publicum, quia periculosiores sunt inimicitiæ juxta libertatem. (*Extr. de Tacite*, mœurs des Germains, chap. 21, t. I, p. 253.)

2°. ... Solita armis discerni jure terminarentur. (*Extr. de Velleius-Paterculus*.)

III. — 1°. *Voyez* un texte de César, au chapitre précédent, art. I, n° 1.

magistrats germains s'exerçaient par voie d'arbitrage et par persuasion, aucun n'ayant la faculté de contraindre, résulte

1°. Des Commentaires de César; on y voit que « les princes « chez les Germains, rendent la justice dans chaque canton, « et terminent les contestations ; »

2°. De l'ouvrage de Tacite sur les mœurs des Germains; il dit, comme César, que « les princes rendent la justice dans « les divers cantons, et que cent compagnons tirés du peuple « participent au conseil et à l'autorité des princes; »

3°. D'un autre passage de Tacite; il dit « qu'il n'est permis « à personne, chez les Germains, de punir, de lier, de frap- « per, si ce n'est aux prêtres, qui ne le font point pour impo- « ser une peine, ou par l'ordre d'un chef, mais par le com- « mandement immédiat du dieu qu'ils croient présider à la « guerre. »

CHAPITRE VIII.

Du droit de guerre et des commandements militaires chez les anciens Germains et les premiers Francs.

I. La preuve que les usages germaniques autorisaient non-seulement les guerres générales où toute la nation entrait, mais encore les guerres particulières, entreprises par une partie des citoyens, résulte :

1°. Des Commentaires de César ; ils disent que « les pillages « qui se font hors des limites de chaque cité, ne sont nulle- « ment honteux chez les Germains ; qu'ils les recommandent « même pour exercer la jeunesse et éviter l'oisiveté ; »

2°. De l'ouvrage de Tacite sur les mœurs des Germains; on y voit que « quand une cité est en paix, les jeunes gens les plus

---

2°. Eliguntur in iisdem conciliis, et principes qui jura per pagos vicosque reddunt. Centeni singulis ex plebe comites concilium simul et auctoritas, adsunt. (*Extr. de Tacite*, mœurs des Germains, chap. 12, t. 1, p. 239.)

3°. Certum neque animadvertere, neque vincire, neque verberare quidem nisi sacerdotibus permissum ; non quasi in pœnam nec ducis jussu, sed velut deo imperante quem adesse bellantibus credunt. (*Extr. de Tacite*, mœurs des Germains, chap. 7, t. 1, p. 233.)

I. — 1°. Latrocinia nullam habent infamiam, quæ extra fines cujusque civitatis fiunt ; atque ea juventutis exercendæ, ac desidiæ minuendæ causa fieri prædicant. (*Extr. de Comment. de César*, liv. VI, t. 1, p. 264.)

2°. Si civitas ... pace et otio torpeat, plerique nobilium adolescen-

« distingués vont volontairement combattre chez les nations « qui sont en guerre, parce que le repos est odieux aux Ger- « mains. »

II. La preuve que le commandement dans les guerres géné- rales appartenait à des chefs nommés pour chaque guerre, et dont le pouvoir cessait avec la guerre, résulte :

1°. Des Commentaires de César : ils le disent expressément;

2°. D'un passage de Tacite; il marque que « les Germains « choisissent leurs chefs militaires, à raison de leur valeur « personnelle. »

III. La preuve que le commandement dans les guerres par- ticulières appartenait à ceux qui avaient réuni en leur faveur le choix de tous les citoyens qui s'engageaient dans ces guerres, résulte d'un texte de César; il dit que « lorsque quelqu'un des « princes déclare dans l'assemblée qu'il projette une expédi- « tion, ceux qui approuvent ce chef et l'entreprise se lèvent et « promettent leurs secours; qu'ils sont loués par la multitude; « mais que si quelques-uns d'eux manquent à leurs engage- « ments, on les regarde comme des déserteurs et des traîtres. »

IV. La preuve des bornes que l'esprit d'indépendance met- tait au pouvoir des chefs résulte d'un passage de Tacite; il marque que les chefs germains « conduisent plutôt par l'exem- « ple que par l'autorité; que personne n'a le droit de punir, « de lier, de frapper, excepté seulement les prêtres. »

V. La preuve de l'engagement perpétuel d'un nombre de citoyens au service des princes, sous le titre de compagnons,

---

tiam petunt ultro eas nationes, quæ t ne bellum aliquod gerunt; quia... ingrata genti quies. (*Extr. de Ta- cite*, mœurs des Germains, chap. 14, t. I, p. 235.)

II. — 1°. Quum bellum civitas aut illatum defendit, aut infert, magi- stratus qui ei bello præsint ... deli- guntur : in pace nullus communis est magistratus. (*Extr. des Comment. de César*, liv. vi, t. I, p. 263.)

2°. ... Duces ex virtute sumunt. (*Extr. de Tacite*, mœurs des Ger- mains, chap. 7, t. I, p. 233.)

III. Ubi quis ex principibus in concilio se dixit ducem fore, ut si qui velint, profiteantur, consurgunt ii, qui et causam et hominem pro-

bant, suumque auxilium pollicen- tur, atque a multitudine collaudan- tur; qui ex iis secuti non sunt, in desertorum et proditorum numero ducuntur. (*Extr. des Comment. de César*, liv. vi, t. I, p. 264.)

IV. Duces exemplo potius quam imperio, si prompti, ... si ante aciem agant, admiratione præsunt. (*Extr. de Tacite*, mœurs des Germains, chap. 7, t. I, p. 233.)

V. Ceteri robustioribus ac jam pridem probatis aggregantur, nec rubor inter comites aspici; gradus quin etiam et ipse comitatus habet, judicio ejus quem sectantur. Magna- que et comitum æmulatio, quibus primus apud principem suum locus,

résulte littéralement de l'ouvrage de Tacite sur les mœurs des Germains.

CHAPITRE IX.

Du nombre des guerriers, et de la puissance des Francs avant la conquête des Gaules.

I. La preuve de ce qui a été dit sur le nombre des Bructères résulte d'un passage de Tacite; il marque que plus de soixante mille Bructères périrent dans une guerre que leur firent les Chamaves et les Angrivariens.

II. La preuve que les Cauques et les Cattes étaient plus puissants que les Bructères; et que les Chérusques, les Chamaves et Angrivariens étaient égaux aux Bructères, résulte des textes de Tacite déjà cités; ils supposent que les Cauques et les Cattes occupaient un beaucoup plus grand territoire que les Bructères, et que le territoire des Chamaves, des Chérusques et des Angrivariens était à peu près de la même étendue que celui des Bructères.

III. La preuve de la prompte soumission des Allemands par les Francs sera établie au livre premier de la seconde époque.

---

et principum cui plurimi et acerrimi comites. Hæc dignitas, hæ vires, magno semper electorum juvenum globo circumdari, in pace decus, in bello præsidium; nec solum in sua gente cuique, sed apud finitimas quoque civitates id nomen, ea gloria est, si numero ac virtute comitatus emineat. Expetuntur enim legationibus, et muneribus ornantur, et ipsa plerumque fama bella profligant. Quum ventum in aciem turpe principi virtute vinci, turpe comitatui virtutem principis non adæquare. Jam vero infame in omnem vitam ac probrosum, superstitem principi suo ex acie recessisse. Illum defendere, tueri, sua quoque fortia facta gloriæ ejus assignare, præcipuum sacramentum est. Principes pro victoria pugnant, comites pro principe Si civitas in qua orti sunt, longa pace et otio torpeat, plerique nobilium adolescentium petunt ultro eas nationes, quæ tum bellum aliquod gerunt; magnumque comitatum bennisi ri bello tueantur; exigunt enim a principis sui liberalitate illum bellatorem equum, illam cruentam victricemque frameam. Nam epulæ et quanquam inconditi, largi tamen apparatus pro stipendio cedunt. Materia munificentiæ per bella et rapinas. (*Extr. de Tacite*, mœurs des Germains, chap. 13 et 14, t. 1, p. 240, 241 et 242.)

I. Nunc Chamavos et Angrivarios immigrasse narratur; pulsis Bructeris ac penitus excisis, ... super LX millia ... ceciderunt. (*Extr. de Tacite*, mœurs des Germains, chap. 33, p. 266.)

II. *Voyez* les extraits de Tacite, *mœurs des Germains*, au chap. II, art. II de ce livre.

III. Les preuves de cet article sont renvoyées à la suite de l'Ouvrage.

IV. La preuve que la nation des Allemands renfermait au moins soixante mille hommes en état de porter les armes, résulte :

1°. Des textes de Procope, d'Aurélius Victor, et de la Chronique de saint Jérôme; ils représentent la nation des Allemands comme très-puissante, et ayant des armées très-nombreuses ;

2°. D'une lettre de Théodoric, roi des Ostrogoths, à Clovis, qui félicite ce prince d'avoir triomphé des Allemands; il dit que « la nation des Allemands est innombrable ; »

3°. De la Chronique d'Eusèbe, et de l'Histoire d'Orose; elles parlent d'une armée de soixante mille Allemands, vaincue sous Constance Chlore.

V. La preuve de la terreur que les armes des Francs imprimèrent d'abord, sous Clovis, aux Visigoths et aux Bourguignons, résulte de deux faits historiques incontestables : Alaric, roi des Visigoths, pour ne pas s'exposer à la vengeance des Francs, livra à Clovis Syagrius, cet officier romain qui s'était réfugié à la cour d'Alaric, après avoir été défait par Clovis; Gondebaud, roi des Bourguignons, consentit malgré lui, par la terreur de armes des Francs, à donner Clotilde sa nièce au roi Clovis.

VI. La preuve de la rapidité des conquêtes des Francs sur

IV.—1°. Suabi et Alamani, validæ nationes ... ab antiquo liberi. *Extr. de l'Hist. de Procope*, liv. 1, chap. 12. D. Bouquet, t. II, p. 30.)
Magnæ Alamanorum copiæ apud Argentoratum oppidum Galliarum a Cæsare Juliano oppressæ. (*Extr. de la Chron. de saint Jérôme*, an 357. D. Bouquet, t. I, p. 610.)
(Gratianus) apud Argentariam oppidum Galliæ triginta Alamannorum millia extinxit. (*Extr. d'Aurélius Victor.* D. Bouquet, t. I, p. 56.)
Alamanorum triginta circiter millia apud Argentariam oppidum Galliarum ab exercitu Gratiani strata. (*Extr. de la Chron. de saint Jérôme*, an 357. D. Bouquet, t. I, p. 611.)
2°. Gentem Francorum ... feliciter in nova prælia concitastis, et ala-

mannicos populos ... subdidistis ... Sufficiat innumerabilem nationem subjugatam. (*Extr. d'une lettre de Théodoric, roi des Ostrogoths, à Clovis.* D. Bouquet, t, IV, p. 2.)
3°. An. CCXCVII. Juxta Lingonas a Constantio Cæsare LX millia Alamanorum cæsa. (*Extr. de la Chron. d'Eusèbe.* D. Bouquet, t. I, p. 609.)
Constantius vero Cæsar in Gallia primo prælio ab Alamanis profligato exercitu suo ; ... secundo autem secuta est satis secunda victoria, nam paucis horis sexaginta millia Alamanorum cæsa referuntur. (*Extr. de l'Hist. d'Orose*, liv. VII. D. Bouquet, t. I, p. 597.)
V. Les preuves de cet article sont renvoyées au corps de l'Histoire.
VI. Voyez *infra*, p. 329 et suivantes.

1.

les Visigoths et les Bourguignons s'établira au commencement de la seconde époque.

VII. La preuve que la nation des Bourguignons renfermait au moins quatre-vingt mille combattants est complètement établie par le témoignage de trois auteurs contemporains que suivent Frédégaire et Isidore.

VIII. La preuve de ce qui a été dit sur le nombre des guerriers de la nation des Francs résulte :

1°. D'un passage de Procope; il écrit, au commencement du sixième siècle, qu'au siècle précédent « la nation des Francs « était surtout redoutable à cause de la multitude des hommes « qui se trouvaient parmi eux; » il marque que « les Francs « réunis au nombre de cent mille » suivirent Théodebert en Italie;

2°. D'un passage d'Agathias; il atteste que « la nation des « Francs est extrêmement peuplée, très-grande et très-aguerrie. »

CHAPITRE X.

Réflexions sur les circonstances singulières qui favorisaient la population parmi les peuples germains, et particulièrement chez les Francs.

I. La preuve que les terres de la Germanie produisaient du blé et étaient très-fertiles résulte :

1°. Des récits de Tacite et de César; ils montrent que chez les Germains chaque citoyen recevait, par chaque année, une portion de terre suffisante pour la subsistance de sa famille;

VII. An. ccclxxiii. Burgundionum ... plusquam lxxx millia armatorum ripæ Rheni fluminis insederunt. (*Extr. de l'Hist. d'Orose*, liv. vii, cité par Valois, Histoire des Francs, p. 49.)

Même récit dans la Chronique de saint Jérôme, D. Bouquet, t. I, p. 611; dans la Chronique de Cassiodore, cité par Valois, Histoire des Francs, p. 49, et dans la Chronique de Frédégaire, D. Bouquet, t. II, p. 462.

Burgundiones ... in magnam coaluerunt gentem.... Plusquam octoginta millia armatorum ripæ Rheni fluminis insederunt. (*Extr. d'Isidore,*

Étymologies. D. Bouquet, t. I, p. 818.)

VIII. — 1°. Thoringi et Visigothi ... Germanorum potentiam veriti quippe hominum multitudine plurimum convaluerat. (*Extr. de l'Hist. de Procope.* D. Bouquet, t. II, p. 31.)

Franci cuncti statim ad centum millia, Theodeberto duce, expeditionem in Italiam susceperunt. (*Ibid.* p. 37.)

2°. Francorum... natio est populosissima et maxima, et apprime in re bellica exercitata. (*Extr. de l'Hist. d'Agathias.* D. Bouquet, t. II, p. 70.)

I. — 1°. *Voyez* les récits de Ta-

les mêmes récits montrent encore que les esclaves étaient entièrement consacrés à la culture;

2°. D'un passage d'Hérodien; il montre que les Barbares, voisins du Rhin, avaient des terres en culture dès le temps de l'empereur Maximin;

3°. De l'Histoire d'Ammien Marcellin; elle montre que les terres de la Germanie occidentale étaient cultivées sous le règne de Julien;

4°. D'un passage de Tacite; il représente le terrain de la Germanie comme très-fertile.

II. La preuve du respect des Germains pour le lien du mariage, de la loi d'une seule femme établie chez eux, et de l'austérité des mœurs germaniques, résulte littéralement du livre de Tacite sur les mœurs des Germains, et des remarques de Salvien sur cet ouvrage, qui portent en particulier sur les mœurs des Goths et des Vandales, peuples Germains d'origine.

une et de César, au chap. V de ce livre, les deux premiers articles.

2°. (Maxime) passa le Rhin sans trouver de résistance, et entra en Germanie avec une puissante armée.... L'armée de Maximin s'était déjà répandue sur les terres des Allemands, et faisait partout un très-grand dégât, brûlait les blés, enlevait les troupeaux. (*Extr. de l'Hist. d'Hérodien*, liv. VII, p. 263.)

3°. Sperans ex Chamavorum segetibus id suppleri posse quod ablatum est. (*Extr. de l'Hist. d'Ammien Marcellin*, liv. XVII. D. Bouquet, t. I, p. 553.)

4°. Et superest ager : nec enim cum ubertate et amplitudine soli labore contendunt, ut pomaria conserant, et prata sepiant, et hortos rigent; sola terræ seges imperatur. (*Extr. de Tacite*, mœurs des Germains, chap. 26, t. I, p. 258.)

II. Quanquam severa illic matrimonia, nec ullam morum partem magis laudaveris : nam prope soli Barbarorum singulis uxoribus contenti sunt.... Paucissima in tam numerosa gente adulteria; ... publicatæ enim pudicitiæ nulla venia. Non forma, non ætate, non opibus maritum invenerit; nemo enim illic vitia ridet. Nec corrumpere et corrumpi seculum vocatur.... Numerum liberorum finire, aut quemquam ex agnatis necare flagitium habetur, plusque ibi boni mores valent quam alibi bonæ leges. In omni domo ... sua quemque mater uberibus alit, nec ancillis ac nutricibus delegantur.... Quanto plus propinquorum ... tanto gratiosior senectus. Jam apud Gothos impudici non sunt nisi Romani : jam apud Vandalos nec Romani. Tantum apud illos profecit studium castimoniæ, tantum severitas disciplinæ!... Ut rem dicamus novam, rem incredibilem, rem pene etiam inauditam, castos etiam Romanos esse fecerunt. (*Extr. de Tacite*, mœurs des Germains, liv. VII, chap. 18, 19 et 20, t. I, p. 249.)

CHAPITRE XI.

Conclusion de ce livre.

I. L'observation faite dans ce chapitre sur les rapports qui se trouvent entre les coutumes primitives des anciens Germains et presque toutes les lois des nations sorties de la même source, ne saurait obliger à des preuves détaillées qui seraient immenses, sur des objets essentiellement étrangers à celui que l'on suit ici; cette observation cependant, que tout le corps de l'histoire du moyen âge appuie et appelle, ne devait pas être rejetée, puisqu'elle scelle, en quelque sorte, les preuves positives données auparavant sur l'énergie et l'ascendant des principes germaniques.

L'application directe de cette observation aux nations réunies à la monarchie franque se fera avec toute la force possible dans la suite de cet ouvrage, où l'on verra les lois nationales conserver aux Bavarois, aux Allemands, aux Saxons, plusieurs siècles après leur réunion à l'empire franc, les coutumes germaniques qu'ils tiraient de leur origine.

Enfin, si l'on veut se convaincre, par de nouveaux traits, de l'empire des usages germaniques sur les peuples d'origine germanique, on peut les recueillir dans l'Introduction de l'Histoire de l'Allemagne par M. Malet du Pan; les vues qu'il a présentées sur les coutumes des Germains du nord se rapportent parfaitement au tableau que nous avons donné des coutumes des Germains en général, qui furent singulièrement celles de la nation des Francs.

II. La preuve que les coutumes, l'esprit et la valeur germaniques se maintinrent chez nos pères jusqu'au commencement du cinquième siècle, résulte:

1°. D'un passage d'Eumènes; il dit que « le Franc barbare, « combat avec toute la férocité des bêtes sauvages; »

I. Les preuves de cet article sont renvoyées au corps de l'Histoire, à la suite de cet ouvrage, et à l'introduction de l'Histoire d'Allemagne, par M. Malet du Pan.

II.—1°. Facile est vincere timidos et imbelles, quales ... deliciæ Orientis educunt; ... romanum vero militem quem qualemque ordinat disciplina, aut trucem francum feriæ sola carne distentum, qui vitam pro victus sui vilitate contemnat, quante molis sit superare vel capere? (Ext. du Panég. de Constantin, par Eumènes. Annales de D. Ruinart, loi Salique d'Eccard, p. 268.)

2°. Du témoignage de Julien; il dit que « les Francs et les « Saxons sont les nations les plus belliqueuses de toutes « celles qui habitent au delà du Rhin; »

3°. Des textes de Libanius et de Sidoine Apollinaire; ils montrent que chez les Francs, comme chez les Germains, tous les citoyens avaient l'usage des armes; ils représentent la fureur de la guerre, l'horreur du repos, l'intrépidité et l'audace chez les premiers Francs, tels que Tacite et César les ont dépeints chez les anciens Germains;

4°. D'un prologue de la loi salique rédigée par les Francs en Germanie, avant l'établissement de la monarchie; on y voit la conservation des principes germaniques sur la puissance législative des assemblées du peuple.

On donnera un nouveau jour à cette preuve, en faisant voir par les faits que les Francs rappelèrent et fondirent, pour ainsi dire, tous les principes et les usages germaniques dans la constitution de la monarchie française.

III. La preuve de la haine implacable que les Germains occidentaux portaient à Rome, avant et depuis l'époque où ils prirent le nom de Francs, et du mépris de ces peuples pour le gouvernement, les mœurs et les usages romains, résulte :

1°. De la chaîne des faits historiques par lesquels nous avons prouvé que depuis le second siècle jusqu'au cinquième,

---

2°. Franci et Saxones qui ultra Rhenum ... habitant, nationes omnium bellicosissimæ. (*Extr. du Panég. de l'empereur Constant, par Julien.* D. Bouquet, t. I, p. 723.)

3°. Calamitas vero maxima est vita absque negotiis; et felicitatis apex belli tempora sunt. Quod si quis mutilatus fuerit, parte reliqua integra præliatur, et vincentium persecutio non admittit finem : at si contigerit ut superentur, extremum fugæ, invasionis initium faciunt. Porro insanæ pervicacitatis præmia, et audaciæ honores, legibus apud ipsos sancitis, obtinent : quietem otiumque omnino judicant morbum. Quapropter ab omni ævo superiore, qui propinquum illis regnum sortiti sunt, neque rationes invenerunt, quibus persuade-

rent, neque tantam in armis vim habuerunt, ut quiescere cogerent. Verum ... excursionibus occurrere opus erat.... Illis lex erat aut vincendi aut cadendi. (*Extr. du Panég. de l'empereur Julien, par Libanius.* D. Bouquet, t. I, p. 731 à 733.)

. . . . . Puerilibus annis
Est belli maturus amor; si forte premantur
Seu numero, seu sorte loci, mors obruit illos,
Non timor invicti perstant, animoque supersunt
Jam prope post animam . . . . .

(*Extr. de Sidoine Apollinaire, panég. de l'empereur Majorien.* D. Bouquet, t. I, p. 802 et 803.)

4°. *Voyez* l'extrait d'un prologue de la première rédaction de la loi Salique, au chap. III de ce livre, art. V.

III. — 1°. *Voyez* les autorités citées

les Germains occidentaux ou les Francs ne cessèrent de combattre contre l'empire romain ;

2°. Des Annales de Tacite ; elles montrent quelle horreur le joug romain avait imprimée aux Germains pendant les courts instants où Varus et Ségeste avaient essayé de les y assujettir ;

3°. De l'Histoire de Florus ; elle marque particulièrement l'indignation et le mépris que le gouvernement, les mœurs, la jurisprudence romaine inspiraient aux peuples germaniques ;

4°. Du prologue de la plus ancienne rédaction de la loi salique. Dans ce premier monument de leur législation, les Francs déposent d'abord « leur haine contre le cruel joug « des Romains, et se glorifient de l'avoir toujours écarté « d'eux. »

au chap. II de ce livre, art. I et III, et au chap. III, art. III.

2°. Meminissent modo avaritiæ, crudelitatis, superbiæ : illud sibi reliquum, quam tenere libertatem, aut mori ante servitium. (*Extr. des Annales de Tacite*, liv. II, chap. 15, p. 54.)

Volitabatque per Cheruscos, arma in Segestem, arma in Cæsarem poscens... Hominem Germanos nunquam satis excusaturos, quod inter Albim et Rhenum virgas, et secures, et togam viderint ; aliis gentibus ignorantia imperii romani inexperta esse supplicia, nescia tributa : quæ quando exuerint, irritusque discesserit ille inter numina dicatus Augustus, ille delectus Tiberius.... Si patriam, parentes, antiqua mallent, quam dominos et colonias novas, Arminium potius gloriæ ac libertatis, quam Segestem flagitiosæ servitutis ducem sequerentur. Conciti per hæc non modo Cherusci, sed contermìnæ gentes. (*Annales de Tacite*, liv. I, chap. 59, t. I, p. 400.)

Miles in loco prælii Tiberium imperatorem salutavit, struxitque aggerem, et in modum trophæorum arma, subscriptis victarum gentium nominibus, imposuit.

Haud perinde Germanos vulnera, luctus, exidia, quam ea species dolore et ira adfecit : qui modo abire sedibus, trans Albim concedere parabant, pugnam volunt, arma rapiunt : plebes, primores, juventus, senes agmen romanum repente incursant, turbant. (*Ibid.*, liv. II, chap. 18 et 19, t. I, p. 421.)

3°. *Voyez* un texte de l'Histoire de Florus, chap. V de ce livre, art. III, n° 2.

Nihil insultatione Barbarorum intolerabilius, præcipue tamen in causarum patronos. Aliis oculos, aliis manus amputabant ; unius os sutum, recisa prius lingua, quam in manu tenens Barbarus : Tandem, inquit vipera, sibilare desiste. (*Extr. de l'Hist. de Florus*, liv. IV, p. 163.)

IV. Gens Francorum inclyta.... Hæc est enim gens, quæ fortis dum esset, et robore valida, Romanorum jugum durissimum de suis cervicibus excussit pugnando ; atque post agnitionem baptismi, sanctorum martyrum corpora, quæ Romani igne cremaverunt, vel ferro trucidaverunt ... aut bestiis laceranda projecerunt, auro et lapidibus pretiosis exornavit. (*Extr. du plus ancien prologue de la loi Salique*, D. Ruinard, p. 1 et suiv.)

OBSERVATION

Sur quelques méprises de l'auteur des *Discours sur l'Histoire de France*, concernant le gouvernement des Francs avant la conquête des Gaules.

Le nouvel historiographe de France (M. Moreau) n'a approfondi ni discuté aucun des faits que nous venons de traiter, sur l'état politique de la nation dont les Français tirent leur origine. Obligé cependant de chercher parmi ces faits les bases de son histoire, il s'est malheureusement mépris sur le choix, et l'on trouve dans le tableau du véritable état des Germains la démonstration de ses erreurs.

Le nouvel historiographe de France ne reconnaît chez les Francs, en Germanie, avant la conquête des Gaules, aucune notion de police, aucun principe de gouvernement, aucune liberté, si ce n'est « celle des tigres et des ours; » il n'y reconnaît, enfin, d'autres assemblées publiques, que les assemblées des chefs qu'il appelle *leudes*.

Nous avons montré, par les témoignages de Tacite, que les assemblées des Germains réunissaient la multitude; que si les rois, les princes et les citoyens les plus distingués avaient le droit de proposer dans les assemblées, la multitude admettait ou rejetait librement leurs propositions; que si les princes prenaient connaissance des affaires de la moindre importance, tous délibéraient sur les plus grandes, et que le peuple, *plebs*, en était arbitre. Le mot *plebs*, dans la langue romaine ne signifie pas un corps de grands, une assemblée du peuple, ne peut pas être prise davantage pour une assemblée qui ne contient que les chefs du peuple.

Enfin, Tacite, César, ni aucun des auteurs qui ont écrit sur les Germains, n'ont jamais employé le mot *leudes*, et c'est une pure méprise que de l'appliquer à des chefs germains.

« Les chefs des Germains pouvaient-ils n'être pas absolus? » dit M. Moreau (second disc., tom. II, p. 2), « c'étaient autant de généraux d'armée. »

« Les chefs militaires, chez les Germains, dit Tacite, « conduisaient plutôt par l'exemple que par l'autorité; » et Tacite montre ensuite que personne, excepté les prêtres, ne punissait arbitrairement, même dans les armées. (*Voyez* au ch. VIII de ce livre, art. IV.)

« Tacite, dit M. Moreau (sec. disc., tom. II, p. 2), « appelle rois les chefs des Germains au delà du Rhin; il « reconnait donc qu'ils étaient absolus, » et par une assertion en note, l'auteur ajoute : « telle était certainement l'idée que « les Romains avaient de la puissance royale. »

« Le pouvoir des rois, dit Tacite, n'est point absolu et « indéfini chez les Germains, *nec regibus infinita aut libera* « *potestas.* » Tacite montre ensuite que beaucoup de cités germaniques n'avaient point de rois ; que le nom de roi était odieux parmi plusieurs peuples germaniques, que les Germains occidentaux, ancêtres des Francs, n'en reconnaissaient point, et qu'ils se soulevèrent contre le célèbre Arminius, leur chef, dès qu'il prétendit au titre de roi. (*Voyez* dans ce livre au chap. II, l'art. IV ; au chap. VI, art. I, le n° 2.)

DEUXIÈME ÉPOQUE.

PREMIÈRE PARTIE.

LIVRE PREMIER.

CHAPITRE Ier.

Tableau sommaire des divers pays qui furent réunis sous une seule monarchie aux règnes de Clovis et de ses fils.

Les preuves de ce chapitre se trouveront dans la suite du livre, où l'on détaillera les diverses acquisitions des Francs.

CHAPITRE II.

Des conquêtes des Francs sous Clovis, sur les Romains, les Allemands et les Bavarois.

I. La preuve que les provinces des Gaules conquises par Clovis sur les Romains furent soumises par la force, et sans capitulations, résulte :

1°. Des textes de Grégoire de Tours, répétés par Frédégaire, et des Gestes des Francs ; ils rapportent que Clovis ayant défait, en bataille rangée, l'armée de Syagrius, roi des Romains, dans

---

Ch. I. Ce chapitre n'exige point de preuves.

I.—1°. Super quem (Syagrium) Clodovechus ... veniens, campum pugnæ præparari deposcit. Sed nec iste distulit.... Itaque inter se utrisque pugnantibus, Syagrius ... terga vertit, et ad Alaricum regem Tholosam cursu veloci perlabitur. Clodovechus vero legatos ad Alaricum mittit, ut eum redderet : alioquin noverit sibi bellum ... inferri. At ille ... vinctum legatis tradidit. Quem Clodovechus receptum custodi mancipari præcepit : regnoque ejus accepto , eum gladio feriri mandavit. (*Extr. de l'Hist. de Grégoire de Tours* , liv. 11 , chap. 27 ; même récit dans l'*Épitome de Frédégaire*, chap. 15. D. Bouquet, t. II, p. 175 et 398.)

Eo tempore multæ ecclesiæ a Clodovechi exercitu deprædatæ sunt, quia erat ille adhuc fanaticis erroribus involutus.

la cité de Soissons, se rendit maître de son royaume, et le fit mourir ; qu'après la défaite de Syagrius, les Francs saccagèrent les pays dont ils devinrent maîtres ; qu'ils pillèrent jusqu'aux vases sacrés des églises, et que Clovis lui-même partagea le butin avec son armée ;

2°. De la Vie de saint Remi ; on y lit que Syagrius résidait à Soissons, sous le titre de « chef des Romains qui habitaient la « Gaule ; » on y trouve le récit de la défaite de Syagrius et de la conquête des provinces gauloises, essentiellement conforme au récit des historiens que l'on vient de citer ;

3°. Et enfin, de la Vie de saint Jean de Reomé ; elle dit que « ce fut les armes à la main que les Francs, conduits par Clo « vis, se rendirent maîtres du pays tenu par les Romains, et « envahirent la Gaule. »

II. La preuve que les Allemands furent soumis par la force des armes, sans capitulations, se lit dans les écrits de Grégoire de Tours, et dans une lettre de Théodoric, roi des Ostrogoths, à Clovis sur ce sujet.

III. La preuve que les Bavarois étaient passés sous la puissance des Francs vers le cinquième siècle, résulte du prologue

Cuncto onere prædæ in medium posito, ait rex : Rogo vos, o fortissimi præliatores, ut saltem mihi vas istud extra partem concedere non abnuatis. (*Extr. de Grégoire de Tours*, liv. II, chap. 27 ; même récit dans l'*Épitome de Frédégaire*, chap. 16. et *aux Gestes des Francs*, chap. 10. D. Bouquet, t. II, p. 175, 398 et 517.)

2°. Syagrius filius Egidii, dux Romanorum qui in Galliis habitabant, in Suessonis civitate, quam pater ejus tenuerat, residebat. Super quem Clodovicus cum hoste advenit, atque devicit, quemque ab Alarico, apud quem in Tolosa, fugiens Cludowicum, aliquamdiu habitavit, sibi transmissum recepit, et occidi præcepit ; et omnia quæ illius fuerant suæ potestati subegit. (*Extr. de la Vie de saint Remi*. D. Bouquet, t. III. p. 374.)

3°. Franci cum Chlodoveo rege, postposita republica, militari manu terminos Romanorum irrumpentes Galliam invaserunt. (*Extr. de la Vie de saint Jean de Reomé, écrite à la fin*

du VIe siècle par un moine de Reomé. D. Bouquet, t. III, p. 387.)

II. Alamanni terga vertentes, in fugam labi cœperunt. Quumque regem suum cernerent interemtum, Chlodovechi se ditionibus subdunt, dicentes : ne amplius, quæsumus, pereat populus : jam tui sumus. At ille prohibito bello, coarctatoque populo, cum pace regressus. (*Extr. de l'Hist. de Grégoire de Tours*, chap. 30. D. Bouquet, t. II, p. 177.)

Gratulamur, quod gentem Francorum ... feliciter in nova prælia concitastis : et Alamannicos populos, causis fortioribus inclinatos, victrici dextera subdidistis... Sufficiat illum regem cum gentis suæ superbia cecidisse. Sufficiat innumerabilem nationem partim ferro, partim servitio subjugatam. (*Extr. d'une lettre de Théodoric, roi des Ostrogoths, à Clovis*. D. Bouquet, t. IV, p. 2.)

III. Theodoricus, rex Francorum cum esset Cathalaunis ... jussit conscribere legem Francorum, Alamannorum et Bajoariorum : et unicuique

de la loi salique; il porte que « Thierri fit rédiger la loi des
« Allemands et celle des Bavarois avec la loi des Francs, pour
« chacune de ces nations qui étaient sous sa puissance. »

CHAPITRE III.

L'union de la province ripuaire à la monarchie franque.

La preuve de la position et des limites du pays acquis à la
monarchie sous le nom de province ripuaire, ainsi que la preuve
des conditions de l'union de ce pays à l'empire franc, sont
réservées au chapitre suivant.

CHAPITRE IV.

Première dénomination du territoire uni à la monarchie sous le nom de province ripuaire; origine du peuple qui possédait ce territoire.

I. La preuve de la position géographique de l'île des Bataves résulte des écrits de César, de Pline le Naturaliste et de
Tacite; ils marquent que « le fleuve du Rhin se partage en
« deux bras pour envelopper l'île des Bataves l'un de ces bras
« se perdant dans la Meuse, et l'autre dans l'Océan. »

Tacite marque de plus que les Bataves possèdent une petite
portion de terres sur le bord du Rhin à l'extrémité des Gaules, et place l'île des Bataves à l'embouchure du Rhin.

genti, quæ in ejus potestate erat, secundum consuetudinem suam. (*Extr.
du prologue de la loi Salique d'Eccard*
D. Bouquet, t. IV, p. 123.)

Ch. IV. — 1. Mosa profluit ex
monte Vogeso, qui est in finibus Lingonum, et parte quadam Rheni recepta, quæ appellatur Walis, insulam
efficit Batavorum : neque longius ab
eo millibus passuum LXXX in Oceanum
transit. (*Extr. des Commentaires de
César*, liv. IV, chap. 10. D. Bouquet,
t. I, p. 234.)

In Rheno ipso, prope centum millia
passuum in longitudinem, nobilissima Batavorum insula et Cannenufatum. (*Extr. de Pline le Naturaliste,
Hist. de la Gaule*, liv. IV, chap. 15.
D. Bouquet, t. I, p. 55.)

Rhenus uno alveo continuus, aut
modicas insulas circumveniens, apud

principium agri Batavi velut in duos
amnes dividitur, servatque nomen,
et violentiam cursus, qua Germaniam
prævehitur, donec Oceano misceatur:
ad gallicam ripam latior et placidior
affluens, verso cognomento Vahalem
accolæ dicunt, mox id quoque vocabulum mutat Mosa flumine, ejusque
immenso ore eumdem in Oceanum
effunditur. (*Extr. des Annales de
Tacite*, liv. II, chap. 6, t. I, p. 15.)

Batavi ... extrema gallicæ oræ, vacua cultoribus, simulque insulam ...
occupavere, quam mare Oceanum ...
Rhenus amnis ... circumluit. (*Extr.
de Tacite, Hist.*, liv. IV, chap. 12,
p. 504 et 505.)

Batavi non multum est ripa, sed
insulam Rheni amnis colunt. (*Extr.
de Tacite, mœurs des Germains*,
chap. 29, t. I, p. 261.)

II. La preuve de l'origine des peuples qui s'étaient réunis pour habiter l'île des Bataves, se lit dans deux ouvrages de Tacite.

III. La peuve que la nation batave fut alliée, et non sujette, de l'empire romain, résulte :

1°. De l'Histoire de Tacite ; elle témoigne que « les Bataves « ne furent point subjugués par les armes, mais s'unirent aux « Romains par une alliance, » s'engageant seulement à fournir des hommes armés pour servir au besoin dans les guerres de l'empire ;

2°. De l'Histoire romaine de Dion ; il appelle cavalerie étrangère la cavalerie des Bataves servant pour l'empire ;

3°. Du témoignage d'Ammien Marcellin ; il met les troupes bataves au rang de ces troupes auxiliaires confédérées, que des peuples étrangers et indépendants de l'empire romain fournissaient aux empereurs ; il fait connaître que des conditions expresses, avouées des empereurs, assuraient l'indépendance et les droits des auxiliaires bataves, en expliquant que ces guerriers, ayant quitté leur pays au delà du Rhin pour passer au service de l'empire, avaient mis dans leurs conditions qu'ils ne seraient point menés au delà des Alpes.

II. Batavi ... Cattorum quondam populus, et seditione domestica in eas sedes transgressis. (*Extr. de Tacite*, mœurs des Germains, chap. 29, t. I, p. 261.)

Ea gens (Caninefatum) partem insulæ colit, origine, lingua, virtute, par Batavia. (*Extr. de Tacite, Hist.*, liv. iv, chap. 15, p. 506.)

III. — 1°. Batavi ... nec opibus romanis, societate validiorum, attriti, viros tantum armaque imperio ministrant ; diu germanicis bellis exerciti ; mox aucta per Britanniam gloria, transmissis illuc cohortibus, quas vetere instituto nobilissimi popularium regebant. (*Extr. de Tacite, Hist.*, liv. iv, chap. 12, p. 504 et 505.)

2°. Sunt et selecti equites peregrini, quibus inditum Batavorum nomen ab insula, quæ in Rheno est, Batavia (*Extr. de l'Histoire romaine de Dion*, liv. lv. D. Bouquet, t. I, p. 522.)

3°. (Constantius imperator) Decentium tribunum misit auxiliares milites exinde protinus abstracturum AErulos et Batavos.... Julianus... illud nec dissimulare potuit ... ut illi nullas paterentur molestias, qui relictis laribus transrhenanis, sub hoc venerant pacto, ne ducerentur ad partes unquam transalpinas : verendum esse affirmans, ne voluntarii Barbari ... militares, sæpe sub ejusmodi legibus adsueti transire ad nostra, hoc cognito deinceps arcerentur. (*Extr. de l'Hist. d'Ammien Marcellin*, liv. xx, chap. 4, p. 185.)

CHAPITRE V.

Substitution du nom d'Arborique à celui de Batave chez le même peuple.

La preuve de ce qui a été dit dans ce chapitre résulte de plusieurs textes de Procope.

CHAPITRE VI.

De l'union des Arboriques aux Francs; de l'union d'un corps de soldats romains aux Arboriques et aux Francs; de la substitution du nom de Ripuaire à celui d'Arborique.

I. La preuve de ce qui a été dit sur l'union des Arboriques aux Francs, et sur l'union des soldats voisins des Arboriques à ce peuple et à l'empire franc, résulte littéralement des textes de Procope.

II. La preuve que le peuple ripuaire occupait précisément le même territoire qu'avaient occupé les Arboriques, s'établit par les autorités qui prouvent que ce pays eut la même situation et les mêmes limites, sous ces différentes dénominations :

1°. Les Annales de Metz rapportent que Chilpéric et son armée traversèrent la forêt des Ardennes, pour aller dans le pays des Ripuaires : or, la forêt des Ardennes confinait à l'ancien domaine des Bataves ou Arboriques.

Ch. V. Rhenus in Oceanum evolvitur. Hic sunt paludes, ubi quondam habitarunt Germani, qui Franci nunc appellantur, gens barbara et initio parum spectata. Horum sedes contingebant Arborychi, cum reliqua omni Gallia atque Hispania Romanis jam pridem subditi.

Militarem operam Romanis tunc navabant Arborychi: quibus Germani utpote finitimis, et a veteri reipublicæ forma digressis, quum legem ac jugum vellent imponere, primum prædati, deinde recto marte eos aggressi sunt.... Generositatem et in Romanos benevolentiam testati Arborychi, rem in bello gessere fortiter. Nihil vi proficientes Germani, illos ad societatem et affinitates jungendas invitarunt. (*Extr. de l'Hist. de Procope*, chap. 12. D. Bouquet, t. II, p. 30 et suiv.)

I. Quibus (Germanis) Arborychi libenter assensi sunt, quod christiani utrique essent. Eo pacto in unam coaliti gentem, potentissimi evaserunt. Alii vero romani milites, qui erant in extrema Gallia stationarii... se ipsi cum signis et regionem, quam Romanis ante servabant... Arborychis ac Germanis permiserunt. (*Extr. de l'Hist. de Procope*, liv. 1, chap. 12. D. Bouquet, t. II, p. 30 et 31.)

II.—1°. Quum... Chilpericus cum Raginfrido... per Arduennam silvam in Ripuarios exercitum ducerent. (*Extr. des Annales de Metz*, an 716. D. Bouquet, t. II, p. 682.)

2°. On lit dans l'histoire des Gestes des Francs que dans la guerre des rois Théodebert et Thierri, le premier de ces princes, vaincu à Tolbiac, « se réfugia à Cologne; qu'ensuite « Thierri saccagea tout le pays des Ripuaires; qu'enfin les Ri- « puaires, soumis à Thierri, entrant dans la cité de Cologne, « y tuèrent le roi Théodebert; et que Thierri se rendit maître « de cette cité, en même temps que du territoire ripuaire. »

Ces faits montrent clairement que le pays ripuaire et la cité de Cologne se touchaient, ainsi que se touchaient le pays des anciens Bataves ou Arboriques et le territoire de Cologne.

3°. Les Annales de Metz représentent Louis-le-Germanique, qui, partant d'Aix-la-Chapelle pour entrer dans le pays des Ripuaires, quitte les contrées orientales. Le pays des Ripuaires était donc à l'occident du territoire d'Aix-la-Chapelle du côté de l'Océan, comme était le territoire des anciens Arboriques ou Bataves;

4°. Les Annales de Fulde montrent « les Normands désolant « Cambrai, Utrecht, toute la province ripuaire, et en outre « les cités de Cologne et de Bonne; » la Ripuaire tenait donc d'une part à Utrecht, d'une autre à Cologne. Cette confrontation a été établie par le cours des fleuves entre ces cités et le territoire des Bataves ou Arboriques.

5°. Un capitulaire de Charles-le-Chauve et les Annales de saint Bertin, rapportant le partage du royaume de Louis-le-

---

2°. Theudericus..... exercitum..... contra Theudobertum germanum suum direxit, et ad Tulbiacum castrum ad bellum convenerunt... Theudobertus... in fugam dilabitur,... et Coloniam civitatem ingressus est. Theudericus autem terram Ribuarinsem succendit, atque vastavit. Populus itaque regionis illius se ditionibus subdunt, dicentes: Parce nobis,.... jam enim subditi sumus tibi; et ille ait : Aut adducite mihi vivum Theudobertum, aut caput ejus amputate, et mihi deferte, si vultis ut vobis parcere debeam... Illi hæc audientes, in ipsa civitate ingressi,...... unus ex eis.... amputavit caput ejus; sustulerunque eum per murum civitatis Coloniæ. Theudericus vero hæc videns, ipsam civitatem adprehendens, thesauros magnos accepit. (Extr. des

Gestes des Francs, chap. 38. D. Bouquet, t. II, p. 565.)

3°. Ludovicus... ad Aquis palatium rediit... Denique quum a partibus Orientis veniens Ripuariorum terminos intrasset, in quamdam regiam villam... ad hospitium divertit. (Extr. des Annales de Metz, an 870. D. Bouquet, t. VII, p. 198.)

4°. Plurima loca in regione regis nostri (Ludovici) vastaverunt, (Normanni), hoc est Cameracum, Trajectum,.... totamque Ripuariam... præterea... Coloniam et Bunnam civitates ...incenderunt. (Extr. des Annales de Fulde, an 881. D. Bouquet, t. VIII, p. 40.)

5°. Anno DCCCLXX... inter reges Karolum et Ludovicum fuit hæc divisio regni facta... et hæc est portio quam sibi Ludovicus accepit... Coloniam,

pieux entre ses enfants, montrent que le partage de Louis-le-Germanique s'étendit sur les rives du Rhin, et fut composé d'abord du territoire de « Cologne, Trèves, Utrecht, Stras-« bourg, Bâle, l'abbaye de Suète, » qui sont des points contigus; qu'ensuite il comprenait « cinq comtés ripuaires; » qu'enfin le partage de Charles renfermait « les comtés des Ar-« dennes et de Condorusto, et de là, par le cours de la Meuse « jusqu'à la mer, le duché des Ripuaires. »

De cette sorte nous voyons le pays des Ripuaires borné d'un côté par le Rhin, de l'autre par la Meuse, d'un troi-sième par l'Océan, comme le fut le pays des Bataves ou Arbo-riques.

6°. Dans un grand nombre d'actes de donations faites par divers particuliers au monastère de Verdun, où il est exprimé que ce monastère est situé sur « le fleuve Rura, dans le canton « des Ripuaires; » ce qui confirme le fait déjà établi que la Ripuaire avoisinait le territoire de Cologne, où coulait la Rura.

7°. Une ancienne chronique recueillie par Du Cange porte que le pays des Ripuaires est composé des terres qui sont au-tour et au delà de la Meuse, le long du Rhin; cette définition représente précisément les espaces où nous avons reconnu les anciens Bataves ou Arboriques, et les soldats ripuaires ro-mains;

8°. Les écrits d'Aimoin, d'Éginhard et les annales de Metz, montrent que de leur temps l'île des Bataves était encore con-

---

Treveris, Uttrech, Stratsburch, Ba-sulam, Abbatiam Sivestre... in Ripua-rias comitatus v. (*Extr. d'un capitu-laire de Charles-le-Chauve*, liv. XLV. Baluze, t. II, p. 222. Même récit aux *Annales de saint Bertin*. D. Bou-quet, t. VII, p. 109.)

Cujus divisionis formula ita se habuit. Quarum altera... comitatum Arduennensium, comitatum Condo-rusto: inde per cursum Mosæ usque in mare, ducatum Ripuariorum...... habuit. (*Extr. des Annales de saint Bertin*. D. Bouquet, t. VI, p. 202.)

6°. In monumentis cœnobii Wer-thinensis « sancto Lugdero fundati. Traditio Werthinensis IV; .... ego lana tradidi partem hæreditatis meæ

ad ecclesiam.... quæ.... est in pago Ripoariorum in loco qui dicitur Werthina super fluvio Rura, etc. (*Extr. des Observations d'Eccard sur les Ripuaires*. D. Bouquet, t. IV, p. 232.)

7°. Quæ erant circa et ultra Mo-sam, et in Ripuaria, et circa Rhenum, ducatus Ripuariorum. (*Extr. de la Chron. de Thrudon*, 5° partie. Glos-saire de Du Cange au mot *Ripuarii*.

8°. Mosa profluens ex monte Vo-sego... et parte quadam ex Rheno recepta, quæ...dicitur Walis, insulam efficit Batavorum, quæ... vocatur Bat-tua. (*Extr. des écrits d'Aimoin*, liv. 1, chap. 3. D. Bouquet, t. III, p. 25.)

Alterum (palatium) Noviomagi

nue sous son ancien nom, et ils décrivent sa position géographique absolument telle que l'avaient décrite les auteurs du troisième siècle.

III. La preuve que la nation ripuaire était d'origine germanique résulte évidemment des dispositions de la loi ripuaire, qui porte l'empreinte des coutumes et du caractère des Germains.

1°. Plusieurs textes de cette loi n'imposent que des compositions pécuniaires pour les plus grands crimes, et proportionnent les sommes aux délits, à la manière des peuples germains ;

2°. Un texte de la même loi admet « la preuve par le fer, ou « par le sort, » comme le firent tous les peuples d'origine germanique ;

3°. Dans d'autres textes de la même loi, on retrouve les noms des principales magistratures qui existèrent chez les anciens Germains et se reproduisirent dans la première législation des états qu'ils fondèrent ; on y trouve l'usage de la rétribution qu'on appelle *fredum*, qui fut si généralement usitée chez les peuples germaniques d'origine, au premier siècle.

IV. La preuve que la loi ripuaire montre partout la nation ripuaire distincte de celle des Francs, et les citoyens ripuaires comme en tout égaux aux Francs, résulte des dispositions de cette loi ; elles distinguent les hommes libres francs, des

---

super Wahalem fluvium, qui Batavorum insulam... præterfluit. (*Extr. d'Eginhard*, *Vie de Charlemagne*, chapitre 17. Dom Bouquet, t. V, p. 96.)

III.—1°. Si quis episcopum interfecerit nongentos solidos componat... quod si matrem cum partu interfecerit, septingentis solidis mulctetur. (*Extr. de la loi Ripuaire*, tit. 36, art. 9 et 10. D. Bouquet, t. IV, p. 241.)

Si quis vir seu quæ mulier ripuaria per venenum... aliquem perdiderit, wergildum componat. Si autem mortuus non fuerit... centum solidis culpabilis judicetur. (*Ibid.*, tit. 83, art. 1 et 2, p. 251.)

2°. Quod si in provincia ripuaria juratores invenire non potuerit, ad ignem seu ad sortem se excusare studeat. (*Ibid.*, tit. 31, art. 5, p. 240.)

3°. Si quis causam suam prosequitur, et Rachimburgii inter eos secundum legem Ripuariam dicere noluerint. (*Ibid.*, tit. 55, p. 244.)

· Nullus... gratio munera... recipiat. Fredum... non judici tribuat. (*Ibid.*, tit. 88 et 89, p. 252.)

IV. Jubemus ut nullus optimatum, major-domus, domesticus, comes, gratio.... vel quibuslibet gradibus sublimatus, in provincia ripuaria munera... recipiat. (*Extr. de la loi Ripuaire*, tit. 88. D. Bouquet, t. IV, p. 252.)

Qualiscumque Francus ripuarius seu tabularius, servum suum... libertare voluerit. (*Ibid.*, tit. 58, p. 244.)

hommes libres ripuaires ; elles montrent que les Ripuaires parvenaient aux plus hautes dignités ; elles mettent une entière égalité dans les compositions pécuniaires dues pour les torts faits aux Francs et aux Ripuaires, et elles rendent ces compositions plus fortes en faveur des Francs et des Ripuaires, que des citoyens des autres nations de la monarchie.

V. La preuve qu'il exista, sous la première race de nos rois, des citoyens romains d'origine dans le pays des Ripuaires, qu'ils y suivirent la loi romaine, et furent distingués des autres habitants de cette contrée par des coutumes et des mœurs différentes, résulte :

1°. De l'Histoire de Procope ; il marque que les Romains qui s'étaient donnés aux Arboriques et aux Francs, sous Clovis, en stipulant la conservation de leurs lois, de leurs mœurs et de leurs usages, les gardent encore de son temps, c'est-à-dire au milieu du sixième siècle ;

2°. Des textes de la loi ripuaire ; ils distinguent parmi ceux qui sont soumis à cette loi, le Ripuaire et le Romain.

Quod si servus homini franco, aut ripuario, os fregerit... (*Extr. de la loi Ripuaire*, tit. 32. D. Bouquet, t. IV, p. 238.)

Si quis...... hominem ingenuum ripuarium interfecerit, ducentis solidis culpabilis judicetur. (*Ibid.*, tit. 7, p. 237.)

Si quis Ripuarius advenam francum interfecerit, ducentis solidis culpabilis judicetur. (*Ibid.*, tit. 36, art. 1, p. 241.)

Si quis Ripuarius advenam burgundionem interfecerit centum sexaginta solidis culpabilis judicetur (art. 2).

Si quis Ripuarius advenam romanum interfecerit centum solidis mulctetur (art. 3).

Si quis Ripuarius advenam alamannum, seu fresionem, vel bajuvarium, aut saxonem interfecerit, centum sexaginta solidis culpabilis judicetur (art. 4).

V.—1°. Romani... milites... se ipsi ...Arborychis ac Germanis permiserunt, moresque omnes patrios retinuere : quos eorum posteri ad se transmissos adhuc rite observant. Nam et

ex numeris, in quos olim contributi militaverunt, et etiam ætate agnoscuntur, et signa propria præferentes invadunt prælia. Constanter patriis utuntur legibus, et præter alias romani habitus partes, redimiculum capitis etiamnum gestant. (*Extr. de l'Hist. de Procope*, liv. 1, chap. 1. D. Bouquet, t. II, p. 31.)

2°. Si... Romanus vel regius homo ingenuam ripuariam acceperit ; aut si Romana vel regia seu tabularia ingenuum ripuarium in matrimonium acceperit, generatio eorum semper ad inferiora declinetur. (*Extr. de la loi Ripuaire*, tit. 58, art. 11. D. Bouquet, t. IV, p. 245.)

Si quis Ripuarius sacramento fidem fecerit, ... studeat conjurare. (*Ibid.*, tit. 66, art. 1, p. 248.)

Si ... Romanus ... taliter egerit, ... similiter studeat implere (art. 2).

Si quis hominem, qui forbannitus est, in domum recipere præsumpserit, si Ripuarius est, LX solidis : si ... Romanus ... XXX solidis, culpabilis judicetur. (*Ibid.*, tit. 87, p. 251.)

I.   22

CHAPITRE VII.

De l'état de la petite Bretagne depuis l'établissement de la monarchie franque.

I. La preuve que la petite Bretagne fut bornée dans l'origine, aux cités de Vannes, de Saint-Malo et de Cornouailles, résulte :

1°. De l'Histoire de Grégoire de Tours et de l'histoire de Bretagne du neuvième siècle ; on y voit que « les Bretons désolèrent les cités de Nantes et de Rennes, » dans le sixième et dans le neuvième siècle, ce qui montre qu'elles leur étaient alors étrangères ;

2°. D'un autre récit tiré de la même histoire de Bretagne : il porte que Nomenoi, prince des Bretons, ayant entrepris de se rendre indépendant de l'empire franc, commença par expulser tous les évêques, qu'il en nomma d'autres à leur place, et même créa trois nouveaux évêchés démembrés des anciens ; l'énumération de tous ces évêchés les réduit à ceux « de Vannes, de Cornouailles, de Dol, de Tréguier, de Saint-Brieux, « de Saint-Malo, et à un démembrement de l'évêché de Dol : » dans ce démembrement, nous ne trouvons ni Nantes ni Rennes.

II. La preuve que les chefs désignés sous les noms de comtes, ducs, ou princes, gouvernaient les peuples bretons sous l'autorité des rois francs durant les premières races, résulte :

1°. D'un texte de Grégoire de Tours ; il dit que les chefs

I. — 1°. Britanni ... valde infesti circa urbem fuere Nanneticam atque Rhedonicam : immensam auferentes praedam. (*Extr. de l'Hist. de Grégoire de Tours*, liv. v, chap. 32. D. Bouquet, t. II, p. 261.)
Nomenoius ... propter Britonum multitudinem superbus, ... urbem Nanneticam et Redonicam ... invasit. (*Extr. de l'Hist. de la petite Bretagne, écrite sous Charles-le-Chauve.* D. Bouquet, t. VII, p. 49.)
2°. Contempto ... jure Francorum regio ... cogitavit ut se regem faceret (Nomenoius) ... investigans ... quomodo hoc abominabile institueret, reperit ut episcopos totius suæ regionis manu Francorum regia factos, ... a sedibus suis expelleret...

Insurgentes falsi testes contra hos miseros episcopos ... accusaverunt eos multis criminibus, scilicet Susannum Venetensem, et Felicem Coriopitensem, et Saloconem Dialetensem, Liberalem Ocismorensem. Nomenoius ... in locis eorum alios constituit, adminuensque parochias eorum, videlicet in monasterio Doli, quod tune temporis erat ex diœcesi Dialetensis ecclesiæ, et in monasterio Sancti-Brioci, et Sancti-Tutualem Pabuti, episcopos tres ... instruxit (*Ibid.* D. Bouquet, t. VII, p. 49 et 50.)
II. — 1°. Semper Britanni sub Francorum potestate post obitum regis Chlodovechi fuerunt, et comites non reges fuerunt appellati. (*Extr.*

des Bretons depuis Clovis s'appelaient comtes, et non pas rois;

2°. D'un passage de l'histoire de Bretagne ; Nomenoi, chef des Bretons, y est appelé leur prince, et ailleurs, leur duc ;

3°. Des récits de Grégoire de Tours et de Frédégaire ; on y voit que dans les sixième et septième siècles le comté de Bretagne se transmit par droit héréditaire d'un frère à un autre frère ; ensuite on voit deux comtes se partager la Bretagne, et y commander à la fois, on voit enfin, après des guerres civiles cruelles et divers assassinats, les enfants de chacun de ces comtes posséder séparément le partage échu à leurs pères.

III. La preuve que la Bretagne demeura sous la dépendance de l'empire franc, depuis le règne de Clovis, résulte :

1°. De l'Histoire de Grégoire de Tours ; il marque que « depuis la mort de Clovis, les Bretons furent toujours sous la « domination des Francs ; » qu'un comte de Bretagne, qui avait pris les armes contre Chilpéric, fit la paix avec lui en

---

Grégoire de Tours, liv. IV, chap. 4. D. Bouquet, t. II, p. 205.)

2°. Rex ... Nomenoio, Britannorum principi ... mandavit ut ... offensas sibi ab illo factas dimitteret ... Leo Papa... Nomenoio concessit ut dux super populum Britanniæ fieret, et circulum aureum, sicut alii duces, in festis diebus deferret. (*Extr. de l'Hist. de la petite Bretagne.* D. Bouquet, t. VII, p. 48 et 49.)

3°. Macliavus quondam et Bodicus Britannorum comites, sacramentum inter se dederant, ut qui ex eis superv
iveret, filios partis alterius tanquam proprios defensaret. Mortuus autem Bodicus reliquit filium, Theodericum nomine. Quo, Macliavus oblitus sacramenti, expulso a patria, regnum patris ejus accepit. Hic vero ... collectis secum a Britannia viris, se super Macliavum objecit, eumque cum filio ejus Jacob gladio interemit, partemque regni quam quondam tenuerat, in sua potestate restituit ; partem vero aliam Warochus Macliavi filius vindicavit sibi. (*Extr. de Grégoire de Tours,*

liv. V, chap. 16. D. Bouquet, t. II, p. 242.)

Britannis Macliavus et Bodicus illo tempore comites erant, amicitiam cum sacramentis invicem inientes. Mortuo Bodico, Macliavus filium ejus nomine Theudericum, de regno expulit. Sed tandem resumptis viribus Theudericus Macliavum cum filio Jacob interfecit, regnumque patris recepit. Warochus Macliavi filius in patris loco comes efficitur. (*Extr. de l'Epitome de Frédégaire,* chap. 77. D. Bouquet, t. II, p. 408.)

III. — 1°. *Voyez* l'extrait de Grégoire de Tours, cité à l'article précédent, n° 1.

Cum ducibus regis Chilperici pacem faciens, et filium suum in obsidatum donans, sacramento se constrinxit, quod fidelis regi Chilperico esse deberet. (*Extr. de Grégoire de Tours,* liv. V, chap. 27. D. Bouquet, t. II, p. 250.)

Rex dirigit illuc legationem,.... id est ... Bertchramnum Cenomannensem episcopum, cum comitibus, ... qui... locuti sunt cum Warocho et Vidi-

s'obligeant par serment à lui être fidèle, et que le roi Gontran imposa des amendes considérables à des Bretons qui s'étaient soulevés, et qui, souscrivant à tout, confessèrent qu'ils étaient sujets des rois francs, et que leurs cités appartenaient à ces princes.

2°. D'un texte de Frédégaire : il rapporte que Judicaël, roi des Bretons, demanda pardon à Dagobert, et lui promit que lui et son royaume de Bretagne seraient toujours soumis à l'autorité de Dagobert et des rois francs. Le même récit se trouve dans les Gestes des Francs ;

3°. D'une lettre des évêques du concile de Paris, tenu sous Charles-le-Chauve ; il y est dit que les Francs, dès le commencement de leur domination, s'attribuèrent certaines terres, et en laissèrent d'autres aux Bretons qui les demandaient.

IV. La preuve de ce qui a été dit pour montrer que les Bretons ne firent point partie du peuple franc sous les deux premières races, résulte du silence de tous les monuments qui ne les comptent jamais parmi les citoyens appelés par les lois aux fonctions et aux charges du gouvernement.

La suite de cet ouvrage sera le développement de cette preuve.

---

macto omnia quæ rex præceperat. At illi dixerunt : Scimus et nos civitates istas Chlotharii regis filiis redhiberi, et nos ipsis debere esse subjectos : tamen quæ contra rationem gessimus, cuncta componere non moramur. Et datis fide jussoribus, atque subscriptis cautionibus, promiserunt se singula millia solidorum Guntheramno regi et Chlothario in compositionem daturos : promittentes nunquam terminum civitatum illarum ultra se aggressuros. (*Extr. de Grégoire de Tours*, liv. IX, chap. 18. D. Bouquet, t. II, p. 342.)

2°. Judacaile, rex Britannorum.... ad Dagobertum perrexit, ibique veniam petens, eum cuncta quæ sui regni Britanniæ pertinentes leudibus Francorum illicite perpetraverant, emendandum spondidit : et semper se et regnum quod regebat Britanniæ, subjectum ditioni Dagoberti et Francorum regibus esse promisit. (*Extr. de la Chron. de Frédégaire*, chap. 78 ; même récit dans l'auteur des *Gestes de Dagobert*, chap. 38. D. Bouquet, t. II, p. 443 et 590.)

3°. Nec ignoras quod certi fines ab exordio dominationis Francorum surrint, quos ipsi vindicaverunt sibi, et certi quos petentibus concesserunt Britannis. (*Extr. d'une lettre des évêques du concile de Paris, tenu sous Charles-le-Chauve*. D. Bouquet, t. VII, p. 504 et 505.)

IV. La preuve de cet article est renvoyée à l'ensemble des monuments qui seront cités dans la suite de cet ouvrage.

CHAPITRE VIII.

Conquête du pays des Visigoths sous Clovis.

I. La preuve que les Francs triomphèrent des Visigoths par la force des armes et sans capitulation, résulte :

1°. De l'Histoire de Grégoire de Tours et de celle des Gestes des Francs ; ils marquent qu'à la bataille de Vouillé donnée par Clovis, « un peuple nombreux d'Auvergne, et les « principaux citoyens de race sénatoriale, » c'est-à-dire les naturels gaulois ci-devant romains, « périrent avec Alaric. » Ils rapportent la suite de cette première victoire, qui fut « l'as- « sujettissement de tout le pays, depuis la frontière des Goths « jusqu'à celle des Bourguignons; » conquête suivie immé- diatement de celle de Toulouse et d'Angoulême;

2°. De l'Histoire de Procope, de la Chronique de l'arche- vèque Adon, des Gestes des Francs; ils montrent « la destruc-

---

I. — 1°. Chlodovechus rex cum Alarico rege Gotthorum in campo Vogladense decimo ab urbe Pictava milliario convenit.... Ipse rex Chlo- dovechus victoriam, Domino adju- vante, obtinuit... Porro rex, quum fugatis Gotthis Alaricum regem in- terfecisset... Maximus ibi tunc Ar- vernorum populus, qui cum Apolli- nare venerat, et primi qui erant ex senatoribus conruerunt... Chlodove- chus vero filium suum Theudericum per Albigensem ac Rhutenam civita- tem ad Arvernis dirigit. Qui abiens, a finibus Gotthorum usque Burgun- dionum terminum, patris sui ditio- nibus subjugavit... Chlodovechus vero apud Burdegalensem urbem hyemem agens, cunctos thesauros Alarici a Tholosa auferens, Ecolis- mam venit... Exclusis Gotthis urbem suo dominio subjugavit.... Patrata post hæc victoria, Turonis regressus est. (Extr. d'un récit de Grégoire de Tours, liv. II, chap. 37; même récit aux Gestes des Francs, chap. 17. D. Bouquet, t. II, p. 182, 183 et 553.)

2°. Superiores Germani, Alaricum

regem cum plerisque Visigotthorum occidunt, m... am Galliæ partem oc- cupant.... Ge...oni obsidionem (Car- cassonis) solverunt. Illinc digressi, regiones Galliæ, quæ ultra Rhodanum ad Oceanum vergunt, subegere; un- dequum eos exigere non posset Theo- doricus, ut partes illas retinerent, concessit : reliquam ipse recepit Gal- liam. (Extr. de l'Hist. de Procope. D. Bouquet, t. II, p. 31.)

Chlodoveus rex Francorum milia- rio decimo ab urbe Pictavis cum Alarico rege Gothorum pugnam iniit, ibique victor Alaricum occidit. Amalricus filius Alarici evadens, in Hispanias aufugit. Chlodoveus Fran- corum rex, Tholosam, Sanctonas, et reliquas civitates, omnemque terram Aquitanicam sibi subjugavit, Gothos arrianos inde expellens, et Francos ibi catholicos habitare constituens. (Extr. de la Chron. de l'archevêque Adon. D. Bouquet, t. II, p. 666 et 667.)

Omni terra eorum (Gothorum) subjugata, in Santonico vel Burdiga- lense Francos præcepit manere ad de- lendam Gothorum gentem. (Extr.

« tion du plus grand nombre des Visigoths, et l'expulsion de
« presque tout le reste ; »

3°. De la Vie de saint Eptade et de celle de saint Césaire,
elles témoignent que les Francs firent une grande multitude
de captifs dans la conquête du pays des Visigoths.

II. La preuve que la Septimanie fut soustraite à la conquête
que les Francs firent sur les Visigoths, et que cette contrée,
unie aux Espagnes, entra dans le royaume que conservaient
les Visigoths, résulte :

De l'Histoire de Procope ; elle marque que « lorsque les
« Francs suivaient leur conquête, après la défaite et la mort
« d'Alaric, Théodoric, roi des Visigoths, leur fit lever le
« siége de Carcassonne ; qu'il leur abandonna les contrées gau-
« loises au delà du Rhône jusqu'à l'Océan, s'assura du reste
« de la Gaule, et transmit ensuite le royaume des Visigoths à
« son petit-fils Amalaric. »

III. La preuve que la Septimanie appartint au royaume des
Goths d'Espagne pendant la durée de la première race des rois
francs, résulte :

1°. De la préface d'un concile de Narbonne, tenu par l'ordre de Récarède, roi des Visigoths ; les évêques des sept cités
de la Septimanie souscrivirent, à la fin du sixième siècle,
comme sujets des rois des Visigoths ;

2°. D'une ancienne division des évêchés de la province

---

des Gestes des Francs, chap. 17
D. Bouquet, t. II, p. 554.)

3°. Tempore illo quo... Clodoveus
rex Francorum in Gothiam cum exercitu erat ingressus... facta est captivorum innumerabilis multitudo, qui
dispersi per regiones sunt dilatati.
(*Extr. de la Vie de saint Eptade, par
un contemporain.* D. Bouquet, t. III,
p. 381.)

Discum facit publice venundari,
ejusque pretio captivorum cœpit plurimos liberare ... interea omnes captivos ultra Durentiam, maxime Arau-
sici oppidi, qui ex toto fuerat capti-
vitati contraditus... inventos in Italia
redemit ut potuit : et ut eis libertas
plenior redderetur ... fecit ad propria
revocare. (*Extr. de la Vie de saint*

Césaire, par un contemporain. D. Bouquet, t. III, p. 385.)

II. *Voyez* l'extrait de Procope cité
à l'art. 1er de ce chapitre, n° 2, première autorité.

III. — 1°. Anno ... quarto regni
nostri ... Reccaredi regis, ... episcopi
Galliæ provinciæ ... nos in urbe Narbona, ... per ordinationem ... nostri
Reccaredi regis ... in unum conve-
mus. (*Extr. de la Préface d'un concile de Narbonne, de l'an 589. Rec.
de Sirmond*, t. I, p. 399.)

Les actes de ce concile sont signés
par les évêques de Narbonne, de Béziers, de Maglone, de Nimes,
d'Agde, de Carcassonne et de Lo-
dève.

Era ncciv, post Reccessuindum

narbonnaise faite par Wamba, roi des Goths; elle marque encore que les sept cités qui composaient la Septimanie suivaient, au septième siècle, partie du royaume des Visigoths.

CHAPITRE IX.

Conquête de la Thuringe et de la Bourgogne, consommée par les fils de Clovis.

I. La preuve de ce qui a été avancé dans ce chapitre sur la conquête de la Thuringe résulte des récits concordants de Grégoire de Tours et de Frédégaire.

II. La preuve de ce qui a été dit sur la résistance des Bourguignons aux premières entreprises des Francs, et enfin sur l'assujettissement de leur pays au bout de trois campagnes, résulte de l'Histoire de Grégoire de Tours, qui détaille tous

Wamba rex Gothorum regnum novem annos obtinuit.... Fecit et chronicas regum priorum coram se legere, ut facilius posset terminos parochiarum dividere, sicut antiquitas denotaret, et exigeret juris censura, et jura propria qualibet ecclesia possideret, sicut subjecta denotat scriptura.

Narbonæ metropoli subjacent hæ sedes.

Beterris.
Agatha.
Magalona.
Nemauso.
Luteba.
Carcasona.
Elna.

(*Extr. d'une ancienne division de la province narbonnaise, faite par l'ordre du roi Wamba, l'an 672.* D. Bouquet, t. I, p. 719.)

I. Theudericus non immemor perjurii Hermenefridi regis Thoringorum, Chlothacharium fratrem suum in solatium suum evocat, et adversum cum ire disponit; ... Theudericus autem Chlothacharium fratrem suum, et Theudebertum filium ... adsumens, cum exercitu abiit.... Franci... patrata ... victoria, regionem illam capessunt, in suam redigunt potestatem. (*Extr. de Grégoire de Tours*, liv. III, chap. 7. D. Bouquet, t. II, p. 190.)

Ipse (Ermenfridus) ... interfectus est. Regnum Thoringorum Francorum ditioni subactum est. (*Extr. de l'Épitome de Frédégaire*, chap. 33. D. Bouquet, t. II, p. 402.)

II. Godegiselus Chlodovecho conjungitur, ac uterque exercitus Gundobadi populum atterit. At ille ... terga dedit, ... fugamque iniit; ... Avenionem .... ingreditur .... Rex ... hostem redire jubet ad propria. Tunc missa legatione ad Gundobadum, ut ei per singulos annos, tributa imposita reddere debeat, jubet. At ille et de præsenti solvit, et deinceps soluturum esse se promittit. (*Extr. de Grégoire de Tours*, liv. II, chap. 32. D. Bouquet, t. II, p. 178.)

Burgundias petunt, et contra Sigismundum et fratrem ejus Godomarum dirigunt.... Franci ... reparatis viribus Godomarum fugant, Burgundiones opprimunt, patriamque in suam redigunt potestatem. (*Ibid.*, liv. III, chap. 6, p. 189.)

Chlotacharius ... et Childebertus in Burgundiam dirigunt; Augustodunumque obsidentes, cunctam fugato Godomaro Burgundiam occupaverunt. (*Ibid.*, liv. III, chap. 11, p. 192.)

An. DXXIII ... Sigismundus rex Burgundionum a Burgundionibus Francis traditus est.

ces faits, et de la chronique de Marius, qui les rapporte en abrégé.

III. La preuve que l'union des Bourguignons aux peuples francs se fit à de certaines conditions, et que ces peuples ne furent pas réduits en servitude, résulte des témoignages d'Agathias et de Procope; ils l'expriment positivement.

CHAPITRE X.

Acquisition des cités d'Arles, de Marseille et des territoires voisins, par les fils de Clovis.

La preuve du traité des Ostrogoths avec les Francs, et de la confirmation que l'empereur Justinien donna à ce traité, résulte des témoignages formels de Procope, le seul auteur contemporain qui ait écrit sur ce sujet.

CHAPITRE XI.

Conquête de la Septimanie, consommée à la naissance de la seconde race.

La preuve de ce qui a été dit dans ce chapitre sur la conquête d'une partie de la Septimanie par Charles-Martel, et la consommation de cette conquête sous le règne de Pépin, se trouve :

1°. Dans les récits de plusieurs auteurs des huitième et neu-

An. DXXXIV, contra Chlodomerem regem Francorum Viseroncia praelialiavit (Godomarus), ibique interfectus est Chlodomeres.

An. DXXXIV, Childebertus, Clotharius, et Theudebertus Burgundiam obtinuerunt, et ... regnum ipsius diviserunt. (*Extr. de la Chron. de Marius.* D. Bouquet, t. II, p. 15.)

III. Quibus operterne videbatur conditionibus..... bello sese exsolverunt. E francico exercitu qui supererant, libentes in sua se receperunt. (*Extr. d'Agathias*, liv. I. D. Bouquet, t. II, p. 49.)

Germani cum Burgundionibus, qui supererant, armis congressi ... ipsos ad obsequium redactos, secum in posterum militare coegerunt. (*Extr. de l'Hist. de Procope.* D. Bouquet, t. II, p. 34.)

Ch. X. Belli hujus initio, Gotthi... tota Gallie parte sibi subdita Germanis cesserant, illis ac Romanis resistere se simul non posse rati. Quod ne fieret, adeo non impedire Romani potuerunt, ut Justinianus Augustus id confirmaverit; ne ab his Barbaris, si hostiles animos inducerent, turbaretur. Nec vero Franci Galliarum possessionem sibi certam ac stabilem fore putabant, nisi illam imperator suis litteris comprobavisset. Ex eo tempore Germanorum reges Massiliam ... ac maritima loca omnia, adeoque illius maris imperium obtinuerunt. (*Extr. de l'Hist. de Procope*, liv. III. D. Bouquet, t. II, p. 41.)

Ch. XI. — 1°. Carolus Rhodanum fluvium cum exercitu suo transiit. Gothorum fines penetravit, usque Narbe-

vième siècles : ils rapportent les victoires par lesquelles ces deux princes soumirent à l'empire franc la plus grande partie de cette province ;

2°. De la charte de division de Charlemagne ; elle comprend la Septimanie ou Gothie dans le partage d'un de ses fils.

CHAPITRE XII.

Conquête de la Frise et de la Saxe par Charles-Martel et Charlemagne.

I. La preuve de ce qui a été dit sur la conquête de la Frise se trouve formellement établie par deux écrits contemporains

arosem Galliam peraccessit, ipsam urbem... obsedit... regem Sarracenorum, nomine Athima, cum satellitibus suis eadem reclusit... Principes Sarracenorum, qui commorabantur... in regione Hispaniarum,.... cum alio rege, Amor nomine... adversus Carolum armati consurgunt ..... Illis..... mutuo confligentibus, Sarraceni devicti... in fugam lapsi terga verterunt. ...Franci triumphantes... regionem Gotthicam depopulantur ; urbes famosissimas Nemausum, Agatem ac Biterris muros.... Carolus destruens.... suburbana et castra illius regionis vastavit.... Devicto adversariorum agmine,... remeavit... in terram Francorum. (*Extr. de la continuation de la Chron. de Frédégaire, écrite par l'ordre de Childebrand, oncle de Pépin.* D. Bouquet, t. II, p. 456 et 457.)

Regionem Gotthicam Carlus cum Francis ingrediens, urbes famosissimas, Nemausum, Agatem, et reliqua castella capit destructis muris et moeniis earum usque ad fundamenta. (*Extr. des Annales de Fulde, an 736.* D. Bouquet, t. II, p. 675.)

Anno DCCXXXVII, nunciatum est invicto Karolo,.... quod saeva gens Sarracenorum, obtenta Septimania et Gothia, in partes Provinciae jam irruissent ,.... Avinionem... obtinuissent... Exercitum congregans... iter dirigebat ;... Rhodanum fluvium.... transiit, Gotthorum fines penetravit, Narbonam urbem... castris circumcinxit, regem Sarracenorum, nomine Athima,... ibidem reclusit... Majores natu Sarracenorum, qui mora-

bantur in regione Hispaniae ,.... cum alio rege, ... adversus Karolum arma corripiunt. Contra quos... Karolus, civitate Narbona sub custodia derelicta... occurrit :... pugna acerrima commissa, Karolus princeps victor extitit ; regem... Sarracenorum interemit, exercitumque ejus penitus delevit.... Cuncta depopulata Gothia, diruptisque civitatibus, devictisque universis hostibus, praeter eos quos in Narbona incluserat urbe,.. remeavit in Franciam. (*Extr. des Annales de Metz.* D. Bouquet, t. II, p. 685.)

Anno DCCLIX, Franci Narbonam obsident, datoque sacramento Gothis qui ibi erant, ut si civitatem partibus traderent Pipini regis Francorum, permitterent eos legem suam habere... Gothi Sarracenos, qui in praesidio illius erant, occidunt, ipsamque civitatem partibus Francorum tradunt. (*Extr. de la Chron. d'Aniane, preuves de l'Hist. du Languedoc, t. I, p. 15 ; même récit dans la Chron. de Moissac.* D. Bouquet, t. V, p. 69.)

2° Divisiones... regni nostri tales facere placuit,.... Septimaniam vel Gothiam, Ludovico dilecto filio nostro consignavimus. (*Extr. de la Charte de division de Charlemagne. Baluze, t. I, p. 441.*)

I. Contigit Pippinum ducem Francorum de hac luce migrasse, et filium ejus Carolum regno potiri patris; qui multas gentes sceptris adjecit Francorum ... Fresiam .... paterno addidit imperio. (*Extr. de la Vie de saint Ludgaire, écrite par son troisième successeur.* D. Bouquet, t. III, p. 643.)

et par une charte de division de Charlemagne, qui fait de cette province le partage d'un de ses fils.

II. Ce qui a été dit sur les conditions de la conquête de la Saxe est pris dans l'histoire de la Vie de Charlemagne par Eginhard.

EXPOSITION ET RÉFUTATION

DU SYSTÈME DE L'ABBÉ DUBOS, CONCERNANT LES ARBORIQUES ET LES ARMORIQUES, LA CONNIVENCE QU'IL ATTRIBUE AUX ÉVÊQUES CATHOLIQUES DU ROYAUME DES VISIGOTHS AVEC CLOVIS, ET UNE PRÉTENDUE CESSION DE TOUTES LES GAULES AUX FRANCS PAR LES OSTROGOTHS ET PAR L'EMPEREUR JUSTINIEN.

1. Idée générale du système de l'abbé Dubos, concernant la prétendue république Armorique.

On se rappelle ce que nous avons dit d'un peuple qui porta successivement le nom de *Batave*, d'*Arborique*, de *Ripuaire*, et qui enfin ne porta plus que ce dernier nom, depuis sa réunion au peuple franc. M. l'abbé Dubos a cru reconnaître dans l'état et dans le territoire de ce peuple une république formée au sein de la Gaule au quatrième siècle : voici son système.

On a connu dans les Gaules au commencement du cinquième siècle une certaine étendue de pays désignée sous ce nom : *pays du commandement armorique*. M. l'abbé Dubos veut que tout ce que Procope a dit des peuples arboriques soit approprié aux peuples du commandement armorique ; il veut que les deux mots *armorique* et *arborique* ne soient qu'un seul

---

In gentem dirissimam... Frisionum ...præfatus (Carolus) princeps... navali evectione properat,... insulas Frisionum penetravit,... ducem illorum.... interfecit, exercitum Frisionum prostravit; fana eorum idolatriæ contrivit, atque combussit igni; cum magnis spoliis et prædis victor reversus est in regnum Francorum. (*Extr. de la Chron. de Frédégaire.* D. Bouquet, t. II, p. 455.)

De regno nostro... Frisiam... filio nostro Karolo concessimus. (*Extr. de la Charte de division de Charle-*magne, art. III. D. Bouquet, t. V, p. 772.)

II. Saxonicum.... repetitum est..... Eaque conditione a rege proposita, et ab illis suscepta, tractum per tot annos bellum constat esse finitum, ut abjecto dæmonum cultu,... christianæ fidei atque religionis sacramenta susciperent, et Francis adunati, unus cum eis populus efficerentur. (*Extr. de la Vie de Charlemagne, par Eginhard.* liv. VII. D. Bouquet, t. V, p. 91 et 92.)

I. Cet article n'exige point de preuve.

nom, et que leur différence soit regardée comme une faute de copiste. Ainsi, la première base de son système est un démenti pur et simple donné aux monuments contemporains, qui, sous deux noms différents, désignaient naturellement deux différents peuples.

II. Rapprochement géographique des pays arborique et armorique, par l'abbé Dubos.

Selon Procope, le pays des Arboriques confrontait au pays des Francs du côté où le Rhin et l'Océan se réunissent pour former les limites de la Germanie. Les Francs s'appelaient alors Germains. Alors les Arboriques et tout le reste de la Gaule et des Espagnes obéissaient encore aux Romains.

Selon le texte littéral de la Notice de l'empire, le pays du commandement armorique confrontait au pays des Nerviens, et renferma une de ses frontières : il réunit l'Aquitaine première et seconde, la Sennonaise, la Lyonnaise seconde et troisième.

Pour rapprocher des confrontations aussi opposées, l'abbé Dubos suppose que la frontière du pays des Nerviens, renfermée dans le pays du commandement armorique, s'étendait d'abord tellement au nord, qu'elle pouvait atteindre jusqu'aux embouchures du Rhin.

L'abbé Dubos suppose de plus que le pays des Francs auquel Procope fait confiner celui des Arboriques, était le pays que les Francs avaient conquis au delà du Rhin au cinquième siècle.

III. Réponse aux propositions précédentes.

Ce n'est qu'en supposant que le pays du commandement armorique touchait au pays des Francs, que l'abbé Dubos a pu confondre le territoire du commandement armorique avec le pays des Arboriques dont parle Procope.

II. *Voyez* un texte de Procope au chap. V de ce livre.

Extenditur... tractus Armoricani et Nervicani limitis per provincias quinque; per Aquitaniam primam et secundam, Senoniam, secundam Lugdunensem et tertiam. (*Extr. de la Notice de l'empire.* D. Bouquet, t. I p. 127 et 128.)

III. In fines Ambianorum... quum per eorum fines triduo iter fecisset, inveniebat ex captivis, Sabin flumen

Mais tous les monuments de l'histoire démentent cette confusion.

Le pays du commandement armorique s'étendait dans cinq provinces : la première et seconde Aquitaine, la Sennonaise, la seconde et troisième Lyonnaise ; il renfermait de plus la frontière du pays des Nerviens. L'extrémité septentrionale de la cité d'Amiens formait, selon César, la frontière méridionale du pays des Nerviens. La Sambre, selon le même auteur, coulait, chez les Nerviens, vers l'extrémité septentrionale de leur pays. La frontière septentrionale du pays des Nerviens se trouvait donc au delà de la Sambre.

De ces deux frontières du pays des Nerviens, la frontière méridionale pouvait seule être comprise dans le gouvernement armorique ; car la Notice de l'empire plaçant la rivière de Sambre sous le gouvernement du duc de la seconde Belgique, et non pas sous le commandement armorique, fait entendre clairement que le commandement armorique ne s'étendait point jusqu'à la frontière septentrionale du pays des Nerviens, situé au delà de la Sambre.

Les Francs s'appelaient encore Germains ; ils habitaient les lieux marécageux qui se trouvent à l'embouchure de ce fleuve, et les Arboriques habitaient près des Francs à l'époque où Procope en parle. C'était donc à la Germanie, le Rhin au milieu, que confrontait le pays des Arboriques : confrontation qui ne peut convenir au pays du commandement armorique placé bien loin de là, au sein de la Gaule, et en deçà de la rive de la Sambre.

L'abbé Dubos avance que dans le temps où, selon Procope, les Arboriques confinaient aux Francs, les Francs avaient déjà formé des établissements fixes dans les Gaules, et c'est au pays qu'il suppose occupé par les Francs dans les Gaules qu'il fait confiner les Arboriques.

Mais le récit même de Procope renverse cette proposition.

Procope a dit que les Arboriques confinaient aux Francs, dans le temps que les Francs, encore appelés Germains, ha-

---

ab castris suis non amplius millia passuum x abesse; trans id flumen omnes Nervios consedisse. (*Extr. des Comment. de César*, liv. II, t. I, p. 84 et 85.)

Sub dispositione... ducis Belgica secundæ... præfectus classis Sambricæ. (*Notice de l'empire*. D. Bouquet, t. I, p. 128.)

lutaient près des embouchures du Rhin. Or, le temps où les
Francs étaient encore appelés Germains précéda de deux siècles leur établissement dans la Gaule.

Procope dit encore que les Arboriques confinaient aux
Francs, dans le temps où tout le reste de la Gaule et les Espagnes obéissaient à l'empire romain et avant l'invasion des
Visigoths dans l'empire d'Occident ; or, cette invasion des Visigoths, sous Alaric, précéda de plus de trente ans le premier
établissement des Francs dans la Gaule, sous Clodion. Ce
n'était donc pas aux Francs dans la Gaule, mais aux Francs
dans la Germanie que confinaient les Arboriques de Procope.

Un récit des Commentaires de César et un texte de la Notice de l'empire prouvent que la Sambre coulait dans le pays
des Nerviens, et que le territoire de l'Armorique ne renfermait
point la Sambre.

Le texte de Procope, invoqué ici, est le même qui a été cité
à l'article précédent.

IV. Précis des circonstances dans lesquelles l'abbé Dubos a supposé la naissance de sa république armorique.

Au commencement du cinquième siècle, durant le règne
d'Honorius et après que les Barbares alains, suèves et vandales, excités par Stilicon, eurent fait dans la Gaule la célèbre
invasion de 404, la Bretagne et la Gaule furent soustraites à
l'autorité d'Honorius, et dominées pendant quelques années
par un usurpateur nommé Constantin. Ce Constantin, simple soldat des légions employées dans la Grande-Bretagne,
fut proclamé empereur l'an 407 par ces légions révoltées, et
reconnu d'abord par les habitants de l'île de Bretagne ; il passa

---

IV. His per Gallias bacchantibus
(Barbaris), apud Britannias Constantinus ex infima militia... eligitur : qui
continuo, ut invasit imperium, in
Gallias transiit. Ibi sæpe a Barbaris
illusus, detrimento magis reipublicæ
fuit. (*Extr. des écrits d'Orose*, liv. VII.
D. Bouquet, t. I, p. 598.)

Constantinus... relicta Britannia...
venit Bononiam, maritimam urbem

... in Galliæ finibus positam. Ibi moratus gallum omnem et aquitanum
militem sibi adjungens, omni est
Gallia potitus, ad Alpes usque, quæ
Italiam a Gallia separant....

Gerontius omnium Constantini
ducum fortissimus, hostis illi factus,
Maximum... imperiali veste induit,
et Tarracone morari jussit. Ipse expeditionem adversus Constantinum sus-

ensuite dans la Gaule, où toutes les troupes et tous les habitants se soumirent à lui et abandonnèrent Honorius.

Dès que Constantin fut paisible possesseur de la Gaule, il voulut encore s'emparer des Espagnes; il y fit passer, l'an 409, l'élite de ses troupes; mais ces troupes, peu après qu'elles eurent passé les Pyrénées, excitées par un officier nommé Géronce, se soulevèrent tout à coup contre Constantin et son fils Constant, qu'il s'était associé, et élurent à leur place un autre empereur nommé Maximin. Les généraux d'Honorius, profitant de cette division, conduisirent d'Italie en Gaule une puissante armée, avec laquelle ils défirent ce qui restait de troupes encore attachées à Constantin, l'assiégèrent lui-même dans Arles, et lui ôtèrent l'empire avec la vie.

Les généraux d'Honorius ayant dissipé ensuite le parti de Maximin, toutes les provinces gauloises rentrèrent, l'an 411, sous la puissance d'Honorius.

cepit... Gerontius Arelatum profectus, eam obsidere aggressus est; sed non multo post quum exercitus Honorii contra tyrannum missus advenisset, duce Constantio, Gerontius... statim fugam arripuit.

Circumsidente Arelatum Honorii exercitu, Constantinus adhuc obsidionem sustinebat, quum ei nuntiatum esset, Edobichum, cum ingentibus auxiliis adventare... Erumpens Ulphila... statimque disjectis eorum copiis, alii in fugam versi, alii occisi, plurimi armis abjectis veniam poscentes, salutem consequuti sunt.... Eudiclus caput Edobichi amputatum ad Honorii duces detulit... Post hanc victoriam, quum exercitus Honorii trajecto... amne ad obsidionem urbis revertisset, Constantinus cognita Edobichi cæde, purpuram et reliqua imperii insignia sponte deposuit; quumque ad Ecclesiam venisset, illic presbyter ordinatus est. Obsessi vero accepta prius jurisjurandi fide, portas aperiunt, et universi veniam consequuti sunt; atque ex eo tempore hæ omnes provinciæ, sub potestatem Honorii rediere, et ducibus ac rectoribus illius deinceps paruere. Constantinus porro... in Italiam missus, antequam eo perveniret in itinere est occisus. Nec multo post Jovinus et Maximus

tyranni quorum superius mentionem fecimus,... interfecti sunt. (*Extr. d'un écrit d'Olympiodore; même récit dans l'Hist. ecclésiastique de Zozomène, liv. ix, chap. 11. D. Bouquet, t. I, 599, 605 et 606.*)

Constantius comes in Galliam cum exercitu profectus. Constantinum imperatorem apud Arelatum civitatem clausit, cepit et occidit. Jam hinc, ut de catalogo tyrannorum quam brevissime loquar, Constantem filium Constantini Gerontius comes suus... apud Viennam interfecit, atque in ejus locum Maximum quemdam substituit. Maximus exutus purpura, destitutusque a militibus gallicanis,... nunc inter Barbaros in Hispania.... exsulat. (*Extr. de l'Hist. d'Oros. liv. vii, chap. 42. D. Bouquet. t. I, p. 598.*)

An. cdvii, Constantinus... tyrannus exoritur.

An. cdxi, Constantinus per Honorii duces, Constantium et Ulphilam, apud Arelatense oppidum victus et captus est; cujus filium Constantem in Hispania regnare orsum Gerontius comes, in Maximum... tyrannidem transferens, intercemerat. (*Extr. de la Chron. de Prosper d'Aquitaine. D. Bouquet, t. I, p. 627.*)

An. cdxi, Constantinus tyrannus

Ce récit est tiré d'Orose, d'Olympiodore, de Sozomène, de Prosper d'Aquitaine, de Prosper Tyron, tous auteurs contemporains et presque tous nationaux.

V. Exposition et réfutation du récit de Zozime, relatif à la prétendue république armorique, inventée par l'abbé Dubos.

Tout ce que l'on a avancé à l'article précédent sur l'état de la Gaule et sur les événements dont elle fut le théâtre au cinquième siècle, a été puisé dans les écrits des auteurs les plus graves.

L'abbé Dubos a rejeté le témoignage de tous ces auteurs pour suivre un écrivain unique qui leur est entièrement opposé; cet écrivain est Zozime, qui vivait en Orient; Zozime, qui a rempli ses écrits des erreurs les plus grossières, qui a confondu le Tanaïs et le Danube et reculé de vingt ans l'époque de la conversion de Constantin.

Les écrits de Zozime se concilient avec ceux des auteurs nationaux, quant à l'époque de la tyrannie de Constantin, et c'est au moment où commença la ruine du parti de cet usurpateur que Zozime abandonne la version des autres contemporains pour en présenter une tout à fait nouvelle.

Zozime ne fait aucune mention de l'entreprise de Maximin qui divisa en deux partis les sujets rebelles à l'empereur Honorius, et lui donna le moyen de les attaquer successivement avec avantage et de les détruire l'un et l'autre.

occiditur. (*Extr. de la Chron. de Prosper Tyron*. D. Bouquet, t. I, p. 637.)

An. CDXII, Maximo... regno ablato, vita concessa. (*Extr. de la Chron. de Prosper d'Aquitaine*. D. Bouquet, t. I, p. 627.)

V. Exposition. Honorio septimum et Theodosio iterum consulibus, milites Britannici seditione concitata Marcum in regio solio collocant,... eo deinde necato... Gratianum in medium producunt :... verum et illo... post menses quatuor, imperium abrogant, et vitam eripiunt, Constantino rerum summa tradita.

Roma Honorii imperatoris allatae epistolae, quibus praescriptum erat, Constantinum... Jam ex insula Britannica transvectum, ad Transalpinas

gentes accessisse, ac se pro imperatore in civitatibus gerere. Jam Constantinus tyrannus universam Galliam percurrerat, et Arelate degebat.

Constantinus... transmisit quum Bononiam venisset... omnesque (quum) sibi exercitus ad Alpes... conciliasset, imperium jam tuto possidere videbatur.

Arcadio.... et Probo consulibus, Vandili, Suevis et Alanis permixti... nationes transalpinas vastarunt.... Propter has ergo causas praesidiarios in hisce locis Constantinus collocavit, ne isti liberum in Galliam aditum haberent. Rhenum quoque praesidio munivit idoneo; quod a Juliani imperatoris temporibus neglectum fuerat.

Constans in Hispaniam transiit,

Selon Zozime, Constant, fils de Constantin, après être venu trouver son père à Arles, « retourna en Espagne, conduisant « avec lui le général Justus, ce qui ayant offensé Géronce, « donna lieu à sa révolte. Géronce s'assura des soldats qui « étaient en Espagne et des Barbares répandus dans la Gaule; « Constantin ne leur pouvait résister, parce que la plus grande « partie de ses forces était en Espagne. »

« Les peuples d'au delà du Rhin, commettant alors toutes « sortes de ravages, réduisirent les habitants de l'île de Bre- « tagne, aussi bien que quelques nations gauloises, à se « détacher de l'empire..... Les habitants de l'île de Bretagne « ayant pris les armes et bravant tous les dangers, délivrèrent « leurs cités des invasions des Barbares; tout le pays du « commandement armorique et les autres provinces gauloises, « ayant imité l'exemple des Bretons, se délivrèrent de la même « manière des ravages des Barbares, et ayant chassé les ma- « gistrats romains, se donnèrent un gouvernement à leur gré: « cette défection de la Bretagne et des nations gauloises ar- « riva dans le temps de l'usurpation de Constantin. »

II. La réfutation de ce récit de Zozime est bien simple.

1°. Depuis l'an 409 jusqu'à l'an 411, époque où Zozime dit que les Gaulois délivrèrent leur pays des ravages des Barbares, saint Jérôme et l'auteur du poëme de la Providence attestent

secum habens ducem Terentium et Apollinarem præfectum prætorii.... Constans... ad patrem Constantinum reversus est, adducto secum Vere- niano et Didymio, relictoque istic duce Gerontio, qui cum gallicis mi- litibus, iter illud quod e Gallis in Hispaniam ducit, custodiret; quam- quam exercitus hispanici, hanc cus- todiam sibi pro more credi, nec regionis tutelam extraneis committi petiissent... Constans rursus in Hispa- niam a patre mittitur, ac Justum ducem secum adducit. Qua re offen- sus Gerontius, conciliatis sibi eorum locorum militibus, Barbaros in re- gione Gallorum adversus Constanti- num ad seditionem impellit. Quibus quum Constantinus non restitisset, quod major copiarum pars esset in Hispania, cuncta pro libitu invaden- tes transrhenani Barbari, eo tum incolas insulæ Britannicæ, tum qua- dam gallicas nationes redegerunt, ut ab imperio deficerent, et Romanorum legibus non amplius obedientes, arbi- tratu suo viverent. Itaque Britanni, sumptis armis, et quovis adito pro salute sua discrimine, civitates suas a Barbaris imminentibus liberarunt. Itidem totus ille tractus Armoricus, ceteræque Gallorum provinciæ Bri- tannos imitatæ, consimili se modo liberarunt, ejectis magistratibus ro- manis, et sibi quadam republica pro arbitrio constituta. Hæc Britanniæ gallicarumque gentium defectio, quo tempore Constantinus tyrannidem exercebat, accidit. (*Extr. de l'Hist. de Zozime*, liv. v et vi, *cités par Dubos*, Hist. de la monarchie fran- çaise, t. I, p. 237. D. Bouquet, t. I, p. 585 à 587.)

RÉFUTATION. 1°. *Voyez* les textes

que les provinces gauloises furent toutes constamment expo-
sées sans défense aux ravages des Barbares.

2°. A l'époque où Zozime suppose que tous les Gaulois
avaient chassé les officiers impériaux, et que les habitants de
l'Armorique et du reste de la Gaule se gouvernaient en république, Frigeridus et Sozomène attestent que les officiers du
tyran Constantin parcouraient les Gaules et y réunissaient les
troupes auxiliaires et les troupes romaines pour les opposer à
Géronce et à Maximin, et que de l'instant où Constantin vaincu
se fut dépouillé de sa dignité, toutes les provinces d'au delà
des Alpes revinrent sous la puissance d'Honorius, et obéirent
ensuite à ses officiers et gouverneurs.

3°. Enfin, à la même époque, Honorius porte une loi qui
prescrit à sept provinces gauloises des règles relatives à leur
gouvernement intérieur.

VI. Réfutation des conséquences que l'abbé Dubos a tirées des écrits de Zozime, relatifs à la prétendue république armorique.

En suivant Zozime à la lettre, il fallait croire non-seulement à l'indépendance républicaine de l'Armorique, mais à
l'indépendance de toutes les Gaules. M. Dubos n'a retenu que
la première partie de l'assertion; il a soutenu que ce fut seulement dans le pays du commandement armorique, et non dans
toutes les Gaules, que se forma une république au commen-

---

de saint Jérôme et du poëme de la
Providence, cités au livre VIII de la
première époque, chap. 1, n° 4 et 7.)

1°. Nuntii commeant, a Gerontio
Maximum, unum e clientibus suis,
imperio prædilum..... Constans, et
præfectus jam Decimus Rusticus ex
officiorum magistro petunt Gallias,
cum Francis et Alamannis, omnique
militum manu.... redituri. (Extr. des
écrits de Frigeridus dans Grégoire de
Tours, liv. 11, chap. 9. D. Bouquet,
t. II, p. 165 et 166.)

Constantinus...'purpuram et reliqua
imperii insignia sponte deposuit;
quumque ad ecclesiam venisset, illic
presbyter ordinatus est. Obsessi...
portas aperiunt... atque ex eo tempore
hæ omnes provinciæ sub potestatem

Honorii rediere, et ducibus ac rectoribus illius deinceps paruere. (Extr.
de Zozomène, Hist. ecclésiastique,
liv. ix, chap. 14. D. Bouquet, t. I,
p. 607.)

3°. In Arelatensi urbe, noverint
honorati... judices singularum provinciarum, annis singulis concilium
esse servandum. Ita ut de Novempopulana et secunda Aquitania, quæ
provinciæ longius constitutæ sunt, si
earum judices certa occupatio tenue-
rit, sciant legatos... esse mittendos.
(Extr. d'une loi d'Honorius, Code
Théodos. D. Bouquet, t. I, p. 767.)

VI. Voyez au livre VIII de la première époque, chapitre II, les articles I, II, III, IV, X, XIII et XIV.

cement du cinquième siècle, et que cette république se maintint jusqu'à Clovis.

On a vu que le domaine acquis successivement par les Visigoths dans la Gaule, depuis l'an 416 jusqu'à l'an 467, renfermait la première et seconde province d'Aquitaine, et la cité de Tours, métropole de la troisième province lyonnaise. Ces contrées avaient fait précédemment partie du gouvernement armorique ; mais soustraites alors à ce gouvernement, puisqu'elles étaient soumises aux Visigoths, elles ne pouvaient entrer dans la composition de la prétendue république de l'abbé Dubos.

On a vu que les trois cités de Vannes, Saint-Malo et Cornouailles, furent tenues par les Bretons jusqu'à Clovis. Ces trois cités avaient fait partie de la Lyonnaise troisième, et du pays du commandement armorique; mais ces cités, gouvernées par des princes bretons au temps de Clovis, n'avaient donc pu entrer dans la composition de la république armorique.

On a vu enfin que le domaine conquis par les Francs dans la Gaule, depuis l'an 430 jusqu'à Clovis, renfermait la cité d'Angers dans la troisième Lyonnaise, et les cités d'Orléans et de Paris dans la province sennonaise. Ces cités avaient fait partie du commandement armorique, mais, tenues alors par les Francs, elles ne pouvaient non plus entrer dans la composition de la république armorique de l'abbé Dubos.

Tous ces démembrements des pays du commandement armorique par les Visigoths, les Bretons et les Francs, avaient donc soustrait à ce commandement les deux provinces aquitaines, la troisième Lyonnaise et la Sennonaise. Il ne reste donc au gouvernement armorique, pour y placer la prétendue république de l'abbé Dubos, que la deuxième Lyonnaise, aujourd'hui Normandie, dont l'étendue n'approche pas de celle des cinq grandes provinces que l'abbé Dubos a voulu comprendre dans sa république imaginaire.

VII. Réfutation de ce que l'abbé Dubos a avancé au sujet d'une prétendue
connivence des évêques du royaume des Visigoths avec Clovis.

L'abbé Dubos a mis en avant que la passion du clergé catholique de sortir de la domination des Visigoths ariens et persécuteurs, pour passer sous celle des Francs déjà catholiques,
les avait portés à appeler ces derniers, et à les seconder de tout
leur pouvoir, en excitant le soulèvement des peuples en leur
faveur.

Les faits mêmes que l'abbé Dubos allègue à l'appui de cette
proposition, la détruisent, en démontrant l'impuissance où
étaient, et les évêques, et le peuple soumis aux Visigoths, de
conspirer avec succès contre ces maîtres aussi jaloux que puissants.

Au rapport de Grégoire de Tours, trois évêques du pays
des Visigoths furent soupçonnés de « désirer d'avoir les Francs
« pour maîtres; » ils furent aussitôt chassés de leurs siéges par
les Visigoths; ainsi, quels que pussent être les intentions, les
complots, les efforts du clergé, ils ne servirent qu'à la démonstration de l'impuissance de ce corps et des Gaulois catholiques, dominés par les Visigoths.

Enfin, nous avons prouvé, de la manière la plus positive,
que l'armée de Clovis, entrant dans le pays occupé par les
Visigoths, premiers conquérants, et les Gaulois conquis par
eux, ne capitula avec personne, rendit également esclaves les

VII. Quum jam terror Francorum
resonaret in his partibus, et omnes
eo amore desiderabili cuperent regnare, sanctus Aprunculus lingonicæ civitatis episcopus apud Burgundiones cœpit habere suspectus.
Quumque odium de die in diem
cresceret, jussum est ut clam gladio
feriretur. Quo ad eum perlato nuntio,
nocte a castro divionensi... demissus,
Arvernis advenit, ibique... datus est
episcopus.

Multi jam tunc ex Galliis habere
Francos dominos summo desiderio
cupiebant Unde factum est, ut Quin-
tianus Ruthenorum episcopus... ab
urbe depelleretur. Dicebant enim ei :
« Quia desiderium tuum est, ut Fran-
« corum dominatio teneat terram

« hanc » ... Orto inter eum et cives
scandalo, Gotthos qui in hac urbe
morabantur, suspicio attigit, expro-
brantibus civibus, quod velit se Francorum ditionibus subjugare; consilioque accepto, cogitaverunt eum
perfodere gladio. Quod quum viro
Dei nuntiatum fuisset, de nocte con-
surgens;... ab urbe Ruthena egrediens,
Arvernos advenit. Ibique a sancto
Eufrasio episcopo,... benigne susceptus
est. (Extr. de Grégoire de Tours,
liv. II, chap. 23 et 36. D. Bouquet,
t. II, p. 173 et 181.)

Decedente ab hoc mundo sancto
Eufrasio, quum hæc Theodorico regi
nuntiata fuissent, jussit inibi sanctum
Quintianum constitui, ... dicens « Ille
« ob nostri amoris zelum ab urbe sua

Gaulois romains et visigoths dont elle put se saisir, sans qu'il
soit fait mention de capitulation avec les vaincus.

Il suffit ici, pour confondre l'abbé Dubos, de lui opposer
les passages mêmes de Grégoire de Tours, qu'il a appliqués à
son système.

VIII. Réfutation de l'opinion qui établit que les Ostrogoths et l'empereur
Justinien transmirent volontairement aux Francs, non une petite partie de
la Gaule, mais la Gaule entière, et que les monarques francs durent à
l'empereur Justinien le titre de leur souveraineté.

On a dit ailleurs quelle fut la cession faite aux Francs par
les Ostrogoths, et confirmée par l'empereur Justinien, au
moment où ce peuple et l'empire commençaient une guerre
dans laquelle chaque parti prétendait mettre les Francs de son
côté.

L'abbé Dubos a avancé que la Gaule fut alors cédée par les
Ostrogoths, et que ce fut cette cession que confirma l'empereur Justinien.

L'abbé Dubos s'est trouvé assez fort de cette supposition,
jointe à celle d'une république dans l'armorique de la Gaule,
pour poser en fait et en principe que les rois francs n'avaient
commandé dans les Gaules qu'en vertu de la robe consulaire
envoyée à Clovis par l'empereur Anastase, jusqu'à ce que la
cession supposée faite par Justinien eût investi Clovis et ses
successeurs de l'autorité absolue et indépendante des empereurs d'Occident sur la totalité des Gaules.

On peut laisser ici le corps entier de l'histoire et tous les faits
que l'on en a déjà tirés, prononcer contre l'opinion qui suppose aux Ostrogoths, « à l'époque du cinquième siècle, »
des droits sur la totalité des Gaules, lorsque la plus grande
partie des Gaules avait été conquise par les Visigoths, les
Bourguignons et les Francs, avant l'établissement des Ostrogoths en Italie.

« ejectus est. » (*Extr. de Grégoire de
Tours, Vie des Pères.* D. Bouquet,
t. III, p. 408.)
    Hujus tempore jam Chlodovechus
regnabat in aliquibus urbibus in Galliis, et ob hanc causam hic pontifex
suspectus habitus a Gotthis, quod se
Francorum ditionibus subdere vellet,

apud urbem Tholosam exilio condemnatus, in eo obiit... Octavus...
episcopus Verus..... pro memorata
causa zelo suspectus habitus a Gotthis,
in exsilium deductus, vitam finivit
(*Extr. de l'Hist. de Grégoire de Tours*,
liv. X, chap. 31. D. Bouquet, t. II,
p. 387.)

On a expressément prouvé que les provinces gauloises, enlevées aux Romains par les Francs, passèrent sous leur empire par le droit de la guerre sans aucune espèce de capitulation, et que les autres provinces gauloises acquises à l'empire franc, par conquête ou par capitulation, appartenaient à des étrangers lorsqu'elles entrèrent dans le domaine des Francs. Il n'y eut donc, il ne put y avoir aucun traité particulier entre les Gaulois et les Francs dans aucune partie de la Gaule, et les Gaulois suivirent passivement l'union qui fut faite à l'empire franc, par leurs maîtres divers, des pays qu'ils habitaient : pays dans lesquels les Gaulois étaient sujets et non pas maîtres.

Ces concessions imaginaires, qu'auraient faites les empereurs d'Orient, d'un pouvoir dont ils conservaient à peine le titre, tendaient, dans l'idée de l'abbé Dubos, à amener les Gaulois au changement de maîtres en ménageant pour eux la conservation de leur gouvernement; mais puisque ce n'étaient plus ni les Gaulois ni les Romains qui avaient la voix prépondérante dans les provinces gauloises devenues franques, puisque ce furent, à leur place, des ennemis du gouvernement impérial, tous ces peuples, une fois incorporés au peuple des Francs, n'eurent rien à emprunter à la législation romaine, et leurs monarques rien à hériter de l'autorité impériale, lorsque la monarchie française se forma.

L'histoire dit, il est vrai, qu'Anastase, empereur d'Orient, envoya à Clovis la robe consulaire après la défaite des Visigoths, c'est-à-dire lorsque les deux tiers des provinces gauloises étaient déjà soumises à ce prince; mais le titre de consul n'était plus, à l'époque dont il s'agit, qu'un simple titre d'honneur, une dignité purement annale qui n'exprimait ni ne communiquait aucune puissance réelle.

On en appelle d'ailleurs à tous les monuments contemporains; on n'y trouvera point que Clovis, que ses fils, qu'aucun des rois francs aient jamais commandé à leurs sujets, tant gaulois que barbares, sous aucun autre titre que celui de roi des Francs; or, s'ils n'avaient exercé sur les Gaulois que l'autorité d'une magistrature romaine, ils se fussent qualifiés du titre de cette magistrature dans les ordres qu'ils donnaient aux Gaulois.

On appelle encore à l'esprit et à la lettre du premier code salique; on y trouve partout le Romain traité avec infériorité, à l'égard du Franc ou du Barbare, ce qui ne se verrait pas si l'esprit romain eût formé la constitution.

On est dispensé de donner des preuves nouvelles aux principes que l'on a opposés à l'abbé Dubos dans cet article, puisque ces principes sont établis sur les preuves les plus solides, au livre VIII de la première époque et dans le livre même auquel appartient cette réfutation.

On n'est pas obligé non plus de citer ici les textes relatifs à la robe consulaire donnée à Clovis, puisque ce fait, prouvé ou non, est également vain.

LIVRE DEUXIÈME.

CHAPITRE Iᵉʳ.

De l'autorité des coutumes ou lois non écrites, et de l'autorité des lois écrites.

La preuve de la pleine autorité des coutumes ou lois non écrites dans les quatre premiers siècles de la monarchie, résulte :

1°. Du préambule de la plus ancienne rédaction de la loi salique ; il marque « qu'une coutume ancienne a force de loi ; « que la loi est une constitution écrite, et la coutume une loi « non écrite ; »

2°. De la Cosmographie de Théophane, d'une Réclamation de Charles-le-Chauve et de l'Histoire de Flodoard ; ils démontrent que la règle de l'hérédité de la couronne, observée comme loi durant les deux premières races, ne le fut qu'en vertu de l'ancienne coutume ;

3°. Des Capitulaires de Charlemagne et de Louis-le-Pieux ; ils montrent que l'obligation générale des sujets, de prêter ser-

Ch. I.—1°. Longa... consuetudo pro lege habetur. lex autem est constitutio scripta. Mos est vetustate probata consuetudo, sive lex non scripta : nam lex a legendo vocata, quia scripta est. Mos autem est consuetudo longa de moribus tracta. Consuetudo autem est jus moribus institutum, quod pro lege suscipitur. Lex erit omne quod jam ratione constiterit, quod disciplinæ conveniet, quod saluti proficiat. Vocata autem consuetudo, quia in communi usu est. (*Extr. du préambule de l'ancienne rédaction de la loi Salique.* Eccard, p. 8.)

2°. Ea... consuetudo apud eos obtinebat, ut... rex hæreditatis jure principatum assequeretur. (*Extr. de la Cosmographie de Théophane.* D. Bouquet, t. V, p. 187.)

Sicut dicit sanctus Gregorius, et ex consuedine olitana cognoscitis, in Francorum regno reges ex genere pro-

deunt. (*Extr. d'une plainte de Charles-le-Chauve au concile de Savonnière*, tit. 3o, chap. 1. Baluze, t. II, p. 133.)

Archiepiscopus Fulco... Arnulfo .. regi litteras mittens pro causa regis Karoli,... morem Francorum gentis asserit secutus se fuisse, quorum mos semper fuerit ut, rege decedente, alium de regis stirpe... eligerint... Adnectit etiam quod in omnibus pene gentibus notum fuerit, gentem Francorum reges ex successione habere consuevisse. proferens super hoc testimonium B. Gregorii papæ. (*Extr. de l'Hist. de l'église de Reims, par Flodoard,* liv. IV, ch. 5. D. Bouquet, t. VIII, p. 158 et 159.)

3°. Ut missi nostri populum nostrum iterum nobis fidelitatem promittere faciant secundum consuetudinem jamdudum ordinatam. (*Extr. des capitulaires de Charlemagne,* art. 13, et même dispositif à l'art. 88

ment de fidélité au roi, était établie par l'ancienne coutume ;

4°. D'un capitulaire de Charlemagne ; il marque que c'était, « selon l'ancienne coutume, » que se réglaient les dépenses que les citoyens devaient faire pour se défrayer à l'armée ;

5°. D'un capitulaire de Charles-le-Chauve, donné à Piste : il marque que la peine des citoyens qui se refusaient au service militaire défensif, était imposée « selon l'ancienne coutume : »

6°. D'un autre capitulaire de Charles-le-Chauve ; il témoigne que « l'ancienne coutume » déterminait les circonstances dans lesquelles les vassaux pouvaient abandonner leur seigneur ;

7°. Et enfin des capitulaires de Charlemagne et de ceux de l'empereur Lothaire ; ils invoquent « l'ancienne coutume, » comme règle, dans les causes où il y a lieu à l'appel des juges inférieurs ;

8°. D'un texte d'un auteur contemporain de Louis-le-Pieux : il dit que l'ancienne coutume des Francs, inviolablement

---

des capitulaires, collection d'Anségise. Baluze, t. I, p. 500 et 770.)

Volumus ut missi nostri per totam legationem suam primo omnium inquirant, qui sint de liberis hominibus qui fidelitatem nobis nondum promissam habent, et faciant illos eam promittere, sicut consuetudo semper fuit. (*Extr. d'un capitulaire de l'an 829, art. 4.* Baluze, t. I, p. 673.)

4°. De præparatione ad hostem secundum antiquam consuetudinem.

Constitutum est ut secundum antiquam consuetudinem præparatio ad hostem faciendam indicaretur et servaretur, id est, victualia... ad tres menses et arma atque vestimenta. (*Extr. du deuxième capitulaire de Charlemagne, de l'an 812, art. 8.* Même dispositif à l'art. 74 du liv. III des capitulaires, collection d'Anségise. Baluze, t. I, p. 495 et 768.)

5°. Ut illi qui in hostem pergere non potuerint, juxta antiquam... consuetudinem ad... pontes ac transitus paludum operentur... Qui ad defensionem patriæ non occurrerint, secundum

antiquam consuetudinem et capitulorum constitutionem judicentur.(*Extr. d'un capitulaire de Charles-le-Chauve,* tit. 36, chap. 27. Baluze, t. II, p. 187.)

6°. Ut nullus homo seniorem suum sine justa ratione dimittat... sicut tempore antecessorum nostrorum consuetudo fuit. (*Extr. d'un capitulaire de Charles-le-Chauve,* tit. 9, art. 3. Baluze, t. II, p. 44.)

7°. De clamatoribus vel causidicis qui nec judicium scabiniorum adquiescere nec blasphemare volunt, antiqua consuetudo servetur, id est, ut in custodia reclaudantur donec unum e duobus faciant. (*Extr. d'un capitulaire de Charlemagne, art. 8.* Même dispositif à l'art. 8 du quatrième capitulaire de l'an 805, à l'art. 7 du livre III des capitulaires d'Anségise, à l'art. 249 du livre III de Benoît Levite, enfin au tit. 4, art. 5, des capitulaires de l'empereur Lothaire. Baluze, t. I, p. 425, 436, 755, 823, et t. II, p. 329.)

8°. Mos erat antiquus Francorum semper, et instat,

Dumque manebit, erit gentis honorque decus.

observée, ordonne le combat judiciaire entre l'accusateur public et l'accusé du crime de lèse-majesté.

On fera voir dans la suite de ce livre, d'après le témoignage d'un grand nombre d'auteurs contemporains des septième, huitième et neuvième siècles, que les placités généraux annuels ou assemblées générales du peuple se convoquèrent sous les deux premières races en vertu de l'ancienne coutume.

CHAPITRE II.

Du droit qu'avaient les citoyens de la monarchie franque de suivre chacun sa loi.

I. La preuve que les lois générales permirent, durant les deux premières races, aux citoyens des diverses nations réunies dans la monarchie, de suivre les lois civiles particulières de leurs pères, résulte :

1°. Des textes du code ripuaire, d'un grand nombre de

Et quicumque fidem regi servare perennem
Abnegat imperio ;......
Tum si frater adest, qui se super hæc quoque dicat,
Tum docet ut bello certet uterque feru.

(*Extr. d'un poeme contemporain de Louis-le-Pieux*, D. Bouquet, t. VI, p. 48.)

I. — 1°. Hoc constituimus, ut infra pagum ripuarium tam Franci, Burgundiones, Alamanni, seu de quacumque natione commoratus fuerit, in judicio interpellatus, sicut lex loci continet, ubi natus fuerit sic respondeat...

Quod si damnatus fuerit secundum legem propriam, ... damnum sustinet. (*Extr. de la loi Ripuaire*, tit. 31, art. 3 et 4. Eccard, p. 215.)

Proprium... suum et hereditatem, ubicumque fuerit, ... cum honore et securitate secundum suam legem unusquisque... possideat. (*Extr. de la charte de partage de Louis-le-Pieux*, art. 9. Baluze, t. I, p. 576.)

Si quis in aliena patria ,... assidue conversari solet, de qualibet causa fuerit interpellatus, verbi gratia de conquisita suo vel de mancipiis suis, ibi secundum suam legem justitiam faciat. (*Extr. d'un capitulaire de la*

collection *d'Anségise*, liv. IV, art. 74. Baluze, t. I, p. 790.)

Adversus ecclesiasticas res eadem sententia maneat quæ tempore... genitoris nostri fuerat prolata, ut ecclesiarum defensores (res) suas... eadem lege defendant qua ipsi vixerunt qui easdem res ecclesiis condonaverunt. (*Extr. d'un capitulaire de l'an 819*, art. 8. Baluze, t. I, p. 606.)

Qui viduam... invitam... duxit, legem suam ei componat.

Si quis sponsam alienam rapuerit... sponso legem suam componat. (*Extr. du premier capitulaire de l'an 819*, art. 4 et 9; même dispositif aux art. 17 et 22 du livre IV. Baluze, t. I, p. 599, 600, 778, 779.)

De... sacerdotibus occisis... Si liber natus fuerit presbyter, per triplam compositionem secundum legem suam fiat compositus ab eo qui hoc perpetraverit: et si plagatus fuerit... per triplam compositionem secundum legem suam emendetur ab eo qui hoc perpetraverit. (*Extr. d'un capitulaire de Charlemagne*, art. 2. Baluze, t. I, p. 344.)

Si quis incenderit alienam domum ... quotquot homines de ipso incendio

capitulaires, d'une formule de Marculfe et des écrits d'Hincmar ; toutes ces autorités se réunissent pour rendre le même
témoignage ;

2°. D'une lettre d'Agobard ; elle ajoute des détails précis
aux autorités précédentes, en expliquant que la diversité des
lois civiles est si grande dans l'empire franc qu'on voit les habitants d'une même ville, les membres d'une même famille
dépendre chacun d'une loi particulière.

II. La preuve que la loi salique fut rédigée chez les Francs
avant l'établissement de la royauté, résulte :

1°. Des préambules de deux différentes rédactions de cette
même loi ; celui de la rédaction la plus ancienne porte que
« la nation des Francs étant encore ensevelie dans les ténèbres
« de l'idolâtrie, les grands qui la gouvernaient alors rédigè-
« rent la loi salique ; » et il est expliqué dans le même préambule, que ce fut seulement depuis Clovis que les rois concou-
rurent à la corriger et à l'amplifier. Le préambule de la seconde
rédaction, publiée sous Charlemagne, porte que la première

---

evaserint, unicuique secundum legem suam componat. (*Extr. d'un capitu-laire de l'an 744, art. 20. Même dis-positif à l'art. 351 du livre v des capi-tulaires, collection de Benoît Lévite.* Baluze, t. I, p. 156 et 889.)

Tibi actionem comitatus, ducatus, ...commisimus; ita ut... omnes populi ibidem commanentes, tam Franci, Romani, Burgundiones, quam reli-quae nationes, sub tuo regimine et gubernatione degant... et eos... secun-dum legem et consuetudinem eorum regas. (*Extr. d'une formule de Mar-culfe.* D. Bouquet, t. IV, p. 472.)

Homines omnium gentium... legum suarum judicantur judicio. (*Extr. d'une lettre d'Hincmar à Charles-le-Chauve.* Sirmond, t. II, p. 332.)

Sunt diversae ut gentes, ita et earum leges. (*Extr. d'un texte d'Hincmar,* t. I, p. 632.)

2°. Cupio nosse, si... unitati aliquid obsistat tanta diversitas legum, quanta non solum in singulis regionibus aut civitatibus, sed etiam in multis do-mibus habetur. Nam plerumque con-tingit ut simul eant aut sedeant quin-que homines, et nullus eorum com-munem legem cum altero habeat... in

rebus transitoriis. (*Extr. d'une lettre d'Agobard à Louis-le-Pieux.* D. Bou-quet, t. VI, p. 356.)

II.—1°. Gens Francorum inclita... dum adhuc teneretur barbarie,... dic-taverunt salicam legem proceres ipsius gentis, qui tunc temporis apud eam-dem erant rectores. Sunt autem electi de pluribus viri quatuor, his nomini-bus, Wisogast, Bodogast, Salogast, et Windogast... qui per tres mallos convenientes, omnes causarum origi-nes sollicite discurrendo, tractatu de singulis, judicium decreverunt hoc modo. At ubi... Clodoveus... re-cepit baptismum, quidquid minus in pacto habebatur idoneum, per... rege Clodoveum, Childebertum, et Clo-tarium fuit lucidius emendatum. (*Extr. d'un ancien prologue de la loi Salique.* Eccard, p. 1 et suiv.)

Placuit atque convenit inter Fran-cos et eorum proceres, ut propter servandum inter se pacis studium omnia incrementa veterum ricarum resecare deberent : et quia celeris gentibus... fortitudinis brachio prae-minebant, ita etiam legum autoritate praecellerent ; extiterunt igitur inter eos electi de pluribus quatuor viri.

nt arrêtée « par les Francs et leurs grands, et exécutée par Wisogast, Bodogast, Vindogast et Salogast; »

2°. Des écrits de l'auteur des Gestes des Francs répétés par la Chronique de Moissac et la Chronique de l'archevêque Adon; ils s'accordent à témoigner que les Francs firent rédiger la loi salique avant l'élection de leur premier roi.

III. La preuve que la loi salique fut la loi civile de tous les membres de la nation des Francs, résulte :

1°. Des autorités que l'on vient de citer pour fixer l'époque de la rédaction de la loi salique; elles témoignent que cette loi fut établie pour tous les Francs indistinctement, et fut la loi commune de toute la nation des Francs;

2°. Des écrits d'Hincmar et des capitulaires des princes carliens; ils marquent que les Francs suivaient la loi salique.

IV. La preuve que la nation ripuaire, la nation bavaroise et la nation allemande avaient chacune un code civil particulier qui régissait les citoyens originaires de ces nations, est déjà établie par les autorités citées à l'article premier, qui montrent en général que, sous les deux premières races de la monarchie, chaque nation avait sa loi propre; cette preuve se confirme :

1°. Par le préambule de la rédaction des codes saliques et

---

his nominibus, Wisogast, Bodogast, Salogast et Windogast... qui per tres mallos convenientes, et omnem causarum originem sollicite discutiendo, tractantes de singulis, judicare decreverunt hoc modo. (*Extr. du deuxième prologue de la loi Salique, rédaction de Charlemagne.* Eccard, p. 143.)

2°. Tunc et legem habere cœperunt, quam consiliarii eorum priores gentiles his nominibus, Wisouast, Wisogast, Arogast, Salegast... tractaverunt. (*Extr. des Gestes des Francs*; même récit dans la *Chron. de Moissac.* D. Bouquet, t. II, p. 543 et 544.)

Egressi a Sicambria, pervenerunt in extremas partes Rheni fluminis in Germanorum oppida : ibique aliquot annos... resederunt. Ubi ... legiblus... e subdunt, quas priores eorum Wisogastus, Bodesogastus, Adrogastus, Salegastus invenerunt. (*Extr. de la*

Chron. d'Adon, à la fin du neuvième siècle. D. Bouquet, t. II, p. 666.)

III. — 1°. *Voyez* les autorités rapportées à l'article précédent.

2°. In testamento a D. Remigio condito lector attendat quia solidorum quantitas ... computatur, sicut tunc solidi habebantur, et in Francorum lege salica continetur. (*Extr. de la Vie de saint Remi, par Hincmar.* Baluze, t. II, p. 744.)

Ut omnis solutio atque compositio quæ in lege salica continetur, inter Francos per duodecim denariorum solidos componatur. (*Extr. du liv. IV des capitulaires,* art. 75, *collection d'Ansegise.* Baluze, t. I, p. 791.)

Quod ... constituimus, præsenti edicto decrevimus ... quia non in lege salica ex hoc expressius quiddam invenimus. (*Extr. d'un capitulaire,* art. 34. Baluze, t. II, p. 192.)

IV. — 1°. Theodoricus rex Fran-

barbares, faite sous Dagobert Ier; on y voit que Thierri [le] fit rédiger en même temps « les codes saliques, allemands et « bavarois, et qu'il les donna à chacune des nations qu'ils « devaient régir ; »

2°. Par les autorités citées au livre précédent, pour prouver les conditions de la réunion des Ripuaires à la monarchie, elles établissent formellement l'existence d'une loi propre aux Ripuaires et qui les régissait ;

3°. Et enfin, par le testament de saint Évrard, contemporain de Louis-le-Pieux ; il distingue la loi des Allemands et la loi des Bavarois, de la loi des Francs et de la loi des Ripuaires.

V. La preuve que les Bourguignons conservèrent sous l'empire franc l'usage du code civil qu'ils avaient reçu de Gondebaud, leur avant-dernier roi, sous le nom de *loi Gombette*, résulte :

1°. Du préambule de la loi des Bourguignons ; il montre que ce fut Gondebaud, avant-dernier roi de Bourgogne, qui fit publier cette loi ;

2°. Du prologue du second capitulaire de l'an 813 ; il marque que Charlemagne ajouta par ce capitulaire aux dispositions de la loi gombette, comme il ajouta, par le même

corum quum esset Cathalaunis, elegit viros sapientes, qui in regno suo legibus antiquis eruditi erant : ... jussit conscribere legem Francorum, Alamannorum et Bajoariorum ; et unicuique genti, quæ in ejus potestate erat, ... incomposita resecavit ; et quæ erant secundum consuetudinem paganorum, mutavit secundum legem christianorum. Et quidquid Theodoricus rex propter vetustissimam paganorum consuetudinem emendare non potuit, post hæc Childebertus rex inchoavit corrigere ; Chlotharius ... perfecit. Hæc omnia Dagobertus rex ... per viros illustres Claudio, Chadoin, Domagno et Agillofo renovavit, et omnia veterum legum in melius transtulit ; unicuique quoque genti scripta tradidit. (*Extr. d'un prologue des Codes Saliques et Barbares, rédigés sous le règne de Dagobert.* D. Bouquet, t. IV, p. 123 et 124.)

2°. *Voyez* les autorités citées au livre I de cette partie, chap. IV, et chap. VI, art. III.

3°. In testamento sancti Everardi... acto ... imperante ... Ludovico ... anno... regni ejus XXIV. Volumus ut Vuroch habeat ... librum de lege Francorum, et Ribuariorum, ... et Alamannorum et Bavariorum. (*Extr. du testament de saint Everard, recueil des monuments de la loi Salique, dans l'édition de cette loi publiée avec les formules de Marculfe, par Bignon, p. 5.*)

V. — 1°. Anno secundo regni ... nostri ... Gundebaldi regis, liber constitutionum de præteritis et præsentibus atque in perpetuum conservandis legibus, editus sub die IV kalendarum aprilis, Lugduni. (*Extr. du prologue de la loi des Bourguignons.* D. Bouquet, t. IV, p. 255.)

2°. Karolus ... imperator ... cum episcopis, abbatibus, comitibus, de

capitulaire, aux dispositions de la loi romaine et de la loi salique;

3°. D'un texte de la loi ripuaire déjà cité; il compte les
Bourguignons parmi les nations qui ont une loi particulière
qui les régit;

4°. D'une formule de Marculfe déjà citée; elle suppose également aux Bourguignons la possession d'une loi particulière
d'après laquelle ils étaient régis comme les autres nations;

5°. Et enfin d'une lettre d'Agobard à Louis-le-Pieux; elle
fait voir que la loi donnée par Gondebaud aux Bourguignons
était encore en vigueur au règne de Louis-le-Pieux.

VI. La preuve que les anciens habitants des Gaules appelés
Romains continuèrent de suivre, sous l'empire franc, le droit
civil qui les avait régis dans l'empire romain, résulte :

1°. D'une constitution de Clotaire II; il ordonne « que les
« affaires entre les Romains se terminent selon la loi ro-
« maine; »

2°. Des formules de Marculfe, et autres anciennes formules
du huitième siècle; elles témoignent que divers particuliers,
romains d'origine, suivaient en effet les lois civiles romaines
dans la monarchie franque;

3°. Enfin, d'un capitulaire de Charlemagne de l'an 803; il

cibus, omnibusque fidelibus christianæ ecclesiæ ... constituit ex lege
salica, romana, atque gundobada,
capitula ista. (*Extr. du prologue du
deuxième capitulaire de l'an 813.
Baluze, t. I, p. 505 et 506.*)

3°. *Voyez* les textes de la loi ripuaire, à l'art. I, n° 1 de ce chapitre.

4°. *Voyez* la seconde formule de
Marculfe, à l'art. 1 de ce chapitre,
avant-dernière autorité.

5°. Sine aliquo dolore transiri non
possit, quum definitiones multorum...
auctorum ... prætermittantur, et ...
Gundobadi regis hæretici lex attente,
quasi a Deo data, tenetur. (*Extr.
d'une lettre d'Agobard à Louis-le-
Pieux, chap. 1. Baluze, t. I, p. 119.*)

VI. — 1°. Inter Romanos negotia
causarum romanis legibus præcipimus terminari. (*Extr. d'une Constitution du roi Clothaire II, art. 4.
D. Bouquet, t. IV, p. 116.*)

2°. Quicquid filiis vel nepotibus de
facultate pater cognoscitur ordinasse,
voluntatem ejus in omnibus lex romana constringit adimplere. Ideoque ... ego ille, ... per ... epistolam
vos, dulcissimi nepotes mei, volo
ut, etc. (*Extr. de la formule 10 de
Marculfe, liv II. D. Bouquet, t. IV,
p. 491. Baluze, t. II, p. 411.*)

Ut romanæ legis decrevit auctoritas. ... quos ... legatarios instituimus. (*Extr. de la formule 17 de Marculfe, liv. II. D. Bouquet, t. IV,
p. 49.*)

Ego puellam aliquam nomine...
sponsavi, et aliquid de rebus meis ei
donare ante diem nuptiarum dispo-
sui, ideo placuit mihi ut ... illi traditionem ... secundum legem romanam facere deberem. (*Extr. de la
formule 80 de Lindenbrog. Baluze,
t. II, p. 535.*)

3°. Lege romanam legem ; et sicut
ibi inveneris, exinde facias. (*Extr.*

renvoie à la loi romaine, comme à une des lois civiles nationales qui s'observaient dans la monarchie.

VII. La preuve que la loi romaine suivie dans les Gaules
par les Romains était le code Théodosien, résulte :

1°. D'une lettre de Sidoine Apollinaire et de la préface du
code Théodosien, publié par Alaric, second roi des Visigoth.
au commencement du sixième siècle; on y reconnaît que le
code Théodosien était en vigueur dans les Gaules aux cinquième et sixième siècles;

2°. Des formules du huitième siècle et des Actes du concile
de Soissons; ils témoignent que le code Théodosien renfermait la loi civile romaine qui se suivait dans l'empire franc.
soit par les particuliers romains, soit par les clercs et les églises.

VIII. La preuve que les Visigoths, habitants de la Septimanie et de la Catalogne, qui passèrent au commencement de la
seconde race dans l'empire franc, conservèrent l'usage de la
loi visigothe publiée par les anciens rois de cette nation, résulte :

1°. Des récits des contemporains du règne de Pépin Iᵉʳ; ils

---

d'un capitulaire de Charlemagne.
Baluze, t. I, p. 401.)

VII. — 1°. Duo ... pariter mala
sustinent Arverni tui ... præsentiam
Seronati, et absentiam tuam... Exultans Gothis, insultansque Romanis....
leges theodosianas calcans. (*Extr.
de la lettre 1ʳᵉ de Sidoine Apollinaire.*
D. Bouquet, t. I, p. 787.)

In hoc corpore continentur leges
sive species juris de Theodosiano ...
electæ, et sicut præceptum est expla-
natæ, anno xxii regnante ... Alarico
rege, ... Nec aliud cuilibet aut de legibus, aut de jure licent ... propo-
nere, nisi quod directi libri et sub-
scripti viri spectabilis Aniani manu,
ordo complectitur.... Anianus ... ex
præceptione ... gloriosissimi Alarici
regis hunc codicem de Theodosiani
legibus... electum... edidi atque subscripsi... sub die iv nonarum februarii
anno xxii Alarici regis Tolosæ. (*Extr.
de l'annonce d'une nouvelle édition
du Code Théodosien, faite sous le
règne d'Alaric, et placée immédiatement après la préface, t. I.*)

2°. Manibus propriis eam subter fir-
mavimus, ... secundum sententiam

illam quæ data est ex corpore Theodosiani libri quinti. (*Extr. de la formule 11, du huitième siècle. Baluze.*
t. II, p. 474.)

Si in constitutum placitum ... illis
mihi justissime debitas adprobare non
potuero, ut lex mundana Theodosiano corpore ... discernit, me imple-
turum esse polliceor, etc. (*Ibid.,
formule 16. Baluze, t. II, p. 574 et
566.*)

Manifestum est quia per scriptu-
ram vel testibus debeat accusari, sicut scriptum est de episcopis et clericis in lege Theodosiana ... quia
leges romanas in hoc negotio canonica probet auctoritas. (*Extr. d'un
écrit de Thierri, évêque de Cambrai,
présenté au concile de Soissons, et
cité dans un ouvrage d'Hincmar sur la
prédestination. Sirmond, t. I, p. 343.*)

VIII. — 1°. Franci Narbonam obsident, datoque sacramento Gothis qui
ibi erant, ut si civitatem partibus traderent Pipini regis Francorum, permitterent eos legem suam habere
Ipsi Gothi Sarracenos qui in præsidio
illius erant, occidunt, ipsamque civitatem partibus Francorum tradunt.

apportent que les habitants de Narbonne, avant de se soumettre aux Francs, exigèrent d'eux qu'ils leur permissent de conserver « la loi de leur patrie et les usages de leurs pères; »

2°. De la Vie de Louis-le-Pieux par l'Astronome, et d'un capitulaire de Charles-le-Chauve; ils nous apprennent que Louis-le-Pieux autorisa les habitants de la Septimanie, et Charles-le-Chauve, les habitants de la Catalogne, « à vivre sous les lois civiles particulières qui étaient les lois de leurs pères; »

3°. De la relation de la prise de Barcelonne; on y voit que dans le dixième siècle, la loi des Visigoths était en vigueur sous le nom de loi gothique.

Chron. d'Aniane, preuves de la nouvelle Hist. de Languedoc, t. I, p. 17; même récit, dans la Chron. de Moissac, D. Bouquet, t. V, p. 69; et dans une ancienne Chronique citée par Castel, dans l'Hist. de Languedoc, et rapportée par Du Cange dans son Glossaire, au mot lex.

Franci Narbonam.... per Gothos recipiunt, perempti Sarracenis; tarta pactione cum Francis, quod illi Gothi, patriis legibus moribus paternis vivant. Sic narbonensis provincia Pipino subjicitur. (Extr. d'un cent de Gervais de Tillebert. D. Bouquet, note, t. V, p. 69.)

2°. Imperator ... indixit generalem conventum ... septembri mediante, in Carisiaco.... In eodem loco ... omnes Septimaniæ nobiles affuerunt.... Petierunt ut ... imperator ... tales missos in eamdem terram dirigeret, qui ... avitam eis legem conservarent. Ad quod peragendum missi sunt, secundum postulationem eorum.... Bonifacius comes et Donatus itidem comes, sed et Adrebaldus flaviniacensis monasterii abbas. (Extr. de la Vie de Louis-le-Pieux, par l'Astronome, en 838, chap. 59. D. Bouquet, t. VI, p. 131.)

Notum sit omnium sanctæ ... ecclesiæ fidelium ... magnitudini, quia progenitorum nostrorum ... avi videlicet nostri Karoli, seu genitoris.... Illudouvici, auctoritatem imitantes, Gothos sive Hispanos intra Barchinonam famosi nominis civitatem ... cohabitantes, simul cum his qui infra eumdem comitatum Barchinonæ Hispani extra civitatem quoque consistunt, quorum progenitores ... Sarracenorum potestate se subtrahentes, eorum nostræque ... libera ... voluntate se subjecerunt, complacuit ... sub ... defensionis munimine ... suscipere.

Nisi pro tribus criminalibus actionibus ... nec ... a quolibet comite aut ministro judiciariæ potestatis, ullo modo ... distringantur; sed liceat ipsis, secundum eorum legem, de aliis hominibus judicia terminare.

Omnes eorum possessiones ... inter se vendere, concambiare, seu donare, posterisque relinquere... liceat. .. Si filios aut nepotes non habuerint, juxta legem eorum alii ipsorum propinqui illis hereditando succedant. (Extr. d'un capitulaire de Charles-le-Chauve, tit. 6, préambule, art. 3 et 7. Baluze, t. II, p. 26, 27 et 28.)

3°. Venerunt Barchinone tenus ... instrumenta ... cartarum, ac ... volumina librorum ... consumpsere igni, ... inter quos etiam deperierunt cartulæ ... concessionis, dotationis, ... ex puellarum monasterio sanctissimo apostolo Petro.... Ipsi ... audierunt, legis sententiam quæ in libro vii gothico, titulo v, capitulo ii continetur; ... et ... judices juxta legis hujus sententiam ... dederunt consilium. (Extr. de la relation de la prise de Barcelonne, écrite l'an 986. D. Bouquet, t. IX, p. 1 et 2.)

IX. La preuve que les monarques carliens laissèrent aux Saxons les usages civils de leurs pères et les firent rédiger dans un code exprès, résulte :

1°. Des conventions faites par Charlemagne avec les Saxons, l'an 797 ; elles décident que les Saxons doivent être poursuivis et jugés dans diverses affaires, selon leurs usages propres :

2°. D'un texte d'un auteur saxon du neuvième siècle : il témoigne qu'après que les Saxons eurent été domptés par Charlemagne, l'accord de tous décida qu'il serait permis aux Saxons d'user des lois de leurs pères, sous l'empire franc.

X. La preuve que les ecclésiastiques suivaient la loi romaine et étaient ainsi assimilés aux membres de la nation romaine par leur entrée dans le clergé, résulte :

1°. De la loi ripuaire ; elle dit expressément que l'Église vit suivant la loi romaine ;

2°. D'un capitulaire de Louis-le-Pieux ; il montre que les ecclésiastiques suivaient la loi romaine, et que les biens de l'Église étaient régis par cette loi ;

3°. Des écrits d'Adrevalde ; ils montrent qu'au huitième siècle, les biens de l'Église étaient régis par la loi romaine.

IX. — 1°. Placuit omnibus Saxonibus ut ubicumque Franci secundum legem solidos duodecim solvere debent, ... nobiliores Saxones solidos duodecim ... componant.

Si talis fuerit rebellis qui justitiam facere noluerit, et ... in præsentia nostra ... venire despexerit, condicto commune placito simul ipsi pagenses veniant ; et si unanimiter consenserint pro districtione illius casa incendatur, tunc de ipso placito commune consilio facto secundum eorum cuva fiat peractum. (*Extr. des conventions faites par Charlemagne et les Saxons*, art. 3 et 5 Baluze, t. I, p. 277 et 278.)

2°. Augustus... ad sedem Saltz nomine dictam Venerat : huc omni Saxonum nobilitate, Collecta, simul... pacis leges tolerant.... Cunctorum pariter statuit sententia concors... . . . . Permisit legibus uti Saxones patriis, et libertatis honore.

(*Extr. d'un poeme sur les Gestes de Charlemagne, écrit au neuvième siècle, par un auteur saxon.* D. Bouquet, t. V, p. 167.)

X. — 1°. Episcopus archidiaconum jubeat, ut ei tabulas secundum legem romanam, qua ecclesia vivit, scribere faciat. (*Extr. de la loi Ripuaire,* tit. 58, art. 1. D. Bouquet, t. IV, p 244.)

2°. Ut omnis ordo ecclesiarum secundum legem romanam vivat... Et... defendantur res ecclesiastica... secundum legem romanam. (*Extr. d'un capitulaire de Louis-le-Pieux,* art. 6. Baluze, t. I, p. 690.)

3°. Oboritur controversia inter hujus loci advocatum... atque advocatum sancti Dionysii... Sed quum litem in eo placito finire nequirent, eo quod salicæ legis judices ecclesiasticas res sub romana constitutas lege decernere perfecte non possent. (*Extr. des miracles de saint Benoît, écrit par Adrevalde, moine de Fleury, contemporain de Charles-le-chauve.* D. Bouquet, t. VI, p. 313.)

CHAPITRE III.

Des lois générales de l'empire franc, et de leur supériorité sur les lois nationales.

I. La preuve que les coutumes générales reçues par les peuples et les rois obligeaient généralement tous les sujets, sans distinction de nation, résulte complétement des autorités citées au premier chapitre de ce livre ; elles montrent que c'était en vertu de l'ancienne coutume que le droit de succession à la couronne était établi ; que le serment de fidélité se prêtait au roi ; que les vassaux dépendaient de leurs seigneurs : ces mêmes autorités montrent encore que tous les sujets, sans distinction de nation, suivaient, dans la poursuite et la défense de l'accusation publique de lèse-majesté, les règles établies par l'ancienne coutume de l'État.

II. La preuve que les lois publiées par les rois mérovingiens sous les noms de *décret* ou *convention* avaient une autorité générale sur tous les sujets, résulte des décrets des rois Childebert II et Clotaire II ; ils s'adressent en général à toute personne libre, sans faire distinction de nation : ils assujettissent tout le peuple à l'observation des règles qu'ils

---

I. Cet article n'exige pas de nouvelles preuves.

II. Kalendas martias.. convenit ut nepotes ex filio vel ex filia ad aviaticas res cum avunculos vel amitas sic veniant in hereditatem, tanquam si pater aut mater vivi fuissent. (*Décret de Childebert II*, art. 1. Baluze, t. I, p. 17.)

Convenit kal. mart. omnibus nobis adunatis, ut quicumque admodum raptum facere præsumpserit.... vitæ periculo feriatur, unusquisque... persequatur. (*Ibid.*, art. 4.)

Si judex comprehensum latronem convictus fuerit relaxasse, vitam suam amittat, et hæc disciplina in populo nobis omnibus observetur. (*Ibid.*, art. 7, p. 18.)

Si quis centenarium aut quemlibet judicem noluerit super malefactorem ad prindendum adjuvare, sexaginta solidis condemnetur.(*Ibid.*, art. 9, p. 19.)

Si servi ecclesiarum aut fiscalina furtum admiserint, similem pœnam

sustineant sicut et reliquorum servi Francorum. (*Ibid.*, art 13.)

Si quis ingenuam personam pro furto ligaverit, et negator extiterit, duodecim juratores... electos dare debet quod furtum quod obicit verum sit.

Si homo ingenuus in furto inculpatus, ad æneum provocatus, manum incenderit, quantum inculpatur, furtum componat. (*Convention faite entre Childebert et Clotaire, vers l'an 593*, art. 2 et 4. Baluze, t. I, p. 15.)

Hoc statuentes, ut si quis ex judicibus hoc decretum violare præsumpserit, vitæ periculum subjacere cognoscat. (*Décret de Clotaire II, de l'an 595*, art. 18. Baluze, t. I, p. 22.)

Quæ unus de fidelibus ac leodibus suam fidem servando domino legitimo, interregno faciente visus est perdidisse,... de rebus sibi juste debitis præcepimus revestiri.

Ut nullus judicum de quolibet ordine clericos... distringere aut dam-

prescrivent, et enjoignent sans exception à tous les juges de s'y conformer.

III. La preuve que les capitulaires des rois carliens avaient une autorité générale sur tous les sujets sans exception, re-sulte :

1°. De plusieurs dispositifs exprès des capitulaires de Pepin, Charlemagne, Louis-le-Pieux et Charles-le-Chauve ; ces dispo-sitifs donnent des règles à tous les hommes libres, à tous les sujets en général, et des règles qu'ils veulent qu'on observe dans tout le royaume ;

2°. D'une requête du peuple à Charlemagne ; le peuple sup-pose dans cette requête que tous devront observer les règles qu'il propose, si Charlemagne veut les adopter dans ses capi-tulaires ;

nare præsumat. (*Décret de Clotaire II, de l'an 616*, art. 1? et 4. Baluze, t. 1, p. 23 et 22.)

III.—1°. Si homo incestum com-miserit,... pecuniam suam perdat,... et si emendare se noluerit, nullus eum recipiat... Et si hoc fecerit, sexaginta solidos... regi componat.... Et si pe-cuniam non habuerit, si liber est, mittatur in carcerem usque ad satis-factionem. (*Extr. des capitulaires des quatre premiers rois carliens. Capit. de Pepin*, art. 1 ; même dispositif à l'art. 9 du livre v des capitulaires de la *collection de Benoît Levite*. Baluze, t. 1, p. 177 et 827.)

Ut omnes homines laici publicas nuptias faciant. (*Capit. de Vernon*, art. 15. Baluze, t. 1, p. 174.)

Si quis liber homo aliquod tale damnum cuilibet fecerit, pro quo ple-nam compositionem facere non valeat, semetipsum inwadiare studeat usque dum plenam compositionem adim-pleat. (*Capitulaire de Charlemagne*, art. 3. Baluze, t. 1, p. 349.)

Prohibemus omnino sub pœna sacrilegii generaliter omnium cunc-tarum ecclesiarum rerum invasiones, ...sacerdotumque et reliquorum ser-vorum Dei oppressiones... incesta vel cuncta inlicita conjugia, homicidia, ... perjuria, falsa testimonia.... Qua-propter sciat unusquisque nobis sub-jectus quia qui ... ex his... convictus fuerit, et honores, si habet, omnes

perdere, et in carcerem se usque ad satisfactionem retrudi. (*Capitulaire, de l'an 805* ; même dispositif à l'art. 143 du livre vii des capitulaires de la collection *de Benoît Levite*. Baluze, t. 1, p. 412, 413 et 1055.)

Si liber homo de furto accusatus fue-rit ,.... liceat ei prima vice per sacra-mentum se secundum legem idoneare. (*Capitulaire 1°. de l'an 819*, art. 15, même dispositif à l'article 20 du livre iv des capitulaires de la *collec-tion d'Ansegise*. Baluze, t. 1, p. 603 et 782.)

Si quis infra regnum rapinam fece-rit,... in triplo cui aliquid abstulerit legibus componat, et insuper bannum nostrum... persolvat. (*Capitulaire d'In-gelheim, de l'an 826*, art. 1. Baluze, t. 1, p. 647 ; même dispositif dans les capitulaires de Charles-le-Chauve, au tit. 22. Baluze, t. II, p. 94.)

Illud capitulum... nos per regnum nostrum, una cum consensu et fide-lium nostrorum consilio, observari regia auctoritate præcipimus. (*Capi-tulaire de Charles-le-Chauve*, tit. 36, art. 34. Baluze, t. II, p. 192 et 193.)

2°. Ut ergo hæc omnia a vobis et a nobis, sive a successoribus vestris et a nostris, futuris temporibus absque ulla dissimulatione conserventur, scriptis ecclesiasticis inserere jubete, et inter vestra capitula interpolare præcipite. (*Extr. d'une requête du peuple à Charlemagne ; voyez aussi*

2. D'un capitulaire de Charlemagne; il établit l'autorité suprême des capitulaires que ce prince avait précédemment proclamés avec le concours de ses sujets;

3. D'un écrit des envoyés royaux, et de l'intitulé authentique des capitulaires de Charles-le-Chauve; ils montrent que les sujets en général étaient étroitement obligés à l'observation des capitulaires;

4. D'un capitulaire de Charles-le-Chauve donné à Piste, et des Annales de saint Bertin; ils établissent l'entière autorité qu'eurent, dans toute l'étendue du royaume, les capitulaires que Charles-le-Chauve venait de promulguer.

IV. La preuve que l'autorité générale des coutumes anciennes l'emportait sur l'autorité des diverses lois nationales et dominait sur toutes ces lois, résulte :

1. D'un capitulaire de Charlemagne, et d'un capitulaire de Charles-le-Chauve déjà cité; le premier trace la manière uniforme dont les citoyens devaient remplir le service militaire de l'armée « selon l'ancienne coutume, » sans faire distinction

---

l'art. 3го du livre vi des capitulaires de la collection de Benoît Lévite. Baluze, t. I, p. 408 et 989.)

2º. Imperator... cum episcopis, abbatibus, comitibus, ducibus, omnibusque fidelibus christianæ ecclesiæ, cum consensu consilioque constituit ex lege salica, romana, atque gundobada, capitula ista in palatio Aquis, ut unusquisque fidelis justitias ita faceret, quæ et ipse manu propria firmavit,... ut omnes fideles manu roborare studuissent. (Extr. du prologue d'un capitulaire de Charlemagne de l'an 813. Baluze, t. I, p. 506.)

3º. Senior noster Karolus plurimos fideles regni sui,... mediante februario mense apud Carisiacum congregans, hæc capitula ab ipsis confirmata nobis transmisit, ut ea vobis denuntiaremus, ut et vos... observare... studeatis, omnesque christiani qui in nostro consistunt missatico. (Extr. d'un écrit des envoyes royaux, capitulaires de Charles-le-Chauve, tit. 34, préface. Baluze, t. II, p. 95.)

Hæc quæ sequuntur capitula constituta sunt a domno nostro Karolo, rege,... cum consilio et consensu episcoporum, ac cæterorum... suorum fidelium qui adfuerunt in loco qui

dicitur Pistis, anno... DCCCLXIX, anno autem regni sui xxx, indictione secunda, et ab eo denuntiata sunt a se et ab omnibus fidelibus suis, secundum uniuscujusque ordinem et personam, inviolabiliter conservanda. (Extr. de l'intitulé du nº. 40 des capitulaires de Charles-le-Chauve. Baluze, t. II, p. 209 et suiv.)

5º. Karolus gratia Dei rex... hæc quæ sequuntur capitula nunc in isto placito nostro, anno... DCCCLXIV,... in hoc loco qui dicitur Pistis, una cum fidelium nostrorum consensu atque consilio constituimus, et cunctis sine ulla refragatione per regnum nostrum observanda mandamus.(Extr. de l'édit de Piste, capitulaires de Charles-le-Chauve, an 864, tit. 36. Baluze, t. II, p. 174.)

Carolus kalendas junii in loco qui Pistis dicitur generale placitum habet, in quo... capitula triginta et septem consilio fidelium suorum, more prædecessorum ac progenitorum suorum regum constituit, et ut legalia per omne regnum suum observari præcepit. (Extr. des Annales de saint Bertin, an 864, chap. 7. D. Bouquet, t. VII, p. 87.)

IV.—1º. Voyez les capitulaires de

de nation, ni des prescriptions particulières des diverses lois de chacune ; le second impose des travaux publics à ceux qui ne peuvent marcher à l'armée « selon l'ancienne coutume, » et il ordonne que ceux qui auront manqué par leur faute au service militaire, soient jugés « selon l'ancienne coutume et les « capitulaires, » disposition qui les soustrait à leurs lois particulières, pour les soumettre à l'empire des lois générales, écrites et non écrites ;

2°. D'un capitulaire de Charles-le-Chauve déjà cité ; il recommande, sous l'autorité de l'ancienne coutume, la fidélité du vassal à son seigneur ; il parle à tous, sans distinction de nation, et n'invoque aucune loi particulière à côté de l'ancienne coutume ;

3°. De plusieurs capitulaires cités aussi précédemment ; ils ordonnent en général que tous les plaideurs qui ont perdu leurs causes et ne se soumettent pas au jugement légal, ou ne forment pas l'appel légal, soient retenus sous garde, jusqu'à ce qu'ils aient satisfait au vœu de la loi ; ces capitulaires ne disposent ici qu'en vertu de l'ancienne coutume, sans invoquer aucune loi nationale, et l'on sait combien les lois nationales variaient en pareilles matières ;

4°. D'un écrit contemporain du règne de Louis-le-Pieux ; il atteste que « l'ancienne coutume » soumet généralement tous les sujets au combat judiciaire dans les accusations du crime de lèse-majesté ; on sait que la loi romaine ne connaissait pas les épreuves de ce genre.

Pour donner à la preuve de cet article tout le développement dont elle est susceptible, on pourrait rappeler tous les dispositifs des lois nationales qui, sur le même objet, donnent des règles différentes ; on montrerait ensuite que l'ancienne coutume dérogea à toutes ou à plusieurs de ces lois nationales ; mais pour éviter les longueurs et les répétitions, et pour conserver l'ordre, on diffère ce tableau qui doit être

---

Charlemagne et de Charles-le-Chauve, chap. I de ce livre, art. I, nᵒˢ 4 et 5.

2°. Voyez mêmes chapitre et article, nᵒ 6, un capitulaire de Charles-le-Chauve.

3° Voyez un capitulaire de Charlemagne, répété par un capitulaire de Lothaire, mêmes chapitre et article, nᵒ 7.

4°. Voyez l'extrait d'un écrit contemporain du règne de Louis-le-Pieux, mêmes chapitre et article, nᵒ 8.

offert dans la suite, lorsque l'on traitera en détail des lois civiles et des règles de la justice distributive.

V. La preuve que l'autorité générale des décrets ou conventions des rois mérovingiens et des capitulaires des rois carliens pouvait ajouter et déroger à chacune des lois particulières, et faire même cesser l'observation de leurs principales dispositions par l'établissement des lois générales qui y seraient contraires, résulte :

1°. D'un prologue des anciens codes barbares déjà cité ; nous y voyons que sous quatre règnes différents la législation générale change, corrige les codes particuliers, et y ajoute des dispositions nouvelles ;

2°. Des décrets des Mérovingiens déjà cités ; ils commandent généralement l'usage de la preuve négative ou de l'épreuve de l'eau bouillante pour les accusations de vols ; on sait que les codes barbares variaient sur ce point, et que le code théodosien n'admettait par ce genre de preuves.

Un de ces décrets condamne à mort « tout juge qui aurait « relâché un voleur convaincu ; » on sait que la plupart des codes barbares n'admettaient pas la peine de mort pour des crimes de cette nature ;

3°. D'un décret du roi Clotaire II ; il oblige « les escla- « ves ecclésiastiques, les esclaves du fisc et tous les esclaves « en général à se justifier par le sort, » c'est-à-dire par quel- qu'une des épreuves appelées *jugement de Dieu*, disposition qui contredit formellement les dispositions des lois romaines, qui n'admettait aucune de ces méthodes absurdes ;

4°. D'un capitulaire sans date de la collection de Benoît Lévite ; il ordonne « à tous ceux qui dépendent de la puissance « royale, » en nommant toutes les différentes nations ; il or- donne « à tous les sujets, quoiqu'ils suivent chacun une cou-

---

V.—1°. Voyez le préambule des anciens codes barbares au chap. II, art. IV, n° 1 de ce livre.

2°. Voyez les décrets des rois Childebert II et Clotaire II, à l'art. II de ce chapitre, troisième et quatrième autorités.

3°. De servis ecclesiæ aut fisci vel cujuslibet, quicunque inculpatur, ad sortem veniat,.... aut ipse pretius a domino reformetur. (*Extr. d'un décret de Clotaire II*, art. 8. Baluze, t. I, p. 20.)

4°. Volumus atque præcipimus ut omnes ditioni nostræ... subjecti, tam Romani, quam Franci, Alamanni, Bajuvarii, Saxones, Turingii, Fresones, Galli, Burgundiones, Britones, Longobardi, Vuascones, Benevantani, Gothi, et Hispani, cæteriquc nobis subjecti omnes, licet quocumque vide-

« tume ou loi particulière, de tenir pour loi une sentence tirée
« du code théodosien et placée parmi les capitulaires. » par
l'accord dont émanait dans l'empire franc tout acte législatif.

5°. De la préface d'un capitulaire authentique de Charlemagne
et d'un dispositif de ce capitulaire ; cette loi, formée par le vœu
de tous, annonce qu'elle a pour but d'ajouter des dispositions
nouvelles « aux lois salique, romaine et bourguignonne, » et le
dispositif, cité ensuite, soumet les ecclésiastiques, comme les
autres Francs, à payer le ban du roi dont la loi romaine ne les
lait pas ;

6°. Des capitulaires de Louis-le-Pieux ; ils dérogent aux
dispositions des lois saliques et des lois romaines par les dispositions qui admettent dans toutes les affaires les témoins des
deux parties, et qui ordonnent le combat judiciaire de ces
témoins ; ils étendent cette disposition même aux affaires qui
regardent les églises et les ecclésiastiques ; ils abolissent express
sément une disposition de la loi salique sur le mariage des
veuves ; ils marquent que les dispositions des lois générales
qui dérogent aux lois particulières ont été généralement reçues
comme lois, « et doivent être observées comme lois par tous. »

autur legis vinculo constricti, hanc
sententiam, quam ex sextodecimo
Theodosii... libro, capitulo videlicet xi... sumpsimus, et inter nostra
capitula... consultu omnium fidelium
nostrorum, tam clericorum quam et
laicorum, posuimus, lege cunctis
perpetuo tenenda. (*Extr. d'un capitulaire de la collection de Benoît Lévite*, liv. vi, art. 366. Baluze, t. I,
p. 985.)

5°. Karolus... constituit ex lege
salica, romana, atque gundobada,
capitula ista. (*Extr. de la préface du
capitulaire 2 de l'an 813. Baluze,
t. I, p. 505.*)

In primo capitulo de causis ecclesiæ,
et de illis Dei servis qui ibidem de-
serviunt, sic habemus quomodo et
alii Franci habent. De banno dominico similiter sicut alii Franci habent.
(*Extr. du capitulaire 3 de l'an 813. Baluze, t. I, p. 511.*)

6°. Si quis cum altero de qualibet
causa contentionem habuerit, et testes
contra eum per judicium producti
fuerint,... liceat ei alios testes,... con-

tra eos opponere... Quod si ambæ
partes testium ita inter se dissenserint,
ut nullatenus una pars alteri cedere
velit, eligantur duo ex ipsis, id est,
ex utraque parte unus, qui... in campo
decertent... In ecclesiasticis autem
causis, ubi de una parte seculare, de
altera vero ecclesiasticum negotium
est, idem modus observetur. (*Extr.
du capitulaire 1er de Louis-le-Pieux,
art. 10. Baluze, t. I, p. 601.*)

De xlvi capitulo, qui viduam in
conjugium accipere vult, judicaverunt omnes ut non ita sicut in lege
salica scriptum est eam accipiat, sed
cum parentorum consensu et voluntate. (*Extrait du capitulaire 3 de
Louis-le-Pieux, art. 8. Baluze, t. I,
p. 609.*)

Generaliter omnes admonemus ut
capitula quæ præterito anno legi salicæ per omnium consensum addenda
esse censuimus, jam ulterius capitula, sed tantum lex dicantur, imo
pro lege teneantur. (*Extr. d'un capitulaire de Louis-le-Pieux de l'an 820,
art. 5. Baluze, t. I, p. 623.*)

CHAPITRE IV.

Du premier dépôt de lois qui ait existé en France ; de la dissipation de ce dépôt, et des monuments qui nous indiquent, à son défaut, les lois générales des deux premières races.

I. La preuve que les lois écrites des quatre premiers siècles de la monarchie étaient remises au chancelier aussitôt leur publication, et que l'on gardait un exemplaire de chacune de ces lois dans un registre qui se conservait au palais du roi, résulte :

1°. Des capitulaires, lettres et préceptes de Louis-le-Pieux, et des écrits de quatre annalistes du neuvième siècle ; ils prouvent complétement ces faits ;

2°. Des capitulaires de Charles-le-Chauve ; ils marquent que c'était « au cabinet du roi que l'on recevait de la main du « chancelier des exemplaires des lois » des règnes précédents.

I. — 1°. Tamen ut sive nostris sive successorum nostrorum temporibus rata forent, et inviolabiliter ... conservarentur, libuit nobis ea quæ gesta sunt, ... in publico archivo recondere. (*Extr. d'un capitulaire de Louis-le-Pieux, de l'an 816. Baluze, t. I, p. 563.*)

Misimus ... formulam canonicæ institutionis.... Exemplar idcirco in armario palatii nostri recondi fecimus, ut per hoc nosse inquirere possemus utrumne ab aliquo negligenter transcripta fuerit. (*Extr. d'une lettre de Louis-le-Pieux à Magnus, archevêque de Sens ; même dispositif dans la lettre de Louis-le-Pieux à Sichaire, archevêque de Bordeaux, et dans celle adressée à Arnon, archevêque de Salsbourg. Baluze, t. I, p. 553, 555, 557 et 561.*)

Exemplar vero earum (litterarum) in archivo palatii nostri censuimus reponendum, ut ex illius inspectione, si quando, ... comes vel quislibet alter contra eos (Hispanos) causam habuerit, definitio litis fieri possit. (*Extr. d'une ordonnance de Louis-le-Pieux pour les hommes libres espagnols. Baluze, t. I, p. 552.*)

Concilia quoque jussu ejus ... per totam Galliam ... celebrata sunt....

Qui nosse voluerit, in supradictis quinque civitatibus invenire poterit : quanquam et in archivo palatii exemplaria illarum habeantur. (*Extr. des Annales Loiseliennes ; même récit aux Annales d'Eginhard, de saint Bertin et à la Chron. de Réginon. D. Bouquet, t. V, p. 62.*)

2°. Capitula autem avi et patris nostri, quæ in præscriptis commemoravimus, qui ex missis nostris non habuerint, ... sicut in eisdem capitulis jubetur, de scrinio nostro vel a cancellario nostro accipiant, ut rationabiliter et legaliter cuncta corrigant et disponant.

Post ita capitula sequitur in veteri codice manuscripti bibliothecæ Bigotianæ fragmentum epistolæ tum a Karolo rege scriptæ ad missos :

Mandamus præterea ut si capitula domini avi et genitoris nostri scripta non habetis, mittatis ad palatium nostrum, de more prædecessorum vestrorum, missum vestrum et scriptorem cum pergamena, et ibi de nostro armario ipsa capitula accipiat atque conscribat. (*Extr. d'un capitulaire de Charles-le-Chauve, tit. 14, art. 11, et d'une lettre citée à la suite de ce capitulaire. Baluze, t. II, p. 67 et 68.*)

II. La preuve que le registre ou archive du palais était l'unique dépôt des lois des deux premières races, résulte :

1°. Des préfaces du recueil des capitulaires d'Anségise et de celle de Benoit Lévite ; ces auteurs préviennent le public de l'imperfection de leur recueil, déclarant que les capitulaires qu'ils ont recueillis, pour prévenir la perte totale de ces lois, « étaient épars çà et là dans le royaume, » sur des feuilles volantes, et souvent ne s'y trouvaient pas complets :

2°. De deux capitulaires de Charles-le-Chauve ; ils font bien voir que les lois de Charlemagne et de Louis-le-Pieux n'avaient de dépôt certain qu'au palais, puisqu'ils ordonnent aux comtes et aux envoyés royaux d'y adresser des provinces, selon la coutume, des hommes chargés de lever des copies de celles des lois dont ils auront besoin.

CHAPITRE V.

De la nature des monuments qui nous ont transmis les dispositions des lois de la première race.

L'existence des manuscrits authentiques et très-anciens qui ont conservé les lois barbares et les décrets des rois mérovingiens, est attestée dans les notes et la préface dont Eccard a accompagné son édition de la loi salique, et dans la préface de Baluze, en tête de son recueil des lois des Allemands et des

II. — 1°. Ansegisus ... abba ... hæc subter descripta adunavi capitula.... Fuerant ... quondam ... tempore, .. Karoli imperatoris, ... Hludovici augusti et ... filiorum ejus ... edita. Sed quia in diversis sparsim scripta membranulis ... fuerant, ne oblivioni traderentur,.... placuit mihi prædicta in hoc libello adunare quæ invenire potui capitula prædictorum principum jussu descripta. (*Extr. de la Préface d'Anségise, datée de l'an 827.* Baluze, t. I, p. 697 et 698.)

Præcedentes ... libelli nonnulla ... Karoli atque Hludovici imperatorum continent capitula , quæ ... ab Ansegiso abbate sunt collecta.... sed quia ab eo nec media , ... sunt forsitan inventa vel collecta , ... illa ... Pippini ac Karoli atque Hludovici ... investigare curavimus , et in tribus subsequentibus libellis ... coadunare.

... Hæc vero ... in diversis locis et in diversis schedulis , sparsim invenimus.... Monemus ergo lectores ut si eadem capitula duplicata repererint, non hoc nostræ imperitiæ reputent ; quia , ut diximus , diversis ea in schedulis invenimus , et ob id tam cito hæc emendare nequivimus, sed cunctis scientiæ repletis lectoribus hæc corrigenda dimisimus. Invenimus insuper quædam ex his paria initia habentia et imparem finem ; quædam vero pares fines , sed non paria initia; in quibusdam autem minus, et in quibusdam plus : et propterea illa sic dimisimus sicut invenimus. (*Extr. de la Préface de Benoît Lévite.* Baluze, t. I, p. 802.)

2°. *Voyez* de nouveau les capitulaires de Charles le-Chauve, à l'art. I de ce chapitre, n° 2.

Ch. V. C'est aux originaux mêmes

Bavarois, et des décrets des Mérovingiens, renfermés dans la grande édition des capitulaires.

CHAPITRE VI.

De la nature des monuments qui nous ont transmis les lois de la seconde race.

I. La preuve de l'existence des copies entières des capitulaires du neuvième siècle que l'on a indiqués se doit vérifier sur le recueil de Baluze qui les renferme.

II. Ce qui a été dit sur l'imperfection du grand nombre des capitulaires rapportés par Baluze, en ordre de dates, par extraits et non par copies, doit aussi se vérifier dans le corps de ce recueil.

III. On renvoie encore aux collections d'Anségise et de Benoit Lévite pour vérifier ce qui a été dit sur la composition de ces ouvrages.

IV. La preuve de ce qui a été dit sur l'usage du mot *capitulaire* aux septième et huitième siècles, résulte :

1°. De plusieurs autorités citées dans ce livre, et spécialement des préfaces d'Anségise et de Benoit Lévite ; elles em-

des préfaces et des notes d'Eccard et de Baluze, que l'on renvoie pour les preuves de ce chapitre.

I. *Voyez* les capitulaires de l'an 816 et 817. Baluze, t. I, p. 561 et 573.
Voyez ceux des années 844, 862, 865 et 869. Baluze, t. II, p. 51, 154, 191 et 209.

II. *Voyez* l'original du recueil de Baluze. On y trouve un grand nombre de capitulaires qui n'indiquent que le nom du prince sous le règne duquel ils ont été publiés, d'autres qui ne contiennent que l'intitulé et non la copie d'une partie des dispositifs des lois dont ils font l'extrait.
Tels sont les articles 32 et 35 du capitulaire de Francfort de l'an 794, t. I, p. 268 ;
Le deuxième capitulaire de l'an 789, art. 1, 8, 13 et 14, t. I, p. 242 et 243 ;
Le deuxième capitulaire de l'an 802, art. 6, 7, 8, 14, 16 et 18, t. I, p. 376 et 377 ;
Le sixième capitulaire de l'an 806, art. 7, 8, 11, 12, 13, 14, 15, 16, 17,

18, 19, 20 et 22, t. I, p. 455, 456 et 457 ;
Les huit premiers articles du premier capitulaire de l'an 808, t. I, p. 463 ;
Les neuf premiers articles du premier capitulaire de l'an 809, t. I, p. 465 ;
L'art. 3 du deuxième capitulaire de l'an 809, t. I, p. 470 ;
Les treize premiers articles du deuxième capitulaire de l'an 810, t. I, p. 475 et 476 ;
Les capitulaires de Louis-le-Pieux de l'an 828, dans les six premiers articles, t. I, p. 653 ;
Les art. 1 et 2 d'un capitulaire de Charles-le-Chauve, de l'an 853, t. II, p. 62, et les art. 24, 27 et 29 des capitulaires de l'an 877, t. II, p. 266 et 267.

III. *Voyez* les préfaces d'Anségise et de Benoît Lévite, au chap. IV, art. II, n° 1.

IV. — 1°. *Voyez*, au chap. III, les n° 2, 3, 4 et 5 de l'art. III.
Voyez au chap. IV, art. I, toutes

ploient le mot *capitula* pour désigner les capitulaires ou lois générales des Carliens ;

2°. Des préfaces de différents écrits ; on y voit que le mot *capitula* marque les divisions du recueil des formules de Marculfe, celles d'un ouvrage sur l'ordre de l'office ecclésiastique, et celles de l'histoire de la Vie de Louis-le-Pieux, par Thégan, de la rédaction de Strabon ;

3°. Du préambule d'un ouvrage d'Hincmar ; il annonce que le texte est divisé en huit capitulaires (*capitula*).

Enfin, dans la préface des capitulaires de Baluze, on remarque qu'une lettre d'un évêque au pape saint Grégoire fut appelée capitulaire, et une réponse du pape Adrien à Charlemagne eut aussi le titre de capitulaire (*capitula*).

De tous les textes cités dans cet article l'on doit conclure que le mot *capitula*, plus usité que celui de *capitulaire*, fut employé comme son synonyme, puisqu'il désigne particulièrement les lois de la seconde race, et que le mot propre que nous traduisons par *capitulaire* y fut mis à la place de notre mot *chapitre*.

---

les autorités du n° 2 et l'art. II en entier.

2°. Marculfus ... ego ... hæc quæ apud majores meos, juxta consuetudinem loci quo degimus, didici, ... ut potui coacervare in unum curavi, et capitula prænotavi, ut facilius quod voluerit a quærente in antea scripto reperiantur. (*Extr. de la Préface des formules de Marculfe.* Baluze, t. II, p. 371.)

Ordo ecclesiasticus romanæ ecclesiæ.

Capitula sequentis opusculi prænotamus. (*Extr. d'un ouvrage d'Amalarius, de l'office de la Messe.* Baluze, t. II, p. 1845.) 1752

Hoc opusculum in morem annalium, Thegan, Trevirensis ecclesiæ chorepiscopus, composuit.... Huic opusculo ego Strabo ... capitula inserui, quia ... imperatoris gesta et laudes ... ut facilius volentibus scire,

singula pateant titulorum compendio. (*Extr. de la Préface de Valafride Strabon sur les OEuvres de Thegan.* D. Bouquet, t. VI, p. 73.)

Textus autem libelli octo capitulorum hujusmodi esse dinoscitur. (*Extr. des OEuvres d'Hincmar.* Simond, t. 1, p. 568.)

Gregorius ad Anthemium subdiaconum scribens : « Joannes, inquit, « Frater et coepiscopus noster, directo per Justum clericum suum « capitulari, ... hoc nobis cognoscitur « intimasse, aliquos monachos ... de « monasterio in monasterium ... trans-« migrare. » Hadrianus quoque primus in epistola ad Karolum magnum, ... de non adorandis imaginibus, ita loquitur ... « per unum quodque capitulum responsum reddidimus. » (*Extr. de la Préface des capitulaires de Baluze*, chap. 2. Baluze, t. 1, p. 2.)

CHAPITRE VII.

Des monuments indirects qui peuvent faire connaître les lois non écrites des deux premières races.

Tout ce qui a été dit sur la valeur des monuments historiques, des formules de Marculfe et des diplômes et actes particuliers ne se peut prouver que par la vue des originaux.

Ch. VII. Ce chapitre n'exige point de preuves.

LIVRE TROISIÈME.

CHAPITRE Ier.

Idée de ce livre.

Ce chapitre n'exige point de preuves.

CHAPITRE II.

Du partage des fruits de la conquête entre les rois francs et leur peuple.

La preuve que les fruits de la victoire se partageaient de droit entre nos premiers princes et leurs armées, résulte :

1°. Des récits de Grégoire de Tours, de Frédégaire, de l'auteur des Gestes des Francs et de l'historien de la Vie de saint Remi : en rapportant l'histoire fameuse du vase de Soissons, que Clovis n'exigea pas, « mais qu'il pria les siens de lui accorder au « delà de sa part, » ils témoignent que le partage des biens pillés se faisait entre le prince et tous les guerriers avec règle et égalité ;

CH. II. — 1°. Theudericus, ... ad Arvernus, ait (Francis), « me se- « quimini, et ego vos inducam in pa- « triam, ubi aurum et argentum ac- « cipiatis, quantum vestra potest de- « siderare cupiditas, de qua pecora, « de qua mancipia, de qua vestimenta « in abundantiam adsumatis : tantum « bos ne sequamini. » His promissio- nibus hi illecti, suam voluntatem facere promittunt. Ille vero illuc transire disponit, promittens iterum atque iterum exercitui cunctam re- gionis prædam cum hominibus in suas regiones transferri permittere. (Extr. de Grégoire de Tours, liv. III, chap. 11. D. Bouquet, t. II, p. 191.)

Eo tempore multæ ecclesiæ a Chlo- dovechi exercitu deprædatæ sunt, quia erat ille adhuc fanaticis errori- bus involutus. Igitur de quadam ec- clesia urceum miræ magnitudinis ac pulchritudinis hostes abstulerant,

cum reliquis ecclesiastici ministerii ornamentis. Episcopus autem eccle- siæ illius missos ad regem dirigit, poscens, ut si aliud de sacris vasis recipere non mereretur, saltem vel urceum ecclesia sua reciperet. Hæc audiens rex ait nuntio : « Sequere nos « usque Suessiones, quia ibi cuncta « quæ acquisita sunt, dividenda erunt. « Quumque mihi vas illud sors dede- « rit, quæ papa poscit, adimpleam. » Dehinc adveniens Suessiones, cuncto onere prædæ in medium posito, ait rex : « Rogo vos, o fortissimi prælia- « tores, ut saltem mihi vas istud... « extra partem concedere non abnua- « tis. » (Extr. de l'Hist. de Grégoire de Tours, liv. II, chap. 27 ; même ré- cit, dans l'Epitome de Frédégaire, chap. 15 et 16 ; dans le chap. 10 des Gestes des Francs, et enfin dans la Vie de saint Remi. D. Bouquet, t. II, p. 175, 398, 547 et t. III, p. 371.)

4°. D'une lettre de Clovis aux évêques des Gaules; il déclare ne disposer des captifs faits par l'armée franque, dans le pays des Visigoths, qu'aux conditions demandées par son peuple.

CHAPITRE III.

De l'usage que les rois et les Francs firent du droit de la guerre et du droit de conquête.

I. La preuve que les droits de guerre et de conquête furent exercés par les Francs dans toute leur barbarie, et qu'ils s'approprièrent tous les domaines dont ils purent se saisir pendant leurs conquêtes dans les provinces gauloises, résulte :

1°. Des autorités citées au livre VIII de la première époque, qui comprend les temps antérieurs au règne de Clovis ;

2°. Des passages de Grégoire de Tours, répétés par les Gestes des Francs et la Vie de saint Remi; ils rapportent la conquête du pays des Visigoths par Clovis; ils marquent que le prince et le peuple se proposèrent pour premiers fruits de la victoire le partage des fertiles terres du midi de la Gaule, possédées alors par les Visigoths ; ils font voir que les guerriers de Clovis pillaient tous les biens des Gaulois, et jusqu'aux vases sacrés des églises, partageant cet immense butin avec le prince ;

3°. Des écrits de l'auteur des Gestes et de l'historien de la Vie de saint Sigismond; ils rapportent que les Francs, sous

---

2°. De ceteris quidem captivis laicis, qui extra pacem sunt captivati, et fuerint approbati, apostoliæ cui volueritis arbitrii vestri est non necandum.... Sic tamen populus noster jelit, ut cuicumque epistolas vestras præstare fueritis dignati, cum sacramento per Deum, et benedictione vestra dicere non tardetis, rem istam quæ poscitur veram esse : quia multorum varietates vel falsitates inventæ sunt. (*Extr. d'une lettre de Clovis aux évêques des Gaules.* D. Bouquet, t. IV, p. 54.)

I.—1°. *Voyez* au liv. VIII de la première époque, chap. II, III, IV et V.

2°. *Voyez* l'extrait des écrits de Grégoire de Tours, répétés par les

Gestes des Francs et la Vie de saint Remi, au chapitre précédent, n° 1.

3°. Chlodoveus contra Gundobadum et Godeghiselum fratrem ejus, commoto exercitu Francorum grandi, perrexit.... Illi ... exercitum maximum colligunt Burgundionum. Venientesque Divione, castrum.... Chlodoveus ... victor exstitit. Gundobadus in Avenionem civitatem ... ingressus, ibi se reclusit ... sed Chlodoveus rex illuc cum obsedit. Qui quum ipsam urbem effringere non potuissent, regionem illam nimium vastaverunt.... Chlodoveus vero ablatis thesauris cum præda maxima cum Francorum exercitu reversus est victor. (*Extr. des Gestes des Francs,* chap. 16. D. Bouquet, t. II, p. 552.)

Clovis et ses fils, portèrent le ravage et la mort dans le pays des Bourguignons avant de l'avoir assujetti ;

4°. D'un opuscule d'Hincmar ; on y voit que le pape Hormidas commit saint Remi, dans les Belgiques et autres provinces gauloises, pour rétablir les églises, et réparer les dévastations que les Francs encore païens avaient commises dans ces contrées ;

5°. Des récits de Grégoire de Tours : ils rapportent que ce fut l'intérêt du pillage qui détermina le peuple franc à suivre Thierri dans la guerre contre les Arvernes.

II. La preuve que les captifs faits par les Francs dans le cours de leurs conquêtes étaient de droit réduits à l'esclavage, résulte :

Des lettres de saint Avit et de saint Remi à Clovis, de la Vie de saint Eptade, et d'une lettre de Clovis aux évêques des Gaules ; on y reconnaît que c'était une faveur particulière accordée à la sollicitation des évêques, qui arrachait certains captifs à la condition d'esclaves ; on y voit

---

Exercitum Chlodomirus, in Burgundiam pergens,... percussus corruit et mortuus est... Franci nimio dolore et ira commoti, Godomarum persequentes exterminant, Burgundiones perimunt, cunctasque regiones devastantes, a puero usque ad senem omnes peremerunt. (*Extr. des Gestes des Francs*, chap. 21. D. Bouquet, t. II, p. 556.)

Quùm Franci plurima fere regna devastarent Galliarum, gentesque et urbes vehementer depopularentur, multitudo maxima Burgundionum se Francis sociavit, ... promittentes quod Sigismundum principem suum perquirerent, et eis vinctum traderent. (*Extr. de la Vie de saint Sigismond*, par un contemporain.)

4°. In regno Chodovei, nuper cum integra gente ad fidem conversi... beatus Hormisda vices suas sancto Remigio... per Belgicas et quasdam provincias gallicanas commisit, ut Dei ecclesias, quas Franci adhuc pagani devastaverant et incenderant universa prædantes... (restitueret) (*Extr. d'un Opuscule d'Hincmar*, chap. 29, t. II, p. 731.)

5°. *Voyez* un écrit de Grégoire de Tours sur la conquête de l'Auvergne par Thierri, au chapitre précédent, n° 1, première autorité.

II. Salutat a vobis adhuc negociator populus captivus gaudiis amando renuat, Deo lacrymis. (*Extr. d'une lettre de saint Avit à Clovis*. D. Bouquet, t. IV, p. 50.)

Captivos liberabis, et a jugo servitutis absolves. (*Extr. de la lettre de saint Remi à Clovis*. D. Bouquet, t. IV, p. 52.)

Tempore illo quo præcellentissimus Clodoveus rex Francorum in Gothiam cum exercitu erat ingressus,... tanta est captivorum innumerabilis multitudo, qui dispersi per regiones sunt dilatati : ex quibus vir beatissimus Eptadius non parvam multitudinem, data pecunia, liberavit, et statim pristinæ ingenuitati restituit. (*Extr. de la Vie de saint Eptade*, par un contemporain. D. Bouquet, t. III, p. 385.)

Enuntiante fama, quid actum fuerit vel præceptum omni exercitui nostro priusquam in patriam Gothorum egrederentur.... In primo quoque ministerio ecclesiarum omnium præs...

que ces hommes, désignés communément sous le titre de captifs, étaient répartis à ce titre dans les différentes contrées du royaume, et que c'est dans cette dispersion que les saints évêques en recueillirent plusieurs « pour les rendre (selon le langage des monuments) à leur première ingénuité. » Il faut donc conclure de là que, parmi les peuples réunis par le droit de conquête au peuple des Francs, la foule des particuliers rendus captifs dans le cours de la conquête étaient déchus par là même de l'état de citoyen, et entraient comme esclaves dans le domaine de leurs vainqueurs.

III. La preuve des immenses domaines dont les rois et les familles franques furent investis dans la Gaule aussitôt après la conquête, résulte :

1°. D'un grand nombre d'actes de donations, échanges, aliénations, faits par Clovis et ses fils en faveur de diverses églises. Ces actes, rapportés par des contemporains ou consi-

---

...mus, ut nullus ad subripiendum in aliquo conaretur, neque de sanctimonialibus, neque de viduis, quæ in religione Domini devota esse probatur. Simili conditione et de clericis, vel filiis supradictorum, tam clerici cum quam viduarum, qui cum eis in domo ipsorum consistere videantur. Item et de servis ecclesiarum, quos de ecclesiis tractos per episcoporum sacramenta constiterit, præceptum est observare, ut nullus ex eis aliquam violentiam vel damnum pateretur. Quod ita ad integrum est cognoscendum, ut ... si aliquis vim captivitatis pertulisset, sive in ecclesia, sive extra ecclesiam, omnino sine ulla dilatione reddendos esse præcipiamus. De ceteris quidem captivis laicis, qui extra pacem sunt captivati, et fuerint approbati, apostolia in volueritis arbitrii vestri est non negandum. Nam de his qui in pace nostra, tam cleriti quam laici, subrepti fuerint, si veraciter agnoscitis, vestras epistolas de anulo vestro infra signatas sic ad nos omnimodis dirigatis, et a parte nostra præceptionem tuam noveritis esse firmandam. Sic tamen populus noster petit, ut cuicumque epistolas vestras præstare taciti digneti, cum sacramento per Deum, et benedictione vestra dicere non tardetis, rem istam quæ poscitur

veram esse. (*Extr. d'une lettre de Clovis aux évêques des Gaules.* D. Bouquet, t. IV, p. 54.)

III.—1°. Baptizatus autem rex cum gente integra, plurimas possessiones per diversas provincias sancto Remigio tam ipse quam Franci potentes dederunt. Quas ipse per diversas ecclesias tradidit, ne Franci enim rerum temporalium cupidum esse, et ob id ad christianitatem eos vocasse putaretur. De quibus rebus in orientalibus Franciæ partibus, ... episcopio Remensi adjunxit : et de his, quæ in Remensi provincia illi fuerant traditæ, non modicam partem ecclesiæ ... Lauduni ... tradidit. (*Extr. de la Vie de saint Remi.* D. Bouquet, t. I, p. 3--.)

(Chlodovens) dedit ... ei (Maxentio) villam vocabulo Milon, necnon et alia multa. (*Extr. de la Vie de saint Maxent, abbé en Poitou, par un auteur contemporain.* D. Bouquet, t. III, p. 391.)

(Regina Chlotildis) ædificavit in suburbio Lauduni castri ecclesiam .... Ecclesiam vero sancti Petri, quæ est intra muros urbis Remensis ampliavit, et ditavit terris et ecclesiasticis ornamentis (*Extr. de la Vie de sainte Clotilde, chap. 3.* D. Bouquet, t. III, p. 401.)

Erat enim tunc temporis Anastasius presbyter, ... qui per chartas ...

gnés dans des diplômes des princes, témoignent que nos premiers rois possédaient de vastes domaines dans les diverses régions de la Gaule;

2°. Des Actes du premier concile d'Orléans; ils rapportent que Clovis avait donné des terres à beaucoup d'églises des Gaules;

Chrotechildis regine proprietatem aliquam possidebat. (*Extr. de l'Hist. de Grégoire de Tours*, liv. VII, chap. 12. D. Bouquet, t. II, p. 208.)

... Notum sit omnibus episcopis, abbatibus et illustribus viris... quia... Joannes,... locellum suum,... ad habitationem monachorum constructum, qui Reomaus vocatur,... nostræ celsitudini tradidit et commendavit.... Propterea... honoravimus, ut quantumcumque, suo asino sedens, una die circa locum suum... de nostris fiscis circuisset, perpetuo per nostram regalem munificentiam habeat,... nosque illi contulimus. (*Extr. d'un diplôme de Clovis.* D. Bouquet, t. IV, p. 615.)

Chlodoveus... tibi, venrabilis senex Euspici, tuoque Maximino,... Miciacum concedimus, et quidquid est fisci nostri... sive infra, sive extra Ligerim et Ligerinum, cum querceto et saliceto et utroque molendino.... Vos ergo, Euspici et Maximine, desinite inter Francos esse peregrini : et sint vobis loco patriæ in perpetuum possessiones, quas donamus. (*Extr. du deuxième diplôme de la première race.* D. Bouquet, t. II, p. 616.)

Filius Chlodomiri... nomine Chlodoaldus,... interfectis fratribus suis,... partem hereditatis a patruis regibus obtinuit. De qua Duziacum villam in pago Mosomagensi cum appenditiis suis sancto Remigio ac Remensi ecclesiæ tradidit, et villam Builliacum in pago Biturico sancto Dionysio delegavit. Villam vero Novientum in pago Parisiaco, cum omnibus ad se pertinentibus, matri ecclesiæ Parisius civitatis. (*Extr. de la Vie de saint Remi.* D. Bouquet, t. III, p. 380.)

Childebertus augustus, cum sibi juncta conjuge Ultrogoda... partes Cenomannicæ urbis adiit, et in villam Madualis nuncupatam devenit....

(Rex Carilefo dixit :) « Peto v... « meo tuum præbeas autem :... fundi « hujus Madualensis, quanta animo « tuo sederit, accepta portione, cœ- « nobium... fabricare debeas. » Quare petitionem, licet vir Dei diutissime refugerit, tamen regis petitio prævaluit et ut id fieret obtinuit. (*Extr. de la Vie de saint Calais, écrite au commencement du huitième siècle.* D. Bouquet, t. III, p. 440 et 441.)

Childebertus... donamus ad matrem ecclesiam Parisiacam... ipsam villam Cellas nominatam,... sitam in pago Melidunense... cum basilicis,... vineis, silvis, pratis, cultis et incultis... totum et ad integrum, quidquid ad ipsam villam respicit, et fiscus noster continet..... Sed et ipse dominus pontifex petivit nobis in Provincia locellum nostrum... propter arbores oliviferas... quod nos... concedimus et condonamus... ad ipsam matrem ecclesiam Parisiacam. (*Extr. du diplôme 9 de la première race.* D. Bouquet, t. IV, p. 621.)

Childebertus... cœpi construere templum in urbe Parisiaca prope muros civitatis, in terra quæ aspicit ad fiscum Isciacensem.... Cedimus... fiscum largitatis nostræ, qui vocatur Isciacus, qui est in pagis Parisiorum... una cum omnia quæ ibi sunt aspecta; cum mansis... agris, territoriis, vineis, silvis, pratis,... cum molendinis inter portam civitatis... positis. (*Extr. du diplôme 10 de la première race.* D. Bouquet, t. IV, p. 622 et 623.)

Nos villam nuncupante Sarelitas... sitam in pago Stampinse,... contra alia villa... commutavimus. (*Extr. du diplôme 20 de la première race.* D. Bouquet, t. IV, p. 629.)

2°. De... agris, quos noster rex ecclesiis suo munere conferre dignatus est, vel adhuc non habentibus Deo inspirante contulerit,... id esse justissimum definimus, ut in repara

3°. Des textes de Grégoire de Tours et de Frédégaire; ils marquent que l'empire franc fut divisé, après la mort de Clovis, en quatre royaumes, savoir les royaumes de Metz, de Soissons, d'Orléans et de Paris, et qu'il subit la même division après la mort de Clotaire. Ils marquent de plus que le royaume de Paris ayant été partagé à la mort du roi Caribert entre les trois fils de Clotaire, les trois royaumes de Metz, de Soissons et d'Orléans divisèrent seuls toute la monarchie;

4°. De la Vie de saint Colomban; on y voit que les Francs étaient propriétaires et domiciliés en grand nombre dans chacun des royaumes des fils et petits-fils de Clovis;

5°. Des formules de Marculfe, des écrits de Grégoire de Tours et de deux auteurs contemporains; ils témoignent que les Francs habitaient et possédaient confusément avec les Gaulois les diverses cités de la Gaule, et, étant distingués par le nom des cités qu'ils habitaient, s'appelaient Tourangeaux

---

tionibus ecclesiarum, alimoniis sacerdotum, et pauperum, vel redemptionibus captivorum, quidquid Deus in fructibus dare dignatus fuerit expendatur. (*Extr. des Actes du premier concile d'Orléans, tenu sous Clovis*, art. 5. Sirmond, t. I, p. 179.)

3°. Defuncto igitur Chlodovecho rege, quatuor filii ejus, id est Theudericus, Chlodomeris, Childebertus atque Chlothacharius regnum ejus accipiunt, et inter se æqua lance dividunt. (*Extr. de l'Hist. de Grégoire de Tours*, liv. III, chap. 1. D. Bouquet, t. II, p. 187.)

Quatuor filii Chlodovei, id est Theudericus, Chlodomeres, Childebertus, et Chlotarius, regnum ejus æquo ordine inter se diviserunt. Sortitus est sedem Theudericus Mettis, Chlodomeres Aurelianis, Childebertus Parisius, et Chlotarius Suessionis. *Extr. de Frédégaire*, chap. 30. D. Bouquet, t. II, p. 401.)

Conjuncti fratres ... inter se hi quatuor .... divisionem legitimam faciunt: deditque sors Chariberto regnum Childeberti, sedemque habere Parisius; Guntchramno vero regnum Chlodomeris, ac tenere sedem Aurelianensem; Chilperico vero regnum Chlothacharii patris ejus, cathedramque Suessionas habere; Sigiberto quoque regnum Theuderici, sedem-

que habere Remensem. (*Extr. de l'Hist. de Grégoire de Tours*, liv. IV, chap. 22; même récit dans l'*Épitome de Frédégaire*, chap. 55. D. Bouquet, t. II, p. 215 et 404.)

4°. Pervenit ergo fama Columbani Sigiberti regis ad aulam, qui eo tempore duobus regni Austrasiorum Burgundiorumque inclytus regnabat Francis; quorum eximium nomen præ ceteris gentibus quæ Gallias incolunt, habebatur.

Chlotharium ... qui Neustrasiis Francis regnabat extrema Gallia ad Oceanum positis, pergit (Columbanus). (*Extr. de la Vie de saint Colomban*, D. Bouquet, t. III, p. 476 et 480.)

5°. Ille rex illi comiti ...: Jubemus ut omnes pagenses vestros, tam Francos, Romanos, vel reliquas nationes degentes, ... congregare faciatis. (*Extr. de la formule 40 de Marculfe*, liv. I. D. Bouquet, t. IV, p. 483.)

Magnus tunc omnes Rhothomagenses cives, et præsertim seniores loci illius francos, mœror obsedit. (*Extr. de l'Hist. de Grégoire de Tours*, liv. VIII, chap. 31. D. Bouquet, t. II, p. 327.)

Quo regnante (Dagoberto), tres fratres, filii illustris viri Autharii, ex præclara Francorum progenie cives

---

I.

dans la cité de Tours, Tournaisiens dans la cité de Tournai, etc.

CHAPITRE IV.

Différences qui existèrent entre les conditions respectives de chacune des nations réunies au peuple franc.

I. La preuve que la législation franque garantit immédiatement après la conquête la liberté et la propriété civile aux divers peuples conquis, a été établie par les autorités qui montrent, dans le livre précédent, que chacune des nations réunies à la monarchie avait conservé sa loi propre; le droit d'avoir une loi propre emporte évidemment la liberté et la propriété civile.

Pour donner encore plus de force à cette preuve, il faudrait faire connaître en détail les dispositifs des divers codes: on verrait que chaque code suppose aux membres de la nation qu'il régit, les droits de citoyens, et cela, dans l'étendue de la monarchie entière. La suite de cet ouvrage, en conduisant au développement du système général de la législation franque, remplira complétement cet objet.

II. La preuve de la partialité des lois civiles de l'empire franc en faveur des Francs, des Ripuaires et des autres Barbares, résulte :

1°. Des textes des lois saliques et ripuaires, qui imposent généralement la composition de 200 sous pour le meurtre des citoyens de ces diverses nations, et qui réduisent à 100 sous la composition pour le meurtre d'un Romain ou d'un Gaulois.

2°. D'autres textes de la loi salique; ils statuent sur plu-

Suessionici. (*Extr. de la Vie de saint Agile*, écrite par un contemporain. D. Bouquet, t. III, p. 512.)

Eberulfus vir sanctus genere Francorum exortus, civis Belloacæ urbis exstitisse memoratur. (*Extr. de la Vie de saint Sévroul, abbé*, écrite au neuvième siècle. D. Bouquet, t. V, p. 464.)

I. *Voyez* les autorités citées au chap. II du livre précédent.

II. — 1°. Si quis ingenuus Francum aut Barbarum ... occiderit ... solidis cc culpabilis judicetur.

Si quis Romanus homo possessor, id est, qui res in pago ubi remanet proprias possidet, occisus fuerit, is

qui eum occidisse convincitur ... solidis c culpabilis judicetur. (*loi de la toi Salique*, ancienne rédaction, tit. 44, art. 1 et 15; même disposition dans la seconde rédaction de la loi Salique, tit. 41, et dans la rédaction de Charlemagne, tit. 43, art. 1 et 7. D. Bouquet, t. IV, p. 147, 148, 149 et 220.)

Si quis hominem ingenuum ripuarium interfecerit, ducentis solidis culpabilis judicetur. (*Extr. de la loi Ripuaire*, tit. 7. D. Bouquet, t. IV, p. 237.)

2°. Si quis collecto contubernio hominem ingenuum in domo sua ad-

sieurs espèces de crimes et de violences qui pouvaient se commettre contre les citoyens; et toujours après les compositions prescrites en général, il est expliqué que si le crime ou la violence ont été commis contre un Romain, toute composition sera de moitié moindre.

CHAPITRE V.

De la valeur des monnaies et des denrées.

I. La preuve que la monnaie la plus usitée dans l'empire franc, durant les deux premières races, était une monnaie en argent dont le poids déterminait la valeur, que le denier y était la seule monnaie réelle, et composait les sous et les livres, résulte :

1°. De l'édit de Pîtres; il ordonne que, dans tous les comtés où il y a une fabrique de monnaie, le prince envoie au palais du roi prendre cinq livres pesant d'argent, et que le même

aderit, et ibidem eum occiderit, ... solidis sc culpabilis judicetur.

Quod si corpus occisi hominis tres plagas aut amplius habuerit, tres qui inculpantur, et quod in eo contubernio fuerint probantur, legem superius comprehensam singillatim cogatur exsolvere : alii vero tres de eodem contubernio .... solidis xc unusquisque eorum culpabilis judicetur; et tres adhuc ... de eodem contubernio solidos xLv singuli eorum cogantur exsolvere. Si vero Romanus vel lidus in tali contubernio occisus fuerit, hujus compositionis medietas solvatur. (*Extr. de la loi Salique, ancienne rédaction*, tit. 45, art. 1 et 3; même dispositif au tit. 44, art. 1 et 2 de la *seconde rédaction*, et au tit. 44, art. 1 et 3 de la *rédaction de Charlemagne*. D. Bouquet, t. IV, p. 118, 174 et 220.)

Si quis hominem ingenuum superventum expoliaverit, ... solidis LXII cum dimidio culpabilis judicetur.

Si vero Romanus. Barbarus, salcum Francum expoliaverit, causam superius comprehensam convenit observare.

Si vero Francus Romanum expoliaverit ... solidis xxx culpabilis judicetur. (*Extr. de la loi Salique, an-*

cienne rédaction, tit. 16, art. 1, 2 et 3; même dispositif, au tit. 15, art. 1, 2 et 3 de la *rédaction de Charlemagne*. D. Bouquet, t. IV, p. 113 et 210.)

Si quis hominem ingenuum sine causa ligaverit ... solidis xxx culpabilis judicetur.

Si vero Romanus Francum ligaverit sine causa, ... solidis xxx culpabilis judicetur.

Si vero Francus Romanum ligaverit sine causa, solidis xv culpabilis judicetur. (*Extr. de la loi Salique, ancienne rédaction*, tit. 35, art. 1, 3 et 4; même dispositif au tit. 34, art. 1, 3 et 4 de la *rédaction de Charlemagne*. D. Bouquet, t. IV, p. 142 et 216.)

I. — 1°. Ut in proximis Kalendis Julii ... habeat in Silvanectis civitate unusquisque comes, in cujus comitatu monetam esse jussimus, vicecomitem suum cum duobus aliis hominibus ... et suum monetarium cum ipsis habeat : quatenus ibi accipiant... de camera nostra,.... de mero argento cum pensa libras quinque, ut habeat unde initium monetandi possit incipere; et pensam argenti quam ex camera nostra accepe.... sabbato ante initium quadragesimæ in monetatis denariis ... cum ipsa pensa cum qua argentum acceperat, unusquisque mo-

poids en argent qu'il aura reçu soit rendu, dans l'année, au roi en deniers monnayés;

2°. De plusieurs capitulaires et des textes de la loi ripuaire, c'est par sous qu'ils statuent sur les divers paiements, et ils expliquent toujours que les sous s'acquittaient par la multiplication des espèces en deniers.

II. La preuve que la livre d'argent pesait 12 onces, et qu'il fallait 20 sous pour la composer, résulte :

1°. Du Glossaire de Du Cange : il cite un ancien écrivain qui dit que 12 deniers valent 1 sou; que 5 sous font 3 onces; que 20 sous font 12 onces; que 12 onces font une livre. Il cite les Annales de Fulde, qui disent que l'on compte en France la livre par 20 sous;

2°. Des capitulaires de Charlemagne; ils disent que 30 sous font une livre et demie.

III. La preuve qu'il fallait 12 deniers pour faire 1 sou, résulte clairement des autorités citées à l'article premier de ce chapitre.

IV. La preuve que la livre de blé était à peu près de 16 onces

---

netarius in nostra camera reddat*. (*Extr. de l'édit de Piste*, an 864, art. 14. Baluze, t. II, p. 179.)

Omnia debita quæ ad partem regis solvere debent, solidis duodecim denariorum solvant. (*Extr. du capitulaire 2 de l'an 803*, art. 9; même dispositif à l'art. 30 du liv. III, des capitulaires de la *collection d'Ansegise*. Baluze, t. I, p. 390 et 760.)

De unaquaque casata solidus, id est, duodecim denarii ad ecclesiam vel monasterium reddantur. (*Extr. d'un capitulaire de Carloman*, art. 2; même dispositif dans un capitulaire de la *collection de Benoît Lévite*, liv. v, art. 13. Baluze, t. I, p. 149 et 826.)

De omnibus debitis solvendis... per duodecim denarios solidi solvantur per totam salicam legem. (*Extr. d'un capitulaire ajouté à la loi des Lombards*, art. 19. Baluze, t. I, p. 351.)

Ut omnis solutio atque compositio quæ in lege salica continetur, inter Francos per duodecim denariorum solidos componatur. (*Extr. d'un capi-*

tulaire de la collection d'Ansegise, liv. IV. tit. 75. Baluze, t. I, p. 790.)

Quod si cum argento solvere contigerit, pro solido duodecim denarios, sicut antiquitus est constitutum. (*Extr. de la loi Ripuaire*, tit. 36, art. 12. D. Bouquet, t. IV, p. 240.)

II. — 1°. Vetus agrimensor... in denarii solidum reddunt !... tres unciæ v solidos complent ... XII unciæ libram XX solidos continentem efficiunt

Annales Fuldenses anno DCCCLXXII ...quam libram per XX solidos computamus expletam. (*Extr. du glossaire de Du Cange*, aux mots *Libra Gallica*.

2°. Solidi triginta ab eo exigantur, id est libra et dimidia. (*Extr. des capitulaires de Charlemagne*, liv. III, art. 14 de la *collection d'Ansegise*; même dispositif à l'art. 21 du capitulaire 3 de l'an 805. Baluze, t. I, p. 757 et 434.)

III. *Voyez* une discussion sur cet article à la fin de ce livre.

IV. De libra panis, ut triginta solidos penset antequam coquatur.

---

* *Voyez* une discussion sur le vrai sens de ce texte à la fin de ce livre.

établit par un texte de la règle donnée aux moines, à Aix-la-Chapelle, en 817, par l'ordre de Louis-le-Pieux ; cette règle montre que la livre de pain pesait avant la cuisson 30 sous, c'est-à-dire 18 onces ; on estime à 2 onces environ la réduction qu'opère la cuisson sur le poids du pain, et l'on suppose qu'alors, comme aujourd'hui, une livre de grain équivalait à peu près à une livre de pain.

Nota. On s'est assuré par l'Encyclopédie ancienne de la sûreté des données de ce calcul.

V. La preuve que le boisseau était de 96 livres dans l'empire franc, et son prix ordinaire de 4 deniers environ, résulte :

1°. D'un capitulaire de Charlemagne ; on y voit d'abord que le boisseau de froment était estimé au prix de 4 deniers ; on y voit ensuite que douze pains de froment, du poids de 2 livres chacun, se vendaient 1 denier. En multipliant par 4 ce nombre de 12 pains ou 24 livres de pain, on trouve 48 pains ou 96 livres de pain ; en multipliant ensuite par 4 le prix de 12 pains, on retrouve la somme de 4 deniers, qui se donnait pour le boisseau de froment en nature. On sait que le prix et le poids du pain sont ordinairement les mêmes que le prix et le poids du grain en nature ;

2°. D'un autre capitulaire du même prince : il fixe le plus

Ut libra panis triginta solidis per duodecim denarios metiatur. (*Extr. des règlements concernant les moines, dans le capitulaire d'Aix-la-Chapelle, art. 57. Baluze, t. 1, p. 586.*)

V. — 1°. Statuit piissimus domnus noster rex, consentiente sancta synodo, ut nullus homo, sive ecclesiasticus sive laïcus sit, nunquam carius vendat annonam, sive tempore abundantiæ, sive tempore caritatis, quam modium publicum et noviter statutum. De modio de avena, denario uno; modio ordei, denarius duo; modio sigali, denarii tres ; modio frumenti, denarii quatuor. Si vero in pane vendere voluerit, duodecim panes de frumento, habentes singuli libras duas, pro denario dare debeat, sigalatios quindecim æquo pondere pro denario; ordeaceos viginti similiter pensantes, avenatios viginti quin-

que similiter pensantes. De vero annona publica domni regis, si venumdata fuerit, de avena modius II pro denario, ordeo den. I, sigalo den. II, frumento mod. denar. III. (*Extr. d'un capitulaire de Charlemagne, donné dans le synode de Francfort, art. 2. Baluze, t. 1, p. 263 et 264.*)

2°. Consideravimus itaque ut præsenti anno, quia per plurima loca fames valida esse videtur, ut omnes episcopi, abbates, abbatissæ, optimates, et comites, seu domestici, et cuncti fideles qui beneficia regalia, tam de rebus ecclesiasticis quamque et de reliquis, habere videntur, ut unusquisque de suo beneficio suam familiam nutricare faciat, et de sua proprietate propriam familiam nutriat ; et si... super se et super familiam suam, aut in beneficio aut in alode annonam habuerit, et venum-

haut prix auquel il sera permis de porter le froment dans un temps de famine, et ce prix est de 6 deniers.

VI. La preuve que le prix commun des bestiaux était à raison de 2 sous pour un bœuf dans l'empire franc, résulte :

1°. De la loi ripuaire ; elle apprend qu'un bœuf sain et bien conditionné se donnait communément pour ce prix ;

2°. D'un capitulaire de Charlemagne ; il garde sur le prix des bestiaux les mêmes proportions que la loi ripuaire, en estimant à 1 sou un bœuf ou une vache d'un an.

En rapprochant les deux articles précédents, on doit reconnaître combien le prix des grains était considérable en comparaison de celui des bestiaux ; pour 2 sous on ne pouvait obtenir que six boisseaux de froment ; pour la même somme on achetait un bœuf en bon état et dans toute sa force.

VII. La preuve du prix élevé des travaux d'industrie dans l'empire franc se juge par le prix des vêtements et des armes : ce prix se prouve :

1°. Par un capitulaire de Charlemagne qui contient des lois somptuaires ; il montre que « la saie double (ou robe) « de la meilleure qualité, se vendait 20 sous ; la saie simple, « 10 sous, les fourrures jusqu'à 30 sous ; » d'où l'on conclut qu'il fallait le prix de cinq bœufs, le prix de trente boisseaux de froment pour avoir une robe simple, moitié plus pour en avoir une double, et le prix de quinze bœufs pour une fourrure ;

---

dare voluerit, non carius vendat nisi modium de avena denarios duos, modium unum de hordeo contra denarios tres, modium unum de... segale contra denarios quatuor, modium unum de frumento parato contra denarios sex. Et ipse modius sit quem omnibus habere constitutum est, ut unusquisque habeat æquam mensuram et æquales modios. (*Extr. du capitulaire 5 de l'an 806*, art. 19. Même dispositif au liv. 1 des capitulaires de la *collection d'Anségise*. Baluze, t. I, p. 455 et 727.)

VI. — 1°. Si quis weregeldum solvere debet, bovem cornutum videntem et sanum pro duobus solidis tribuat. (*Extr. de la loi Ripuaire*, tit. 36, D. Bouquet, t. IV, p. 241.)

2°. Bovem annoticum utriusque sexus... pro uno solido... Quantum ætatem auxerit, tantum in pretio crescat. (*Extr. d'un capitulaire de Charlemagne concernant les Saxons, an 797*, art. 11. Baluze, t. I, p. 279 et 280.)

VII. — 1°. Ut nullus præsumat aliter vendere et emere sagellum meliorem duplum viginti solidis, et simplum cum decem solidis ; reliquos vero minus. Roccum martrinum et luirinum meliorem triginta solidis. (*Extr. d'un capitulaire de Charlemagne, troisième capitulaire de l'an 808*, art. 5. Baluze, t. I, p. 464.

2°. Par des formules de Marculfe; elles supposent que toute robe d'homme, même celle d'un esclave, se vendait plusieurs sous;

3°. Par les écrits du moine de Saint-Gall; ils témoignent que le plus simple manteau de peau se vendait 1 sou du temps de Charlemagne, et que l'on y connaissait des fourrures d'un prix excessif;

4°. Par la loi ripuaire; elle nous apprend « qu'une épée avec le poignard valait 7 sous; une épée sans le poignard 3 sous; une bonne cuirasse 12 sous; le casque avec l'aigrette 6 sous; le bouclier et la lance 2 sous. » La comparaison du prix des denrées de première nécessité à celui des travaux d'industrie fait voir qu'une épée et le poignard à 7 sous étaient de la valeur de vingt et un boisseaux de froment ou de trois forts bœufs et un médiocre; que la cuirasse à 12 sous était de la valeur de trente-six boisseaux de froment ou de six bœufs; que le casque avec l'aigrette à 6 sous était de la valeur de dix-huit boisseaux de froment ou de trois bœufs; que le bouclier et la lance à 2 sous étaient de la valeur de six boisseaux de froment ou d'un bœuf.

CHAPITRE VI.

Vérifications des propositions établies par approximations.

Tableau de comparaison des monnaies anciennes aux monnaies nouvelles de la France.

Le sou de la monnaie des Francs étant composé de 12 deniers, et un boisseau de froment se vendant 4 deniers, le sou représentait trois boisseaux de froment.

2°. Veniens ille in nostri vel procerum nostrorum praesentia, suggessit quasi homo nomine ille, pagensis vester, cum in villa... adsallisset;... rauba sua in solidos tantos eidem tulisset. (*Extr. de la formule 37 de Marculfe*, liv. 1. D. Bouquet, t. IV, p. 82.)

Quum... homo nomine ille... hominem nomine illum interpellasset dum diceret, quasi servo suo nomine illo, una cum rauba sua in solidos tantos, post se fugitivos pedes recepisset. (*Ibid. formule 38.*)

3°. Carolus... dixit ad suos... « quod pellicium modo pretiosius et utilius est? Istud ne meum uno solido comparatum, an illa vestra non solum

« libris, sed et multis coempta talentis? » (*Extr. de la Vie de Charlemagne, par un moine de Saint-Gall*, chap. 17. D. Bouquet, t. V, p. 132.)

4°. Si quis weregeldum solvere debet,... spatam cum scogilo pro septem solidis tribuat; spatam absque scogilo pro tribus solidis tribuat; bruniam bonam pro xii solidis tribuat; helmum cum directo pro sex solidis tribuat; ... scutum cum lancea pro duobus solidis tribuat. (*Extr. de la loi Ripuaire*, tit. 36, art. 11. D. Bouquet, t. IV, p. 241.)

Ch. VI. Les assertions contenues dans ce chapitre s'appuient sur l'ensemble des textes qui viennent d'être cités au chapitre précédent.

Quatre boisseaux, du poids de 72 livres, égalent en poid. trois boisseaux de 96 livres.

$$\begin{array}{c} 72 \\ 4 \\ \hline 288 \end{array} \quad \text{Quatre fois 72 égalent trois fois} \quad \begin{array}{c} 3 \\ 96 \\ \hline 288 \end{array}$$

Trois boisseaux de froment pesant en total 288 livres, valaient anciennement..................	1 s.	Le rapport est donc de 1 à 480
Quatre boisseaux de froment pesant également en total 288 livres, valent aujourd'hui..................... 24 l. dont la valeur, exprimée en sous, est de............	480 s.	
Un bœuf valait anciennement.....	2 s.	Le rapport est donc de 2 à 4000 ou
Un bœuf vaut aujourd'hui........ 200 l. dont la valeur, exprimée en sous, est de..........................	4 000 s.	de 1 à 2 000.

Nous avons trouvé que dans les temps anciens le prix du blé s'élevait au-dessus du prix des autres denrées, hors des proportions connues du prix relatif dans les temps modernes, et nous l'avons diminué de moitié.

Le rapport entre la monnaie ancienne et celle d'aujourd'hui, réduit sur ces proportions nouvelles, au lieu d'être de 1 à 480 est de 1 à 960.

Car si 1 sou est la quatre cent quatre-vingtième partie de 480 sous, la moitié d'un sou ou 6 deniers en sera la neuf cent soixantième partie.

Nous avons trouvé que dans les temps anciens le prix des bestiaux était au-dessous du prix des autres denrées, hors des proportions connues dans les temps modernes, et nous l'avons doublé.

Le rapport entre la monnaie ancienne et celle d'aujourd'hui, calculé sur cette nouvelle proportion, au lieu d'être de 1 à 2 000, est de 4 sous à 4 000 sous ou de 1 à 1 000.

Il résulterait du rapprochement de ces deux estimations que le rapport de valeur entre les monnaies connues aux premiers âges de la monarchie et celles de nos jours, serait à peu près de 1 à 1 000.

Si nous adoptons la proportion de 1 à 1000 entre les monnaies françaises anciennes et nouvelles, nous estimerons

1°. La livre ancienne comme équivalente à 1000 livres de notre monnaie;

2°. Le sou de l'ancienne monnaie, comme représentant 1000 sous, c'est-à-dire 50 livres de notre monnaie;

3°. Et enfin, le denier de l'ancienne monnaie, comme équivalant à la douzième partie de 50 livres, c'est-à-dire à 4 livres 3 sous 4 deniers de notre monnaie.

CHAPITRE VII.

De la division par manses de toutes les terres du royaume.

I. La preuve que toutes les propriétés territoriales, dans l'empire franc, étaient divisées en manses durant les premiers siècles, résulte :

1°. Des capitulaires *de Villis* et de plusieurs diplômes; ils supposent que les domaines du fisc consistaient en manses;

I.—1°. Ut unusquisque judex per singulos annos ex omni collaboratione nostra,... quid de mansis qui arari debent... omnia seposita, distincta,... nobis notum faciant. (*Extr. d'un capitulaire de Charlemagne, de Villis, de l'an 800, art. 62.* Baluze, t. I, p. 339.)

Donamus ad basilicam sancti Dionysii foreste nostra cognominante Æqualina, cum omni merito et soliditate sua... id est tam mansis, terris, etc. (*Extr. du diplôme 16 de Pépin I, de l'an 768.* D. Bouquet, t. V, p. 707.)

Concessimus (Aginulfo) fideli nostro res nostras sitas in pago Alsbanio, in villa nuncupante Liniaco, id est mansos quatuor inter vestitos et absos, cum mancipiis, terris arabilibus, pratis, silvolis, ad eos juste pertinentibus vel aspicientibus... Et in pago Namucensi, in villa nuncupante Beisa, mansos sex cum mancipiis, terris arabilibus,... ad eos juste pertinentibus. (*Extr. du diplôme 172 de Louis-le-Pieux, de l'an 832.* D. Bouquet, t. VI, p. 574.)

Complacuit nobis... quasdam res

nostræ proprietatis,... id est villam... habentem mansos duodecim... ad monasterium... quod Ders nuncupatur... delegare. (*Extr. du diplôme 173 de Louis-le-Pieux.* D. Bouquet, t. VI, p. 574.)

Dedit vir inluster Betto,... partibus sancti Dionysii... in pago Remensi in villa Bomerei-Curtis et in villa Frigili inter totum mansa quatuordecim et dimidium. (*Extr. du diplôme 123 de Charles-le-Chauve, de l'an 854.* D. Bouquet, t. VIII, p. 532.)

Libuit celsitudini nostræ... quemdam fidelem... de quibusdam nostræ proprietatis rebus ditare... quæ videlicet res sunt sitæ infra comitatum Bajocacensem... hoc est, villa quæ vocatur Eliclacus, in qua consistunt mansi XII. (*Diplôme 160, de l'an 866. Ibid.,* p. 564.)

Complacuit clementiæ serenitatis nostræ...de quibusdam rebus proprietatis nostræ... jam dicto abbati honorare... quæ si quidem res sunt sitæ in comitatu Lemovicino... hoc est villa quæ vocatur Orbatiacus, quod sint mansi decem. (*Diplôme 162, de l'an 876. Ibid.,* p. 653.)

2°. Des Annales de saint Bertin et d'un capitulaire ; on y voit que c'était sur les manses que se mesuraient les charges publiques au huitième siècle ;

3°. Des Annales de saint Bertin et de la règle des chanoines publiée dans un concile d'Aix-la-Chapelle ; ils montrent que les domaines ecclésiastiques se subdivisaient en manses ;

4°. Des capitulaires et des écrits d'Hincmar et de Réginon : ils supposent que toutes les terres qui payaient la dîme dans les paroisses se subdivisaient en manses ;

Concedimus memorato cœnobio (sito in comitatu Attrebatensi)... villam Azinium cum omni integritate exceptis tribus mansis. (*Diplôme 274 de Charles-le-Chauve, de l'an 877.* D. Bouquet, t. VIII, p. 662.)

2°. An. DCCCLXVI. Karolus cum... Northmannis in quatuor millium libris argenti ad pensam eorum paciscitur, et indicta per regnum suum conlatione ad idem exsolvendum tributum, de unoquoque manso ingenuili exiguntur sex denarii, et de servili tres, et de accola unus.

An. DCCCLXIX. Carolus... de centum mansis unum haistaldum, et de mille mansis unum carrum cum duobus bobus... ad Pistas mitti praecepit.

An. DCCCLXXVII. Quomodo tributum de parte regni Franciæ, quam ante mortem Lotharii habuit... exigeretur, disposuit, scilicet ut de mansis indominicatis solidus unus, de unoquoque manso ingenuili quatuor denarii de censu dominico, et IV de facultate mansuarii ; de manso vero servili II denarii de censu dominico, et duo de facultate mansuarii. (*Extr. des Annales de saint Bertin.* D. Bouquet, t. VII, p. 92, 102 et 123.)

Episcopi, abbates, comites ac vassi dominici ex suis honoribus de unoquoque manso indominicato donent denarios duodecim, de manso ingenuili quatuor denarios de censu dominicato, et quatuor de facultate mansuarii ; de servili vero manso duos denarios de censu indominicato, et duos de facultate mansuarii. (*Extr. d'un capitulaire de Charles-le-Chauve, de l'an 877.* tit. 51. Baluze, t. II, p. 257.)

3°. Carolus.... per omne regnum suum litteras misit, ut episcopi, abbates et abbatissæ, breves de honoribus suis, quanta mansa quisque haberet, ad futuras kalendas Maii deferre curarent. (*Extr. des Annales de saint Bertin, sur l'an 869.* D. Bouquet, t. VII, p. 102.)

Ut in unaquaque canonica congregatione, a minimo usque ad maximum cibum et potum omnes æqualiter accipiant...

In locis vero ubi majores facultates sunt ecclesiæ, verbi gratia, tria aut quatuor aut certe octo..... millia mansi... accipiant per singulos ad quinque libras vini... In mediocribus enim locis, mille aut mille quingentos, vel certe duo millia mansos habentibus,... duas libras vini... Porro in minoribus locis, ducentos aut trecentos mansos habentibus, accipiant duas libras vini. (*Extr. de la règle des chanoines, chap. 121 et 122, publiée au concile d'Aix-la-Chapelle, de l'an 816.* Sirmond, t. II, p. 592.)

4°. De mansis hereditariis presbyter parochiæ,... decimam consequatur. (*Extr. d'un capitulaire de Charles-le-Chauve, de l'an 869, art. 13.* Baluze, t. II, p. 214 et 215.)

Investiganda sunt a magistris et decanis presbyteris per singulas matrices ecclesias parochiæ nostræ... quot mansos habeat in sua parochia ingenuiles et serviles, aut accolas, unde decimam accipiat. (*Extr. d'une instruction synodale d'Hincmar.* OEuvres d'Hincmar, t. I, p. 716.)

Incipit inquisitio de his quæ episcopus vel ejus ministri in suo districtu... inquirere debeant per... parochias suæ diocesos.

Inquirendum est... quot mansos habeat ingenuiles, et quot serviles aut accolas, unde decima reddatur. (*Extr. des écrits de Réginon, liv. I, tit. II, art. 14.* Édit. de Baluze, p. 21 et 22.)

5°. De plusieurs formules et actes de la première race ; ils montrent que toutes sortes de propriétés foncières se divisaient dors en manses.

II. La preuve que le manse avait toujours la même étendue de terre résulte :

1°. Des capitulaires de Charlemagne ; ils imposent la charge du

2. Ego... ille fideli nostro illi... damus tibi... mansum illum infra terminum villæ nostræ. (*Extr. de la formule 36 de Marculfe*, liv. II. D. Bouquet, t. IV, p. 500.)

Ille... Constat me vendidisse... res proprietatis meæ in pago illo... id est tam mansis, etc. (*Extr. de l'appendice Marculfe, formule 14.* D. Bouquet, t. IV, p. 510.)

Ego... femina aliqua,... ad præfatum monasterium.... trado atque transmitto... res meas in pago illo... super dictum illum... hoc est tam... mansis. (*Extr. de l'appendice de Marculfe, formule 40 ; voyez aussi le recueil de Landenbrog, formule 21.* D. Bouquet, t. IV, p. 516.)

Ego... ille. Constat me... vendidisse... rem proprietatis meæ, sitam in pago illo,... quantumcumque præsenti tempore mea videtur esse possessio, hoc, est tam... mansis, etc. *Extr. de la formule 3 de Sirmond.* D. Bouquet, t. IV, p. 535.)

Ego... ille venditor... Constat me... vobis ... vendere ... pro portione mea, in loco nuncupante illo,... quod de parte parentum meorum ad me legibus obvenit, hoc est tam mansis, etc. (*Extr. de la formule 19 de Bignon.* D. Bouquet, t. IV, p. 543.)

Donamus ... quidquid in ipso Trajecto castro ... fiscus ad præsens habere videtur, una cum mansis. (*Extr. d'un diplôme de Pépin de Heristal, de l'an 722.* D. Bouquet, t. IV, p. 699.)

Legamus ... huic ... monasterio villam nostram, quæ dicitur Palatiolum ... cum mansis. (*Extr. du testament de l'abbesse Adelle, fille du roi Dagobert.* D. Bouquet, t. III, p. 653.)

Ego Childebertus, rex ... in honore sancti Vincentii... cedimus nos fiscum qui vocatur Isciacus ... cum mansis. *Extr. du diplôme 10 de la première race, de l'an 558.* D. Bouquet, t. IV, p. 622.)

Monasterio Dionysii ... confirmavimus ... sex mansos, .. quos Elgoinus ante hos annos dato pretio de Ingoberto comparaverat. (*Extr. du diplôme 200 de Charles-le-Chauve, de l'an 867.* D. Bouquet, t. VIII, p. 601.)

Mansos septuaginta ... usibus ac stipendiis monachorum ... sancti Germani ... dari jussimus. (*Extr. du diplôme 202 de Charles-le-Chauve, de l'an 867.* D. Bouquet, t. VIII, p. 603.)

II. — 1°. Quicumque liber mansos quinque de proprietate habere videtur, similiter in hostem veniat. Et qui quatuor mansos habet, similiter faciat. Qui tres habere videtur, similiter agat. Ubicumque autem inventi fuerint duo quorum unusquisque duos mansos habere videtur, unus alium præparare faciat ; et qui melius ex ipsis potuerit, in hostem veniat. Et ubi inventi fuerint duo quorum unus habeat duos mansos, et alter habeat unum mansum, similiter se sociare faciant, et unus alterum præparet ; et qui melius potuerit, in hostem veniat. Ubicumque autem tres fuerint inventi quorum unusquisque mansum unum habeat, duo tertium præparare faciant ; ex quibus qui melius potest, in hostem veniat. Illi vero qui dimidios mansos habent, quinque sextum præparare faciant. (*Extr. d'un capitulaire de Charlemagne, de l'an 807, art. 2.* Baluze, t. I, p. 457 et 458.)

Ut omnis liber homo qui quatuor mansos vestitos de proprio suo ... habet, ipse se præparet, et ipse in hostem pergat.... Qui vero tres mansos de proprio habuerit, huic adjungatur unus qui unum mansum habeat, et det illi adjutorium ut ille pro ambobus ire possit. Qui autem duos mansos tantum de proprio habet, jungatur illi alter qui similiter duos mansos habeat ; et unus ex eis, altero illi adjuvante, pergat in hostem. Qui etiam unum tantum mansum de proprio habet, adjungantur ei tres qui simi-

service militaire proportionnellement au nombre des manses
que chacun possède ; ils supposent ainsi le manse égal partout

2°. Des Annales de saint Bertin et des capitulaires de Charles-le-Chauve ; ils nous apprennent que divers possesseurs de
l'empire franc devaient fournir de l'argent aux Normands pour
acheter la paix, proportionnellement aux manses qu'ils exploi-
taient eux-mêmes ou faisaient exploiter par des esclaves ou
par des hommes libres. Ils imposent une somme égale sur
chaque manse de ces trois classes.

III. La preuve que l'étendue des terres labourables attachées à chaque manse représentait douze arpents romains qui
ont l'étendue de six arpents de Paris, résulte :

1°. Du témoignage de plusieurs anciens écrivains italiens,
recueillis dans le Glossaire de Du Cange ; « ils conviennent que
« le manse renfermait douze journaux (*jugera*), » et l'on ne
connaissait alors que le journal romain ;

2°. D'un texte de Papias cité par Du Cange : il marque que
« les *bunnaria* sont de certaines mesures de terres ; »

3°. D'un capitulaire de l'empereur Lothaire et des écrits
d'Hincmar et de Réginon ; ils montrent qu'il était d'usage que

liter habeant, et dent ei adjutorium,
et ille tantum pergat. Tres vero qui
illi adjutorium dederunt, domi remaneant. (*Extr. d'un capitulaire de
Charlemagne, de l'an 812,* art. 1.
Baluze, t. 1, p. 489.)

2°. *Voyez* au n° 2 du premier article de ce chapitre les extraits des Annales de Saint-Bertin et d'un capitulaire de Charles-le-Chauve *.

III. — 1°. Alvarotto, Zazio et aliis
italis quibusdam ... mansus dictus a
manendo, quod integrum sit duodecim jugeribus. (*Extr. du glossaire de
Du Cange, au mot Mansus.*)

2°. Papias ex Isidoro ... bunarii
mensura quaedam terrae, sicut jugera.

Vetus charta apud Baldricum No-
viomensem, lib. 1, cap. LII.... Ecclesiam unam ... cum ecclesiastico manso
habente de terra arabili bunaria XII.
(*Extr. du glossaire de Du Cange, au
mot Bunarius.*)

3°. Quod si forte in aliquo loco sit
ecclesia constructa, quae tamen neces-

saria sit, et nihil dotis habuerit, volumus et secundum jussionem domini
ac genitoris nostri unus mansus cum
duodecim bunnariis de terra arabili
ibi detur, et mancipia duo a libero
hominibus qui in eadem ecclesia officium Dei audire debent, ut sacra
ibi possit esse et divinus cultus es-
fieri. Quod si hoc populus facere noluerit, destruatur. (*Extr. d'un ca-
tulaire de l'empereur Lothaire, ti-
de la loi des Lombards,* tit. j, art 1
Baluze, t. II, p. 327.)

Haec omni anno investiganda sunt
a magistris et decanis presbyteris per
singulas matrices ecclesias... si habeat
(Presbyter) mansum habentem bun-
nuaria duodecim, praeter coemeterium
et cortem, ubi ecclesia et domus
ipsius continetur, aut si habent mancipia quatuor. (*Extr. du capitula...
d'Hincmar, evêque de Reims, d
852. OEuvres d'Hincmar,* t. 1, p...

Incipit inquisitio de his qu...
scopus vel ejus ministri... inquirere

...prêtre de chaque paroisse jouit d'un manse entier, et ils ...quent que ce manse devait avoir douze *bunnaria* de terres.

IV. La preuve de l'étendue des terres labourables dépen...entes d'un manse se tire encore des autorités qui nous mon...rent quel était généralement le travail requis pour sa cul...

1. Dans un très-grand nombre d'actes, on voit qu'un feu

... per... parochias sua dio...

...restigandum si habeat ipsa eccle-mansum habentem bonnaria duo...um. *Extr. des Œuvres de Regi-*...liv. I, tit. et art. 13. Édit. de ...ize, p. 21 et 21.)

IV.—1°. Ego... ille fideli nostro illi Cedimus tibi... locellum nuncu-demillum, aut mansum illum infra ...morum villæ nostræ illius cum ...sa adjacentia... terris, domibus, ...cipiis, vineis, pratellis, silvula, ...t reliquis beneficiis ibidem aspi-...atibus. (*Extr. de la formule 36 du ...u de Marculfe.* D. Bouquet, t. IV, ...99 et 500.)

Dilectissimo... filio meo illi, ego... ...Dabo ergo tibi a die præsente, ...d in perpetuum volo esse mansu-...um, hoc est mansum ad commanen-...am, cum casticia superposita, terris ...abilibus, et mancipiis, his nomini-...issilis et illis. (*Extr. de la formule 9 ...Bignon; voyez aussi la formule 52 ...Lindenbrog.* D. Bouquet, t. IV, ...t.)

Domno illi abbati de monasterio ...cti illius... ego... ille... Vestro mo-...sterio adfirmavi... mansum ad com-...mendum, (cum)... terris arabilibus, ...ancipiis... his nominibus, vineis, ...atis, silvis, pascuis, vel quicquid ...dem aspicit. (*Extr. de la formule 20 ...Bignon; voyez aussi la formule 29 ...Lindenbrog.* D. Bouquet, t. IV, ...t.)

Ego... Pipinus et uxor mea nomine ...ctrudis,... tradimus ad basilicam ...xta urbem Metis constructam, ...Arnulphus... requiescit... man-...m... cum omnibus adjacentiis ad se ...rtinentibus, tam in ædificiis quam ...campis, pratis, silvis, cultis et in-...ltis, mancipiis utriusque sexus ibi ...mmorantibus; vel quicquid in me-...morata villa hactenus visus sum pos-...idisse. (*Extr. du diplôme 72 de la*

première race, de l'an 690. D. Bou-quet, t. IV, p. 666.)

Quum resedisset inluster vir Pippi-nus major-domus Verno in palatio publico;... veniens femina aliqua, nomine Christiana... Hrodgarium, advocatum S. Dionisii... interpella-bat... Jubemus... ut ipse Hrodgarius mansum superius nominatum,... et casam, et vineas, et terras et manci-pia... in causa S. Dionisii... habeat. (*Extr. du diplôme 13 de Charlemagne, de l'an 717.* D. Bouquet, t. IV, p. 713.)

Volfgarius episcopus, me petente, beneficiavit homini nostro Gerberto ...de ratione sancti Kiliani mansos tres et mancipia duodecim. (*Extr. de la lettre 6 d'Eginhard.* D. Bouquet, t. VI, p. 370.)

Dionysio, martyri,... in pago nun-cupante Pharnomartinse super flu-vium qui vocatur Scaltus, mansum unam ex fisco nostro... quem Valen-tinus nomine fiscalinus ad deservien-dum possidet, ipsumque cum uxore sua et infantibus illorum... ad pro-prium largimur. (*Extr. du diplôme 6 du jeune roi Lothaire, fils de l'empe-reur Lothaire, de l'an 860.* D. Bou-quet, t. VIII, p. 408.)

Concedimus... fideli nostro Heri-manno ad proprium quasdam res juris nostri sitas in pago Parisiacinse,... mansum unum cum omni integritate vel cum omnibus appendiciis, cum domibus, ædificiis, mancipiis, terris, vineis, pascuis, adjacentiis, cultis et incultis, vel etiam quicquid ad supra-dicto manso juste... pertinere videtur. (*Extr. du diplôme 1 de Charles-le-Chauve, de l'an 839.* D. Bouquet, t. VIII, p. 427.)

In recompensatione... dedit præ-dictus vir illuster Betto... partibus Sancti-Dionysii... inter totum mansa quatuordecim et dimidium, cum ec-clesia, et mancipiis utriusque sexus sexaginta, quorum sunt nomina. (*Extr.*

d'esclaves ou bien quatre esclaves de la glèbe étaient ordinairement attachés à chaque manse.

du diplôme 131 de Charles-le-Chauve. D. Bouquet, t. VIII, p. 531 et 533.)

Libuit celsitudini nostræ cuidam monasterio quod vocatur Dervus... quasdam res quæ per violentiam ab eodem loco abstractæ esse noscuntur, restituere, quasdam vero... contradere atque condonare. Hæ autem quæ restituuntur sunt sitæ in pago Pertense, in loco qui dicitur Poutouus, id est, mansus unus cum mancipiis utriusque sexus;... quæ vero dantur sunt sitæ in pago Breonense;... id est, mansus unus cum mancipiis. (*Extr. du diplôme 142 de Charlemagne.* D. Bouquet, t. VIII, p. 549.)

Odo... monasterio Corbeiæ.. postulavit ut... mansus vocabulo Walchi regius cum omnibus sibi juste legaliterque pertinentibus necnon et mancipiis utriusque sexus desuper commanentibus vel ad eumdem mansum aspicientibus... Memoratum mansum cum omnium rerum suarum integritate, cum terris cultis et incultis, vineis, pratis et mancipiis ad eumdem mansum pertinentibus,... concedimus. (*Extr. du diplôme 144 de Charles-le-Chauve.* D. Bouquet, t. VIII, p. 550.)

Prælibato sacrosancto loco (Sancti-Dionysii)... ex rebus fisci nostri in pago Belvacense, duos mansos et duas alterius mansi partes;... necnon etiam mancipia undecim ibidem æternaliter deservienda,.... atque molendinum cum piscatorio,... cum terris arabilibus, cultis et incultis, vineis, silvis, pascuis, pratis... mancipiis,... desuper commanentibus, vel ab eodem juste legaliterque pertinentibus,... tradimus. (*Extr. du diplôme 167 de Charles-le-Chauve.* D. Bouquet, t. VIII, p. 569.)

B. Amandi... ad... venerabile sepulcrum... ex facultatibus delegamus, hoc est, in pago Brabandinsi,... mansum unum cum vitreario Baldrico;... mansum dimidium cum ipso vitreario Ragenullo, cum uxoribus et infantibus eorum, necnon et illum alodem, quem Roglo tradidit ad sepulcrum sancti Amandi, hoc est..... mansum... cum ædificiis et terris et silvis et pratis, cum vineis, cum servitoribus vi. (*Extr. du diplôme 182*

de Charles-le-Chauve. D. Bouquet, t. VIII, p. 585.)

Ad monasterium S. Petri et S. [...]doherti,... damus... de[...] dimidium... cum mancipio [...] eorum uxoribus, filiis et fil[...] (*Extr. du diplôme 273 de [...] Chauve.* D. Bouquet, t. VIII, p. 63[...]

Cœnobii... Sancti-Martini... [...]ponaliter ejusdem venerandum [...] quiescit, Hugo abbas... accepera[...] ... abbate... Arnulfo... mansum [...] ... cum mancipio Erneone [...] infantibus, et altero mancipio Ard[...] nomine, cum vineola, terris cultis[...] incultis, omnibusque sibi relege[...] tinentibus. (*Extr. du diplôme [...] Charles-le-Chauve.* D. Bouquet, t. VIII, p. 668.)

Cuidam abbatti nomine Fulbert[...] videlicet fideli nostro, ... con[...] mus... mansos tres... intra et ext[...] Leuchorum civitatem... quæ mans[...] tea videbantur fore de comitatu ips[...] dem civitatis; cum terris arabilibus, cultis et incultis, mansis, ædi[...] vineis, pratis, pascuis, sylvis, la[...] dinis, aquis,... vel quicquid ad [...] prædictos mansos juste et legalite[...] pertinere videtur. Servientes vero ad easdem res pertinentes, his nominatos (quinque)... necnon eorum pare[...] les,... utriusque sexus desuper [...] manentes, et etiam qui de his supra dictis servis nostris ex fiscis cop[...] latas sibi habent uxores. (*Extr. [...] diplôme 2 de Charles-le-Gros, d[...] l'an 884.* D. Bouquet, t. IX, p. [...] et 335.)

Anno primo regnante Theoderico,... ego Wideradus... dono ad basilicam Sancti-Andochii... totum illum clausum... cum manso et colonia il[...] quæ modo tenet.... Sichertus; et ipsum Sichertum cum uxore sua, et infantes eorum. (*Extr. d'une donation.* Actes des Saints de l'ordre de Saint-Benoît, première part[...] troisième siècle, p. 685.)

Ego... Troannus comes et uxor mea Bova... donamus, donatumque perpetuo esse volumus ad monasterium Sancti-Martini,... prope Turonis civitate... res proprietatis nostræ, in pago Vindocinense;... id est, man[...]

°. Plusieurs textes déjà cités dans ce chapitre montrent qu'au neuvième siècle un feu d'esclaves était attaché au manse atier substitué à chaque prêtre ;

5. D'une lettre du pape Jean VIII à Adalard, archevêque de Tours ; pour faire l'application de cette preuve et saisir son rapport avec celles qui ont fixé à l'article précédent l'étendue du manse à six arpents de Paris, on n'a qu'à considérer si la culture de six arpents n'exige pas le travail d'une famille, et si une étendue de moins de six arpents pourrait fournir l'entretien d'une famille de colons et la part du propriétaire.

Nota. On n'établit point ici de preuve expresse sur la valeur du terme *villa*, employé souvent dans les textes cités dans ce chapitre, parce que l'analyse de ce mot n'est nullement nécessaire ; on observera seulement que la traduction que quelques auteurs en ont donnée par les noms de *village* ou de *hameau* n'est pas sûre, et ne saurait même être exacte ; puisque le nom de *village* ou de *hameau* désigne une collection d'habitations,

in juris nostri indominicatum cum omnibus, ædificiis, et reliquis adjacentibus, vineis, sylvis, pascuis ; ... cum mancipiis ibidem commanentibus, id est Godobertum et uxorem ejus ... cum infantibus eorum tribus ... et alio in ipso pago ... mansos servatiles tres cum suis appendiciis ... et in tertio loco ... mansum indominicatum cum appendiciis suis... Donavi præterea ad præfatam monasterium mancipia juris nostri triginta.... Hæc omnia superius comprehensa, id est, tam rebus quam mancipiis, vel aliquid in prædictis locis habere visi sumus,... ad ipsum monasterium. (*Extr. d'un acte de donation faite en 833. Appendice des Annales de l'ordre de Saint-Benoît, art. 35, t. II, p. 736.*)

1°. ... cum filio meo Hilferico, justa consilium ... Jonæ episcopi præfatam capellam ... rebus proprietatis nostræ dotamus.... Donamus atque in perpetuo do[natum] esse volumus ... mansum quem Beruoinus tenet, cum ipso dicto servo, et conjuge sua vocabulo Bertilla ac prole eorum, ... donamus ... alium mansum in ipso pago ... cum ancilla nomine Leobertane, et prole ejus. (*Extr. d'une lettre de l'évêque Jonas, contemporain de Charles-*

le-Chauve. OEuvres de Réginon, appendice d'anciens actes, p. 621.)

Monasterio ecclesiæ Sancti-Benigni, quod est constructum in pago Divionensi ... ego in Dei nomine Ademarus et conjux mea ... cedimus ... ex rebus proprietatis et juris nostri, capellam, ... mansumque unam indominicatum, ... et mansa vestita septem cum suprapositis, et mancipiis utriusque sexus, numero XLVIII. (*Extr. d'un acte de donation de l'an 886, Charles bourguignonnes, recueillies par Pérard, p. 160.*)

2°. *Voyez au n° 3 de l'art. III de ce chapitre, les extraits des capitulaires, et des écrits d'Hincmar et de Réginon.*

3°. Omnium vestrum religiositatem volumus scire ... quoniam presbyteri diœcesis Turonici ad nostrum accesserunt pontificium, suggerentes ut firmaremus auctoritate apostolica illis et capitulare regum ... scriptum, ut debeat unaquæque ecclesia proprium mansum habere cum mancipiis quatuor.... Nos illorum precibus inclinati volumus, ... ut præfata scripta ... sint ... modis omnibus observanda. (*Extr. d'une lettre du pape Jean VIII à Adalard, archevêque de Tours, de l'an 8-8. Conciles de Sirmond, t. III, p. 183 et 184.*)

et que *ville*, dans le commun des textes qui l'emploient, paraît seulement désigner une collection de manses, c'est-à-dire une certaine étendue de propriétés territoriales.

OBSERVATION sur le texte de l'édit de Piste cité à l'article 1er du chapitre V de ce livre.

Ceux qui ont supposé que les deniers dont il est ici question étaient une « monnaie d'épreuve ou d'essai de boîte, » n'ont pas fait assez d'attention à la somme considérable qui devait résulter de cinq livres pesant d'argent monnayé, rapportées à Charles-le-Chauve d'autant de comtés qu'il y avait de fabriques de monnaies dans le royaume.

Ils auraient dû remarquer encore que tout le poids de métal que le prince livrait à la monnaie lui était rendu sous une seule espèce ; s'il eût été question de monnaie d'épreuve, et qu'il y eût eu plusieurs monnaies réelles également usitées, le prince eût nécessairement dû demander des épreuves de toutes ces monnaies.

Enfin, ceux qui ont discuté le texte de l'édit de Piste sur la monnaie n'ont pas observé que le prince en ordonna une refonte générale, et supprima, à un terme donné, toute autre monnaie que celle qu'il établit uniquement en deniers.

DISCUSSION d'une contradiction qui se trouve entre les preuves de l'article III du chapitre V de ce livre et les textes de la loi salique.

On trouve dans la loi salique des textes qui supposent qu'un sou est composé de 40 deniers ; mais cette contradiction frappante entre cette loi et tous les autres monuments ne peut pas détruire l'autorité des preuves qui viennent d'établir que le taux général du sou était fixé à 12 deniers ; on doit même remarquer dans les lois générales citées ici l'objet positif de rectifier le dispositif de la loi salique, quand elles ordonnent « que tous les paiements qui se font parmi ceux qui suivent la « loi salique, que toutes les compositions imposées par cette « loi s'acquittent entre les Francs par sous de 12 deniers, » c'est absolument dire : le sou de 40 deniers établi par la loi salique n'aura plus de cours.

Discussion des preuves de l'article II du chapitre VII de ce livre.

On pourrait observer que les lois qui réglèrent les charges publiques de chaque citoyen sur le nombre des manses qu'il possédait, n'avaient pas une base parfaite, puisque celui qui possédait cinq manses dans un terrain ingrat était réellement moins riche qu'un autre qui n'aurait eu en propre que deux manses très-fertiles ; on induirait de là que chaque manse étant censé de même valeur, tous ne pouvaient avoir la même étendue dans des sols différents : mais les faits mêmes s'opposent à cette induction : le gouvernement n'eût pu régler la mesure du manse sur la valeur productive que par le moyen d'un cadastre, et il n'en exista jamais dans l'empire franc : tous les monuments qui prouvent l'usage de la mesure par manse, prouvent encore que le gouvernement n'établit point cette mesure, qu'elle fut comme l'arpent une certaine étendue convenue et invariable. Si nos premières lois se contentèrent de cette base imparfaite pour la dispensation des charges publiques, c'est qu'elles ne spéculèrent point sur la nécessité des impôts réels, et que la seule obligation onéreuse des hommes libres, celle du service militaire personnel, étant jointe par la constitution à la faculté d'exercer les droits les plus précieux des citoyens, les Francs furent plus portés à ambitionner cette charge qu'à la fuir. Ces points de notre constitution seront établis sur les preuves les plus solides dans la suite de cet ouvrage, mais on peut déjà offrir ici une preuve positive, que le mot manse signifia une certaine étendue fixe d'une surface de terre quelconque, et non une terre d'une certaine valeur dans une étendue incertaine ; les textes prouvent que le nom de manse s'appliquait aussi bien à des terrains entièrement incultes et sans produit qu'à des terres fécondes et cultivées ; cette preuve résulte :

1°. D'un capitulaire de Charlemagne déjà cité ; il marque précisément que ce sont les manses cultivés sur lesquels se mesure l'obligation du service militaire ;

2°. D'un diplôme de Louis-le-Pieux ; il fait donation de

1°. *Voyez* un capitulaire de Charlemagne, au chap. VII de ce livre, art. II, n° 1, seconde autorité.

2°. Concessimus ... res nostras .., id
est ... mansos quatuor inter vestitos et absos. (*Extr. du diplôme* 172 *de Louis-le-Pieux, de l'an* 832. D. Bouquet, t. VI, p. 574.)

plusieurs manses dont les uns sont cultivés et les autres incultes;

3°. D'un grand nombre de textes recueillis par Du Cange, ils montrent qu'à la fin du neuvième siècle on mesurait par manses les terres incultes aussi bien que les terres cultivées, en comptant dans la consistance de divers domaines un nombre de manses *vêtus* ou ensemencés, et un nombre de manses *vides* ou incultes.

3°. Charta Caroli C. apud Perardum.... Terras apsas (vel absas) ubi possint seminari modii c.

Charta Odonis, regis Francorum. In pago Matisceni ... mansos tres vestitos, cum terra apsa ad ipsam potestatem in eadem villa aspiciente ... de potestate mansos tres apsos.

Charta Ottonis I, imperatoris. De qua terra sunt mansa xi, v vestita, alia vero vi manent absa.

Charta Caroli, regis Burgundiæ, filii Lotharii ... Colonica una vestita, et altera absa.

Charta Caroli III, imperator[is] Mansos inter absos et vestitos triginta tres.

Charta Herivei, episcopi Eduensis.... Mansos duos penitus absos et omni cultura destitutos, pascuis solummodo animalium aptos. (*Frugm.*

de plusieurs actes du neuvième siècle, recueillis au glossaire de Du Cange, au mot *Absus*.

Charta Conradi regis, an. ... Omnia in omnibus cultis, et incultis, vestitis et desertis, quæsitis et quarendis, et cætera. Alia ejusdem anni... Villam nostram ... cum mansis vestitis, advestiendis. (*Extr. du glossaire de Du Cange*, au mot *Vestitum*)

Charta Rogenfredi, episcopi Carnotensis an. dccccliv. Villam ... cum xxx mansis cultis et incultis.

Charta apud Baldricum Noviom[ensem] mansos... vestitos xii et alios, qui nuper vestiti sunt xii, qui nec adhuc integrum possunt solvare censum absos xvi. (*Extr. du glossaire de Du Cange*, aux mots *Mansi sedile et Mansi nudi.*)

LIVRE QUATRIÈME.

CHAPITRE Ier.

De l'existence de l'esclavage de la glèbe dans l'empire franc.

I. La preuve que le nom de *colons* désignait, dans la monarchie primitive, des esclaves attachés à la culture, résulte :

1°. Des textes du Glossaire de Du Cange ; pour fixer le sens du mot *colon*, il cite l'acte de testament de saint Remi, qui donne la liberté à certains colons, et veut que les autres demeurent dans la servitude ; » il cite un acte de donation du huitième siècle, où l'on aliène avec la terre « les hommes y demeurant dans l'état de colons ; »

2°. De la loi des Bourguignons ; elle assimile l'esclave et le colon dans les cas d'accusation criminelle où le maître doit satisfaire pour l'esclave ;

3°. De la loi des Bavarois ; elle emploie comme synonymes les noms de colon et d'esclave ;

4°. Des capitulaires de Charles-le-Chauve ; ils distinguent l'homme libre de « l'esclave ou colon, » n'exigeant des hommes libres, pour certains délits, que des satisfactions pécuniaires ; assujettissant les esclaves ou colons, pour les mêmes délits,

---

I. — 1°. Sanctus Remigius Remensis episcopus in testamento suo, apud Hincmardum, lib. 1, Hist. Rem., cap. xviii, alios ecclesiæ colonos libertate donat, alios in servitute permanere decernit.

Donatio Haganonis ad Sanctum-Martinum Turonici, imperante Ludovico : Fridegiso abbati trado mansum nostrum indominicatum ... cum hominibus ibidem commorantibus, quos colonario ordine vivere constituimus. (*Extr. du glossaire de Du Cange, au mot Colonus.*)

2°. Si a quocumque crimine objicitur, ... sive servus Romani sive Burgundionis, ... non compellatur dominus sacramenta præbere neque pro servo, neque pro originario : sed quum crimen objectum fuerit, seu servi, seu coloni, pretium juxta personæ meritum fiat, quod dominus ejus cujus servus est aut colonus, ... percipiat. (*Extr. de la loi des Bourguignons*, tit. 7. D. Bouquet, t. IV, p. 259.)

3°. De colonis vel servis ecclesiæ, qualiter serviant, vel qualia tributa reddant. (*Extr. des lois des Bavarois*, tit. 14, art. 1. Baluze, t. I, p. 100.)

4°. Inventus mixti, vel minus quam pensatis, denarii monetator ... qui hoc consenserit, si liber est, sexaginta solidos componat. Si servus vel colonus, nudus cum virgis vapulet.

Si quis reputatus fuerit mensuram adulterasse, ... si liber homo est, aut secundum suam legem se inde sacramento idoneum reddat, si ... comprobatus fuerit, a ministris reipublicæ tollatur ab eo ; insuper et bannum

aux verges et aux épreuves appelées jugement de Dieu; en ou-
vrant aux hommes libres la voie de justification par le serment
dans les mêmes circonstances où ils soumettent les esclaves
aux épreuves judiciaires;

5°. D'un diplôme de Charles-le-Chauve; c'est par un privilége *ad hoc* qu'il autorise les moines de Marmoutier à proposer
pour l'état ecclésiastique « les colons ou esclaves » qu'eux-
mêmes auraient élevés à ce dessein;

6°. Des Actes du concile d'Orange, et du concile d'Orléans
tenu l'an 538; ils marquent positivement que la condition
du colon est la servitude, et qu'il faut en être affranchi par
lettre ou testament pour pouvoir parvenir aux honneurs ecclésiastiques;

7°. D'un capitulaire de Charlemagne; il traite cette question : « Quand un esclave a épousé la colone d'un autre, à
« qui leurs enfants doivent-ils appartenir? » et montre ainsi
une distinction entre le titre d'esclave et celui de colon; mais
il fixe aussitôt après la conformité de leur état civil, car il

nostrum, id est, solidos sexaginta, componat. Si autem colonus vel servus inde reputatus fuerit, judicio Dei se inde examinet; aut si convictus fuerit ... virgis nudo corpore vapulet. (*Extr. d'un capitulaire de Charles-le-Chauve, dans l'édit de Piste*, tit. 36, art. 16 et 20. Baluze, t. II, p. 180 et 182.)

Si autem cum nullus accusaverit, excondicat se prædicto modo et juret. ... Si autem fiscalinus noster ita infamis in fiscum nostrum confugerit, vel colonus de immunitate in immunitatem confugerit ... si nullus eum comprobare voluerit, ... tamen suam infamiam ad Dei judicium purget, et per illud Dei judicium aut liberetur aut condemnetur.... Si servus alicujus ita clamosus est, ... et si nullus eum comprobare voluerit, ad Dei judicium prædicto modo se examinet, et per illud Dei judicium aut liberetur aut condemnetur. (*Extr. d'un capitulaire donné à Querzy, l'an 873*, tit. 45. Baluze, t. II, p. 229.)

5°. Rainaldus abbas monasterii Sancti-Martini Majoris... supplici voce innotuit culmini dignitatis nostræ, quatenus concederemus... sancto loco, ut quisquis ex fratribus ejusdem congregationis de colonis aut servis Sancto-Martino olim attributis aliquem nutrierit aut docuerit,... habeat licentiam... ad sacerdotale onus provehere sine aliqua alicujus insultatione. (*Extr. d'un diplôme de Charles-le-Chauve*. D. Bouquet, t. VIII, p. 149.)

6°. In ecclesia manumissos, vel per testamentum ecclesiæ commendatos, vel quis in servitutem, ... vel ad colonariam conditionem imprimere tentaverit, animadversione ecclesiatica coerceatur. (*Extr. des actes du concile d'Orange, de l'an 441, canon 7*. Sirmond, t. I, p. 71.)

Ut nullus servilibus, colonariisque conditionibus obligatus, ... ad honores ecclesiasticos admittatur, nisi prius aut testamento, aut per tabulas legitime constiterit absolutum. (*Extr. des actes du concile d'Orléans de l'an 538, canon 26. Sirmond, t. I, p. 235.*)

7°. Continebatur... in primo capitulo, utrum ubi colonam servi cujuslibet uxorem acceperit, infantes illorum pertinere deberent ad illam colonam an ad illum. Considera enim si proprius servus tuus alterius propriam ancillam sibi sociaverit, aut alterius servus proprius tuam propriam ancillam ad uxorem acceperit,

résout la question proposée par ces mots : « Si votre propre « esclave eût épousé la servante d'un autre, voyez auquel de « vous deux leur race devrait appartenir, et faites de même « dans ce cas-ci ; parce qu'il n'y a d'autre différence de condi- « tions que celle de libre et d'esclave ; »

8°. D'un autre capitulaire de Charlemagne ; il prononce for- mellement le droit du maître de réclamer son colon ou esclave demeurant dans le domaine d'autrui, et montre que, pour le colon comme pour l'esclave, c'est d'après l'état de ses parents que la cause se décide ;

9°. De deux capitulaires de Louis-le-Pieux ; ils veulent « que l'esclave ou colon soit forcé de revenir à la servitude « naturelle, » et n'établissent la prescription qu'après trente ans pour le colon, et vingt ans pour la femme colone, qui se raient dérobés à leur vrai maître ; ils veulent que si le colon d'un lieu épouse la colone d'un autre lieu, le maître de ce colon donne à la place de la colone qu'il acquiert une autre femme de même condition ; ils veulent enfin que le bien ou pécule des esclaves fugitifs, ainsi que le tiers ou les deux tiers de leurs enfants, soient rendus au véritable maître qui a réclamé avant le terme de la prescription relative à ces derniers ;

10°. **De plusieurs diplômes des premiers carliens et de plu-**

ad quem ex vobis eorum procreatio pertinere debeat, et taliter de istis tc ; quia non est amplius nisi liber et servus. (*Extr. du capitulaire 6 de Char- lemagne, de l'an 803, art. 1. Baluze, t. I, p. 401 et 402.*)

8°. Ut homines fiscalini, sive coloni vel servi, in alienum dominium com- morantes, a priore domino requisiti, non aliter eisdem concedantur, nisi ad priorem locum ubi prius visus fuit mansisse, illuc revertatur, et ibi di- ligenter inquiratur de statu ipsius cum cognatione ejus. (*Extr. du capi- tulaire 5 de Charlemagne, de l'an 803, art. 7. Baluze, t. I, p. 400.*)

9°. Colonus... vel servus ad natu- rale servitium, velit, nolit, redeat. (*Extr. d'un capitulaire de Louis-le- Pieux, de l'an 822, art. 7. Baluze, t. I, p. 630.*) Si quis colonum alienum in re sua triginta annos habuerit, ac si suum vindicet. Qui si infra triginta annos

inventus fuerit a domino cum filiis sibi debitis et omni peculio revocetur. Si vero mortuus fuerit, peculium ejus dominus revocet. Colona vero si vi- ginti annis in alieno dominio perman- serit, a priore domino non requira- tur. Colono duæ partes agnationis sequantur, colonæ vero tertia pars sequatur. Nam si agnatio infra viginti annos edita fuerit, quando adhuc co- lona domino competebat, repetenti- bus non negetur... Sane ne separatio conjugii fiat, præcipimus ut a domino coloni vicariæ mulieri cum agnatione partis tertiæ non negetur. (*Extr. d'un capitulaire de Louis-le-Pieux, de l'an 829, art 3. Baluze, t. I, p. 674.*)

10°. Conferimus... monasterio... sito in pago Tolosano, ... quidquid in eodem loco visi sumus habere,... cum ecclesiis ibidem constructis,... cum mancipiis et colonis,... et quidquid ibidem ad nos jure proprietatis per- tinere dignoscitur, cum ecclesiis, et

sieurs actes de donation et testament : les colons y sont aliénés avec les domaines comme accessoires inséparables de ces domaines ;

11°. De plusieurs anciennes formules où l'on voit qu'il était de droit que les maîtres réclamassent leurs colons et les personnes issues de leurs colons jusqu'à la seconde génération, et

servis, et colonis utriusque sexus, cum domibus, ædificiis, terris, etc. (*Extr. du diplôme 65 de Louis-le-Pieux, de l'an 817.* D. Bouquet, t. VI, p. 601.)

Donatione legitima tradidimus... loco Sancti-Stephani... undecim... curtes, cum... cultis vel incultis, servis, ancillis, colonis, fiscalibus... In pago Prisgaudi... villa cum suis appenditiis... sylvis... servis et ancillis, colonis et fiscalinis. (*Extr. du diplôme 21 de l'empereur Lothaire, de l'an 846.* D. Bouquet, t. VIII, p. 382 et 383.)

In villa Bidisciaco casam... cum cæteris ad se pertinentibus rebus, et factos x ; in villa Riliaco curtilem... cum suis appenditiis, et factos v et medium... cum suis colonis et servis ibi commanentibus... monasterio Glanæ condonavimus. (*Extr. du diplôme 59 de Charles-le-Chauve, de l'an 845.* D. Bouquet, t. VIII, p. 481.)

Notum sit omnibus... qualiter femina quædam, nomine Aglena... res quasdam suæ proprietatis per cartarum instrumenta olim Sancto-Dionysio contulisset ;... easdem res Sancti-Dionysii partibus delegamus, necnon etiam colonos, servos... tam ibi oriundos quam et aliunde translatos. (*Extr. du diplôme 281 de Charles-le-Chauve, de l'an 877.* D. Bouquet, t. VIII, p. 669.)

Cedo post obitum meum... ad... sacrosanctam ecclesiam... Sancti-Petri ...curtem meam... Item de colonis de ipsa curte.... (numero VIII), isti omnes cum uxoribus et filiis suis, agri, prata ... Item de Spehaticis (numero XII), isti omnes cum uxoribus et filiis suis, agri, prata, vel quidquid ad ipsos... pertinet...

Item coloni de ipsa curte Iliande ... (numero VIII), isti omnes cum uxoribus et filiis suis...

Item coloni de ipsa curte de Taurento (numero II),... isti omnes cum uxoribus et filiis suis... De Selaune coloni (numero IV), isti omnes cum

uxoribus et filiis suis. (*Extr. du testament de Tallon, évêque de Co... Annales de l'ordre de Saint-Benoît,* t. II, p. 707 et suiv.)

Dono ego in pago Tolosano... villas nostras... cum omni integritate soliditate, ecclesiis, ædificiis, domibus, mancipiis, colonis ibidem commanentibus, et merita libertorum. (*Extr. d'un acte de donation.* Annales de l'ordre de Saint-Benoît, t. I, p. 685.)

Dono ad... ecclesiam Sancti-Nazarii ego de alode parentum meorum villam ...cum soliditate et appenditiis, domibus,... campis, pratis,... servis... et colonis. (*Extr. du testament de Tisebert, évêque d'Autun, l'an 696.* Annales de l'ordre de Saint-Benoît, t. I, p. 702.)

11°. Veniens homo aliquis nomine ille, in pago illo, in malleo publico... hominem aliquem nomine illum interpellabat, repetebat ei eo quod genitor suus et genitrix sua illa coloni ei fuissent, et ipse illo suos colonos esse debebat, et malo ordine de ipso colonatico se abstrahebat... Ipse ille nullam rationem tradere, per quam ipse de ipso colonatico se abstrahere potuisset ; et... pro colono ipsius tum se recredidit vel recognovit. Sic... fuit judicatum ut ipse ille ipsum illum pro colono habere debeat. Et... comes ipsum illum per manus partibus ei vice est reddidisse. (*Extr. d'une formule de l'appendice de Marculfe.* D. Bouquet, t. IV, p. 514.)

Voyez la formule 1re de l'appendice de Marculfe, et la formule 165 de Lindenbrog : elles tracent les mêmes formalités à l'égard de celui qui réclamé colon par l'avocat d'un monastère, a différé de produire le serment judiciaire de son ingénuité.

Voyez la formule 4 de l'appendice de Marculfe ; elle trace les mêmes formalités à l'égard de celui qui est réclamé comme étant de race colone du côté de sa mère.

que ces personnes rentrassent dans la propriété du maître, à moins qu'elles n'eussent fourni des preuves formelles qu'elles n'étaient pas réellement de familles colones.

II. La preuve que les *accolæ* étaient des esclaves cultivateurs attachés aux domaines comme les esclaves, résulte :

1°. Des Annales de saint Bertin, des écrits d'Hincmar et de Réginon ; ils marquent que sous Charles-le-Chauve on mesura par « manses d'ingénus, manses d'esclaves, manses d'*accolæ*, » les contributions extraordinaires qui furent exigées après la guerre contre les Normands. Ils distinguent par les mêmes termes les manses sujets à la dîme ecclésiastique ;

2°. D'une charte de donation et d'un testament, des formules de Marculfe et autres anciennes formules, de dons, de ventes ou confirmations de possessions ; on y voit toujours

Voyez la formule 6 de Bignon ; elle trace les mêmes formalités à l'égard d'une femme réclamée comme étant de race colone par son aïeul.

Voyez la formule 5 de l'appendice de Marculfe ; elle trace les mêmes formalités à l'égard de la femme qui est réclamée, comme étant colone par son père ou par son aïeul.

II.—1°. Karolus cum Nortmannis in quatuor millium libris argenti ad pensam eorum paciscitur, et indicta per regnum suum coalatione ad idem resolvendum tributum, de unoquoque manso ingenuili exiguntur sex denarii, et de servili tres, et de accola unus. (*Extr. des Annales de saint Bertin, an 866.* D. Bouquet, t. VII, p. 92.)

Investiganda sunt a magistris et decanis presbyteris per singulas matrices ecclesias... quot mansos habent in sua parrochia ingenuiles, serviles et accolas unde decimam accipiat. (*Extr. d'une instruction synodale d'Hincmar.* OEuvres d'Hincmar, t. I, p. 716.)

Inquisitio de his quæ episcopus vel ejus ministri in suo districtu... inquirere debeant... per... parrochias suæ diœceseos.

Quot mansos (presbyter) habeat ingenuiles, et quot serviles, aut accolas, unde decima reddatur. (*Extr. des écrits de Réginon, liv. 1, p. 21 et 23.*)

2°. Dono... monasterio Sancti-Mar-

tini... Turonis... villas meas... quæ est constructa in pago Meldico... cum omnibus appendiciis suis.... in regno domini nostri Karoli magni imperatoris... In ipsa prædicta quæ... jure hereditario mihi legibus in alode obvenit, id est... tum ecclesiis una cum domibus, ædificiis, accolabus, mancipiis... Similiter et in ipso pago alia villa... quem do parte genitore meo... jure hereditario mihi... obvenit ... id est, tam ecclesiis, una cum domibus, ædificiis, accolabus, mancipiis, vineis,.... campis, pratis... Etiam et tertia villa in ipso pago Meldico... cum omnibus appendiciis suis... id est . tam ecclesiis una cum mansis, domibus... ædificiis, accolabus, mancipiis, vineis, silvis, pratis, campis, pascuis, farinariis... quantum ad ipsa villa.... aspicit. (*Extr. d'une charte du comte Elingaud, de l'an 856.* Annales de l'ordre de Saint-Benoît, t. III, p. 691.)

Le testament de Widerad (*Actes des Saints de l'ordre de Saint-Benoît*, troisième siècle, première partie, p. 683), fait sous le règne de Thierri III en faveur des monastères de Saint-Andoche de Flavigni, de Saint-Project, lègue des biens très-étendus situés dans beaucoup de lieux différents ; il conclut toujours chaque article dans le même sens et par les mêmes termes, ainsi qu'il suit.

« Toutes les choses susdites avec « toutes leurs dépendances et adja- « cences nous les donnons... avec les

que les *accolæ* doivent être ou sont aliénés avec les divers domaines.

III. La preuve que les *fiscalins* étaient de véritables esclaves du fisc, résulte :

1°. Des capitulaires de Charlemagne ; ils marquent que les fiscalins ne peuvent se prétendre libres, et qu'ils vivent dans la servitude ; ils les assimilent aux esclaves ou colons sujets au droit de suite du maître ;

2°. D'un diplôme de l'empereur Lothaire déjà cité ; il aliène des fiscalins avec des esclaves colons en même temps que le domaine ;

3°. D'un diplôme du jeune Lothaire ; il donne comme propre à l'église de Saint-Denis avec « un manse, un fiscalin « qui y est attaché avec sa femme et ses enfants, afin, dit-il, « que l'église de Saint-Denis possède à jamais ces biens et es- « claves. »

IV. La preuve que les *aldions* étaient cultivateurs et attachés aux terres résulte :

1°. Des capitulaires de Charlemagne ; ils marquent que les

« maisons, les édifices, les esclaves, « les *accolæ*, les affranchis. »

Voyez les formules 14 et 33 du livre 1 de Marculfe; l'une contient un modèle d'acte de donation, l'autre un modèle de confirmation royale d'une possession dominicale.

Voyez la formule 3 du liv. 11 de Marculfe, les formules 4 et 5 de Sirmond, les formules 4, 14 et 72 de Lindenbrog, la formule 27 de Baluze; ce sont autant de modèles d'actes de dons, ventes, échanges de domaines entre particuliers.

Dans cette multitude de formules on trouve toujours les esclaves, *accolæ*, comptés parmi les dépendances nécessaires des terres et aliénés avec ces terres.

III.—1°. Imperatoris... ut nemo... fiscales... qui se injuste et cum fraude liberos dicunt, celare, neque abstrahere cum perjurio vel alio ingenio præsumat. (*Extr. d'un capitulaire de Charlemagne, de l'an* 802, art. 4. Baluze, t. I, p. 363.)

Aldiones vel aldianæ... ea lege vivant in Italia in servitute dominorum suorum, qua fiscalini vel liti vivunt in Francia. (*Extr. d'un capitulaire de Charlemagne, de l'an* 803, art. 6. Baluze, t. I, p. 348.)

Voyez un capitulaire de Charlemagne à l'art. I de ce chapitre, n° 8.

2°. *Voyez* un diplôme du jeune Lothaire à l'art. I de ce chapitre, n° 10, seconde autorité.

3°. Ecclesiæ Sancti-Dionysii... in pago nuncupante Phanomartinse super fluvium qui vocatur Scaltus, mansum unum... quem Valentinus nomine fiscalinus ad deserviendum possidet, ipsumque cum uxore sua et infantibus ...ad proprium largimur jure perpetuali inibi mansurum,... ac... res et mancipia... ecclesia jam fata beati Dionysii perpetuis teneat atque possideat temporibus. (*Extr. du diplôme de Lothaire, fils de Charles-le-Chauve, de l'an* 860. D. Bouquet, t. VIII, p. 407 et 408.)

IV.—1°. *Voyez* le capitulaire cité à l'article précédent, n° 1, seconde autorité.

Ut... aldiones... qui... terram ecclesiasticam colunt... non a comite vel aliquo ministro illius ad ullam anga-

aldions vivent dans la servitude sous la même loi que les fiscalins et que ceux qui cultivent les terres de l'église, » n'obéissent qu'à leurs maitres ou à leurs patrons ;

2°. D'un capitulaire de l'empereur Lothaire : il prononce que « l'esclave ne peut devenir libre par la prescription de trente ans si son père ou sa mère fut esclave, et qu'il en est de même des aldions ; »

3. Enfin d'un diplôme de Charlemagne ; il donne des esclaves et des aldions comme étant, aussi bien les uns que les autres, dépendances essentielles d'un domaine dont il dispose.

V. La preuve que les *lides* étaient de condition servile et dépendants des domaines qu'ils cultivaient, résulte :

1°. Des lois saliques et ripuaires : ces lois fixent l'état des lides, en statuant que la femme libre perd sa liberté en s'unissant au lide, en distinguant les compositions du meurtre du lide, de celles du meurtre de l'homme libre, et les mettant fort au-dessous ;

2°. D'un capitulaire de Charlemagne ; il marque que les lides vivent dans la servitude aussi bien que les fiscalins et les aldions ;

3°. D'un diplôme de Charlemagne ; il rapporte un échange fait d'une terre pour une autre terre : les esclaves et lides y

---

riam seu servitium publicum seu privatum cogantur vel compellantur; sed quidquid ab eis juste agendum et a domino vel patrono suo ordinandum est. (*Extr. d'un capitulaire de l'an 801, ajouté à la loi des Lombards*, art. 20. Baluze, t. I, p. 352.)

2°. Quod per triginta annos servus liber fieri non possit, si pater illius servus, aut mater ejus ancilla fuerit, similiter et de aldionibus. (*Extr. d'un capitulaire de l'empereur Lothaire*, tit. 4, art. 10. Baluze, t. II, p. 330.)

3°. Donamus a nobis... Paulino, artis grammaticæ magistro, hoc est, res quondam et facultates... quæ fuerunt Waldandii... cum terris, domibus, ædificiis, cum servis et aldionibus. (*Extr. du diplôme 37 de Charlemagne*. D. Bouquet, t. V, p. 737 et 738.)

V.—1°. Si quis puer regis vel lidus ingenuam feminam traxerit, de vita componatur.

Si vero ingenua femina aliquemcunque de illis sua voluntate secuta fuerit, ingenuitatem suam perdat. (*Extr. de la loi Salique*, tit. 14, art. 6 et 7. Même dispositif dans la *rédaction de Charlemagne*, tit. 14. D. Bouquet, t. IV, p. 133 et 210.)

Si quis clericum interfecerit, juxta quod nativitas ejus fuit, ita componatur;... si litus sicut litum, si liber sicut alium ingenuum... componat. (*Extr. de la loi Ripuaire*, art. 5, tit. 36. D. Bouquet, t. IV, p. 241.)

2°. *Voyez* un capitulaire de Charlemagne à l'art. III de ce chapitre, n° 1, seconde autorité.

3°. Meroldus Cenomannis urbis episcopus, atque Rabigaudus ex Anisola monasterio abbas ad nostram accesserunt præsentiam, asserentes se,... res ecclesiæ inter se concamiare ; dedit memoratus episcopus... villa... in pago Cenomannico,... cum omnibus rebus ad se pertinentibus vel aspi-

sont changés avec les troupeaux , comme propres à chaque terre :

4°. De deux anciennes formules de charte d'hérédité : des lides y sont donnés avec les terres.

VI. La preuve que les *hommes du roi* et que les *hommes ecclésiastiques* étaient les colons ou esclaves attachés aux terres du fisc et de l'Église , résulte :

1°. D'un capitulaire de l'an 803 ; il prononce l'identité « des « hommes du roi et des fiscalins , et leur assimile les hommes « ecclésiastiques et les lides : »

2°. D'un capitulaire qui affirme que « les hommes eccl. « siastiques et les fiscalins » étaient attachés à la culture , aux mêmes conditions , et qui les appelle tous esclaves :

3°. D'un capitulaire de Louis-le-Pieux répété par deux autres ; ils assimilent encore « l'homme ecclésiastique et le fisca- « lin à l'esclave » en leur imposant des conditions plus dures qu'aux hommes libres dans des cas d'accusations semblables :

4°. Enfin de l'édit de Piste ; il impose des travaux serviles

cientibus; id est , omnibus terris, domibus, ædificiis,... mancipiis, litis, ...gregis cum pastoribus... In compenso dedit jam fatus Robigaudus... villa... in pago Cenomannico... cum omnibus appenditiis suis, cum terris, domibus, ædificiis, mancipiis, litis, etc. (*Extr. du diplôme 18 de Charlemagne, de l'an 774.* D. Bouquet, t. V, p. 724.)

4°. Ego hanc chartulam hereditariam in te fieri... rogavi , ut... quod ex alode parentum... mihi obvenit, in hereditate succedat,... terris, mansis, domibus, ædificiis, mancipiis, litis, libertis, accolabus. (*Extr. de la formule 47 de l'appendice de Marculfe.* Même dispositif dans la *formule 6a de Lindenbrog.* D. Bouquet, t. IV, p. 519.)

VI.—1°. Homo regius, id est, fiscalinus et ecclesiasticus vel lidus interfectus centum solidis componatur. (*Extr. du capitulaire 4 de Charlemagne, de l'an 803, art. 2.* Baluze, t. I, p. 395.)

2°. Qualiter ex factis aut mansis, vel quartis, servitium agatur. Pro nimia reclamatione quæ ad nos venit de hominibus ecclesiasticis seu fiscalinis... visum est nobis,

statuere, ut quicumque de præfatis hominibus quartam facti teneret, cum suis animalibus seniori suo plenariter unum diem cum suo aratro in campo dominico araret. Et qui minus quartam optima de terra haberet, secundum æstimationem suæ telluris, opera faceret. (*Extr. d'un capitulaire, liv... art. 303, collection de Benoit Levite.* Baluze, t. I, p. 886.)

3°. Si... rixati fuerint et unus alterum in ecclesiam fugerit, et ibi se defendendo eum interfecerit, si hujus facti testes non habuerit, cum duodecim conjuratoribus legitimis per sacramentum adfirmet se defendendo eum interfecisse... Si proprius servus hoc commiserit, judicio aquæ ferventis examinetur... De ecclesiastico et fiscalino et beneficiario servo volumus ... pro una vice wirgildas ejus pro eo componatur , altera vice ipse servus ad supplicium tradatur. (*Extr. d'un capitulaire de Louis-le-Pieux, de l'an 819, chap. 1.* Même dispositif à l'art. 13 du liv. 4 d'Ansegise et aux capitulaires de l'empereur Lotaire. Baluze, t. I, p. 597, 776 et t. II, p. 331 et 332.)

4°. Ut illi coloni tam fiscales quam et ecclesiastici .... quicquid eis cura

, des hommes qu'il appelle « colons fiscalins , colons ecclésiastiques. »

VII. La preuve que les tributaires ou hommes publics, et
spécialement les Romains tributaires, étaient dans la dépendance servile des terres, quoique d'une condition différente
de celle des simples esclaves, résulte :

1°. Des textes de la loi salique ; ils distinguent le « Romain
tributaire du Romain possesseur, » en imposant une composition de plus du double pour le meurtre du dernier que pour
le meurtre du premier ;

2°. De la loi ripuaire ; elle suppose que l'on payait la même
composition pour la mort du tributaire que pour la mort du
lide ;

3°. De deux actes de donation, dont l'un est tiré d'un livre de
donations faites à l'église de Salsbourg, et l'autre rapporté par
Du Cange ; le premier contient des domaines très-étendus : un
grand nombre de Romains tributaires sont donnés avec les domaines : on remarque à la fin de l'acte une distinction entre les
simples esclaves et les tributaires ; l'acte rapporté par Du Cange
fait don d'une terre avec ses dépendances, et compte parmi les
dépendances ses tributaires , et il ajoute en sus le don de « cent
« seize Romains tributaires , qu'il appelle aussi colons ; »

rare præcipitur... sine ulla differentia
carricent; et quidquid eis de opera
monoperæ... præcipitur... faciant.
(*Extr. de l'edit de Piste, de l'an 859,*
art. 29. Baluze , t. II, p. 188.)

VII.—1°. Si quis romanum tribu-
tarium occiderit, solidis xLv culpabilis judicetur. (*Extr. de la loi Salique,* tit. 41, art. 7. D. Bouquet, t. IV,
p. 147.)

Si quis romanus homo possessor,
id est, qui res in pago ubi remanet
proprias possidet, occisus fuerit, is
qui eum occidisse convincetur solidis
... culpabilis judicetur. (*Ibid.,* art. 15,
p. 148.)

2°. Si quis servum suum tributa-
rium aut litum fecerit, si quis eum
interfecerit, xxxvi solidis culpabilis
judicetur. (*Extr. d'un texte de la loi
ripuaire,* tit. 62. D. Bouquet, t. IV,
p. 247.)

3°. Dux... villam... cum omnibus
quæ habebant super fluvium Salt, ad

puellarum Dei monasterium deservire tradidit, quæ... ipse dux Theodebertus villam cum tributalibus
viris,... tradiditque tributales Romanos ad eumdem locum in diversis locis
centum sedecim,... tradiditque illuc
quæ dicitur Waginga cum mansis xL
et omnia quæ ad ipsam villam pertinent... deditque Romanos tributales
Lxxx. Dedit etiam... super Salzaha
fluvium casam et curtem cum omnibus
appenditiis suis, et... Lx inter servos
et tributales... homines. (*Extr. d'un
acte de donation.* Actes des Saints de
l'ordre de Saint-Benoît, troisième
siècle, première partie, p. 349.)

Donationes factæ ecclesiæ Salisbur-
gensi... Theodo dux... tradidit villam
cum tributalibus suis, tradiditque
tributales Romanos ad eumdem locum
in diversis locis colonos centum sedecim. (*Extr. du Glossaire de Du Cange
au mot Tributales.*)

4°. D'une charte de donation et d'une charte de confirmation de possession, accordées par Louis-le-Pieux à des églises et à des monastères; « elles concèdent les cens et tributs payés « de tout temps par les hommes publics et tributaires sur les « domaines; elles concèdent les hommes publics et tributaires « eux-mêmes, » comme dépendants immédiatement des domaines et y demeurants.

VIII. Les différentes dénominations par lesquelles on désignait, dans la monarchie primitive, les divers ordres d'hommes assujettis au joug de la servitude, indiquent assez des distinctions établies entre les conditions de chacun; mais s'il fallait entreprendre de les définir toutes démonstrativement, on ajouterait des longueurs sans bornes à un détail déjà trop pénible; celui que nous avons donné était seul nécessaire. C'est d'après lui que l'on pourra envisager désormais dans la monarchie, sous le simple titre d'esclaves ou serfs, tous ceux qui seront désignés par les monuments sous les noms de *servi mancipii*, fiscalins, lides, aldions, tributaires, hommes du roi, hommes ecclésiastiques, *accolæ*. Ces divers ordres de servitude ayant tous disparu dans la monarchie, il importe peu aujourd'hui de connaître les conditions qui furent particulières à chacun.

4°. Concedimus... ad præfatas basilicas quæ... jussu... genitoris nostri ... in terra.. Sclavorum... constructæ sunt... mansos duos cum superstantibus duobus tributariis... ut quidquid iidem tributarii in censu vel tributo solvere debent, hoc totum ad partem earumdem ecclesiarum omni tempore persolvant. (*Extr. d'une charte de Louis-le-Pieux*. D. Bouquet, t. VI, p. 633.)

Illius ecclesiæ archiepiscopus et abbas monasterii illius... obtulit nobis auctoritatem confirmationis... genitoris nostri... Caroli,... in qua invenimus insertum eo quod ipse et prædecessores ejus, reges videlicet Franco-

rum..., vallem Reumagensem, cum tributo quod a fisco exigebatur, vel hominibus publicis et tributariis in eadem valle manentibus, eidem... concessissent monasterio... Jubemus ut, sicut constat... eadem vallis Reumagensis, cum hominibus ibidem commanentibus vel aspicientibus, præfato concessa monasterio,... ab rectoribus vel ministris præfati monasterii cum tributo et hominibus commanentibus, publicis videlicet, possideatur, sicut olim a jure suo possessa... fuit. (*Extr. de la Charte de Louis-le-Pieux, de l'an 840*. D. Bouquet, t. VI, p. 644.)

CHAPITRE II.

Du grand nombre d'esclaves de la glèbe dans l'empire franc.

PREMIÈRE SECTION.

I Application des autorités citées précédemment pour les faire servir à la preuve que les esclaves étaient répartis en grand nombre sur les propriétés.

1°. Au dernier chapitre du livre précédent, article IV, on trouve un diplôme de Charles-le-Chauve où l'on voit que soixante esclaves joints à quatorze manses et demi sont donnés en échange à l'église de Saint-Denis ; un autre diplôme du même prince qui donne à des monastères avec « deux manses et demi, neuf esclaves, leurs fils et leurs filles. » On trouve au même article une donation faite par des particuliers à Saint-Martin de Tours, qui contient « cinq manses et trente-cinq esclaves ; » on y trouve enfin une autre donation d'un particulier au monastère de Saint-Benigne de Dijon, qui contient « huit manses et quarante-huit esclaves. »

2°. Au chapitre Ier de ce livre, on trouve l'extrait d'un testament de l'évêque de Coire, fait au règne de Pépin ; il lègue au monastère de Saint-Pierre des terres, maisons, domaines en quatre lieux différents, et en tout, « cinquante-six colons nommés dans l'acte, dont trente-six avec leurs femmes et leurs enfants. »

On y trouve également un acte de donation du duc Théodebert aux religieux du monastère de Nuremberg, qui comprend, avec des domaines très-étendus en divers lieux, « cent quatre-vingt-seize Romains tributaires et soixante hommes, tant esclaves que tributaires. »

II. Autorités nouvelles qui ajoutent à la preuve précédente.

L'éloge historique d'Alcuin suppose qu'il avait, sous Char-

I. — 1°. *Voyez* au dernier chapitre du livre précédent, art. IV, n° 1, neuvième autorité, le diplôme 123 de Charles-le-Chauve ; à la treizième autorité et à la quatorzième, les diplômes 182 et 271 du même prince ; à la dix-huitième autorité, un acte de donation faite à Saint-Martin-de-Tours ; à la vingtième autorité, un acte de donation faite au monastère de Saint-Benigne de Dijon.

2°. *Voyez* au chapitre précédent, art. I, n° 10, cinquième autorité, l'extrait d'un acte de testament du règne de Pépin, et à l'art. VII, n° 3, un acte de donation du duc Théodebert.

II. Ernst fortasse qui in Alcuino culpent ... quod habuerit multos ser-

lemagne, vingt mille esclaves répartis sur quatre monas-
teres; un acte de donation faite par un particulier à l'Ordre
de Saint-Martin de Tours, concéde quatre terres dans le canton de Meaux avec les esclaves; l'auteur de la donation « fait
« une exception sur chaque terre en faveur de plusieurs es-
« claves qu'il affranchit, et dont le nombre total est de trois
« cent soixante-six. »

On peut juger par l'exception combien le nombre total était
considérable.

III. Récapitulation des autorités déjà citées, et employées ici à prouver la réparti..
des esclaves sur un grand nombre de domaines

1°. Au dernier chapitre du livre précédent, on peut compter dix-sept actes de donations faites par les rois, les églises
ou les particuliers; plusieurs de ces donations renferment des
domaines très-vastes dans des cantons divers, et toutes comprennent des esclaves sous quelqu'un des noms qui leur étaient
alors attribués.

2°. En parcourant les autorités qui ont été rassemblées au chapitre précédent pour prouver l'existence de l'esclavage sous diverses dénominations, on y reconnait que les domaines royaux,

vos, id est, si Elipando Toletano
episcopo credimus, viginti millia
servorum. Verum est quidem cum
abbatias tenuisse plures in Gallia,
Ferrariensem cum cella Sancti-Lupi,
Turronicam Sancti-Martini, cum cella
Cormaricensi, ... et servos habebat
non alios, ut puto, quam monasteriis
suis addictos. (*Extr. de l'éloge historique d'Alcuin*. Actes des Saints de
Saint-Benoît, quatrième siècle, première partie, p. 184.)

Dono in ... monasterio Sancti-Martini, qui est constructus in oppidum
Turonis civitate ... villas meas ... qui
est constructus in pago Meldico....
In ipsa prædicta villa, quæ ... jure
hereditario mihi legibus in alode obvenit; ... id est, tam ecclesiis una
cum domibus, ædificiis, accolabus,
mancipiis, vineis, sylvis ... pratis ...
excepto mancipia denominatas per
numero clxxxii ... Similiter et in ipso
pago alia villa ... quem ... jure hereditario mihi legibus ... tam ecclesiis,
una cum domibus, ædificiis, accola-

bus, mancipiis ... excepto mancia
denominatas per numero cxxv....
Etiam et tertia villa in ipso pago M?
dico ,... cum omnibus appenditiis...
... una cum mansis, domibus, ædificiis, accolabus, mancipiis,... excepta
mancipia denominatas per numero
xs..... Ista omnia superius nominata,
excepto illa mancipia per numero in
totum ccclxvi, quem ... ingenuos re-
laxavi, ... ad ipso ... monasterio ...
per donationis titulum ibidem dele-
gavi. (*Extr. d'une charte du règne
de Charlemagne*. Appendice des Annales de l'ordre de Saint-Benoît,
t. III, p. 671.)

III. — 1°. *Voyez* tout l'art. IV du
chap. VII, du livre précédent.

2°. *Voyez* au chapitre précédent,
art. I, n° 1, seconde autorité, la
donation d'un manse dominical; au
n° 10, le diplôme 65 de Louis-le-
Pieux; le diplôme 24 du jeune Lothaire; les diplômes 59 et 281 de
Charles-le-Chauve; le testament de
l'évêque de Coire; un acte de dona-

...lésiastiques et laïcs, alleux ou propriétés indépendantes, ...anses dominicaux ou demeures des maîtres comportaient des ...claves cultivateurs, et l'on va voir que les bénéfices même ...en étaient pas dépourvus.

§ Preuve de l'existence des esclaves sur les domaines donnés en bénéfice ou à vie.

1°. Deux capitulaires de Louis-le-Pieux distinguent « l'esclave fiscalin, l'esclave ecclésiastique, l'esclave du bénéfice. »

2°. Trois autres capitulaires traitent en général des « esclaves des bénéfices royaux. »

3° Une lettre d'Éginhard, un acte du neuvième siècle font reconnaître des esclaves sur des bénéfices.

4°. Trois actes de donation de domaines comprennent des

...au monastère de Moissac, et une ...ation d'alleu faite par l'évêque ...Autun.

Voyez à l'art. II, n° 2, une charte ...un testament qui concèdent des ...ens très-étendus situés en divers ...aux.

Voyez à l'art. III, n° 3, un di...me du roi Lothaire qui donne en ...te propriété un manse de son do...aine à l'église de Saint-Denis.

Voyez à l'art. IV, n° 3, un diplôme ...Charlemagne, qui donne une terre en propriété, et à l'art. V, n° 4, ...eux formules anciennes.

Voyez à l'art. VII, n° 3 et 4, une ...onation du duc Théodebert, qui ...oncède des biens très-étendus au mo...astère de Nuremberg; une charte ...donation d'une terre à l'église de Salsbourg, et une charte de donation ...e Louis-le-Pieux à plusieurs églises dans le pays des Esclavons.

IV. — 1°. De ecclesiastico et fiscalino et beneficiario servo volumus ut wirgildus ejus pro eo componatur. Extr. du capitulaire 1er de Louis-le-Pieux, de l'an 819, art. 1; même dispositif dans la collection d'Ansegise, liv. IV, art. 13. Baluze, t. I, p. 598 et 777.

Nullam de ecclesiastico aut beneficiario vel alterius persona servo discretionem lex facit. (Extr. du capitulaire 3, de l'an 819, art. 7. Baluze, t. I, p. 609.)

2°. Et qui nostrum habet beneficium diligentissime prævideat ... ut nullus ex mancipiis ad illum pertinentes beneficium, fame moriatur. (Extr. d'un capitulaire de Charlemagne, de l'an 794, art. 11. Baluze, t. I, p. 264.)

Auditum habemus qualiter et comites, et alii homines qui nostra beneficia habere videntur, comparant sibi proprietates de ipso nostro beneficio, et faciunt servire ad ipsas proprietates servientes nostros de eorum beneficio, et curtes nostræ remanent desertæ. (Extr. du capitulaire 3 de l'an 806, art. 7; même dispositif dans la collection d'Ansegise, liv. III, art. 19. Baluze, t. I, p. 453 et 588.)

3°. Wolfgarius episcopus, me petente, beneficiavit homini nostro Gerberto... de ratione Sancti-Kiliani mansos III et mancipia XII. (Extr. de la lettre 6 d'Éginhard. D. Bouquet, t. VI, p. 370.)

Advocatus Hildebranno comiti, ... mallavit hominem aliquo, nomine Dodono, quod servus erat domino Karolo de suum beneficium, de villa quæ dicitur Jovo, quæ est in pago qui dicitur Augustidunense. (Extr. du quatorzième acte de donation faite en 868. Recueil de Pérard, p. 34.)

4°. Ego Eccardus... comes, et conjux mea Richeldis... donamus... res nostras ad monasterium... Sancti-Benedicti

parties déléguées en bénéfices, et sur ces bénéfices des esclaves.

5°. Enfin une formule angevine trace l'engagement d'un
bénéficier, et parmi les objets qu'il reconnait tenir à vie, les
esclaves sont spécifiés.

V. Preuve qu'au neuvième siècle on ne supposait pas un domaine dépourvu d'esclaves.

1°. Au dernier chapitre du livre précédent, article IV, il a
été établi qu'on estimait généralement quatre esclaves par
manse de six arpents, et que ce nombre était exigé par les lois
ecclésiastiques générales sur le manse attribué au prêtre des-
servant chaque paroisse.

2°. Les formules de Marculfe ont embrassé à peu près
tous les objets qui pouvaient donner lieu aux contrats et
actes publics et privés, pour en présenter des modèles réguliers. En épuisant toutes celles de ces formules qui traitent de dons, de ventes, d'échanges, de prestations bénéfi-
ciaires, de transports de propriété ou de possession, on en

Floriacensis ... quæ sitæ sunt in pago
Augustidunense, atque in pago Ma-
tisconense, seu in Cabilonense, id est,
in villa quæ dicitur Patriciacus cum
ecclesia ... cum servis et mancipiis
utriusque sexus, ... quidquid ad jam
dictam villam aspicit, ... tam ea quæ
nos indominicata habemus, quam
etiam quæ vasalli nostri ... de alodo
in beneficio videntur habere. (*Extr.
d'un acte de donation faite en 840.
Recueil de Pérard*, p. 22.)

Sancto-Benedicto Floriacensi ...
tradite : terram ... ejusdem sancti,
quæ eidem subjacet ecclesiæ, post
obitum Johannis et ejus filii, item
nomine Johannis, qui ex meo possidet beneficio, cum meo manso ... et
alium ... cum duobus mansis, servis
et ancillis, pratis, vineis, terris cultis et incultis. (*Extr. d'un acte des
legs du même comte Eccard. Recueil
de Pérard*, p. 29.)

Donamus ... quod superest, ubicumque intra ipsos pagos nostra est
possessio, vel ad vassos nostros bene-
ficiatum habuimus, ... cum domibus,
ædificiis, mancipiis. (*Extr. de la
Charte du comte Éberard pour la do-*

tation du monastère de Montier, sous
le règne de Thierri de Chelles. Appendice des Annales de l'ordre de Saint-
Benoît, t. II, p. 701 et 702.)

5°. Abbat .... ego illi ... Fecisti
mihi beneficium de rem vestra, et
domni illius, hoc est locello cogno-
menante, in pago illo, cum casis,
campis, terris, mancipiis, ... pratis,
pascuis ... et spondio vobis annis singulis censu soledus tantus, et post
quoque meum discessum jure vestro
et domni illius cum rem meliorata,
quantumcumque in ipso loco inventum fuerit, revertatur. (*Extr. de la
7e formule Angevine. D. Bouquet,
t. IV, p. 566.*)

V. — 1°. *Voyez* les autorités citées au dernier chapitre du livre précédent, art. IV.

2°. *Voyez* au liv. 1 des formules de
Marculfe, la 2e pour donation; la 9e
pour confirmation de possession; la
13e de prestation bénéficiaire; la 14e
pour donation; la 30e pour échange;
les 31e, 33e et 35e de confirmation de
propriété.

Toutes pour des actes royaux.

Voyez au liv. 11 des mêmes formu-

trouve le nombre de vingt-deux; or, sur ces vingt-deux, il y en
a vingt et une où les esclaves sont expressément comptés parmi
les objets existants sur les terres, aliénés et concédés avec les
terres.

3°. Et enfin, six formules de différents auteurs déjà indiquées rentrent dans le sens de celle de Marculfe.

SECONDE SECTION.

Preuve que les esclaves de la glèbe étaient repartis dans toutes les provinces de l'empire franc.

Cette preuve doit s'opérer par un tableau qui embrasse
toutes les parties du royaume, et qui démontre l'existence d'un
grand nombre d'esclaves attachés aux terres dans presque
toutes les provinces. Si sur vingt-huit provinces il y en a six
où les preuves manquent, on ne peut pas raisonnablement
opposer une aussi petite exception à la preuve générale; il sera
plus naturel de s'étonner qu'on ait pu arracher à la nuit des
temps autant de lumières sur des faits aussi épars dans le chaos
des monuments, que d'admettre quelques doutes sur ce que
ces lumières n'ont pu se réunir sur tous les points.

Pour obtenir la preuve dont il s'agit, on divise l'ancienne
France selon la géographie moderne.

les pour actes entre particuliers; les
1°, 2°, 3°. 6°, 7° pour donation; les
10°, 11°, 12° pour actes d'hérédité; la
13° pour acte de partages; les 15°,
16° pour actes de donation; les 19°,
3° et 36° pour actes de vente, d'é-
change, de donation.

Ce total de vingt-et-une formules
présente partout des esclaves comme
appartenances et dépendances de
toutes sortes de domaines et comme
aliénés avec eux.

3°. *Voyez* à l'art. II du chapitre
précédent, n° 11, l'indication de six
formules de différents auteurs.

SECTION II. Cette preuve s'établit par
des actes multipliés dont le seul point
qui importe ici est l'existence des esclaves donnés aliénés ou possédés avec les
terres. Si, pour réaliser cette preuve,
on s'assujettissait à la forme adoptée
pour le reste de l'ouvrage, et que l'on
fournît les originaux latins, on produirait un volume dont l'étendue et
les détails seraient inutiles et très-
pénibles aux lecteurs. On a donc cru
devoir se borner à indiquer chaque
original à côté de chaque assertion.

On observera de plus que la chaîne
des preuves qui a précédé ce dernier
tableau, établissant déjà l'existence,
l'étendue, la généralité de l'usage de
l'esclavage de la glèbe dans l'empire
franc, a dû préparer nos lecteurs à
envisager comme un fait très-croyable la répartition des esclaves sur les
différents territoires; et qu'enfin,
dans ce tableau, le recours aux originaux est ouvert avec ordre à tous
ceux à qui il importera de s'assurer
de leurs propres yeux de la vérité
des assertions.

PREMIÈRE DIVISION.

La Germanie, tant en deçà qu'au delà du Rhin, vient de la France.

On produit treize actes authentiques qui prouvent de esclaves attachés aux terres dans les territoires d'Aix-la-Chapelle, de Trèves, de l'Allemagne, de la Frise, de la Batavie, et dans d'autres territoires d'en deçà ou d'au delà le Rhin.

1re Division. Esclaves demeurants sur les terres ou fisc, dans le territoire d'Aix-la-Chapelle. — Voyez un capitulaire de Charlemagne. (Baluze, t. I, p. 342.)

Esclaves demeurants sur les terres du monastère de Prum, situé dans le diocèse de Trèves. — Voyez le diplôme 5 de Charles-le-Chauve, de l'an 845. (D. Bouquet, t. VIII, p. 577 et 578.)

Esclaves de l'un et de l'autre sexes attachés à des biens de propriété particulière situés sur le Rhin. — Voyez un acte de donation passé sous le règne de Charlemagne en faveur du monastère d'Honove, acte 19. (Appendice des Annales de l'ordre de Saint-Benoit, t. II, p. 699 et 700.)

Esclaves attachés aux biens du monastère de Fulde, situé au delà du Rhin. — L'existence de ces esclaves est marquée, dès l'époque même de l'institution du monastère, dans une lettre de saint Boniface au pape Zacharie. (Antiquités de Fulde, liv. III, p. 201 et 202.)

Un acte de Charlemagne porte:

« Non-seulement nous avons conféré de grands biens au monastère de Fulde, mais nos fidèles lui ont fait de grands dons tant en terres qu'en esclaves. »

Cet acte est contenu dans les Antiquités de Fulde, liv. III, p. 259.

Esclaves, servantes et lides attachés à un domaine de propriété particulière situé en Allemagne. — Le testament de l'abbé Fulrad atteste l'existence de ces esclaves sur ce domaine, et lègue les esclaves et le domaine au monastère de Saint-Denis, sous le règne de Charlemagne. (Actes des Saints de l'ordre de Saint-Benoit, deuxième partie, troisième siècle, p. 341.)

Esclaves attachés avec leurs femmes et leurs enfants à des domaines de propriété particulière donnés par pré à l'abbaye de Fulde. — un acte de donation de Louis le Pieux. (Antiquités de Fulde, liv. III, p. 260.)

Esclaves joints à des terres données à Saint-Denis, et situées dans le canton du Brisgau. — Le diplôme de Charlemagne de l'an 790 contient cette donation. (D. Bouquet, t. V, p. 545.)

Esclaves, vachers, bergers et troupeaux attachés à des biens de la propriété particulière de Pépin le roi et de la reine, son épouse, dont une partie est située dans le canton de Saint-Ouen ville, dont quatre terres et deux domaines sont situés sur l'une et l'autre rive du Rhin, une celle à Spire, une autre celle située sur la Meuse. Tous ces biens sont donnés, avec les esclaves et les troupeaux de Pépin et son épouse, au monastère de Prum. Le diplôme de Pépin contient cette donation. (Appendice aux actes des Saints de l'ordre de Saint-Benoit, acte 126, t. II, p. 705.)

Esclaves joints à des masures dépendants de la terre de Palationa, terre de propriété particulière située dans le canton de Trèves. — Le testament d'Adèle, abbesse, fille du roi Dagobert Ier, de l'an 732, donne les esclaves avec le domaine. (D. Bouquet, t. III, p. 653.)

Esclaves de l'un et de l'autre sexe joints à une terre de propriété particulière située dans la Batavie. — Le diplôme 121 de Thierri IV, de l'an 726, prouve que cette terre et les esclaves, après plusieurs mutations, furent donnés par Charles Martel à l'église d'Utrecht. (D. Bouquet, t. IV, p. 705.)

Esclaves joints à une terre appartenant au monastère de Nivelle, située dans la Frise. — Le diplôme 278 de

DEUXIÈME DIVISION.

Le septentrion de la France.

I. Pour la Flandre, l'Artois, les Pays-Bas et les Provinces-Unies, on présente vingt et un monuments et actes authentiques qui prouvent l'existence des esclaves attachés aux terres dans

Charles-le-Chauve, de l'an 877, donne cette terre avec les esclaves au monastère de Nivelle. (D. Bouquet, t. VIII, p. 666.)

Colons attachés à divers biens que l'évêque de Coire possédait en Rhétie. — Le testament de Tellon, évêque de Coire en Rhétie, daté de la dixième année du règne de Pépin (an 762), donne ces biens avec 46 familles de colons au monastère de Desertine. Annales de l'Ordre de Saint-Benoît, t. II, p. 707.)

IIe Division. I. Esclaves joints à ses manses et terres situés dans le territoire d'Utrecht. — Le diplôme 113 de Thierri IV, de l'an 711, atteste l'existence de ces esclaves que Charles Martel donne avec les terres à l'église de Maestricht. (D. Bouquet, t. IV, p. 699.)

Esclaves appartenants à sept manses situés dans le Brabant, de propriété royale. — Le diplôme 172 de Louis-le-Pieux, de l'an 832, contient la donation de ces sept manses avec les esclaves. (D. Bouquet, t. VI, p. 574.)

Esclaves attachés à des biens situés dans le Brabant, possédés par le monastère de Saint-Denis. — Voyez le diplôme 162 de Charles-le-Chauve, de l'an 861. (D. Bouquet, t. VIII, p. 565.)

Esclaves joints à des biens de propriété laïque situés dans le canton du Brabant. — Le diplôme 182 de Charles-le-Chauve, de l'an 863, témoigne de la donation faite de ces biens avec les esclaves au monastère de Saint-Amand. (D. Bouquet, t. VIII, p. 588.)

Esclaves attachés à des terres possédées par le monastère de Saint-Amand, et situées dans le canton de Tournay. — Voyez le diplôme 203 de Charles-le-Chauve, de l'an 867. (D. Bouquet, t. VIII, p. 603 et 604.)

Esclaves de l'un et de l'autre sexes attachés à six manses du domaine de l'abbaye de Saint-Amand, dans le canton de Tournay. — Voyez le diplôme 137 de Charles-le-Chauve, de l'an 871. (D. Bouquet, t. VIII, p. 632.)

Esclaves et servantes attachés à deux châteaux près de Bruxelles. — On voit dans les Actes des Saints de l'ordre de Saint-Benoît, première partie, troisième siècle, p. 17, que les châteaux, esclaves et servantes formaient toute la propriété du père de sainte Gertrude, et qu'il en fit don avec tous les esclaves à sa fille, sous le règne de Dagobert.

Esclaves attachés à des terres et à des domaines du fisc situés dans les Ardennes. — Le diplôme 235 de Louis-le-Pieux, de l'an 839, témoigne de l'existence de ces esclaves sur une partie de ces terres dont il fait don à un particulier, et sur une autre étendue de domaines que le prince possède dans les Ardennes. (D. Bouquet, t. VI, p. 625 et 626.)

Esclaves joints à des terres de la propriété de l'église de Noyon et du monastère de Sithiu, situés dans les cantons de Cambray et du Vermandois. — Le diplôme 31 de Clotaire III, de l'an 662, dépose de l'échange des terres dont il s'agit, avec leurs esclaves, entre le monastère de Saint-Bertin et l'église épiscopale de Noyon. (D. Bouquet, t. IV, p. 643 et 644.)

Esclaves, *inquilini, accolœ,* serfs, tant originaires du lieu que transportés d'ailleurs, et troupeaux avec les bergers, attachés à des terres de propriété particulière situées dans le canton de Cambray. — Le diplôme 77 de Charlemagne, de l'an 799, dépose de la donation faite de tous ces biens au monastère de Saint-Denis, par Ghiselle, sœur de Charlemagne. (D. Bouquet, t. V, p. 760.)

Esclaves attachés à quatre manses de la propriété du fisc, situés dans le canton d'Hasbein. — Le diplôme 172 de Louis-le-Pieux, de l'an 832, contient la donation de ce domaine avec

autant de lieux différents : les trois dernières autorités donnent cette preuve pour des domaines très-étendus.

II. Pour la Picardie, on présente sept actes authentiques qui constituent la même preuve.

les esclaves à un laïque. (D. Bouquet, t. VI, p. 524.)

Esclaves joints à des terres possédées par le monastère de Corbie dans le canton d'Artois. — *Voyez* les diplômes 39 et 40 de Clotaire III, de l'an 661. (D. Bouquet, t. IV, p. 642 et 643.)

Esclaves joints à des biens situés sur l'Escaut, et donnés au monastère d'Hunecourt par des particuliers pour sa dotation. — La donation de ces biens et des esclaves en dépendants est établie dans le diplôme 70 de Thierri III, de l'an 687. (D. Bouquet, t. IV, p. 665.)

Esclaves attachés à un manse du domaine du fisc, dans le canton de Famour. — Le diplôme 6 de Lothaire, roi de Lorraine, de l'an 860, contient la donation de ce domaine et des esclaves au monastère de Saint-Denis. (D. Bouquet, t. VIII, p. 407.)

Esclaves, *accola*, bergers et troupeaux attachés à des domaines de possession laïque, situés dans le canton de Sithiu. — *Voyez* l'acte de donation de ces domaines avec les esclaves, faite l'an 630 en faveur de saint Bertin et de ses compagnons. (*Gallia christiana*, t. IV, p. 171.)

Esclaves et *accola* attachés à un domaine de propriété particulière situé dans le canton d'Arras. — Un testament de l'abbé Widerade, daté de la première année du règne de Thierri III, donne cette terre avec les esclaves au monastère de Flavigni. (*Actes des Saints de l'ordre de Saint-Benoît*, troisième siècle, première partie, p. 683.)

Esclaves et affranchis attachés à des manses dominicaux de propriété laïque dans le canton d'Arras. — Ces manses avec les esclaves furent donnés par une femme au monastère de Saint-Bénigne de Dijon en 670. (*Chartes bourguignonnes*, de Pérard, p. 8.)

Esclaves joints à vingt-quatre manses, situés dans le Hainault français et appartenant au monastère d'Odomaues. — *Voyez* le diplôme 286 de Charles-le-Chauve, de l'an 8.. (D. Bouquet, t. VIII, p. 623.)

Esclaves de l'un et de l'autre sexe dépendants de trente et un manses, situés dans les cantons de Pevèle, et du Hainault français, attachés à un moulin situé dans le canton d'Arras, ces manses dépendants du monastère de Saint-Amand. — *Voyez* le diplôme 239 de Charles-le-Chauve, de l'an 871. (D. Bouquet, t. VIII, p. 634 et 635.)

Esclaves joints à treize domaines, à huit terres distinctes de ces domaines, et à cinquante-quatre manses distincts des domaines et des terres susdites, le tout situé dans le canton d'Artois. — Le diplôme 264 de Charles-le-Chauve, de l'an 867, fait l'énumération de ces domaines, terres et manses, qui furent joints avec les esclaves au monastère de Saint-Waast, et dont les uns furent affectés à l'entretien du luminaire du monastère, d'autres au soulagement des pauvres, une troisième partie à la nourriture des moines, une quatrième partie à l'entretien de leurs chambres, enfin une dernière aux dépenses d'un hôpital des pauvres. (D. Bouquet, t. VIII, p. 604 et 605.)

Esclaves, *accola*, troupeaux attachés à la terre de Soleine, domaine du fisc situé dans le canton de Famom. — Le diplôme 93 de Childebert III, de l'an 706, donne cette terre et les divers esclaves à Saint-Denis. (D. Bouquet, t. IV, p. 682.)

II. Esclaves sur des domaines donnés au monastère de Corbie par le roi Clovis III. — Le diplôme 39 de Clotaire III, de l'an 661, prouve que ces terres avaient passé de la propriété laïque à celle du fisc, avant d'être données par Clovis III au monastère de Corbie, et que les esclaves avaient suivi les mutations. (D. Bouquet, t. IV, p. 642 et 643.)

Esclaves demeurant sur les terres du monastère de Corbie, situés dans le canton d'Amiens. — *Voyez* le diplôme 136 de Louis-le-Pieux, ...

III. Pour la Normandie, dix actes.

l'an 815. (D. Bouquet, t. VI, p. 547 et 548.)

Esclaves de l'un et de l'autre sexes joints à une terre située dans le canton d'Amiens, possédée par l'abbaye de Saint-Riquier. — *Voyez* le diplôme 205 de Charles-le-Chauve, de l'an 867. (D. Bouquet, t. VIII, p. 608.)

Esclaves, *accole*, serfs tant originaires du lieu que transportés d'ailleurs, et bergers avec leurs troupeaux, joints à une terre située dans le canton d'Amiens, et à d'autres terres situées dans le canton du Vermandois. — Le diplôme 77 de Charlemagne, de l'an 799, prouve que ces terres avec les esclaves furent données par sa sœur Ghiselle au monastère de Saint-Denis. (D. Bouquet, t. V, p. 760.)

Esclaves de l'un et de l'autre sexes joints à des terres de propriété particulière, situées dans le Vermandois. — Le diplôme 180 de Charles-le-Chauve, de l'an 863, montre que ces terres furent données par un moine au monastère de Saint-Quentin avec les esclaves. (D. Bouquet, t. VIII, p. 585 et 586.)

Esclaves de l'un et de l'autre sexes joints à huit manses de la propriété du fisc, situés dans le canton de Boulogne-sur-Mer. — Le diplôme 6 de Louis-le-Bègue, de l'an 878, donne ces manses et les esclaves à un monastère. (D. Bouquet, t. IX, p. 402.)

Esclaves joints à des terres dans les cantons de Cambrai et du Vermandois. — Le diplôme 41 de Clotaire III, de l'an 661, témoigne de l'échange qui fut fait de ces terres et des esclaves, entre le monastère de Saint-Bertin et l'église épiscopale de Noyon. (D. Bouquet, t. IV, p. 643 et 644.)

III. Esclaves demeurants sur les terres du monastère de Saint-Ouen de Rouen. — *Voyez* le diplôme 260 de Charles-le-Chauve, de l'an 876. (D. Bouquet, t. VIII, p. 650 et 651.)

Esclaves joints aux terres du monastère de Fontenelles en Normandie. — *Voyez* le diplôme 3 de Charles-le-Chauve, de l'an 853. (D. Bouquet, t. VIII, p. 522.)

Esclaves joints à cinquante manses du domaine du fisc, situés dans le canton de Séez en Normandie. — Le diplôme 86 de Charles-le-Chauve,

de l'an 849, contient la donation de ces manses avec les esclaves à un particulier laïque. (D. Bouquet, t. VIII, p. 505.)

Esclaves joints à deux terres situées dans le comté de Bayeux, et à d'autres dans le même canton. — Le diplôme 24 de Charles-le-Chauve, de l'an 843, donne toutes ces terres à un particulier laïque; elles avaient été d'abord possédées par un autre particulier des mains duquel elles étaient revenues au fisc; et l'on remarque dans ce diplôme que les esclaves suivirent les trois mutations des terres. (D. Bouquet, t. VIII, p. 446.)

Esclaves de l'un et de l'autre sexes attachés à une terre du domaine du fisc dans le canton de Bayeux, consistant en douze manses. — *Voyez* le diplôme 160 de Charles-le-Chauve, de l'an 860, qui donne à un laïque cette terre avec les esclaves. (D. Bouquet, t. VIII, p. 563 et 564.)

Esclaves joints à des terres situées dans le Cotentin, de la propriété de l'église de Noyon et du nouveau monastère de Silliu. — Le diplôme 41 de Clotaire III, de l'an 662, témoigne de l'échange fait de ces terres avec leurs esclaves, entre l'église épiscopale de Noyon et le monastère de Saint-Bertin. (D. Bouquet, t. IV, p. 643 et 644.)

Esclaves joints à des terres données en bénéfice par le monastère de Fontenelles en Normandie. — L'existence de ces esclaves sur ce bénéfice est établie au diplôme 3 de Charles-le-Chauve, de l'an 853. (D. Bouquet, t. VIII, p. 522.)

Esclaves attachés à deux terres et à un petit domaine de propriété laïque, situés dans le canton de Vexin. — *Voyez* la donation de ces terres et de ce domaine avec les esclaves, faite l'an 700, au monastère de Saint-Denis. (*Appendice des Annales de l'ordre de Saint-Benoît*, t. I, p. 706.)

Esclaves attachés à des terres de propriété laïque, situées dans le canton de Tellou. — *Voyez* le diplôme 95 de Childebert III, de l'an 709. (D. Bouquet, t. IV, p. 683 et 684.)

Esclaves joints au domaine de l'église épiscopale de Rouen. — *Voyez* le diplôme 183 de Charles-le-Chauve,

IV. Pour l'Ile-de-France, cinquante-deux actes.

de l'an 864. (D. Bouquet, t. VIII, p. 588.

IV. Esclaves joints à des domaines situés dans les cantons de Chelles et de Paris. — Ces domaines firent partie de l'héritage de sainte Fare. On y reconnaît l'existence de ces esclaves dans un acte du règne de Dagobert Ier, de l'an 633, où cette sainte donne ces domaines avec leurs dépendances au monastère de Faremoutier. (*Gallia christiana*, t. IV, p. 635.)

Esclaves, servantes et *inquilini* attachés à la terre d'Issi, dans le canton de Paris, outre ceux qui ont été rendus ingénus. — Le diplôme 10 de Chilpéric Ier, de l'an 558, contient la donation de cette terre avec les esclaves au monastère de Saint-Germain. (D. Bouquet, t. IV, p. 622 et 623.)

Esclaves, bergers et troupeaux dépendants de la terre de Puteaux, située dans le canton de Paris et possédée par le monastère de Saint-Denis. — *Voyez* le diplôme 21 de Dagobert Ier, de l'an 636. (D. Bouquet, t. IV, p. 630.)

Esclaves et *accolae* joints à la terre de Clichi, située dans le canton de Paris. — Le diplôme 123 de Thierri IV, de l'an 741, contient le don que Charles Martel fait de cette terre avec les esclaves au monastère de Saint-Denis. (D. Bouquet, t. IV, p. 707.)

Esclaves joints à une masse de propriété particulière, situé dans le canton de Marolles. — Le diplôme 130 de Carloman, de l'an 746, contient la donation qui fut faite de cette terre et des esclaves par un laïque au monastère de Saint-Denis. (D. Bouquet, t. IV, p. 713.)

Esclaves et colons joints à une terre située dans le canton de Paris. — Le diplôme 6 de Pépin Ier, de l'an 754, témoigne que cette terre fut premièrement donnée par un laïque à Saint-Denis, fut ensuite possédée en précaire par un autre laïque, enfin il confirme à Saint-Denis à perpétuité la propriété de cette terre, et l'on y voit les esclaves suivre les mutations. (D. Bouquet, t. V, p. 701.)

Esclaves joints au territoire de la terre d'Exoine, située dans le canton de Paris. — Le diplôme 1er de Pépin Ier,

de l'an 766, témoigne que cette terre avec les esclaves avait été donnée par Clotaire II à Saint-Denis. (D. Bouquet, t. V, p. 708 et 707.)

Esclaves sur les biens d'Argenteuil situés dans le canton de Paris. — Les *Annales de l'ordre de Saint-B...*, chap. 63, t. II, p. 450, rapporte que l'abbesse de ce monastère échangea au huitième siècle plusieurs des esclaves qui y résidaient contre d'autres esclaves.

Esclaves attachés à des terres du domaine du fisc, situés dans les cantons de Madrie et de Chartres. — On voit dans le diplôme 15 de Charlemagne, de l'an 771, que les terres qui avaient été tenues en bénéfice par un vassal de Charlemagne, furent ensuite données par le prince au monastère de Saint-Denis, et les esclaves suivirent ces mutations. (D. Bouquet, t. V, p. 721.)

Esclaves attachés à la terre de Corbeil, située dans le canton de Paris, et appartenante au monastère de Saint-Germain-des-Prés. — *Voyez* l'histoire de la translation de saint Germain, évêque de Paris, écrite du temps de Charlemagne. (*Actes des Saints de l'ordre de Saint-Benoît*, deuxième partie, troisième siècle, p. 107.)

Esclaves, *accolae*, bergers avec les troupeaux attachés à des manses attenantes à la forêt Iveline, donnés avec cette forêt à Saint-Denis par le roi Pépin. — Le diplôme 16 de Pépin Ier, de l'an 768, donne ces manses et les esclaves en même temps que la forêt Iveline au monastère de Saint-Denis. (D. Bouquet, t. V, p. 707.)

Esclaves et *accolae* joints à des terres du domaine du fisc, situées dans le canton de Paris. — Le diplôme 25 de Charlemagne, de l'an 529, donne à Saint-Denis ces terres et les esclaves. (D. Bouquet, t. V, p. 729.)

Esclaves demeurants sur les terres du monastère de Saint-Denis de Paris. — *Voyez* le diplôme 15 de Louis-le-Pieux, de l'an 814. (D. Bouquet, t. VI, p. 465 et 466.)

Esclaves demeurants sur les terres du monastère de Fossé, situées dans le canton de Paris. — *Voyez* le diplôme 51 de Louis-le-Pieux, de

n 806. (D. Bouquet, t. VI, p. 491
492.)

Esclaves joints à des terres qui
avoient été donnés par charte à
l'église épiscopale de Paris avant Charlemagne. — Voyez le diplôme 97 de
Charles-le-Chauve, de l'an 850. (D. Bouquet, t. VI, p. 522 et 523.)

Esclaves attachés à un manse du
domaine du fisc, situé dans le canton
de Paris. — Le diplôme 1 de Charles-
le-Chauve, de l'an 849, donne cette
terre et les esclaves à un particulier
nommé. (D. Bouquet, t. VIII, p. 427.)

Esclaves joints à des terres du domaine du fisc, situées dans le canton
de Maurice. — Le diplôme 14 du roi
Carloman, de l'an 771, prouve que
ces esclaves et le domaine furent donnés par Pépin 1er, à Saint-Denis.
(D. Bouquet, t. V, p. 720 et 721.)

Esclaves demeurants sur les terres
du monastère de Saint-Germain-des-
Prés, dans le canton de Paris. — Voyez
le diplôme 67 de Charles-le-Chauve,
de l'an 876. (D. Bouquet, t. VIII,
p. 565 et 566.)

Esclaves joints à la terre de Ruel,
domaine du fisc, situé dans le canton
de Paris. — Le diplôme 284 de Charles-
le-Chauve, de l'an 870, donne cette
terre et les esclaves au monastère de
Saint-Denis. (D. Bouquet, t. VIII,
p. 649.)

Esclaves de l'un et de l'autre sexes
joints à des biens du fisc dont Charles-
le-Chauve dote le monastère de Compiègne. — Voyez le diplôme 274 de
Charles-le-Chauve, de l'an 877.
(D. Bouquet, t. VIII, p. 659 et 660.)

Esclaves joints aux nombreuses terres du domaine de Saint-Denis, qui
sont destinées à l'entretien des moines
et de l'église. — Voyez le diplôme 176
de Charles-le-Chauve, de l'an 862.
(D. Bouquet, t. VIII, p. 577 à 581
inclusivement.)

Esclaves joints aux diverses terres
destinées à l'entretien des moines du
monastère de Saint-Germain-des-Prés,
terres qui faisaient partie de ce même
monastère. — Voyez le diplôme 244
de Charles-le-Chauve, de l'an 872.
(D. Bouquet, t. VIII, p. 639 et 640.)

Esclaves joints à une terre située
dans le canton de Melun. — Le diplôme 9 de Childebert 1er, de l'an 558,
donne cette terre avec les esclaves à

l'église épiscopale de Paris. (D. Bouquet, t. IV, p. 621 et 622.)

Esclaves et accolae joints à la terre
de Marolles, située dans le canton de
Melun. — Le diplôme 59 de Charlemagne, de l'an 786, donne cette terre
avec les esclaves au monastère de
Saint-Germain-des-Prés. (D. Bouquet,
t. V, p. 749 et 750.)

Esclaves de l'un et de l'autre sexes
joints à une terre du domaine du fisc,
située dans le canton de Melun. — Le
diplôme 4 de Louis-le-Bègue, de
l'an 878, marque que cette terre fut
d'abord donnée par Charles-le-Chauve, à un laïque nommé Gerbert, qu'elle
rentra dans les mains du même prince,
qui la donna enfin à un monastère, et
que les esclaves suivirent les mutations de la terre. (D. Bouquet, t. IX,
p. 400.)

Esclaves demeurants sur les terres
du monastère de Giac, situées dans
le comté du Gâtinais. — Le diplôme 17 de l'empereur Lothaire, vers
l'an 841, prouve que ces terres avec
les esclaves furent unies par Louis-
le-Pieux au monastère de Faremoutier. (D. Bouquet, t. VIII, p. 377
et 378.)

Esclaves et accolae, bergers et troupeaux joints à une terre de propriété
laïque, située sur la rivière d'Oise
dans le canton de Chaumont. — Le
diplôme 129 de la première race sous
Thierri IV, témoigne que cette terre
avec les esclaves fut vendue l'an 726
au monastère de Saint-Denis. (D. Bouquet, t. IV, p. 704 et 705.)

Esclaves de l'un et de l'autre sexes
attachés à des biens du domaine du
fisc, situés dans le canton du Vexin
français. — Le diplôme 7 de Charles-
le-Chauve, de l'an 842, témoigne que
ces biens, conférés d'abord en bénéfice,
furent enfin donnés en toute propriété
à un laïque avec les esclaves. (D. Bouquet, t. VIII, p. 432.)

Esclaves de l'un et de l'autre sexes
joints à la terre de Sainte-Maxence,
domaine du fisc, située dans le canton
de Beauvais. — Le diplôme 157 de
Charles-le-Chauve, de l'an 860, donne
cette terre et les esclaves au monastère
de Saint-Denis. (D. Bouquet, t. VIII,
p. 560.)

Esclaves joints aux biens propres
d'un laïque, situés dans le canton de

Beauvais. — *Voyez* le diplôme 161 de Charles-le-Chauve, de l'an 861. (D. Bouquet, t. VIII, p. 565.)

Esclaves, *accola*, bergers et troupeaux attachés à une terre de propriété laïque dans le canton ou pays de Madrie. — Le diplôme 1 du roi Pépin, de l'an 752, contient la donation qui fut faite de cette terre, avec les esclaves, au monastère de Saint-Denis. (D. Bouquet, t. V, p. 697.)

Esclaves joints à deux manses et à un moulin du domaine du fisc, situés dans le canton de Beauvais. — Le diplôme 162 de Charles-le-Chauve, de l'an 861, donne à Saint-Denis ces biens avec les esclaves. (D. Bouquet, t. VIII, p. 569.)

Esclaves joints à divers domaines du fisc, situés dans le canton de Beauvais. — Le diplôme 210 de Charles-Chauve, de l'an 868, donne ces domaines et les esclaves au monastère de Saint-Ricar. (D. Bouquet, t. VIII, p. 610.)

Esclaves de l'un et de l'autre sexes joints à la terre de Luchi, domaine du fisc, située dans le canton de Beauvais. — Le diplôme 219 de Charles-le-Chauve, de l'an 869, donne cette terre en totalité avec les esclaves au monastère de Saint-Lucien de Beauvais. (D. Bouquet, t. VIII, p. 617.)

Esclaves de l'un et de l'autre sexes joints à un manse du domaine du fisc ci-devant possédé par un laïque, en vertu du don du roi, et revenu ensuite au fisc, manse situé dans le canton de Soissons et donné par Charles-le-Chauve en échange au monastère de Corbie. — Le diplôme 144 de Charles-le-Chauve, de l'an 857, témoigne que ce fut par échange que ce manse passa de la propriété du fisc à celle du monastère de Corbie, et que les esclaves suivirent le domaine. (D. Bouquet, t. VIII, p. 550 et 551.)

Esclaves de l'un et de l'autre sexes joints à des terres appartenantes au monastère de Saint-Médard de Soissons. — *Voyez* le diplôme 233 de Charles-le-Chauve, de l'an 870. (Dom Bouquet, t. VIII, p. 628 et 629.)

Esclaves attachés à quatre manses de propriété particulière situés dans le canton de Soissons. — *Voyez* l'acte de donation de ces quatre manses, de

l'an 886, au monastère de Saint-Médard de Soissons. (*Annales de l'ordre de Saint-Benoît*, liv. III, chap. 33, t. III, p. 687.)

Esclaves de l'un et de l'autre sexes attachés à la terre de Courteuil, domaine du fisc, située dans le canton de Senlis. — Le diplôme 179 de Charles-le-Chauve, de l'an 861, donne cette terre avec les esclaves à Saint-Denis. (D. Bouquet, t. VIII, p. 561.)

Esclaves joints à la terre de Bersi, domaine du fisc, située dans le canton de Laon. — Le diplôme 34 de la première race, sous Childéric III, de l'an 662, donne cette terre et les esclaves à l'évêque saint Amand. (D. Bouquet, t. IV, p. 645.)

Esclaves et servantes attachés à des manses dominicaux, de propriété particulière, situés dans le canton de Laon. — *Voyez* la donation faite de ces manses et des esclaves au monastère de Maroilles, l'an 652. (*Annales de l'ordre de Saint-Benoît*, t. I, p. 421.)

Esclaves et servantes attachés à sept manses, situés dans le canton de Laon. — *Voyez* la donation que Vigile, évêque d'Auxerre, fait de ces sept manses avec les esclaves et servantes au monastère de Partenon en 692. (*Annales de l'ordre de Saint-Benoît*, t. I, p. 694.)

Esclaves de l'un et de l'autre sexes joints à des terres du domaine du fisc, situées dans le canton de Laon. — Le diplôme 52 de Charles-le-Chauve, de l'an 845, donne en propre ces terres et ces esclaves à un laïque. (D. Bouquet, t. VIII, p. 476.)

Esclaves joints à une terre du domaine du fisc, située dans le canton de Laon, et autres esclaves de l'un et l'autre sexe joints à six manses, situés dans la terre de Morgni. — Le diplôme 200 de Charles-le-Chauve, de l'an 867, prouve l'existence de ces esclaves sur ces deux terres, dont l'une passe par don et l'autre par échange dans la possession du monastère de Saint-Denis. (D. Bouquet, t. VIII, p. 601 et 602.)

Esclaves attachés à la moitié d'une terre située dans le canton de Laon et possédée par le monastère de Saint-Amand. — *Voyez* le diplôme 203 de

V. Pour la Champagne, vingt-deux actes : le dernier de ces actes montre des esclaves sur cent dix-neuf manses.

Charles - le - Chauve, de l'an 867. (D. Bouquet, t. VIII, p. 603 et 604.)

Esclaves de l'un et de l'autre sexes joints à la terre de Bonne-Maison, domaine du fisc, située dans le canton de Noyon. — Le diplôme 157 de Charles-le-Chauve, de l'an 865, donne cette terre et les esclaves à Saint-Denis. (D. Bouquet, t. VIII, p. 561.)

Esclaves joints à cinq manses situés sur la rivière de Dorn, domaine du fisc. — Le diplôme 199 de Charles-le-Chauve, de l'an 864, donne ces manses avec les esclaves au monastère de Saint-Crépin de Soissons. (D. Bouquet, t. VIII, p. 593.)

Esclaves attachés à un domaine situé dans le canton de Meaux. — Sainte Fare donna ce domaine avec les esclaves au monastère de Fare-moutier, l'an 633. (Gallia christiana, t. IV, p. 365.)

Esclaves et accolæ attachés à la terre de Lagni-le-Sec, située dans le canton de Meaux. — Le diplôme 69 de la première race, de l'an 686, montre que cette terre et les esclaves, après plusieurs mutations, devint propriété du fisc et fut donnée à Saint-Denis, sous Thierri III. (D. Bouquet, t. IV, p. 664.)

Esclaves, accolæ, aldions joints à des terres situées dans le canton de Labignac. — Le diplôme 37 de Charlemagne, de l'an 776, contient la donation de cette terre et des divers esclaves à un laïque. (D. Bouquet, t. V, p. 737 et 738.)

Esclaves demeurants sur les terres du monastère de Laumer, terres situées sur la rivière d'Eure. — Voyez le diplôme 8 de Charles-le-Chauve, de l'an 842. (D. Bouquet, t. VIII, p. 533.)

Esclaves de l'un et de l'autre sexes joints à soixante-dix manses du domaine du fisc, situés dans le canton de Laon. — Le diplôme 202 de Charles-le-Chauve, de l'an 867, donne ces esclaves avec les soixante-dix manses au monastère de Saint-Germain-des-Prés. (D. Bouquet, t. VIII, p. 603.)

Esclaves de l'un et de l'autre sexes joints à cinquante manses du fisc, situés dans le canton de Laon. — Le diplôme 19 de Louis-le-Bègue, de l'an 879, concède ces manses et les esclaves à un laïque. (D. Bouquet, t. IX, p. 414.)

V. Esclaves de l'un et de l'autre sexes attachés à des domaines du fisc, situés dans le canton du Perthois. — Le diplôme 179 de Charles-le-Chauve, de l'an 862, donne ces terres et les esclaves au monastère de Saint-Urbain. (D. Bouquet, t. VIII, p. 584.)

Esclaves de l'un et de l'autre sexes attachés à un manse situé dans le canton du Perthois. — Le diplôme 142 de Charles-le-Chauve, de l'an 856, restitue ce manse et les esclaves à un monastère (D. Bouquet, t. VIII, p. 549.)

Esclaves attachés aux biens qui avaient été conférés au siège épiscopal de Langres. — Voyez le diplôme 9 de Louis-le-Pieux, de l'an 814. (D. Bouquet, t. VI, p. 461.)

Esclaves de l'un et de l'autre sexes attachés aux terres dépendantes d'une cellule du domaine du fisc, situées dans le canton du Tonnerrois. — Le diplôme 206 de Charles-le-Chauve, de l'an 867, témoigne de la donation de ces terres et esclaves au monastère de Saint-Martin-de-Tours. (D. Bouquet, t. VIII, p. 607.)

Esclaves de l'un et de l'autre sexes attachés aux terres du domaine de l'abbaye de Sainte-Marie et de Sainte-Seine, situées dans le Tonnerrois. — Voyez le diplôme 12 de Charles-le-Gros, de l'an 885. (D. Bouquet, t. IX, p. 344.)

Esclaves de l'un et de l'autre sexes attachés à des manses de la propriété du fisc, situés dans le canton du Tonnerrois. — Le diplôme 287 de Charles-le-Chauve, de l'an 877, donne à un laïque cette terre et les esclaves. (D. Bouquet, t. VIII, p. 674.)

Esclaves de l'un et de l'autre sexes demeurants sur les terres de l'abbaye de Saint-Jean, situées dans le canton du Tonnerrois. — Le diplôme 14 de Charles - le - Gros, de l'an 885, donne ces terres avec les esclaves à l'église de Langres. (D. Bouquet, t. IX, p. 345 et 346.)

Esclaves attachés au domaine du
... dans le ... de Reims
— Le diplôme 18 d... Mérovingiens,
de l'an 6.., témoigne que ce domaine avec les esclaves fut donné par
Sigebert II aux monastères de Staboli
et de Malmed. (D. Bouquet, t. IV,
p. 65.)

Esclaves de l'un et de l'autre sexe,
demeurants sur les terres du monastère de Montier-en-Der, situées
dans le comté de Blois, sur la rivière
de la Voire. — Voyez le diplôme 60
de Louis-le-Pieux, de l'an 846.
(D. Bouquet, t. VI, p. 497 et 498.)

Soixante esclaves attachés à quatorze manses et demi, dans le canton
de Reims. — Le diplôme 464 de
Charles-le-Chauve, de l'an 8.5,
prouve que ces manses, possédés par
un homme illustre qui les avait reçus
de lui, furent ensuite échangés par
ce particulier avec le monastère de
Saint-Denis, et que les esclaves suivirent le domaine. (D. Bouquet,
t. VIII, p. 55..)

Esclaves joints à la terre de Noviliac, domaine situé dans le canton de
Reims. — On lit dans les ouvrages
d'Hincmar, t. II, p. 812 et 844, que
cette terre et les esclaves donnés par
Carloman à l'église de Reims appartinrent à cette église jusqu'au règne
de Charles-le-Chauve.

Esclaves attachés à une terre située
dans le canton de Troyes, qui était
propre à l'église épiscopale de Lyon.
— Voyez le diplôme ... de Charles-
le-Chauve, de l'an 8.9. (D. Bouquet,
t. VIII, p. 6...)

Esclaves joints à des biens du domaine du monastère de Latomen de
Troyes, situés dans les cantons de
Troyes et de Sens. — Voyez le diplôme 247 de Charles-le-Chauve, de
l'an 87.. (D. Bouquet, t. VIII,
p. 492.)

Esclaves et ... attachés à trois
terres très-vastes de propriété laïque,
situées dans le canton de Meaux. —
Ces terres, avec toutes les consistances
et dépendances, sont données à l'é-
glise de Saint-Martin-des-Tours, par
un acte daté de la quarante-sixième
année du règne de Charlemagne; la
donation comprend les esclaves et ...
..., avec exception du nombre total de trois cent soixante six. (Voyez

... de l'ordre de Saint-Benoît, ...
t. III, p. 62 et ...)

Esclaves nommés au nombre de
neuf, avec leurs femmes et leurs enfants, attachés à divers manses ...
du domaine du fisc, dans le ...
Troyes. — Le diplôme ... de ...
le-Chauve, de l'an 8.. contient les
donations de ces manses et ... faites par Charles-le-Chauve au monastère de Saint-Pierre de Troyes.
(D. Bouquet, t. VIII, p. 6.9.)

Esclaves demeurants sur les terres
du monastère de Sainte-Colombe,
Sens, avant le règne de Charles-
le-Pieux, de l'an 844. (D. Bouquet,
t. VI, p. 496 et 497.)

Esclaves joints à une terre ...
prieur laïque dans le canton de Sens.
— Le diplôme 465 de Charles-le-
Chauve, de l'an 876, témoigne
cette terre fut donnée à ce prieur avec
les esclaves par un laïque. (D. Bouquet, t. VIII, p. 65.)

Esclaves attachés à des terres ...
dans le canton de Langres, ... propriété laïque. — Voyez l'acte ...
l'an 619, par lequel ces terres ...
les esclaves furent donnés au monastère de Saint-Bénigne de Di...
(Chartes, leur, ... nouveau ...
p. 8.)

Esclaves attachés aux divers ...
du domaine de l'église épiscopale de
Langres. — Voyez le diplôme ...
Louis-le-Pieux, de l'an 8.. p. ...
quet, t. VI, p. 461.)

Esclaves attachés à une terre ...
divers biens et manses de la propriété
du duc Théodebert, situés sur les
rives de Sala, esclaves et biens ...
attachés au territoire ou ...
à un autre bien, et à des man...
qui en dépendaient, possédés par le
même duc sur le fleuve de Sala ...
L'acte de donation de tous ces biens
et des esclaves, faite, sous le règne
de Charlemagne, au monastère de
Nuremberg, se trouve au livre des
donations faites à l'église de Nurem-
bourg. (Acte des saints de ...
ecclés..., t. ..., troisième siècle, ... première partie, p. 3.9.)

Esclaves joints à certaines ...
manses et à une mouture ... terres
du monastère de Montier-en-D...
— Voyez le diplôme ... de Char-

XI. Pour la Lorraine, les trois Évêchés et l'Alsace, vingt-
sq actes; un de ces actes prouve des esclaves sur soixante et
... manses, un autre sur treize domaines, un autre sur quatorze

Alsace, de l'an 85?. (D. Bou-
, t. VIII, p. 5...)
J.... attaché a cent dix-neuf
.. appartenants au monastère de
M tier en Der», et situés dans le
.atère de Châlons-sur-Marne,
.. le diplôme 51 de Charles-le
.....e, de l'an 845. (D. Bouquet,
VIII, p. ...)
XI Esclaves demeurants sur les
.. du monastère de Senones, terres
.. dans les cantons de Chaumont
.. du Saonais, et dans les Vosges. —
.... le diplôme 28 de la première
..., sous Childéric II, de l'an 661.
. Bouquet, t. VIII, p. 6...)
Esclaves de l'un et de l'autre sexes
... à la terre de Norroys, do-
.... propre de Pépin de Héristal et
.. sa femme Plectrude, situé entre
.. Meuse et la Moselle. — Le diplôme
.. Pépin de Héristal, maire du pa-
.. de l'an 69.. contient la dona-
.. de cette terre et des esclaves au
.... de Norroys (D. Bouquet,
.. p. 666.)
Esclaves joints aux terres propres
.. monastère de Saint-Aper, situées
.. le canton de Toul. — Voyez le
.... 22 de Charles-le-Chauve, de
.. 869 (D. Bouquet, t. VIII, p. 620.)
Esclaves de l'un et de l'autre sexes
.. à trois manses du domaine
... situés dans le canton de Toul.
— Le diplôme 2 de Charles-le-Gr ...
.. l'an 88., donne ces manses et les
.. à l'abbé Fulbert. (D. Bou
... t. IX, p. 333.)
Esclaves de l'un et de l'autre sexes
.. à des terres dépendantes d'un
.. situé dans le canton de Ver-
.. — Le diplôme 2 du roi Pépin Ier.
.. l'an 755, donne les terres, le chât
.. et les esclaves à Saint-Denis.
. Bouquet, t. V, p. ...)
Esclaves demeurants sur les terres
.. monastère de Vicum-utier, situées
.. le canton de Verdun. — Voyez
.. diplôme 16 de Charlemagne, de
... D. Bouquet, t. V, p. ...
.. serfs, colons, ... et ...
.. tant originaires du lieu que
.. importés d'ailleurs, attachés à une
... de propriété laïque dans l

canton de Bar. — Le diplôme 181 de
Charles-le-Chauve, de l'an 877, témoigne de la donation de cette terre
et des esclaves de divers noms qui en
dépendaient, à l'église de Saint-Denis.
(D. Bouquet, t. VIII, p. 669.)
Esclaves demeurants sur les terres
du monastère de Morbac, bâti dans
les Vosges et situé dans le canton
d'Alsace. — Voyez le diplôme 122 de
la première race, sous Thierri IV.
(D. Bouquet, t. IV, p. 706.)
Esclaves joints aux terres que les
rois et les particuliers ont conférées
au monastère d'Onegou, situé dans le
canton d'Alsace. — Voyez le diplôme 14 du roi Pépin du l'an 762.
(D. Bouquet, t. V, p. 705 et 706.)
Esclaves demeurants sur les terres
du monastère de Munsterhal, situé
dans l'Alsace supérieure. — Voyez le
diplôme 61 de Carloman, de l'an 769.
(D. Bouquet, t. V, p. 716 et 717.)
Esclaves demeurants sur les terres
du monastère de Saint-Grégoire, situé en Alsace et appelé Conflans. —
Voyez le diplôme 141 de Louis-le-
Pieux, de l'an 826. (D. Bouquet,
t. VI, p. 551.)
Esclaves demeurants sur les terres
de l'église épiscopale de Strasbourg.
— Voyez le diplôme 1 de Louis-le-
Germanique, de l'an 826. (D. Bouquet, t. VIII, p. 418.)
Esclaves joints aux terres possédées
dès le temps des premiers rois francs
par le monastère de filles de Saint-
Étienne de Strasbourg, situé dans les
murs de Strasbourg. — Voyez le diplôme 3 de Louis-le-Germanique, de
l'an 856. (D. Bouquet, t. VIII, p. 400.)
Esclaves, ..., bergers et troupeaux joints à des domaines situés
dans l'Alsace. — Le diplôme 17 de
Pépin Ier. de l'an 768, confirme la
possession de ces domaines et des divers esclaves à Folrad, archichape-
lain. (D. Bouquet, t. V, p. 708
et 709.)
Esclaves, colons et 8-colins attaché à quatorze domaines et une terre
.... situés dans les environs de
Strasbourg. — Le diplôme 23 de l'empereur Lothaire contient la donation

domaines et une terre ; l'avant-dernier prouve pour vin..t..b domaines différents. et le dernier pour quatre terres.

TROISIÈME DIVISION.

Occident de la France

I. Pour le Maine, on présente quinze monuments et act.

de ces biens avec les divers esclaves au monastère de filles de Saint-Étienne de Strasbourg. (D. Bouquet, t. VIII, p. 382.)

Esclaves de l'un et de l'autre sexes joints à un domaine situé dans l'Alsace. — Le diplôme 29 de l'empereur Lothaire, de l'an 849, témoigne du don qui fut fait au monastère d'Es-tein de cette terre et des esclaves par son épouse Hermengarde. (D. Bouquet, t. VIII, p. 386.)

Esclaves attachés à soixante et un manses du domaine du fisc, situés dans le canton d'Alsace, et que Louis-le-Pieux donne à son fils Lothaire. — Voyez la charte 26 de Louis-le-Pieux, vers l'an 820. (D. Bouquet, t. VI, p. 646.)

Esclaves attachés à treize différents domaines de propriété laïque, situés dans le canton de Verdun. — En l'an-née 709, la quinzième du règne de Childebert II, le comte Wolfoade dota de tous ces domaines le monas-tère de Saint-Michel de Verdun, et les esclaves suivirent les domaines. (Appendice des Annales de l'ordre de Saint-Benoît, acte 2, t. II, p. 691.)

Esclaves de l'un et de l'autre sexes attachés à la terre de Vigi, située dans le canton de Metz, au dedans et au dehors des murs de la ville. — La donation de ces domaines et des esclaves a été faite par un prêtre, l'an 715, la cinquième année du rè-gue de Dagobert II. (Appendice des Annales de l'ordre de Saint-Benoît, acte 5, t. II, p. 695.)

Esclaves attachés à des biens situés dans le canton de Toul. — La dona-tion de ces biens et des esclaves par un évêque de Toul, aux chanoines de sa cathédrale, date de l'an 894. (Annales de l'ordre de Saint-Benoît, acte 35, t. III, p. 692 et 693.)

Esclaves demeurants sur les terres du monastère de Rebais, situées dans le canton de Metz. — Voyez le di-plôme 22 de la première race, de Dagobert Ier, de l'an 636. (D. Bou-quet, t. IV, p. 630.)

Esclaves joints aux terres dépen-dantes de l'église épiscopale de M et de toutes les églises particuli qui étaient sous son autorité. — V le diplôme et sie Charlemagne, l'an 775. (D. Bouquet, t. V, p. et 728.)

Esclaves et accolæ joints à la te de Cheminot, du domaine de donné par Charlemagne au mona de Saint-Arnoul de Metz. — Le di plôme 30 de l'empereur Lothaire de l'an 854, donne cette terre et esclaves au monastère de Saint-A noul de Metz. (D. Bouquet, t. VIII p. 394.)

Esclaves attachés à vingt-deux d maines différents, de propriété pa ticulière, situés en Alsace. — La d nation de ces biens et de ces esclav a été faite par le comte Eberard a monastère de Morbac, l'an 727, huitième année du règne de Thierri II (Appendice des Annales de l'ord de Saint-Benoît, acte 21, tome II p. 701.)

Esclaves, servantes et fidèles atta chés à quatre terres situées dans l'Al sace. — Le testament de Fulrad, abl de Saint-Denis, lègue à Saint-Denis sous Charlemagne, ces terres avec l esclaves. (Actes des Saints de l'or de Saint-Benoît, troisième siècle deuxième partie, p. 374.

IIIe DIVISION. 1. Esclaves joints une terre de l'église épiscopale du Mans. — Le diplôme 223 de Louis-le-Pieux, de l'an 838, donne cette terre avec les esclaves en bénéfice à un laïque. (D. Bouquet, t. VI, p.618 et 619.)

Esclaves et accolæ attachés à des biens acquis par le monastère de Saint-Vincent-du-Mans. — L'acte de vente

...thentiques qui prouvent l'existence des esclaves attachés aux ... dans autant de lieux différents ; le dernier acte prouve ... une étendue de quatorze manses.

II. Pour l'Anjou, on présente huit actes qui constituent la ... même preuve.

... bœufs et esclaves fut fait la ... année du règne de Thierri Ier, ... *Annales de l'Ordre de Saint-* ..., acte 10, t. I, p. 684.)

... Esclaves et *accolæ* attachés à une ..., située dans le canton du Mans. — Le diplôme 1 du roi Pépin, de ... 752, rapporte la vente faite de ... terre et des divers esclaves au ... nastère de Saint-Denis. (D. Bou- ..., t. V, p. 699.)

Esclaves, *accolæ* et lides joints à ... terres qui furent conférées au ... épiscopal du Mans par un ... change, et à celles qu'il rendit lui- ... même dans cet échange. — Le di- ... plôme 18 de Charlemagne, de l'an 774, ... parle de cet échange. (D. Bou- ... quet, t. V, p. 723 et 724.)

Esclaves demeurants sur les terres ... monastère de Sainte-Marie, situé ... dans la ville du Mans. — *Voyez* le ... diplôme 213 de Louis-le-Pieux, de ... 836. (D. Bouquet, t. VI, p. 610.)

Esclaves joints à une terre située ... dans le canton du Mans. — Le di- ... plôme 222 de Louis-le-Pieux, de ... l'an 838, témoigne que ces terres et ... ces esclaves avaient anciennement ap- ... partenu à l'église épiscopale du Mans, ... et il les rend à cette église. (D. Bou- ... quet, t. VI, p. 617 et 618.)

Esclaves joints à une terre du do- ... maine de l'église épiscopale du Mans. ... — *Voyez* le diplôme 224 de Louis-le- ... Pieux, de l'an 838. (D. Bouquet, ... t. VI, p. 619 et 620.)

Esclaves demeurants sur les terres ... du monastère de Saint-Calais, situées ... dans le diocèse du Mans. — *Voyez* le ... diplôme 229 de Louis-le-Pieux, de ... l'an 838. (D. Bouquet, t. VI, p. 623.)

Esclaves demeurants sur les terres ... du monastère de Saint-Launomar, ... terres situées sur la rivière d'Eure. ... — *Voyez* le diplôme 8 de Charles-le- ... Chauve, de l'an 842. (D. Bouquet, ... t. VIII, p. 533.)

Esclaves de l'un et de l'autre sexes ... attachés aux terres des monastères de ... Saint-Vincent et de Saint-Florent,

situées dans le canton du Mans. — *Voyez* le diplôme 249 de Charles-le- Chauve, de l'an 873. (D. Bouquet, t. VIII, p. 643 et 644.)

Esclaves joints à des terres de pro- priété particulière, situées dans le canton du Mans. — Le diplôme 5, de la première race, contient le don fait de ces terres et esclaves pour la dota- tion du monastère de Sainte-Marie du Mans, l'an 551. (D. Bouquet, t. IV, p. 618 et 619.)

Esclaves attachés à la terre de Trente, située dans le canton du Mans. — Le diplôme 24 de Louis-le-Pieux, de l'an 838, rend la jouissance de cette terre et des esclaves à l'église du Mans, à laquelle elle avait autrefois appartenu. (D. Bouquet, t. VI, p. 619 et 620.)

Esclaves joints à une terre du do- maine de l'église du Mans. — Le di- plôme 238 de Louis-le-Pieux, de l'an 839, rend la jouissance de cette terre, avec les esclaves, à l'église à laquelle elle avait appartenu autre- fois. (D. Bouquet, t. VI, p. 627.)

Esclaves et *accolæ* attachés à deux domaines situés dans le canton du Mans, appartenant au monastère de Saint-Martin-de-Tours. — L'acte daté de la vingt-troisième année du règne de Charles-le-Chauve (an 691), dote le monastère de Cormerie de ces do- maines, auparavant propres au mo- nastère de Saint-Martin-de-Tours. (*Appendice des Annales de l'ordre de Saint-Benoît*, acte 32, t. II, p. 714.)

Esclaves de l'un et de l'autre sexes attachés à quatorze manses, situés dans le canton du Mans, qui faisaient partie du monastère de Saint-Florent et que ce monastère échange. — Diplôme 87 de Charles-le-Chauve, de l'an 849. (D. Bouquet, t. VIII, p. 504.)

II. Esclaves demeurants sur les ter- res du monastère de Saint-Maur-sur- Loire, situées dans le canton d'Angers. — *Voyez* le diplôme 187 de Louis-le- Pieux, de l'an 833. (D. Bouquet, t. VI, p. 591 et 592.)

III. Pour la Touraine, quatre actes.
IV. Pour l'Orléanais, quinze actes.

Esclaves joints au domaine du monastère possédé par le fisc dans le canton d'Angers. — Le diplôme 57 de Charles-le-Chauve, de l'an 847, donne ce domaine et les esclaves en dépendants avec le monastère à un laïque. (D. Bouquet, t. VIII, p. 480.)

Esclaves et *accola* attachés à des domaines situés dans le canton d'Angers, donnés par l'abbé du monastère de Saint-Martin de Tours au monastère de Cormerie. — *Voyez* l'acte de cette donation daté de l'an 791, la vingt-troisième année du règne de Charles-le-Chauve. (*Appendice des Annales de l'ordre de Saint-Benoit*, acte 32, t. II, p. 714.)

Esclaves joints à une terre du domaine du fisc que Charles-le-Chauve donne à l'église épiscopale d'Angers. — *Voyez* le diplôme 213 de Charles-le-Chauve, de l'an 872. (D. Bouquet, t. VIII, p. 638.)

Esclaves de l'un et de l'autre sexes joints à une terre du domaine du fisc située dans le canton d'Angers. — Le diplôme 76 de Charles-le-Chauve, de l'an 848, donne cette terre et les esclaves au monastère de Saint-Florent. (D. Bouquet, t. VIII, p. 495.)

Esclaves joints à des terres du domaine du fisc situées dans le canton d'Angers. — Le diplôme 58 de Charles-le-Chauve, de l'an 845, donne ces terres et les esclaves au monastère de Saint-Maur-sur-Loire. (D. Bouquet, t. VIII, p. 480.)

Esclaves et colons attachés à des terres situées dans le canton d'Angers, ci-devant possédées par un laïque, devenues ensuite domaine du fisc, et données enfin par Charles-le-Chauve au monastère de Saint-Maur-sur-Loire. — Le diplôme 59 de Charles-le-Chauve, de l'an 845, donne cette terre et les esclaves au monastère de Saint-Maur-sur-Loire. (D. Bouquet, t. VIII, p. 481.)

Esclaves de l'un et de l'autre sexes attachés à deux manses et demi situés dans le canton d'Angers. — *Voyez* l'*Histoire des Miracles de saint Denis*, écrite par un moine du monastère de Saint-Denis sous Charles-le-Chauve. (*Actes des Saints de l'ordre de Saint-Benoit*, troisième siècle, deuxième partie, liv. II, chap. II, p. 238.)

III. Esclaves demeurants sur les terres données au monastère de Marmoutier en Touraine, tant par l'roi que par les particuliers. — Diplômes de Louis-le-Pieux, de l'an 816. Bouquet, t. VI, p. 565 et 566.

Esclaves et colons attachés aux terres et aux bénéfices dépendants du monastère de Marmoutier de Tours. — *Voyez* le diplôme 27 de Charles-le-Chauve, de l'an 843. (D. Bouquet, t. VIII, p. 449.)

Esclaves demeurants sur un grand nombre de terres et de domaines du monastère de Marmoutier de Tours assignés par Charles-le-Chauve à l'entretien des chanoines de ce monastère. — Diplôme 172 de Charles-le-Chauve, de l'an 862. (D. Bouquet, t. VIII, p. 572.)

Esclaves attachés à deux terres situées dans le canton de Tours, du domaine du monastère de Marmoutier. — *Voyez* l'acte par lequel le monastère de Marmoutier dote de ces terres et esclaves le monastère de Cormerie, daté de l'an 791, la vingt-troisième année du règne de Charles-le-Chauve. (*Appendice des Annales de l'ordre de Saint-Benoit*, acte 32, t. II, p. 714.)

IV. Esclaves demeurants en les terres de l'église épiscopale d'Orléans.— *Voyez* le diplôme 63 de Louis-le-Pieux, de l'an 816. (D. Bouquet, t. VI, p. 499.)

Esclaves joints à des terres du domaine du fisc, situées dans les cantons d'Orléans et d'Étampes, données par Dagobert Ier et Thierri III au monastère de Saint-Denis. — Le diplôme de la première race de l'an 830, sous Dagobert Ier, donne ces esclaves et les terres au monastère de Saint-Denis. (D Bouquet, t. IV, p. 628.)

Esclaves attachés à des domaines situés dans les cantons d'Orléans et du Dunois, appartenants au monastère de Mici d'Orléans dès la première race. — Le diplôme 136 de Louis-le-Pieux, de l'an 828. (D. Bouquet, t. VI, p. 554, 555 et 556.)

Esclaves attachés à une terre située

V. Pour le Berri, cinq actes.

Le canton d'Étampes, possédé le monastère de Saint-Symphorien d'Autun. — Voyez le diplôme ... de la première race, sous ... ... de l'an 636. (D. ... ... IV, p. 649.)

Esclaves attachés aux terres du domaine du monastère de Limours, ... dans le canton d'Étampes. — Le diplôme 91 de la première race, sous Childebert III, de l'an 702, témoigne ... ce monastère, propre à des Laïques, ... donné par eux à celui de Saint-Germain-des-Prés. (D. Bouquet, t. IV, p. 680.)

Esclaves de l'un et de l'autre sexes attachés à des manses du domaine du ... dans le canton d'Étampes. — Le diplôme 128 de Charles-le-Chauve, de l'an 854, donne ces manses et les esclaves à un Laïque. (D. Bouquet, t. VIII, p. 537.)

Esclaves et accolae attachés à des manses situés dans le canton d'Étampes. — Le diplôme 34 de Charlemagne, de l'an 775, donne en propre à Saint-Denis cette terre et les esclaves (D. Bouquet, t. V, p. 736.)

Esclaves de l'un et de l'autre sexes attachés à quatre manses situés dans le canton de Chartres, domaine propre d'un homme illustre. — Un acte reçu parmi les formules de Lindenbrog, n° 79, porte la donation de ces ... et des manses faite par un homme illustre à sa fille. (D. Bouquet, t. IV, p. 556.)

Accolae et esclaves attachés à des terres du domaine du fisc situées dans les cantons de Madrie et Chartres. — Le diplôme 14 de Charlemagne, de l'an 771, donne cette terre et les divers esclaves au monastère de Saint-Denis. (D. Bouquet, t. V, p. 721.)

Esclaves de l'un et de l'autre sexes attachés à des terres dépendantes du domaine du fisc, situées dans le canton de Blois. — Le diplôme 179 de Charles-le-Chauve, de l'an 862, donne ces terres et les esclaves au monastère de Saint-Urbain. (D. Bouquet, t. VIII, p. 584.)

Esclaves attachés à sept manses situés dans le canton de Blois. — Le diplôme 20 de Charles-le-Gros, de l'an 886, témoigne que ces manses et les esclaves furent donnés à un abbé sur les biens du monastère de Saint-Aignan (D. Bouquet, t. IX, p. 354.)

Esclaves et serfs attachés à une terre située dans la Sologne, et à une autre terre située dans le canton du Dunois. — Le diplôme 176 de Louis-le-Pieux, de l'an 808, témoigne que ces terres avec les esclaves furent données par les premiers Mérovingiens au monastère de Micy d'Orléans. (D. Bouquet, t. VI, p. 555.)

Esclaves et accolae des deux sexes attachés à une terre du domaine du fisc, situés dans les cantons du Dunois et de Blois. — Le diplôme 179 de Louis-le-Pieux, de l'an 815, donne cette terre et les esclaves au monastère de Faremoutiers. (D. Bouquet, t. VI, p. 583.)

Esclaves attachés à des biens situés dans les cantons de Blois et du Dunois, biens appartenants au monastère de Saint-Martin de Tours, donnés par Iterius, abbé de ce lieu, au monastère de Cormerie. — Voyez l'acte daté de la vingt-deuxième année du règne de Charles-le-Chauve (an 791), qui contient la donation de ces biens et esclaves faite par l'abbé du monastère de Saint-Martin au monastère de Cormerie. (Appendice des Annales de l'ordre de Saint-Benoît, acte 3a, t. II, p. 714.)

Esclaves, servantes et fidèles attachés à des domaines situés dans les cantons de Chaumont et de Blois. — Le testament de Fulrad, abbé de Saint-Denis, donne ces domaines et les esclaves au monastère de Saint-Denis sous le règne de Charlemagne. (Actes des Saints de l'ordre de Saint-Benoît, troisième siècle, deuxième partie, p. 341.)

V. Esclaves attachés à une terre du domaine du fisc situés dans le canton du Berri, et que le roi Childebert III donna à Saint-Denis. — Le diplôme 82 de la première race, de l'an 695, sous Childebert III, donne cette terre et les esclaves à Saint-Denis. (D. Bouquet, t. IV, p. 653.)

Esclaves joints aux divers domaines que les particuliers donnèrent au monastère de Saint-Sulpice de Bourges. — Voyez le diplôme 103 de Louis-le-Pieux, de l'an 821. (D. Bouquet, t. VI, p. 525 et 526.)

VI. Pour le Nivernais, sept actes.

VII. Pour la Bourgogne, vingt-quatre actes ; les quatre

Esclaves attachés aux terres du domaine du monastère de Saint-Sulpice de Bourges. — *Voyez* le diplôme 135 de Charles-le-Chauve, de l'an 855. (D. Bouquet, t. VIII, p. 542.)

Esclaves attachés aux terres du domaine de l'église épiscopale de Bourges. — Le diplôme 25 de Charles-le-Chauve, de l'an 841, témoigne que l'église de Bourges dote de ces biens et esclaves le monastère de Dèvre situé dans le Berri. (D. Bouquet, t. VIII, p. 447 et 448.)

Esclaves attachés à des terres situées dans le canton de Bourges, possédées sous Charles-le-Chauve par le monastère de Saint-Julien de Brioude. — *Voyez* l'acte par lequel ce monastère échange la terre et les esclaves. (*Gallia christiana*, t. Ier, p. 156.)

VI. Esclaves attachés à des biens donnés en propre au monastère de Nantua situés dans les cantons de Genève, de Nevers et de Lyon.—*Voyez* l'acte de l'an 891, qui donne ces biens et esclaves. (*Annales de l'ordre de Saint-Benoît*, acte 33, t. III, p. 691.)

Esclaves attachés à un clos de vigne et à un manse situés dans le canton de Nevers. Esclaves et *accolæ* attachés à d'autres biens situés dans le même canton de Nevers.—Le testament de l'abbé Widerade, daté de la première race, sous le règne de Thierri III, donne tous ces biens et esclaves à l'église de Saint-Preject. (*Actes des Saints de l'ordre de Saint-Benoît*, troisième siècle, première partie, p. 633.)

Esclaves attachés, ainsi que toute leur postérité, à deux terres situées dans le canton de Nevers. — On voit par le diplôme 134 de Louis-le-Pieux, de l'an 825, que ces terres sont échangées l'une pour l'autre entre un particulier laïque et l'église épiscopale de Mâcon, et que les esclaves suivirent l'échange. (D. Bouquet, t. VI, p. 546.)

Esclaves attachés aux terres que les rois et les particuliers conférèrent en divers temps à l'église épiscopale de Nevers. — *Voyez* le diplôme 3 de Charles-le-Chauve, de l'an 841. (D. Bouquet, t. VIII, p. 428 et 429.)

Esclaves attachés à divers biens du domaine de l'église de Saint-Vincent, diocèse de Nevers, située dans le canton de Nevers. — Le diplôme 140 de Charles-le-Chauve, de l'an 858, restitue ces biens et esclaves à l'église de Saint-Vincent. (D. Bouquet, t. VIII, p. 552.)

Esclaves de l'un et de l'autre sexes attachés aux domaines du fisc que Charles-le-Chauve avait donnés à l'église de Nevers. — *Voyez* le diplôme 13 de Louis-le-Bègue, de l'an 878. (D. Bouquet, t. IX, p. 410 et 411.)

Esclaves et *accolæ* attachés à un domaine situé dans le canton de Nevers. — *Voyez* l'acte daté de la première année du règne de Thierri, par lequel l'abbé Widerade donne ce domaine et les esclaves au monastère de Flavigni. (*Gallia christiana*, t. IV, p. 384.)

VII. Esclaves demeurants sur les terres du monastère de Saint-Germain d'Auxerre. — *Voyez* le diplôme 15 de Charles-le-Chauve, de l'an 859. (D. Bouquet, t. VIII, p. 559.)

Esclaves demeurants sur les terres du monastère de filles de Vezelay, situées dans le canton d'Avalon. — *Voyez* le diplôme 207 de Charles-le-Chauve, de l'an 868. (D. Bouquet, t. VIII, p. 608 et 609.)

Esclaves joints à des terres que Charles-le-Chauve reconnaît appartenir au monastère de Saint-Benigne de Dijon. — *Voyez* le diplôme 220 de Charles-le-Chauve, de l'an 869. (D. Bouquet, t. VIII, p. 618 et 619.)

Esclaves de l'un et de l'autre sexes attachés à douze manses situés dans les cantons de Dijon et de Plombières, domaine propre au monastère de Saint-Benigne de Dijon. — *Voyez* le diplôme 4 de Charles-le-Gros, de l'an 885. (D. Bouquet, t. IX, p. 335.)

Esclaves demeurants sur les terres du domaine de l'église épiscopale d'Autun. — *Voyez* le diplôme 35 de Louis-le-Pieux, de l'an 815. (D. Bouquet, t. VI, p. 481.)

Esclaves de l'un et de l'autre sexes attachés à des biens allodiaux du comte Eccard, situés dans les cantons d'Autun, de Mâcon et de Châlons-sur-Saône. — *Voyez* la donation de

derniers prouvent, l'un pour trente manses, l'autre pour une terre et seize manses, le troisième pour une terre et vingt-

...es biens et esclaves au monastère de Henri, de l'an 840. (*Recueil des chartes Bourguignonnes*, de Pérard, ...)

Esclaves appartenants, au huitième siècle, à un particulier demeurant dans le canton de Dijon. — *Voyez* l'acte de vente, de l'an 853. (*Recueil des chartes Bourguignonnes*, de Pérard, p. 147.)

Esclaves de l'un et de l'autre sexes joints à une terre du domaine du fisc, situé dans le canton d'Autun, que Louis-le-Pieux donne en propre à un laïque. — Le diplôme 240 de Louis-le-Pieux, de l'an 839, donne cette terre et les esclaves à un laïque. (D. Bouquet, t. VI, p. 648.)

Esclaves attachés à un domaine du fisc, situé dans le canton d'Autun. — Le diplôme 19 de Pépin, roi d'Aquitaine, de l'an 838, donne cette terre et les esclaves à un laïque. (D. Bouquet, t. VI, p. 677.)

Esclaves de l'un et de l'autre sexes attachés à des biens propres à l'église de Saint-Nazaire. — Le diplôme 164 de Charles-le-Chauve, de l'an 861, restitue cette terre et les esclaves à l'église de Saint-Nazaire. (D. Bouquet, t. VIII, p. 566.)

Esclaves de l'un et de l'autre sexes attachés à six manses du domaine du fisc, situés dans le canton de Châlons-sur-Saône. — Le diplôme 215 de Louis-le-Pieux, de l'an 836, donne ces manses et les esclaves à un laïque. (D. Bouquet, t. VI, p. 611 et 612.)

Esclaves attachés à des domaines de l'église épiscopale de Lyon, situés dans le canton de Châlons-sur-Saône. — *Voyez* le diplôme 225, de Charles-le-Chauve, de l'an 870. (D. Bouquet, t. VIII, p. 623.)

Esclaves attachés à des terres situées dans le canton de Châlons-sur-Saône et dans le canton de Beaune appartenants au monastère de Saint-Valérien. — *Voyez* le diplôme 253 de Charles-le-Chauve, de l'an 875. (D. Bouquet, t. VIII, p. 647 et 648.)

Esclaves et toute leur postérité attachés à la terre de Cluni, domaine de l'église épiscopale de Nevers, située dans le canton de Mâcon. Esclaves

attachés à une autre terre du domaine particulier du comte Varin, situé dans le même canton. — Le diplôme 134 de Louis-le-Pieux, de l'an 825, témoigne de l'échange fait de ces terres l'une pour l'autre entre l'évêque de Mâcon et un comte. (D. Bouquet, t. VI, p. 546.)

Esclaves joints à cinq manses possédés en propre par un laïque, et qui étaient situés dans le canton de Mâcon. — *Voyez* le diplôme 241 de Charles-le-Chauve, de l'an 875. (D. Bouquet, t. VIII, p. 636.)

Esclaves attachés à des terres du domaine du fisc, situées dans le Bugei. — Le diplôme 4 de Charles, roi de Provence, fils de Lothaire Ier, de l'an 861, donne ces terres et les esclaves à Remi, archevêque de Lyon. (D. Bouquet, t. VIII, p. 398.)

Esclaves et servantes attachés à deux domaines situés dans le canton de Bellei. — Le testament de saint Aurélien, évêque de Lyon, donne ces domaines et les esclaves aux monastères de Saint-Benoît et de Saint-Florent de Lyon. (*Actes des Saints de l'ordre de saint Benoît*, deuxième partie, quatrième siècle, p. 499.)

Esclaves attachés aux terres du monastère de Flavigni, situées en Auxois. — *Voyez* le diplôme 86 de Charles-le-Chauve, de l'an 849. (D. Bouquet, t. VIII, p. 503.)

Esclaves attachés à un manse du domaine du monastère de Chabli d'Autun. — Le diplôme 280 de Charles-le-Chauve, de l'an 877, témoigne de l'échange fait de ce manse et des esclaves. (D. Bouquet, t. VIII, p. 667 et 668.)

Esclaves de l'un et de l'autre sexes attachés à trente manses du domaine du fisc, situés dans le canton d'Auxerre. — Le diplôme 11 de Charles-le-Chauve, de l'an 843, donne ces manses et les esclaves à un laïque. (D. Bouquet, t. VIII, p. 435.)

Esclaves et servantes attachés à une terre et à seize manses situés dans le canton de Châlons-sur-Saône. Esclaves et servantes attachés à une terre et à vingt-quatre manses, situés dans le canton de Mâcon. — *Voyez* la do-

quatre manses, le dernier pour des domaines situés dans dix-huit lieux différents.

VIII. Pour la Franche-Comté, un seul texte qui comprend les cantons et les territoires de Lyon, Vienne, Grenoble, Augusta, Genève, Avence, Lausanne, Besançon, la vallée d'Augusta, les frontières de l'Italie.

IX. Pour le Poitou et l'Aunis, onze actes.

nation de ces manses et terres avec les esclaves faite par un particulier, une partie au monastère de Saint-Andoche d'Angoulême, et l'autre au monastère de Fleuri, au commencement du neuvième siècle. (*Recueil des chartes Bourguignonnes*, de Pérard, p. 27.)

Esclaves attachés à des domaines, situés dans les cantons d'Alise, de l'Avalonais et à douze domaines situés dans l'Auxois, à deux domaines situés dans le canton du Tonnerois et de Nevers, et à des biens tenus par des colons, situés dans dix-huit lieux différents.— Le testament de l'abbé Widerade, daté de la première année du règne de Thierri III, donne tous ces biens et esclaves au monastère de Saint-Andoche-le-Saulieu. (*Actes des Saints de l'ordre de saint Benoît*, première partie, troisième siècle, p. 683.)

VIII. Esclaves attachés à des biens situés dans les cantons et territoires de Lyon, Vienne, Grenoble, Augusta, Genève, Avence, Lausanne, Besançon, et dans la vallée d'Augusta sur les frontières de l'Italie, biens du domaine de Sigismond, dernier roi des Bourguignons.— *Voyez* l'acte qui donne tous ces domaines au monastère de Saint-Maurice du Chablais, l'an 513. (*Gallia christiana*, t. IV, p. 12 et 13.)

IX. Esclaves et *ancolæ* attachés à une terre, située dans le canton de Poitiers.— *Voyez* l'acte daté de l'an 791, la vingt-deuxième année du règne de Charles-le-Chauve, qui contient la donation de ces objets faite par l'abbé Iterius au monastère de Cornerie. (*Appendice des Annales de l'ordre de saint Benoît*, t. II, p. 714.)

Esclaves attachés à un alleu situé sur les bords de la Charente.— *Voyez* un acte de l'an 892. (*Histoire de Poitou*, par Besly, p. 809.)

Esclaves et colons attachés à des domaines, situés dans le Poitou et propriété d'un comte.— *Voyez* l'acte daté de la cinquième année du règne de Charlemagne (an 785), qui donne ces domaines pour la dotation du monastère de Charroux, et les actes qui suivent les domaines. (*Appendice. Annales de l'ordre de saint Benoît*, acte 29, t. II, p. 711.)

Esclaves joints aux terres du monastère de Saint-Florent, situées dans le canton de Poitiers.— *Voyez* le diplôme 123 de Louis-le-Pieux, l'an 815. (D. Bouquet, t. VI, p. ...)

Esclaves demeurants sur les terres du domaine du monastère de Charroux, situées dans le canton de Poitiers sur les rives de la Charente.— *Voyez* le diplôme 26 de Louis-le-Pieux, de l'an 815. (D. Bouquet, t. VI, p. 474.)

Esclaves demeurants sur les terres du domaine de Saint-Maixent situées dans le canton de Poitiers.— *Voyez* le diplôme 34 de Louis-le-Pieux, de l'an 815. (D. Bouquet, t. VI, p. ...)

Esclaves et colons demeurants sur les terres du domaine du monastère de Saint-Philbert, situées dans l'île de Noirmoutier.— *Voyez* le diplôme 156 de Louis-le-Pieux, de l'an 830. (D. Bouquet, t. VI, p. 555.)

Esclaves de l'un et de l'autre sexe et de tout âge attachés à une terre ou domaine du fisc, située dans le canton de Poitiers.— Le diplôme 239 de Louis-le-Pieux, de l'an 839, donne cette terre et les esclaves au monastère de Saint-Dée ou Grand-Lieu. (D. Bouquet, t. VI, p. 628.)

Esclaves joints à une terre du domaine du monastère de Saint-Maixent, située dans le canton de Poitiers, ci-devant tenue en bénéfice par un comte, et dont Pépin rendait la jouissance au monastère de Saint-Maixent.— Le diplôme 3 de Pépin, petit-fils de Louis-le-Pieux, roi d'Aquitaine, de l'an 825,

X Pour la Marche et le Bourbonnais les actes manquent.

QUATRIÈME DIVISION.

Midi de la France.

I. Pour l'Angoumois et le Périgord, un seul acte.

II. Pour le Limousin, on présente neuf actes qui prouvent l'existence des esclaves attachés aux terres dans autant de lieux différents.

restitue cette terre avec les esclaves au monastère de Saint-Maixent. (D. Bouquet, t. VI, p. 604.)

Esclaves demeurants sur les terres du domaine de Saint-Hilaire de Poitiers. — *Voyez* le diplôme 13 de Pépin, roi d'Aquitaine, de l'an 814. (D. Bouquet, t. VI, p. 672.)

Esclaves attachés à une terre du domaine de l'église épiscopale de Paris, située dans le canton de Poitiers. — Le diplôme 209 de Charles-le-Chauve, de l'an 868, restitue cette terre avec les esclaves à l'église de Paris. (D. Bouquet, t. VIII, p. 610.)

IV° Division. I. Esclaves attachés à une terre de propriété particulière dans le canton du Périgord. — *Voyez* l'acte de l'an 804, par lequel cette terre et les esclaves sont donnés pour la dotation du monastère de Paulhac. (*Appendice des Annales de l'ordre de Saint-Benoît*, acte 37, t. II, p. 717.)

II. Esclaves demeurants sur les terres du monastère de Solignac, situées dans le Limousin. — *Voyez* le diplôme 69 de Louis-le-Pieux, de l'an 817. (D. Bouquet, t. VI, p. 504.)

Esclaves attachés à une terre du domaine du fisc, située dans le Limousin, que Charlemagne avait donnée au monastère de Mici d'Orléans. — *Voyez* le diplôme 146 de Louis-le-Pieux, de l'an 828. (D. Bouquet, t. VI, p. 554, 555 et 556.)

Esclaves de l'un et de l'autre sexes attachés à un domaine du fisc, situé dans le Limousin, que Pépin donne à l'église de Limoges. — Le diplôme 5 de Pépin, petit-fils de Louis-le-Pieux, de l'an 827, donne ce domaine à l'église de Limoges. (D. Bouquet, t. VI, p. 665 et 666.)

Esclaves demeurants sur les terres du domaine de l'église épiscopale de Limoges. — *Voyez* le diplôme 91 de Charles-le-Chauve, de l'an 849. (D. Bouquet, t. VIII, p. 506 et 507.)

Esclaves de l'un et de l'autre sexes joints à une terre du domaine du fisc, située dans le canton de Limoges. — Le diplôme 192 de Charles-le-Chauve, de l'an 850, donne cette terre et les esclaves au monastère de Beaulieu. (D. Bouquet, t. VIII, p. 595.)

Esclaves attachés à des terres du domaine du fisc, données par Charles-le-Chauve, au monastère de Solignac. — Le diplôme 263 de Charles-le-Chauve, de l'an 876, donne ces terres avec les esclaves au monastère de Solignac. (D. Bouquet, t. VIII, p. 655.)

Esclaves de l'un et de l'autre sexes attachés à des manses du domaine propre de Rodolphe, archevêque de Bourges, situés dans le Limousin. — L'acte de donation de ces manses et esclaves au monastère de Beaulieu, est daté de la première année du règne de Charles-le-Chauve, de l'an 841. (*Gallia christiana*, t. I, p. 151.)

Esclaves et *inquilini* attachés à la terre de Soligni, dans le canton de Limoges. — La donation de cette terre et des divers esclaves faite au milieu du neuvième siècle, se trouve dans la charte de Saint-Éloi. (*Actes des Saints de l'ordre de Saint-Benoît*, deuxième siècle, p. 1090.)

Esclaves et servantes attachés à des domaines de propriété particulière, situés dans les cantons du Limousin et de l'Auvergne. — *Voyez* l'acte de l'an 785, par lequel tous ces domaines et les esclaves sont donnés à la fois au monastère de Charroux. (*Appendice des Annales de l'ordre de Saint-Benoît*, acte 29, t. II, p. 711.)

III. Pour l'Auvergne, un seul acte.

IV. Pour le Lyonnais, cinq actes, dont le second prouve pour huit domaines, le troisième pour soixante manses, le quatrième pour un grand nombre de domaines dans des cantons différents, et le dernier pour vingt et quelques domaines en différents cantons.

V. Pour le Dauphiné, six actes.

VI. Pour la Guienne, six actes.

III. Esclaves attachés aux terres du domaine du monastère de Manlieu, situés dans le canton d'Auvergne. — *Voyez* le diplôme 79 de Louis-le-Pieux, de l'an 818. (D. Bouquet, t. VI, p. 513.)

IV. Esclaves, servantes et serfs attachés à des domaines en propre au monastère de Nantua, situés dans les cantons de Genève, de Nevers et de Lyon. — *Voyez* cet acte, de l'an 791. (*Annales de l'ordre de Saint-Benoît*, acte 32, t. III, p. 691.)

Esclaves attachés à huit domaines du fisc, situés dans le canton de Lyon. — Le diplôme 71 de Charles-le-Chauve, de l'an 847, donne ces domaines et les esclaves à un laïque. (D. Bouquet, t. VIII, p. 491.)

Esclaves de l'un et de l'autre sexes joints à soixante manses de propriété particulière, situés dans le canton de Lyon. — Le diplôme 237 de Charles-le-Chauve, de l'an 871, témoigne de la donation qui fut faite de ces manses et des esclaves au monastère de Saint-Amand. (D. Bouquet, t. VIII, p. 632.)

Esclaves attachés à des biens situés dans les cantons et territoires de Lyon, Vienne, Grenoble, Augusta, Genève, Avence, Lausanne, Besançon, et dans la vallée d'Augusta, sur les frontières d'Italie, biens du domaine de Sigismond, dernier roi des Bourguignons. — *Voyez* l'acte de l'an 513, qui donne tous ces domaines au monastère de Saint-Maurice en Chablais. (*Gallia christiana*, t. IV, p. 12 et 13.)

Esclaves attachés à des domaines situés dans quinze lieux différents du canton de Lyon ; à deux domaines situés dans le canton de Bellei ; et à plusieurs autres domaines situés dans les cantons de Die et de Maurienne. — Le testament de saint Aurélien donne tous ces divers biens et les esclaves aux monastères de Saint-Benoît et de Saint-Florent de Lyon, l'an 870. (*Actes des Saints de l'ordre de S. Benoît*, deuxième partie, quatrième siècle, p. 499.)

V. *Voyez* les deux dernières citations de l'article précédent. L'une comprend des domaines situés dans les cantons de Vienne, Grenoble et Avence ; l'autre comprend des domaines situés dans les cantons de Bellei et de Die, parmi les terres données ou aliénées avec les esclaves.

Esclaves demeurants sur les terres de l'église épiscopale de Vienne. — *Voyez* le diplôme 25 de Louis-le-Pieux, de l'an 815. (D. Bouquet, t. VI, p. 473.)

Esclaves demeurants sur les terres du monastère de Saint-André de Vienne. — *Voyez* le diplôme 165 de Louis-le-Pieux, de l'an 830. (D. Bouquet, t. VI, p. 570.)

Esclaves attachés à deux terres vendues l'an 873 par un laïque et sa femme à l'église épiscopale de Vienne. — *Voyez* l'acte de cette vente, fait en 873. (*Appendice des capitulaires de Baluze*, t. II, p. 1493, 1494 et 1495.)

Esclaves attachés à des biens de propriété laïque, dans le canton de Saint-Paul de Trois-Châteaux. — Le diplôme 197 de Louis-le-Pieux, de l'an 837, témoigne de la donation de ces biens et des esclaves au monastère de Dieuserre. (D. Bouquet, t. VI, p. 568.)

VI. Esclaves demeurants sur les terres du domaine de l'église épiscopale de Bordeaux. — *Voyez* le diplôme 148 de Louis-le-Pieux, l'an 825. (D. Bouquet, t. VI, p. 557 et 558.)

Esclaves et colons de l'un et de l'autre sexes attachés à deux terres de propriété particulière, situées dans le canton d'Agen. — *Voyez* l'acte de

VII et VIII. Pour le Béarn et le comté de Foix, les actes manquent.

IX. Pour le Roussillon, un seul acte pour trois différentes terres.

X. Pour le Languedoc, quatorze actes; le dernier prouve pour des domaines très-étendus.

rente de ces terres, avec les esclaves et colons, faite au monastère de Moissac, l'an 632. (*Annales de l'ordre de Saint-Benoît*, acte 15, t. I, p. 686.)

Esclaves et servantes attachés à des domaines situés dans les cantons de Cahors et de Toulouse. — *Voyez l'acte* de donation de ces biens et esclaves faite par l'évêque de Cahors au monastère de Moissac, l'an 783. (*Annales de l'ordre de Saint-Benoît*, liv. xxv, chap. 39, t. II, p. 267.)

Esclaves attachés à des biens de la propriété du comte Raimond, situés dans le canton de Rhodez. — La charte de Raimond, comte de Toulouse, donne ces biens et les esclaves pour la fondation de l'abbaye de Vabre, l'an 862. (*Preuves de l'Hist. du Languedoc*, p. 171.)

Esclaves attachés à des biens de propriété laïque, situés dans le canton de Rhodez. — *Voyez* la donation de ces biens au monastère de Vabre, l'an 865. (*Preuves de l'Hist. du Languedoc*, p. 170.)

Esclaves attachés aux domaines d'un monastère possédé en propre par le roi Pépin Ier. — *Voyez* la donation que le prince fit de ce monastère, avec les possessions et esclaves, au monastère de Saint-Antoine. (*Preuves de l'Hist. du Languedoc*, t. I, p. 23.)

IX. Esclaves attachés à trois différentes terres du fisc, situées dans le canton de Roussillon, et que Charles-le-Chauve donne à un laïque. — Le diplôme 12 de Charles-le-Chauve, de l'an 836, donne ces trois terres et les esclaves à un laïque. (D. Bouquet, t. VIII, p. 436.)

X. Esclaves et colons attachés à des biens de propriété particulière, situés dans le canton de Toulouse. — *Voyez* un acte de l'an 632. (*Annales de l'ordre de Saint-Benoît*, acte 5, t. I, p. 686.)

Esclaves attachés aux terres du domaine de l'église épiscopale de Toulouse et à celles des domaines des monastères de Sainte-Marie et de Saint-Saturnin, bâtis près des murs de la ville de Toulouse. — *Voyez* le diplôme 15 de Charles-le-Chauve, de l'an 843. (D. Bouquet, t. VIII, p. 439.)

Esclaves attachés aux terres du monastère du Mont-Olivier, situées dans le canton de Carcassonne. — *Voyez* le diplôme 41 de Louis-le-Pieux, de l'an 815. (D. Bouquet, t. VI, p. 485.)

Esclaves demeurants sur les terres du monastère de Saint-Hilaire, situées dans le canton de Carcassonne. — *Voyez* le diplôme 64 de Louis-le-Pieux, de l'an 817. (D. Bouquet, t. VI, p. 500.)

Esclaves demeurants sur les terres du monastère de la Grâce, terres situées dans les territoires de Narbonne et de Carcassonne. — *Voyez* le diplôme 12 de Louis-le-Pieux, de l'an 814. (D. Bouquet, t. VI, p. 463.)

Esclaves demeurants sur les terres du domaine de l'église épiscopale de Narbonne. — *Voyez* le diplôme 19 de Louis-le-Pieux, de l'an 814. (D. Bouquet, t. VI, p. 469.)

Esclaves attachés à des terres situées dans le canton de Narbonne, du domaine propre d'un abbé. — Le diplôme 139 de Louis-le-Pieux, de l'an 826, témoigne de la donation faite de ces terres et des esclaves, pour la fondation d'un monastère. (D. Bouquet, t. VI, p. 549.)

Esclaves demeurants sur les terres du monastère d'Aniane, que l'abbé Benoît venait de fonder dans les terres de sa propriété, situées dans le canton de Maguelone, (aujourd'hui Montpellier). — *Voyez* le diplôme 62 de Charlemagne, de l'an 787. (D. Bouquet, t. V, p. 751.)

Esclaves demeurants sur les terres

XI. Pour la Provence, cinq actes.

CHAPITRE III.

De l'existence et de l'étendue de l'esclavage domestique.

I. La preuve de l'existence des esclaves meubles qui se vendaient comme tous les autres effets commerçables, et de la distinction établie entre eux et les esclaves de la glèbe, résulte :

1°. De la Charte de division de Charlemagne, rappelée par celle de Louis-le-Pieux ; l'une et l'autre traitent des biens immeubles, des esclaves établis dans un domaine de la campagne,

de l'église épiscopale de Nîmes. — Voyez le diplôme 14 de Louis-le-Pieux, de l'an 814. (D. Bouquet, t. VI, p. 464.)

Esclaves demeurants sur les terres du monastère de Psalmodium, situées dans le canton de Narbonne. — Voyez le diplôme 40 de Louis-le-Pieux, de l'an 815. (D. Bouquet, t. VI, p. 484.)

Esclaves joints aux terres dépendantes de deux petits monastères, situées dans le canton d'Uzès. — Voyez le diplôme 30 de Louis-le-Pieux, de l'an 815 (D. Bouquet, t. VI, p. 478.)

Esclaves attachés aux terres du monastère de Saint-Chaffre situé dans le canton du Velay, fondé par Louis-le-Pieux. — Voyez le diplôme 4 de Pépin, petit-fils de Louis-le-Pieux, de l'an 845. (D. Bouquet, t. VIII, p. 357 et 358.)

Esclaves attachés aux terres du monastère de Saint-Théophride, situées dans le canton du Velay. — Voyez le diplôme 282 de Charles-le-Chauve, de l'an 877. (D. Bouquet, t. VIII, p. 669.)

Esclaves de l'un et de l'autre sexes attachés à quarante manses du domaine du fisc donné ou restitué à l'abbaye d'Aniane. — Le diplôme 92 de Louis-le-Pieux, de l'an 820, renferme cette donation. (D. Bouquet, t. VI, p. 520, et Preuves de l'Hist. du Languedoc, t. I, p. 54.)

XI. Esclaves attachés à des domaines du fisc, situés dans les murs de la cité d'Arles. — Le diplôme 81 de Louis-le-Pieux, de l'an 818, donne ces

domaines et les esclaves au monastère d'Aniane. (D. Bouquet, t. VI, p. 518.)

Esclaves demeurants sur les terres du domaine de l'église épiscopale de Marseille. — Voyez le diplôme de l'empereur Lothaire, de l'an 840 (D. Bouquet, t. VIII, p. 377.)

Esclaves attachés à une terre du domaine du fisc, située dans la Provence. — Le diplôme 9 de la première race, donne, l'an 558, cette terre et les esclaves à l'église de Paris. (D. Bouquet, t. IV, p. 621.)

Esclaves attachés à des domaines du fisc, situés dans la cité de Carpentras. — Le diplôme 9 de Charles, roi de Provence, fils de l'empereur Lothaire, de l'an 863, donne ces domaines et les esclaves à l'église de Carpentras. (D. Bouquet, t. VIII, p. 401 et 402.)

Esclaves attachés à des biens de l'église de Béziers, situés dans le canton d'Avignon. — Voyez l'acte d'échange de ces biens passé l'an 897 (Preuves de l'Hist. du Languedoc, t. II, p. 32.)

I. — 1°. Praecipimus ut nullus ex his tribus fratribus suscipiat de regno alterius a quolibet homine traditionem seu venditionem rerum immobilium, hoc est terrarum, vinearum, atque sylvarum, servorumque qui jam casati sunt, sive caeterarum rerum quae hereditatis nomine censentur, excepto auro, argento et gemmis, armis ac vestibus, nec non et mancipiis non casatis, et his speciebus quae proprie ad negotiatores pertinent

les biens meubles et objets de commerce parmi lesquels se trouvent les esclaves qui ne sont point établis dans un domaine à la campagne;

2°. De plusieurs capitulaires de Charlemagne; l'un comprend les esclaves dans une énumération de beaucoup d'effets commerçables; d'autres tracent des règles sur les formes de vente des esclaves, et défendent de les vendre hors du royaume; enfin, plusieurs capitulaires traitent du sort des esclaves maris et femmes qu'une vente a séparés;

3°. D'une formule de l'Appendice de Marculfe, suivie par une formule de Lindenbrog, et d'une formule alsacienne; elles prescrivent la forme de la réclamation d'un maître sur un esclave acheté; elles marquent expressément la distinction des esclaves aliénés avec la terre, et des esclaves exceptés de l'aliénation, comme esclaves domestiques.

---

sontur. (*Extr. de la charte de fondation de l'empire de Charlemagne, de l'an 806*. Même dispositif à l'art. 7 de la *charte de division de Louis-le-Débonnaire, de l'an 837*. Baluze, t. I, p. 441 et 487.)

1°. Et nullus audeat in nocte negotiare in vasa aurea et argentea, mancipia, gemmas.... sed in die coram omnibus et coram testibus hujusmodi sua negotium exerceat. (*Extr. du Capitulaire 5 de l'an 803*, art. 2. Baluze, t. I, p. 399.)

De mancipiis quæ vendantur, ut in præsentia episcopi, vel comitis sit, aut in præsentia archidiaconi, aut centenarii, aut in præsentia vice-domini, aut judicis comitis, aut ante nota testimonia. Et foras mardam nemo mancipium vendat. (*Extr. du capitulaire de Charlemagne, de l'an 779*, art. 19. Même dispositif à l'art. 203 du liv. v. Baluze, t. I, p. 498, 861 et 862.)

Si servus et ancilla per venditionis causam separati fuerint, prædicandum est ut sic maneant, si eos rejungere non possumus. (*Extr. d'un capitulaire de l'erberie, de l'an 752*, art. 19. Baluze, t. I, p. 165. Même dispositif, Regino, liv. II, chap. 122, édit. de Baluze, p. 258.)

Et conjugia servorum non dirimantur, etiamsi diversos dominos habuerint; sed uno conjugio servi permanentes, dominis suis serviant, sic tamen ut ipsum conjugium legale sit, et per voluntatem dominorum suorum. (*Extr. d'un capitulaire de Charlemagne, de l'an 801, conforme à la loi des Lombards*, art. 15. Baluze, t. I, p. 351.)

3°. Veniens homo aliquis, nomine ille, in pago illo.... in mercato.... ante bonos homines qui subterfirmaverunt, dato suo pretio, ad hominem negotiantem solidos tantos, servum suum nomine illum visus est comparasse. Et ipse negotians ipsum servum.... lui visus est tradidisse, non in fraude, sed in publico; ut quicquid exinde a die præsente facere voluerit, ... habeat potestatem faciendi. (*Extr. de la formule 21 de l'appendice de Marculfe*. Voyez aussi la *formule 161 de Lindenbrog*. D. Bouquet, t. IV, p. 511.)

Hæc omnia trado.... in agris, pratis, sylvis.... et omnibus ædificiis, ac mancipiis.... nisi tantum quod mancipia quæ jugiter in domo mea consistant, et mihi specialiter serviant.

Hæc cuncta tradidit, ut omnia filio ipsius N... in agris, pratis, sylvis... et omnibus ædificiis, ac mancipiis... nisi tantum quod mancipia quæ jugiter in domo illius consistant, et ipsi specialiter serviant. (*Extr. des formules Alsaciennes 1 et 2. Loi Salique d'Eccard*, p. 233.)

II. La preuve que les esclaves remplissaient le service domestique dans la maison des rois, résulte des textes de Grégoire de Tours et d'Éginhard; ils marquent que « Chilpéric « fit enlever sur les maisons du fisc un grand nombre d'esclaves « pour accompagner sa fille; » ils marquent « qu'un esclave « vigneron du fisc fut mis à la cuisine royale, et de là à la « boulangerie; » ils marquent que « Charlemagne légua de « grandes aumônes aux esclaves et aux servantes qui servaient « dans le palais. »

III. La preuve que les esclaves remplissaient le service domestique dans les maisons ecclésiastiques, résulte :

1°. D'un récit de Grégoire de Tours; il fait mention d'un « esclave qui servait dans la cuisine de l'évêque de Langres; »

2°. Des Actes d'un concile de Tours; ils prescrivent aux prêtres, diacres, sous-diacres, des règles pour le maintien du bon ordre et de la décence parmi leurs esclaves domestiques;

3°. De la règle des chanoines, et de celle des chanoinesses dressées au concile d'Aix-la-Chapelle, l'an 816; elles marquent que « les esclaves sont les boulangers, les cuisiniers, les ser-

II. Familias multas de domibus fiscalibus auferri præcipit, et in plaustris componi,... ut eos facilius cum filia (in Hispania) transmittere posset... Multos sibi ob hanc amaritudinem vitam laqueo extorsisse...... Separabatur autem filius a patre, mater a filia. (*Extr. de l'Histoire de Grégoire de Tours*, année 584, liv. vi, chap. 45. D. Bouquet, t. II, p. 289.)

(Leudastes) Pictavensis... a fiscalis vinitoris servo... nascitur. Exinde ad servitium accessitus, culinæ regiæ deputatur... Amotus a pistillo promovetur ad cophinum. (*Extr. de l'Hist. de Grégoire de Tours*, année 580, liv. v, chap. 49. D. Bouquet, t. II, p. 11.)

Incipit... divisioque facta est a... domino Karolo imperatore augusto... de thesauris suis... Omnem substantiam... quæ in auro et in argento, gemmisque et ornatu regio... in camera ejus inveniri poterat, primo quidem trina divisione partitus est... et tertiam integram reservavit... Partis quam integram reservari voluit, talis est ratio, ut... quarta... nomine eleemosynæ in servorum et ancillarum usibus

palatii famulantium sustentationem distributa veniret. (*Extr. de la Vie de Charlemagne, par Éginhard*, chap. 33. D. Bouquet, t. V, p. 101 et 103.)

III.—1°. Leonem... a jugo servitutis absolvens cum omni generatione sua, dedit ei terram propriam. (*Extr. de l'Hist. de Grégoire de Tours*, année 533, liv. iii, chap. 15. D. Bouquet, t. II, p. 195.)

2°. Presbyteri, et diaconi, et subdiaconi vicani hoc studio se custodiant, ut mancipiola sua ibi maneant, ubi uxores suæ; illi tamen segregatim solitarii in cella jaceant... et dormiant. Qui uxores non habent, in parte de mancipiolis suis habeant cellulas segregatim. (*Extr. des Actes du concile de Tours, de l'an 567*, canon 19. Sirmond, t. I, p. 335.)

3°. Debet procurare prælatus, ut fratribus cellararium,... constituat... cui etiam pistrinum fratrum committendum est... Hi vero famuli eligantur de fidelissima ecclesiæ familia, et his officiis diligenter erudiantur, ut scilicet et pistoria arte,... necessitatibus fratrum opportunissime valeant suf-

viteurs des chanoines; » elles autorisent les chanoinesses à avoir des esclaves pour les servir dans leurs monastères; elles prescrivent des règles de décence pour les servantes de l'abbesse et des religieuses;

4°. D'un extrait de la Vie de saint Ansbert, écrite par son disciple; elle fait connaître l'existence des esclaves dans le monastère de Corbie, dont saint Ansbert se détacha pour suivre une mission.

IV. La preuve que les esclaves remplissaient le service domestique dans les maisons des particuliers laïques, résulte :

1°. D'un récit de Grégoire de Tours déjà cité : on y voit qu'Attale, neveu de saint Grégoire, évêque de Langres, réduit à l'esclavage, « gardait les chevaux d'un Barbare dans le diocèse de Trèves, et que ce Barbare refusa ce que saint Grégoire lui fit offrir pour le racheter; »

2°. De la Vie de sainte Opportune; on y lit que « beaucoup d'hommes puissants qui la recherchèrent en mariage, lui offrirent, entre autres biens, des esclaves et des servantes; »

3°. De la Vie de saint Nisier par Grégoire de Tours; il marque que ce saint, déjà reçu parmi les clercs, « travaillait de ses mains dans la maison de sa mère avec les esclaves; »

---

tragari. Eadem quoque forma de coquis servanda est. (*Extr. de la règle des chanoines et des chanoinesses dressée au concile d'Aix-la-Chapelle, en l'année 816, liv. 1, chap. 140. Sirmond, t. II, p. 400.*)

Licitum est Deo dicatis canonice viventibus, vernulas secum famulandi gratia in monasteriis habere, cavendum est... ut non amplius quam necessitas exigit, sibi ad serviendum congregent... Si vero hæ famulæ, aut abbatissarum, aut certe sanctimonialium, in claustris monasterii quippiam indecens admiserint, et crebro admonitæ, atque correptæ, non se correxerint, extra claustra monasterii procul ejiciendæ, atque eliminandæ sunt. (*Ibid.*, liv. II, chap. 21, p. 423.)

4°. Dimissi itaque ab imperatore nullum habuerunt socium, qui eis aliquid servitii impenderet : quoniam nemo ex familia abbatis cum eis sua sponte ire, nec ille quemquam adhuc invitum cogere volebat. (*Extr. de la Vie de saint Ansbert, évêque d'Aus-*

bourg, *écrite par son disciple.* Actes des Saints de l'ordre de Saint-Benoît, deuxième partie, chap. 13, p. 85.)

IV.—1°. Attalus nepos beati Gregorii Lingonici episcopi, ad publicum servitium mancipatus est, custosque equorum destinatus. Erat enim infra Treverici termini territorium cuidam barbaro serviens... Gregorius ad inquirendum eum misit pueros... Obtulerunt homini munera, sed respuit ea. (*Extr. de l'Hist. de Grégoire de Tours, année 533, liv. III, chap. 15. D. Bouquet, t. II, p. 195.*)

2°. Multi præpotentes viri,... in matrimonium (Opportunam) sibi conjungere satagebant. Promittebant ei auri et argenti immensa pondera : ... offerebant servos et ancillas. (*Extr. de la Vie de Sainte-Opportune au neuvième siècle.* Actes des Saints de l'ordre de Saint-Benoît, troisième siècle, deuxième partie, p. 223. (

3°. Hic (Nicetius) cum genitrice, jam clericus, in domo paterna residens, cum reliquis famulis manu

4°. De divers passages de Grégoire de Tours; ils parlent d'un homme qui n'avait aucune humanité envers les esclaves qui le servaient dans les repas; ils parlent d'un citoyen de Clermont qui donna un repas apprêté et servi par les esclaves de sa maison; ils parlent d'un citoyen de Tours qui vint attaquer de nuit un autre citoyen dans sa maison et tua ses esclaves;

5°. De la Vie de sainte Berlinde; il y est fait mention d'esclaves servant dans la maison de son père;

6°. De la Vie de sainte Opportune; il y est fait mention d'une femme qui avait des esclaves attachés immédiatement à sa maison, et travaillant pour elle.

V. La preuve que l'usage des esclaves domestiques servant dans les maisons était général dans tout le pays de la domination franque, résulte :

1°. Des textes de diverses lois : la loi salique statue sur la

propria laborabat. (*Extr. de Grégoire de Tours, livre de la Vie des Pères*, chap. 8, édit. de Ruinard, col. 1184.)

4°. Rauchingus... vir... qui se ita cum subjectis agel at, ut non cognosceret in se aliquid humanitatis habere... Nam si ante eum, ut adsolet, convivio urentem [amer] ceream tenuisset, nudari ejus tibias faciebat, atque tamdiu in his ceream comprimi,... usque dum tota tibiæ famuli teneretur exurerentur. Quod si vocem emittere, aut se de loco illo alia in parte movere conatus, illico gladius imminebat. (*Extr. de l'Hist. de Grégoire de Tours*, année 576, liv. v. chap. 3. D. Bouquet, t. II, p. 213.)

Arvernam venit (Andarchius) : ibique cum Urso cive urbis ejus amicitias inligat... Ingressusque quam Ursi domum, cœnam sibi præcepit præparari.... Sed quam servi domus minime rudi domino parerent, alios fustibus, alios virgis cædit. (*Extr. de l'Hist. de Grégoire de Tours*, liv. IV, chap. 4. D. Bouquet, t. II, p. 227.)

Gravia tunc inter Turonicos cives bella civilia surrexerunt... Sichavius audiens, quod res quas Austregisilus diripuerat, cum Aunone et filio, atque ejus fratre Eberulfo retinerentur,... conjunctus Audino,... cum armatis

viris irruit super eos nocte; eliso hospitio in quo dormiebant, patrem cum fratre et filio interemit : res[que] eorum cum pecoribus, interfectis servis, abduxit. (*Extr. de l'Hist. de Grég. de Tours*, an 585, liv. vii, chap. 47. D. Bouquet, t. II, p. 311.)

5°. Pater ejusdem virginis [Bertildis] Odelardus nomine... vocati [sunt] vos, currum sibi parari statim jussit. (*Extr. de la Vie de Sainte Berlinde, écrite au neuvième siècle, par Er...*, abbé de Rabaiu. Actes des Saints de l'ordre de Saint-Benoît, troisième siècle, première partie, p. 175.)

6°. Erat quædam matrona nomine Altrudis, cujus ancillæ... quædam die sabbato... ad oratorium (Opportunæ) pervenerunt. Quum eas domina illarum perquirens didicisset quo abissent, stimulis iracundiæ percita, taliter fertur dixisse : « quia vacant ab « ancillæ meæ, ideo vadunt [et] requirent « [esta] mortua nescio cujusdam [femi]næ. » (*Extr. de la Vie de Sainte Opportune, écrite au neuvième siècle*. Actes des Saints de l'ordre de Saint-Benoît, troisième siècle, deuxième partie, p. 215.)

V.—1°. Si quis majorem, infectorem, scantionem, mariscalcum, stratorem, fabrum ferrarium, aurificem sive carpentarium,... aut occiderit vel vendiderit valentem solidis XV...

omposition due pour le meurtre « du premier esclave et de la
principale servante » servant dans la maison; la loi des Bourguignons statue sur le même point relatif à tout esclave servant
dans la maison; la loi des Bavarois suppose des « esclaves domestiques, élevés et nourris dans les maisons; » enfin, la
loi des Allemands statue sur la composition du meurtre du
sénéchal esclave et du boulanger; »

2°. D'un texte d'Agobard; il suppose que « c'était parmi les
esclaves élevés dans les maisons » que se prenaient les sujets
que les particuliers offraient aux évêques pour être ordonnés
prêtres de leurs chapelles.

VI. La preuve que les esclaves domestiques exerçaient au
profit des maitres tous les métiers et les arts connus en France
jusqu'au neuvième siècle, résulte :

1°. D'un capitulaire de Charlemagne; il ordonne que les
femmes esclaves dans les divers lieux de son domaine travail-
lent à des vêtements en laine et en lin pour être envoyés ensuite à son palais;

2°. Des textes de la loi salique; ils comptent parmi les
esclaves domestiques, après le premier esclave de la maison

solidis xxxv, culp. jud. exc. cap. et
id. (Extr. des textes de la loi Salique,
ancienne rédaction, tit. 2, art. 6.
D. Bouquet, t. IV, p. 131.)
Si vero majorissam aut ancillam
ministerialem valentem solidis xxv,
superiorem caussam convenit observare. (Ibid., art. 7.)
Burgundio et Romanus una conditione teneantur. Si quis servum
natione barbarum occiderit lectum
ministerialem sive expeditionalem,
LV solid. inferat, mulctæ autem
domino solid. XII. (Extr. de la loi des
Bourguignons, tit. 10, art. 1. D. Bouquet, t. IV, p. 260.
Si mancipium fuerit, et dicit:
« pater meus reliquit mihi in here-
« ditatem; aut, ego in propria domo
« enutrivi illud, de propriis meis
« mancipiis natum. » (Extr. de la loi
des Bavarois, tit. 11, art. 4. Baluze,
t. I, p. 133.)
Si alicujus seniscalcus, qui servus
est, et dominus ejus duodecim vassos
intra domum habet, occisus fuerit,
quadraginta solidis componatur.

(Extr. de la loi des Allemands, tit. 79,
art. 3. Baluze, t. I, p. 79.)
Si coquus... occiditur, quadraginta
solidis componatur. (Ibid., art. 5.)
3°. Pene nullus inveniatur anhelans
... ad honores et gloriam temporalem,
qui non domesticum habet sacerdo-
tem... Quando volunt illos ordinari
presbyteros, rogant nos aut jubent,
dicentes: « Habeo unum clericionem,
« quem mihi nutrivi de servis meis
« propriis, aut beneficialibus... volo
« ut ordines eum mihi presbyterum.»
(Extr. d'un texte d'Agobard, livre
du sacerdoce, t. I, p. 135.)
VI.—1°. Ut feminæ nostræ, quæ
ad opus nostrum sunt servientes,
habeant ex partibus nostris lanam et
linum, et faciant sarcillos et camisi-
los, et perveniant ad cameram nostram. (Extr. d'un capitulaire de Charlemagne, de l'an 813, art 19. Baluze,
t. I, p. 510.)
2°. Voyez le texte cité à l'article
précédent, n° 1.
Si quis servum aut ancillam valentem solidis xv aut xxv furaverit,

et l'échanson, « le maréchal, l'ouvrier en fer, l'orfèvre, le
« charpentier, le porcher, le vigneron, le meunier, le chasseur
« et quelques artisans que ce soit; »

3°. De la loi des Bourguignons ; elle établit que « le Bour-
« guignon et le Romain subissent la même condition » sur les
points que nous allons citer d'après elle, c'est-à-dire sur la
composition des meurtres commis envers les esclaves domestiques, « orfèvre, ouvrier en or et en argent, ouvrier en fer,
« charpentier, doreur, argenteur, maréchal ferrant, ouvrier
« en airain, cercleur et cordonnier, etc. » On reconnaissait
donc des esclaves domestiques de toutes sortes de métiers, dans
les pays régis par la loi bourguignonne et par la loi ripuaire.
La loi des Bourguignons prouve enfin que les esclaves artisans exerçaient du gré de leurs maîtres leurs arts pour le
public ;

4°. Des lois des Allemands et des Bavarois ; la première nous
fait connaître l'existence « des ouvriers en or et damasquine-
« rie » parmi les esclaves domestiques ; la seconde nous montre
qu'il existait des ouvrages d'ornements et de parures, « qui
« étaient le travail des esclaves domestiques et la propriété des
« maîtres. »

VII. La preuve qu'outre les esclaves servant dans les maisons et exerçant les professions mécaniques, il en existait
encore qui, très-distincts des esclaves de la glèbe, étaient

art vendiderit, seu porcarium, aut
tabrum, sive vinitorem, vel molina-
rium, aut carpentarium, sive vena-
torem aut quemcumque artificem....
solidis LXX. culp. jud., *Extr. de la...
Banque, tit. 11, rédaction de Charlemagne, art. 5. D. Bouquet, t. IV,
p. 289.*

*Burgundio et Romanus una con-
ditione teneantur. Loi de la loi des
Bourguignons, tit. 10, art. 1 D. Bouquet, t. IV, p. 265.*

Qui aurificem lectum occiderit,
et solidos solvat (Ibid, art. 3).

Qui tabrum argentarium occiderit,
solidos solvat (Ibid, art. 4).

Qui tabrum ferrarium occiderit,
solidos solvat (Ibid, art. 5).

Qui carpentarium occiderit, xl solidos solvat (Ibid, art. 6).

Quicumque servum suum aurifi-

cem, argentarium, ferrarium, fabrum
ærarium, sartorem vel sutorem....
publico attributum artificium exercere permiserit, et id qua...
cienda opera a quocumque...
fortasse everterit, dominus...
pro eodem satisfaciat, aut...
sum, si maluerit, faciat...
Ibid, tit. 21, art. 2, p. 283.

Si cecus fuerint faber...
aut spatarius, qui publice...
sunt, quadraginta solidis com...
tur, *Extr. de la loi des Alle...
tit. 79, art. 7. Balusc, t. I...*

Si aliquis interciaverit....
aliqua ornamenta...
« plumea ex propria mea...
« beraverant et recerant »...
*de la loi des Bavarois, tit...
art. 1 Balusc, t. I, p. 53.*

VII — 1° Preuve au texte de G...

cependant livrés aux soins ruraux par la disposition de leurs maîtres, comme pasteurs et laboureurs, résulte :

1°. D'un texte de Grégoire de Tours déjà cité ; il parle d'un esclave vigneron du fisc » en Poitou, qui passa de là à divers emplois domestiques ;

2°. D'un texte de la loi salique déjà cité ; il compte « le porcher et le vigneron » parmi les esclaves domestiques ;

3°. Des textes de la loi des Allemands ; ils comptent « le berger de cochons et le berger de brebis parmi les esclaves domestiques ; »

4°. D'un texte de la loi des Bourguignons ; elle met « le Romain ou le Barbare, laboureur ou porcher, au rang des esclaves domestiques. »

VIII. La preuve du vil prix des esclaves domestiques en général résulte :

1°. D'un passage de l'édit de Piste pour le rachat « des esclaves qui étaient vendus dans un temps de famine : » il suppose que des esclaves se sont vendus « 5 sous, d'autres 10 ; »

2°. Des textes de la loi salique ; un texte de cette loi estime 35 sous les esclaves qui sont au-dessus de la valeur commune, c'est-à-dire le premier esclave ou la première servante de la maison, ou celui qui exerce quelque emploi, quelque métier qui peut le rendre plus précieux qu'un homme ordinaire.

Un autre texte estime que la valeur commune d'un esclave attaché à quelque office dans la maison du maître, ou y exer-

---

ture de Tours, à l'art. II de ce chapitre, seconde autorité.

2. Voyez un texte de la loi salique, à l'art. VI, n° 2 de ce chapitre

3. Si pastor porcorum, qui habet circa quadraginta porcos, et habet canem doctum, ... si occisus sunt, quadraginta solidis componatur. Extr. de la loi des Allemands, tit. 9, art. 1. Baluze, t. I, p. 79.
Legitimus pastor ovium, si occisus capita in grege habet de minus, et occisus fuerit, cum quadraginta solidis componatur. Ibid., art. 3

4. Si alium servum romanum, sive barbarum, aratorem aut porcarium occiderit, xxx solidis solvat

{ Extr. d'un texte de la loi des Bourguignons, tit. 10, art. 2. D. Bouquet, t. IV, p. 260.)

VIII. — 1°. De illis francis hominibus ... qui tempore famis, necessitate cogente, se ipsos ad servitium vendiderunt ... emptor si quinque solidis emit, sex recipiat : si decem, duodecim solidos similiter recipiat : aut si amplius, secundum suprascriptam rationem augmentum pretii consequatur. Extr. de l'édit de Piste, de l'an 864, tit. 36, art. 34. Baluze, t. II, p. 192

2°. Voyez les textes de la loi salique, à l'art. V de ce chapitre, n° 1, et l'art. VI, n° 2.

cant quelque profession mécanique, peut varier de 15 à
25 sous : enfin, on remarque dans ces textes que le prix de
composition imposée en amende aux voleurs ou meurtriers
des esclaves, estimés valoir de 15 à 25 sous, à cause de leur
office ou talent particulier, est de 25 sous. Ce prix, moitié au-
dessus de la composition imposée généralement pour le vol ou
meurtre d'un esclave ordinaire, fait voir que le prix courant
d'un esclave qui n'avait aucun talent ni office particulier, devait être, au prorata du prix de composition, de moitié inférieur à la somme de 15 ou 25 sous.

3°. D'un texte de Du Cange, citant la loi des Allemands; il
dit que selon cette loi, on devait rendre « 12 sous pour le
« capital d'un esclave tué, ou bien rendre un autre esclave
« d'une belle taille, avec 3 sous. »

CHAPITRE IV.

De l'état civil des esclaves, et des différents degrés d'affranchissement

I. La preuve de ce qui a été dit sur l'état civil des esclaves de
la glèbe, et des esclaves domestiques privés par les lois franques de tous les droits de citoyens, résulte :

1°. Des codes salique et ripuaire, des capitulaires, et des
formules de Marculfe; on y voit que les personnes libres ne
pouvaient s'allier aux esclaves sans tomber en servitude avec
leur postérité; que le mariage était nul si la personne libre
qui l'avait contracté avait ignoré l'esclavage de celle qu'elle

---

3°. Lex Allemannica tit. VIII : si
quis servum alienum occiderit, solidos XII in capitali restituat : aut cum
alio servo, qui habet XIII palmas
cum pollice replicato, vel II digi-
tos in longitudinem, et III solidos
in alio pretio superponat, quod fiunt
simul solidi XV. (*Extr. du glossaire
de Du Cange*, au mot *Serva*.)

I. — 1°. Si quis puer regis vel lidus ingenuam feminam traxerit, de
vita componat. (*Extr. de la loi Salique*, tit. 14, art. 6. D. Bouquet, t. IV,
p. 133.)

Si vero ingenua femina aliquem-
eunque de illis sua voluntate secuta
fuerit, ingenuitatem suam perdat.
(*Ibid.*, art. 7.)

Si quis francus alienam ancillam
sibi publice junxerit, ipse cum ea in
servitute permaneat. (*Ibid.*, tit. 29,
art. 5, p. 140.)

Si autem ripuarius ancillam ripuarii in matrimonium acceperit,
ipse cum ea in servitio perseveret.
(*Extr. du tit. 58 de la loi Ripuaire*,
art. 15. D. Bouquet, t. IV, p. 245.)

Similiter et si ripuaria hoc fecerit, ipsa et generatio ejus perseverent. (*Ibid.*, art. 16.)

Si francus homo accepit mulierem,
et sperat quod ingenua sit, et postea
invenit quod non est ingenua, dimittat eam, si vult, et accipiat aliam.
Similiter si femina ingenua accepit
servum, et sciebat tunc quod servu

épousait ; que tous les biens qu'une personne libre avait possédés jusque-là retournaient aux maîtres, auxquels un mariage servile l'assujettissait ; qu'elle perdait enfin le droit d'hériter de ses pères (les capitulaires de Charlemagne exemptent seulement de cette règle les personnes libres qui s'allieraient aux fiscalins) ;

2°. Des canons des conciles et des capitulaires ; ils montrent qu'il était défendu aux esclaves et aux colons d'entrer dans le clergé ni dans les monastères, à moins que les maîtres ne les affranchissent, et que ceux envers qui on avait contrevenu à

erat. (*Extr. du capitulaire de Compiègne, de l'an 757, art. 5. Baluze, t. I, p. 181.*)

Si ingenua femina quemlibet servum in conjugium sumpserit, non idem cum ipso servo in servitio permaneat, sed etiam omnes res quas habet, si eas cum parentibus suis divisas tenet, ad dominum cujus servum in conjugium accepit, pertineant. Et si cum parentibus suis res paternas vel maternas non divisit, nec alicui quærenti respondere, nec cum suis heredibus in rerum paternarum hereditate ultra divisor accedere possit. Similiter et si francus homo alterius ancillam in conjugium sumpserit. (*Extr. du capitulaire de l'an 819, art. 3, ajouté au chap. 14 de la loi Salique. Baluze, t. I, p. 607 et 608.*)

Omnibus non habetur incognitum qualiter servum meum nomine illum accepisti maritum, sed... te ipsam et agnatium in meo inclinare poteram servitio. (*Extr. de la formule 29 de Marculfe. Voyez aussi la formule 18 de l'Appendice de Marculfe. D. Bouquet, t. IV, p. 498 et 511.*)

2°. Si servus,..... nesciente domino, et episcopo sciente quod servus sit .... ordinatus, ipso in clericatus officio permanente, episcopus cum domino duplici satisfactione compenset. (*Extr. des Actes du premier concile d'Orléans, tenu sous Clovis, an 511, canon 8. Sirmond, t. I, p. 180.*)

Ut nullus servilibus, colonariisque conditionibus obligatus, ... ad honores ecclesiasticos admittatur; nisi prius aut testamento, aut per tabulas legitime constiterit absolu-

tum. (*Extr. des Actes du concile d'Orléans, de l'an 538, canon 26. Sirmond, t. I, p. 255.*)

Ut nullus episcopus servum alterius ad clericatus officium sine domini sui voluntate promovere præsumat. Et hoc Gangrense consilium prohibet. (*Extr. du capitulaire d'Aix-la-Chapelle, de l'an 789, art. 56; même dispositif au liv. I des capitulaires d'Ansegise, art. 55. Baluze, t. I, p. 362 et 712.*)

De servis aliénis ut.... neque ab episcopis sacrentur, sine licentia dominorum. (*Extr. d'un capitulaire de l'an 794, art. 21. Baluze, t. I, p. 265.*)

De propriis servis vel ancillis, ut non supra modum in monasteria sumantur, ne desertentur villæ. (*Extr. du capitulaire I de l'an 805, art. 11. Même dispositif au liv. I, collection d'Ansegise, art. 106. Baluze, t. I, p. 423 et 725.*)

De servorum vero ordinatione, qui passim ad gradus ecclesiasticos indiscrete promovebantur, placuit omnibus cum sacris canonibus concordari debere. Et statutum est ut nullus episcoporum deinceps eos ad sacros ordines promovere præsumat, nisi prius a dominis propriis libertatem consecuti fuerint. Et si quilibet servus dominum suum fugiens, aut latitans... ad gradus ecclesiasticos pervenerit, decretum est ut deponatur, et dominus ejus eum recipiat. Si pater... ab alia patria in aliam migrans, in eadem provincia filium genuerit, et ipse filius ibidem educatus, et ad gradus ecclesiasticos promotus fuerit, et utrum servus sit ignoraverit, et postea veniens dominus illius legibus cum adquisiverit, sancitum est

la règle perdaient leur grade et revenaient de droit à leurs maitres ;

3°. Des lois salique, bourguignonne, bavaroise, et d'un capitulaire ; ces lois, considérant uniquement les dommages des maitres dans les violences commises sur leurs esclaves, ne punissent de tels crimes que par des amendes au profit des maitres, sans accorder aucune réparation aux personnes ou aux familles des esclaves offensés ;

ut si dominus... eum catena servitutis a castris dominicis extrahere voluerit, gradum amittat. (*Extr. du capitulaire* 1, *de l'an* 816, art. 6; même dispositif au liv. 1 des *capitulaires d'Anségise*, art. 82. Baluze, t. 1, p. 56¼ et 719.)

Si aliquis incognitus in monasterium ingredi voluerit, ante triennium monachi habitus ei non præstetur. Et si intra tres annos aut servus... vel... colonus queratur, domino suo reddatur cum omnibus quæ adtulit. (*Extr. des capitulaires de la collection de Benoît Lévite*, liv. v, art. 380. Baluze, t. 1, p. 905.)

3°. Si quis servus servum vel se consimilem occiderit,... ut homicidam illum domini inter se dividant. (*Extr. de la loi Salique*, tit. 38, art. 1; même dispositif dans la *rédaction de Charlemagne*, tit. 37, art. 1. D. Bouquet, t. IV, p. 144 et 217.)

Si quis servum alienum furaverit, aut occiderit, aut vendiderit, aut ingenuum dimiserit, et ei adfuerit adprobatum,... solidis xxxv, culpabilis judicetur. (*Extr. de la loi Salique, de la plus ancienne rédaction*, tit. 11, art. 2. Même dispositif dans la rédaction de Charlemagne, tit. 11, art. 3. D. Bouquet, t. IV, p. 131 et 209.)

Si servus cum ancilla mœchatus fuerit, et de ipso crimine ancilla mortua fuerit, servus ipse... solidis vi, culpabilis judicetur : dominus vero servi capitale in locum restituat. Si autem ancilla propter hoc non fuerit mortua servus ipse aut cxx ictus accipiat, aut... solidos iii, domino ancillæ cogatur persolvere. (*Extr. de la loi Salique, ancienne rédaction*, tit. 29, art. 6. Même dispositif dans la *rédaction de Charlemagne*, tit. 27,

art. 4. D. Bouquet, t. IV, p. 140 et 213.)

De servis et originariis qui vocantur in crimine.

Inter Burgundionem et Romanum hæc forma servabitur :... quum crimen objectum fuerit, seu servi, seu coloni, pretium... dominus ejus, cujus servus est aut colonus, de præsenti percipiat, aut mancipium ejus meriti consequatur. Quod quum ita factum fuerit,... judici tradatur ad pœnam, ut si confessus fuerit se admisisse quod objicitur, pretium recipiat ille qui dederat : servus de confesso crimine occidatur... Si autem servus sive colonus in tormentis confessus non fuerit, is qui eum inscripsit, domino suo reddat : et dominus ipse aut vicarium servum, quem pro pœna servi innocentis accepit, aut pretium teneat. (*Extr. de la loi des Bourguignons*, tit. 7. D. Bouquet, t. IV, p. 259.)

Si eum occiderit, solvat eum domino suo cum viginti solidis. (*Extr. de la loi des Bavarois*, tit. 5, art. 18. Baluze, t. I, p. 112 et 120.)

Si quis servum alienum injuste accusaverit, et innocens tormenta pertulerit,... domino simile mancipium reddere non moretur. (*Ibid.*, tit. 8, art. 1.)

Si vero innocens in tormento mortuus fuerit, duos servos ejusdem meriti sine dilatione restituat. (*Ibid.*, art. 2.)

Si quis servum injuste accusaverit alienum, et innocenter tormenta pertulerit, domino simile mancipium... reddat. Si vero innocens in tormento mortuus fuerit, duos servos ejusdem meriti sine dilatione domino restituat. (*Extr. du liv. v des capitulaires de la collection de Benoît Lévite*, art. 352. Baluze, t. I, p. 900.)

4°. Des lois salique et ripuaire, de la loi des Bourguignons, et de deux capitulaires; ils nous apprennent que les esclaves étaient incapables de contracter, et d'agir en justice sans l'aveu de leurs maîtres; ils défendent spécialement aux colons et aux fiscalins de former aucun contrat.

II. La preuve de l'obligation des maîtres de répondre pour leurs esclaves, et de tous les degrés de dépendance des esclaves à l'égard des maîtres, résulte :

1°. De plusieurs capitulaires, et d'une formule de Marculfe; ils rendent les maîtres responsables des crimes de leurs esclaves, et les autorisent à leur imposer des peines correctionnelles;

4°. Si quis cum servo alieno sine consilio domini sui negotiaverit,... solidis xv. culpabilis judicetur. (*Extr. de la loi Salique, ancienne rédaction*, tit. 33, art. 8. D. Bouquet, t. IV, p. 147.)

Ut nullus cum servo alieno negotium faciat, vel commutationem facere non præsumat, nec ei ullam commendationem vel traditionem faciat; nec a servo quisquam commendatam vel traditam rem recipiat. Si quis post hanc diffinitionem servo aliquid commendare præsumpserit, nihil recipiat; et dominus ejus de hoc innocens habeatur. (*Extr. de la loi Ripuaire*, tit. 74. D. Bouquet, t. IV, p. 250.)

Si quis, inconsulto domino, tam Burgundio quam Romanus, originario aut servo solidos commodaverit, pecuniam perdat. (*Extr. de la loi des Bourguignons*, tit. 21, art. 1. D. Bouquet, t. IV, p. 262.)

Ut nec colonus nec fiscalinus possint alicubi traditiones facere. (*Extr. du capitulaire 3 de l'an 803*, art. 10. Même dispositif au liv. III de la *collection d'Anségise*, art. 36, et à l'art. 184 du liv. V de la *collection de Benoît Lévite*. Baluze, t. I, p. 393, 761 et 859.)

II.—1°. Si servi... collecta multitudine... homicidium aut incendium, aut qualiumcunque rerum direptiones fecerint; domini quorum negligentia hoc evenit,... bannum nostrum, id est, sexaginta solidos solvere cogantur. (*Extr. d'un capitulaire de la collection d'Anségise*, liv. IV, art. 1. Baluze, t. I, p. 773.)

Ut propter nullam districtionem, quam nos facere jubemus, pro quibuslibet causis servi non mittantur in districtionem; sed per missos nostros... ipsi servi distringantur, et ipsi, sicut lex jubet, rationem pro servis suis reddant utrum culpabiles sint, an non. Ipsi vero domini distringant, et inquirant servos suos. (*Extr. d'un capitulaire de Charlemagne, de l'an 801, ajouté à la loi des Lombards*, art. 12. Baluze, t. I, p. 351.)

Quia ergo constat in ecclesia diversarum conditionem homines esse, ut sint nobiles, et ignobiles, servi, coloni, inquilini, et cætera hujuscemodi nomina, opportet ut quicunque eis prælati sunt, sive clerici sive laïci,... misericorditer eos tractent, sive in exigendis ab eis operibus, sive in accipiendis tributis et quibusdam debitis... Disciplina igitur eis adhibenda est. (*Extr. d'un capitulaire de la collection d'Anségise*, liv. II, art. 41. Baluze, t. I, p. 749 et 750.)

Ideo... statum ingenuitatis meæ vobis visus sum obnoxiasse; ita ut ab hac die de vestro servitio penitus non discedam : sed quicquid reliqui faciunt, pro vestro aut agentium vestrorum imperio facere spondeo. Quod si non fecero, aut me per quodlibet ingenium de servitio vestro abstrahere voluero, vel dominium alterius expetere... licentiam habeatis mihi qualemcumque volueritis disciplinam ponere, et venundare, aut quod vobis placuerit de me facere. (*Extr. de la formule 28 de Marculfe*. D. Bouquet, t. IV, p. 497.)

2°. Des capitulaires, de la loi salique, et d'une formule de Lindenbrog répétée par une formule de Marculfe; on y voit que les biens ou pécules des divers esclaves étaient la propriété des maitres, et que les esclaves ne pouvaient ni en disposer sans l'aveu de leurs maitres, ni en retenir la possession, après l'affranchissement, sans l'avoir obtenue du maitre;

3°. D'un canon du concile d'Orléans, et des capitulaires de Charlemagne et Lothaire; ils marquent que les maitres avaient le droit de rappeler à la servitude les esclaves et leur postérité, s'ils s'y étaient illégalement soustraits;

4°. De la foule d'autorités citées à l'article des colons; elles prouvent formellement ce droit des maitres à l'égard de ces esclaves.

III. La preuve que les maitres avaient droit d'aliéner les esclaves de la glèbe avec les domaines, et de vendre à leur gré

2°. Si quis servum suum vendiderit, forsitan ejus nescius facultates, habeat... potestatem... requirendi res ejus ubicumque invenire potuerit. (*Extr. des capitulaires de la collection de Benoît Levite*, liv. v, art. 358. Baluze, t. I, p. 911.)

De rebus vero illorum vel peculiari qui a propriis dominis libertate donantur ut ad gradus ecclesiasticos jure promoveantur; statutum est in potestate dominorum consistat utrum illis concedere, an sibi vindicare velit. (*Extr. du capitulaire 1, de l'an 816*, art. 6; même dispositif au liv. 1, art. 82 de la *collection d'Ansegise*. Baluze, t. I, p. 564, 565 et 719.)

Si quis lidum alienum extra consilium domini sui ante regem... ingenuum dimiserit, solidis c, culpabilis judicetur, et capitale domino ipsius restituatur.

Res vero ipsius lidi legitimo domino restituantur. (*Extr. de la loi Salique*, tit. 30, art. 1 et 2; même dispositif au tit. 28 de la *rédaction de Charlemagne*. D. Bouquet, t. IV, p. 140 et 213.)

In Dei nomine ille... vernaculum juris mei nomine illum ab omni vinculo servitutis ad praesens absolvo, ita ut ingenuus sit, et ingenuus permaneat, tanquam si ab ingenuis parentibus fuisset... natus. Peculiare vero suum quod habere videtur, vel deinceps elaborare potuerit, sibi habeat concessum atque indultum.

(*Extr. de la formule 96 de Lindenbrog*. Voyez aussi la *formule 3, liv. II, de Marculfe*. D. Bouquet, t. IV, p. 557 et 498.)

3°. De genere servili decrevimus observandum, ut... posteritas, ubicumque, quamvis post longa spatia temporum, reperiatur in loco, cui auctores ejus constat fuisse deputatos, revocata studio sacerdotis, in eadem conditione permaneat. (*Extr. du quatrième concile d'Orléans, de l'an 541*, canon 32. Sirmond, t. I, p. 267.)

Ubicumque intra Italiam sive regius, sive ecclesiasticus, vel cujuslibet alterius hominis servus fugitivus inventus fuerit, a domino suo sine ulla annorum praescriptione vindicetur; ea tamen ratione, si dominus francus sive alamannus aut alterius cujuslibet nationis sit. (*Extr. d'un capitulaire de Charlemagne, de l'an 801, ajouté à la loi des Lombards*, art. 8. Baluze, t. I, p. 348.)

Quod per triginta annos servus liber fieri non possit, si pater illius servus aut mater ejus ancilla fuerit. Similiter et de aldionibus. (*Extr. d'un capitulaire de l'empereur Lothaire, ajouté à la loi des Lombards*, art. 10. Baluze, t. II, p. 330.)

4°. Voyez les capitulaires de Louis-le-Pieux, à l'art. 1 du chap. 1 de ce livre n° 9, et au n° 11 l'extrait des formules.

III. Cet article n'exige pas de nouvelles preuves.

es esclaves domestiques, a été suffisamment développée dans les trois chapitres précédents.

IV. La preuve du droit des maîtres de rendre leurs esclaves libres ou ingénus, et de les égaler ainsi aux citoyens francs ou barbares ou aux citoyens romains, résulte :

1°. De la loi ripuaire; elle nous apprend que « le premier degré d'affranchissement était l'affranchissement par le denier, » et qu'après cet acte l'esclave ripuaire était au même rang que l'ingénu ripuaire : la même loi fait connaître une autre sorte d'affranchissement qui mettait « l'esclave sous la loi romaine, » et lui communiquait le rang « de citoyen romain, » rang inférieur à celui de simple ripuaire; la différence entre l'état de libre ripuaire et de citoyen romain est exprimée dans la loi par la différence des compositions pour le meurtre de l'un et de l'autre, différence qui est de moitié;

2°. D'un capitulaire de Charlemagne; il ordonne généralement « que celui qui a reçu la liberté de son maître demeure ingénu : »

3°. D'un texte du cinquième concile d'Orléans, et d'une charte de Louis-le-Pieux; ils prononcent qu'il faut « l'affran-

---

IV. — 1°. Quod si denarialem suam sacre voluerit, licentiam habeat : et une ducentos solidos valeat. (*Extr. de la loi Ripuaire*, tit. 62, art. 2. D. Bouquet, t. IV, p. 247.)

Si quis ingenuus hominem ingenuum ripuarium interfecerit, cc solidis culpabilis judicetur. (*Extr. de la loi Ripuaire*, tit. 7, art. 1. D. Bouquet, t. IV, p. 237.)

Si quis libertum... suum in praesentia regis secundum legem ripuariam ingenuum dimiserit per denarium.... nullatenus eum permittimus in servitium inclinare; sed sicut reliqui ripuarii, liber permaneat. (*Ibid.*, tit. 57, art. 1, p. 244.)

Si quis servum suum... fecerit... civem romanum, quod si aliquid criminis admiserit, secundum legem romanam judicetur : et qui eum interfecerit, centum solidis multetur. (*Ibid.*, tit. 61, art. 1 et 2, p. 247.)

Si quis Ripuarius... Romanum interfecerit, c solidis multetur. (*Extr. de la loi Ripuaire*, tit. 36, art. 3. D. Bouquet, t. IV, p. 241.)

2°. Si quis... a domino suo legitime libertatem est consecutus, liber permaneat. (*Extr. d'un capitulaire de Charlemagne*, de l'an 803, art. 7. Baluze, t. I, p. 389.)

3°. Ut nullus servilibus, colonariisque conditionibus obligatus... ad honores ecclesiasticos admittatur; nisi prius aut testamento aut per tabulas legitime constiterit absolutum. (*Extr. des actes du troisième concile d'Orléans*, de l'an 538, canon 26. Sirmond, t. I, p. 255.)

Auctoritas ecclesiastica patenter admonet, insuper et majestas regia canonicis decretis... concordat, ut quemcumque sacros ad ordines ex familia propria promovendum... delegerit; hunc in praesentia sacerdotum caeterorumque clericorum canonice degentium, simulque et nobilium laicorum,.... manumissione solemni a jugo servitutis absolvat. (*Extr. de la charte 4 de Louis-le-Pieux*, de l'an 821. D. Bouquet, t. VI, p. 657.)

« chissement légitime et solennel, » pour élever les esclaves, aux ordres sacrés :

4°. D'une charte de Louis-le-Pieux, répétée par deux diplômes des rois carliens; on trouve dans la charte à laquelle les diplômes se conforment, l'acte d'affranchissement partant par le denier, selon la loi salique; et cet acte met l'esclave dans tous les droits d'ingénuité ou de liberté;

5°- De huit différentes formules de Marculfe et autres auteurs, que l'on a seulement indiquées : deux sont des modèles d'actes royaux pour conférer par lettres une entière liberté à des esclaves sur toute l'étendue des domaines des princes; deux autres sont des formules d'actes royaux pour confirmer le don de la liberté fait à quelque esclave que ce soit « par le « denier, selon la loi salique, » et sans aucune restriction; une formule d'acte d'un particulier pour « concéder la liberté « selon la loi romaine, avec le titre de citoyen romain » et tous les droits en dépendants; une formule d'acte pour assurer la liberté à un esclave afin qu'il en jouisse pleinement et

---

4°. Notum sit igitur omnibus fidelibus nostris, præsentibus scilicet et futuris, quia nos... servum nostrum, nomine illum, in procerum nostrorum præsentia, manu propria nostra excutientes a manu ejus denarium, secundum legem salicam liberum fecimus, ejusque absolutionem per præsentem auctoritatem nostram confirmamus... Ut, sicut reliqui manumissi, qui,... a regibus vel imperatoribus a jugo servitutis noscuntur esse relaxati ingenui, ita deinceps... perpetuis temporibus valeat permanere bene ingenuus. (*Extr. de la charte 45 de Louis-le-Pieux.* D. Bouquet, t. VI, p. 656. Même dispositif dans le *diplôme* 227 *de Charles-le-Chauve.* D. Bouquet, t. VIII, p. 624, et dans le *diplôme* 1 *du roi Eudes.* Même recueil, t. IX, p. 441.)

5°. *Voyez* les formules 39 du liv. 1, et 52 du liv. 11 de Marculfe. (D. Bouquet, t. IV, p. 483 et 504.) — La première est un modèle de lettres d'un prince qui ordonne à ses agents que dans toutes ses terres propres on rende libre un certain nombre d'esclaves, et la seconde est un modèle de lettres qui exécutent cet ordre.

Voyez les formules 22 du liv. 1 de

Marculfe, et 24 de l'appendice de Sirmond. (D. Bouquet, t. IV, p. 476 et 512.) — Elles sont conformes entre elles, et tracent le modèle d'un acte de confirmation royale du don de liberté accordé par le denier, selon la loi Salique.

Voyez la formule 12 du liv. 1 de Sirmond. (D. Bouquet, t. IV, p. 516.) — Suivant la loi romaine, elle trace le modèle d'un acte qui donne à l'esclave rendu libre dans l'église, l'état et les droits de citoyen romain.

Voyez la formule 32 du liv. 11 de Marculfe. (D. Bouquet, t. IV, p. 526. — Elle trace un modèle de testament, qui assure la liberté de l'esclave aussitôt la mort du maître.

Voyez enfin la formule 32 du liv. 1 de Marculfe, et la formule 13 de l'appendice. (D. Bouquet, t. IV, p. 498, 499 et 509.) — La première offre un modèle d'un acte, qui confère la liberté, la seconde contient le modèle d'un acte qui la confirme.

En recourant aux principes de ces formules, on y trouvera des expressions concluantes sans équivoque, telles que celles-ci : « Soyez libre « comme si vous étiez né de parents « libres comme les autres ingénus;

entièrement aussitôt après la mort du maître; enfin, deux formules d'actes, dont l'une concède par lettres la pleine et entière liberté, et l'autre est la ratification d'un tel don.

V. La preuve de ce qui a été dit sur la troisième forme d'affranchissement qui rendait l'esclave tabulaire ou *libertus*, résulte :

1°. Des textes de la loi ripuaire; ils tracent les règles d'un affranchissement « qui, remettant l'esclave entre les mains de « l'évêque, le rend affranchi lui et ses descendants, à condi- « tion qu'ils demeureront sous la protection de l'église, y ren- « dant en entier le service de tabulaire, et ne prétendant jamais « à jeter le denier devant le roi, » c'est-à-dire à obtenir un affranchissement total;

2°. Des Actes du troisième concile d'Orléans; ils supposent que l'évêque pouvait « faire un certain nombre d'affranchis « (*liberti*), qui jouissaient de la liberté, tout en restant servi- « teurs de l'église; »

3°. D'un capitulaire de Charlemagne; il parle « des affran- « chis qui cultivent les terres de l'église, » et sont sous la dé- pendance et le patronage du possesseur;

4°. Du testament de Widerad, déjà cité, qui, cédant des domaines très-étendus, cède aussi comme dépendances de ces domaines les affranchis avec les esclaves;

« libre, vous et votre postérité; libre « pour tous les temps futurs;... que « vous ne puissiez être astreints à « aucun service envers qui que ce soit; « que vous ne deviez le service d'affran- « chi à personne, si ce n'est à Dieu; « que vous possédiez tout le pécule « concédé, et celui que vous pourriez « avoir dans la suite, etc. »

V.—1°. Hoc etiam jubemus ut qualicumque francus ripuarius seu tabularius servum suum... libertare voluerit, ut... in manu episcopi ser- vum... tradat;... et tam ipse quam et omnis procreatio ejus liberi perma- neant, et sub tuitione ecclesiæ con- sistant, vel...... servitium tabularii eorum ecclesiæ reddant. Et nullus tabularius denarium ante regem præ- sumat jactare. Quod si fecerit, æc sæ- lidis culpabilis judicetur et nihilomi- nus ipse tabularius et procreatio ejus

tabularii persistant, et omnes reditus status eorum ad ecclesiam reddant. (*Extr. de la loi Ripuaire*, tit. 58, art. 1. D. Bouquet, t. IV, p. 244.)

2°. (Episcopus) sane si de servis ecclesiæ libertos fecerit numero com- petenti, in ingenuitate permaneant, ita ut ab officio ecclesiæ non recedant. (*Extr. des actes du quatrième concile d'Orléans, de l'an 541*, canon 9. Sir- mond, t. I, p. 262.)

3°. Ut... libellarii... qui... terram ecclesiasticam colunt,...... ad ullam angariam seu servitium publicum... cogantur... sed quidquid ab eis juste agendum est,... a patrono suo ordi- nandum est. (*Extr. d'un capitulaire de Charlemagne, de l'an 801*. Baluze, t. I, p. 352.)

4°. Voyez le testament de Widerad au chap. 4 de ce livre, art. 11, n° 2.

5°. De deux anciennes formules de donation de domaines, où les affranchis sont comptés avec les esclaves comme dépendances des domaines ;

6°. De deux formules déjà indiquées à l'article précédent sur les actes de concession de liberté; l'une d'entre elles comprend, entre autres droits de l'entière liberté, l'exemption du service d'affranchi : toutes répètent l'exemption de tout service envers qui que ce soit.

Enfin, on observe qu'elles n'emploient point ces expressions : « Je vous affranchis, je vous fais affranchi, » mais « je « vous absous de tout lien de servitude et je vous rends libre, » ce qui rentre dans l'esprit de tous les autres monuments cités, pour distinguer le sort de celui qui devient affranchi du sort de celui qui est rendu libre ou ingénu.

Nous rappellerons ici une observation déjà présentée ; la variété des noms qui furent attribués aux esclaves dans l'empire franc, indique des différences de conditions entre eux : on en pourrait retrouver la preuve dans les monuments, mais on ne la croit pas nécessaire.

On ne nie point qu'il ne pût exister quelques colons dans l'empire franc, comme dans l'empire romain, qui jouissaient d'une partie des droits de la liberté, mais il a été prouvé qu'ils existèrent en quantité innombrable chargés de tous les liens de la servitude, et cette preuve suffit : on ne nie point que les fiscalins n'eussent le privilège de s'allier aux personnes libres sans leur faire perdre leur liberté, mais on a prouvé qu'ils étaient néanmoins tenus dans une dépendance servile, et l'on n'a besoin que de cette preuve.

Il est probable qu'il y avait quelque différence entre les simples esclaves et les tributaires et lides, mais l'on s'en tient ici à la preuve établie que les uns et les autres étaient également exclus des droits de citoyens et soumis à un maître.

Il est enfin évident que c'était la volonté arbitraire de chaque maître qui faisait varier la condition de ses esclaves, plaçant les uns dans l'état de colons, rendant les autres tributaires

5°. *Voyez* une formule de Marculfe répétée par une formule de Lindenbrog au chap. I de ce livre, art. V, n° 4.

6°. *Voyez* de nouveau les formules indiquées à l'article précédent, n° 7.

ou lides, de même qu'ils les pouvaient faire passer à l'état d'affranchis ou *liberti* ou les rendre à l'entière liberté. Cette observation devient la preuve positive et concluante que tous ceux qui dépendaient d'un maître et de son domaine, sous quelque nom, à quelque titre que ce fût dans l'empire franc, étaient autant d'hommes à déduire du nombre des citoyens de cet empire.

CHAPITRE V.

Idée de la proportion qui existait entre le nombre des hommes libres et le nombre des esclaves dans l'empire franc.

I. On n'ajoute ici aucune preuve à celle que l'on a tirée, par analogie, de la loi des Visigoths.

II. On a cité l'exemple de la Russie, et l'on a supposé qu'elle renferme de nos jours, sur vingt-deux millions d'habitants, au moins dix-neuf millions d'esclaves, d'après l'autorité de M. Lévêque, membre de l'Académie des Belles-Lettres, auteur de la seule bonne histoire de Russie que nous ayons en français.

CHAPITRE VI.

Que ce ne furent point les lois primitives de la monarchie qui favorisèrent ou accrurent les servitudes.

I. La preuve que les lois civiles des premiers francs ne mirent l'esclavage au rang des peines que pour les particuliers hors d'état de payer les amendes infligées aux crimes privés non capitaux, résulte :

1°. Des lois des Bavarois, des formules anciennes et des capitulaires ; ils supposent que tout coupable hors d'état de

---

I. Decrevimus, ut quisquis ille est, sive sit dux, sive comes atque gardingus, seu sit gothus sive romanus, nec non ingenuus quisque, vel etiam manumissus, seu etiam quislibet ex servis fiscalibus, quisquis horum est in exercitum progressurus, decimam partem servorum suorum secum in expeditionem bellicam ducturus accedat : ita ut hanc ipsam pars

decima servorum non inermis existat, sed vario armorum genere instructa appareat. (*Extr. de la loi des Visigoths*, liv. IX, tit. 9. D. Bouquet, t. IV, p. 425.)

II. Cet article n'exige pas d'autre preuve.

I. — 1°. Ut nullus Bajuvarius alodem aut vitam sine capitali crimine perdat, id est, si aut in necem ducis

payer l'amende infligée à son crime, doit devenir esclave de l'offensé;

2°. De la loi salique, d'une convention de Childebert et Clotaire ajoutée à la loi salique, d'un capitulaire de l'an 813, et des formules de Marculfe; ces autorités prouvent expressément que les coupables de meurtre et de vol, hors d'état de

conciliatus fuerit, aut inimicos in provinciam invitaverit. (*Extr. de la loi des Bavarois, rapportée dans le capitulaire 3 de Dagobert, de l'an 630, tit. 2, art. 3. Baluze, t. I, p. 101.*)

Cetera vero quæcunque commiserit peccata ... componat secundum legem. (*Ibid., art. 5*).

Si vero non habet, ipse se servitio deprimat, et ... persolvat cui deliquit donec debitum universum restituat. (*Ibid.*, art. 5).

Nomine ille veniens in placito, ... adversus hominem nomine illum repetebat ei dum diceret, eo quod ... aurum, argentum, drapalia, arma, vinum, ... per suas claves commendasset, ad custodiendum, et ipsam rem in damnum posuit ... Sed ipse ille nullatenus habuit, aut ipsam rem ei transsolvere vel emendare deberet.... Fuit judicatum, ut talem cautionem de capite suo, ... ei ... conscribere rogaret, quod et ita fecit. Ut dum... non habui ... pretium unde transsolvere ... debuissem, ut quamdiu advivam, in servitio publico, quod mihi injungitis, vobis deservire debeam, et si negligens aut tardus de ipso servitio apparuero, qualemcumque disciplinam ad alios servos tuos impendis, talem super me potestatem habeas ad faciendum. (*Extr. de la formule 13 de Bignon; même dispositif dans la formule 175 de Lindenbrog. D. Bouquet, t. IV, p. 542.*)

Contigit quod ... spicarium vestrum infregi, et exinde annonam et aliam raupam in solidos tantos furavi, ... vos ... exinde ante illum comitem interpellare fecistis, et ego hanc causam nullatenus potui denegare. Sic ... fuit judicatum, ut ... eam contra vos componere ... debeam, hoc est solidos tantos; sed dum ipsos solidos minime habui unde transsolvere debeam, sic mihi aptificavit, ut ... comam capitis mei co-

ram præsentibus hominibus, tradere feci, in ea ratione ut interim quod ipsos solidos vestros reddere potui, et servitium vestrum, et operam qualemcumque vos et juniores vestri injunxeritis, facere et adimplere debeam, et si exinde negligens vel pæpativus apparuero, spondeo me contra vos, ut talem disciplinam supra dorsum meum facere jubeatis, quam super reliquos servos vestros. (*Extr. de la formule 26 de Bignon. D. Bouquet, t. IV, p. 545.*)

Sanguinis effusio in ecclesiis facta, ... si presbyter fuerit, triplo componatur, duas partes eidem presbytero, tertia pro fredo ad ecclesiam, et insuper bannus noster.... Et de unius cujusque ordinis clerico.... Et qui non habet unde ad ecclesiam persolvat, tradat se in servitium eidem ecclesiæ usque dum totum debitum persolvat. (*Extr. d'un capitulaire de Louis-le-Pieux, de l'an 819, art. 2; même dispositif au liv. IV, art. 14 de la collection d'Ansegise. Baluze, t. I, p. 599 et 777.*)

2°. Si quis hominem occiderit, et in tota facultate non habuerit, unde totam legem impleat....

Tunc illum, qui homicidium fecit, tollit qui eum in fide sua habet, et per quatuor mallos præsentem faciat; et si eum per compositionem aut fidem nullus suorum tulerit, hoc est, eum redimat, aut pro eo persolvat, tunc de vita componat. (*Extr. de la loi Salique, tit. 61, art. 1 et 2; même dispositif dans la rédaction de Charlemagne. D. Bouquet, t. IV, p. 155 et 156.*)

Si quis ingenuam personam pro furto ligaverit ... duodecim juratores medios electos dare debet quod furtum quod objicit verum sit. Quod si latro redimendi se habet facultatem, se redimat. Si facultas deest, tribus mallis parentibus offeratur. Et si non redimitur, de vita componat. (*Extr.*

payer les compositions, étaient mis à mort et non réduits en servitude.

II. La preuve que l'asservissement d'un particulier n'entraînait point celui de sa famille, résulte des capitulaires de Charlemagne et de Louis-le-Pieux ; ils marquent que la femme et les enfants de l'homme qui de libre devenait esclave, demeuraient dans l'état de liberté.

III. La preuve que les confiscations n'avaient lieu chez les Francs que pour le crime de lèse-majesté au premier chef, et pour celui de désertion, résultera du tableau des lois pénales particulières et générales de la monarchie ; mais l'ordre des matières exige que cet article soit renvoyé à la suite de l'ouvrage, où l'on trouvera dans tout son jour la preuve qu'il serait moins utile de placer ici.

du décret des rois Childebert et Clotaire, de l'an 593, art. 2. Baluze, t. I, p. 15.)

Ut vicarii eos qui pro furto se in servitium tradere cupiunt, non consentiant, sed secundum justum judicium terminetur. (*Extr.* du capitulaire 2 de l'an 813, art. 15. Baluze, t. I, p. 510.)

Illi ille. Dum et instigante adversario... germanum nostrum illum sum es interfecisse, et ob hoc vitæ periculum incurrere potueras : ... vos ad pacis concordiam ob hoc visi fuerunt revocasse; ita ut pro ipsa causa solidos tantos ... mihi dare deberes, quos et in præsenti per wadium tuum visus es transsolvisse, et vos ipsam causam per festucam contra te visus sum werpisse. (*Extr.* de la formule 18 de Marculfe, liv. II. D. Bouquet, t. IV, p. 495.)

Illi ille. Dum ... in casus graves recidi, unde mortis periculum incurrere potueram : sed dum ... me jam morti adjudicatum de pecunia vestra redemisti, vel pro meo sce-

lero res vestras ... dedistis. (*Ibid.*, formule 28, p. 497.)

Non est incognitum, ... quod ego caballum ad hominem ... illum in texaga subduxi, unde et de furto victus apparui, et vitæ periculum exinde incurrere potueram, et ego non habeo unde ipsum facinus vel furtum ... satisfacere debeam, propterea expetii a vobis. (*Ibid.*, Appendice, formule 58, p. 522.)

II. Liber qui se loco wadii in alterius potestatem commiserit, ... si vero liberam feminam habuerit, ... et filios, ... liberi permaneant. (*Extr.* du capitulaire 2 de Charlemagne, de l'an 803, art. 8; même dispositif à l'art. 29, liv. III des capitulaires de la collection d'Anségise. Baluze, t. I, p. 390 et 760.)

Judicatum est ab omnibus ut si francus homo vel ingenua femina in servitio sponte sua se implicaverit, ... et si filios vel filias, dum in sua fuit libertate, generavit, ipsi liberi permaneant. (*Extr.* du capitulaire 3 de l'an 819. Baluze, t. I, p. 609.)

CHAPITRE VII.

Que le droit des gens, suivi dans les guerres que les Francs eurent entre eux
n'ent point l'effet d'accroître le nombre des servitudes.

La preuve que dans les guerres civiles qui eurent lieu dans
l'empire franc, les princes vainqueurs garantirent la liberté et
la propriété des nouveaux sujets qu'ils acquéraient en les liant
à eux par les serments de fidélité, résulte :

1°. De l'Histoire de Grégoire de Tours; on y reconnaît que
les rois Gontran, Sigebert et Chilpéric, aussitôt qu'ils s'étaient
rendus maîtres d'une province du royaume de leur frère, recevaient le serment de fidélité des citoyens qui l'habitaient, et
les rendaient leurs sujets, non leurs esclaves.

On voit ensuite que Chilpéric, traitant de la paix avec les rois
Gontran et Sigebert, et leur restituant ce qu'il avait envahi,
demande qu'on n'impute point aux sujets le crime forcé d'avoir
changé de maitre; on y voit enfin qu'après une nouvelle guerre
entre les rois Chilpéric et Gontran, le premier renvoie à la
paix tous les prisonniers.

Cu. VII. — 1°. Post mortem Chariberti, quum Chilpericus Turonis ac
Pictavis pervasisset, quæ Sigiberto
regi per pactum in partem venerant,
conjunctus rex ipse cum Guntchramno fratre suo, Mummolum
eligunt, qui has urbes ad eorum
dominum revocare deberet Qui Turonis veniens, fugato.... Clodovecho
Chilperici filio, exactis a populo ad
partem regis Sigiberti sacramentis,
.. et sic Pictavos accedens, sacramenta exegit. (*Extr. de l'Hist. de
Grégoire de Tours*, liv. IV, chap. 46.
D. Bouquet, t. II, p. 227.)

Theodebertus (anno DLXXII) Pictavis veniens, contra Gundobaldum
ducem pugnavit. Terga autem vertente
exercitu partis Gundobaldi, magnam
ibi stragem de populo illo fecit. Sed
et de Turonica regione maximam
partem incendit, et nisi ad tempus
manus dedissent, totam continuo de-
bellasset. (*Ibid.*, chap. 13, p. 228.)

Chilpericus... (anno DLXXIV) timens
.. pacem petiit, civitatesque ejus, quas
Theodebertus male pervaserat, reddidit, deprecans ut nullo casu cul-

parentur earum habitatores, quas
ille injuste igni ferroque opprimen-
adquisierat. (*Ibid.*, chap. 50, p. 229)

Chilpericus rex (anno DLXXI) cernens has discordias inter fratrem ac
nepotem suum pullulare, Desiderium
ducem evocat, jubetque ut aliquid
nequitiæ inferat fratri. At ille,
commoto exercitu.... Petrogoricum
pervadit; exactoque sacramento, Agin-
num pergit.... Desiderius vero
cunctas civitates, quæ in parte illa
ad regem Guntchramnum adspicie-
bant, abstulit, et ditionibus regis
Chilperici subegit. (*Ibid.*, liv. VI,
chap. 12, p. 274.)

Guntchramnus vero Rex (anno
DLXXII) cum exercitu contra fratrem
suum advenit.... Misso exercitu, maximam partem de germani sui exercitu
interfecit. Mane autem concurrentibus
legatis, pacem fecerunt.... Sic paci-
discesserunt. Chilpericus vero rex
Parisius rediit, omnem reliquit
prædam, captivosque relaxans....
Exercitus Desiderii atque Bladast
per Turonicum, incendia, præ
et homicidia tanta fecerunt, sicut

2°. Des Annales de Metz ; elles témoignent que Pépin de Héristal eut soin d'assurer, après sa victoire sur Berthaire et les
Neustriens, la vie et la propriété des citoyens vaincus. Le
maintien du droit de propriété suppose nécessairement la conservation de la liberté civile ;

3°. D'un texte du dernier continuateur de Frédégaire ; on y
voit que le roi Pépin, après avoir soumis l'Aquitaine et la Gas-
cogne révoltées, conserva la liberté aux naturels du pays qu'il
avait fait prisonniers, et ayant reçu leur serment, les renvoya
chez eux ;

4°. Des écrits de Nitard ; ils marquent « qu'après la bataille
de Fontenai, les rois, fils de Louis-le-Pieux, offrirent le
pardon à tous ceux qui avaient pris la fuite, pourvu qu'ils
rentrassent dans leur devoir ; »

5°. Des Annales de saint Bertin et d'un capitulaire de
Charles-le-Chauve ; ces annales marquent que dans la guerre
de Pépin II contre Charles-le-Chauve, Pépin renvoyait chez

---

det contra inimicos fieri ; nam et
captivos abduxerunt, de quibus spo-
liatos plurimos postea dimiserunt.
Extr. de l'Hist. de Grégoire de Tours,
liv. vi, chap. 31. D. Bouquet, t. II,
p. 282.)

2°. Pippinus... victor castra hostium
invadens ... plurimi ... ex praelio fuga
lapsi, ecclesiis et monasteriis sese
defendendos crediderunt ... Princeps
Pippinus, acceptis ab his tantummodo sacramentis, cunctis vitam et
hereditatem donavit. (*Extr. des Annales de Metz, an 687.* D. Bouquet,
t. II, p. 679 et 680.)

3°. (Pippinus) anno undecimo regni
ipsius... (DCCLXII) Bituricas venit...
Cepit urbem, et restituit eam ditioni
suæ jure praelii ; et homines illos,
quos Waifarius ad defendendum ipsam civitatem dimiserat, clementia
suæ pietatis absolvit ; dimissique reversi sunt ad propria. Unibertum comitem et reliquos Wascones, quos
ibidem invenit, sacramentis datis ...
uxores eorum ac liberos in Franciam
abdudare praecepit. (*Extr. d'un ; ag-
ge du quatrième continuateur de Frédégaire, quatrième partie, chap. 126.*
D. Bouquet, t. V, p. 5.)

(Anno DCCLXVI.) Tam Wascones
quam majores-natu Aquitaniæ, necessitate compulsi... ad eum venerunt,
sacramenta ad eum ibidem donant,
et se ditionis suæ faciunt. (*Ibid.,*
chap. 131, p. 7).

(Anno DCCLXVIII.) Rex Pippinus
usque ad Garonnam accessit, ibi Wascones, qui ultra Garonnam commoran-
tur, ad ejus praesentiam venerunt, et
sacramenta et obsides ... donant, ut
semper fideles partibus regis, ac filiis suis Carolo et Carlomanno omni
tempore esse debeant. Aliæ multæ
quamplures gentes ex parte Waifarii
ad eum venientes, et se ditioni suæ
subdiderunt. Rex vero Pippinus be-
nigniter eos in suam ditionem recepit. (*Ibid.,* chap. 134, p. 8).

4°. Praelio ... peracto ... Ludhuwi-
cus et Karolus, post hos, qui fuga
evaserunt, miserunt offerentes, si
reverti sana fide vellent, omnia de-
licta remitti. (*Extr. de l'Hist. de Nitard, an 841, liv. III, chap. 1. D. Bouquet, t. VII, p. 23.)

5°. Pippinus Pippini quondam regis
filius, exercitui ex Francia ad Carolum Tolosam civitatem obsidione
vallantem properanti ... occurrens,
ita brevi et absque suorum casu profligavit, ut primoribus interfectis
ceteros fugam ... ineuntes, vix paucis
evadentibus, aut caperet, aut spolia-

eux les prisonniers qu'il faisait sur l'armée de son frère, « après les avoir liés par leurs serments; » le capitulaire que Charles-le-Chauve publia à Conflans, où il avait signé la paix avec Pépin, contient « le pardon que le prince accorde à tous « ceux qui ont agi contre lui, » et leur confirme la possession de tous leurs biens, ce qui est une preuve expresse qu'il ne les rendit pas esclaves;

6°. Et enfin des Annales de Fulde : elles rapportent qu'après la mort de Louis-le-Germanique, son fils soutint une guerre importante contre Charles-le-Chauve, « et fit un grand nom- « bre de prisonniers, qu'il renvoya l'année suivante dans leurs « pays. »

CHAPITRE VIII.

Causes réelles du grand nombre d'esclaves déjà existants dans les Gaules lors de la fondation de la monarchie des Francs.

Les preuves de ce chapitre sont établies dans le tableau de la première époque.

CHAPITRE IX.

Idée de la population générale de la monarchie des Francs; supériorité du nombre des hommes libres francs, sur les hommes libres gaulois ou romains.

I. La preuve que la nation des Bourguignons renfermait au moins quatre-vingt mille combattants, résulte du témoignage

tos sacramentoque adstrictos ad propria redire permitteret. (*Extr. des Annales de saint Bertin, an* 844. D. Bouquet, t. VII, p. 62.)

Dominus Karolus ... dixit : « Illis « hominibus qui contra me sic fece- « runt, ... et ad meum fratrem vene- « runt, ... perdono quod contra me « misfecerunt, et illorum alodes de « hereditate et de conquisitu, et quod « de donatione nostri senioris habue- « runt ... si mihi firmitatem fecerint « quod in regno meo pacifici sint ». (*Extr. d'un capitulaire de Conflans, de l'an* 860, tit. 31, art. 7. Daluze, t. II, p. 144.)

6°. Karolus vero Hludowici morte

comperta ... regnum illius... invasit, ... Hludowicus qui patri in illis locis heres successerat ... Karolo ... occur- rit.... Signiferis Karoli occisis, cete- ros fugere compulerunt ... quod Hlu- dowicus persecutus ... plurimos etiam ... vivos comprehendit. (*Extr. des Annales de Fulde, an* 886. D. Bou- quet, t. VII, p. 181.)

Hludowicus rex mense januario (anno DCCCLXXVIII) quos de regno Karoli tenuit captivos remisit in Galliam (*Ibid.*, p. 182).

Ch. VIII. *Voyez* les autorités citées à la première époque, liv. VII, ch. VII, VIII et IX; liv. VIII, ch. I°, II et V.

I. *Voyez* les autorités citées au

de plusieurs auteurs contemporains cités au dernier livre de la première époque; ils portent à ce nombre l'armée réunie en 513, « par la grande nation des Bourguignons. »

II. La preuve que la nation des Allemands renfermait au moins soixante mille combattants, résulte du témoignage de beaucoup d'auteurs contemporains très-graves, cités encore au dernier livre de la première époque; ils représentent les Allemands comme formant des armées formidables l'an 357.

Ils disent que trente mille Allemands périrent l'an 377 dans un combat qu'ils livrèrent à l'empereur Gratien; ils rapportent que soixante mille Allemands furent vaincus à Langres par l'empereur Constance.

CHAPITRE X.

Du sens du mot *peuple*, du nom de *Francs* donné à tous les hommes libres des diverses nations qui composèrent le corps de la monarchie.

I. La preuve que le mot *peuple* désignait la généralité des citoyens, à la différence du mot *nation*, qui ne s'appliquait qu'à chacune des nations de diverse origine dont la réunion formait le peuple de l'empire franc, résulte :

1°. Des chartes de partage de Charlemagne et de Louis-le-Pieux; elles s'adressent « à tout le peuple catholique de « diverses nations qui sont sous sa puissance; »

2°. Des Annales de Loisel, des Annales de saint Bertin; elles distinguent et nomment les diverses nations qui formaient

dernier livre de la première époque, chap. IX, art. VII.

II. *Voyez* les autorités citées au même chapitre, art. IV.

I.— 1°. Karolus, rex Francorum... Romani rector imperii ... omnibus fidelibus sanctæ Dei ecclesiæ, et cuncto populo catholico ... gentium ac nationum quæ sub ejus imperio et regimine constitutæ. (*Extr. de la charte de partage de Charlemagne*, *de l'an 806*; même dispositif à l'art. I de la *dernière charte de division de Louis-le-Pieux*, *de l'an 837*. Baluze, t. I, p. 439 et 685.)

2°. Rex Carolus quum cognovisset consilium Pippini, et consentaneorum suorum, coadjuvit adventum Francorum et aliorum fidelium suorum ad Reganespurg. Ubi universus populus christianus, qui cum rege aderant, judicavit Pippinum et consentaneos suos. (*Extr. des Annales Loisellicnnes*, *an 792*, édition de *Canisius.* D. Bouquet, t. V, p. 48 et 49.)

Au. DCCCXXXII. Statutum est ut suum generale placitum in Aurelianis civitate habendum denunciaretur.... Imperator mutato placito, omnes Francos occidentales, et australes, necnon et Saxones ... XIV kal. maii Maguntiam venire præcepit ... Imperator quum Maguntiam venit, ubi et ad placitum quod eis constituerat omnis populus occurrit.

le peuple franc dans les armées de Louis-le-Pieux et de ses
fils ;

3°. De la loi des Bourguignons : elle distingue pareillement
des nations dans un peuple.

II. La preuve que les hommes libres des diverses nations
comprises dans la monarchie étaient appelés Francs, résulte
de tous les écrits contemporains des deux premières races qui
appellent armées des Francs, armées du peuple des Francs, les
armées où les rois réunissaient toutes leurs forces dans leurs
guerres les plus importantes. Cette preuve deviendra encore
plus incontestable lorsqu'on aura montré, dans la suite de cet
ouvrage, que les citoyens de diverse origine se réunissaient
sans distinction de nation dans les armées et dans les assemblées générales de la monarchie.

III. La preuve que les rois prirent jusqu'à Charlemagne
le seul titre de rois des Francs, résulte évidemment de tous
les monuments, lettres, diplômes et actes émanés des princes
ou adressés aux princes; des formules des divers actes qui
supposaient l'intervention des rois; des récits des annalistes
et historiens sur les faits qui avaient rapport aux princes. Il
serait inutile autant qu'impossible de rapporter cette immensité
de monuments qui ont établi d'avance la notoriété historique
sur le point dont il s'agit.

IV. La preuve que le royaume entier fut appelé le royaume
des Francs, sera comme la preuve précédente, et par la même
raison envoyée à la notoriété historique.

V. La preuve que les assemblées générales des sujets de la
monarchie s'appelaient les assemblées des Francs, résulte des
monuments contemporains les plus graves des septième, hui-

Anno DCCCXXXIV. Ille (Pippinus)
convocavit exercitum Aquitanorum
et Ultra-Sequanensium ; Ludoicus
Bajoarios, Austrasios, Saxones, Ale-
mannos, nec non et Francos qui citra Carbonariam consistebant : cum
quibus etiam... properare ceperunt...
Pippinus et Ludoicus ... ad cum venientes, (imperatorem), plurimas
illis a cuncto populo gratias egit,
quod tum alacriter illi auxilium praebere studuissent. Habitoque cum illis
placito, Pippinum et reliquum populum domum redire permisit. (*Extr.
des Annales de saint Bertin.* D. Bouquet, t. VI, p. 193, 194 et 196.)

Si quis hominem ingenuum ex populo nostro cujuslibet nationis, aut
servum regis natione ... Barbarum
occiderc ... praesumpserit. (*Extr. de
la loi des Bourguignons,* tit. 2, art. 1.
D. Bouquet, t. IV, p. 257.)

II, III, IV, V. On a cru inutile
de rapporter la preuve littérale de
chacun de ces articles. Cette preuve,
déjà établie par la notoriété histori-

tième et neuvième siècles; ils appellent alternativement les mêmes assemblées, assemblées de tous les Francs, assemblées générales du peuple, ou assemblées de tous les sujets; ces monuments seront recueillis dans la suite de cet ouvrage lorsqu'on y traitera de cet objet à fond.

VI. La preuve que les noms de Franc et d'homme libre devinrent synonymes, après l'établissement de la monarchie dans la Gaule, se trouve formelle dans la foule des monuments des premiers âges de la monarchie; les lois saliques, les capitu-

que, ressortira à chaque instant des textes qui seront invoqués dans la suite de cet ouvrage.

VI. Salva constitutione ... quæ in capitulari avi et patris nostri ex hoc scripta habetur, quilibet Francus homo convictus quia hominem demotum ejecerit, medietatem franchis banni componat. De colonis autem, et servis ... minutis virgis ... castiget. (*Extr. d'un capitulaire de Charles-le-Chauve, de l'an* 861, tit. 33. Baluze, t. II, p. 151 et 152.)

(Præcipimus) quicumque ... latroni mansionem dederit, si Francus est, cum duodecim similibus Francis juret quod latronem cum illo non scisset. (*Extr. du capitulaire* 3 *de l'an* 806, art. 2; même dispositif, à l'art. 23 du liv. III des capitulaires de la *collection d'Ansegise.* Baluze, t. I, p. 449 et 758.)

Neque a comitibus vel fidelibus vestris plus studeatis quam lex et consuetudo fuit tempore patris vestri. Judices vero villarum colonos astringant, ut non ecclesiasticos homines vel francos pauperiores, aut alienos servos, ... opprimant. (*Extr. d'une lettre des évêques de la province de Reims, à Louis-le-Germanique, de l'an* 858, art. 14. Baluze, t. II, p. 116.)

De fidelitate regi promittenda, id est, omnes per regnum illius Franci fidelitatem illi promittant.

Sacramentum autem fidelitatis tale est:

Ego ille Karolo .... ab ista die inante fidelis ero ... sicut francus homo per rectum esse debet suo regi. *Extr. d'un capitulaire de Charles-le-Chauve, de l'an* 854, tit. 15, art. 13. Baluze, t. II, p. 71.)

De servis qui francas feminas ac-

cipiunt, et postea illorum domini eis chartas faciunt eo tenore, ut si aliqua procreatio filiorum aut filiarum ex ipsis orta fuerit, liberi permaneant. (*Extr. du capitulaire* 6 *de l'an* 803, art. 8. Baluze, t. I, p. 403.)

Judicatum est ... ut si ingenua femina quemlibet servum in conjugium sumpserit, non solum cum ipso servo in servitio permaneat, sed etiam omnes res quas habet ... ad dominum cujus servum in conjugium accepit, perveniant.... Similiter et si francus homo ancillam in conjugium sumpserit, sic faciendum esse judicaverunt. (*Extr. du capitulaire* 3 *de l'an* 819, art. 3. Baluze, t. I, p. 609.)

Judicatum est ... ut si francus homo vel ingenua femina in servitio sponte sua se implicaverit ... et si filios vel filias, dum in sua fuit libertate, generavit, ipsi liberi permaneant. (*Ibid.*, art. 6.)

Qui per chartam ingenuus est, sic debet in omnia pertinere sicut alii Franci. (*Extr. du capitulaire* 3 *de Charlemagne, de l'an* 813, art. 12. Baluze, t. I, p. 511.)

Advocatus ... interpellabat hominem aliquem nomine illum, repetebat ei dum diceret eo quod genitor suus, nomine ille, colonus ... de villa illa fuisset; ... ipse ... denegabat ... et taliter dedit in suo responso quod de patre franco fuisset generatus, et de matre franca fuisset natus ... et taliter fuit judicatum ut ... apud duodecim Francos, tales qualem se esse dixit, in ... quadraginta noctes, ... debeat conjurare. (*Extr. de la formule* 2 *de l'Appendice de Marculfe;* même dispositif à la *formule* 166 *de Lindenbrog.* D. Bouquet, t. IV, p. 506.)

Ipso resultante quod Francus esset, (Nininus) et ut liber se defendere

laires, les formules et actes originaux, les écrits d'Hincmar, et les lettres des papes, donnent le nom de franc à toutes les personnes libres, même aux ecclésiastiques qui suivaient la loi civile romaine, et même aux affranchis.

vellet et quiret. (*Extr. d'une lettre d'Hincmar de Laon à Hincmar de Reims.* OEuvres d'Hincmar, t. II, p. 335.)

Sed et de Bosonis muliere, de qua idem Boso apud Confluentes reclamavit ... non convenit ut francam

feminam opprimat, et sicut ancillam constringat, ut alteri illam nolentem reddat, (rex Lotharius). *Extr. de la cinquième question proposée à Hincmar de Reims par des grands du royaume du jeune Lothaire.* OEuvres d'Hincmar, t. I, p. 691.)

LIVRE CINQUIÈME.

CHAPITRE Iᵉʳ.

Source des lois fondamentales de la monarchie franque.

Ce chapitre n'exige pas de preuves.

CHAPITRE II.

De l'établissement de la royauté chez les Francs.

Ce chapitre n'exige point de preuves.

CHAPITRE III.

De l'époque et de la nature de l'acte qui établit la royauté.

I. La preuve de ce qui a été dit dans ce chapitre sur l'époque et les circonstances de l'établissement de la royauté chez les Francs, résulte :

1°. Des textes de Grégoire de Tours; cet historien rapporte, d'après le témoignage de ceux qui l'ont précédé, que « les « Francs, habitants encore en Germanie, se donnèrent des « rois de la première et plus distinguée de leurs familles; » il nomme un des rois Théodomir, et le second Clodion;

2°. De l'Épitome de Frédégaire; on y lit que les Francs, habitants encore en Germanie, étaient indépendants de toute domination étrangère, et gouvernés par plusieurs magistrats appelés ducs; qu'ils abolirent chez eux la magistrature des

Cn. III. I.—1°. Tradunt multi eodem de Pannonia fuisse digressos; et primum quidem litora Rheni amnis incoluisse: dehinc transacto Rheno, Thoringiam transmeasse; ibique juxta pagos et civitates reges crinitos super se creavisse, de prima... suorum familia... Nam et in consularibus legimus Theodomerem regem Francorum, filium Richimeris quondam, et Aschilam matrem ejus, gladio interfectos. Ferunt etiam tunc Chlogionem utilem ac nobilissimum in gente sua, regem Francorum fuisse. (*Extr. de l'Hist. de Grégoire de Tours,* liv. II, chap 9. D. Bouquet, t. II, p. 166.)

2°. Qui Europam pervagantes, cum uxoribus et liberis Rheni ripam occuparunt : ... multis post temporibus cum ducibus externas dominationes semper negantes.

Exstinctis ducibus in Francis... reges creantur.

Franci... regem .... super se creant,

ducs, résolurent d'élire un roi, « et créèrent enfin leur pre-
« mier roi Théodomir, fils de Ricimer, auquel succéda Clo-
« dion : »

3°. D'un passage des Gestes des Francs, répété dans la Chronique d'Adon et les récits d'Aimoin ; il témoigne que « les
« Francs, habitants encore en Germanie, et n'ayant été gou-
« vernés que par des ducs, se déterminèrent à avoir un roi,
« élurent Pharamond pour premier roi, et qu'après la mort
« de Pharamond, ils choisirent pour roi Clodion son fils. »

4°. De la Chronique contemporaine de Prosper Tyron : elle
marque que « Pharamond régna dans la France l'an 420, et
« que Clodion y régna l'an 428. »

Remarquons ici que si les anciens auteurs varient sur le
nom du premier de nos rois, ils s'accordent sur celui du second, qui fut fils du premier ; d'où l'on doit naturellement
induire que les noms de Pharamond et de Théodomir furent
attribués à la même personne.

II. La preuve que des monarques héréditaires se succédèrent dans l'empire franc depuis Clodion jusqu'à Clovis, résulte :

1°. Des textes de Grégoire de Tours, de Frédégaire, et des
Gestes des Francs ; ils nous apprennent que « Mérovée, fils de

nomine Theudemerem, filium Riche-
meris, qui in prælio,... a Romanis
interfectus est. Substituitur filius
ejus Chlodeo in regnum, (circa
an. ccccxxviii) utilissimus vir in
gente sua (*Extr. de l'Epitome de Frédégaire*, chap. 2, 5 et 9. D. Bouquet,
t. II, p. 394 et 395.)

3°. Circa an. ccccxxviii. Franci...
venerunt in extremis partibus Rheni
fluminis in Germaniarum oppidis :...
habitaveruntque ibi multis annis....
Accepto consilio, in uno primatu
eorum unum habere principem, petierunt consilium Marchomiro, ut
regem unum haberent, sicut et ceteræ
gentes. At ille dedit eis consilium, et
elegerunt Faramundum filium ipsius
Marchomiri, et levaverunt eum super
se regem crinitum.

An. ccccxxviii. Mortuo Faramundo,
Chlodionem filium ejus crinitum in
regnum patris ejus elevaverunt. Tunc
temporis crinitos reges in initium su-
blimaverunt. (*Extr. des Gestes des

Francs*, chap. 4 et 5. Même récit
dans la *chronique de l'archevêque
Adon et dans les écrits d'Aimoin*,
chap. 4 et 6. D. Bouquet, t. II, p. 543,
544, 666, et t. III, p. 30.)

4°. An. Chr. ccccxx... Faramundus
regnat in Francia.

An. Chr. ccccxxviii, Clodius regnat
in Francia. (*Extr. de la chronique de
Prosper Tyron*. D. Bouquet, t. I,
p. 638.)

II. — 1°. De hujus stirpe quidam
Merovechum regem fuisse asserunt.
(*Extr. de l'Hist. de Grégoire de Tours*,
liv. II, ch. 9. D. Bouquet, t. II, p. 167.)

An. ccccxxxvi. Mortuo Childerico, regnavit Chlodovechus filius
ejus pro eo. (*Ibid.*, chap. 27, p. 174.)

...Uxor... peperit filium Meroveum
nomine a quo reges Francorum postea
merovingii vocantur. (*Extr. de l'Epitome de Frédégaire*, chap. 9. D. Bouquet, t. II, p. 395.)

An. ccccxviii. Childericus filius Me-
rovei quum successisset patri in regno.

Clodion, succéda immédiatement à Clodion, comme roi des Francs : que Childéric, fils de Mérovée, lui succéda immédiatement comme roi des Francs, et qu'enfin Clovis, fils de Childéric, succéda immédiatement à Childéric, comme roi des Francs ; »

2°. D'une Chronique des Francs, écrite avant l'an 855 ; elle témoigne que Clodion, fils de Pharamond, Mérovée, prince de la race de Clodion, et Childéric, furent successivement rois des Francs.

III. La preuve que les Francs étaient dans la plus entière indépendance à l'époque ou ils instituèrent la royauté, résulte des autorités citées au dernier livre de la première époque ; elles ont prouvé que le gouvernement des Francs fut républicain et démocratique jusqu'au commencement du cinquième siècle, époque où ils adoptèrent le gouvernement monarchique.

Observation relative aux princes, parents de Clovis, qui furent appelés rois.

Grégoire de Tours, Frédégaire et l'auteur des Gestes des Francs nomment rois, en général, divers princes du sang de Clovis, et royaumes, divers établissements que ces princes avaient dans les Gaules, et qui paraissent avoir été bornés chacun au territoire d'une cité.

Les mêmes auteurs disent que l'autorité de ces princes donna de la jalousie à Clovis, et qu'à la fin de son règne il

---

Extr. de l'Épitome de Frédégaire, chap. 11. D. Bouquet, t. II, p. 398.)
An. cccclxxxi. Defuncto Childerico, Chlodoveus ejusdem filius regnavit pro eo. (*Ibid.,* chap. 15.)
An. ccccxlvii. Chlodione rege defuncto, Meroveus in regnum sublimatus est... A Meroveo... qui in regno Francorum sublimatus est, celebre nomen reges Francorum merovinchi nuncupati sunt. Ipse Meroveus genuit filium nomine Childericum. (*Extr. des Gestes des Francs,* chap. 5. D. Bouquet, t. II, p. 544.)
An ccccxlxxxi. Eo tempore mortuus est Childericus rex Francorum, regnavitque annos xxiv. Chlodoveus vero filius ejus regnum Francorum suscepit. (*Ibid.,* chap. 9, p. 546.)

2°. Circa an. ccccxviii. Sunno genuit Ferramundum, qui fuit primus rex Francorum crinitus.
Ferramundus genuit Chlodionem regem.
Chlodio regnavit annos xx, de cujus stirpe ortus est Merovechus, a quo Francorum reges meroviugi sunt appellati.
Childericus filius Merovechi regnavit annis xxiv, et genuit Chlodoveum, qui primus in Francorum regibus christianus fuit. (*Extr. d'une ancienne chronique des rois Francs,* écrite l'an 855. D. Bouquet, t. II, p. 663.)
III. Cet article n'exige pas de nouvelles preuves.

réussit à les faire tous périr et à se saisir de leurs établie...
ments.

C'est à ces récits que se réduit tout ce que nous savons sur
l'existence des petits princes parents de Clovis. Il est impossible d'en conclure avec précision quelle était la nature de la
puissance que chacun exerçait, puisque le titre de roi qui leur
est donné par les plus anciens auteurs francs s'appliquait
souvent, depuis le sixième siècle jusqu'au neuvième, à désigner des chefs subordonnés à un monarque, et que le mot
royaume, employé pour caractériser les domaines des princes
parents de Clovis, s'appliquait encore, aux mêmes époques,
à des districts régis par des magistrats subordonnés à un seul
monarque. Les faits historiques prouvent assez évidemment
que les princes parents de Clovis ne partagèrent jamais avec
lui l'autorité monarchique, pour nous dispenser d'entrer dans
une discussion étendue sur cet objet.

D'après les témoignages des historiens, ce fut Clovis seul
qui succéda à Chilpéric, et qui fut héritier du premier roi
que la nation des Francs s'était donné.

Ce fut à Clovis seul que le titre de roi des Francs fut attribué.

Ce fut Clovis seul qui, dans la guerre et dans la paix, traita
avec les Francs des affaires communes de la nation.

Ce fut Clovis seul qui envoya aux nations étrangères des
ambassades pour menacer de la colère des Francs, ou promettre leur alliance.

Ce fut Clovis seul qui devint roi des contrées conquises sous
son règne par les Francs.

Enfin, ce fut Clovis seul qui commanda à l'armée des
Francs, et qui ordonna du sort des vaincus, notamment dans
les guerres de Syagrius et des Allemands, où quelques-uns des
princes ses parents marchaient dans son armée.

Enfin quels que fussent ou pussent être ces princes ou ces
rois, parents de Clovis, leur race périt avec eux, ou ne repa-
rut point en concurrence avec les mérovingiens, et la constitution primitive ne substitua qu'à cette seule famille la propriété de la puissance monarchique; tous les autres points de
la question deviennent donc étrangers au plan de cet ouvrage.

CHAPITRE IV.

De l'accord des principes de la vraie religion avec les droits du prince et du peuple dans la monarchie française.

Ce chapitre n'exige pas de preuves.

CHAPITRE V.

De la fidélité jurée au roi.

I. La preuve de l'obligation générale imposée à tous les sujets de la monarchie franque de prêter serment de fidélité à chaque roi, résulte :

1°. Des formules de Marculfe; elles montrent que chaque comte exigeait, par l'ordre des rois, « le serment de fidélité « des habitants de son canton, francs, romains ou d'autres « nations, à chaque commencement de règne; »

2°. De l'Histoire de Grégoire de Tours; on y voit qu'après la mort de Clotaire Ier, « le peuple de Tours prêta serment de « fidélité à Caribert, » son fils, et son successeur dans le royaume de Neustrie; on y voit encore qu'après la mort de Caribert, Mummol fut envoyé par Sigebert et Gontran pour recueillir les serments de fidélité des peuples qui passaient sous la domination de ces deux princes, frères de Caribert. Le même historien rapporte qu'après la mort du roi Chilpéric, les grands, qui prirent la tutelle de son fils Clotaire II, exigè-

---

Ch. V. I.—1°. Ille rex illi comiti... Jubemus ut omnes pagenses vestros, tam Francos, Romanos, vel reliqua natione de gentibus, bannire et locis congruis per civitates, vicos, et castella congregare faciatis; quatenus praesente misso nostro... fidelitatem... illo nostro vel nobis... per loca sanctorum... debeant promittere et conjurare. (*Extr. de la formule 40 de Marculfe*, liv. 1. Baluze, t. II, p. 396 et 397.)

2°. An. DLXXXIX. Post mortem .. Chlothacharii regis, Chariberto regi populus hic sacramentum dedit. *Extr. de l'Hist. de Grégoire de Tours*, liv. IX, chap. 30. D. Bouquet, t. II, p. 350.)

Post mortem Chariberti,...conjunctus rex ipse cum Guntchramno fratre suo, Mummolum eligunt, qui has urbes ad eorum dominium revocare deberet. Qui Turonis veniens.... exactis a populo ad partem regis Sigiberti sacramentis, Pictavos accessit ... sacramenta exegit. (*Ibid.*, liv. IV, chap. 46, p. 227.)

An. DLXXXIV. Priores... de regno Chilperici, ut erat Ansovaldus et reliqui, ad filium ejus qui erat... quatuor mensium, se collegerunt, quem Chlotharium vocitaverunt, exigentes sacramenta per civitates, quae ad Chilpericum prius adspexerant, ut scilicet fideles esse debeant Guntchramno regi, ac nepoti suo

rent pour le prince enfant le serment de fidélité des habitants des cantons qui avaient formé le royaume de Chilpéric;

3°. Des capitulaires de Charlemagne et de Pépin, roi d'Italie; ils témoignent en général que tout homme « ecclésiastique « et laïque, que tout le peuple, que tous les hommes libres « devaient prêter serment de fidélité à chaque roi; »

4°. D'un capitulaire de Louis-le-Pieux; il montre que ce prince avait reçu le serment de fidélité de ses sujets, en recommandant que s'il se trouve par exception quelqu'un qui n'ait pas rempli ce devoir, on l'oblige à le remplir; ce capitulaire supplée ainsi aux autres monuments qui auraient pu transmettre les formules du serment prêté à ce prince, et l'époque où il fut prêté, monuments qui ne sont pas parvenus jusqu'à nous;

5°. Des récits de l'Astronome et de Nitard; ils montrent que Louis-le-Pieux ayant donné à son fils Charles une partie de son royaume, ce prince alla recueillir lui-même les serments

Chlotario. (*Extr. de l'Hist. de Grégoire de Tours*, liv. VII, chap. 7, p. 295.)

3°. De sacramento fidelitatis causa quod nobis et filiis nostris jurare debent quod his verbis contestari debet... (*Extr. d'un capitulaire de Charlemagne, de l'an 789*, art. 2. Baluze, t. I, p. 243.)

Præcepit... ut omnis homo in toto regno suo, sive ecclesiasticus, sive laicus unusquisque, secundum votum et propositum suum, qui antea fidelitatem sibi regis nomine promisissent, nunc ipsum promissum hominis Cæsari faciat.

De fidelitate jusjurandum ut omnes repromittant. (*Extr. d'un capitulaire de Charlemagne, de l'an 802*. Baluze, t. I, p. 364 et suiv.)

Et hi qui antea fidelitatem partibus nostris non promiserunt promittere faciant, et insuper omnes denuo repromittant. (*Extr. d'un capitulaire de Charlemagne, de l'an 806*, art. 2. Baluze, t. I, p. 452.)

De fidelitate regi promittenda.

Et missi nostri populum nostrum iterum nobis fidelitatem promittere faciant, secundum consuetudinem jamdudum ordinatam. (*Extr. du capitulaire 3 de l'an 812*, art. 13. Même dispositif à l'art. 88 du liv. III

des capitulaires de la collection d'Ansegise. Baluze, t. I, p. 500 et 570.)

Quomodo illud sacramentum juratum esse debeat ab... comitibus vel vassis regalibus. (*Extr. d'un capitulaire de Pepin, roi d'Italie, de l'an 793*, art. 36. Baluze, t. I, p. 540 et 541.)

4°. Eligantur per singulos comitatus qui meliores et veraciores sunt. Et si aliquis inventus fuerit de ipsis qui fidelitatem promissam adhuc nobis non habeat, promittat. (*Extr. d'un capitulaire de Louis-le-Pieux, de l'an 828*, art. 3. Baluze, t. I, p. 656 et 657.)

5°. Imperator... Karolum... in portionem regni ipsi attributam dimisit. Et præsentes... Neustriæ provinciæ primores Karolo... fidelitatem sacramento obstrinxerunt : absentium autem quisque postea itidem fecit. (*Extr. de la Vie de Louis-le-Pieux, par l'Astronome*, chap. 59, année 828. D. Bouquet, t. VI, p. 121.)

Portionem regni... Karolo dedit. Hilduinus autem abbas ecclesiæ Sancti-Dionysii, et Gerardus comes Parisius civitatis, ceterique omnes prædictos fines inhabitantes convenerunt, fidemque sacramento Karolo firmaverunt... Præfato Karolo quin-

de ses nouveaux sujets dans divers lieux de son empire, et que tous, grands et simple peuple, s'assemblèrent pour cet effet ;

6°. Des capitulaires de Charles-le-Chauve, des années 855 et 870 ; ils exigent que ceux qui n'ont pas encore prêté serment de fidélité au roi la lui promettent.

II. La preuve que c'était à l'âge de douze ans que commençait l'obligation de prêter le serment de fidélité, est établie dans les capitulaires de Charlemagne.

III. La preuve que les ecclésiastiques ne furent point exceptés de l'obligation de prêter serment de fidélité aux rois régnants, résulte :

1°. Du testament de saint Bertrand, évêque du Mans ; il montre que cet évêque « avait prêté serment au roi Clotaire, » aussitôt que celui-ci avait été reconnu roi de la ville du Mans ;

2°. Des textes du troisième concile de Tours, d'une lettre du pape Grégoire III aux évêques de France, et des actes du placité général de Gondulfe, tenu en 874 ; ils témoignent que les évêques prêtaient serment de fidélité aux rois ;

---

dam portiouem regui inter Sequanam et Ligerem dedit... Omnes hos fines inhabitantes ad illum venerunt, et fidem sacramento commendati eidem firmaverunt. (*Extr. des écrits de Nitard*, liv. I, chap. 6, année 837. D. Bouquet, t. VI, p. 70.)

6°. Ut omnes qui fidelitatem nobis adhuc promissam non habent, fidelitatem nobis promittant, sicut in capitulis avi et patris nostri continetur. (*Extr. d'un capitulaire de Charles-le-Chauve, de l'an* 865, tit. 37, art. 2. Même dispositif dans les *capitulaires de l'an* 873, tit. 45, art. 5. Baluze, t. II. p. 197 et 230.)

II. Præcepit... ut... ii qui adhuc ipsum promissum non perfecerunt, omnes usque ad duodecimum ætatis annum similiter facerent. (*Extr. d'un capitulaire de Charlemagne, de l'an* 802, art. 2. Baluze, t. I, p. 363 et 365.)

Infantes qui antea non potuerunt propter juvenilem ætatem jurare, modo fidelitatem repromittant. *Extr. du capitulaire* 2, *de l'an* 805, art. 9. Même dispositif à l'art. 2 du *capitulaire* 3, *de l'an* 805, à l'art. 8 des *capitulaires de la collection d'Anségise*, liv. III ; enfin à l'art. 250 du liv. V des

capitulaires de la collection de Benoît Levite. Baluze, t. I, p. 425, 431, 755 et 873.)

III. — 1°. Nulli habetur incognitum, qualiter ego post transitum Guntramni regis, pro quo sacramentum indissolubile domino meo Clothario regi dedi, pro eo quod civitas Cenomannis legitimo ordine, post transitum domni Guntramni...debuit pervenire. (*Extr. du testament de saint Bertrand, évêque du Mans, de l'an* 616. D. Bouquet, t. III, p. 509.)

2°. Admonuimus generaliter cunctos, qui nostro conventui interfuere, ut obedientes sint domino... imperatori nostro, et fidem, quam ei promissam habent, inviolabiliter conservare studeant. (*Extr. des actes du troisième concile de Tours, de l'an* 813, Sirmond, t. II, p. 295.)

Subjungitis, memorem me esse debere jurisjurandi causa fidei facti imperatori... Vos... jurastis,... promittentes ei erga illum omnia fideliter vos agere. (*Extr. d'une lettre du pape Grégoire IV, aux évêques du royaume des Francs, écrite l'an* 833. D. Bouquet, t. VI, p. 352.)

Quantum sciero et potuero, adjuvante Domino, consilio et auxilio

3°. Des actes du concile d'Aix-la-Chapelle, d'un capitulaire de Charlemagne, d'un capitulaire de Pépin, roi d'Italie, et d'une Chronique du huitième siècle ; ils montrent que tous les ecclésiastiques, les moines et les abbés prêtaient serment de fidélité aux rois régnants, et renouvelaient ce serment aussi bien que les laïques.

IV. Par une erreur généralement admise, on a supposé que ceux qui s'engageaient à la fidélité féodale envers des seigneurs particuliers, ne prêtaient pas le serment de fidélité au roi : nous devons donc produire ici la preuve contraire, et cette preuve résulte :

1°. D'un capitulaire de Pépin, roi d'Italie ; il marque que l'obligation de prêter serment de fidélité aux rois regardait « les hommes ou vassaux des comtes, des évêques, des abbés « et des autres hommes libres, et en général tous les habitants « des comtés, » qui s'étaient recommandés comme vassaux :

2°. Des Annales de saint Bertin ; on y voit que « Charles-

---

secundum meum ministerium fidelis vobis adjutor ero. (*Extr. de la promesse de tous les évêques du royaume au roi, rapportée dans un capitulaire de Charles-le-Chauve, de l'an 872, tit. 44. Baluze, t. II, p. 225 et 226.*)

3°. Statuimus, ut si quispiam episcoporum, aut quilibet sequentis ordinis ecclesiastici, deinceps... a domino ...Ludovico imperatore defecerit, aut etiam sacramentum fidelitatis illi promissum violaverit,.... gradum proprium... amittat. (*Extr. des actes du second concile d'Aix-la-Chapelle, de l'an 836, liv. xi, chap. 12. Sirmond, t. II, p. 581.*)

Voyez l'extrait d'un capitulaire de Charlemagne, à l'art. I, n° 3 de ce chapitre, première autorité.

Quomodo illud sacramentum juratum esse debeat ab episcopis et abbatibus, sive comitibus vel vassis regalibus, necnon vicedominis, archidiaconibus, atque canonicis. Clerici qui monachorum nomine non pleniter conservare videntur, et ubi regulam sancti Benedicti secundum ordinem tenent, ipsi in verbo tantum et veritate promittant,.... presbyteri...jurent. (*Extr. d'un capitulaire de Pépin, roi d'Italie, de l'an 793, art. 36. Baluze, t. I, p. 540 et 541.*)

An. dcccii. Carlus... ad Aquis-palatium concilium habuit, ut ei omnes generaliter fidelitatem jurarent, monachi, canonici : ita et fecerunt. (*Extr. d'une chronique écrite en 810. D. Bouquet, t. V, p. 29.*)

IV. — 1°. Quomodo sacramentum fidelitatis jurandum sit.

Pagenses, sive episcoporum et abbatissarum vel comitum hominum, et reliquorum hominum, ... omnes jurent.... Et comites ... de singulis centenis esse noti, tam de illis qui intra pago nati sunt, pagensales fuerint, quamque et de illis qui aliunde in vassallatico commendati sunt. Et si fuerit aliquis qui per ingenium fugitando de comitatu ad alium comitatum se propter ipsum sacramentum distulerit, aut per superbiam jurare noluerint semoti, ... tales aut per fidejussores mittant. Et si ipsi fidejussores non habuerint qui in praesentia ... regis illos adducant, sub custodia serventur. Aut si in illo vicinio habitare voluerint, sicut cæteri jurent. (*Extr. d'un capitulaire de Pépin, roi d'Italie, de l'an 793, art. 36. Baluze, t. I, p. 541.*)

2°. Et quoniam iisdem episcopus, etiam per alios episcopos evocatus ut ad illum veniret, jussionem illius im-

le-Chauve se fit prêter serment de fidélité par les hommes libres de l'évêque de Laon, » c'est-à-dire ses vassaux, et qu'il ne pardonna aux vassaux particuliers, complices de la rebellion du diacre Carloman, qu'à la condition qu'ils prêteraient le même serment;

3°. D'un capitulaire de Charles-le-Chauve; il renouvelle aux comtes l'ordre d'exiger le serment de fidélité des rebelles, complices de Carloman, auquel il avait pardonné, et d'obliger en même temps ces rebelles à choisir un seigneur particulier dans son royaume.

Enfin, ils ne permettent pas « qu'aucun homme libre demeure dans le royaume, à moins qu'il ne fasse le serment de fidélité, de qui que ce soit qu'il soit homme, » distinguant toujours les engagements du sujet au roi et du vassal au seigneur, comme exigés séparément des mêmes personnes.

V. La preuve que les particuliers et la généralité des citoyens étaient obligés de renouveler le serment de fidélité autant de fois qu'il plaisait au monarque de l'exiger, se trouve dans des textes déjà cités dans ce chapitre.

1°. Les Annales de saint Bertin rapportent que Charles-le-Chauve exigea le serment de fidélité des vassaux de l'évêque de Laon, après la rébellion de cet évêque, l'an 869, et que l'an 871, le même prince ne fit grace aux complices de Carloman, qu'à condition qu'ils lui prêteraient un nouveau serment de fidélité.

2°. Des capitulaires de Charlemagne montrent que ce prince

pere detrectavit, ... omnes ... homines ipsius episcopii liberos sibi sacramenta fieri fecit. (*Extr. des Annales de saint Bertin, années 869 et 871.* D. Bouquet, t. VII. p. 102.)

Carolus ... usque ad Silvacum venit ... et Carolomannum iterum ... custodiæ mancipavit, et ejus complices sacramento suæ fidelitatis per singulos comitatus constringi præcepit. Sicque accipientibus senioratum quemcunque vellent de suis fidelibus, et in pace vivere volentibus, in regno suo habitare permisit (*Ibid.* p. 114.)

3°. De illis hominibus qui cum Carlomano ... tanta mala ... in regno nostro fecerunt ... præcipimus, ita comites et missi nostri exequantur in eos in quibus nostra jussio, quam consilio fidelium nostrorum jussimus, executa non est, id est, ut fidelitatem nobis promittant.... Et qui seniores, sicut ... præcepimus, acceptos non habent, ... ad nostram præsentiam perducantur.

Ut unusquisque comes in comitatu suo magnam providentiam accipiat ut nullus liber homo in nostro regno immorari vel proprietatem habere permittatur, cujuscunque homo sit, nisi fidelitatem nobis promiserit. (*Extr. d'un capitulaire de Charles-le-Chauve, de l'an 873*, art. 4 et 6. Baluze, t. II, p. 230.)

reçut le serment de fidélité de ses sujets l'an 789, et se le fit renouveler dans tout le royaume dans les années 802, 806 et 812.

CHAPITRE VI.

Des droits que le serment de fidélité assurait au roi.

La preuve de ce qui a été dit sur l'étendue de l'engagement du serment de fidélité, résulte :

1°. De la formule du serment prêté à Charlemagne : elle montre que l'on s'engageait par ce serment « à être fidèle au « roi tous les jours de la vie ; »

2°. Des actes authentiques d'un serment de fidélité, prêté à Charles-le-Chauve par tous les fidèles, et rappelé dans les écrits d'Hincmar ; ils montrent que l'on s'engageait par le serment de fidélité à être toujours fidèle au roi, et à l'assister pour qu'il pût exercer la puissance royale, et que l'on promettait enfin de « ne jamais se départir de ses engagements » par quelque considération que ce fût ;

3°. De la dernière formule du serment de fidélité prêté à Charles-le-Chauve, au placité général de Gondulfe ; elle engage chaque citoyen « à ne jamais entreprendre, sous aucun « prétexte, directement ni indirectement, contre l'honneur « du roi et le repos de son royaume, à être toujours fidèle

---

Ch. VI. — 1°. De sacramento fidelitatis causa quod nobis et filiis nostris jurare debent, quod his verbis contestari debet : « Sic promitto ego illo « partibus domni mei Karoli ... et « filiorum ejus, quia fidelis sum et « ero diebus vitæ meæ, sine fraude « vel malo ingenio. » (*Extr. de la formule du serment de fidélité prêté à Charlemagne, capitulaire de l'an 789, art. 2. Baluze, t. 1, p. 243.*)

2°. Quantum sciero et potuero, Domino adjuvante, absque ulla dolositate aut seductione, et consilio et auxilio secundum meum ministerium et secundum meam personam fidelis vobis adjutor ero ut illam potestatem, quam ... vobis Deus concessit, ... cum debito et honore et vigore, tenere et gubernare possitis ; et pro ullo homine non me inde retraham,

quantum Deus mihi intellectum et possibilitatem donaverit. (*Extr. des actes authentiques d'un serment de fidélité prêté à Charles-le-Chauve par tous les fidèles, rapporté dans un capitulaire de ce prince, de l'an 858, tit. 26. Baluze, t. II, p. 99.*)

3°. Sic promitto ego quia de ista die inantea isti seniori meo, quamdiu vixero, fidelis et obediens et adjutor ... secundum meum ministerium ... ero ; ... et neque per me, neque per missum, neque per litteras, ... contra suum honorem, etc ... regni illi commissi quietem ... machinabo ; ... neque unquam aliquod scandalum movebo quod illius præsenti vel futuræ saluti contrarium ... esse possit. Sic me Deus adjuvet et ista sanctorum patrocinia. (*Extr. du serment de fidélité fait à Charles-le-Chauve au pla-*

« au roi, et à observer enfin ces divers engagements jusqu'à
« la mort; »

4°. Des actes du concile de Tours, de l'an 813; ils marquent que « l'on doit observer inviolablement la foi jurée au
« prince; »

5°. Des actes du concile d'Aix-la-Chapelle; ils veulent que
tous ceux qui, par quelque motif que ce soit, « violeront le
« serment de fidélité qu'ils ont fait au prince soient privés de
« leur rang s'ils sont clercs, et anathématisés s'ils sont laïques; »

6°. Et enfin de la Vie de saint Léger; on y voit que le saint
évêque refusa constamment de reconnaître un autre roi que
Thierri II, se regardant inviolablement lié à la fidélité qu'il
avait jurée à ce prince.

Observations sur le sens du mot *fidèle*.

Promettre fidélité ou s'engager à être fidèle fut essentiellement le même acte, et il semble qu'en s'en tenant à la valeur
des termes on n'aurait plus à prouver quels furent les fidèles
ou leudes des rois, ayant prouvé que tous leurs sujets leur
prêtaient serment de fidélité.

Cependant beaucoup d'auteurs ont pris le nom générique de
fidèles pour une désignation particulière, et il est très-impor-
tant pour l'objet de cet ouvrage de rendre à ce mot son véritable sens.

Quel a été l'usage du mot fidèle dans tous les âges et dans
tout le monde chrétien? Il a désigné, en général et en particulier, tous ceux que l'engagement du baptême avait voués
inviolablement à la fidélité envers Dieu et l'église.

été tenu au lieu appelé Gondulfi-
Villa, *capitulaire de l'an* 872, tit. 44.
Baluze. t. II, p. 226.)

4°. *Voyez* l'extrait des actes du
troisième concile de Tours de l'an 836,
au chap. V, art. III, n° 2 de ce livre.

5°. Statuimus ut si quispiam episcoporum, aut quilibet sequentis ordinis ecclesiastici, deinceps.. a ...
Ludovico imperatore defecerit, aut
etiam sacramentum fidelitatis illi
promissum violaverit .... gradum proprium ... amittat. Quod si quisquam
laicus superius comprehensa facere
tentaverit, sciat se ... anathematisan-
dum. (*Extr. des actes du concile
d'Aix-la-Chapelle, de l'an* 836,
chap. 22, art. 12. Sirmond, t. II,
p. 581.)

6°. Haec dedit responsa : ... « Non
« mutabor a fide quam Theoderico
« promisi coram Domino conservare;
« corpus meum decrevi potius ad mor-
« tem offerre, quam animam pro in-
« fidelitate turpiter denudare. » (*Extr.
de la Vie de saint Léger, évêque
d'Autun, écrite par un contemporain,*
chap. 10. D. Bouquet, t. II, p. 618.)

Il s'est appliqué ensuite à tous ceux qui, par des engagements humains et cependant sacrés, s'étaient liés à la fidélité :
tels que les sujets liés envers le prince, les vassaux envers le
seigneur, etc.

C'est donc isoler, contre son véritable sens, un mot seulement générique que de le saisir dans le cas où il s'applique à
une certaine classe de citoyens pour le faire envisager comme
le titre distinctif de cette seule classe.

C'est porter plus loin l'erreur que de prétendre mettre en
concurrence les titres de fidèles de Dieu ou de l'église, de
fidèles du roi, de fidèles d'un seigneur, et de vouloir faire
envisager un de ces titres comme exclusif des autres.

C'est ainsi que l'on a prétendu que le titre de fidèles de
Dieu ou de l'église désignait les ecclésiastiques, à l'exclusion
des autres chrétiens ; que le titre de fidèles du roi désignait les
vassaux immédiats du roi, à l'exclusion des autres sujets :
qu'enfin le titre de fidèles d'un seigneur désignait une classe
de citoyens qui ayant un lien de plus envers d'autres sujets en
avaient un de moins envers le prince.

On doit concevoir que l'effet d'une pareille méprise est
d'obscurcir les plus beaux droits du trône en nous représentant le premier ordre de l'état comme ayant un lien de moins
envers le prince, parce qu'il en a un de plus envers Dieu ;
en nous montrant les sujets laïques de la première classe
comme seuls liés à la fidélité au roi par un engagement immédiat, et comme seuls garants de la soumission passive d'une
certaine partie des sujets qui n'avaient d'engagements directs
qu'envers eux par le titre de leurs vassaux.

On doit concevoir enfin que l'effet d'une pareille méprise
est de nous dérober l'unité des principes de la constitution,
en ne nous faisant voir qu'un ordre d'hommes dans les circonstances où les monuments nous présentent tous les citoyens
sous le nom de fidèles.

En face de ces erreurs, voici les propositions qui nous
paraissent incontestables, et que nous allons, comme toujours, appuyer sur l'autorité des textes les plus concluants :

Le titre de fidèle du roi fut imposé à tous les sujets comme
conséquence immédiate du serment de fidélité.

Le titre de fidèle de Dieu fut uni à celui de fidèle du roi.

dans le style ordinaire des actes royaux qui s'adressaient au peuple entier; ces termes désignaient alors l'ensemble des chrétiens et des sujets de l'état.

Le titre de fidèle du roi, loin de désigner seulement une certaine classe de sujets, n'excepta aucun ordre, aucune classe; il se donna aux vassaux des seigneurs particuliers, et il s'employa même familièrement, après que l'on eut spécifié toutes les classes des grands et vassaux royaux, ecclésiastiques ou laïques, pour désigner la partie du peuple qui n'avait ni rang ni dignité distinctive.

Enfin, le titre de fidèle du roi était donné à l'ensemble des sujets convoqués, dans les armées offensives et défensives des monarques.

I. La preuve que le titre de fidèle du roi fut donné aux sujets en vertu du serment de fidélité, résulte de trois formules authentiques des serments prêtés aux rois par la généralité des citoyens, et rapportés dans le chapitre précédent; ils y sont appelés les fidèles du roi, ils adoptent eux-mêmes ce titre, et promettent de le conserver inviolablement.

II. La preuve que le titre de fidèle de Dieu ou fidèle de l'église, uni au titre de fidèle du roi, désigna la généralité des chrétiens et des sujets, résulte :

1°. De trois diplômes de la première race, de quatre diplômes de Charlemagne, de six formules du règne de Louis-le-Pieux; les princes y appellent leurs sujets « fidèles de Dieu, fidèles de l'église et leurs fidèles; »

I. *Voyez* les formules des serments de fidélité prêtés à Charlemagne et Charles-le-Chauve, au chapitre précédent, les trois premiers numéros.

II. — 1°. Omnibus fidelibus sanctæ Dei ecclesiæ et nostris, præsentibus scilicet et futuris, notum esse volumus. (*Extr. du diplôme* 18 *de la première race.* D. Bouquet, t. IV, p. 624.)

Omnibus fidelibus sanctæ Dei ecclesiæ et nostris ... notum esse volumus. (*Extr. du diplôme* 99 *de la première race.* D. Bouquet, t. IV, p. 687.)

Cognoscat omnium fidelium Dei et nostrorum tam præsencium quam et futurorum sagacitas. (*Extr. d'un diplôme de Pépin Ier, de l'an* 755. D. Bouquet, t. V, p. 702.)

Voyez les diplômes 11, 73, 79 et 86 de Charlemagne. (D. Bouquet, t. V, p. 741, 756, 761 et 766.)

Chacun de ces diplômes est adressé à tous les fidèles de l'église de Dieu et du roi.

Voyez les formules 1, 3, 10, 21, 23, 44 et 51 du règne de Louis-le-Pieux. (D. Bouquet, t. VI, p. 633, 644, 638, 673, 675, 656 et 659.)

Toutes ces formules sont adressées aux fidèles de la sainte église de Dieu et du roi.

2°. De six capitulaires législatifs des princes carliens; ils s'énoncent de la même manière que les diplômes.

III. La preuve que le titre de fidèle du roi était générique et s'appliquait aux sujets de toute nation, de tout ordre et de toute classe, pourrait s'induire naturellement du style uniforme du grand nombre d'autorités que l'on vient de citer, qui unissent ce titre à celui de fidèle de Dieu, propre à tous les chrétiens; mais pour montrer cette preuve dans un nouveau jour, on citera maintenant la foule d'actes royaux et d'actes législatifs, qui, sous le titre de fidèles, et de fidèles du roi, désignent expressément toutes les classes des sujets.

1°. Plusieurs capitulaires des princes carliens s'adressent à « leurs fidèles de tout ordre et état, » et ont la force et l'expression des lois générales qui commandent au corps entier des sujets;

2°. Ea quæ generalia sunt, et omnibus conveniunt ... cunctis sanctæ Dei ecclesiæ nostrisque fidelibus ... tradere parati sumus. (*Extr. du capitulaire 8 de l'an 803, contenant une réponse de Charlemagne à une demande de tout le peuple.* Même dispositif à l'art. 370 du liv. vi *des capitulaires de la collection de Benoît Lévite.* Baluze, t. I, p. 408 et 990.)

Omnibus sanctæ Dei ecclesiæ fidelibus et nostris notum esse volumus. (*Extr. du capitulaire d'Aix-la-Chapelle, le 1ᵉʳ de l'an 803, art. 4.* Même dispositif à l'art. 260 du liv. vii *des capitulaires de la collection de Benoît Lévite.* Baluze, t. II, p. 380 et 1080.)

Notum sit omnibus fidelibus sanctæ Dei ecclesiæ nostrisque. (*Extr. d'un capitulaire de Louis-le-Pieux, de l'an 816.* Baluze, t. I, p. 562.)

Hludouvicus et Hlotharius, ... imperatores, ... omnibus fidelibus sanctæ Dei ecclesiæ et nostris. (*Extr. d'une Epître générale de Louis-le-Pieux, de l'an 828.* Baluze, t. I, p. 657.)

Notum fieri volumus omnibus Dei et nostris fidelibus. (*Extr. d'un capitulaire de Charles-le-Chauve, tit. 36, art. 3, chap. 1, de l'annonciation.* Baluze, t. II, p. 192.)

Monemus fidelitatem vestram ut ... semper sicut Dei et nostri ... fideles parati sitis. (*Ibid.*, art. 4, p. 195.)

Omnibus ... episcopis, abbatibus,

comitibus, judicibus, omnibusque sanctæ Dei ecclesiæ et nostris fidelibus. (*Extr. d'un capitulaire du roi Carloman, de l'an 883, tit. 5.* Baluze, t. II, p. 283.)

III. — 1°. Sciatis quia (sic est adnatus) cum omnibus suis fidelibus in omni ordine et statu, et nos omnes sui fideles de omni ordine et statu. (*Extr. d'un capitulaire de Charles-Chauve, de l'an 856, tit. 19, art. 1ᵉʳ* Baluze, t. II, p. 82.)

Ut omnes nostri fideles veraciter sint de nobis securi, quia, quantum sciero, et juste ac rationabiliter potuero, Domino adjuvante, unumquemque secundum sui ordinis dignitatem et personam honorare et salvare.... volo... secundum sibi competentes leges tam mundanas quam ecclesiasticas. (*Extr. d'un capitulaire de Charles-le-Chauve, de l'an 869, tit. 40, art. 3.* Même dispositif à l'art. 2, de l'annonciation du capitulaire de Charles-le-Chauve, de l'an 877, tit. 53. Baluze, t. II, p. 209 et 269.)

Ut nostri fideles, unusquisque suo ordine et statu, veraciter sint de nobis securi, quia nullum ... contra legem et justitiam ... damnabimus. (*Extr. de la première convention des enfants de Louis-le-Pieux, à Mersen, l'an 851, tit. 10, art. 6.* Baluze, t. II, p. 46 et 47.)

2. Vingt-trois diplômes ou capitulaires des trois premiers princes carliens, adressés au « corps entier des sujets, » parlent expressément à tous les ordres et à toutes les classes ayant rang, office, magistrature ou titre distinctif dans la société, et ensuite « au reste de leurs fidèles, au reste des fidèles de Dieu et du prince, au reste des fidèles de l'église et du prince, présents et futurs. »

D'après les expressions consacrées par les actes royaux, les fidèles du roi étaient donc les évêques, abbés, hommes

1. Carolus ... rex Francorum ... omnibus episcopis, abbatibus, comitibus, etiam missis, atque universis fidelibus nostris, tum præsentibus quam futuris. (*Extr. du diplôme 3 de Charlemagne.* D. Bouquet, t. V, p. 714.)

Notum esse volumus omnibus episcopis, comitibus, abbatibus, vicariis, centenariis, teloneariis et cæteris exactoribus publicis infra pagum Pauciacum honores habentibus, ac reliquis fidelibus nostros. (*Diplôme* 25, *ibid.*, p. 729.)

Omnibus episcopis, abbatibus, ducibus, comitibus ... vel omnibus fidelibus nostris præsentibus et futuris. *Diplôme* 37, *ibid.*, p. 737.)

Omnibus episcopis, abbatibus, ducibus, comitibus, vicariis, centenariis et universis fidelibus sanctæ Dei ecclesiæ et nostri, præsentibus et futuris, notum sit. (*Extr. de diplôme* 44 *de Charlemagne, de l'an* 779. Même dispositif aux *diplômes* 62, *de l'an* 787, n. 79, *de l'an* 799. D. Bouquet, t. V, p. 741, 751 et 761.)

Omnibus episcopis, abbatibus, ducibus, comitibus, vice-dominis, vicariis, centenariis, actionariis, missis, ... sive cunctis fidelibus sanctæ Dei ecclesiæ et nostris, præsentibus que futuris, notum esse volumus. *Extr. du diplôme* 73 *de Charlemagne, de l'an* 796. D. Bouquet, t. V, p. 756.)

Omnibus episcopis, comitibus, domesticis, vicariis, centenariis, seu reliquis fidelibus nostris, præsentibus et futuris, notum sit. (*Ibid., diplôme* 83, *de l'an* 800, p. 764.)

Omnibus episcopis, abbatibus, ducibus, comitibus, vice-dominis, vicariis, centenariis seu reliquis fidelibus ... notum sit. (*Extr. du diplôme* 2 *de Louis-le-Pieux, de l'an* 814. D. Bouquet, t. VI, p. 455 et 456.)

Omnibus episcopis, abbatibus, ducibus, comitibus, vicariis, centenariis ... missis ... vel omnibus rem publicam administrantibus, seu ceteris fidelibus sanctæ Dei ecclesiæ et nostris, sit notum. (*Diplôme* 13, *ibid.*, p. 464.)

Notum ... esse volumus cunctis fidelibus nostris, episcopis, videlicet, abbatibus, virisque illustribus, ducibus, comitibus, domesticis, grationibus, vicariis, centenariis, eorumque junioribus, nec non missis nostris .... seu etiam ceteris fidelibus sanctæ Dei ecclesiæ nostrisque, præsentibus scilicet et futuris. (*Extr. du diplôme* 72 *de Louis-le-Pieux, de l'an* 817. D. Bouquet, t. VI, p. 506. Mêmes expressions au *diplôme* 60 *de Charles-le-Chauve, de l'an* 845. D. Bouquet, t. VIII, p. 482.)

Omnibus episcopis, abbatibus, ducibus, comitibus, vicariis, centenariis, teloneariis, actionariis, missis nostris ... seu etiam ceteris fidelibus sanctæ Dei ecclesiæ nostrisque. (*Extr. du diplôme* 73 *de Louis-le-Pieux, de l'an* 814, auquel le *diplôme* 159 *de l'an* 830 *est conforme.* D. Bouquet, t. VI, p. 508 et 567.)

Omnibus episcopis, abbatibus, ducibus, comitibus, gastaldiis, vicariis, centenariis, actionariis, clusariis, seu missis nostris, ... ceterisque fidelibus nostris, partibus Franciæ, Burgundiæ, Provinciæ, Septimaniæ, Italiæ, Austriæ, Neustriæ, Bajohariæ, et Sclaviniæ commanentibus notum sit. (*Extr. de la formule* 31 *de Louis-le-Pieux.* D. Bouquet, t. VI, p. 649.)

Omnibus episcopis, abbatibus, comitibus, gastaldiis, vicariis, centenariis, clusariis, seu etiam missis nostris ... nec non et omnibus fidelibus nostris præsentibus scilicet et futuris, notum

« illustres, grands, ducs, comtes, ou gravions, vicaires, cen-
« teniers, tous les envoyés des princes, tous les inférieurs de
« ces envoyés, les ecclésiastiques et les vassaux des princes; »
mais après tant de classes exprimées, tous ceux des sujets qui
n'avaient rang, état, ni qualité distinctive, formaient « le reste
« des fidèles. »

IV. En suivant le même genre de preuves, on montrera un
emploi aussi générique du mot fidèle dans les formules et
écrits des premiers siècles de la monarchie, que dans les actes
royaux et dans les lois.

1°. Une formule de Marculfe qui représente un acte de
séance du placité du roi, y suppose « tels et tels évêques, tels
« et tels grands, tels et tels référendaires, sénéchaux, cham-
« bellans, comtes du palais, et en outre plusieurs autres de
« fidèles du prince; »

2°. Frédégaire distingue « les évêques, les grands et le reste
« des leudes, » des rois Dagobert et Sigebert;

sit. (*Extr. de la formule 32 de Louis-le-
Pieux.* D. Bouquet, t. VI, p. 650.)

Omnibus episcopis, abbatibus, abbatissis, comitibus, vicariis, centenariis, seu reliquis fidelibus nostris,
notum sit. (*Formule 38, ibid.*, p. 652.)

Omnibus venerabilibus episcopis,
abbatibus, comitibus, ... omnibusque sanctæ Dei ecclesie et nostris
fidelibus. (*Extr. d'un synode de Vernon, tenu l'an 883, tit. 3, Préface.*
Baluze, t. II, p. 283.)

Si quis dux, aut comes, aut vice-
comes, seu vicarius, aut gratio... vel
alius e nostris fidelibus. (*Extr. du
diplôme 49 de Charles-le-Chauve, de
l'an 845.* D. Bouquet, t. VIII, p. 474.)

Notum... esse volumus cunctis fidelibus nostris, episcopis videlicet, abbatibus, virisque illustribus, ducibus,
comitibus, domesticis, grationibus,
vicariis, centenariis eorumque minoribus, necnon missis nostris... fidelibus sanctæ Dei ecclesiæ nostrisque.
(*Diplôme 60, ibid.*, p. 482.)

Episcopis iterum, abbatibus et vassis nostris, et omnibus fidelibus laici
dicimus ut comitibus... adjutores sitis
(*Extr. d'un capitulaire de l'an 821,
art. 9. Même dispositif à l'art. 9 du
liv. II des capitulaires de la collection
d'Anségise.* Baluze, t. I, p. 635, 636
et 738.)

Karolu...,omnibus episcopis, abbatibus, abbatissis, comitibus et vas-
nostris, seu cunctis Dei et nostri
fidelibus in regno Burgundiæ consis-
tentibus.

Ut si infideles nostri se adunaverint
ad devastationem regni nostri, fideles
nostri, tam episcopi, quam abbates,
et comites, et abbatissarum homines
..., seu cæteri quique fideles Dei et
nostri... se in unum adunare proce-
rent... Et missi nostri providentiam
habeant... qualiter ipsi comites et vas-
nostri, seu cæteri quique Dei fideles
ad hoc occurrerint. (*Extr. d'un capitulaire de Charles-le-Chauve, de l'an
865, titre 37, Préface et art. 13.* Baluze, t. II, p. 195, 196 et 199.)

IV. — 1°. Quum nos in palatio
nostro... una cum dominis et patribus
nostris episcopis, vel cum pluribus
optimatibus nostris illis... referen-
dariis illis, domesticis illis, vel sene-
calcis illis, cubiculariis, et illo comite palatii, vel reliquis quam pluribus nostris fidelibus resideremus
(*Extr. de la formule 25 de Marculfe,
livre 1.* D. Bouquet, t. IV, p. 477
et 478.)

2°. An. DCCXCVI. Heiricus, dux
Forojuliensis... thesaurum... regi Carolo... misit. Quo accepto,... magnam
partem... ad limina apostolorum mi-

3°. Les Annales de Loisel parlent des distributions faites par Charlemagne « aux grands, clercs et laïques, » et au reste des fidèles du prince;

4°. Enfin, une lettre d'Hincmar sur l'éducation des princes, enfants de Louis-le-Bègue, veut qu'on leur enseigne leurs devoirs envers « les grands et le reste des fidèles du royaume; » et le même, rapportant ailleurs l'assemblée des fidèles au placite général, y fait reconnaître « les comtes, les vassaux royaux, et tous les autres fidèles. »

V. Les deux articles précédents ayant ainsi établi que le titre de fidèles appartenait à tous et à chacun des sujets qui avaient rang, état, ou qualité distinctive dans la monarchie, et avec eux, à ceux qui n'avaient que le rang et le titre de citoyens, on est en droit d'appeler, en surcroît de preuves, toutes les autorités, où les princes, parlant comme rois à leurs peuples, sans distinguer rang, état ou qualité particulière, s'adressent à tous leurs fidèles.

1°. Sept diplômes des mérovingiens et un de Pépin, vingt-neuf diplômes de Charlemagne, le plus grand nombre des diplômes de Louis-le-Pieux et de Charles-le-Chauve, parlent

---

... porro reliquam partem optimatibus, clericis sive laicis, ceterisque fidelibus suis largitus est. (*Extr. des Annales de Loisel.* D. Bouquet, t. V, p. 50.)

3°. Doceant eos verbo et exemplo, regni primoribus et ceteris regni fidelibus,... unicuique loco in suo ordine competentem legem et justitiam conservare. (*Extr. d'une lettre d'Hincmar à Charles-le-Gros.* OEuvres d'Hincmar, t. II, p. 186.)

Jussit ut præcepta Carlomanni et Caroli, sed et suum præceptum, coram suis fidelibus in generali placito suo... legerentur... Unde fideles ejus, tam comites quam et vassi dominici, quorum nomina scripta habemus, et ceteri omnes qui adfuerunt,... judicaverunt. (*Extr. de la notice de l'archevêque Hincmar, sur la terre de Noviliac.* OEuvres d'Hincmar, t. II, p. 833.)

V. Noverint omnes fideles nostri, præsentes atque futuri.

Omnibus fidelibus sanctæ Dei ecclesiæ et nostris, præsentibus scilicet et futuris notum esse volumus.

Compertum sit omnibus fidelibus nostris præsentibus et futuris.

Clodoveus, rex Francorum... duci Archevaldo, vel omnibus præsentibus ac futuris fidelibus.

Notum sit fidelibus nostris.

Compertum sit prudentiæ omnium fidelium sanctæ Dei ecclesiæ et nostrorum.

Omnibus fidelibus sanctæ Dei ecclesiæ et nostris præsentibus et futuris notum esse volumus. (*Extr. des diplômes de la première race, du 4 de l'an 528, des 13 et 24 d'une année incertaine, du 25 de l'an 638, du 53 de l'an 674, du 68 de l'an 685, et du 99 d'une date inconnue.* D. Bouquet, t. IV, p. 617, 624, 631, 633, 653, 663 et 687.)

Cognoscat omnium fidelium Dei et nostrorum, tam præsentium quam et futurorum sagacitas. (*Extr. du diplôme 7 de Pépin I, de l'an 755.* D. Bouquet, t. V, p. 702.)

Voyez les diplômes 1 et 3 de Charlemagne, de l'an 769, p. 712 et 714; le 15 de l'an 772, p. 721; le 19

ainsi « à leurs fidèles, à tous leurs fidèles, à tous les fidèles
« de Dieu et d'eux. » et ils traitent d'objets absolument généraux, qui ne regardent aucune classe particulière de citoyens;

3°. Enfin, trente-neuf formules d'actes royaux écrites sous
le règne de Louis-le-Pieux, pour la proclamation d'ordres à
tous les sujets, les supposent adressés « à tous les fidèles. »

VI. Voici maintenant les autorités qui appliquent le mot
peuple à l'ensemble des mêmes personnes qu'elles viennent de
désigner sous le titre de fidèles.

1°. Dans l'inscription et le préambule d'une lettre de Louis-
le-Pieux, on voit « qu'elle doit être lue en général au peuple
« de Dieu, et l'empereur y parle à tous ses fidèles et ceux de
« l'Église de Dieu. »

2°. Les annales de Loisel et la chronique de Moissac parlent d'une assemblée générale où fut jugé Pépin, fils de Char-
magne, disent que le prince assembla les Francs et les autres
fidèles, et qu'alors tout le peuple chrétien, l'universalité
du peuple, porta le jugement. Ces auteurs entendent donc
aussi que les fidèles du prince formaient le corps de son
peuple.

---

de l'an 771, p. 724; les 24, 25, 34 et
36 de l'an 775, p. 729, 736 et 737; le
37 de l'an 776, p. 737; le 41 de l'an 777,
p. 739; le 44 de l'an 779, p. 741; le 52
de l'an 781, p. 744; le 58 de l'an 783,
p. 748; le 59 de l'an 786, p. 749; le 64
de l'an 787, p. 751; le 64 de l'an 788,
p. 752; les 67 et 68 de l'an 790, p. 753
et 754; le 72 de l'an 794, p. 755; le
73 de l'an 796, p. 756; le 76 de l'an
797, p. 759; les 78, 79 et 80 de l'an
799, p. 761 et 762; les 84 et 85 de l'an
800, p. 764 et 765; les 86 et 87 de l'an
802, p. 766 et 767; le 90 de l'an 805,
p. 770; enfin un diplôme de l'an 793,
p. 778. (D. Bouquet, t. V.)
On peut voir à la fin des tomes VI
et VIII de D. Bouquet les nombreux
diplômes de Louis-le-Pieux et Charles-le-Chauve, dont la plupart portent la même inscription que ceux que
l'on vient de citer.

2°. *Voyez* les formules à 3, 5, 6, 8,
10 à 12, 14, 16 à 18, 20 à 29, 31, 32,
36, 38 à 45, 48 à 51, 53. D. Bouquet,
t. VI, p. 633 à 660.)

VI. — 1°. Incipit epistola Cæsarea,

quæ generaliter populo Dei est le-
genda.

Hludouvicus, Hlotharius... imperatores, omnibus fidelibus sanctæ Dei
ecclesiæ et nostris. (*Extr. de l'inscription et du préambule d'une lettre de
Louis-le-Pieux*, rapportée dans le capitulaire de l'an 828. Baluze, t. I,
p. 658 et 653.)

2°. An. DCCCXCII. Rex Carolus, quum
cognovisset consilium Pipini, et consentaneorum suorum, coadjuvit adventum Francorum et aliorum fidelium suorum ad Raganespurg. Ubi
universus populus christianus, qui
cum rege aderant, judicavit Pipinum et consentaneos suos. (*Extr.
des Annales de Loisel, édition de
Canisius.* D. Bouquet, t. V, p. 8
et 49.)

An. DCCCXCII. Quum cognovisset rex
consilium Pipini et eorum qui cum
ipso erant, coadunavit conventum
Francorum, et aliorum fidelium suorum ad Raganespurg. Ibique universus populus, qui cum rege aderant,
judicaverunt ipsum Pipinum, et co-

1°. Dans une note contemporaine, ajoutée à des capitulaires de Charles-le-Chauve, il est dit que le prince avait choisi ces capitulaires pour être « lus devant tous ses fidèles, et qu'en conséquence ils furent récités au peuple. » Tous les fidèles sont encore montrés ici comme le corps du peuple.

2°. Hincmar, dans une de ses lettres, conseille à Charles-le-Chauve, dans une circonstance où sa sûreté personnelle est compromise, d'attendre que « le grand nombre de ses fidèles » soit venu le secourir; il ajoute aussitôt, qu'il craint que ce peuple infidèle et coupable ne puisse le défendre. Ainsi, Hincmar voit le peuple en entier dans la généralité des fidèles.

On verra dans la suite de ce livre que les armées générales et les assemblées nationales, convoquées par les monarques, étaient composées par le corps du peuple de la monarchie, et que l'ensemble en était très-souvent désigné comme la réunion de tous les fidèles.

VII. Les vassaux des seigneurs, les vassaux des vassaux du prince avaient leur rang dans la généralité des fidèles du roi : on l'a déjà prouvé par les textes qui ont montré qu'ils prêtaient comme tous les autres citoyens le serment de fidélité au roi; on confirmera cette preuve en rappelant les monuments qui appliquent communément et expressément le titre de fidèle du roi aux vassaux inférieurs.

1°. Un capitulaire de Charles-le-Chauve déjà cité; dans l'énumération de tous les fidèles qu'il convoque, le prince nomme les vassaux des abbesses.

2°. Quatre diplômes du même prince s'adressent à « un tel son fidèle, vassal de son fidèle un tel. »

qui ei consenserant. (*Extr. de la chronique de Moissac.* D. Bouquet, t. V, p. 3.)

3°. Imperator Karolus... specialia capitula habebat disposita, quae filio suo et fidelibus suis, qui in isto regno remanebant, data habebat.... dixit quia de ipsis capitulis quaedam capitula excerpta habebat, quae in illorum (manium) notitiam recitari volebat. Et tunc jussit Gauzlenum cancellarium ut hæc sequentia capitula in populum recitaret. (*Extr. d'une note jointe aux capitulaires de Charles-le-Chauve, de l'an 877.* Baluze, t. II, p. 267 et 268.)

4°. In solidiore regni vestri loco degitis, usque dum plenitudo fidelium... ad vos veniat, quando in aliquam necessitatem ire volueritis. Sed multum timeo quia talis populus, qui sic Deum offendit,... nec vos, nec se ipsum ... adjuvare valebit. (*Extr. d'une lettre d'Hincmar à Charles-le-Chauve, de l'an 859.* D. Bouquet, t. VII, p. 523.)

VII. — 1°. Voyez l'extrait d'un capitulaire de Charles-le-Chauve à l'article III de cette discussion, n° 2, dernière autorité.

2°. Libuit celsitudini nostrae quondam fidelem nostrum, Herimannum

Application des preuves que nous venons d'offrir.

Devant le corps des preuves recueillies ici disparaissent sans retour toutes les fausses interprétations qu'on avait données au mot fidèle.

On voit que le titre de fidèle s'appliquait aux sujets de diverses nations, puisqu'il fut employé sans distinction dans les actes publics et les lois générales adressées à tous ; puisqu'il fut appliqué à ceux qui formaient les armées des princes dont les royaumes renfermaient diverses nations.

On reconnaît que ceux qui furent nommés fidèles de Dieu en même temps que fidèles du roi n'étaient point les membres du clergé considérés à part, puisque au contraire ils reçurent les deux titres à la fois, conjointement avec les laïques de toute classe ; puisque enfin le titre de fidèles de Dieu fut donné à des laïques, dans le cas où les ecclésiastiques ne se mêlaient point avec eux.

On reconnaît pareillement que les grands ou vassaux des rois ne furent point leurs seuls fidèles, puisque le témoignage des monuments les plus authentiques ne les compte que comme une classe dans la généralité.

Enfin, on voit la preuve expresse que les vassaux des rois et que les différentes classes de sujets liés à d'autres sujets par les engagements de la vassalité ne furent pas moins compris sous le titre générique de fidèles des rois que ceux qui, libres de tout engagement de ce genre et n'ayant aucun rang particulier ni titre distinctif, étaient indiqués par ces mots, le reste des fidèles.

nomine, vassallum scilicet Hludowici abbatis, de quibusdam rebus nostræ proprietatis honorare.
Libuit celsitudini nostræ fidelem quemdam nostrum vassallum videlicet Warini... comitis nostri, de quibusdam rebus proprietatis honorare.
Libet celsitudini nostræ quemdam fidelem nostrum vassallum, scilicet Apollonii carissimi nobis comitis,...

de quibusdam rebus proprietatis nostræ honorare.
Libuit celsitudini nostræ cuidam fideli nostro Dodoni, vasso Otgerii fidelis nostri, de quibusdam rebus nostræ proprietatis honorare. (Ext. de quatre diplômes de Charles-le-Chauve, le 1 de l'an 839, le 71 de l'an 817, le 78 de l'an 818, le 216 de l'an 869. D. Bouquet, t. VIII, p. 427, 471, 496, 615.)

Observation sur le sens du mot *leudes*.

Dans les différentes interprétations que les modernes ont données du mot *fidèles*, on ne croit pas que personne ait méconnu la synonymie de ce mot et du mot *leudes*. Leudes est l'expression tudesque traduite en latin par *fidelis*.

Les écrivains des premiers siècles de la monarchie préférèrent communément le mot latin au mot tudesque, et on les voit rarement employer le mot leudes; au contraire, la plupart des écrivains modernes, gênés sans doute par l'application trop claire du mot fidèle et par le sens étymologique qu'il présente, ont préféré le mot leudes, qui se trouve plus rarement dans les monuments et dont l'étymologie est obscure, parce qu'il était plus aisé de le faire envisager comme un nom spécifique que ce mot fidèle, partout reproduit pour désigner le peuple.

Il serait possible qu'une erreur détruite en fît naître une autre, et que du moment où le mot fidèle serait rétabli dans son vrai sens, on essayât d'en séparer le mot leudes.

Il faut donc encore une preuve expresse de la synonymie de ces deux mots leudes et fidèles.

1°. Le glossaire de Du Cange, au mot *leudes*, marque que l'on appelle *leudesamium* le service que les leudes, c'est-à-dire les sujets, rendent au prince, comme on appelle *litimonium*, le service que les lides doivent à leur maître;

2°. Une formule que le glossaire de Du Cange cite ensuite, mais que l'on rapporte ici d'après l'original de Marculfe, présente le modèle de l'ordre que le roi envoie à chaque comte « d'assembler tous les habitants de son canton, francs, ro- « mains ou d'autres nations, pour qu'ils jurent le serment de « fidélité au prince et à son fils. Les termes *leode* et *samio* sont employés dans cette formule comme étymologie de leudes, et l'on doit voir qu'ils désignent non l'engagement exigé d'une classe d'hommes, mais l'engagement qui doit être con-

---

1°. Leudesamium, servitium quod leudes, id est subditi, principi suo debent, ut litimonium, servitium quod liti dominis suis. (*Extr. du Glossaire de Du Cange*, sur le sens du mot *leudes*, au mot *leudesamium*.

2°. Rex.. comiti.... Jubemus ut omnes pagenses vestros, tam francos, romanos, vel reliquas nationes degentes,... bannire... et congregare faciatis; quatenus,... fidelitatem... filio nostro vel nobis... leode et samio per

tracté dans chaque district par tous les habitants sans distinction et de quelque nation qu'ils soient.

3°. Frédégaire a parlé de l'armée de Dagobert en Bourgogne, « qui frappa de crainte les évêques, les grands et le reste « des leudes qui demeuraient dans le royaume de Bourgogne. » Il a loué Dagobert, qui, dans ce royaume, « avait montré « une grande justice envers tous les leudes, tant les grands « que les petits. » Il a donc désigné le peuple par les leudes.

Frédégaire a ensuite parlé de la réunion d'une armée que Sigebert II opposa au duc de Thuringe ; il a dit que « tous les « leudes de l'Austrasie » marchèrent dans cette armée, et dans la suite du récit, il a appelé fidèles, et sous ces deux noms a désigné non une classe d'hommes, mais tous les sujets qui formaient l'armée :

4°. Enfin, Grégoire de Tours a marqué que Théodebert fut défendu par ses leudes lorsque ses frères voulurent le dépouiller de son royaume. Ce texte est équivoque, et ne fixe point le sens positif du mot leudes, mais le sens en étant déterminé par les textes précédents, on ne peut entendre autre chose, sinon que le roi fut défendu par ses sujets.

CHAPITRE VII.

De l'armée offensive et défensive de l'état, composée de la généralité du peuple.

I. La preuve que l'armée qui suivait les drapeaux des rois, l'armée offensive et défensive de l'état, fut composée des Francs et de tous les Francs, est suffisamment établie dans

loca sanctorum... debeant promittere et conjurare. (*Extr. de la formule 5o de Marculfe.* D. Bouquet, t. IV, p. 483.)

3°. An. DCXXIX. Tanto timore pontifices et proceres in regno Burgundiæ consistentes, seu et ceteros leudes adventus Dagoberti concusserat, ut a cunctis esset admirandum... Quumque Lingonas civitatem venisset, tanta in universis leudibus suis, tam sublimibus quam pauperibus, judicabat justitia, ut crederetur omnino fuisse Deo placibile. (*Extr. de la chronique de Frédégaire,* chap. 58. D. Bouquet, t. II, p. 436.)

An. DCXL. Quum... Radulfus, dux Thoringiæ... rebellare disposuit et ..... omnes leudes Austrasiorum in exercitu gradiendum banniti sunt. Sigibertus Rhenum cum exercitu transiens... Radulfus patrata victoria in castrum ingreditur. Sigibertus cum suis fidelibus... plangebat quos perdiderat. (*Ibid.,* chap. 87, p. 116.)

4°. An. DCXXXIV. Consurgentes Childebertus et Chlotacharius contra Theudebertum, regnum ejus auferre voluerunt. Sed ille... a leudibus suis defensus est.

1. *Voyez* au liv. Ier de cette partie.

les récits des conquêtes des Francs, sous leurs premiers rois, qui se trouvent au livre Ier de cette partie ; les auteurs y nomment toujours l'armée générale, armée des Francs.

II. La preuve que l'armée générale de l'empire franc fut composée du corps du peuple, c'est-à-dire de l'assemblage des différentes nations qui y étaient comprises, s'établit d'abord par les textes qui présentent dans les armées du roi la réunion de tous leurs fidèles.

1°. Les annales de Loisel marquent que Charlemagne réunit tous ses fidèles dans l'armée avec laquelle il marcha en Italie, et assiégea Pavie l'an 773.

2°. Les annales de saint Bertin marquent que l'armée que Louis-le-Pieux opposa à son fils rebelle, l'an 832, était « formée de puissantes troupes des Francs et des Saxons, « et qu'un si grand nombre de fidèles en imposa au prince « révolté ; » elles rapportent encore que le même prince, à la seconde révolte de ses fils, appela généralement tous ses fidèles, et les avertit de se tenir prêts à résister aux entreprises des princes rebelles ;

3°. Trois capitulaires de Charles-le-Chauve, adressés à tous les sujets, « les avertissent, comme fidèles de Dieu, fidèles « de la sainte église et fidèles du prince, » de se réunir pour

tous les chapitres qui traitent des conquêtes des Francs sous leurs premiers rois.

II. — 1°. An. DCCLXXIII. Synodum ...rex... tenuit generaliter cum Francis apud Jenuam civitatem... Carolus rex... Italiam introivit ipse,... et Papiam civitatem usque pervenit,... ipsam civitatem obsedit. (*Extr. des Annales de Loisel.* D. Bouquet, t. V, p. 38.)

2°. An. DCCCXXXII. Imperator... cum valida Francorum et Saxonum manu, Rheno et Moin fluminibus transitis, circa Triburim villam castrametatus est.... Quumque Ludovicus patrem suum cum tanta fidelium copia Rhenum transisse cognovit, minorata est ejus audacia, et injustæ potentiæ spes ablata est. (*Extr. des Annales de saint Bertin.* D. Bouquet, t. VI, p. 191.)

An. DCCCXXXVIII. Generaliter fideles accersit, propereque undique adcur-

rentibus filiorum suspectum colloquium patefacit : et si ita necessitas postulet, ad resistendum paratissimos monet. (*Ibid.*, p. 199.)

3°. Monemus fidelitatem vestram ut... semper sicut Dei et nostri fideles parati sitis ut, si necessitas nobis evenerit, aut contra paganos aut contra... alios,... statim quando unicuique nuntius venerit,... nobis occurrere. (*Extr. de l'ammonition de l'édit du Piste, de l'an 865, tit. 37, art. 1. Baluze, t. II, p. 195.*)

Mandat vobis ut,... studeatis vos fideles sanctæ matris ecclesiæ et sui unanimes fieri,... ad resistendum inimicis et christiani nominis persecutoribus. (*Extr. des capitulaires de Charles-le-Chauve, de l'an 856, tit. 20, art. 5. Baluze, t. II, p. 85.*)

Mandat... ut... non vos dissocietis ab unitate... fidelium Dei ; sed acceleretis... vos... conjungere aliis Dei suisque fidelibus ad defensionem

résister aux ennemis du dehors, qui menaçaient alors le royaume.

III. Cette preuve se confirme par les autorités qui expriment positivement l'existence du peuple dans l'armée, et qui distinguent dans les armées les différentes nations qui composent le peuple.

1°. Dans une requête de tout le peuple à Charlemagne, on le voit reconnaître qu'il marche en corps à l'armée avec son roi.

2°. Les récits de beaucoup d'historiens et annalistes des septième, huitième et neuvième siècles, en rapportant les guerres dirigées par les rois mérovingiens et carliens, parlent

sanctæ ecclesiæ. (*Extr. des capitulaires de Charles-le-Chauve, de l'an 856, tit. 21, art. 3. Baluze, t. II, p. 86.*)

III. — 1°. Flexis omnes precamur poplitibus majestatem vestram ut episcopi deinceps...... non vexentur hostibus. Sed quando vos neque in hostem pergimus, ipsi propriis resideant in parrochiis. (*Extr. d'une requête de tout le peuple à Charlemagne, capitulaire 8, de l'an 803. Baluze, t. I, p. 405.*)

2°. Childebertus...... rex, collecto exercitu, ad locum dirigi jubet in quo Ursio ac Berthefredus inclusi morabantur... Quum omnis populus ad direptionem... inhiaret, Berthefredus... ad Viridunensem urbem dirigit. (*Extr. de l'Hist. de Grégoire de Tours, année 587, liv. IX, chap. 12. D. Bouquet, t. II, p. 339 et 340.*)

An. DXCVIII. Theudericus... hostem maximum ex Burgundia congregans, contra Chlotharium patruelem suum direxit. Chlotarius hæc audiens, commoto Francorum exercitu, contra eum... perrexit... Belloque invicem commisso (an. DC), tanta cædes illic fuit de utroque populo, ut ipse alveus hominum cadaveribus repletus. (*Extr. des Gestes des Francs, chap. 37. D. Bouquet, t. II, p. 565.*)

An. DCXXII. Dagobertus,... collecto hoste plurimo, Rhenum transiit, contra Saxones ad pugnam exire non dubitavit. Illisque valide pugnantibus, Dagobertus,... læsum cernens populum suum, dixit ad ipsum puerum suum : « Perge velociter festinus « ... usque ad patrem meum, ut suc-

« currat nobis, antequam cunctus « exercitus corruat. » (*Ibid., chap. 41.*)

An. DCLXXXVII. Adunato... exercitu, Pippinus... vocatis optimatibus suis, imo cuncto exercitu, intentionem suam... innotuit... Universus populo roboratus, vocibusque simul et armorum plausu sententiam ducis firmaverunt... Theodericus in innumerabili populi multitudine magis quam in consiliis prudentiæ confidens, traditum sibi jam Pippinum cum universo exercitu suo... gloriabatur. (*Extr. des Annales de Metz. D. Bouquet, t. II, p. 678 et 679.*)

An. DCCLXXII. Rex synodum tenuit in Warmatia, et inde perrexit in Saxoniam prima vice, et Heresburgum castrum cepit, et... Hermensul... fanum destruxit... Quum universo populo aqua deficeret,... subito ex arido torrente fons largissimus aquæ erupit, ita ut universus populus affluentia aquarum abundaret. (*Extr. des Annales de Metz. D. Bouquet, t. V, p. 340.*)

Exoriens æstas... poteratque exercitus apte educi,... innumeris fultus populis... Saxonum... rex... in regionem venit. (*Extr. d'un poëme Saxon sur les Gestes de Charlemagne, en 782. D. Bouquet, t. V, p. 145.*)

An. DCCCXXIX. Exercitum... finibus appropinquare. Quo nuncio... misit in omnes Franciæ regiones, et jussit ut summa festinatione tota populi sui multitudo... veniret. (*Extr. des Annales d'Éginhard. D. Bouquet, t. VI, p. 189 et 190.*)

An. DCCCXXIII. Imperator... mense

de l'armée comme étant « la réunion du peuple, de tout le
« peuple et de plusieurs nations. »

3°. D'autres récits des mêmes auteurs ; ils marquent la
réunion « des peuples d'au delà la Saône, le Rhône et la Seine,
« et des peuples d'au delà du Rhin à l'armée générale ; » ils
mentionnent ailleurs l'existence des « diverses nations dans

...nie Warmatium venit cum valida
manu... Ventum est festivitate sancti
Joannis in locum... ut vocetur Cam-
pus-Mentitus... Quum pene omnis
populus partim donis abstractus, partim promissis illectus, partim minis
territus, ad eos... deflueret... Tot ergo
copiis inibi adductis, et imperatori
abductis, adeo defectio in dies inva-
luit, ut... plebeii contra imperatorem
... irruptionem facere minarentur.
Extr. de la Vie de Louis-le-Pieux,
par l'Astronome, chap. 48. D. Bouquet, t. VI, p. 113 et 114.)

An. DCCCXLI. Prælio... peracto,....
Lodhuwicus et Karolus in eodem
campo deliberare cœperunt... Reges
populique...... percontari episcopos
cœperunt, quid agere... deberent.
(*Extr. de l'Hist. de Nitard,* liv. III,
chap. 1. D. Bouquet, t. VII, p. 23.)

An. DLXXXV. Anno... decimo Childeberti regis, rex Guntchramnus
commotis gentibus regni sui magnum
junxit exercitum. Sed pars major cum
Aurelianensibus atque Bituricis Picta-
vum petiit. (*Extr. de l'Hist. de Grégoire de Tours,* liv. VII, chap. 21.
D. Bouquet, t. II, p. 302.)

3°. An. DLXXXVI. Guntchramnus
rex commoveri exercitum in Hispanias præcepit... Tunc commoto omni
exercitu,....gentes... quæ ultra Ararim,
Rhodanumque et Sequanam comma-
nebant, cum Burgundionibus junctæ,
Ararica Rhodaniticaque litora... depopulatæ sunt. (*Extr. de l'Hist. de
Grégoire de Tours,* liv. VIII, chap. 30.
D. Bouquet, t. II, p. 324 et 325.)

An. DLXXIV. Sigibertus rex gentes
illas, quæ ultra Rhenum habentur,
commovet, et bellum civile ordiens,
contra fratrem suum Chilpericum ire
destinat... Quum Sigibertus omnes
gentes illas adducens venisset,... itu-
rus, ubi Sequanam fluvium transme-
aret, ... Sigibertus... furorem gentium, quæ de ulteriore Rheni amnis
parte venerant, superare non poterat.

(*Extr. de Grégoire de Tours,* liv. IV,
chap. 50. D. Bouquet, t. II, p. 229.)

Circa an. DLXXXVI. Theodericus......
exercitum... innumerabilem ex Burgundia et Alemannia atque Gothia
ceterisque gentibus contraxit, et contra Hlotharium... perrexit, ... Hlotharius fuga lapsus usque Perticam silvam
pervenit. (*Extr. de la Vie de saint
Bohaire, par un auteur anonyme
très-ancien,* n° 8. D. Bouquet, t. III,
p. 489.)

An. DCXII. Theudebertus cum Saxonibus, Thuringis et ceteris gentibus, quos de ultra Rhenum, vel
undique potuerat adunare, contra
Theudericum Tolbiacum perrexit.
(*Extr. d'une chronique de Frédégaire,*
chap. 38. D. Bouquet, t. II, p. 428.)

An. DCLIV. Eo tempore, quo solent reges ad bella procedere, cum
Stephano papa, et reliquæ nationes,
quæ in suo regno commorabantur, et
Francorum agmina ad partes Langobardiæ... pervenerunt. (*Extr. du dernier continuateur de Frédégaire,*
chap. 120. D. Bouquet, t. V, p. 2.)

An. DCCCXV. Imperator apud Aquis
palatium celebravit pascha. Et in
ipsa æstate, collecto magno exercitu
Francorum, et Burgundionum, Alamannorum, et Baguariorum, introivit
Saxoniam ad Partesbrunna. (*Extr.
d'une chronique de Moissac* D. Bouquet, t. VI, p. 171.)

An. DCCLXXXVII. Carolus una cum
Francis,.... iter cœpit peragere partibus Bajoariæ cum exercitu suo... Et
jussit alium exercitum,.... id est Francorum, Austrasiorum, Thoringorum
et Saxonum... conjungere super Da-
nubium fluvium.

An. DCCLXXXIX. Perrexit Rhenum
ad Coloniam transiens... usque ad
Albiam fluvium venit... Exinde promotus inante...Sclavos sub suo dominio conlocavit. Et fuerunt cum eo in
eodem exercitu Franci et Saxones.
Frisiones...... ad eum conjunxerunt.

« les armées générales » en en nommant plusieurs ou en les nommant toutes.

IV. La preuve que tous les ordres des citoyens entraient dans l'armée générale, résulte d'abord pour les premières classes des citoyens :

1°. De plusieurs capitulaires des princes carliens : ils convoquent tous « les comtes, les grands, les possesseurs d'hon- « neurs, les vassaux royaux à l'armée générale, » et marquent expressément leur obligation à y marcher;

(*Extr. des Annales de Loisel.* Même récit aux *Annales de Metz.* D. Bouquet, t. V, p. 45, 46 et 346.)

An. DCLXX. Eo tempore quo solent reges ad bellum procedere, movit exercitum suum innumerabilem multitudinem...... divisitque exercitum suum in tres partes, et sic intravit ipse... in fines Hunnorum... Exercitus Ripuariorum et Frisonum et Saxonum ...intravit terram illam. (*Extr. des Annales de Loisel.* Même récit dans la *chronique de Moissac,* an 791. D. Bouquet, t. V, p. 47 et 73.)

An. DCXXXI. Anno x regni Dagoberti quum ei nuntiatum fuisset, exercitum Winidorum Thoringiam fuisse ingressum, cum exercitu de regno Austrasiorum de Mettis urbe promovens, ... Maguntiam magno cum exercitu adgreditur; ... scaram de electis viris fortibus de Neuster et Burgundia ..... secum habens. (*Extr. d'une chronique de Fredegaire,* chap. 74, D. Bouquet, t. II, p. 441.)

An. DCXL. Quum ... anno VIII Sigibertus regnaret, et Radulfus dux Thoringiae.... Sigiberto rebellare disposuisset, jussu Sigiberti omnes leudes Austrasiorum in exercitu gradiendum banniti sunt, Sigibertus Rhenum cum exercitu transiens, gentes undique de universis regni sui pagis ultra Rhenum cum ipso adunatae sunt... Bobo dux Arvernus, ... et AEnovaldus comes Sogiotensis cum pagensibus suis. (*Ibid.* chap. 87, p. 446.)

An. DCCLXXIII. Carolus rex iter peragens partibus Hispaniae ... perrexit usque Caesaraugustam. Ibique venientes de partibus Burgundiae, et Austriae, vel Bajoariae, seu Provinciae, et Septimaniae, et pars Langobardorum,

conjungentes se ad supradictam civitatem. (*Extr. des Annales de Loisel.* D. Bouquet, t. V, p. 40.)

An. DCCCXXXIV. Imperator ... Germaniae populos Aquitaniam protecturus evocat, Saxones videlicet, Thoringos, Bajoarios, atque Allemannos. (*Extr. des miracles de saint Benoit, écrits par Adrevalde, sous le règne de Charles-le-Chauve,* chap. 97, D. Bouquet, t. VI, p. 343.)

IV. — 1°. Quicumque ex eis qui beneficium principis habent, parem suum contra hostes communes in exercitum pergentem dimiserit, et cum eo ire aut stare noluerit, honorem suum et beneficium perdat.

Quicumque homo nostri habens honores in hostem bannitus fuerit, et ad condictum placitum non venerit, quot diebus post placitum condictum venisse comprobatus fuerit, tot diebus abstineat carne et vino. (*Extr. du capitulaire 2 de l'an 812,* art. 3 et 5. Le même dispositif se trouve aux art. 71 et 69, liv. III de la collection d'Ansegise. Baluze, t. I, p. 494, 495 et 767.)

Volumus ut comites et vassalli nostri qui beneficia habere videntur, ... omnes generaliter ad placitum nostrum veniant bene praeparati ... hostiliter. (*Extr. d'un capitulaire de Charlemagne, de l'an 807,* art. 6. Baluze, t. I, p. 460.)

Volumus atque jubemus ut episcopi atque abbates, comites, ac vassi nostri, ... ita sint semper parati, ut si necessitas evenerit, ad defensionem patriae ... statim ut eis nuntiatum fuerit, possint venire. (*Extr. d'un capitulaire de Charles-le-Chauve, de l'an 869,* tit. 40, art. 3. Baluze, t. II, p. 216.)

4°. Des récits de plusieurs anciens auteurs ; ils marquent que « les grands marchaient à l'armée ; » ils désignent parmi eux ceux à qui les fonctions militaires pouvaient être les plus étrangères, tels que « les comtes du palais référendaires, les « comtes de l'écurie, les sénéchaux préposés à la table royale. »

La preuve serait ici susceptible de beaucoup plus d'étendue ; mais elle doit ressortir avec tant de force des chapitres suivants, où l'on fera connaître l'ordre dans lequel les diverses classes des citoyens marchaient à l'armée, que l'on se dispensera de s'étendre ici plus au long sur ce point de lui-même incontestable et incontesté.

V. La même preuve, relative aux simples hommes libres, aux vassaux et aux bénéficiers particuliers, résulte :

1°. De plusieurs capitulaires et préceptes des princes carliens ; en conséquence de l'obligation des simples hommes libres, au service militaire de l'armée, ils défendent à tous l'entrée du clergé sans le consentement du prince ; ils ordon-

---

Voyez un capitulaire de Charles-le-Chauve, cité aux observations sur le sens du mot *fidèle*, art. III, n° 2, dernière autorité (p. 480).

2°. Childebertus ... rex, collecto exercitu, ad locum dirigi jubet in quo Ursio ac Berthefredus inclusi morabantur ... Ibi Trudulfus palatii regalis comes cecidit, et multi de hoc exercitu prostrati sunt. (*Extr. de l'Hist. de Grégoire de Tours*, ou ne 587, liv. IX, chap. 12. D. Bouquet, t. II, p. 339.)

An. DCXXXV. Dagobertus de universo regno Burgundiæ exercitum promovere jubet, statuens eis caput exercitus, nomine Chadoindum referendarium, qui temporibus Theuderici quondam regis multis præliis probatur strenuus. (*Extr. de la chronique de Frédégaire*, chap. 78. D. Bouquet, t. II, p. 442.)

An. DLXXXV. Rex ... eum ... suo in ministerio aptavit, atque comitem sui stabuli et omnium equorum ... constituit. Nam virtutem belligerandi ... multam habebat : præsertim quum adversariorum phalangas sæpissime ... fugaret. (*Extr. de la Vie de saint Launus, évêque d'Angers, par un auteur contemporain*. D. Bouquet, t. III, p. 486.)

An. DCCLXXXVII. Misit exercitum suum rex partibus Britanniæ, una cum .... Andulfo siniscalco. (*Extr. des Annales Tiliennes*. Même récit aux *Annales de Loisel*, année 786. D. Bouquet, t. V, p. 21 et 44.)

An. DCCXXVIII. In quo prælio Eggihardus regiæ mensæ præpositus, Anselmus comes palatii ... interficiuntur. (*Extr. de la Vie de Charlemagne, par Éginhard*, chap. 9. D. Bouquet, t. V, p. 93.)

V. — 1°. De liberis hominibus qui ad servitium Dei se tradere volunt, ut prius hoc non faciant quam a nobis licentiam postulent. Hoc ideo quia audivimus aliquos ex illis non tam causa devotionis quam exercitum seu aliam functionem regalem fugiendo. (*Extr. du capitulaire 2, de l'an 805, art. 15 ; même dispositif à l'art. 114 du liv. 1 des capitulaires de la collection d'Anségise, et à l'art. 255 du liv. V de la collection de Benoît Lévite*. Baluze, t. I, p. 427, 746 et 874.)

Si quis liber, contempta jussione nostra, cæteris in exercitum pergentibus, domi residere præsumpserit, plenum heribannum secundum legem Francorum, id est, solidos sexaginta, sciat se debere componere. (*Extr. d'un capitulaire de Charlemagne,*

nent à tous de se rendre à la convocation royale ; enfin ils imposent une forte amende à ceux des hommes libres qui auraient manqué de marcher à l'armée d'après l'ordre du prince ;

2°. Des capitulaires des princes carliens ; ils ordonnent « que les bénéficiers marchent à l'armée ; » ils ordonnent aux comtes, dans leurs districts, et à tous les seigneurs ecclésiastiques et laïques de conduire eux-mêmes ou envoyer à l'armée ceux de leur dépendance, sous peine de payer l'amende pour eux ;

3°. Des écrits d'Hincmar, d'une lettre des évêques de la

---

ajouté à la loi des Lombards, en 801, art. 2. Baluze, t. I, p. 347.)

Ad defensionem patriæ omnes sine ulla excusatione veniant. Et qui … hostem dimiserit, herebannum … persolvat. (*Extr. d'un capitulaire de Charles - le - Chauve, de l'an 864, tit. 36, art. 27, édit de Pistes. Baluze, t. II, p. 18.*)

Eosdem homines sub protectione et defensione nostra receptos, in libertate conservare decrevimus. Eo videlicet modo ut sicut cæteri liberi homines, cum comite suo in exercitum pergant. (*Extr. de la première ordonnance de Louis-le-Pieux, de l'an 815, pour les hommes libres espagnols, Préambule et art. 1. Baluze, t. I, p. 549.*)

Volumus quia eosdem homines sub protectione et defensione nostra denuo receptos, … eo videlicet modo, ut sicut cæteri franci homines cum comite suo in exercitum pergant. (*Extr. de l'ordonnance de Charles-le-Chauve, de l'an 844, pour les hommes libres espagnols, art. 1. Baluze, t. II, p. 25 et 26.*)

2°. Ut de ultra Sequanæ omnes exercitare debeant.

In primis quicumque beneficia habere videntur, omnes in hostem veniant. (*Extr. d'un capitulaire de l'an 807, intitulé, et art. 1. Baluze, t. I, p. 457.*)

De hominibus nostris et episcoporum et abbatum, qui vel beneficia vel talia propria habent, ut ex eis secundum nostram jussionem in hostem bene possint pergere, exceptis his quos eis secum domi permisimus; si aliqui … vel pretio se redimissent, vel dominis suis permittentibus, do-

mi remansissent, bannum nostrum persolvant. (*Extr. d'un capitulaire de l'an 812, art. 5. Baluze, t. I, p. 491 et 492.*)

Quicumque liber homo inventus fuerit anno præsente cum seniore suo in hoste non fuisse, plenum heribannum persolvere cogatur. (*Extr. du capitulaire 2 de l'an 812, art. 9. Même dispositif à l'art. 36 du deuxième appendice des capitulaires d'Anségise. Baluze, t. I, p. 496 et 798.*)

Ut vassi nostri, et vassi episcoporum, abbatum, abbatissarum, et comitum, qui anno præsente in hoste non fuerunt, heribannum rewadient. (*Extr. du capitulaire 5 de l'an 819, art. 27. Baluze, t. I, p. 618 et 789.*)

De vassis dominicis qui adhuc intra casam serviunt, et tamen beneficia habere noscuntur, statutum est ut quicumque ex eis cum domino imperatore domi remanserint, vassalos suos casatos secum non retineant, sed cum comite cujus pagenses sunt ire permittant. (*Extr. du capitulaire 2 de l'an 812, art. 7. Même dispositif à l'art. 71, liv. III, des capitulaires de la collection d'Anségise. Baluze, t. I, p. 491 et 767.*)

3°. Episcopus … quum de rebus ecclesiæ propter militiam beneficium donat … talibus dare debet, qui idonei sunt reddere Cæsari quæ sunt Cæsaris, … qui homines militares dudere debent, ut … utiliter deserviant, et regio obsequio, ad defensionem generaliter. (*Extr. d'une lettre d'Hincmar à Charles - le - Chauve. Œuvres d'Hincmar, t. II, p. 324.*)

Debet episcopus … militiam ad defensionem sanctæ ecclesiæ … juxta antiquam consuetudinem regiæ dis-

province de Reims et d'une lettre des évêques du concile de Savonière ; ils mettent en principe que les bénéficiers, hommes ou vassaux des églises, sont destinés au service militaire ; ils doivent augmenter les forces de l'état et la milice des armées ; la lettre des évêques du concile de Savonière rappelle cette règle comme reconnue ;

4°. Des capitulaires de Charlemagne et de Pépin ; en exemptant les évêques et les abbés de marcher à la tête de leurs hommes ou vassaux, ils les obligent expressément à les envoyer à l'armée ;

5°. Des lettres d'Éginhard et de Loup de Ferrière ; elles témoignent que les vassaux des abbés remplissaient le service militaire de l'armée.

VI. La preuve qu'à l'armée générale, composée du corps du peuple, étaient appelés les citoyens de toutes les contrées du royaume, même des lieux les plus éloignés du théâtre de

positioni exhibere, et secundùm Domini jussionem, quæ Cæsaris sunt Cæsari ... reddere. (*Extr. d'un texte d'Hincmar sur le devoir des évêques.* Œuvres d'Hincmar, t. II, p. 762.)

De quibus consecratis Deo rebus quas habent liberi homines ecclesiis servientes per dispositionem rectorum ipsarum ecclesiarum, ideo constituerunt apostolorum successores hoc ordinari, ut ... augeretur per dispensationem ecclesiasticam regni militia. (*Extr. d'une lettre des évêques de la province de Reims, à Louis-le-Germanique, de l'an 858, art. 7.* Baluze, t. II, p. 108.)

Rex ... Karolus ... imputat ... contra eumdem fratrem et vastatores patriæ proficiscentem, consueta ecclesiæ vestræ privaveritis militia, quam ... ipse a vobis poposcerat.

Imputat praeterea ... postquam se... in regnum restituerit, ... nullum ei per vos aut milites ecclesiae vestrae praestiteritis suffragium. (*Extr. d'une lettre des évêques du concile de Savonière à l'archevêque Venillon, de l'an 859.* D. Bouquet, t. VII, p. 582.)

4°. Volumus ut nullus sacerdos in hostem pergat, nisi duo vel tres tantum episcopi ... Reliqui vero qui ad ecclesias suas remanent, suos homines bene armatos nobiscum, aut cum quibus jusserimus, dirigant. (*Extr.*

du capitulaire 8 de Charlemagne, de l'an 803. Même dispositif à l'art. 141, liv. VII, des *capitulaires de la collection de Benoît Lévite.* Baluze, t. I, p. 409 et 1052.)

Abbates legitimi hostem non faciant, nisi tantùm homines eorum transmittant. (*Extr. d'un capitulaire de Pépin, de l'an 744, art. 3.* Baluze, t. I, p. 157 et 158.)

5°. Quidam homo vester, nomine Gundhartus, rogavit nos pro se apud vestram sanctitatem intercedere, ut sine offensione vestra, sibi liceat iter exercitale, quod praesenti tempore agendum est, omittere. (*Extr. de la lettre 17 d'Éginhard à l'abbé Rhaban.* D. Bouquet, t. VI, p. 373.)

Vos ... accipite iterum petitionem nostram, et ut effectum obtineat, quæsumus, dignanter instate. Homines nostri toto hoc fere biennio aut nobiscum aut solis generalis expeditionis difficultatibus fatigati, censu rei familiaris in hujusmodi servitio effuso, onere paupertatis gravantur... Licentiam domum revertendi obtineant, ut possint paululum respirare, atque futuri servitii rursus impendia praeparare. (*Extr. de la lettre 4 de Loup de Ferrière.* D. Bouquet, t. VII, p. 482.)

VI. — 1°. His qui de Rheno ad Ligerem pergunt, de Ligere inantea ad

la guerre, résulte des autorités citées dans les quatre articles précédents; en montrant que l'armée des Francs était composée du peuple, de tout le peuple, qu'elle réunissait les citoyens de toutes les parties du royaume et les citoyens des différentes nations, elles prouvent assez que la distance des lieux ne dispensait les habitants d'aucune province de se réunir d'après la convocation générale.

Si ce point n'avait jamais été contesté, il serait suffisamment établi par ce genre de preuves, et c'est à regret que l'on se voit obligé de l'étendre : la preuve directe sur cet objet résulte :

1°. D'un capitulaire de Charlemagne; il mesure les provisions de vivres que devront emporter « les habitants d'au delà « du Rhin qui passent en deçà de la Loire, ou les habitants « d'en deçà de la Loire, qui passent au delà du Rhin » pour aller joindre le rendez-vous de l'armée;

2°. Des écrits de Grégoire de Tours déjà cités; on y voit que les habitants du pays d'au delà de la Seine étaient réunis avec les autres habitants du royaume de Gontran dans l'armée que le prince envoyait dans la Septimanie attaquer les Goths; ils rapportent encore que les nations d'au delà du Rhin, qui habitaient la frontière septentrionale de l'Austrasie, étaient réunies dans l'armée que Sigebert Ier, roi d'Austrasie, conduisit dans la Neustrie, contre son frère Chilpéric;

3°. De la Vie de saint Bobaire; elle témoigne que les Allemands faisaient partie de l'armée que Thierri, roi d'Austrasie et de Bourgogne, conduisit dans le Perche, c'est-à-dire aux frontières d'Austrasie, les plus éloignées de l'Allemagne;

4°. Des récits de Frédégaire; on y voit que « les habitants « de la Neustrie et de la Bourgogne » étaient dans l'armée que Dagobert conduisit en Thuringe; on y lit que les Auvergnats

---

tres menses computetur; et qui de Ligere ad Rhenum pergunt, de Rheno inantea ad tres menses victualia habere debeant. (*Extr. d'un capitulaire de Charlemagne*, liv. III, art. 74 de la *collection d'Anségise*. Le même dispositif se trouve à l'art. 8, liv. III, du *capitulaire* 2 de l'an 812. Baluze, t. I, p. 768 et 495.)

2°. *Voyez* les extraits de Grégoire de Tours, à l'art. III de ce chapitre, n° 3, première et seconde autorité.

3°. *Voyez* un extrait de la Vie de saint Bobaire, à l'art. III de ce chapitre, n° 3, troisième autorité.

Pour les n° 4, 5 et 6, *voyez* au même article, n° 3, les extraits des récits de Frédégaire, des annales de Loisel et d'un récit d'Adrevald, aux quatre dernières autorités.

entraient dans l'armée que Sigebert II conduisit en cette même contrée ;

5°. Des annales de Loisel ; elles témoignent que « les habitants de la Bavière et de l'Austrasie » étaient dans l'armée que Charlemagne rassembla à Sarragosse pour aller faire la guerre en Espagne ;

6°. Et enfin d'un passage d'Adrevalde ; il témoigne que « les habitants de la Thuringe, de l'Allemagne, de la Saxe et de « la Frise » étaient dans une armée que Louis-le-Pieux appela en Aquitaine.

VII. La preuve que les citoyens de toutes les provinces du royaume étaient obligés de prendre les armes pour repousser les ennemis étrangers des lieux de leur domicile, résulte :

1°. Des capitulaires de Charlemagne ; ils témoignent en général que c'était aux hommes libres, habitants de diverses frontières, à les défendre contre les étrangers, et que ceux qui refusaient ce service étaient assujettis à une amende qui doublait, si les ennemis avaient des succès dans le pays ; ils montrent que les vassaux royaux et les vassaux laïques, habitants des frontières, les défendaient contre les ennemis du dehors, et servaient avec leurs seigneurs jusque sur les vaisseaux qui gardaient les côtes ;

2°. Des chartes de Louis-le-Pieux et Charles-le-Chauve qui obligent des hommes libres espagnols, établis dans l'empire

---

VII. — 1°. Si quis wartam ... diruperit quando ille comes ei cognitum fecerit, ... solidos quatuor componere faciat. (*Extr. du capitulaire de Charlemagne, de l'an 813, art. 34. Baluze, t. I, p. 514*).

De liberis hominibus qui circa maritima loca habitant, si nuntius venerit ut ad succurrendum debeant venire, et hoc neglexerint, unusquisque solidos viginti componat, medietatem in dominico, medietatem ad populum. Si ictus fuerit, solidos quindecim componat ad populum, et fredo dominico. (*Extr. du capitulaire de l'an 802, art. 15. Baluze, t. I, p. 377*.)

De vassis nostris qui ad marcham nostram constituti sunt custodiendam, ut in longinquis regionibus sua habent beneficia vel res proprias. (*Extr. d'un capitulaire, liv. IV de la collec-* tion d'*Insegise, chap. 4. Baluze, t. I, p. 775.*)

Ut nullus consentiat suis hominibus ad male faciendum infra patriam, de eo quod dicunt se non posse habere homines ad marcham defendendam, si eos bene distringat. (*Extr. du capitulaire 4, d'une année incertaine, art. 8. Baluze, t. I, p. 500.*)

Et quandocumque navigium mittere volumus, ipsi seniores in ipsis navibus pergant. (*Extr. du capitulaire 2 de Charlemagne, de l'an 812, art. 11. Même dispositif au liv. IV, art. 38 du deuxième appendice de la collection d'Insegise. Baluze, t. I, p. 496 et 798.*)

2°. Eosdem homines sub protectione et defensione nostra receptos in libertate conservare decrevimus.... (*Extr. d'une ordonnance de Louis-*

franc, « à faire les gardes et leurs patrouilles sur les frontières,
« comme les autres hommes libres francs; »

3°. Des capitulaires de Charles-le-Chauve; ils invitent en
général tous les fidèles du royaume à « se réunir contre les
« infidèles et les ennemis pour le commun secours; » ils commandent que celui qui est averti « que son père est dans la
« nécessité de résister à l'ennemi, se tienne prêt, se hâte de
« marcher pour le soutenir, que si les ennemis du dehors ou
« les sujets infidèles se sont réunis pour dévaster le royaume,
« tous les fidèles, tant les évêques que les abbés, les comtes et
« les vassaux des abbesses, les vassaux des comtes, les vassaux
« des vassaux royaux et les autres fidèles de Dieu et du roi
« s'empressent de se réunir par chaque mission avec tout l'ap-
« pareil militaire, et que si dans une de ces missions ils n'ont
« pu prévaloir sur les ennemis, ils envoient en diligence à
« ceux d'une autre mission. » Ces capitulaires s'élèvent contre ceux qui tardent à s'armer pour la défense publique; ils

le-Pieur, de l'an 815, pour les hommes libres espagnols, Prologue. Baluze, t. 1, p. 549.)

Ut sicut cæteri liberi homines cum comite suo in exercitum pergant, et in marcha nostra juxta ... ejusdem comitis ordinationem... exploration s et excubias ... facere non negligant. (Ibid., art. 1, p. 550.)

Eosdem homines sub protectione et defensione nostra ... conservare decrevimus; ... ut sicut cæteri franci homines cum comite suo in exercitum pergant, et in marcha nostra juxta ... ejusdem comitis ordinationem ... explorationes et excubias ... facere non neglegant. (Extr. du capitulaire de Charles - le - Chauve, de l'an 846, tit. 6, chap. 1. Baluze, t. II, p. 25 à 27.)

3°. Ut sicut nostri infideles et ... contrarii nostri se invicem confirmaverunt ... ita fideles nostri se confirment ad ... regni utilitatem et illorum commune adjutorium.... Et si aliquis audierit quod pari suo fideli nostro necessitas evenerit ... ad resistendum infideli nostro, non expectet ut illi hoc mandetur, sed statim sit

præparatus, sicut Dei fidelis et n ... ter, ad suum parem in nostra fidelitate adjuvandum, et quantum potuerit pergere festinet.

Ut si infideles nostri se adunaverint ad devastationem regni nostri, fideles nostri, tam episcopi, quam abbates, et comites, et abbatissarum homines, ... et ipsi comites, ac vassi nostri, seu cæteri quique fideles Dei ac nostri de uno missatico* se in unum adunare procurent. Et missi nostri de ipso missatico se in unum providentiam habeant qualiter unusquisque episcopus, vel abbas, seu abbatissa, cum omni ... hostili apparatu, suos homines illuc transmiserit cum gumtfamonario, ... et qualiter ipsi missi et vassi nostri, seu cæteri quique Dei fideles, ad hoc occurrerint... Et si de uno missatico ad hoc prævalere non potuerint, ad alium missaticum celeriter missos suos dirigant, et omnes ... de alio missatico ad illos qui indigent præparati occurrant. Et si illi duo missatici ad hoc non s fecerint, nobis ad tempus hoc mandent, qualiter aut per nos, aut per filium nostrum, ... eis necessarium solatium

* Traduit ici par mission, ce mot signifie, dans le sens de tous les monuments, un certain district mesuré et soumis à la juridiction des envoyés royaux ou missi dominici.

...cordent à tous citoyens de partir de la terre qui est mena-
...sans l'aveu exprès des envoyés du roi.

Enfin, ces capitulaires « obligent les hommes libres, qui ne
peuvent marcher à l'armée, » à d'autres charges, et entre
autres à faire la garde dans leur cité et sur leurs frontières, de
sorte que tous viennent au secours de la patrie;

4°. Des écrits de Grégoire de Tours; ils rapportent une
expédition défensive où les citoyens du canton de Tours re-
poussèrent seuls l'ennemi sous le règne de Childebert;

5°. De la Vie de Louis-le-Pieux par l'Astronome; on y
voit que Charlemagne confiait la défense des frontières à des
comtes, à des abbés, à de simples vassaux royaux, et que des
officiers, appelés marquis, avaient la charge de diriger les
actions défensives;

...consultamus, quatenus in regno
...tro nullus noster infidelis vel con-
...rarium locum nocendi habeat.
...Et quia, sicut audivimus, quidam
a dominis suis resident quamdiu pa-
..m habere possunt, et quum necessitas venit, dicunt se in nostrum ve-
rae servitium, nolumus ut aliquis
de his qui in illa terra manent, ...
...deinceps hanc occasionem habeat;
...ed quum necessitas fuerit, sicut prae-
diximus, ad missos nostros et ad pares suos occurrant. Et si nos eum specialiter ad nos venire mandaverimus,
...missis nostris ... hoc notum faciat.
Aliter ... in nullam partem de illa
terra pergat, nisi cum ... commenda-
tione missorum nostrorum, aut reliquorum fidelium nostrorum qui illam
terram defendere debent. (*Extr. du
capitulaire de Charles-le-Chauve, de
l'an 865, tit. 3°, chap. 1, 13 et 14.
Baluze, t. II, p. 195 et suiv.*)

Ut illi qui in hostem pergere non
potuerint, ... in civitate atque in
marcha wactas faciant, ad defensionem patriae omnes sine ulla excusatione veniant.... Qui ... hostem dimiserit, heribannum ... persolvant. Et
qui ad defensionem patriae non occur-
rerit, secundum antiquam consuetudinem et capitulorum constitutionem judicentur. (*Extr. du capitulaire
de Charles-le-Chauve, de l'an 859,
tit. 36, chap. 27. Baluze, t. II,
p. 187.*)

4°. His... diebus Cappa, qui quon-

dam comestabuli Chil. erici regis
fuerat, irrupto Turonicae urbis termino, pecora reliquasque res, quasi
praedam exercens, diripere voluit.
Sed quum hoc incolae praesensissent,
collecta multitudine eum sequi coeperunt. Excussaque praeda, duobus ex
pueris ejus interfectis.... aliis duobus
pueris captis: quos vinctos ad Childebertum regem transmiserunt. (*Extr.
de l'Hist. de Grégoire de Tours,
année 590, liv. X, chap. 5. D. Bouquet, t. II, p. 366.*)

5°. An. DCCCXXXVIII. Ordinavit... per
totam Aquitaniam comites abbatesque,
que, nec non alios plurimos, quos
vassos vulgo vocant, ex gente Francorum; quorum... nulla calliditate,
nulla vi obviare fuerit tutum : eisque
commisit.... finium tutamen, villa-
rumque regiarum ruralem provisio-
nem. (*Extr. de la Vie contemporaine
de Louis-le-Pieux, chap. 5. D. Bouquet, t. VI, p. 88.*)

An. DCCLXXIX. Rex Carolus assiduos
...Saxonibus inferebat... conflictus.
Inter quae cavens ne aut Aquitanorum
populus propter ejus longam abscessum insolesceret, aut filius in tenuioribus annis peregrinorum aliquid disce-
ret morum,... misit et accersivit filium
...cum omni populo militari: relictis
tantum marchionibus, qui fines regni
tuentes, omnes, si forte ingruerent,
hostium arcerent incursus. (*Ibid.,
chap. 4, p. 89.*)

I.

6°. Et enfin d'un texte de la dernière continuation de Frédégaire et des annales de Metz; ils apprennent que dès le règne de Pépin Ier, les hommes ou vassaux de l'abbaye de Saint-Martin-de-Tours défendaient leur pays contre des incursions étrangères;

7°. D'une lettre d'Eginhard; il marque que les hommes ou vassaux de son bénéfice gardaient et défendaient les frontières de leur pays;

8°. Des Actes du concile de Douzi; ils témoignent « que les « vassaux ou hommes d'église de Laon devaient être armés « pour défendre leur pays, et qu'il y avait un lieu désigné où « la milice de l'évêque de Laon avait coutume d'être de garde « contre les Normands; »

9°. D'un diplôme de Louis-le-Pieux pour l'abbaye de Noirmoutier; il témoigne que les hommes libres ou vassaux de

6°. Dum... Franci et Wascones semper inter se altercarent. Chilpingus comes Arvernorum, collecto undique exercitu... in regno Burgundiæ ad prœliandum ambulare, nitebatur ... Amanugus comes... dum Turonicam infestatam præstaret, ab hominibus Vulfardi ablatis monasterii beati Martini interfectus est. (*Extr. de la dernière continuation de Frédégaire*, année 765. chap. 128. Le même récit se trouve aux *Annales de Metz*, l'an 765. D. Bouquet, t. V, p. 6 et 339.)

7°. Misso dominico Eghinardus... Putabam tibi bene cognitum esse quod homines nostri, quos in istis partibus habemus, secundum...... jussionem domni imperatoris ad custodiam maritimam fuerunt non solum eo tempore,... sed etiam quando Aurelianos perrexit. Et ideo non videtur mihi justum esse ut heribannum solvere debeant, qui non alibi fuerunt, nisi ubi ipse imperator præcepit. (*Extr. d'Eginhard*, lettre 22. D. Bouquet, t. VI, p. 374.)

8°. Rex surgens, synodo dixit: .... « Eam sicut et cæteros episcopos qui « ad synodum convocati fuerunt, cum « paucis hominibus venire jusseram, « ut alii eorum homines parati essent « ad patriæ defensionem contra Nortmannos :.... Hincmarus cum omni « plenitudine suorum hominum, ar-

« mata manu veniebat ad synodum... « direxi missos meos ad ipsos homines, « et mandavi eis ut parati essent sicut « et antea jusseram .... ad locum ubi « militia de ipso episcopio Laudunensi « contra paganorum infestationem ad « custodiam esse solebat, irent... *Extr. des actes du concile de Douzi*, de l'an 871, quatrième partie, chap. 5. Supplément des conciles des Gaules, p. 251.)

9°. Atho quondam episcopus monasterii Sancti-Philiberti... quod est... constructum in Herio maris insula... Sed quum idem locus piratarum incursionibus creberrime cœpisset infestari, et ipsi monachi multas incommoditates atque molestias jugiter propter hoc paterentur : (quumque .....ipsa necessitas eos compulisset eumdem locum ab initio... venit usque ad finem autumni temporis deserere... petierunt.... ut in circuitu novi monasterii castrum illis fieri permitteremus, ut in eo tuti possent ... optata... frui quiete... Petierunt... ut homines ejusdem monasterii, sive liberi, sive servi, ad eum perpetualiter tuendum specialiter deputarentur, et ab aliis publicis obsequiis per nostram largitatem immunes consistent. (Quod) libenter... concessimus ... quia utilius ita fieri judicavimus, quatenus semper pars fidelium nostrorum ad eumdem locum custodien-

cette abbaye gardaient et défendaient les côtes contre les pirateries des Normands.

CHAPITRE VIII.

Du service militaire dû par les grands ecclésiastiques à l'armée générale.

I. La preuve que les évêques et les abbés suivaient les drapeaux des rois durant tout le huitième siècle, résulte :

1°. Des lettres de saint Boniface et des papes Zacharie et
Adrien : elles attestent cet usage en le déplorant;

2°. D'une lettre de Charlemagne à l'abbé Fulrad : elle est
écrite depuis que ce prince fut empereur, c'est-à-dire depuis
l'an 800, et elle montre que les abbés étaient de son temps
astreints à marcher à la guerre dans les armées de nos rois;

3°. D'une requête du peuple à Charlemagne, et d'un capitulaire accordé sur cette requête; ils témoignent que les évê-

---

dum... Fieri decrevimus... homines
ejusdem monasterii, sive liberi qui
beneficia exinde habere, vel super
ejus terras commanere noscuntur, sive
coloni vel servi, ad eum juste pertinentes.... ad tuitionem ejusdem loci
...omni tempore sint. (*Extr. du di-*
plôme 156 *de Louis-le-Pieux, de*
l'an 830. D. Bouquet, t. VI, p. 563
et 564.

I. — 1°. Inveniuntur quidam inter
coepiscopi... qui pugnant in exercitu
armali, et effundunt propria manu
sanguinem hominum, sive paganorum
sive christianorum. (*Extr. de la lettre 1*
de Boniface au pape Zacharie, écrite
l'an 743. Sirmond, t. I, p. 536.)

Zacharias papa universis episcopis,
presbyteris, diaconibus, abbatibus,
cunctis etiam ducibus, comitibus,
omnibusque Deum timentibus, per
Gallias et Francorum provincias con-
stitutis.

Habuistis.... nunc usque falsos et
erroneos sacerdotes... Non erat differentia inter laicos et sacerdotes... Qualis enim victoria dari potest, ubi
sacerdotes una hora dominica per-
tractant mysteria.... christianos, quibus hoc ministrare debuerant, aut
paganos, quibus Christum prædicare,
propriis... manibus necant? (*Extr.*

de la lettre 3 du pape Zacharie aux
Francs et aux Gaulois, écrite l'an 743.
Sirmond, t. I, p. 541.)

Fatua... est nobis... Johannes mo-
nachus quia dixisset vobis ut omnis
episcopus spiritualia teneret arma et
non terrena : quatenus si ita est quia
militaria induunt arma, hortantes
vestræ... regali excellentiæ, et nullo
modo sic fieri permittat. (*Extr. de la*
lettre 40 *du pape Adrien.* D. Bouquet,
t. V, p. 585.)

2°. Carolus... Fulrado abbati. Notum sit tibi, quia placitum nostrum
anno præsenti condictum habemus
infra Saxoniam... in loco, qui dicitur
Starasfurt. Quapropter præcipimus
tibi ut.... cum hominibus bene armatis... ad prædictum locum venire debeas... ut inde, in quamcumque partem nostra fuerit jussio, exercitaliter
ire possis. (*Extr. de la lettre* 21 *de*
Charlemagne, à l'abbé Fulrad.
D. Bouquet, t. V, p. 633.)

3°. Flexis omnes precamur poplitibus majestatem vestram ut episcopi
deinceps, sicut hactenus, non vexentur
hostibus. Sed quando vos nosque in
hostem pergimus, ipsi propriis resideant in parochiis... Quosdam enim
ex eis in... præliis vulneratos vidimus
et quosdam perisse cognovimus. (*Extr.*

ques avaient marché jusqu'alors dans l'empire franc à l'armée générale avec le peuple et le prince.

II. La preuve qu'une loi expresse interdit sous Charlemagne le service militaire personnel aux évêques et aux prêtres, résulte de cette loi même accordée à la demande du peuple, et qui vient d'être citée.

III. La preuve que malgré la loi que Charlemagne avait promulguée, les évêques et les abbés se soumirent après son règne à l'obligation du service militaire personnel, résulte :

1°. D'un capitulaire de Charles-le-Chauve; il avertit « les « évêques et les abbés avec les comtes et les vassaux royaux « laïques, » de se tenir prêts pour marcher à l'armée au premier ordre;

2°. D'un diplôme de Louis-le-Pieux; il marque positivement que « les vassaux de l'église de Paris ne doivent marcher qu'avec l'évêque de Paris, en vertu de l'ordonnance de « Pépin, » et sans faire mention de la loi de Charlemagne;

3°. Des Actes du concile de Vernon; les évêques y reconnaissent qu'ils doivent marcher à l'armée, à moins que leur santé ou l'ordre du roi ne les en dispense;

4°. D'une lettre de Frotaire, évêque de Toul; elle témoigne que cet évêque « avait marché lui-même dans une armée « d'Italie; »

d'une requête du peuple à Charlemagne, capitulaire 8, de l'an 803. Baluze, t. I, p. 405.)

Voyez un capitulaire de Charlemagne au chapitre précédent, art. V, n° 4.

II. Voyez le même capitulaire.

III. — 1°. Volumus atque jubemus ut episcopi atque abbates, comites, ac vassi nostri,... omnes ita sint semper parati, ut si nobis necessitas evenerit, ad defensionem patriæ contra paganos aut contra... nostros inimicos, sicut consuetudo fuit tempore antecessorum nostrorum... statim ut eis nuntiatum fuerit, possint venire. (Extr. du capitulaire de Charles-le-Chauve, de l'an 869, tit. 40, art. 3. Baluze, t. II, p. 216.)

2° De liberis... hominibus qui super terram ipsius... ecclesiæ Parisiacæ commanere videatur, ac eam perservire noscuntur, volumus ut,

sicut in præcepto Pippini avi nostri continetur, nullus in hostem pergat nisi una cum episcopo ipsius ecclesiæ (Extr. du diplôme 102 de Louis-le-Pieux, de l'an 821. D. Bouquet, t. VI, p. 525.)

3°. Quosdam episcoporum ab expeditionis labore corporis defendit imbecillitas, aliis autem vestra indulgentia cunctis optabilem largitur quietem, præcavendum est utrisque ne per eorum absentiam res militaris dispendium patiatur. (Extr. des actes du concile de Vernon, de l'an 845, art. 8. Baluze, t. II, p. 17.)

4°. Quum pro denuntiata militia Hesperiam proficisci cœperimus; aut quum peracto militari certamine... palatio confluxerimus. (Extr. de la lettre 8 de Frotaire, évêque de Toul, contemporain de Louis-le-Pieux. D. Bouquet, t. VI, p. 388.)

5°. Des lettres de Loup de Ferrière et des Annales de saint Bertin : elles montrent que l'abbé Loup et l'abbé Eudes avaient fait plusieurs campagnes de guerre, et que dans un combat où le premier fut fait prisonnier, d'autres abbés et plusieurs évêques et prêtres périrent sous le règne de Charles-le-Chauve :

6°. Et enfin d'une lettre d'Hincmar au pape Nicolas : elle porte qu'il « a dû marcher en personne, comme les autres évê- « ques de France, dans la guerre contre les Normands et les « Bretons, suivant la coutume de leurs pays. »

CHAPITRE IX.

Du droit des rois d'appeler les citoyens à l'armée générale, et de l'ordre dans lequel ils remplissaient le service militaire.

I. La preuve du droit des rois d'appeler et réunir dans une même armée tous les citoyens obligés au service militaire de l'armée, résulte :

1°. Des capitulaires des princes carliens déjà cités ; ils convoquent expressément « les comtes et les vassaux du prince à « l'armée ; » ils convoquent de même « tous les hommes libres « et les vassaux des vassaux royaux ; » ils prononcent une

---

5°. Homines nostri ab expeditione Aquitanica reversi, cuncta prospera retulerunt. Namque Aquitaniae tutela tripartito divisa est..... Quæ apud Clarum-montem agit, præest Modoi-nus Augustodunensium episcopus.

Impetrata licentia, ab expeditione Aquitanica gravatus infirmitate redii ...necdum revalui. (*Extr. des lettres* 1 et 3 *de Loup, abbé de Ferrière, écrites au nom de l'abbé Eudes à J. an., évêque, et à l'abbé Louis.* D. Bouquet, t. VII, p. 480 et 481.)

In Aquitanica congressi one... morte liberatus, post captivitatis molestias ...ad monasterium... remeavi. (*Extr. de la lettre* 12 *de Loup, abbé de Fer-rière, écrite en son nom.* D. Bouquet, t. VII, p. 487.)

An. DCCCXLIV. Pippinus Pippini... regis filius, exercitum ex Francia ad Carolum Tolosam civitatem... prope-ranti occurrens profligavit. Qua... congressione Hugo... abbas... nec non Richboto abbas ... interfecti. Capti vero,... Ebroinus Pictavorum epis-copus, Ragenarius... Ambianorum episcopus, et Lupus abbas. (*Extr. des Annales de saint Bertin.* D. Bou-quet, t. VII, p. 62.)

6°. Quum... nostro rege in hoste ex omni regno suo collecta contra Brit-tones et Nortmannos,.... sicut et ceteri confratres et sacerdotes nostri, secun-dum nostrarum regionum... consue-tudinem, cum suis vadunt,.... cum hominibus commisse mihi ecclesiæ perrecturus. (*Extr. de la lettre* 21 *d'Hincmar au pape Nicolas.* Œuvres d'Hincmar, t. II. p. 299.)

I.—1°. *Voyez* les autorités citées aux art. IV et V du chap. VII.

amende contre les citoyens de tout rang qui n'auraient pas obéi à la convocation, et marché à l'armée;

2°. D'une lettre de Loup de Ferrière; elle reconnait le droit du roi de l'appeler à l'armée avec les hommes de sa dépendance;

3°. D'une lettre de Charlemagne à l'abbé Fulrad : elle lui commande expressément de le joindre à l'armée avec les hommes de sa dépendance;

4°. Et enfin des récits des historiens cités en grand nombre au chapitre VII : en marquant la réunion du peuple en armée, ils marquent le plus souvent l'ordre du prince qui les convoquait.

II. La preuve que les citoyens étaient renvoyés chez eux, par l'ordre du roi, à la fin de chaque campagne, résulte :

1°. Des capitulaires de Louis-le-Pieux et de Charles-le-Chauve; ils marquent que « les comtes et les habitants des comtés quittent les armes quarante jours après la fin de chaque « expédition; »

2°. De plusieurs passages des annales d'Eginhard et de

2°. *Voyez* une lettre de Loup de Ferrière, à l'art. III du chapitre précédent, n° 5.

3°. *Voyez* une lettre de Charlemagne à l'abbé Fulrad, au chapitre précédent, art. I, n° 2.

4°. *Voyez* le n° 34 de l'art. III du chap. VII

II.—1°. Postquam comes et pagenses de qualibet expeditione hostili reversi fuerint, ex eo die super quadraginta noctes sit bannus resisus, quod... armorum depositio vocatur. (*Extr. du capitulaire de Louis-le-Pieux*, de l'an 829, art. 13. Même dispositif à l'art. 14 de la *quatrième addition des capitulaires de la collection de Benoît Lévite*; et au tit. 36, art. 33 du *capitulaire de Charles-le-Chauve*, de l'an 864. Baluze, t. I, p. 668 et 1218, et t. II, p. 190.)

2°. An. DCCCX. Rex contractis undique copiis Aquitaniam ingressus.... Domumque reversus, dimisso exercitu, in villa Carisiaco hiemavit.

An. DCCCXXII. Contractis undique copiis, rex Pipinus Aquitaniam re-

petit, et ... usque ad Caduriam oppidum accessit. Inde cum exercitu ... in Franciam se recepturus, per Lamovicam regreditur.... Rex dimisso exercitu in Hibernia, ad hiemandum in villa Longlare consedit. *Extrait Annales d'Eginhard*. D. Bouquet, t. V, p. 199.)

An. DCCCXI. Devastata magna parte Pannoniæ, cum ... exercitu Francorum in Bajoariam se recepit. Saxones autem et Frisones... per Bœhemannos, ut jussum erat, domum regressi sunt... Ipse autem quum, dimissis copiis, Reginum civitatem ... venisset ... ibi natalem Domini celebravit.

An. DCCCXVIII. Ipse cum maximo exercitu Britanniam aggressus, ... brevi totam in suam potestatem redegit.... Qua expeditione completa, quum imperator dimisso exercitu Andegavos civitatem esset reversus ... regina conjux ejus, decessit. (*Extr. des Annales d'Eginhard*. D. Bouquet, t. V, p. 210, et t. VI, p. 173.)

An. DCCCXXXII. Cum omni exercitu in Alemanniam perrexit, perveniẽque

saint Bertin, après l'histoire des campagnes guerrières faites sous les ordres de Pépin et de Louis-le-Pieux ; elles marquent toujours le renvoi des guerriers chez eux.

III. La preuve que les simples hommes libres, habitants des comtés devaient venir à l'armée sous les ordres des comtes et des ducs dont ils dépendaient, et qu'ainsi ces comtes et ducs venaient à l'armée à la tête des hommes libres de leurs districts, résulte :

1°. D'une charte de Louis-le-Pieux, et d'une charte de Charles-le-Chauve déjà citées ; elles marquent que « les « hommes libres doivent se rendre à l'armée avec leurs « comtes ; »

2°. Des capitulaires de Charlemagne, de Louis-le-Pieux et de Charles-le-Chauve ; ils témoignent que « chaque comte de- « vait appeler au service militaire, chaque homme libre de « son comté ; » ils marquent que « les habitants des cantons « allaient à l'armée avec leurs comtes, et revenaient de l'armée « avec eux ; »

3°. D'un texte de Grégoire de Tours ; il marque que « Chil- « péric ordonna aux ducs et aux comtes de son royaume « d'assembler l'armée de tout son royaume pour marcher « contre son frère. »

---

ad Augustburg..... Ibique filium suum , ... ad se venire fecit, ac ... illi indulsit... Filium suum cum pace Bajoariam redire permisit, et exercitu dimisso, ipso ... ad Salz venit.

An. DCCCXXXIX. Imperator ... in Aquitaniam exercitum omnem convertit.... Necessitate compulsus , et asperitate hiemis imminentis detentus , absoluto reliquo exercitu , ad Pictavos in hiberna concessit. (*Extr. des Annales de saint Bertin.* Dom Bouquet, tome VI, p. 194, 203 et 204.)

III. — 1°. *Voyez* les extraits d'une charte de Louis-le-Pieux et d'une charte de Charles-le-Chauve, au chap. VII, art. V, n° 1, quatrième et cinquième autorités.

2°. De hoste pergendi, ut comiti in suo comitata per bannum unumquemque hominem per sexaginta solidos in hostem pergere bannire studeat. (*Extr. du capitulaire a de Char-*

lemagne, de l'an 813, art. 9. Baluze, t. I, p. 508.)

De reversione comitis et pagensium de hostili expeditione, ut ex eo die super quadraginta dies sit bannus resisus. (*Extr. d'un capitulaire de Louis-le-Pieux, de l'an 829*, art. 13. Baluze, t. I, p. 668.)

Voyez la suite de ce capitulaire à l'art. II de ce chapitre, n° 1.

Ut pagenses Franci, qui caballos ... habere possunt, cum suis comitibus in hostem pergant. (*Extr. du capitulaire de Charles - le - Chauve , de l'an 864, tit. 36, édit de Piste, art. 26. Baluze, t. II, p. 186.)

3°. Quum ... hæc regi Chilperico nuntiata fuissent, mittit nuntios comitibus , ducibusque , et reliquis agentibus , ut collecto exercitu in regnum germani sui irruerent. (*Extr. des écrits de Grégoire de Tours, année 5.., liv. VI, chap. 19. D. Bouquet, t. II, p. 277.)

IV. La preuve que les bénéficiers inférieurs, ou vassaux particuliers devaient marcher à l'armée sous les ordres des seigneurs dont ils dépendaient, et qu'ainsi les grands ecclésiastiques et laïes, et les autres seigneurs se rendaient à cette armée à la tête de leurs vassaux, résulte :

1°. D'un capitulaire de Charlemagne ; il fait voir que tout homme libre dépendant d'un seigneur particulier, devait aller à l'armée avec ce seigneur ;

2°. D'un diplôme de Louis-le-Pieux ; il oblige les vassaux de l'évêque de Paris à marcher à la guerre sous les ordres de leur évêque :

3°. D'une lettre de Charlemagne à l'abbé Fulrad, et d'une lettre de l'abbé Loup de Ferrière ; elles prouvent également le devoir de ces abbés de conduire leurs vassaux à l'armée ;

4°. Et enfin d'une lettre d'Hincmar, déjà citée : elle montre que les évêques de son temps et lui-même marchaient à l'armée à la tête de leurs hommes ou vassaux.

V. La preuve que, quand les grands ne pouvaient conduire eux-mêmes leurs vassaux à l'armée, ils étaient menés à cette armée par le comte, résulte positivement d'un capitulaire de Charlemagne.

CHAPITRE X.

Des charges du service militaire de l'armée générale.

I. La preuve que les citoyens appelés dans les armées, pouvaient exiger des habitants des lieux qu'ils traversaient dans le

---

IV. — 1°. Quicunque liber homo inventus fuerit anno præsente cum seniore suo in hoste non fuisse, plenum heribannum persolvere cogatur. Et si senior ... illius ... eum domi dimisit, ipse pro eo eundem heribannum persolvat ; et tot heribanni ab eo exigantur, quot homines domi dimisit. (*Extr. d'un capitulaire de Charlemagne, de l'an 812*, art. 9. Même dispositif à l'art. 36 du *deuxième appendice des capitulaires de la collection d'Ansegise*. Baluze, t. I, p. 496 et 793.)

2°. *Voyez* un diplôme de Louis-le-Pieux, au chapitre précédent, art. III, n° 2.

3°. *Voyez* une lettre de Charlemagne à l'abbé Fulrad, au chapitre précédent, art. I, n° 2.

Voyez une lettre de l'abbé Loup, au chap. VII, art. V, n° 5.

Voyez une lettre d'Hincmar, au chapitre précédent, art. 3, n° 6.

V. *Voyez* un capitulaire de Charlemagne, au chap. VII, art. V, n° 2, dernière autorité.

I. — 1°. Nemo alterius herbam .... tollere præsumat, nisi in hoste pergendo, aut missus noster sit. (*Extr. d'un capitulaire de Charlemagne, de l'an 779*, article 17. Baluze, t. I, p. 198.)

Unusquisque comes duas partes de

royaume, la subsistance de leurs chevaux en grains et fourrage, résulte :

1°. Des capitulaires de Charlemagne ; ils permettent à ceux qui se rendent à l'armée de nourrir leurs chevaux sur les herbages qui se trouvent dans les lieux où ils passent ; ils veulent « que les comtes réservent dans chaque comté des fourrages « pour le besoin de l'armée ; »

2°. Des écrits de l'Astronome ; ils apprennent que jusqu'au règne de Louis-le-Pieux, les habitants des diverses régions du royaume devaient fournir aux guerriers une provision de grains qu'on appelait le *fodrum* ;

3°. D'un capitulaire de Charles-le-Chauve, et des écrits d'Hincmar ; ils nous apprennent que, depuis Louis-le-Pieux, « le fodrum s'exigeait encore, et que l'on appelait fodrum le « grain qui servait à la nourriture   chevaux. »

II. La preuve que l'ancienne   ume imposa à tous les citoyens, qui formaient l'armé   érale, l'obligation de s'armer, de s'entretenir et de se nourrir à leurs dépens, pendant toute la durée des routes militaires, et même pendant la totalité, ou partie des campagnes de guerre, et la preuve que les lois de Charlemagne, en conservant cette règle, s'adoucirent seulement pour ceux qui avaient à traverser le royaume d'une extrémité à l'autre, résultent :

1°. Des capitulaires de Charlemagne ; ils marquent que,

herba in suo comitatu defendat ad opus ... hostis. (*Extr. du capitulaire 2 de l'an 813*, art. 10. Baluze, t. I, p 509.)

2°. Inhibuit a plebeiis ulterius annonas militares, quas vulgo foderum vocant, dari. Et ... satius judicavit de suo subministrare suis, quam sic permittendo copiam rei frumentariæ, suos irretiri periculis ... In tantum autem regi patri hæc placuisse dicuntur, ut hac imitatione stipendiariam in Francia interdiceret annonam militarem dari. (*Extr. de la Vie de Louis-le-Pieux, par l'Astronome*, chap. 6. D. Bouquet, t. VI, p. 90.)

3°. Ut missi in illorum missaticis curam habeant ne homines ... alii quilibet vicinos suos majores vel minores tempore æstatis, quando ad herbam suos caballos mittunt, vel tempore hyemis, quando marascalcos il-

lorum ad fodrum dirigunt, deprædentur aut opprimant. (*Extr. d'un capitulaire de Charles-le-Chauve, de l'an 853*, tit. 14, art. 13. Baluze, t. II, p. 67.)

Quando parochias circuitis, nolite graves esse presbyteris.

Nolite ... caballos vestros ... ad pastum presbyteris commendare, neque annonam vel fodrum ab eis exigatis. (*Extr. de l'instruction donnée l'an 877, aux archidiacres et prêtres du diocèse de Reims*, art. 4 et 6. OEuvres d'Hincmar, t. I, p. 739.)

Quando in aliquam necessitatem ire volueritis ... mittite homines secundum consuetudinem prædecessorum vestrorum qui in longius pergant propter fodrarios. (*Extr. d'une lettre d'Hincmar à Charles-le-Chauve*. OEuvres d'Hincmar, t. II, p. 144.)

II.—1°. Constitutum est ut secun-

« suivant l'antique coutume, ceux qui se rendent à l'armée
« des divers cantons du royaume, doivent apporter à cette
« armée des armes, des vêtements et des vivres pour trois
« mois; » une lettre du même prince adresse cette injonction
en particulier à un abbé, pour lui et pour ses vassaux;

2°. D'un capitulaire de Charlemagne; il ordonne, « qu'en
« vertu de l'ancienne coutume, les citoyens mandés pour la
« guerre apportent à la frontière des vivres pour trois mois,
« et des vêtements et des armes pour la moitié de l'année; il
« marque précisément que ceux qui traversent le royaume
« d'une extrémité à l'autre, trouveront leur frontière à des
« lieux plus rapprochés; » et le capitulaire fixe des lieux
différents, en prévoyant les diverses routes, d'où tous les
guerriers du royaume atteignaient les rendez-vous de l'armée.
Les guerriers pouvaient donc, à commencer du lieu où leur
frontière était marquée, vivre sur leur provision de trois mois,
tandis que ceux, pour lesquels la loi n'avait pas prononcé
d'exception, étaient obligés de présenter au rendez-vous de
l'armée la totalité de leurs provisions de vivres;

3°. D'un capitulaire de Charles-le-Chauve; il ordonne que
« chacun de ceux qui marchent à l'armée s'entretiennent
« eux-mêmes sur leurs biens : »

---

dum antiquam consuetudinem præparatio ad hostem faciendam ... servaretur, id est, victualia de marcha
ad tres menses et arma atque vestimenta. (*Extr. du capitulaire 2 de
Charlemagne, de l'an 812*, chap. 8.
Même dispositif à l'art. 74, liv. III,
des *capitulaires de la collection d'Ansegise.* Baluze, t. I, p. 495 et 763.)

Ut unusquisque hostiliter sit paratus, et omnia utensilia sufficienter
habeant. (*Extr. du capitulaire 2 de
l'an 813*, chap. 10. Baluze, t. I,
p. 509.)

Voyez l'extrait d'une lettre de
Charlemagne à l'abbé Fulrad, au
chap. VIII, art. I, n° 2.

2°. De præparatione ad hostem secundum antiquam consuetudinem.

Constitutum est ut secundum antiquam consuetudinem præparatio ad
hostem faciendam ... observetur; id
est, victualia de marcha ad tres menses, et arma atque vestimenta ad di-

midium annum. Quod ... ita observari placuit, ut his qui de Rheno,
ad Ligerim pergunt, de Ligere inantea ad tres menses computetur; et
qui de Ligere ad Rhenum pergunt,
de Rheno inantea ad tres menses victualia habere debeant. Qui autem
trans Rhenum sunt, et ad Saxoniam
pergunt, ad Albiam marcham esse
sciant. Et qui trans Ligerim manent,
atque in Hispaniam proficisci debent,
montes Pyrenæos marcham sibi esse
cognoscant. (*Extr. d'un capitulaire de
Charlemagne, collection d'Ansegise,
liv. III, art. 74.* Baluze, t. I, p. 768.)

3°. Bannivimus ut ... unusquisque ...
in hostem vel ad placitum sive ad
curtem veniens, de suo sic warnitus
et de domo sua moveat.... Qui se
transgressus fuerit, sicut temporibus
antecessorum nostrorum consuetudo
fuit, et in capitulis continetur ...
emendetur. (*Extr. d'un capitulaire
de Charles-le-Chauve, de l'an 86...*

[*]. Et enfin d'une lettre de l'abbé Loup de Ferrière ; elle prouve que les charges du service militaire étaient très-pénibles et très-onéreuses, même pour les gens riches.

CHAPITRE XI.

Des personnes qui entraient dans le corps du peuple appelé à l'armée.

On n'a pas besoin de prouver que les grands devaient tous marcher à l'armée et s'y équiper et nourrir à leurs dépens ; ayant établi positivement que cette obligation était générale pour tous ceux qui étaient appelés à l'armée, et que tous les grands y étaient appelés : on est donc dispensé de rappeler sur cet article toutes les autorités citées dans les chapitres précédents, pour d'autres objets, et qui prouvent en même temps celui-ci.

I. La preuve que la contribution au service militaire, et aux charges qui en résultaient, se mesurait sur la propriété de chacun, de sorte que tous ceux qui possédaient la fortune requise en biens-fonds devaient marcher en personne à l'armée générale, et ceux qui possédaient une fortune moindre devaient combiner leurs moyens pour fournir un guerrier à cette armée, résulte :

1°. D'une convocation militaire faite par Charlemagne, l'an 807, dans tous les pays d'au delà de la Seine ; elle suppose que « tout homme libre, qui possède en propre trois, quatre, « ou cinq manses, doit aller à l'armée et s'y défrayer en « entier ; » que sur deux hommes dont le premier possède deux manses, et le second un manse en propre, l'un doit marcher à l'armée, et le second fournir à son équipement ;

---

tit. 31, art. 6. Baluze, t. II, p. 143 et 144.)

[*]. In expeditione Aquitanica... ut nostis, omnia perdidi ... decem equos amisi... Si me evocare volueritis ad comitatum, reri, quaeso, suggerite : quoniam nisi spolium aliquod altare, aut fratres importabili affligam in-dia, non habeo unde octo dies in eas possim versari servitio. (Extrait de la lettre 1re de Loup de Ferrière à Louis, de l'an 845. D. Bouquet, t. VII, p. 490.)

I. — 1°. Quicumque liber mansos quinque de proprietate habere videtur, ... in hostem veniat. Et qui quatuor mansos habet, similiter faciat. Qui tres habere videtur, similiter agat. Quicumque autem invenit fuerit duo quorum unusquisque duos mansos habere videtur, unus alium praeparare faciat ; et qui melius ex ipsis potuerit, in hostem veniat. Et ubi inventi fuerint duo quorum unus habeat duos mansos, et alter habeat unum mansum, similiter se sociare

que dans les lieux où trois hommes possèdent chacun un manse en propre, un des trois doit marcher en personne à l'armée, et les deux autres contribuer aux frais de son équipement ; qu'enfin sur six hommes qui possèdent chacun un demi-manse en propre, l'un des six doit marcher en personne à l'armée, et les cinq autres contribuer aux frais de son équipement ;

2°. D'un capitulaire de l'an 812 : il veut que « tout homme « libre qui possède en propre quatre manses, soit obligé d'aller « en personne à l'armée, de se nourrir et de se défrayer en en- « tier ; » et comme le capitulaire précédent, il divise les charges de ce service entre plusieurs de ceux qui n'ont que des propriétés inférieures à l'étendue de quatre manses.

3°. Des capitulaires des années 828 et 829 ; on y voit que la règle et la proportion établie par Charlemagne sur la contribution au service militaire, était dans toute sa vigueur sous les règnes de Louis-le-Pieux et de Charles-le-Chauve.

II. La preuve que tous les bénéficiers inférieurs devaient s'équiper et se défrayer en entier, quelle que fût la valeur de leur bénéfice, est déjà établie par les autorités qui les obligent

faciant, et unus alterum præparet ; et qui melius potuerit, in hostem veniat. Ubicunque autem tres fuerint inventi quorum unusquisque mansum unum habeat, duo tertium præparare faciant, ex quibus qui melius potest in hostem veniat. Illi vero qui dimidios mansos habent, quinque sextum præparare faciant. (*Extr. d'une convocation militaire dans un capitulaire de Charlemagne, de l'an 807*, art. 2. Baluze, t. I, p. 458 et 459.)

2°. Ut omnis liber homo qui quatuor mansos vestitos de proprio suo... habet, ipse se præparet, et ipse in hostem pergat.... Qui vero tres mansos de proprio habuerit, huic adjungatur unus qui unum mansum habeat, et det illi adjutorium ut ille pro ambobus ire possit. Qui autem duos mansos tantum de proprio habet, jungatur illi alter qui similiter duos mansos habeat ; et unus ex eis, altero illi adjuvante, pergat in hostem. Qui etiam unum tantum mansum de proprio habet, adjungantur

ei tres qui similiter habeant, et dent ei adjutorium, et ille tantum pergat. Tres vero qui illi adjutorium dederunt, domi remaneant. (*Extr. du capitulaire 1 de Charlemagne, de l'an 812*, art. 1. Baluze, t. I, p. 489 et 490.)

3°. Volumus atque jubemus ut missi nostri diligenter inquirant, quanti homines liberi in singulis comitatibus maneant qui per se possint expeditionem facere, vel quanti ex his quibus unus alium adjuvet, quanti etiam de his qui a duobus tertius adjuvetur et præparetur, nec non de his qui a tribus quartus adjuvetur et præparetur, sive de his qui a quatuor quintus adjuvetur et præparetur, ut eandem expeditionem exercitualem facere possint, et eorum summam ad nostram notitiam deferant. (*Extr. d'un capitulaire de l'an 828. Même disposition dans l'édit de Pistes, de l'année 859*, tit. 36, art. 27. Baluze, t. I, p. 654, et t. II, p. 188.)

II. Les preuves de cet article ont été établies aux chap. VII et VIII

tous sans exception à marcher à l'armée, et par les lois qui, réglant pour les propriétaires les obligations du service militaire, établissent un taux de fortune au-dessous duquel les charges de ce service se partagent entre plusieurs : ces lois ne mettant point de telles distinctions entre les charges des bénéfices plus ou moins considérables, supposent que tout bénéfice était censé suffisant pour répondre aux charges du service militaire personnel.

III. La preuve que les hommes libres, dispensés du service militaire, étaient obligés de garder les frontières, de défendre leur propre pays, et de travailler aux réparations des ponts et chaussées, résulte de l'édit de Piste qui le dit expressément.

IV. La preuve de ce qui a été dit dans ce chapitre sur les exceptions, prononcées par les lois, à l'obligation générale de tous les citoyens propriétaires au service militaire de l'armée, résulte de ces lois elles-mêmes qui les tracèrent telles qu'elles ont été déduites ici.

III. Ut illi qui in hostem pergere non potuerint, juxta antiquam ... consuetudinem ad ... pontes ac transitus paludium operentur, et in civitate atque in marcha wactas faciant, ad defensionem patriæ omnes sine ulla excusatione veniant.... Et qui ad defensionem patriæ non occurrerint, secundum antiquam consuetudinem et capitulorum constitutionem judicentur. (*Extr. de l'édit de Piste, de l'an 859*, tit. 36, art. 27. Baluze, t. II, p. 187.)

IV. Præcipimus ut quanta ministeria unusquisque comes habuerit, totiens duos homines ad ea custodienda domi dimittat, præter illos duos quos cum uxore sua ... Episcopus ... vel abbas duos tantum de ... laicis hominibus suis dimittant (*Extr. du capitulaire 1 de Charlemagne, de l'an 812*, art. 4. Baluze, t. I, p. 491.)

Quia anno præsente unicuique seniori duos homines domi dimittere concessimus, illos volumus ut missis nostris ostendant, quia his tantummodo heribannum concedimus. (*Extr. du capitulaire 2 de l'an 812*, art. 9. Même dispositif à l'art. 36 du liv. iv de la *collection d'Anségise*. Baluze, t. I, p. 496 et 798.)

Ut vassi nostri, et vassi episcoporum, abbatum, abbatissarum et comitum, qui anno præsente in hoste non fuerunt, heribannum rewadient, exceptis his qui propter necessarias causas et a ... genitore nostro Karolo constitutas domi dimissi fuerunt, id est, qui a comite propter pacem conservandam, et propter conjugem ac domum ejus custodiendam, et ab episcopo vel abbatissa similiter propter pacem conservandam, et propter fruges colligendas et familiam constringendam, et missos recipiendos, dimissi fuerunt. (*Extr. du capitulaire 4 de l'an 819*, art. 27. Même dispositif à l'art. 70, liv. iv de la *collection d'Anségise*. Baluze, t. I, p. 618 et 789.)

CHAPITRE XII.

Évaluation de ce qu'il en coûtait pour accomplir le service militaire.

I. Les premières propositions contenues dans ce chapitre ne se peuvent justifier qu'en les rapprochant des preuves du chapitre V du livre III de cette première partie, qui montrent le prix des différentes parties de l'armure et le prix des denrées de première nécessité.

II. La fixation à 12 sous (monnaie ancienne), de la somme d'avance nécessaire à un guerrier pour une campagne, se justifie par un capitulaire de Charlemagne, qui ordonne que dans la poursuite du paiement de l'amende, appelée *héribann*, on laisse à chaque citoyen pauvre la somme de 15 sous en effets mobiliers, afin qu'il lui reste le moyen de s'équiper et de marcher à l'armée.

Observation sur l'époque où s'établit la répartition du service à l'armée générale.

On a vu que la loi de répartition du service à l'armée générale, entre les possesseurs de fonds, était en vigueur sous les règnes des premiers carliens.

Les lois les plus authentiques de ces princes sur cet objet parurent plutôt rappeler des coutumes anciennes et des règles connues que former des institutions nouvelles.

On a vu encore que, dès l'origine de la monarchie, l'armée générale était formée de citoyens obligés à se défrayer à leurs dépens, et à payer au roi une forte amende s'ils manquaient d'obéir à la convocation par laquelle ils étaient appelés à l'ar-

---

1. *Voyez* les autorités citées au liv. III, chap. V, art. I, II, III, IV VI et VII.
Voyez de plus au même livre, chap. VII, les deux derniers articles.
II. De heribanno volumus ut missi nostri... fideliter exactare debeant.... id est, ut de hominibus habentes libras sex in auro, argento, bruneis, eramento,... caballis, bovibus, vaccis, vel alio peculio, et uxores vel infantes non fiant despoliati pro hac re de eorum vestimentis, accipiant legitimum heribannum, id est, libras tres.

Qui vero non habuerit amplius in suprascripto pretio valente nisi libras tres, solidi triginta ab eo exigantur. Qui autem non amplius habuerit nisi duas libras, solidi decem. Qui autem non habuerit amplius quam unam solidi quinque, ita ut iterum se valeat præparare ad... nostram utilitatem. (*Extr. du capitulaire 3 de Charlemagne, de l'an 805, art. 21.* Même disposition à l'art. 14 du liv. III de la collection d'*Ansegise*. Baluze, t. I, p. 431 et 757.)

mée générale. La conclusion que nous devons nécessairement tirer de ces faits, c'est que la règle de répartition du service militaire de l'armée, à raison d'une certaine mesure de propriété, règle qui ne nous est littéralement transmise que dans les capitulaires des carliens, était née avant leur règne.

Du moment que les lois primordiales, qui composèrent l'armée de citoyens, les obligèrent à se défrayer à leurs dépens, et prononcèrent des peines pécuniaires contre ceux qui manqueraient à leur service, elles devaient prononcer, par une conséquence aussi nécessaire que juste, la règle qui n'attachait ce devoir et ce service onéreux qu'à une mesure de propriété suffisante pour le remplir.

CHAPITRE XIII.

Des amendes infligées à ceux qui refusaient de servir à l'armée.

I. La preuve que les lois avaient infligé une amende de 60 sous, appelée hériban, aux grands, aux vassaux, aux bénéficiers, enfin à tous hommes libres qui, étant obligés au service militaire de l'armée, avaient manqué à ce service, est formellement établie dans les capitulaires des princes carliens déjà cités.

II. La preuve que l'hériban, regardant seulement ceux qui devaient en tout ou en partie le service, ne s'imposait point aux hommes libres qui n'avaient ni propriété ni bénéfice, résulte :

1°. D'un texte de Grégoire de Tours : il marque que Chilpéric « exigea l'amende des pauvres, parce qu'ils n'avaient pas marché à l'armée, » et fait envisager cette exaction comme injuste et contraire à la coutume qui soustrayait les pauvres à toutes fonctions publiques ;

2°. D'un capitulaire de l'an 810 ; il ordonne d'exiger l'hé-

I. Voyez les extraits des capitulaires de Charlemagne et de Charles-le-Chauve, au chap. VII, art. V, n° 1, seconde et troisième autorités, et les capitulaires de l'an 812 et 819, au chap. VII, art. V, n° 2, seconde, troisième et quatrième autorités.

II.—1°. Chilpericus rex de pauperibus et junioribus ecclesiæ... hannos

jussit exigi, pro eo quod in exercitu non ambulassent. Non enim erat consuetudo, ut ulla exsolverent publicam functionem. (Extr. de l'Hist. de Grégoire de Tours, année 578, liv. V, chap. 27. D. Bouquet, t. II, p. 230.)

2°. De heribanno, ut diligenter inquirant missi qui hostem facere potuit

riban de ceux qui, étant en état d'accomplir le service militaire de l'armée, ne l'ont pas accompli, et non pas généralement de tous les hommes libres;

3°. De l'édit de Piste; il marque que les hommes libres, qui doivent aller à l'armée à leurs frais ou défrayés par d'autres, sont sujets au paiement de l'hériban s'ils manquent d'aller à l'armée; mais il marque aussi que les hommes libres, hors d'état d'aller à l'armée, sont sujets à d'autres peines qu'à l'hériban quand ils manquent aux fonctions militaires qu'ils doivent remplir pour la défense de leur propre pays;

4°. D'une charte ancienne, rapportée par Goldaste; elle montre que ceux qui n'avaient point de fonds ne payaient point l'hériban.

III. La preuve qu'on ne pouvait saisir pour le paiement de l'hériban que les effets mobiliers superflus, et qu'il était absolument défendu de prendre ce paiement sur les biens-fonds et les esclaves, résulte formellement d'un capitulaire de Charlemagne.

et non fecit, ipsum bannum componat. (*Extr. d'un capitulaire de Charlemagne, de l'an 810, art. 11. Même dispositif à l'art. 29 du liv. iv des capitulaires de la collection d'Anségise. Baluze, t. I, p. 474 et 797.*)

3°. Ut juxta regium capitulare quod ...genitor noster anno xvi regni sui... constituit, comites vel missi nostri diligenter inquirant quanti homines liberi in singulis comitatibus maneant qui per se possunt expeditionem facere, vel quanti de his quibus unus alium adjuvet, quanti etiam de his qui a duobus tertius adjuvetur vel præparetur, necnon de his qui a tribus quartus adjuvetur et præparetur, sive de his qui a quatuor quintus adjuvetur et præparetur, ut expeditionem exercitalem facere possint, et eorum summam ad nostram notitiam deferant: ut illi qui in hostem pergere non potuerint, juxta antiquam... consuetudinem ad.... pontes et transitus paludium operentur, et in civitate atque in marcha wactas faciant, ad defensionem patriæ omnes sine ulla excusatione veniant. Et qui de talibus hostem dimiserint, heribannum juxta discretionem quæ in primogenitorum

nostrorum tertio libro capitulorum capitulo xiv, continetur, persolvant. Et qui ad defensionem patriæ non occurrerint, secundum antiquam consuetudinem et capitulorum constitutionem judicentur. (*Extr. de l'édit de Piste, de l'an 859, tit. 36, art. 2. Baluze, t. II, p. 187.*)

4°. Charta xc inter Alamannicas Goldasti: « dixit negare, quod nihil « ibi habuisset proprietatis pro quo « heribannum reddere debuisset.» et infra: « adhuc etiam ipsum Odal- « hartum..... audissent enarrantem, « quod proprium non habuisset, et « ideo heribannum dare non debuis- « set. » (*Extr. d'une ancienne charte rapportée par Goldaste. Glossaire de Du Cange, au mot Herebannum.*)

III. Ut... heribannus non exactim neque in terris neque in mancipiis, sed in auro et argento, palliis, atque armis, et animalibus, atque pecoribus, sive talibus speciebus quæ ad utilitatem pertinent. (*Extr. du capitulaire 2 de Charlemagne, de l'an 813, art. 2. Même dispositif à l'art. 68 du liv. iii des capitulaires de la collection d'Anségise. Baluze, t. I, p. 495 et 797.*)

IV. La preuve que celui qui ne pouvait payer l'hériban était obligé de servir le roi comme esclave jusqu'à ce qu'il l'eût acquitté, mais qu'il n'entraînait point sa famille dans la servitude, et ne la frustrait point du droit d'hériter de ses biens, résulte clairement d'un capitulaire de Charlemagne.

V. La preuve que l'hériban, n'était exigé depuis Charlemagne, que des citoyens qui possédaient une certaine somme d'effets mobiliers, et que cette amende fut réduite en proportion des moindres fortunes à la moitié, au quart et au douzième de la somme de 60 sous, à l'égard des citoyens qui n'avaient que 20, 30 ou 60 sous d'effets mobiliers, se lit dans les capitulaires de Charlemagne.

CHAPITRE XIV.

Idée générale du nombre des guerriers qui formaient l'armée.

Ce chapitre n'exige point de preuves.

CHAPITRE XV.

Des expressions diverses usitées pour désigner les assemblées générales ou placités généraux.

La preuve qu'une seule et même assemblée porta les divers noms d'assemblée des calendes et du champ de mars; assemblée des calendes et du champ de mai, de synode, de placité; que ces mêmes assemblées furent désignées par les différents titres d'assemblée générale, d'assemblée des Francs et de tous les Francs, d'assemblée du peuple et de tout le peuple, d'assemblée des fidèles et de tous les fidèles, et qu'enfin elles fu-

---

IV. Quicumque liber homo in hostem bannitus fuerit, et venire contempserit, plenum heribannum, id est, solidos sexaginta persolvat. Aut si non habuerit unde illam summam persolvat, semetipsum pro wadio in servitium principis tradat, donec per tempora ipse bannus ab eo fiat persolutus... Tunc iterum ad statum libertatis suæ revertatur. Et si ille homo qui se propter heribannum in servitium tradidit, in illo servitio defunctus fuerit, heredes ejus hereditatem quæ ad eos pertinet non perdant, nec libertatem, nec de ipso heribanno obnoxii fiant. (*Extrait du capitulaire 2 de Charlemagne, de l'an 812, art. 1. Baluze, t. 1, p. 493.*)

V. *Voyez* les capitulaires de Charlemagne, au chap. XII de ce livre, art. II.

rent spécialement appelées placité général, ne peut s'établir avec pleine évidence que par l'étude et la comparaison des textes contemporains, qui ont employé diverses expressions, usitées de leur temps, pour désigner les mêmes assemblées.

I. L'assemblée des calendes de mai fut la même que l'assemblée des calendes de mars ; l'époque seule changea.

1°. Les écrits d'Hincmar et les Annales Pétaviennes disent formellement que les Francs, sous le règne de Pépin, commencèrent à appeler champ de mai l'assemblée qui jusqu'alors avait porté le nom de champ de mars ;

2°. Le dernier continuateur de Frédégaire (contemporain du règne de Pépin) parle des mêmes assemblées, d'abord sous le nom de champ de mars, ensuite sous celui de champ de mai.

II. L'assemblée du champ de mai fut désignée par le nom de synode, qui servait aussi à désigner l'assemblée des évêques ; les Annales Tilliennes, les Annales de Loisel, répétées par les Annales de saint Bertin et la chronique de Réginon, distinguent un synode d'évêques, tenu par le roi Pépin, à Gentilli, l'an 766, d'un autre synode, tenu par le roi Pépin, à Bourges, la même année, et marquent que le synode de Bour-

---

I.—1°. Transacto anno Chludovicus rex... omnem exercitum jussit cum armorum apparatu venire secundum morem in campum martium. Sic enim conventum illum vocabant a Marte, quem pagani deum belli credebant ; a quo et martium mensem, et tertiam feriam diem Martis appellaverunt. Quem conventum posteriores Franci maii campum... vocari instituerunt. (*Extr. de la Vie de saint Rem, par Hincmar*, année 487. D. Bouquet, t. III, p. 374.)

Venit Thasilo ad martis campo, et mutaverunt martis campum in mense maio. (*Extr. des Annales Petaviennes, sur l'an 755. D. Bouquet, t. V, p. 13.*)

2°. Evoluto anno... rex ad kalendas martias omnes Francos, sicut mos Francorum est, Bernaco villa publica ad se venire praecepit.

Evoluto anno... omnes optimates Francorum... ad campo-madio pro

salute patriæ et utilitate Francorum tractanda, placito instituto ad se venire praecepit.

Usque ad Nivernum... veniens, ibique cum Francis et proceribus suis placitum suum campo-madio tenent.

Evoluto... anno usque ad Aurelianis veniens, ibi placitum suum campo-madio, pro utilitate Francorum instituit.

'd Betoricas accessit...... campo-madio, sicut mos erat, ibidem tenere jubet. (*Extr. du dernier continuateur de Frédégaire*, chap. 120, année 751, chap. 125, année 761, chap. 130 et 132. D. Bouquet, t. V, p. 2, 4, 6 et 7.)

II. An. DCCLXVII, habuit rex in supradicta villa (Gentilliaco) synodum magnum... Iterum perrexit partibus Aquitaniæ, Bituricas usque venit ; ibi synodum fecit in campo. (*Extr. des Annales Tilliennes*. Même récit dans les *Annales de Loisel*. D. Bouquet, t. V, p. 18.)

es se tint dans un champ, comme l'assemblée des calendes de mai. Le dernier continuateur de Frédégaire nomme la même assemblée, l'assemblée du champ de mai.

III. L'assemblée des calendes ou du champ de mai fut désignée sous le nom de placité.

1°. Un capitulaire de Charlemagne porte que les rois convoquaient ordinairement des placités, et que le premier se tenait vers l'été.

2°. Les Annales de Metz rapportent que Pépin tint, l'an 754, son placité aux calendes de mars, dans la terre de Braine, comme c'était l'usage. Le dernier continuateur de Frédégaire nomme simplement calendes de mars cette même assemblée.

3°. Les Annales Nazariennes et Pétaviennes nomment champ de mars une assemblée tenue par Pépin, à Compiègne, l'an 757, où comparut Tassillon, duc de Bavière; trois autres annalistes nomment simplement placité cette assemblée de Compiègne;

4°. Et enfin, le dernier continuateur de Frédégaire prononce formellement que l'assemblée du champ de mai et du placité étaient la même assemblée.

IV. L'assemblée générale, qui était appelée le champ de

Voyez l'extrait du dernier continuateur de Frédégaire cité à l'article précédent, n° 2, dernière autorité.

III.—1°. Ut ad mallum venire nemo tardet, primum circa æstatem, secundo circa autumnum. Ad alia vero placita, si necessitas fuerit, vel denuntiatio regis urgeat, vocatus venire nemo tardet. (*Extr. d'un capitulaire de Charlemagne, de l'an 769, art. 12. Même dispositif à l'art. 133 du liv. VII des capitulaires de la collection de Benoît Lévite. Baluze, t. V, p. 192 et 1051.)

2°. An. DCCLIV, Pipinus rex placitum habuit secundum consuetudinem kalendis martiis Brennaco villa. (Extr. des Annales de Metz. D. Bouquet, t. V, p. 336.)

An. DCCLIV, rex Pipinus... kalendas martias omnes Francos, sicut mos Francorum est, Bernaco villa... ad

se venire præcepit. (Extr. du dernier continuateur de Frédégaire, chap. 120. D. Bouquet, t. V, p. 2.)

3°. An. DCCLIV. Venit Tassilo ad martis campum. (Extr. des Annales Nazariennes. Même récit aux Annales Pétaviennes. D. Bouquet, t. V, p. 10 et 13.)

Anno DCCLVII, tenuit rex placitum suum ad Compendium, ibique Dasilo venit. (Extr. des Annales Tiliennes. D. Bouquet, t. V, p. 17.)

Anno DCCLVII, rex Pipinus tenuit placitum suum in Compendio cum Francis. Ibique Tassilo venit. (Extr. des Annales de Loisel. Même récit aux Annales de saint Bertin. D. Bouquet, t. V, p. 34.)

4°. Voyez l'extrait du dernier continuateur de Frédégaire cité à l'art. 1° de ce chapitre, n° 2, deuxième autorité.

IV.—1°. Rex ad kalendas martias

mai, le synode ou placité, était envisagée comme l'assemblée des Francs et de tous les Francs.

1°. Un récit du dernier continuateur de Frédégaire, contemporain de Pépin, marque que ce prince « convoqua tous « les Francs aux calendes de mars, selon l'usage des Francs. »

2°. Les Annales de Metz nomment assemblée des Francs, l'assemblée réunie par Pépin, à Duren, l'an 761, et le continuateur de Frédégaire dit que Pépin tint l'assemblée de Duren, l'an 761, « au champ de mai, au placité établi. »

3°. Un passage des Annales des Francs, répété dans la Chronique de Moissac, porte que « le champ de mai était l'assemblée des Francs. »

4°. Les Annales de Metz attestent que « l'assemblée des calendes de mars était l'assemblée de tous les Francs. »

5°. Les Annales de Loisel, de saint Bertin et la Chronique de Réginon nous apprennent que le synode, tenu par Pépin « dans un champ à Bourges, l'an 767, selon l'usage établi, fut « composé de tous les Francs; » elles marquent que « Charle- « magne tint le synode avec les Francs à Genève, l'an 773; » les mêmes autorités, auxquelles se joignent les Annales Tilliennes, nomment placité l'assemblée de Paderborn de l'an 777, ajoutant que les Francs s'y réunirent.

omnes Francos, sicut mos Francorum est, ... ad se venire præcepit. (*Extr. du dernier continuateur de Frédégaire, année 754, chap. 120. D. Bouquet, t. V, p. 2.*)

2°. An. DCCLXI. Pipinus rex conventum Francorum habuit in Duria villa. (*Extr. des Annales de Metz. D. Bouquet, t. V, p. 338.*)

Voyez l'extrait du dernier continuateur de Frédégaire cité à l'art. 1er, n° 2, deuxième autorité.

3°. An. DCCLXXVII, habuit Carlus conventum Francorum, id est magicampum in Saxonia ad Padresburnon. (*Extr. d'un passage d'anciennes Annales des Francs. Même récit dans la Chronique de Moissac. D. Bouquet, t. V, p. 26 et 70.*)

4°. Singulis ... annis in kalendis martii generale cum omnibus Francis secundum priscorum consuetudinem

concilium agebat. (*Extr. des Annales de Metz, année 690. D. Bouquet, t. II, p. 680.*)

5°. An. DCCLXVII, Bituricam usque venit, ibi synodum fecit cum omnibus Francis solito more in campo. (*Extr. des Annales de Loisel. Même récit dans les Annales de saint Bertin, et dans la Chronique de Réginon. D. Bouquet, t. V, p. 36.*)

An. DCCLXXIII, synodum supra scriptus rex tenuit generaliter cum Francis apud Jenuam civitatem. (*Ibid., p. 38.*)

An. DCCLXXVII, Carolus rex synodum publicum habuit ad Paderbrunnen prima vice : ibique convenientes omnes Franci, et ex omni parte Saxoniæ undique Saxones convenerunt. (*Extr. des Annales de Loisel, copiées par les deux autres auteurs déjà cités, et encore par les Annales Til-*

6°. Le dernier continuateur de Frédégaire marque que « tous « les Francs étaient au placité que Pépin avait convoqué au « champ de mai. »

7°. Et enfin, les anciennes Annales de l'an 810 témoignent que ce fut « avec les Francs que Charlemagne tint à Conflans « un placité l'an 807°. »

V. L'assemblée des Francs, qui était appelée le champ de mai, le synode ou placité, était encore connue comme assemblée générale du peuple, ce qui signifie qu'elle réunissait les diverses nations qui composaient le peuple franc.

1°. Les anciennes Annales des Francs, répétées par Théophane, auteur grec du neuvième siècle, témoignent que le peuple venait au champ de mars offrir des présents au roi sous les maires du palais; que ce peuple entourait le roi, et que le maire commandait ce qui avait été ordonné par les Francs.

2°. La Vie contemporaine de saint Sauve témoigne que tout le peuple formait l'assemblée que Charles-Martel faisait tenir dans le grand champ, suivant l'usage des Francs.

3°. Les Annales d'Éginhard appellent assemblée générale du peuple, l'assemblée où Tassillon, duc de Bavière, vint trouver le roi Pépin, et les annales Nazariennes et Pétaviennes appellent cette assemblée, assemblée du champ de mars.

---

lennes. Dom Bouquet, t. V, p. 40 et 19.)

6°. Voyez l'extrait du dernier continuateur de Frédégaire à l'art. 1er de ce chapitre, n° 2, deuxième autorité.

7°. Anno DCCCVII, Carolus imperator placitum habuit ad Conflem cum Francis. (Extr. d'anciennes Annales composées l'an 810. D. Bouquet, t. V, p. 30.)

V. — 1°. Certo ... die semel in anno in Martis campo secundum antiquam consuetudinem dona ... regibus a populo offerebantur : et ipse rex sedebat in sella regia, circumstante exercitu, et major-domus coram eo; præcipiebatque is... quicquid a Francis decretum erat. (Extr. des anciennes Annales des Francs. Même récit dans un écrit de Théophane. D. Bouquet, t. II, p. 647.)

2°. Jussit Carolus campum magnum parari, sicut mos erat Francorum. Venerunt autem optimates et magistratus omnisque populus, et castra metati sunt universi in circuitu, ubi dux residebat. (Extr. de la Vie de saint Sauve, écrite par un contemporain, n° 17. Dom Bouquet, t. III, p. 647.)

3°. An. DCCCVII. Constantius imperator Pipino regi multa misit munera... que ad eum in Compendio villa pervenerunt, ubi tunc populi sui generalem conventum habuit. Illuc et Tassilo ... venit. (Extr. des Annales d'Éginhard. Dom Bouquet, t. V, p. 198.)

Voyez les Annales Nazariennes et Pétaviennes citées à l'art. III de ce chapitre, n° 3, première autorité.

4°. Les Annales d'Eginhard appellent assemblée générale du peuple, l'assemblée tenue par Charlemagne, à Paderborn, l'an 777 : d'autres anciennes Annales et la chronique de Moissac appellent champ de mai cette assemblée de Paderborn.

5°. Les Annales d'Eginhard citent les assemblées des années 770, 777, 787 et 788, en les appelant assemblées générales du peuple. Les Annales de Loisel, les Tilliennes nomment synodes les mêmes assemblées.

6°. Les Annales d'Eginhard appellent assemblée générale du peuple, l'assemblée tenue par Pépin, à Compiègne, l'an 757. et la chronique de l'archevêque Adon la nomme placité.

7°. Les Annales d'Eginhard appellent assemblée générale du peuple, celle qui fut tenue par Pépin, à Worms en 764.

4°. An. DCCLXXVII. Ad locum, qui Padrabrunna vocatur, generalem populi sui conventum in eo habiturus, ... profectus est.

An. DCCLXXVII, mai campus in Saxonia ad Pederbruna. (*Extr. des Annales d'Eginhard, comparées avec les Annales Nazariennes, auxquelles les anciennes Annales des Francs et la Chronique de Moissac sont conformes.* D. Bouquet, t. V, p. 11 et 203.)

5°. An. DCCLXX. Karolus rex habuit populi sui generalem conventum in Wormacia civitate. (*Extr. des Annales d'Eginhard.* D. Bouquet, t. V, p. 201.)

An. DCCLXX, rex habuit synodum ad Varmaciam. (*Extr. des Annales Tilliennes. Même récit dans les Annales de Loisel.* D. Bouquet, t. V, p. 18 et 37.)

Voyez l'extrait des Annales d'Eginhard au n° IV de cet article, première autorité.

An. DCCLXXVII. Carolus rex synodum publicum habuit ad Paderbrunnen. (*Extr. des Annales de Loisel.* D. Bouquet, t. V, p. 40.)

An. DCCLXXXVII. Generalem populi sui conventum ibi habere statuit. (*Extr. des Annales d'Eginhard.* D. Bouquet, t. V, p. 208.)

An. DCCLXXXVIII. Rex reversus est ad Varmaciam, et ibi synodum congregavit. (*Extr. des Annales Tilliennes. Même récit aux Annales de Loisel.* Dom Bouquet, t. V, p. 21 et 45.)

An. DCCXXXVIII. Quum ... generalem populi sui rex fieri decrevit conventum, ac Tassilon,... adesse jussisset. (*Extr. des Annales d'Eginhard.* D. Bouquet, t. V, p. 208.)

An. DCCLXXXIX, rex congregans synodum ad supradictam villam, ibique veniens Dasilo. (*Extr. des Annales Tilliennes. Même récit dans les Annales de Loisel.* D. Bouquet, t. V, p. 21, 45 et 46.)

6°. *Voyez l'extrait des Annales d'Eginhard au n° 2 de cet article, deuxième autorité.*

An. DCCLVII, tenente placitum Pipino rege in Compendio, Tassilo dux Bajovariorum ad illum ibi venit. (*Extr. des Annales de l'archevêque Adon, écrites sous Charles-le-Chauve.* D. Bouquet, t. V, p. 317.)

7°. An. DCCLXIV. Rex Pipinus... populi sui generalem conventum habuit in Wormacia civitate. dilataque in futurum expeditione illo anno domi se continuit. (*Extr. des Annales d'Eginhard.* D. Bouquet, t. V, p. 199.)

An. DCCLXIV, Pipinus habuit placitum suum ad Wurmaciam, et nullum iter faciens, celebravit Natale domini et Pascha in Carisiaco (*Extr. des Annales Tilliennes.* D. Bouquet, t. V, p. 18.)

An. DCCLXIV. Rex Pipinus habuit

et les annales Tilliennes, celles de Loisel et de saint Bertin donnent à cette assemblée le nom de placité.

8°. Les Annales d'Éginhard et l'histoire des miracles de saint Goard appellent assemblée générale du peuple, l'assemblée tenue par Pépin, à Attigni, en 765, et les Annales Tilliennes, celles de Loisel et de saint Bertin appellent placité cette assemblée.

9°. L'histoire de la Vie de Louis-le-Pieux, par l'Astronome, et les Annales d'Éginhard et de saint Bertin nomment assemblée générale du peuple l'assemblée tenue par Louis-le-Pieux, à Aix-la-Chapelle, l'an 815 ; Thégan appelle placité cette assemblée.

VI. L'assemblée générale, synode ou placité, étant envisagée comme assemblée de tout le peuple, était aussi appelée assemblée des fidèles et de tous les fidèles.

1°. Une lettre de Charles-le-Chauve explique que l'assemblée nationale, appelée synode, était l'assemblée de tous les fidèles du royaume.

---

placitum suum ad Wurmaciam, et nihil tunc aliud fecit, nisi in Franciam resedit. (*Extr. des Annales de Loisel.* Même récit dans les *Annales de saint Bertin.* D. Bouquet, t. V, p. 35.)

8°. An. DCCLXV, rex Pipinus domi se continuit, neque propter Aquitanicum bellum, quamvis nondum finitum, regni sui terminos egressus est : sed generalem populi sui conventum in Attiniaco villa ... habuit. (*Extr. des Annales d'Éginhard.* D. Bouquet, t. V, p. 199.)

An. DCCLXV. Positus in palatio quod Attiniacum vocatur, quum ad generalem populi conventum ... abba Aswerus venisset, evocatum ad se princeps ... commonefacit. (*Extr. de l'Hist. des miracles de saint Goard, écrite par l'andalbert, moine de Prum, au neuvième siècle.* D. Bouquet, t. V, p. 454.)

An. DCCLXV, Pippinus rex habuit placitum ad Attiniacum, et nullum iter faciens, celebravit Natale domini et Pascha in Carisiaco. (*Extr. des Annales Tilliennes.* Même récit dans les *Annales de Loisel et de saint*

Bertin. Dom Bouquet, t. V, p. 18 et 36.)

9°. An. DCCCXV, Saxonici comites ... ad imperatorem in loco, qui dicitur Patrisbruna, redierunt : quo omnis populus ad ejus generalem conventum coierat. (*Extr. de la Vie de Louis-le-Pieux, par l'Astronome, contemporain.* D. Bouquet, t. VI, p. 98.)

An. DCCCXV. Ipse ... in loco qui dicitur Padrabruna generalem populi sui conventum habebat. (*Extr. des Annales d'Éginhard.* Même récit aux *Annales de saint Bertin.* D. Bouquet, t. VI, p. 175.)

An. DCCCXV, habuit generale placitum suum in partibus Saxoniæ. (*Extr. de la Vie de Louis-le-Pieux, par Thégan, chap. 14.* D. Bouquet, t. VI, p. 77.)

VI. — 1°. Celebraturi sumus synodum XV kalendas septembris, in qua omnes episcopi et fideles regni nostri parati sunt in restauratione praedictorum dejectorum unanimiter adesse. (*Extr. d'une lettre de Charles-le-Chauve au pape Nicolas, année 866.* D. Bouquet, t. VII, p. 554.)

2°. Les capitulaires de Piste, des années 864 et 869, portent que les fidèles délibéraient au placité annuel, et formaient cette assemblée suivant la coutume.

3°. Enfin, les preuves rapportées dans une discussion qui termine le chapitre VI de ce livre, ont complétement démontré que par le mot fidèles des rois, on entendait leurs sujets, et que l'assemblée de tout le peuple et l'assemblée de tous les fidèles n'étaient que la même assemblée.

VII. L'assemblée des Francs et de tous les Francs, du peuple et de tout le peuple, des fidèles et de tous les fidèles ne furent qu'une seule assemblée.

1°. Les Annales d'Éginhard appellent assemblée générale du peuple l'assemblée tenue par Pépin, à Compiègne, en 757. Les Annales de Loisel, de saint Bertin et la Chronique de Réginon disent que Pépin tint son placité avec les Francs à Compiègne, l'an 757.

2°. Les Annales d'Éginhard appellent assemblée générale du peuple l'assemblée tenue par Pépin, à Worms, l'an 764, et les Annales de Metz nomment assemblée des Francs cette assemblée de Worms.

3°. Les Annales d'Éginhard et de Fulde appellent assemblée générale du peuple l'assemblée tenue par Louis-le-Pieux, à Aix-la-Chapelle, l'an 814, et les anciennes Annales des Francs

---

2°. Hæc quæ sequuntur capitula, nunc in isto placito nostro anno DCCCLXIV ... VII kalendas Julias in hoc loco qui dicitur Pistis, una cum fidelium nostrorum consensu atque consilio constituimus.

Hæc quæ sequuntur capitula constituta sunt a domno nostro Karolo, rege ... cum consilio et consensu episcoporum, ac cæterorum Dei et suorum fidelium qui adfuerunt in loco qui dicitur Pistis, anno ... 869.

Secundum consuetudinem antecessorum nostrorum consideravimus in hoc placito, cum episcopis et cæteris fidelibus nostris. (*Extr. des capitulaires de Charles-le-Chauve, donnés à Piste*, tit. 36, *prologue, intitulé du tit.* 40, *et annonciation du même titre.* Baluze, t. II, p. 174, 209 et 215.)

3°. *Voyez* les autorités citées à la suite du chap. VI de ce livre.

VII. — 1°. *Voyez* l'extrait des Annales d'Éginhard à l'art. V de ce chapitre, n° 2, deuxième autorité.

Voyez l'extrait des Annales de Loisel à l'art. III de ce chapitre, n° 3, troisième autorité.

2°. An. DCCCLXIV. Rex Pipinus ... populi sui generalem conventum habuit in Wormacia civitate. (*Extr. des Annales d'Éginhard.* Même récit aux *Annales de Metz.* D. Bouquet, t. V, p. 199 et 339.)

3°. An. DCCCXIV. Habito Aquisgrani generali populi sui conventu, ... legatos in omnes regni sui fines misit. (*Extr. des Annales d'Éginhard.* Même récit dans les *Annales de Fulde.* D. Bouquet, t. VI, p. 174 et 206.)

Eo anno placitum suum cum Fran-

et la Chronique saxonne disent que Louis-le-Pieux tint avec les Francs cette assemblée d'Aix-la-Chapelle.

4°. L'Astronome et Éginhard appellent assemblée générale du peuple, le placité tenu par Louis-le-Pieux, à Paderborn, l'an 815, et les anciennes Annales des Francs et la Chronique saxonne disent seulement que Louis-le-Pieux tint avec les Francs son placité à Paderborn.

5°. La charte de division de Louis-le-Pieux nomme assemblée générale du peuple l'assemblée tenue par Louis-le-Pieux, à Aix-la-Chapelle, l'an 817, où il partagea son empire entre ses fils. Les anciennes Annales disent seulement que Louis-le-Pieux tint avec les Francs cette même assemblée d'Aix-la-Chapelle.

6°. Et enfin, les preuves produites dans la discussion qui termine le chapitre VI montrent parfaitement que les mots assemblées du peuple et assemblées des fidèles s'employaient dans le même sens.

VIII. L'assemblée unique qui porta tant de noms divers, et dont les monuments publics désignent en tant de sens l'essence et la composition, fut souvent indiquée sous le seul titre d'assemblée générale, ou mentionnée comme l'assemblée par excellence, sans recevoir aucun nom ni désignation particulière.

1°. Les Annales d'Éginhard nomment assemblée générale l'assemblée que Pépin tint, à Duren, l'an 761, et le conti-

---

cis imperator Hludowicus habuit. (*Extr. des anciennes Annales des Francs.* Même récit dans la *Chronique de Saxe*, *écrite vers la fin du dixième siècle*. D. Bouquet, t. VI, p. 170 et 218.)

4°. Anno DCCCXV, Saxonici comites .. ad imperatorem in loco, qui dicitur Patrisbruna, redierunt; quo omnis populus ad ejus generalem conventum coierat. (*Extr. de la Vie de Louis-le-Pieux, par l'Astronome.* Même récit dans les *Annales d'Éginhard.* D. Bouquet, t. VI, p. 98 et 175.)

Voyez l'extrait des anciennes Annales des Francs au n° 3 de cet article, dernière autorité.

5°. Quum nos ... anno ... octingen-

tesimo septimo decimo ... Aquisgrani ... more solito sacrum conventum et generalitatem populi nostri propter ecclesiasticas, vel totius imperii nostri utilitates pertractandas congregassemus. (*Extr. de la charte de partage de Louis-le-Pieux.* Baluze, t. I, p. 573.)

Anno quarto (DCCCXVII) conventum suum habuit Hluduwicus imperator cum Francis Aquisgrani ... mense junio. (*Extr. des anciennes Annales des Francs.* D. Bouquet, t. VI, p. 170.)

6°. *Voyez* encore les autorités citées à la suite du chap. VI de ce livre.

VIII. — 1°. Anno DCCLXI. Quod quum Pipino regi generalem conventum agenti in villa Duria fuisset nun-

nuateur de Frédégaire marque que cette assemblée de Duren fut l'assemblée du champ de mai, du placité établi.

2°. Les Annales d'Éginhard, de saint Bertin et de Fulde appellent assemblée générale du peuple l'assemblée tenue par Louis-le-Pieux, à Aix-la-Chapelle, l'an 814, et l'Astronome nomme simplement assemblée générale cette assemblée d'Aix-la-Chapelle.

3°. Une charte de division de Louis-le-Pieux porte qu'il a réuni, à Aix-la-Chapelle, l'an 817, l'assemblée sacrée et la généralité de son peuple. Les Annales d'Éginhard et de saint Bertin nomment assemblée publique du peuple cette même assemblée, et l'Astronome la nomme, dans le même texte, assemblée générale d'Aix-la-Chapelle et placité.

4°. Les Annales d'Éginhard ne donnent aucun nom à une assemblée qu'elles témoignent avoir été tenue à Nevers, l'an 763. Le dernier continuateur de Frédégaire atteste que Pépin tint, à Nevers, l'an 763, son placité au champ de mai avec les Francs.

5°. Les Annales d'Éginhard ne donnent aucun nom à une assemblée qu'elles disent avoir été tenue, à Orléans, par Pépin.

tiatum. (*Extr. des Annales d'É-ginhard*. D. Bouquet, t. V, p. 199.)

Voyez l'extrait du dernier continuateur de Frédégaire cité à l'art. 1er de ce chapitre, n° 2, deuxième autorité.

2°. An. DCCCXIV. Habito Aquisgrani generali populi sui conventu, ... legatos in omnes regni sui fines misit. (*Extr. des Annales d'Éginhard*. Même récit dans les *Annales de saint Bertin et de Fulde*. D. Bouquet, t. VI, p. 174 et 206.)

An. DCCCXIV, generalem conventum Aquisgrani habuit. (*Extr. de la Vie de Louis-le-Pieux, par l'Astronome*. D. Bouquet, t. VI, p. 97.)

3°. *Voyez* l'extrait de la charte de partage de Louis-le-Pieux cité au n° 5 de l'article précédent, première autorité.

An. DCCCXVII. Generalem populi sui.... conventum Aquisgrani more solito habuit, in quo filium suum primogenitum Lotharium coronavit, et... imperii sui socium sibi constituit. (*Extr. des Annales d'Éginhard*. Même récit dans les *Annales de saint Bertin*. D. Bouquet, t. VI, p. 177.)

An. DCCCXVII, imperator generalem habuit conventum Aquisgrani.

In eodem placito filium suum... Lotharium appellari voluit. (*Extr. de la Vie de Louis-le-Pieux, par l'Astronome*, chap. 28 et 29. D. Bouquet, t. VI, p. 100 et 101.)

4°. An. DCCCLXIII. Redeunte anni.... tempore, conventu in Nivernis habito ..... rex Pipinus Aquitaniam repetit (*Extr. des Annales d'Éginhard*. D. Bouquet, t. V, p. 199.)

An. DCCLXIII, usque ad Nivernum urbem... veniens, ibique cum Francis et proceribus suis, placitum suum campo-madio tenens. (*Extr. du dernier continuateur de Frédégaire*. D. Bouquet, t. V, p. 6.)

5°. An. DCCLXVI. Pipinus rex,.... conventu in Aurelianis habito... Argenthomagum castrum reparat. (*Ext...*

l'an 766, et les Annales de Metz nomment cette assemblée l'assemblée des Francs.

6°. Les Annales d'Éginhard ne donnent aucun nom à une assemblée qu'elles disent avoir été tenue par Pépin, dans un champ à Bourges, l'an 767, selon l'usage des Francs. Le continuateur de Frédégaire témoigne que cette assemblée se tint au champ de mai.

7°. Les Annales de saint Bertin marquent que ce fut avec tous les Francs que Louis-le-Pieux tint l'assemblée d'Aix-la-Chapelle, en 830, et ailleurs ces Annales, parlant de la même assemblée, ne lui donnent aucun nom particulier.

8°. Et enfin un texte de la vie de saint Burchard, écrite au neuvième siècle, ne désigne l'assemblée qui se tenait tous les ans aux calendes de mai, pour l'utilité du royaume, que comme une assemblée publique.

IX. L'assemblée générale du peuple ou des fidèles, fut particulièrement désignée sous le nom de placité général, nom que nous emploierons à l'exclusion des autres en traitant de ces assemblées.

1°. L'histoire contemporaine de la Vie de saint Ansbert appelle placité général, une assemblée qu'elle nomme encore la grande assemblée des peuples, et qui eut lieu sous le règne de Thierri III.

2°. Un récit des Annales de saint Bertin marque, avec beau-

---

des *Annales d'Éginhard*. D. Bouquet, t. V, p. 200.)

An. DCCLXVI. Pipinus rex.... conventum Francorum in Aurelianis civitate adunavit. (*Extr. des Annales de Metz*. D. Bouquet, t. V, p. 339.)

6°. An. DCCLXVII. Bituricam veniens, conventum more Francico in campo egit (*Extr. des Annales d'Éginhard*. D. Bouquet, t. V, p. 200.)

An. DCCLXVII, ad Betoricas accessit.... campo-madio, sicut mos erat, ibidem tenere jubet. (*Extr. du continuateur de Frédégaire*, chap. 132. D. Bouquet, t. V, p. 7.)

7°. An. DCCCXXX, conventus ibidem factus est, in quo statuit cum universis Francis hostiliter in partes Britanniæ proficisci. (*Extr. des Annales de*

saint *Bertin*. D. Bouquet, t. VI, p. 192.)

8°. Ad publicum conventum, qui kalendis maii, ob regni utilitatem annuatim celebratur, ire solebat. (*Extr. de la Vie de saint Burchard*, écrite au neuvième siècle. D. Bouquet, t. III, p. 671.)

IX. — 1°. Morabatur rex in villa Clipiaco,.... (an. DCCLXXXIV), ubi conventum magnum populorum habens ....(An. DCCLXXXV) ad hoc generale placitum..... in pontificem consecratur ecclesia Rotomagensis. (*Extr. de la Vie de saint Ansbert, métropolitain de Rouen, par Aigrade, moine de Fontenelle*, auteur presque contemporain. D. Bouquet, t. III, p. 618.)

2°. Statutum est ut... generale pla-

coup de force, que l'assemblée du placité général réunissait réellement le corps du peuple et les diverses nations.

3°. Les écrits de Thégan appellent la grande assemblée des peuples celle qui eut lieu à Thionville, l'an 835 ; une lettre de Charles-le-Chauve nomme cette assemblée placité général.

4°. Dans une réponse de Charlemagne à une requête du peuple, ce prince déclare que c'est à son placité général, qu'il prend l'avis de tous les fidèles.

5°. Les Annales de saint Bertin appellent placité général, l'assemblée de Piste, de l'an 864, et l'édit de Piste porte, que Charles-le-Chauve délibéra avec ses fidèles dans ce placité.

6°. Un écrit d'Hincmar marque que le placité général de Douzi, de l'an 771, était l'assemblée de tous les fidèles.

7°. Enfin les Annales de saint Bertin appellent placité général, une assemblée réunie aux calendes de juin, où Charles-le-Chauve délibéra avec ses fidèles et les grands du royaume,

citum in Aurelianis civitate habendum denunciaretur... Imperator, mutato placito, omnes Francos occidentales, et Australes, nec non et Saxones... kalend... maii, Maguntiam venire præcepit... Imperator quum Maguntiam venit, ad placitum quod eis constituerat, omnis populus occurrit. (*Extr. des Annales de saint Bertin.* D. Bouquet, t. VI, p. 194.)

3°. An. DCCCXXXV, imperator.... venit ad palatium Theodonis, et ibi totam hiemem peregit... Altero anno habuit conventum magnum populorum, et ibi Hebo... venit. (*Extr. de la Vie de Louis-le-Pieux, par Thegan.* D. Bouquet, t. VI, p. 85.)

An. DCCCXXXV, placito generali convocato, (Hludowicus).... Ebbonem sibi jussit exhiberi. (*Extr. d'une lettre de Charles-le-Chauve au pape Nicolas.* D. Bouquet, t. VI, p. 254.)

4°. Ista.... quando.... ad generale placitum venerimus, sicut petistis, consultu omnium fidelium nostrorum... firmare... cupimus. (*Extr. du capitulaire 8 de Charlemagne, de l'an 803, contenant une réponse de ce prince à une demande du peuple.* Même réponse à l'art. 37 du liv. VI des *capitulaires de la collection de Benoît Lévite.*

Baluze, t. I, p. 407, 408, 989 et 990.)

5°. An. DCCCXIV. Carolus... in loco, qui Pistia dicitur, generale placitum habet, in quo... capitula etiam ad trigenta et septem consilio fidelium suorum... constituit. (*Extr. des Annales de saint Bertin.* D. Bouquet, t. VII, p. 87.)

Karolus gratia Dei rex... hæc quæ sequuntur capitula, in isto placito... in hoc loco qui dicitur Pistis, una cum fidelium nostrorum consensu atque consilio constituimus. (*Extr. du capitulaire de Charles-le-Chauve, de l'an 864, tit. 36. Baluze, t. II, p. 174.*)

6°. Jussit ut præcepta Carolomanni et Caroli, sed et suum præceptum, coram suis fidelibus in generali placito suo... apud Duziacum... legerentur. Unde fideles ejus, tam comites quam vassi dominici, quorum nomina scripta habemus, sed et ceteri omnes qui adfuerunt,... judicaverunt. (*Extr. d'une notice de l'archevêque Hincmar.* OEuvres d'Hincmar, t. II, p. 633.)

7°. An. DCCCLXXVII. Placitum suum generale kalendas julii habuit. (*Extr. des Annales de saint Bertin.* D. Bouquet, t. VII, p. 123.)

Hæc capitula constituta sunt a...

et un capitulaire de la même année dit que l'empereur y établit des capitulaires avec le consentement de ses fidèles.

CHAPITRE XVI.

De l'origine des placités généraux, et de l'usage qui eut lieu constamment
de les assembler sous les deux premières races.

I. La preuve que depuis l'avènement de Clovis au trône,
jusqu'à la mort de Dagobert Ier, et l'élévation des maires du
palais, les rois mérovingiens réunirent des placités annuels
conformément à l'ancienne coutume, résulte :

1°. Des textes de Grégoire de Tours, de Frédégaire, de
l'auteur des Gestes, d'Aimoin et d'Hincmar ; ils parlent d'une
assemblée que Clovis réunit au champ de mars, et congédia
presque aussitôt par un ordre exprès, comme d'une assemblée de toute l'armée. L'armée étant, ainsi qu'on l'a vu ailleurs, composée du peuple, on peut envisager cette assemblée comme le premier champ de mars qui nous ait été montré
depuis l'institution de la monarchie. Enfin Hincmar achève
de déterminer quelle fut cette assemblée, en disant qu'elle
se tint conformément à la coutume déjà établie ; que « c'est
« cette assemblée du champ de mars, qui se tient dans le
« temps que les rois ont coutume d'aller à la guerre, et que
« les Francs appelèrent dans la suite, assemblée du champ de
« mai ; »

Karolo... imperatore, cum consensu
fidelium suorum apud Carisiacum
anno... DCCCLXXVI... XVIII kalendas
julias. (*Extr. des capitulaires de
Charles-le-Chauve, intitulé du tit. 52.
Baluze, t. I, p. 259.*)

An. CCCCLXXXVI. I.—1°. Transacto
vero anno, jussit omnes cum armorum
apparatu advenire phalangam, osten-
suram in campo-martio suorum armorum nitorem... Reliquos abscedere
jubet. (*Extr. de l'Hist. de Grégoire
de Tours, liv. II, chap. 27. Même
récit dans l'Hist. des Gestes des
Francs, chap. 10, et dans l'Épitome
de Frédégaire, au chap. 16. D. Bouquet, t. II, p. 175, 398, 547 et 548.*)

An. CCCCLXXXVI. Emenso labentis
anni circulo, idem princeps exercitum
adunari præcipit... in campo qui mar-

tius dicebatur, generale proponens
edictum, ut sic adessent armati, ac
si contra hostes pugnaturi. Procedit
eo loco quo jussum fuerat exercitus,
gestis militiæ clarus, ac armorum ni-
tore conspicuus... Rex Clodoveus....
circuito... agmine.... unum quemque
ad propria redire præcepit. (*Extr.
des écrits d'Aimoin, liv. I, chap. 12.
D. Bouquet, t. III, p. 37.*)

An. CCCCLXXXVII. Transacto anno
Chludowicus rex, ut omnium armorum nitorem videret, omnem exercitum jussit cum armorum apparatu
venire secundum morem, in campum
martium... Quem conventum posteriores Franci maii-campum, quando
reges ad bella solent procedere, vocari instituerunt... Exercitum rex de
ipso campo jussit ad propria in pace

« Des textes de Grégoire de Tours, des Gestes des Francs, de la Vie de saint Remi, par Hincmar, et des écrits d'Aimoin; ils témoignent que le peuple franc, que tout le peuple assemblé devant Clovis, fut consulté par ce prince sur le dessein qu'il formait d'embrasser la loi catholique et l'approuva tout d'une voix. Les trois premiers auteurs permettraient de douter si le peuple ainsi consulté, était convoqué à dessein par Clovis, ou si c'était l'armée avec laquelle il venait de vaincre, qui suivait encore ses traces; mais Aimoin explique précisément que « la convocation publique du peuple se fit alors par « un édit du roi qui réunit les grands et toute la troupe des « guerriers; »

discedere. (*Extr. de la Vie de saint Remi, par Hincmar de Reims.* D. Bouquet, t. III, p. 374.)

2° An. cccxcv. Ille prohibito bello reostatoque populo, cum pace regressus...

An. cccxcvi. Sacerdos... cœpit ei insinuare, ut Deum verum,... crederet, idola negligeret..... At ille ait: « Libenter te... audiam, sed restat « unam, quod populus qui me sequi- « tur, non patitur relinquere deos « suos; sed vado et loquar eis juxta « verbum tuum. » Conveniens autem cum suis, priusquam ille loqueretur, præcurrente potentia Dei, omnis populus pariter adclamavit: « Mortales « deos abjicimus, pie rex, et Deum « quem Remigius prædicat immorta- « lem sequi parati sumus.) (*Extr. de l'Hist. de Grégoire de Tours*, liv. ii, chap. 30 et 31. D. Bouquet, t. II, p. 177.)

An. cccxcvi. Tunc regina vocavit sanctum Remedium (Remigium) urbis Remensis antistitem, deprecans eum, ut regi viam salutis prædicando ostenderet. Regem vero ad baptismum beatus episcopus vocans... cui rex ait: « Libenter te audiam,... sed unam « restat quia populus, qui me sequi- « tur, non vult relinquere deos suos; « sed vadam adhortari juxta verbum « tuum »... Conveniens autem rex ad populum, cœpit cohortari eos. Acclamaverunt autem præcurrente misericordia Dei... omnis populus Francorum, fortiter dicentes; « Mortales « deos relinquimus nunc, gloriose « rex, et Deum verum immortalem,

« quem Remedius (Remigius) prædi- « cat, colere eique credere parati « sumus. » (*Extr. des Gestes des Francs*, chap. 15. D. Bouquet, t. II, p. 551 et 552.)

An. cccxcvi. Tunc regina... vocat sanctum Remigium urbis hujus Remensis antistitem, deprecans eum... regi salutis viam prædicaret... Et ait: « Libenter audiam... Sed unam « restat, quia populus, qui me sequi- « tur, non vult deos suos relinquere. « Vadam autem adhortari eos juxta « verbum tuum. » Et veniens rex ad populum, cœpit hortari eos ut in Deum, qui eis victoriam dederat, crederent.... Acclamaverunt autem omnes..... « Mortales deos relinqui- « mus, gloriose rex, et verum Deum « immortalem, quem Remigius prædi- « cat, credere parati sumus. » (*Extr. de la Vie de saint Remi.* D. Bouquet, t. III, p. 375.)

An. cccxcvi. Rex, ... veritate agnita, uni se Deo famulaturum devotus spondet: procerum suæ regni atque exercitus se tentaturum sententiam... Ex regis edicto fit publica populi evocatio. Conveniunt regni primates, nec militaris quoque manus defuit. Quibus coram positis, rex taliter init: « Franci, inquit,... cul- « tum deseramus manum: soli vero « Deo... subdamus. »... Hæc dum rex fide plenus perorasset, plerosque de populo flexit, ut Christo mitia subderent colla. (*Extr. des écrits d'Aimoin*, liv. 1, chap. 16. D. Bouquet, t. III, p. 39.)

3°. D'un récit de Grégoire de Tours ; il témoigne que Thierri Iᵉʳ assembla et convoqua les Francs, pour décider avec eux la guerre de Thuringe ;

4°. D'un texte de Frédégaire ; il marque que les Austrasiens s'assemblèrent pour élire un maire du palais, dans le royaume d'Austrasie, au commencement du règne de Sigebert Iᵉʳ ;

5°. D'un décret de Childebert II, qui se trouve conforme dans six manuscrits ; il témoigne que Childebert délibéra avec les grands et avec tous, dans trois assemblées différentes, qu'il tint aux calendes de mars ;

6°. D'un autre texte de Frédégaire ; il dit qu'il se tint un placité dans les royaumes d'Austrasie et de Bourgogne, pour apaiser les querelles de Théodebert II et de Thierri II, par le jugement des Francs ;

7°. D'un préambule de la loi des Allemands ; il marque que Clotaire II publia la rédaction de cette loi « dans une assem-

3°. Circa an. DXXVIII. Theudericus non immemor perjurii Hermenefridi regis Thoringorum, Chlothacharium fratrem suum in solatium suum evocat, et adversum eum ire disponit... Convocatis igitur Francis, dicit ad eos : ...Indignamini, quæso, tam meam injuriam, quam interitum parentum vestrorum »..... Illi.... uno animo eademque sententia Thoringiam petierunt. (*Extr. de l'Hist. de Grégoire de Tours*, liv. III, chap. 7. D. Bouquet, t. II, p. 190.)

4°. An. DLXVI. In infantia Sigiberti omnes Austrasii, quum elegerent Chrodinum majorem-domus,.... ille hunc honorem respuens, dicebat :.... « Eligite alium quem vultis. » (*Extr. de l'Epitome de Frédégaire*, chap. 58. D. Bouquet, t. II, p. 405.)

5°. Childebertus rex Francorum vir iluster. Quum.... nos omnes kalendas martias.... una cum nostris optimatibus pertractavimus ad unum quemque notitiam volumus pervenire.

Ita..... Antonaco kalendas martias anno vicesimo regni nostri convenit, ut nepotes ex filio vel ex filia.... venirent in hereditatem.

Similiter Trejecto convenit nobis campo, ut quaslibet res ad unum du-

cem vel judicem pertinentes per decem annos quicunque inconcusso jure possedit, nullam habeat licentiam intertiandi, nisi tantum causa orphanorum usque ad viginti annos licentiam tribuimus.

Pari conditione convenit kal. mar. omnibus nobis adunatis, ut quicunque admodum raptum facere præsumpserit... vitæ periculo feriatur.

Similiter kal. mar. Colonia convenit, et ita bannivimus, ut unusquisque judex, criminosum latronem ut audierit, ad casam suam ambulet, et ipsum ligare faciat. (*Extr. d'un décret de Childebert II, de l'an 532*, art. 1, 3, 7, 8. D. Bouquet, t. IV, p. 111 et 112.)

6°. An. DCX. Anno XV regni Theuderici, quum Alesaciones, ubi fuerat enutritus, præcepto patris sui Childeberti tenebat, a Theudeberto ritu barbaro pervaditur. Unde placitum inter hos duos reges, ut Francorum judicio finiretur, Saloissa castro instituunt. (*Extr. de la Chronique de Frédégaire*, chap. 37. D. Bouquet, t. II, p. 427.)

7°. Lex Alamannorum quæ temporibus Clotharii regis, una cum principibus suis, id sunt XXXIII episcopis, et XXXIV ducibus, et LXXII comitibus,

« blée, qui fut composée des grands, évêques, ducs, comtes,
« et de tout le reste du peuple ; »

8°. De la Chronique de Frédégaire et d'un passage d'Aimoin ; ils marquent que Clotaire II invoqua le jugement des
Francs, pour décider de ses prétentions aux royaumes d'Austrasie et de Bourgogne ;

9°. Des récits des Gestes des Francs, de la vie contempo-raine
de saint Didier, de la Chronique d'Adon et des écrits d'Aimoin,
ils témoignent que ce fut « l'assemblée des Francs, de tous
« les hommes libres francs, l'armée des Francs, » qui jugea
devant Clotaire II la reine Brunehault ;

vel cætero populo constituta est. (*Extr.
d'un préambule de la loi des Allemands.* Baluze, aux notes, t. II,
p. tout.)

8°. An. DCXII. Chlotharius factione
Arnulfi et Pipini, vel ceterorum procerum Auster ingreditur. Quumque...
Brunichildis cum filiis... Warmaciæ
resideret, legatos... ad Chlotharium
direxit, contestans ei, ut se de regno
Theuderici, quod filiis reliquerat,
removeret. Chlotharius respondebat,
...quidquid... a Francis inter eosdem
judicabitur, pollicetur sese implere.
(*Extr. de la chronique de Fréde-
gaire,* chap. 40. D. Bouquet, t. II,
p. 429.)

An. DCXII. Chlotharius Captomna-
cum usque accessit. Brunechildis in
Warmatia residens, ejus audito adventu, ad eum dirigit, obtestans ut
de regno Theoderici, quod filiis reliquerat, secederet. Chlotharius respondit conventum nobilium debere
eam aggregare Francorum, et communibus consulere rebus, se vero
judicio illorum in omnibus paritu-
rum, nec præceptis promisit obstitu-
rum. (*Extr. des écrits d'Aimoin,* liv. IV,
chap. 1. D. Bouquet, t. III, p. 116.)

9°. An. DCXII. Commoto exercitu
in Burgundiam abiit. Brunihildem...
venire ad se fecerat... Qui quum eam
vidisset, ait : « Inimica Domini, cur
« tanta mala perpetrare invaluisti... »
Tunc adunato agmine Francorum et
Burgundionum, cunctis vociferanti-
bus, Brunihildem morte turpissima
esse condignam ; tunc jubente Chlothario rege in camelo levata, toto
exercitu girata, deinde equorum

indomitorum pedibus ligata (*Extr.
des Gestes des Francs,* chap.
D. Bouquet, t. II, p. 567.)

An. DCXII. Chlotharius... con-
gata optimatum suorum curia, tam
pro isto quam pro aliis seditio-
judicantibus Francis, eam indomi-
equis præcepit religari. (*Extr. de la
Vie de saint Didier, évêque de Vienne,
écrite par un auteur contemporain,*
D. Bouquet, t. III, p. 485.)

An. DCXII. Brunichildis regina pro
multis sceleribus suis, in præsenti
Chlotharii regis judicantibus Francis
indomitis equis religata, ... membra-
tim discenditur, ac igni ossa illius
cremata sunt. (*Extr. de la chronique
d'Adon, archevêque de Vienne.*
D. Bouquet, t. II, p. 668.)

An. DCXII. Porro Brunichildem
præsentari sibi præcipiens, astante
multitudine exercitus, qui non solum
ex Neustria, verum etiam ex Austria
sive Burgundia convenerant, accepta
auctoritate, quo minus odia tegerent
quæ adversus eam jamdiu animo con-
ceperant, per triduum diversis eam
jussit tormentis affligi, eamque
impositam per totum circumdedit
exercitum. Ad postremum reputan-
ti, quod a reges Francorum ejus partim... manu, vel etiam maleficio
extincti essent, sic alloquitur :
« Vos dulcissimi commilitones, et
« præeminentes Franciæ primores,
« decernatis cui subjaceat suppplicio
« tanti obnoxia sceleris. » Acclaman-
tibus cunctis, inauditis eam debere
subjici pœnis, jubet indomitum exhiberi equum, crinesque miserrimæ
reginæ... caudæ ejus conligari. (*Extr.*

10°. D'un passage de la Chronique de Frédégaire répété dans les gestes de Dagobert : on y lit que Dagobert voulant statuer de concert avec les Francs sur une affaire importante, attendit pour cela le temps du printemps, temps où il la détermina par le conseil des Francs ;

11°. Du préambule de la rédaction du code salique ; ce préambule marque que la rédaction fut premièrement faite par les soins de Thierri, corrigée et perfectionnée successivement par Childebert, Clotaire et Dagobert Ier : il dit que cette rédaction et ses différentes corrections furent faites « par le décret « des rois, des grands et de tout le peuple chrétien de la « domination des mérovingiens. »

II. La preuve que depuis la mort de Dagobert, jusqu'au couronnement de Pépin, les rois, ou les maires du palais, au nom des rois, continuèrent de convoquer les placités généraux suivant l'antique coutume, résulte :

1°. De la Chronique de Fontenelle ; elle témoigne que « c'était la coutume, sous le roi Clovis II, que le peuple des « Francs s'assemblât tous les ans au champ de mars ; »

---

des écrits d'Aimoin, liv. iv, chap. i. D. Bouquet, t. III, p. 117.)

10°. Novem millia virorum... ad Dagobertum expetunt, petentes ut eos in terra Francorum ad manendum reciperet. Dagobertus jubet eos ad hyemandum Bajoarios recipere, dummodo pertractaret cum Francis, quid einde fieret. Quumque dispersi per domos Bajoariorum ad hyemandum fuissent, consilio Francorum, Dagobertus Bajoariis jubet, ut Bulgaros illos.... interfecerent. (Extr. de la Chronique de Frédégaire, de l'an 630, chap. 72. Même récit dans l'Hist. des Gestes de Dagobert, chap. 8. D. Bouquet, t. II, p. 451 et 587.)

11°. Theodoricus rex Francorum quum esset Cathalaunis, elegit viros sapientes, qui in regno suo legibus antiquis eruditi erant :... jussit conscribere legem Francorum, Alamannorum et Bajoariorum : et unicuique genti, quæ in ejus potestate erat, secundum consuetudinem suam ; addiditque addenda, et improvisa et incomposita resecavit : et quæ erant secundum consuetudinem pagano-

rum, mutavit secundum legem christianorum. Et quidquid Theodoricus rex propter vetustissimam paganorum consuetudinem emendare non potuit, post hæc Childebertus rex inchoavit corrigere ; sed Chlotharius rex perfecit. Hæc omnia Dagobertus rex... per viros illustres Claudio, Chadoin, Domagno et Agilofo renovavit ; et omnia veterum legum in melius transtulit ; unicuique quoque genti scripta tradidit... Hoc decretum est apud regem et principes... et apud cunctum populum christianum qui infra regnum merwungorum consistunt. (Extr. du préambule du code Salique, rédigé sous Dagobert Ier. D. Bouquet, t. IV, p. 123 et 124.)

II. — 1°. An. DCXLIX. Confirmatio edita... fuit anno xii (Clodovei juvenculi) regis Compendio palatio, kalend... martiarum die, congregatis Francorum populis in campo-martii, ubi omnibus annis convenire soliti erant, veluti omnibus notum est. (Extr. de la Chronique de Fontenelle. D. Bouquet, t. II, p. 657 et 658.)

I.   34

2°. D'un passage de la vie de saint Ausbert, écrite vers la fin du septième siècle : il fait l'histoire d'un placité général tenu par Thierri III, fils de Clovis II ;

3°. D'un passage des Annales de Metz ; il témoigne que Pépin de Héristal, qui gouvernait au nom de Thierri III et de son fils, « tenait tous les ans une assemblée générale avec tous « les Francs aux calendes de mars, suivant l'ancienne cou- « tume ; »

4°. De l'auteur contemporain de la Vie de saint Sauve ; il fait mention d'une assemblée de tout le peuple, tenue par l'ordre de Charles-Martel, suivant l'usage des Francs, et dans le grand champ ;

5°. D'un passage des Annales des Francs, écrites au neuvième siècle, répété par Théophane, auteur grec du même siècle ; il témoigne que durant l'administration des maires du palais, et jusqu'au couronnement de Pépin, le peuple se trouvait annuellement au champ de mars devant le roi, suivant l'ancienne coutume ;

6°. Des Annales de Fulde, de la vie de saint Burchard, et

2°. An. DCLXXXIV. Cuncti Rotomagensis urbis cives,... beatum Ausbertum sibi elegerunt... antistitem.... Morabatur enim præfatus rex in villa Clipiaco, quæ sita est in Parisiaco territorio, ubi conventum magnum populorum habens, de utilitate ac tutela regni tractabat... A sancto Lantberto archiepiscopo sedis Lugdunensis aliisque sanctis præsulibus, qui ad hoc generale placitum convenerant, in pontificem consecratur ecclesiæ Rotomagensis. (*Extr. de la Vie de saint Ausbert, archevêque de Rouen, écrite par Aigrade, moine de Fontenelle, auteur presque contemporain.* D. Bouquet, t. III, p. 618.)

3°. An. DCLXXXIX vel DCXC. Singulis vero annis in kalendis martii generale cum omnibus Francis secundum priscorum consuetudinem concilium agebat. In quo... ab omnibus optimatibus Francorum donariis acceptis. (*Extr. des Annales de Metz.* D. Bouquet, t. II, p. 680.)

4°. Eo..... tempore jussit Carolus campum magnum parari, sicut mos erat Francorum. Venerunt autem optimates et magistratus omnisque

populus, et castra metati sunt universi in circuitu, ubi dux residebat. (*Extr. de la Vie de saint Sauve, évêque, par un auteur contemporain.* D. Bouquet, t. III, p. 647.)

5°. Mittit Pippinus legatos Romam ad Zachariam papam, ut interrogarent de regibus Francorum ;... potestatem vero regiam penitus nullam habebant, sed quod major-domus Francorum volebat, hoc faciebant. Certo enim die semel in anno in martis campo secundum antiquam consuetudinem dona illis regibus... offerebantur ; et ipse rex sedebat in sella regia, circumstante exercitu, et major-domus coram eo ; præcipiebatque is die illo quidquid a Francis decretum erat ; die vero alia et deinceps rex domi sedebat. (*Extr. des Annales des Francs,* année 751, art. 12. D. Bouquet, t. II, p. 646 et 647. Même récit et essentiellement conforme dans les écrits de *Théophane, auteur grec du neuvième siècle.* Theophanis chronographia, editio Lupar., p. 337.)

6°. In martis campum, qui rex dicebatur, plaustro bobus trahentibus

des écrits d'Éginhard et d'Adrevalde ; ils témoignent que durant l'administration des maires du palais, le champ de mars, l'assemblée des peuples, l'assemblée publique se tenait annuellement.

III. La preuve que l'usage des placités généraux annuels se soutint sous les règnes des quatre premiers carliens, se forme des autorités qui l'attestent en général.

1°. Le dernier continuateur de Frédégaire, contemporain de Pépin, rapporte deux placités généraux, où « Pépin ordonna « que tous les Francs vinssent le trouver aux calendes de « mars, ou au champ de mai, comme c'était l'usage, selon « la coutume des Francs. »

2°. Les Annales de Loisel, répétées par celles de saint Bertin, et les Annales d'Éginhard montrent que Pépin tenait tous

vertus, atque in loco eminenti sedens, semel in anno populis visus, publica dona solemniter sibi oblata accipiebat, stante coram majore-domus, et quæ deinceps eo anno agenda essent populis adnunciante. (*Extr. des Annales de Fulde*, année 751. D. Bouquet, t. II, p. 676.)

Opes et potentia regni penes..... majores-domus, ... tenebantur : nec aliud quidquam permittebatur regi, quam uti regio tantum nomine contentus... Carpento ibat, quod junctis bobus... trahebatur... Sic ad publicum conventum, qui kalendis maii ob regni utilitatem annuatim celebrabatur, ire solebat, et coram gente præsidens, omnesque salutans, et ab eis salutatus, debitisque obsequiis honoratus, sic domum redibat, sicque secum usque ad alium maium domi residebat. (*Extr. de la Vie de saint Burchard, écrite par Egilward, moine de Wirzbourg*, liv. II, chap. 1. D. Bouquet, t. III, p. 670 et 671.)

Illo in tempore... opes et potentia regni penes... majores-domus... retinebantur; neque aliud regi relinquebatur, quam ut regio tantum nomine contentus, solio resideret. Carpento ibat, quod bobus junctis... trahebatur. Sic ad publicum populi sui conventum, qui annuatim ob regni utilitatem celebrabatur, ire, sic domum redire solebat. (*Extr. des miracles de saint Benoît, écrits sous le règne de Charles-le-Chauve, par Adrevalde*,

moine de Fleury, chap. 12. D. Bouquet, t. III, p. 671.)

Gens merovingorum de qua Franci reges sibi creare soliti erant, usque in Childericum regem, qui... in monasterium trusus est, durasse putatur;... tamen jamdudum nullius vigoris erat..... Nam et opes et potentia regni penes... majores-domus trahebantur : neque regi aliud relinquebatur, quam ut regio tantum nomine contentus... Quocumque eundum erat, carpento ibat, quod bubus junctis... trahebatur. Sic ad palatium, sic ad publicum populi sui conventum, qui annuatim ob regni utilitatem celebrabatur, ire, sic domum redire solebat. (*Extr. de la Vie de Charlemagne, par Éginhard*, chap. 1. D. Bouquet, t. V, p. 89.)

III. — 1°. An. DCCLIV. Rex Pipinus ...ad kalendas martias omnes Francos, sicut mos Francorum est,..... ad se venire præcepit.

2°. An. DCCLIV. Commoto omni exercitu Francorum,... ad Betoricas accessit... Iterum campo-madio, sicut mos erat, ibidem tenere jubet. (*Extr. du dernier continuateur de Frédégaire*, chap. 120 et 132. D. Bouquet, t. V, p. 2 et 7.)

2°. An. DCCLVIII. Pipinus rex in Saxoniam ibat, et firmitates Saxonum per virtutem introivit...... et multa strages facta sunt in populo Saxonum. Et tunc polliciti sunt contra Pippinum, omnes voluntates ejus facien-

les ans le placité général, en nous apprenant qu'il obligea les Saxons qu'il avait vaincus à lui présenter tous les ans, à cette assemblée, le tribut de trois cents chevaux qu'il leur avait imposé.

3°. Hincmar de Reims, dans un ouvrage où il rappelle l'ordre suivi sous les règnes de Charlemagne et Charles-le-Chauve, marque que, « suivant la coutume, il se tenait un « placité général au commencement de chaque année. »

4°. Les Annales de Loisel et d'Eginhard disent que Charlemagne tenait « le placité général selon la coutume, selon « l'usage annuel, que cette assemblée avait lieu tous les ans. »

5°. Le moine Ernold, dans un écrit qu'il adresse à Louis-le-Pieux, dit que « les rois tenaient tous les ans au prin-« temps des assemblées solennelles, selon l'antique usage des « Francs. »

6°. Un capitulaire de Charlemagne ordonne en géné-ral, « à tous les hommes libres de se rendre chaque année, « d'après la convocation royale, à un placité vers le temps de « l'été. »

dum, et in placito suo præsentandum, usque in equos trecentos per singulos annos. (*Extr. des Annales de Loisel.* Même récit dans les *Annales de saint Bertin.* D. Bouquet, t. V, p. 35.)

An. DCCLVIII. Pipinus rex cum exercitu Saxoniam agressus est;... coegitque ut promitterent se omnem voluntatem ejus facturos, et singulis annis ... ad generalem conventum equos ccc pro munere daturos. (*Extr. des Annales d'Eginhard.* D. Bouquet, t. V, p. 198.)

3°. Consuetudo autem tunc temporis talis erat, ut non sæpius, sed bis in anno placita duo tenerentur. Unum, quando ordinabatur status totius regni ad anni vertentis spatium. (*Extr. de l'ouvrage d'Hincmar sur l'ordre du sacré palais,* chap. 29. D. Bouquet, t. IX, p. 267.)

4°. An. DCCXI. Imperator... placito generali secundum consuetudinem Aquis habito, in tres partes regni sui totidem exercitus misit. (*Extr. des Annales de Loisel.* Même récit dans les *Annales d'Eginhard.* D. Bouquet, t. V, p. 60.)

An. DCCLXXXII. In Saxoniam... et ibi, ut in Francia quotannis solebat, generalem conventum habendum censuit.

An. DCCCXXXV. Transacta tandem hieme, et advectis ex Francia commeatibus, publicum populi sui conventum in loco qui Paderbrunna vocatur, more solemni habuit. (*Extr. des Annales d'Eginhard.* D. Bouquet, t. V, p. 205, 206 et 207.)

5°. Regni jura movent, renovantque solentia reges,
Quisque suos fines ut tueatur adit.
Nec minus accitu Francorum more vetusto
Jam satus a Carolo agmina nota vocat.
(*Extr. d'un écrit du moine Ernold, adressé à Louis-le-Pieux,* D. Bouquet, t. VI, p. 14.)

6°. Ut bis in anno ad mallum omnes liberi veniant.

Ut ad mallum venire nemo tardet, primum circa æstatem, secundo circa autumnum. Ad alia vero placita, si necessitas fuerit, vel denuntiatio regis urgeat, vocatus venire nemo tardet. (*Extr. du premier capitulaire de Charlemagne, de l'an 769,* art. 12. Même dispositif dans le liv. VII, art. 133, des *capitulaires de la collection de Benoît Lévite.* Baluze, t. I, p. 192 et 1051.)

7°. Louis-le-Pieux déclare dans la charte de division de l'an 817, « qu'il a réuni au mois de juin l'assemblée générale « de son peuple suivant la coutume. »

8°. Charles-le-Chauve déclare dans le capitulaire de l'an 869, « qu'il a délibéré avec tous ses fidèles, suivant la cou-« tume de ses prédécesseurs. »

IV. La preuve de l'usage des placités généraux annuels sous la seconde race, se complète par les témoignages d'une foule de contemporains authentiques, qui font mention d'un très-grand nombre de ces assemblées, sous les quatre premiers règnes, dans des années consécutives ou très-rapprochées.

Pour le règne de Pépin, qui dura seize ans, on prouve la tenue de huit placités généraux :

1°. Le placité général tenu à Braine, l'an 754, mentionné dans la Chronique de Frédégaire et les Annales de Metz ;

2°. Le placité général tenu à Compiègne, l'an 757, cité par six auteurs ;

3°. Le placité général tenu à Duren, dans le pays des Ripuaires, l'an 761, cité par sept auteurs ;

7°. Quum nos... mense julio, Aquis-grani palatio nostro more solito sacrum conventum et generalitatem populi nostri propter ecclesiastica, vel totius imperii nostri utilitates pertractandas, congregassemus. (*Extr. de la charte de partage de Louis-le-Pieux, de l'an 817.* Baluze, t. I, p. 573.)

8°. Adnuntiatio Karoli regis. Secundum consuetudinem antecessorum nostrorum consideravimus in hoc placito, cum episcopis et ceteris fidelibus nostris. (*Extr. d'un capitulaire de Charles-le-Chauve, de l'an 869,* tit. 40, *annonciation,* art. 1. Baluze, t. II, p. 215.)

IV.—1°. An. DCCLIV. Præfatus rex ad kalendas Martias, omnes Francos, sicut mos Francorum est, Bernaco villa ad se venire præcepit. (*Extr. du dernier continuateur de Frédégaire,* chap. 120. D. Bouquet, t. V, p. 2.)

Pipinus rex placitum habuit secundum consuetudinem, kalendis martiis Brennaco villa. (*Extr. des Annales de Metz.* D. Bouquet, t. V, p. 335.)

2°. An. DCCLVII. Tenuit rex placitum ad Compendium, ibique Dasilo venit. (*Extr. des Annales Tilliennes.* D. Bouquet, t. V, p. 17.)

Rex Pipinus tenuit placitum suum in Compendio cum Francis. Ibique Tassilo venit dux Bajoariorum. (*Extr. des Annales de Loisel.* Même récit dans les *Annales de saint Bertin* et dans la *Chronique de Réginon.* D. Bouquet, t. V, p. 34.)

Constantinus imperator Pipino regi multa misit munera,... quæ ad eum in Compendio villa pervenerunt, ubi tunc populi sui generalem conventum habuit. Illuc et Tassilo... cum primoribus gentis suæ venit. (*Extr. des Annales d'Éginhard.* D. Bouquet, t. V, p. 198.)

Tenente placitum Pipino rege in Compendio, Tassilo, dux Bajoariorum, ad illum ibi venit. (*Extr. des Annales d'Adon,* archevêque de Vienne, écrites sous *Charles-le-Chauve.* D. Bouquet, t. V, p. 317.)

3°. An. DCCLXI. Evoluto anno,.... omnes optimates Francorum ad Dura in pago Rigurinse ad campo-madio, pro salute patriæ et utilitate Francorum tractanda, placito instituto ad se venire præcepit... Quum hoc Pipino regi nuntiatum fuisset, quod Waifarius maximam partem regni sui vastasset.... nimium in ira com-

4°. Le placité général tenu à Nevers, l'an 763, cité par huit auteurs ;

5°. Le placité général tenu à Worms, l'an 764, cité par six auteurs ;

6°. Le placité général tenu à Attigni, l'an 765, cité par huit auteurs ;

7°. Le placité général tenu à Orléans, l'an 766, cité par huit auteurs ;

motus, jubet omnes Francos ut hostiliter, placito instituto, ad Ligerem venissent. (*Extr. de la Chronique de Frédégaire*, chap. 125. D. Bouquet, t. V, p. 4 et 5.)

Rex synodum tenuit ad Duriam, et nuntiatum est ei quod Waiferus... mentitus esset. (*Extr. des Annales Tilliennes.* Même récit dans les *Annales de Loisel*, dans celles de saint Bertin et dans la *Chronique de Réginon.* D. Bouquet, t. V, p. 17 et 35.)

Waifarius dux quanquam obsides dedisset, sacramentaque jurasset,... exercitum suum, qui Francorum possessiones popularetur, usque ad Cabillonem civitatem fecit accedere. Quod quum Pipino regi generalem conventum agenti in villa Duria fuisset nuntiatum, coactis undique auxiliis,... Aquitaniam ingressus,... quædam... castella manu cepit. (*Extr. des Annales d'Éginhard.* D. Bouquet, t. V, p. 199.)

Pippinus rex conventum Francorum habuit in Duria villa,... et de utilitate regni Francorum tractans, suos ibi optimates adunavit. (*Extr. des Annales de Metz.* D. Bouquet, t. V, p. 338.)

4°. An. DCCLXIII. Iterum.... commoto omni exercitu Francorum, per Trecas, inde Antisiodorum, usque ad Nivernum urbem cum omni exercitu veniens, ibique cum Francis et proceribus suis placitum suum campomadio tenens. (*Extr. du dernier continuateur de Frédégaire.* D. Bouquet, t. V, p. 6.)

Rex habuit placitum suum in Nievernis. (*Extr. des Annales Tilliennes.* Même récit dans les *Annales de Loisel*, dans celles de saint Bertin, et dans la *Chronique de Réginon.* D. Bouquet, t. V, p. 18 et 35.)

Congruo tempore, conventu in Ni-

vernis habito. (*Extr. des Annales d'Éginhard.* D. Bouquet, t. V, p. 199.)

Tenuit placitum suum Nevernus... Pippinus. (*Extr. des Annales d'Andon.* D. Bouquet, t. V, p. 305.)

Pippinus rex habuit placitum suum generale Francorum in Nivernis. (*Extr. des Annales de Metz.* D. Bouquet, t. V, p. 338.)

5°. An. DCCLXIV. Pippinus habuit placitum suum ad Vurmaciam. (*Extr. des Annales Tilliennes.* Même récit dans les *Annales de Loisel*, dans celles de saint Bertin, et dans la *Chronique de Réginon.* D. Bouquet, t. V, p. 18 et 35.)

Rex Pipinus ... populi sui generalem conventum habuit in Wormacia civitate. (*Extr. des Annales d'Éginhard.* Même récit dans les *Annales de Metz.* D. Bouquet, t. V, p. 199 et 339.)

6°. An. DCCLXV. Habuit placitum Pipinus in Attiniaco. (*Extr. des Annales Pétaviennes.* Même récit dans les *Annales Tilliennes*, dans les *Annales de Loisel*, dans celles de saint Bertin, et dans la *Chronique de Réginon.* D. Bouquet, t. V, p. 13, 18 et 36.)

Hoc anno rex Pipinus ... neque... regni sui terminos egressus est : sed generalem populi sui conventum in Attiniaco villa, ... habuit. (*Extr. des Annales d'Éginhard.* Même récit dans les *Annales de Metz.* D. Bouquet, t. V, p. 199 et 339.)

Non multo post positus in palatio quod Attiniacum vocatur, quum ad generalem populi sui conventum abba Anserus venisset. (*Extr. d'une histoire des miracles de saint Goar, écrite par Vandalbert, abbé de Prum, au neuvième siècle.* D. Bouquet, t. V, p. 454.)

7°. An. DCCLXVI. Evoluto ... anno, commoto omni exercitu Francorum,

8°. Enfin le placité général tenu à Bourges, l'an 767, cité par sept auteurs.

V. Pour le règne de Charlemagne, qui dura quarante-cinq ans, on prouve la tenue de trente placités généraux :

1°. Le placité général tenu à Worms, l'an 770, cité par six auteurs ;

2°. Le placité général tenu à Valenciennes, l'an 771, cité par six auteurs ;

3°. Le placité général tenu à Worms, l'an 772, cité par les mêmes auteurs;

4°. Le placité général tenu à Genève, l'an 773, cité par six auteurs ;

vel plurium nationum, quæ in regno suo commorabantur, usque ad Aurelianis veniens, ibi placitum suum ... tenens. (*Extr. du dernier continuateur de Frédégaire.* D. Bouquet, t. V, p. 7.)

Pipinus rex ... conventu in Aurelianis habito. (*Extr. des Annales d'Éginhard.* Même récit dans les *Annales de Metz.* D. Bouquet, t. V, p. 200 et 339.)

Rex ... habuit placitum ad Aurelianis civitatem. (*Extr. des Annales Tilliennes.* Même récit dans les *Annales de Loisel, dans celles d'Adon et de saint Bertin,* et dans la *Chronique de Réginon.* D. Bouquet, t. V, p. 18, 36 et 317.)

8°. An. DCCLXVII. Commoto omni exercitu Francorum ... ad Betoricas accessit.... Iterum campo-madio, sicut mos erat, ibidem tenere jubet. (*Extr. de la Chronique de Frédégaire.* D. Bouquet, t. V, p. 7.)

Mense augusto ad reliquias belli profectus est : et Bituricam veniens, conventum more Francico in campo egit. (*Extr. des Annales d'Éginhard.* D. Bouquet, t. V, p. 200.)

In mense augusto ... perrexit partibus Aquitaniæ; Bituricas usque venit; ibi synodum fecit cum Francis solito more in campo. (*Extr. des Annales de Loisel.* Même récit dans les *Annales de saint Bertin, dans la Chronique de Réginon, dans les Annales Tilliennes,* et dans celles *de Metz.* D. Bouquet, t. V, p. 18, 36 et 339.)

V. — 1°. An. DCCLXX. Rex habuit synodum ad Vurmatiam. (*Extr. des Annales Tilliennes.* Même récit dans les *Annales de Metz,* dans les *An-*

nales de Loisel, dans celles de saint Bertin, et dans la *Chronique de Réginon.* D. Bouquet, t. V, p. 18, 37 et 340.)

Dominus Karolus rex habuit populi sui conventum in Wormacia civitate. (*Extr. des Annales d'Éginhard.* D. Bouquet, t. V, p. 201.)

2°. An. DCCLXXI. Rex synodum habuit ad Valentianas (*Extr. des Annales Tilliennes.* Même récit dans les *Annales de Loisel,* dans les *Annales de Metz,* dans celles de *saint Bertin,* et dans la *Chronique de Réginon.* D. Bouquet, t. V, p. 18, 37 et 340.)

Peracto secundum morem generali conventu super fluvium Scaldam in villa Valentiana, rex Karolus. (*Extr. des Annales d'Éginhard.* D. Bouquet, t. V, p. 201.)

3°. An. DCCLXXII. Rex habuit synodum ad Vurmatiam. (*Extr. des Annales Tilliennes.* Même récit dans les *Annales de Loisel,* dans les *Annales de Metz,* dans celles de *saint Bertin,* et dans la *Chronique de Réginon.* D. Bouquet, t. V, p. 18, 37 et 340.)

Rex ... Karolus, congregato apud Wormaciam generali conventu. (*Extr. des Annales d'Éginhard.* D. Bouquet, t. V, p. 201.)

4°. An. DCCLXXIII. Mai campus ad Genua. Et Karolus rex cum exercitu Francorum in Langobardiam. (*Extr. des Annales Nazariennes.* D. Bouquet, t. V, p. 11.)

Synodum ... rex .. tenuit generaliter cum Francis apud Jenuam civitatem, ibique exercitum dividens, perrexit ipse per montem Cenisium. (*Extr. des Annales de Loisel.* Même

5°. Le placité général tenu à Duren, l'an 775, cité par sept auteurs;

6°. Le placité général tenu à Worms, l'an 776, cité par les mêmes auteurs;

7°. Le placité général tenu à Paderborn, l'an 777, cité par dix auteurs;

8°. Le placité général tenu à Duren, l'an 779, cité par sept auteurs;

récit dans les *Annales de saint Bertin,* dans la *Chronique de Réginon,* dans les *Annales Tilliennes,* et dans celles de *Metz.* D. Bouquet, t. V, p. 38 et 341.)

5°. An. DCCLXXV. Rex habuit synodum ad Duriam, et inde pergens in Saxoniam, Sigeburgum cepit. (*Extr. des Annales Tilliennes.* Même récit dans les *Annales de Loisel,* dans les *Annales de Metz,* dans celles de *saint Bertin,* et dans la *Chronique de Réginon.* D. Bouquet, t. V, p. 19, 39 et 341.)

Habito ... apud Duriam villam generali conventu, Rheno quoque transmisso, cum totis regni viribus Saxoniam petiit. (*Extr. des Annales d'Eginhard.* D. Bouquet, t. V, p. 202.)

Mai campus ad Dura. Karolus rex cum exercitu Francorum in Saxoniam. (*Extr. des Annales Nazariennes* D. Bouquet, t. V, p. 11.)

6°. An. DCCLXXVI. Conventu apud Wormaciam habito, Saxoniam petere statuit. (*Extr. des Annales d'Eginhard.* D. Bouquet, t. V, p. 203.)

Mai campus ad Wormacia. Et Karolus rex cum Francis in Saxonia, jam sine bello. (*Extr. des Annales Nazariennes.* D. Bouquet, t. V, p. 11.)

Cum victoria reversi sunt Franci: et pervenit rex ad Vurmatiam : ... conjunxit synodum ad eamdem civitatem, et ibi placitum tenuit. (*Extr. des Annales Tilliennes.* D. Bouquet, t. V, p. 19.)

Carolus rex ... conjunxit synodum ad eamdem civitatem: et ibi placitum publicum tenens, concilio facto ... Saxonum ... firmitates subito introivit. (*Extr. des Annales de Loisel.* Même récit dans les *Annales de saint Bertin,* et dans la *Chronique de Réginon.* D. Bouquet, t. V, p. 40.)

Rex Warmatiam veniens, synodum placitumque publicum ibi tenuit: et concilio soluto, mox Saxonum fines penetravit. (*Extr. des Annales de Metz.* D. Bouquet, t. V, p. 342.)

7°. An. DCCLXXVII. Rex habuit placitum ad Patresbrunna prima vice, Ibique venientes Franci et Saxones, excepto Witikingo. (*Extr. des Annales Tilliennes.* Même récit dans les *Annales de Loisel,* dans les *Annales de Metz,* dans celles de *saint Bertin,* et dans la *Chronique de Réginon.* D. Bouquet, t. V, p. 19, 40 et 341.)

Ad locum, qui Padrabrunna vocatur, generalem populi sui conventum in eo habiturus, cum ingenti exercitu in Saxoniam profectus est. (*Extr. des Annales d'Eginhard.* D. Bouquet, t. V, p. 203.)

Rex Karolus venit in Saxoniam, loco cognominato Patresbrunna; habuitque ibi magnum placitum: et ibi convenerunt Saxones ad baptismum catholicum. (*Extr. des Annales Pétaviennes.* Même récit dans les *Annales de Fulde.* D. Bouquet, t. V, p. 1 ? et 328.)

Habuit Karolus conventum maximum Francorum, id est magii campum, in Saxonia ad Partes-Brunna. (*Extr. de la Chronique de Moissac.* D. Bouquet, t. V, p. 70.)

Placitum generale ... celebravit ad Paterbrunnam. (*Extr. de la Chronique d'Adon.* D. Bouquet, t. V, p. 319.)

8°. An. DCCLXXIX. Fuit synodus ad Duriam, et inde peractus partibus Saxoniæ ad Lippeham. (*Extr. des Annales Tilliennes.* Même récit dans les *Annales de Loisel,* dans les *Annales de Metz,* dans les *Annales Nazariennes,* dans celles de *saint Bertin,* et dans la *Chronique de Réginon.* D. Bouquet, t. V, p. 20, 41 et 343.)

9°. Le placité général tenu à Héresbourg, l'an 780, cité par sept auteurs ;

10°. Le placité général tenu à Worms, l'an 781, cité par les Annales pétaviennes et la Chronique de Moissac ;

11°. Le placité général tenu l'an 782, à la source de la Lippe, cité par huit auteurs ;

12°. Le placité général tenu à Paderborn, l'an 785, cité par sept auteurs ;

13°. Le placité général tenu à Worms, l'an 786, cité par cinq auteurs ;

Duriam venit : habitoque juxta morem generali conventu, Rhenum trajecit et usque ad Lippiam ... pervenit. (Extr. des Annales d'Eginhard. D. Bouquet, t. V, p. 204.)

9°. An. DCCLXXX. Rex ad Heresburg veniens, et inde ubi Lippia consurgit, ibi synodum tenuit. Inde iter agens partibus Albim, ... reversus est in Francia. (Extr. des Annales Tilliennes. Même récit dans les Annales de Loisel, dans les Annales de Metz, dans les Annales Nazariennes, dans celles de saint Bertin, et dans la Chronique de Réginon. D. Bouquet, t. V, p. 13, 20, 41 et 343.)

Carlus, habito conventu in Saxonia, iterum eam subigit. (Extr. des Annales de Fulde. D. Bouquet, t. V, p. 329.)

10°. An. DCCLXXXI. Vurmacia civitate venerunt Franci, ad placitum : et ibi fuit Taxilo, dux de Bawaria. (Extr. des Annales Pétaviennes. D. Bouquet, t. V, p. 15.)

Rex ... conloquium habuit cum Tassilone, et magnum Francorum conventum, id est magii campum, apud Wormaciam habuit civitatem. (Extr. de la Chronique de Moissac. D. Bouquet, t. V, p. 71.)

11°. An. DCCLXXXII. Rex Karolus habuit magnum placitum in Saxonia super flumen Lippia. (Extr. des Annales Pétaviennes. D. Bouquet, t. V, p. 15.)

(Karolus) rex iter ... peragens, et Rhenum transiens ad Coloniam, synodum tenuit ubi Lippia consurgit. (Extr. des Annales de Loisel. Même récit dans les Annales Tilliennes, dans celles de saint Bertin, et dans la

Chronique de Réginon. D. Bouquet, t. V, p. 20 et 42.)

Famosissimus princeps, habito in Saxonia super fontem, qui Lippia dicitur, generali conventu. (Extr. de l'Hist. des miracles de saint Goar, écrite par Vandalbert, abbé de Prum, au neuvième siècle. D. Bouquet, t. V, p. 354.)

Rex ... synodum tenuit ubi Lippia consurgit. (Extr. des Annales de Fulde. D. Bouquet, t. V, p. 344.)

Æstatis initio, ... in Saxoniam eundum, ... ut in Francia quotannis solebat, generalem conventum habendum censuit.... Cum omni Francorum exercitu ad fontem Lippia venit. (Extr. des Annales d'Eginhard. D. Bouquet, t. V, p. 205.)

12°. An. DCCLXXXV. Rex... synodum tenuit ad Patris-Brunne. (Extr. des Annales Tilliennes. Même récit dans les Annales de Loisel, dans les Annales de Metz, dans celles de saint Bertin et dans la Chronique de Réginon. D. Bouquet, t. V, p. 21, 43 et 345.)

Rex placitum habuit ad Partes-Brunna cum Francis et Saxonibus. (Extr. de la Chronique de Moissac. D. Bouquet, t. V, p. 71.)

Transacta... hieme, et advectis ex Francia commeatibus, publicum populi sui conventum in loco, qui Padrabrunna vocatur, more solenni habuit. (Extr. des Annales d'Eginhard. D. Bouquet, t. V, p. 206.)

13°. DCCLXXXVI. Rex... mense aprili in Wormatia synodum episcoporum, ac conventum magnificum coire fecit. (Extr. de la Chronique de Moissac. D. Bouquet, t. V, p. 72.)

Misit exercitum suum rex partibus

14°. Le placité général tenu encore à Worms, l'an 787, cité par six auteurs :

15°. Le placité général tenu à Ingelseim, l'an 788, cité par huit auteurs ;

16°. Le placité général tenu à Worms, l'an 790, cité par cinq auteurs ;

17°. Le placité général tenu à Ratisbonne, l'an 792, cité par cinq auteurs ;

Britannia... Et prævaluerunt Franci, et cum victoria reversi sunt, et capitaneos eorum ad synodum præsentaverunt domno regi ad Vormatiam. (*Extr. des Annales Lilliennes.* Même récit dans les *Annales de Loisel,* dans celles *de saint Bertin* et dans la *Chronique de Reginon.* D. Bouquet, t. V, p. 2 et 11.)

14°. An. DCCXXXVII. Carolus rex... pervenit ad... reginam in civitate Warmatia... Synodum... congregavit ad eamdem civitatem. (*Extr. des Annales de Loisel.* Même récit dans les *Annales de Metz,* dans les *Annales Tilliennes,* dans celles de saint Bertin et dans la *Chronique de Reginon.* D. Bouquet, t. V, p. 45, 21 et 346.)

Rex... in Franciam reversus est, et quum uxorem suam.... Wormaciæ invenisset, generalem populi sui conventum ibi habere statuit. (*Extr. des Annales d'Eginhard.* D. Bouquet, t. V, p. 208.)

15°. An. DCCXXXVIII. Rex Carolus congregans synodum ad..... villam Ingilenheim, ibique veniens Tassilo ex jussione regis, sicut et cæteri ejus vassi. Et cœperunt fideles Bajoarii dicere, quod Tassilo fidem suam salvam non haberet... De his... comprobatus, Franci, et Bajoarii, et Langobardi et Saxones, vel omnes ex aliis provinciis, qui ad eamdem synodum congregati fuerunt, ... visi sunt judicasse se eumdem Tassilonem ad mortem. (*Extr. des Annales de Loisel.* Même récit dans les *Annales de saint Bertin,* dans la *Chronique de Reginon,* dans les *Annales de Metz,* dans les *Annales d'Alhon,* et dans les *Annales Tilliennes.* D. Bouquet, t. V, p. 45, 46, 346, 219 et 21.)

Quum in eadem villa generalem populi sui rex fieri decrevisset conventum, ac Tassilonem, ... sicut et ceteros vassos suos, in eodem adesse jussisset, ... noxæ convictus, quo omnium assensu, ut læse majestatis reus, capitali sententia damnatus est. (*Extr. des Annales d'Eginhard.* D. Bouquet, t. V, p. 208.)

Venit Tassilo ad Karolum regem ad Ingelinhaim. Et factum est conventum Francorum, cæterarumque nationum, quæ sub dominatione ejus erant. (*Extr. de la Chronique de Moissac.* D. Bouquet, t. V, p. 72.)

16°. An. DCCXC. Ibique habuit... rex Karolus magnum conventum vel placitum, ... una cum Francis. (*Extr. des Annales Petavienne.* Même récit dans les *Annales de Loisel,* dans les *Annales de Metz,* dans celles de saint Bertin et dans la *Chronique de Reginon.* D. Bouquet, t. V, p. 16, 47 et 347.)

17°. An. DCCXCII. Rex Carolusquam cognovisset consilium Pipini et consentaneorum suorum, coadjuvit adventum Francorum et aliorum fidelium suorum ad Reganespurg. Ubi universus populus christianus, qui cum rege aderant, judicavit Pipinum et consentaneos suos. (*Extr. des Annales de Loisel.* Même récit dans la *Chronique de Moissac,* dans les *Annales de saint Bertin* et dans la *Chronique de Reginon.* D. Bouquet, t. V, p. 18 et 49.)

Hoc anno rex Karolus... habuit magnum placitum in Rainesburgo civitate... Et eodem anno patefactum est consilium iniquum, quem consiliaverunt cum Pipino filio Karoli, iniqui consiliatores : unde reprobi apparuerunt et receperunt suorum meritum. (*Extr. des Annales Petavienne.* D. Bouquet, t. V, p. 16.)

18°. Le placité général tenu encore à Ratisbonne, l'an 793, cité par la Chronique de Moissac;

19°. Le placité général tenu à Francfort, l'an 794, cité par le seul Éginhard, contemporain authentique;

20°. Le placité général tenu à Euffinstein, l'an 795, cité par cinq auteurs;

21°. Le placité général tenu à Lippenheim, l'an 799, cité par Éginhard et par l'Astronome;

22°. Le placité général tenu à Mayence, l'an 800, cité dans les Annales d'Éginhard et les Annales de Metz;

23°. Le placité général tenu encore à Mayence, l'an 803, et cité dans un capitulaire de Charlemagne, les Annales de Metz et la Chronique de Moissac;

18°. An. dccxciii. In ipsa hieme iterum fecit conventum ad Raganesburg. Et quum cognovisset fideles suos episcopos, abbates et comites, qui cum ipso ibi aderant, et reliquum populum fidelem, qui cum Pipino in ipso consilio pessimo non fuissent, multipliciter eos honoravit... donis plurimis. (*Extr. de la Chronique de Moissac.* D. Bouquet, t. V, p. 73.)

19°. An. dccxciv. Æstatis initio, quando et generalem populi sui conventum habuit, concilium episcoporum ex omnibus regni sui provinciis in eadem villa congregavit. (*Extr. des Annales d'Éginhard.* D. Bouquet, t. V, p. 211.)

20°. An. dccxcv. Venit rex ad locum qui dicitur Cufstagnum, et tenuit ibi placitum suum. (*Extr. des Annales Tilliennes.* Même récit dans les *Annales de Loisel,* dans celles *de saint Bertin* et dans la *Chronique de Regino.* D. Bouquet, t. V, p. 22 et 49.)

Rex.... conventum generalem trans Rhenum in villa Culfenstein, quæ super Moenum contra Moguntiacum urbem sita est, more solenni habuit. (*Extr. des Annales d'Éginhard.* D. Bouquet, t. V, p. 211.)

21°. An. dccxcix. Habito... generali conventu super Rhenum in loco, qui Lippenheim vocatur, ibique eodem anno transmisso cum toto exercitu suo, ad Padrabunnam accessit. (*Extr. des Annales d'Éginhard.* D. Bouquet, t. V, p. 214.)

Hieme transacta misit ad illum ... rex, ut ad se contra Saxones euntem, cum populo quo posset, veniret. Qui... ad eum Aquisgrani venit: et cum ipso ad Fremersheim ubi placitum generale habuit, super ripam Rheni perrexit. (*Extr. de la Vie de Louis-le-Pieux, par l'Astronome.* D. Bouquet, t. VI, p. 91.)

22°. An. dccc. Mense augusto inchoante Moguntiacum veniens, generalem conventum ibidem habuit. (*Extr. des Annales d'Éginhard.* D. Bouquet, t. V, p. 214.)

Mense augusto rex Maguntiæ placitum tenuit, et inde movens cum exercitu, Ravennam venit. (*Extr. des Annales de Metz.* D. Bouquet, t. V, p. 350.)

23°. An. dccciii. Si aliæ res fortuito non præoccupaverint, viii kalendas julias, id est, missa sancti Johannis Baptistæ, ad Magontiam generale placitum nostrum habere volumus. (*Extr. du capitulaire 3 de Charlemagne.* Même dispositif dans l'appendice des *capitulaires de la collection d'Anségise.* Baluze, t. I, p. 395, 396 et 795.)

Post Pascha ... ad Magonciam venit, ibique solito more conventum Francorum habuit. (*Extr. des Annales de Metz.* D. Bouquet, t. V, p. 351.)

Karolus imperator celebravit Pascha apud Aquis palatium, et conventum habuit ad Maguntiam. (*Extr. de la Chronique de Moissac.* D. Bouquet, t. V, p. 80.)

24°. Le placité général tenu à la source de la Lippe, l'an 804, cité dans les Annales de Metz ;

25°. Le placité général tenu à Vadala, l'an 806, cité dans la Chronique de Moissac ;

26°. Le placité général tenu à Conflans, l'an 807, cité trois ans après par un annaliste inconnu ;

27°. Le placité général tenu à Fereda, l'an 810, cité par le même annaliste ;

28°. Le placité général de l'an 811, tenu à Aix-la-Chapelle, cité par quatre auteurs ;

29°. Le placité général tenu encore à Aix-la-Chapelle, l'an 812, cité par les mêmes auteurs ;

30°. Le placité général tenu l'an 813, à Aix-la-Chapelle, mentionné dans un capitulaire, et cité par six auteurs.

VI. Pour le règne de Louis-le-Pieux, qui dura vingt-six ans, on prouve la tenue de vingt-quatre placités généraux, et

24°. An. DCCCIV. Exercitum in Saxoniam misit : transitoque Rheno, generalem conventum Francorum habuit juxta Lippiæ fontem. (*Extr. des Annales de Metz.* D. Bouquet, t. V, p. 351 et 352.)

25°. An. DCCCVI. Karolus imperator celebravit Pascha ad Neumaga, et misit filium suum Karolum ... super Buringa, ad locum qui vocatur Waladala : ibique habuit conventum suum. (*Extr. de la Chronique de Moissac.* D. Bouquet, t. V, p. 81.)

26°. An. DCCCVII. Karolus imperator placitum habuit ad Conflem cum Francis : et illi dederunt dona sua, et reversi sunt ad propria. (*Extr. d'anciennes Annales.* D. Bouquet, t. V, p. 30.)

27°. An. DCCCX. Karolus imperator cum exercitu Francorum perrexit in Saxonia, et ibi placitum habuit in Fereda. (*Extr. d'anciennes Annales.* D. Bouquet, t. V, p. 30.)

28°. An. DCCCXI. Imperator ... placito generali secundum consuetudinem Aquis habito, in tres partes regni sui totidem exercitus misit. (*Extr. des Annales de Loisel.* Même récit dans les *Annales d'Eginhard*, dans celles de *saint Bertin*, et dans la *Chronique de Réginon.* D. Bouquet, t. V, p. 60.)

29°. An. DCCCXII. Imperator generali conventu Aquis solenniter habito, Bernardum filium Pipini nepotem suum in Italiam misit. (*Extr. des Annales de Loisel.* Même récit dans les *Annales d'Eginhard*, dans celles de *saint Bertin*, et dans la *Chronique de Réginon.* D. Bouquet, t. V, p. 61.)

30°. An. DCCCXIII. Karolus imperator ... cum episcopis, abbatibus, comitibus, ducibus, omnibusque fidelibus christianæ ecclesiæ, cum consensu consilioque constituit ... capitula ista in palatio Aquis. (*Extr. du capitulaire 2 de l'an 813, Préface.* Baluze, t. I, p. 506.)

An. DCCCXIII. Imperator Aquisgrani hiemavit.... Ac ... habito generali conventu, ... coronam illi imposuit. (*Extr. des Annales de Loisel.* Même récit dans les *Annales de Metz*, dans celles d'*Eginhard*, dans celles de *saint Bertin*, et dans la *Chronique de Réginon.* D. Bouquet, t. V, p. 61, 62 et 358.)

Anno DCCCXIII ... mense septembri ... Karolus fecit conventum magnum populi apud Aquis palatium de omni regno ... suo. Et convenerunt episcopi, abbates, et comites et senatus Francorum, ad imperatorem in Aquis. (*Extr. de la Chronique de Moissac.* D. Bouquet, t. V, p. 83.)

VI. — 1°. An. DCCCXIV. Eo anno

la convocation du vingt-cinquième, dont sa mort empêche la tenue :

1°. Le placité général tenu à Aix-la-Chapelle, l'an 814, cité par quatre auteurs ;

2°. Le placité général tenu à Paderborn, l'an 815, cité par quatre auteurs ;

3°. Le placité général tenu à Aix-la-Chapelle, l'an 816, cité dans les Actes d'un concile tenu en même temps, et dans les écrits de l'Astronome ;

4°. Le placité général tenu à Aix-la-Chapelle, l'an 817, cité par trois auteurs de la seconde race et dans la charte de division de Louis-le-Pieux ;

5°. Le placité général tenu au même lieu, l'an 818, cité

placitum suum cum Francis, imperator Hludowichus habuit. (*Extr. des anciennes Annales des Francs.* D. Bouquet, t. VI, p. 170.)

Habito ... Aquisgrani generali conventu populi sui. (*Extr. des Annales de Fulde.* Même récit dans les *Annales d'Éginhard* et dans celles de saint Bertin. D. Bouquet, t. VI, p. 206 et 174.)

2°. An. DCCCXV. Habuit generale placitum suum in partibus Saxoniæ. (*Extr. de la Vie de Louis-le-Pieux, par Thégan.* D. Bouquet, t. VI, p. 77.)

Saxonici comites... adsimperatorem in loco, qui dicitur Patrisbrunna, redierunt ; quo omnis populus ad ejus generalem conventum coierat. (*Extr. de la Vie de Louis-le-Pieux, par l'Astronome.* Même récit dans les anciennes *Annales des Francs.* D. Bouquet, t. VI, p. 98 et 170.)

Saxonici comites ... ad imperatorem in Saxoniam reversi sunt : ipse enim tunc temporis in loco qui dicitur Padrabrunna, generalem sui populi conventum habebat. (*Extr. des Annales d'Éginhard.* D. Bouquet, t. VI, p. 175.)

3°. An. DCCCXVI. Quum ... gloriosissimus Hludouvicus, ... anno ... DCCCXVI.... Aquisgrani palatio generalem sanctumque convocasset conventum, ... omnium sententia statutum est. (*Extr. des Actes du concile d'Aix-la-Chapelle.* Sirmond, t. II, p. 329 et 330.)

4°. An. DCCCXVI. Sub eodem anno ... imperator generalem habuit conventum Aquisgrani. (*Extr. de la Vie de Louis-le-Pieux,* chap. 28. D. Bouquet, t. VI, p. 100.)

Imperator ... generalem populi sui conventum Aquisgrani more solito habuit, in quo filium suum ... Lotharium ... imperii sui socium sibi constituit. (*Extr. des Annales d'Éginhard.* D. Bouquet, t. VI, p. 177.)

Anno quarto conventum suum habuit Hluduwichus imperator cum Francis in Aquisgrani mense junio, et in dicto ordinatus est ... Hludharius in imperatorem, ut consors regni fieret cum patre. (*Extr. des anciennes Annales des Francs,* art. 4. D. Bouquet, t. VI, p. 170.)

Quum nos ... mense julio, Aquisgrani palatio nostro more solito sacrum conventum et generalitatem populi nostri propter ecclesiasticas, vel totius imperii nostri utilitates pertractandas, congregassemus.... Actum est ut et nostra et totius populi nostri in ... primogeniti nostri Hlotarii electione vota concurrerent. (*Extr. de la charte de division de Louis-le-Pieux, de l'an 817.* Baluze, t. I, p. 573 et 574.)

5°. An. DCCCXVIII. Bernardus filius Pippini regis, rex Italiæ, .. voluit... in imperatorem et in filios suos insurgere, et ... imperium usurpare... Præfatus rex, et alii ... ducti sunt Aquis. Post hæc ipse imperator fecit conventum Francorum, et retulit eis hanc causam. (*Extr. de la Chronique de Moissac.* D. Bouquet, t. VI, p. 172.)

Aquis, ... post Pascha habuit mag-

dans la Chronique de Moissac, et dans la Vie de Louis-le-Pieux, par Thégan ;

6°. Le placité général tenu au même lieu, l'an 819, cité par les Annales d'Éginhard et de saint Bertin, et mentionné dans un capitulaire ;

7°. Le placité général tenu au même lieu, l'an 820, cité par trois auteurs ;

8°. Le placité général de l'an 821, tenu au même lieu, cité par quatre auteurs ;

9°. Le placité général tenu à Attigni, l'an 822, cité par quatre auteurs ;

10°. Le placité général tenu à Compiègne, l'an 824, cité dans les Annales d'Éginhard et dans celles de saint Bertin ;

11°. Le placité général tenu à Aix-la-Chapelle, l'an 825, cité par trois auteurs ;

num conventum populorum, et omnes investigavit infidelium nequissimas conspirationes. (*Extr. de la Vie de Louis - le - Pieux, par Thégan.* D. Bouquet, t. VI, p. 79.)

6°. An. DCCCXIX Conventus Aquisgrani post natalem Domini habitus. (*Extr. des Annales d'Éginhard.* Même récit dans les *Annales de saint Bertin.* D. Bouquet, t. VI, p. 178.)

Hæc capitula Hludouvicus imperator, anno imperii sui quinto, cam universo cœtu populi in Aquisgrani palatio promulgavit. (*Extr. du capitulaire de l'an 819.* Baluze, t. I, p. 598.)

7°. An. DCCCXX. In eodem palatio,... imperator coadunari populi fecit frequentiam. (*Extr. de la Vie de Louis-le-Pieux, par l'Astronome, chap. 33.* Même récit dans les *Annales d'Éginhard* et dans celles de *saint Bertin.* D. Bouquet, t. VI, p. 103 et 179.)

8°. An. DCCCXXI. Imperator hiberna tempora Aquisgrani peregit. In eadem hieme mense februario conventus est Aquis celebratus. (*Extr. de la Vie de Louis - le - Pieux, par l'Astronome, chap. 34.* Même récit dans la *Vie de Louis-le-Pieux, par Thégan,* dans les *Annales d'Éginhard* et dans celles des *Annales de saint Bertin.* D. Bouquet, t. VI, p. 103, 80 et 180.)

9°. An. DCCCXXII. Sequentianno habuit generale placitum suum Atti-

niaco palatio. (*Extr. de la Vie de Louis - le - Pieux, par Thégan,* chap. 29. D. Bouquet, t. VI, p. 80.

Imperator conventum coire jussit in loco, cujus vocabulum est Attiniacus. In quo convocatis ad concilium episcopis, et abbatibus, .. necnon et regni sui proceribus... fratribus reconciliari studuit. (*Extr. de la Vie de Louis-le-Pieux, par l'Astronome,* chap. 35. D. Bouquet, t. VI, p. 103.

Imperator concilio cum episcopis, optimatibus suis, habito, fratribus suis, quos invitos tonderi jussit, reconciliatus est... Quod... in eo conventu, quem eodem anno mense augusto... habuit, in præsentia totius populi sui peregit. (*Extr. des Annales d'Éginhard.* Même récit dans les *Annales de saint Bertin.* D. Bouquet, t. VI, p. 182.)

10°. An. DCCCXXIV. Conventu..... VIII kalendas julii pronuntiato Compendii habito. (*Extr. des Annales d'Éginhard.* Même récit dans celles de *saint Bertin.* D. Bouquet, t. VI, p. 184.)

11°. An. DCCCXXV. Imperator conventum a populo suo celebrari jussit tempore maii mensis Aquisgrani. (*Extr. de la Vie de Louis-le-Pieux, par l'Astronome,* chap. 39 D. Bouquet, t. VI, p. 106.)

Legatos Bulgarorum circa medium maium Aquisgrani venire præcepit. Nam tunc illo reverti statuit, habi-

12°. Le placité général tenu à Ingelheim, l'an 826, cité par trois auteurs ;

13°. Les placités généraux tenus, l'un à Nimègue, l'autre à Compiègne, l'an 827, cités par les Annales d'Éginhard et celles de saint Bertin ;

14°. Le placité général tenu à Aix-la-Chapelle, l'an 828, cité par trois auteurs ;

15°. Le placité général tenu à Worms, l'an 829, cité par trois auteurs ;

16°. Le placité général tenu à Aix-la-Chapelle, l'an 830, cité dans les Annales de saint Bertin ;

17°. Le placité général tenu au même lieu, l'an 831, cité par les Annales de saint Bertin et celles de Metz ;

18°. Le placité général tenu à Mayence, l'an 832, cité dans les Annales de saint Bertin et de Metz ;

---

turus ibidem conventum, quem.... habiturum indicaverat. (*Extr. des Annales d'Éginhard.* Même récit dans les *Annales de saint Bertin.* D. Bouquet, t. VI, p. 186.)

12°. An. DCCCXXVI. Imperator kalendis junii mensis ad Ingelheim venit. ibidemque illi conventus populi sui secundum quod praeceperat, occurrit. (*Extr. de la Vie de Louis-le-Pieux, par l'Astronome,* chap. 40. D. Bouquet, t. VI, p. 107.)

Imperator.... medio maio Aquisgrano egressus, circa kalendas junii ad Ingelheim venit : habitoque ibi conventu non modico, multas... legationes audivit. (*Extr. des Annales d'Éginhard.* Même récit dans celles de *saint Bertin.* D. Bouquet, t. VI, p. 186.)

13°. An. DCCCXXVII. Duobus conventibus habitis, uno apud Noviomagum... altero apud Compendium. (*Extr. des Annales d'Éginhard.* Même récit dans les celles de *saint Bertin.* D. Bouquet, t. VI, p. 188.)

14°. An. DCCCXXVIII. Mense februario.... conventus habitus est publicus Aquisgrani. (*Extr. de la Vie de Louis-le-Pieux, par l'Astronome,* chap. 42. Même récit dans les *Annales d'Éginhard* et dans celles de *saint Bertin.* D. Bouquet, t. VI, p. 109.)

15°. An. DCCCXXIX. Statuit kalendis julii... proficisci, et Warmatiam ad

celebrandum populi generalem conventum properare. (*Extr. de la Vie de Louis-le-Pieux, par l'Astronome,* chap. 43. D. Bouquet, t. VI, p. 110.)

Imperator in diversis occupationibus usque ad kalendas julii Aquisgrani moratus,..... ad generalem conventum Wormatiae habendum... mense augusto statuit proficisci. (*Extr. des Annales d'Éginhard.* Même récit dans celles de *saint Bertin.* D. Bouquet, t. VI, p. 189.)

16°. An. DCCCXXX. Conventus...factus est.... Aquis... IV feria quae dicitur caput jejunii. (*Extr. des Annales de saint Bertin.* D. Bouquet, t. VI, p. 192.)

17°. An. DCCCXXXI. Kalendas februarii, sicut condictum fuerat, generale placitum habuit. (*Extr. des Annales de saint Bertin.* Même récit dans les *Annales de Metz.* D. Bouquet, t. VI, p. 193.)

18°. An. DCCCXXXII. Statutum est ut suum generale placitum in Aurelianis civitate habendum denunciaretur... Imperator, mutato placito, omnes Francos occidentales, et australes, nec non et Saxones,... XIV kalend. maii Maguntiam venire praecepit ...Domnus imperator quum Maguntiam venit, ubi et ad placitum quod eis constituerat omnis populus occurrit, mox in crastinum... circa Triburim villam castra metatus est. (*Extr.*

19°. Le placité général tenu à Paris, l'an 834, cité par les Annales de saint Bertin et de Metz;

20°. Le placité général tenu à Thionville, l'an 835, cité par quatre auteurs;

21°. Le placité général tenu encore à Thionville, l'an 836, cité par l'Astronome et dans les Annales de Fulde;

22°. Le placité général tenu à Aix, l'an 837, cité par trois auteurs;

23°. Le placité général tenu à Mayence, l'an 838, cité dans les Annales de saint Bertin et l'Histoire de Nitard;

des *Annales de saint Bertin*. Même récit dans celles *de Metz*. D. Bouquet, t. VI, p. 194.)

19°. An. DCCCXXXIV. Ille... convocavit exercitum Aquitanorum et Ultra-Sequanensium; Ludoicus, Bajoarios, Australios, Saxones, Alamaunos, nec non et Francos, qui citra Carbonariam consistebant; cum quibus..... properare coeperunt. Quum.... hoc Lotharius cognovisset....patrem suum usque ad Parisius... deduxit... primo kalendarum martiarum die... Pipinus et Ludoicus cum ceteris fidelibus ad eum venientes,... plurimas illis...gratias egit, quod tam alacriter illi auxilium praebere studuissent. Habitoque cum illis placito, Pippinum et reliquum populum domum redire permisit. (*Extr. des Annales de saint Bertin*. Même récit dans celles *de Metz*. D. Bouquet, t. VI, p. 195.)

20°. An. DCCCXXXV. Imperator..... venit ad palatium Theodonis, et ibi totam hiemem peregit. Post natalem Domini altero anno, habuit conventum magnum populorum. (*Extr. de la Vie de Louis-le-Pieux, par Thégan*, chap. 56. D. Bouquet, t. VI, p. 85.)

Solennitatem Purificationis Sanctae Mariae in... Theodonis villa agendam constituit; ubi... populus cui praeceptum fuerat, advenit. (*Extr. de la Vie de Louis-le-Pieux, par l'Astronome*, chap. 54. D. Bouquet, t. VI, p. 117.)

Imperator ... jussit eum ... adduci ad Teotonis villam in parrochia Mettensi, ubi erat placitum imperatoris publicum. (*Extr. des écrits contemporains sur la déposition de l'arche-*

vêque Ebbon. D. Bouquet, t. VI, p. 251.)

Placito generali convocato, (Ludovicus) ... Ebbonem sibi jussit exhiberi. (*Extr. de la lettre de Charles-le-Chauve au pape Nicolas I*. D. Bouquet, t. VI, p. 254.)

21°. An. DCCCXXXVI. Quumque ab hoc placito populum dimitteret, et sequens in Theodonis villa post Pascha constituisset. (*Extr. de la Vie de Louis-le-Pieux, par l'Astronome*, chap. 54. D. Bouquet, t. VI, p. 118.)

Imperator in palatio Theodenhove conventum habuit. (*Extr. des Annales de Fulde*. D. Bouquet, t. VI, p. 210.)

22°. An. DCCCXXXVII. Imperator ... conventum in Aquis habuit. *Extr. des Annales de saint Bertin*. Même récit dans celles *de Metz*. D. Bouquet, t. VI, p. 198.)

Pater ... conventu Aquis hieme indicto, portionem regni his terminis notatam Karolo dedit. (*Extr. de Nitard*, chap. G. D. Bouquet, t. VI, p. 70.)

23°. An. DCCCXXXVIII. Inchoatis... quadragesima jejuniis, ... generaliter fideles accersit, propereque undique adcurrentibus filiorum suspectum colloquium patefacit. (*Extr. des Annales de saint Bertin*. D. Bouquet, t. VI, p. 199.)

Nuntiatur quod Lodhuwicus a patre suo descivisset, et quidquid trans Rhenum regni continebatur, sibi vindicare vellet. Pater ... indicto conventu, Magontiam convenit, ac trajecto exercitu, fugere illum in Bajoriam compulit. (*Extr. de Nitard*, liv. 1, chap. 6. D. Bouquet, t. VI, p. 70.)

24°. Le placité général tenu à Worms, l'an 839, cité par l'Astronome et Nitard ;

25°. Enfin le placité général indiqué à Worms, pour l'an 840, dont la mort de l'empereur empêcha la tenue, cité par l'Astronome.

VII. Pour le règne de Charles-le-Chauve, qui dura trente-cinq ans, depuis que le partage de l'empire fut arrêté entre les fils de Louis-le-Pieux, on prouve la tenue de vingt-cinq placités généraux :

1°. Le placité général tenu à Germini, l'an 843, mentionné dans deux monuments contemporains ;

2°. Le placité général tenu à Colonia, l'an 844, mentionné dans le premier capitulaire de Charles-le-Chauve ;

3°. Le placité général tenu à Épernai, l'an 846, cité par les Annales de saint Bertin ;

4°. Le placité général tenu à Chartres, l'an 849, cité dans la Chronique de Fontenelle ;

5°. Le placité général tenu à Vermerie, l'an 850, cité dans la Chronique de Fontenelle ;

24°. An. DCCCXXXIX. Venit ... ad Warmatiam post Paschæ solemnitatem.... Imperator ... omne suum divisit imperium , ... filiis universoque populo evocatis. (*Extr. de la Vie de Louis-le-Pieux, par l'Astronome*, chap. 60. D. Bouquet, t. VI, p. 121.)

Urbem Vangionum conventu indicto convenerunt.... Pater ... regnum omne absque Bajoaria ... divisit.(*Extr. de Nitard*, liv. 1, chap. 7. D. Bouquet, t. VI, p. 71.)

25°. An. DCCCXL. Imperator generalem conventum in urbe ... quæ ... Warmatia dicitur, congregari præcepit ... Decessit. (*Extr. de la Vie de Louis-le-Pieux, par l'Astronome*, chap. 62. D. Bouquet, t. VI, p. 123.)

VII. — 1°. An. DCCCXLIII. Factus erat conventus populorum, qui sub ejus regno erant, per regiam evocationem in territorio Aurelianensi, in loco qui Germiniacus dicitur : ubi ... nos qui ... episcopi dicimur, convenimus. (*Extr. d'un privilége donné par les évêques de France, au monastère de Saint-Laumer-le-Moutier*. D. Bouquet, t. VII, p. 284.)

Congregari jussimus Galliarum populos, qui in partem nostram venerant in territorio Aureliancnsi, in loco qui Germiniacus dicitur, cum sacris pontificibus et regni nostri principibus. (*Extr. du diplôme 23 de Charles-le-Chauve*. D. Bouquet, t. VIII, p. 445.)

2°. An. DCCCXLIV. Incipiunt capitula quæ acta sunt anno quarto regni ... Karoli regis.... Hludouvici imperatoris filii, in conventu habito in villa quæ dicitur Colonia. (*Extr. du sommaire du capitulaire 1 de Charles-le-Chauve*, tit. 1. Baluze, t. II, p. 2 et 3.)

3°. An. DCCCXLVI. Carolus apud villam sancti Remigii Sparnacum nomine ... conventum populi sui generalem mense junio habuit.... Inde partes Britanniæ Carolus cum exercitu petens, pacem cum Nomenogio ... paciscitur. (*Extr. des Annales de saint Bertin*. D. Bouquet, t. VII, p. 64.)

4°. An. DCCCXLIX. Placitum habuit rex Carolus generale cum Francis in urbe Carnotensi. (*Extr. de la Chronique de Fontenelle*. D. Bouquet, t. VII, p. 41.)

5°. An. DCCCL. Carolus placitum in Vermeria palatio tenuit. (*Extr.*

6°. Le placité général tenu à Rouci, l'an 851, cité dans la Chronique de Fontenelle ;

7°. Le placité général de l'an 852, cité dans une lettre de Loup de Ferrière, qui n'y indique pas le lieu de la tenue ;

8°. Le placité général tenu à Vermerie, l'an 853, cité dans un capitulaire de Charles-le-Chauve ;

9°. Le placité général tenu à Bonneuil, l'an 855, cité dans une lettre de Loup de Ferrière ;

10°. Le placité général tenu à Vermerie, l'an 856, cité dans un capitulaire de Charles-le-Chauve ;

11°. Le placité général tenu à Chierci, l'an 857, cité dans un capitulaire de Charles-le-Chauve ;

12°. Le placité général tenu à Compiègne, l'an 861, cité par les Annales de Metz ;

13°. Le placité général tenu à Piste, l'an 862, mentionné dans un capitulaire de Charles-le-Chauve, et cité dans les Annales de saint Bertin ;

de la Chronique de Fontenelle. D. Bouquet, t. VII, p. 42.)

6°. An. DCCCLI. Rex Carolus, placitum suum in Rauziaco tenuit. (Extr. de la Chronique de Fontenelle. D. Bouquet, t. VII, p. 42.)

7°. An. DCCCLII. Octavo idus augusti, litteras vestras accepi, quum essem in Faro monasterio, proficiscens ad generale placitum, quod rex noster indixerat futurum vi idus prædicti mensis. (Extr. de la lettre 51 de Loup de Ferrière. D. Bouquet, t. VII, p. 509.)

8°. An. DCCCLIII. Capitula quæ synodali consultu ... rex Karolus in concilio ... apud Suessionis civitatem sacro proposuit conventui, coram fidelibus suis in ... palatio Vermeria relegi fecit, et ab omnibus consonanter suscepta sunt et accepta. (Extr. des capitulaires de Charles-le-Chauve, tit. 12, art. 3. Baluze, t. II, p. 60.)

9°. An. DCCCLV. Videtur mihi obediendum vobis esse cui præcipitur, et ad generale placitum occurrendum, quod in prædio quodam Parisiorum, cui Bonogilo nomen est, incipiet kal. julii celebrari. (Extr. de la lettre 56

de Loup de Ferrière aux moines de saint Amand. D. Bouquet, t. VII, p. 512.)

10°. An. DCCCLVI. Senior... habet... kalendas augusti ad ipsum palatium Vermeriam generaliter omnes fideles suos convocatos. (Extr. d'un capitulaire de Charles-le-Chauve, tit. 19. Baluze, t. II, p. 82 et 83.)

11°. An. DCCCLVII. Karolus plurimos fideles regni sui, tam episcopos, quam abbates et comites, atque reliquos regni sui fideles, mediante februario mense apud Carisiacum congregans. (Extr. d'un capitulaire de Charles-le-Chauve, tit. 24, Préface. Baluze, t. II, p. 95 et 96.)

12°. An. DCCCLXI. Carolus rex placitum habuit in Compendio, ibique cum optimatum consilio Roberto comiti ducatum inter Ligerim et Sequanam... commendavit. (Extr. des Annales de Metz. D. Bouquet, t. VII, p. 190.)

13°. An. DCCCLXII. Karolus... rex, et episcopi, abbates quoque, et comites, ac cæteri in Christo renati fideles,.... ex diversis provinciis super fluvium Sequanam, in locum qui Pistis dicitur,... convenimus. (Extr.

14°. Le placité général tenu encore à Piste, l'an 864, mentionné dans l'édit de Piste, et cité dans les Annales de saint Bertin;

15°. Le placité général tenu l'an 866, mentionné dans une lettre de Charles-le-Chauve, qui n'indique pas le lieu de la tenue;

16°. Le placité général tenu à Chartres, l'an 867, cité dans les Annales de saint Bertin;

17°. Le placité général tenu à Piste, l'an 868, cité dans les mêmes Annales;

18°. Le placité général tenu encore à Piste, l'an 869, cité dans un capitulaire de Charles-le-Chauve;

19°. Le placité général tenu à Saint-Denis, l'an 870, cité dans les Annales de saint Bertin;

20°. Le placité général tenu à Douzi, cité par un écrit con-

---

d'un capitulaire de *Charles-le-Chauve*, tit. 34. *Préface* Baluze, t. II, p. 153 et 154.)

Silvanectum perrexit... exspectans ut ad cum populus conveniret....

Ad Pistis, quo placitum simul et synodum ante condixerat, redit, et... de... regni negotiis cum fidelibus suis tractat. (*Annales de saint Bertin*. D. Bouquet, t. VII, p. 78 et 79.)

14°. An. DCCCLXIV. Karolus gratia Dei rex.

Hæc quæ sequuntur capitula nunc in isto placito nostro, anno... DCCCLXIV ... vii kalend. julias, in hoc loco qui dicitur Pistis, una cum fidelium nostrorum consensu atque consilio constituimus. (*Extr. de l'édit de Piste sous Charles-le-Chauve*, tit. 36, art. 3. Baluze, t. II, p. 174.)

Carolus.... in loco, qui Pistis dicitur, generale placitum habet, in quo ... capitula ad triginta et septem consilio fidelium suorum ,.... constituit.

Pippinus... a regni primoribus... et demum generaliter ab omnibus ad mortem dijudicatur. (*Extr. des Annales de saint Bertin*. D. Bouquet, t. VII, p. 87.)

15°. An. DCCCLXVI. Celebraturi sumus synodum xv kalendas septembres, in qua omnes episcopi et fideles regni nostri parati sunt in restauratione... dejectorum unanimiter adesse. (*Extr. d'une lettre de Charles-le-*

Chauve, *au pape Nicolas*. D. Bouquet, t. VII, p. 554.)

16°. An. DCCCLXVII. Placitum suum kalendis augusti in Carnutum civitate conduxit, in Britanniam super Salomonem, ducem Britonum, perrecturus. (*Extr. des Annales de saint Bertin*. D. Bouquet, t. VII, p. 96.)

17°. An. DCCCLXVIII. Rex ad Pistas medio mense augusto veniens,.... placito... Bernardum Tholosæ ,... suscepit. (*Extr. des Annales de saint Bertin*. D. Bouquet, t. VII, p. 101.)

18°. An. DCCCLXIX. Hæc quæ sequuntur capitula constituta sunt a domno nostro Karolo rege... cum consilio et consensu episcoporum, ac cæterorum Dei et suorum fidelium qui adfuerunt in loco qui dicitur Pistis. (*Extr. des capitulaires de Charles-le-Chauve*, *édit de Piste*. tit. 40. Baluze, t. II, p. 210.)

19°. An. DCCCLXX. Carolus... ad monasterium Sancti-Dionysii... perrexit ..... Et undique plurimos fidelium suorum illic convenire faciens, et per octo dies ibidem immorans, eosdem missos absolvit. (*Extr. des Annales de saint Bertin*. D. Bouquet, t. VII, p. 111.)

20°. Jussit ut præcepta Carlomanni et Caroli, sed et suum præceptum, coram suis fidelibus in generali placito suo apud Duziacum.... legerentur. Unde fideles ejus, tam comites quam et vassi dominici ,... et

temporain attribué à Hincmar, qui n'indique pas l'année de
sa tenue; on croit pouvoir la placer en 871 ;

21°. Le placité général tenu à Goudulphe, l'an 872, cité
par les Annales de saint Bertin, et mentionné dans une note
contemporaine jointe à un capitulaire ;

22°. Le placité général tenu à Chierci, l'an 873, mentionné dans un capitulaire de Charles-le-Chauve;

23°. Le placité général tenu à Douzi, l'an 874, cité dans
les Annales de saint Bertin ;

24°. Le placité général tenu à Samousi, l'an 876, cité dans
les Annales de saint Bertin ;

25°. Enfin le placité général tenu à Chierci-sur-Oise, l'an
877, mentionné dans le préambule d'un capitulaire et dans
les Annales de saint Bertin.

VIII. La preuve que Charlemagne et Louis-le-Pieux convoquèrent annuellement un placité à l'automne, après celui
du printemps, résulte en général, d'abord pour Charlemagne:

1°. Du premier capitulaire de ce prince ; il ordonne que
l'on se rende, d'après la convocation royale, non-seulement
« au placité général qui se tient vers le printemps, mais encore
« à un autre qui se tient vers l'automne ; »

coteri omnes qui adfuerant .... judicaverunt. (*Extr. d'une notice d'Hincmar sur la terre de Noviliac.* OEuvres d'Hincmar, t. II, p. 833.)

21°. An. DCCCLXXII. Karolus... a
Burgundia ad Goudulphi villam,
placitum ibi antea condictum habiturus... revertitur. (*Extr. des Annales de saint Bertin.* D. Bouquet,
t. VII, p. 115.)

Anno DCCCLXXII, v idus septembris,
in placito generali apud Goudulfi
villam... episcopi omnes ex regno...
regis Karoli hanc professionem... fecerunt, et omnes laici hoc sacramentum
...juraverunt. (*Extr. d'un capitulaire
de Charles-le-Chauve,* tit. 44. Baluze,
t. II, p. 225.)

22°. An. DCCCLXXIII. Hæc capitula
... statuta sunt in placito generali apud
Carisiacum, omnium cum voluntate
et consensu. (*Extr. des capitulaires
de Charles-le-Chauve,* tit. 45. Baluze,
t. II, p. 227.)

23°. An. DCCCLXXIV. Generale.....
placitum idus junii in villa Duciaco
tenuit. (*Extr. des Annales de saint
Bertin.* D. Bouquet, t. VII, p. 118.)

24°. An. DCCCLXXVI. Placitum suum
in Salmonciaco xv die post missam
sancti Martini condixit...

Dominus imperator Carolus ad placitum suum in Salmonciaco, sicut
condixerat, venit. (*Extr. des Annales de saint Bertin.* D. Bouquet,
t. VII, p. 122.)

25°. An. DCCCLXXVII. Hæc capitula
constituta sunt a... Karolo... imperatore, cum consensu fidelium suorum
apud Carisiacum anno... DCCCLXXVII...
xviii kalendas julias. (*Extr. du préambule d'un capitulaire de Charles-'le-
Chauve,* tit. 52. Baluze, t. II, p. 259
et 260.)

Convalescens autem, per Carisiacum
ad Compendium venit; ubi dum mo-
raretur... placitum suum generale kalendas julii habuit. (*Extr. des Annales
de saint Bertin.* D. Bouquet, t. VII,
p. 123.)

VIII. — 1°. *Voyez* un capitulaire
de Charlemagne, art. III, n° 6.

2°. De l'ouvrage d'Hincmar sur l'ordre du sacré palais ; en rendant compte de ce qui se passait sous Charlemagne et Louis-le-Pieux, il dit expressément « qu'il était alors d'usage « de tenir deux placités généraux dans l'année : »

3°. D'un dispositif d'un capitulaire de Charlemagne, de l'an 803, et de l'intitulé du huitième capitulaire de la même année ; ils témoignent que Charlemagne tint un placité général à Worms, vers la fin de cette année ; et l'on a vu, dans le tableau chronologique présenté ci-dessus, qu'au commencement de l'an 803, Charlemagne avait tenu un premier placité général à Mayence.

Nous n'avons point d'autorités particulières qui désignent d'autres placités annuels tenus, sous Charlemagne, après ceux du printemps, en automne, et l'on doit se contenter des autorités générales qui en attestent l'usage pendant ce règne : sous le règne de Louis-le-Pieux, cette preuve s'établit avec plus d'étendue.

IX. On prouve la tenue de dix-huit placités généraux qui furent les seconds de chaque année.

1°. Le placité général tenu à Vannes, l'an 818, vers la fin de l'été, après le placité tenu à Aix-la-Chapelle, la même année ; trois contemporains attestent la tenue de ce second placité ;

2°. Consuetudo.... tunc temporis talis erat, ut non sæpius, sed bis in anno placita duo tenerentur. Unum, quando ordinabatur status totius regni ad anni vertentis spatium.

Propter dona generaliter danda, aliud placitum... habebatur ; in quo futuri anni status tractari incipiebatur, si forte talia aliqua se præmonstrabant, pro quibus necesse erat præmeditando ordinare... Et quum inventum esset, sub silentio idem inventum consilium, ita funditus ab omnibus alienis incognitum usque ad aliud... generale placitum, ac si inventum, vel a nullo tractatum esset, maneret. (*Extr. de l'ouvrage d'Hincmar sur l'ordre du sacré palais*, chap. 29 et 30. D. Bouquet, t. IX, p. 267 et 268.)

3°. De generali totius populi supplicatione apud principem... ex capitulis Karoli imperatoris Wormaciæ generaliter decretis atque ab omnibus firmatis. (*Extr. de l'intitulé du capitulaire 8 de Charlemagne, de l'an 803*. Même dispositif à l'intitulé de l'art. 370 du liv. VI des *capitulaires de la collection de Benoît Lévite*. Baluze, t. I, p. 405 et 987.)

Capitula de immunitate episcoporum... ab expeditionibus bellicis, data Wormatiæ in generali populi conventu, sub finem... anni DCCCIII. (*Extr. de l'intitulé du même capitulaire 8, de l'an 803*. Baluze, t. I, p. 406.)

Voyez les autorités citées à l'art. V de ce chapitre, n° 23.

IX. — 1°. An. DCCCXVIII. Ipse cum maximo exercitu Britanniam aggressus, generalem conventum Venedis habuit. Inde memoratam provinciam ingressus,.... totam in suam potestatem non magno labore redegit. (*Extr. des Annales d'Éginhard*. Même récit dans celles de *saint Bertin*. D. Bouquet, t. VI, p. 178.)

Ad quorum insolentiam ulciscendam imperator, undequaque aggre-

2°. Le placité général tenu à Ingelscim, vers la fin de l'été. l'an 819, après le placité général tenu à Aix-la-Chapelle, la même année : quatre contemporains attestent la tenue de ce second placité ;

3°. Le placité général, tenu à Thionville, au mois d'octobre, l'an 821, après un autre placité tenu dans la même année ; ce second placité est cité par quatre historiens contemporains :

4°. Le placité général tenu au mois de novembre, l'an 823, à Compiègne ; ce placité suppose celui du printemps dont les contemporains n'ont pas parlé ; il est cité par l'Astronome et les Annales d'Éginhard et de saint Bertin ;

5°. Le placité général tenu à Aix-la-Chapelle, l'an 825, au mois d'août, après un autre placité tenu la même année au

gata militari manu, fines Brittonum aggrediens proficiscitur, habitoque Venedis generali conventu, provinciam ingreditur. (*Extr. de la Vie de Louis-le-Pieux, par l'Astronome*, chap. 30. D. Bouquet, t. VI, p. 102.) *Voyez* à l'art. VI, n° 5, les autorités citées sur l'an 818.

2°. An. dcccxix. Imperator.... Judith... in matrimonium junxit. Æstate subsequente in Ingelenheim palatio populus ejus convenit ad eum. (*Extr. de la Vie de Louis-le-Pieux, par l'Astronome*, chap. 32. D. Bouquet, t. VI, p. 102.)

Imperator... filiam nomine Judith duxit uxorem. Iterumque conventus mense julio apud Ingelheim palatium habitus. (*Extr. des Annales d'Éginhard.* Même récit dans les *Annales de saint Bertin.* D. Bouquet, t. VI, p. 178.)

Accepit filiam Welfi ducis ... nomen virginis Judith ... eodem anno Ingulenheim villa regia generale placitum suum habuit. (*Extr. des Gestes de Louis-le-Pieux, par Thégan*, chap. 26. D. Bouquet, t. VI, p. 79.) *Voyez* à l'art. VI, n° 6, les autorités citées sur l'an 819.

3°. An. dcccxxi. Medio octobris conventus publicus in Theodonis villa est celebratus. (*Extr. de la Vie de Louis-le-Pieux, par l'Astronome*, chap. 34. D. Bouquet, t. VI, p. 104.)

Medio mense octobri conventus generalis apud Theodonis villam

magna populi Francorum frequentia celebratur : in quo Lotharius ... Hugonis comitis filiam ... duxit uxorem. (*Extr. des Annales d'Éginhard.* Même récit dans celles de *saint Bertin.* D. Bouquet, t. VI, p. 181.)

Habuit placitum suum generale, et ibi Lotharius ... suscepit in conjugium filiam Hugonis comitis. (*Extr. des Gestes de Louis-le-Pieux, par Thégan*, chap. 28. D. Bouquet, t. VI, p. 80.) *Voyez* à l'art. VI, n° 8, les autorités citées sur l'an 821.

4°. An. dcccxxiii. Imperator ... alium conventum Compendio tempore autumnali indixit....

Constituto tempore, id est kalendis novembris, ad Compendium venit. (*Extr. de la Vie de Louis-le-Pieux, par l'Astronome*, chap. 36 et 37. D. Bouquet, t. VI, p. 105 et 106.)

Locus et tempus alterius conventus habendi indicta sunt : november videlicet mensis et Compendium palatium.... Ad kalendas novembris, sicut condixerat, Compendium venit. (*Extr. des Annales d'Éginhard.* Même récit dans celles de *saint Bertin.* D. Bouquet, t. VI, p. 183.)

5°. An. dcccxxv. Imperator conventum a populo suo celebrari jussit tempore maii mensis Aquisgrani. Quo consistenti legatio Bulgarorum, ... ei adducta et audita.... Affluerunt etiam Brittonum primores non pauci ... Dimissis imperator tam Bulgaro-

même lieu ; les récits de l'Astronome, les écrits d'Éginhard et les Annales de saint Bertin citent ce second placité ;

6°. Le placité général tenu à Ingelseim, au mois d'août de l'an 826, après un autre placité tenu au même lieu, au mois de mai de la même année ; les Annales de saint Bertin et les écrits de l'Astronome citent ce second placité ;

7°. Deux placités généraux tenus dans l'année 827, le premier à Nimègue, le second à Compiègne, cités l'un et l'autre dans les écrits d'Éginhard et les Annales de saint Bertin ;

8°. Le placité général tenu à Aix-la-Chapelle, l'an 828, au mois de juin, après le placité général tenu la même année, au mois de février, dans le même lieu ; ce second placité est cité par trois contemporains ;

9°. Le placité général tenu à Nimègue, dans l'automne,

rum missis quamque Britannis ... mense augusto juxta condictum generalem populi Aquisgrani reversus est. (*Extr. de la Vie de Louis-le-Pieux, par l'Astronome*, chap. 39. D. Bouquet, t. VI, p. 106 et 107.)

Imperator ... legatos Bulgarorum circa medium maium Aquisgrani venire præcepit. Nam ... illo reverti statuit, habiturus ibidem conventum, quem ... eo tempore ibidem habiturum ... iudicaverat. Quo ... reversus, bulgaricam legationem audivit.... Affuerunt in eo conventu pene omnes Britanniæ primores ... Imperator vero, audita Bulgarorum legatione, per eosdem qui ad eum missi fuerant legatos regi eorum ... respondit. Dimisso conventu..... Aquasgrani rediens, generalem populi sui conventum more solemni mense augusto habuit. (*Extr. des Annales d'Éginhard*. Même récit dans celles de *saint Bertin*. D. Bouquet, t. VI, p. 185 et 186.)

Voyez à l'art. VI, n° 11, les autorités citées sur l'an 825.

6°. An. DCCCXXVI. Imperator ... ad Ingelheim medio octobri veniens, generalem ibi, ut indictum erat, populi sui conventum habuit. (*Extr. des Annales d'Éginhard*. Même récit dans celles de *saint Bertin*. D. Bouquet, t. VI, p. 187.)

Imperator ... medio octobris cœtum populi ... coire jussit.... In quo

defectio Aisonis nuntiata est. (*Extr. de la Vie de Louis-le-Pieux, par l'Astronome*, chap. 40. D. Bouquet, t. VI, p. 107.)

Voyez à l'art. VI, n° 12, les autorités citées sur l'an 826.

7°. An. DCCCXXVII. Duobus conventibus habitis, uno apud Noviomagum, ... altero apud Compendium. (*Extr. des Annales d'Éginhard*. Même récit dans celles de *saint Bertin*. D. Bouquet, t. VI, p. 188.)

8°. DCCCXXVIII. Mense februario ... conventus habitus est... Aquisgrani.... Imperator sane æstate sequenti in Ingelheim conventum publicum habuit. (*Extr. de la Vie de Louis-le-Pieux, par l'Astronome*, chap. 42. D. Bouquet, t. VI, p. 109.)

Conventus Aquisgrani mense februario factus est.... Imperator junio mense ad Ingelheim venit, ibique per aliquot dies placitum habuit. (*Extr. des Annales d'Éginhard*. Même récit dans celles de *saint Bertin*. D. Bouquet, t. VI, p. 188 et 189.)

Voyez à l'art. VI, n° 14, les autorités citées sur l'an 828.

9°. An. DCCCXXX. Pervenit ... imperator ad Noviomagum castrum quod situm super fluvium quod dicitur Valum : et multitudo hominum ex omnibus regnis suis venit ad eum. (*Extr. de la Vie de Louis-*

l'an 83o, après le placité général tenu au commencement du carême, la même année, à Aix; ce second placité est cité par trois contemporains;

10°. Le placité général tenu à Thionville, dans l'automne, l'an 831, après le placité tenu à Aix-la-Chapelle, la même année; ce second placité est cité par l'Astronome;

11°. Le placité général tenu à Orléans, l'an 832, en automne, après un premier placité tenu la même année à Mayence; les Annales de saint Bertin et les écrits de l'Astronome citent ce second placité;

12°. Le placité général tenu à Compiègne, dans l'automne, l'an 833, par Lothaire, à l'instant où il détenait son père prisonnier, et où il tenta de le faire dégrader; quatre autorités contemporaines témoignent la tenue de ce placité;

le-Pieux, par Thegan, chap. 37. D. Bouquet, t. VI, p. 81.)

Quum autem instaret autumnalis temperies, hi qui imperatori contraria sentiebant, ... in Francia conventum fieri generalem volebant.... Obtinuit tamen sententia imperatoris ut in Neomago populi convenirent. (Extr. de la Vie de Louis-le-Pieux, par l'Astronome, chap. 45. D. Bouquet, t. VI, p. 111.)

Alium conventum ... imperator ... circa kalendas octobris Noviomago condixit. (Extr. des Annales de saint Bertin. D. Bouquet, t. VI, p. 193.)

Voyez à l'art. VI, n° 16, les Annales de saint Bertin, citées sur l'an 83o.

10°. An. DCCCXXXI. Imperator ... autumni tempore in Theodonis villa convenire generaliter suum populum precepit. In quo loco tres legati Sarracenorum ... venere. (Extr. de la Vie de Louis-le-Pieux, par l'Astronome, chap. 46. D. Bouquet, t. VI, p. 112.)

Voyez à l'art. VI, n° 17, les autorités citées sur l'an 831.

11°. An. DCCCXXXII. Hiemis sane rigore transacto, ... conventumque publicum Aurelianis fieri jussit.... Ad missam sancti Martini, populum convocavit. (Extr. de la Vie de Louis-le-Pieux, par l'Astronome, chap. 47. D. Bouquet, t. VI, p. 112.)

Denuo annuntiatum est placitum generale kalendas septembris Aurelianis habendum, ibique unumquemque hostem libere advenire. Quumque illuc pervenit, dona annualia

more solito suscipiens, mox inde ad Lemodicas festinavit. (Extr. des Annales de saint Bertin. D. Bouquet, t. VI, p. 194.)

Voyez à l'art. VI, n° 18, les autorités citées sur l'an 832.

12°. An. DCCCXXXIII. Lotharius ... populum absolvens, sed et conventum populo Compendio indicens.... autumni tempore, id est kalendis octobris, sicut constitutum erat, patrem secum ducens, Compendium venit. (Extr. de la Vie de Louis-le-Pieux, par l'Astronome, chap. 48. D. Bouquet, t. VI, p. 114.)

Condictum placitum kalendas octobris Lotharius in Compendio habuit; ibique episcopi, abbates, comites et universus populus convenientes, dona annualia ei præsentaverunt. (Extr. des Annales de saint Bertin. D. Bouquet, t. VI, p. 195.)

Ego Agobardus ... interfui venerabili conventui apud palatium quod nuncupatur Compendium. Qui utique conventus extitit ex reverendissimis episcopis, ... viris inlustribus, collegio quoque abbatum et comitum, promiscueque ætatis et dignitatis populo. (Extr. d'une lettre d'Agobard, archevêque de Lyon, à Lothaire. D. Bouquet, t. VI, p. 246.)

Nos episcopi super imperio ... Lotharii imperatoris constituti, anno ... 833... in mense ... octobri, apud Compendium palatium generaliter convenimus.... Illi, sive optimatibus

13°. Le placité général tenu à Attigni, vers la Saint-Martin, l'an 834, après un premier placité tenu à Paris la même année, au printemps; les écrits de l'Astronome citent ce second placité;

14°. Le placité général tenu à Worms au mois de septembre, l'an 835, après un premier placité tenu à Thionville, au mois de février; l'Astronome cite ce second placité;

15°. Le placité général tenu à Worms, l'an 836, au mois de septembre; les Annales de saint Bertin citent ce second placité;

16°. Le placité général tenu à Nimègue, l'an 837, après un premier placité tenu à Aix-la-Chapelle, la même année; ces deux placités sont cités dans les Annales de saint Bertin;

17°. Le placité général tenu à Chierci, au mois d'août, l'an 838, après le placité tenu la même année, au printemps, à Nimègue: les écrits de l'Astronome et les Annales de saint Bertin citent ce second placité;

illius, seu omni generalitati populi quæ undique illuc confluxerat, manifestare ... curavimus, qualis sit ... potestas, sive ministerium sacerdotale. (*Extr. de l'acte de la dégradation de Louis-le-Pieux.* D. Bouquet, t. VI, p. 243 et 244.)

13°. An. DCCCXXXIV. Imperator ... habuit ... circa missam sancti Martini conventum generalem in Attiniaco palatio. (*Extr. de la Vie de Louis-le-Pieux, par l'Astronome,* chap. 53. D. Bouquet, t. VI, p. 117.)

Voyez à l'art. VI, n° 19, les autorités citées sur l'an 834.

14°. An. DCCCXXXV. Imperator ... sollemnitatem Purificationis sanctæ Mariæ in ... Theodonis villa agendam constituit : ubi etiam populus, cui præceptum fuerat, advenit.... Sacro quadragesimæ tempore inchoante, unumquemque ad propria redire præcepit..... Post sollemnitatem ... Pentecostes... civitatem Vongionum, quæ nunc Warmatia vocatur, secundum condictum ad celebrandum conventum generalem adiit.... Quumque ab hoc placito populum dimitteret, ... ad hiemandum Aquisgrani se contulit. (*Extr. de la Vie de Louis-le-Pieux, par l'Astronome, chap. 54.* D. Bouquet, t. VI, p. 117 et 118.)

Voyez à l'art. VI, n° 20, les autorités citées sur l'an 835.

15°. An. DCCCXXXVI. Mense septembri ad indictum placitum Wormatiam venit. (*Extr. des Annales de saint Bertin.* D. Bouquet, t. VI, p. 198.)

16°. An. DCCCXXXVII. Imperator ... Purificatione beatæ ... Mariæ ... conventum in Aquis habuit.... Imperator ... ad Noviomagum castrum ... properare non distulit. Cujus adventu Nordmanni audito, continuo recesserunt. Imperator generali conventu habito. (*Extr. des Annales de saint Bertin.* D. Bouquet, t. VI, p. 198 et 199.)

Voyez à l'art. VI, n° 22, les autorités citées sur l'an 837.

17°. An. DCCCXXXVIII. Imperator... indixit generalem conventum autumni tempore, id est septembri mediante, in Carisiaco. (*Extr. de la Vie de Louis-le-Pieux, par l'Astronome,* chap. 59. D. Bouquet, t. VI, p. 121.)

Imperator ad placitum suum generale, sicut condixerat, mediante augusto, in Carisiaco pervenit. (*Extr. des Annales de saint Bertin.* D. Bouquet, t. VI, p. 199.)

Voyez à l'art. VI, n° 23, les autorités citées sur l'an 838.

18°. Le placité général tenu à Châlons au mois d'octobre, l'an 839, après un premier placité tenu la même année, au printemps, à Worms; ce second placité est cité dans les Annales de saint Bertin.

X. La preuve que Charlemagne et Louis-le-Pieux s'étaient réservé le droit de convoquer des placités généraux extraordinaires en outre des placités du printemps et de l'automne, résulte :

1°. D'un capitulaire de Charlemagne déjà cité; il ordonne à chacun de se rendre sur la convocation du prince, non-seulement aux placités qui se tiennent à l'automne et au printemps, mais encore aux autres placités qu'il plait au roi de convoquer;

2°. Des textes de l'Astronome, des Annales d'Éginhard et de saint Bertin; ils marquent que Louis-le-Pieux tint un placité général à Nimègue, au mois de mai de l'an 821, entre le premier placité de cette année qui se tint au mois de février, et le dernier placité de la même année qui se tint au mois d'octobre;

3°. Et enfin des Annales de saint Bertin; elles témoignent que ce placité de l'automne fut le troisième placité général tenu par Louis-le-Pieux, l'an 831.

XI. La preuve que les rois mérovingiens et carliens possédèrent et exercèrent, depuis Clovis jusqu'à Charles-le-Chauve, le droit de convoquer les placités généraux annuels et extraordinaires, résulte :

1°. Des récits de plusieurs historiens de la première race,

18°. An. dcccxxxix. Imperator ceteros totius regni sui fideles circa kalendas septembris Cavallonem, ut condixerat, sibi obvios adesse præcepit. (*Extr. des Annales de saint Bertin.* D. Bouquet, t. VI, p. 203.)

Voyez à l'art. VI, n° 24, les autorités citées sur l'an 839.

X. — 1°. *Voyez* à l'art. III, n° 6, l'extrait d'un capitulaire de Charlemagne.

2°. An. dcccxxi. Imperator hiberna tempora Aquisgrani peregit. In eadem hieme mense februario conventus est celebratus.... In eodem anno kalendis maii conventum imperator alterum Noviomagi habuit, in quo partitionem regni, quam inter filios suos jam dudum fecerat, coram recitari fecit.

(*Extr. de la Vie de Louis-le-Pieux, par l'Astronome*, chap. 34. D. Bouquet, t. VI, p. 103 et 104.)

An. dcccxxi. Conventus mense febr. .... Aquisgrani habitus.... iterumque conventus mense maio Noviomagi habendus condictus est... Imperator post festi paschalis expletionem per Mosam navigavit. (*Extr. des Annales d'Éginhard.* Même récit dans celles de saint Bertin. D. Bouquet, t. VI, p. 180.)

Voyez les autorités citées à l'article précédent, n° 3, sur l'an 821.

3°. An. dcccxxxi. Tertium... generale placitum in Theodonis villa habuit. (*Extr. des Annales de saint Bertin.* D. Bouquet, t. VI, p. 193.)

XI. — 1°. *Voyez* à l'art. 1er, de ce

cités ci-dessus, sur une assemblée du champ de mars, tenue par Clovis; ils témoignent que l'ordre du roi convoqua et réunit cette assemblée;

2°. D'un texte d'Aimoin; il montre que Clovis convoqua le placité général avec lequel il délibéra sur son dessein d'embrasser la foi catholique;

3°. Des textes de Grégoire de Tours, rapportés ci-dessus, sur le placité général tenu sous Thierri Ier; ils montrent que les Francs furent convoqués à cette assemblée par ordre du roi;

4°. Des récits de plusieurs auteurs des huitième et neuvième siècles et de la charte de division de Louis-le-Pieux; ces textes que l'on a cités ci-dessus, pour montrer que les placités généraux se tinrent sous les carliens, selon l'ancienne coutume, montrent aussi que les rois convoquaient et réunissaient ces assemblées;

5°. D'un capitulaire de Charlemagne; il porte que personne ne doit manquer de se rendre au placité ordinaire et extraordinaire que le roi convoque en quelque lieu que ce soit;

6°. Et enfin des récits rapportés ci-dessus de presque tous les placités généraux tenus sous les rois carliens; ils montrent que chacune de ces assemblées était réunie et convoquée par le roi.

XII. La preuve que les rois mérovingiens et carliens possédaient et exerçaient le droit de congédier l'assemblée du placité général, quand ils le jugeaient à propos, résulte:

1°. Des textes déjà cités sur l'assemblée du champ de mars, tenue par Clovis; ils témoignent que l'ordre exprès de Clovis congédia cette assemblée;

---

chapitre, n° 1, les récits des historiens sur une assemblée générale tenue par Clovis.

2°. *Voyez* un récit d'Aimoin au même article, n° 2, dernière autorité.

3°. *Voyez* un récit de Grégoire de Tours au même article, n° 3.

4°. *Voyez* les récits de plusieurs auteurs, aux six premiers n° de l'art. III de ce chapitre, et la charte de division de Louis-le-Pieux, au septième.

5°. *Voyez* l'extrait d'un capitulaire de Charlemagne, art. III de ce chapitre, n° 6.

6°. *Voyez* les autorités citées aux art. IV, V, VI et VII sur les placités annuels convoqués par les rois carliens.

XII. — 1°. *Voyez* encore à l'art. Ier de ce chapitre, n° 1, les récits des historiens sur une assemblée générale tenue par Clovis.

2°. Des Annales de saint Bertin ; elles montrent que Louis-le-Pieux congédia l'assemblée de Paris en 834 ;

3°. Des textes de l'Astronome, contemporain de Louis-le-Pieux ; ils montrent que Louis-le-Pieux congédia le placité général de Thionville en 835 ;

4°. Des capitulaires de Piste et de Chierci-sur-Oise ; on y voit que Charles-le-Chauve congédia les assemblées des placités généraux des années 864 et 869 ;

5°. Et enfin des notes contemporaines ajoutées au dernier capitulaire de Charles-le-Chauve; elles marquent que ce prince congédia l'assemblée du placité général de Chierci-sur-Oise, de l'an 877, en permettant à ses membres de retourner chez eux.

XIII. La preuve que les placités généraux furent constamment destinés à traiter avec le roi des affaires publiques, résulte, pour la première race, de presque toutes les autorités qui ont prouvé l'existence de ces assemblées :

1°. Thierri Iᵉʳ assemble les Francs, et leur propose de marcher contre les Thuringes; « ils s'y déterminent par un même « avis et d'une volonté unanime; »

2°. Dans la partie du royaume possédée par Sigebert, l'assemblée générale du peuple fut convoquée pour l'élection d'un maire du palais ;

2°. An. dcccxxxiv. Plurimas illi a cuncto populo gratias egit, quod tam alacriter illi auxilium præbere studuissent. Habitoque cum illis placito, Pipinum et reliquum populum domum redire permisit. (*Extr. des Annales de saint Bertin*. D. Bouquet, t. VI, p. 196.)

3°. An. dcccxxxv. Imperator... profectus est ad Theodonis villam... Solemnitatem Purificationis... in eadem Theodonis villa agendam constituit: ubi etiam populus, cui præceptum fuerat, advenit... Quadragesimæ tempore inchoante, unumquemque ad propria redire præcepit. (*Extr. de la Vie de Louis-le-Pieux, par l'Astronome*, chap. 54. D. Bouquet, t. VI, p. 117.)

4°. Gratias vobis agimus de vestra fidelitate et de vestra bona voluntate erga nos,... quia... cum pace ad hoc nostrum placitum convenistis. Ito cum Dei et nostra gratia. (*Extr. des capitulaires de Charles - le - Chauve, de l'année 864*. tit. 36, *annonciation*, art. 1 et 3. Baluze, t. II, p. 173 et 196.)

Consideravimus in hoc placito cum episcopis et cæteris fidelibus nostris.

Gratias vobis agimus quia fideliter secundum nostram commendationem in nostro venistis servitio. Et ite cum Dei gratia sani et salvi. (*Extr. d'un capitulaire de Charles-le-Chauve, de l'an 869*, tit. 40, *annonciation*, art. 1 et 4. Baluze, t. II, p. 215 et 216.)

5°. Postquam domnus imperator Karolus adnuntiavit generaliter in populum de suo itinere Romam...

Dedit omnibus licentiam... redeundi ad propria. (*Extr. de l'intitulé et de la conclusion du dernier capitulaire de Charles-le-Chauve, de l'an 877*. Baluze, t. II, p. 267, 268 et 270.)

XIII. *Voyez* pour les neuf premiers numéros de cet article, l'art. 1ᵉʳ de ce chapitre, depuis le n° 3 jusqu'au n° 11 inclusivement.

3°. Le décret de Childebert II rappelle plusieurs lois civiles, comme ayant été formées entre le prince et tous les sujets, de toutes conditions, dans différentes assemblées tenues aux calendes de mars;

4°. Le placité général est convoqué pour terminer les querelles des rois Thierri et Théodebert par le jugement des Francs;

5°. C'est dans une assemblée des princes, des évêques, des ducs, des comtes et de tout le reste du peuple, qu'une nouvelle rédaction de la loi des Allemands est faite du temps de Clotaire II;

6°. C'est au jugement des Francs assemblés que Clotaire II soumet ses prétentions au royaume d'Austrasie, déclarant « qu'il faut traiter les affaires communes par la convention « commune; »

7°. Quatre contemporains témoignent que ce fut l'assemblée des Francs qui jugea et condamna, sur l'accusation de Clotaire, la reine Brunehaut;

8°. Les récits de la Chronique de Frédégaire et des Gestes de Dagobert rapportent que ce prince attendit l'avis des Francs pour décider du sort de neuf mille Bulgares, auxquels il avait accordé un asile dans son empire en attendant le printemps, époque de la réunion du placité général;

9°. Thierri, Childebert, Clotaire et Dagobert font successivement des changements et des modifications aux codes salique, allemands et bavarois, de concert avec les grands et tout le peuple de la domination des mérovingiens;

10°. Plusieurs contemporains attestent que, sous le gouvernement des maires du palais, le peuple assemblé au champ de mars traitait des affaires publiques.

XIV. La même preuve résulte, pour la seconde race, des autorités générales qui ont été citées au troisième article de ce chapitre pour prouver la tenue annuelle des placités généraux :

1°. L'ouvrage d'Hincmar sur l'ordre du sacré palais;

2°. La charte de partage de Louis-le-Pieux et un capitulaire de Charles-le-Chauve montrent précisément que les

Voyez pour le n° 10, l'art. II de ce chapitre.   XIV. Voyez les n°° 3, 7 et 8 de l'art. III.

assemblées annuelles se tenaient pour régler l'état du royaume et traiter des affaires publiques.

Enfin si l'on veut encore reprendre cette preuve en détail, on la retrouve dans l'état chronologique, donné ci-dessus, des placités tenus sous les carliens, à presque tous les numéros.

Observation sur les preuves du chapitre XVI.

Les monuments historiques des deux premières races, où l'on a puisé les récits précieux qui viennent d'établir la preuve de l'usage des placités généraux, depuis l'origine de la monarchie jusqu'à la mort de Charles-le-Chauve, ne rapportent pas leur tenue pour toutes les années ; ainsi en s'en tenant uniquement à la lettre, on pourrait encore mettre en doute si ces placités généraux, établis pour être annuels, furent régulièrement tenus tous les ans, et dans les années même où l'histoire n'en fait aucune mention.

Mais l'examen attentif des divers écrits qui nous ont transmis l'histoire des deux premières races va montrer clairement que leur silence sur la tenue des placités généraux dans certaines années ne saurait former la preuve qu'il n'y en ait point eu dans ces années.

Les historiens des vies des saints, les lettres des particuliers, les codes barbares, les décrets, les capitulaires, les diplômes des rois, les actes des conciles, les écrits ecclésiastiques n'ont dû parler que des placités généraux dont les délibérations se rapportaient spécialement à l'objet particulier qu'ils avaient en vue.

Les historiens des deux premières races, dont il semble que l'on devait attendre la chronologie exacte des placités généraux, ne nous l'ont point transmise. La discussion de leurs écrits démontre qu'il n'est pas un seul de ces historiens qui n'ait souvent négligé de faire mention des divers placités annuels qui nous sont attestés par d'autres.

Sur l'histoire de la première race, Frédégaire ne fait point mention de l'assemblée du peuple, où, suivant Grégoire de Tours, Clovis délibéra s'il embrasserait la foi ; non plus que de celle où Thierri résolut la guerre de Thuringe.

Grégoire de Tours et Frédégaire ne font point mention des

Observation. C'est aux autorités mêmes citées dans le cours de ce cha- pitre, qu'il faut recourir pour vérifier les assertions contenues ici.

assemblées générales des calendes de mars, où se formèrent les divers articles du décret de Childebert II, et c'est le décret même qui fait foi de la tenue de ces assemblées. Frédégaire ne parle pas des assemblées générales où tout le peuple approuva, sous Clotaire II, une rédaction de la loi des Allemands, et, sous Dagobert Ier, la rédaction de la loi salique et des autres codes barbares. Ce sont ces lois mêmes qui nous apprennent l'existence des assemblées où elles furent rédigées.

Le second continuateur de Frédégaire et l'auteur des Gestes des Francs ne font nulle mention des assemblées annuelles du peuple qui, au rapport d'Éginhard et autres annalistes des huitième et neuvième siècles, se tenaient annuellement, durant l'administration des maires du palais, sous la première race. Bien plus, les Annales de Metz mettent en fait que Pépin de Héristal tenait tous les ans le placité général au champ de mars, et dans l'histoire que les Annales de Metz donnent de l'administration de ce maire du palais, elles ne font pas mention en particulier d'une seule séance du placité général.

Les Annales des Francs et les Annales de Fulde, qui ont attesté que le placité général se tenait annuellement sous l'administration des maires du palais, donnent encore l'histoire de cette administration sans y faire mention d'une seule séance du placité général.

Sur l'histoire de la seconde race, la continuation de la Chronique de Frédégaire, écrite par un contemporain, et les Annales de Metz font mention du placité général de l'an 754, dont il n'est pas dit un mot dans les Annales d'Éginhard, ni dans les Annales Tilliennes, de Loisel et de saint Bertin.

Les Annales de Loisel et les Annales de saint Bertin font mention des placités généraux des années 757, 764 et 765, dont il n'est pas dit un mot dans le continuateur de Frédégaire.

Les Annales Tilliennes, les Annales de Loisel, celles de saint Bertin, la Chronique de Réginon et la Chronique de Moissac font mention d'un placité général de l'an 773, dont il n'est pas dit un mot dans les Annales d'Éginhard.

Les Annales Tilliennes, les Annales de Loisel, les Annales de saint Bertin, la Chronique de Réginon, la Chronique de Moissac font mention d'un placité général de l'an 786, dont les Annales d'Éginhard ne parlent pas.

Les Annales de Loisel, les Annales de Metz, les Annales Pétaviennes, celles de saint Bertin et la Chronique de Réginon font mention d'un placité général de l'an 790, dont Éginhard n'a pas parlé.

Ces mêmes Annales, la Chronique de Réginon et celle de Moissac font mention d'un placité général de l'an 792, dont Éginhard ne parle pas.

La Chronique de Moissac fait mention d'un placité général de l'an 793, dont les autres annalistes ne parlent point.

Les Annales d'Éginhard font mention du placité général de l'an 794, dont les autres annalistes ne parlent point.

Les Annales d'Éginhard et la Vie de Louis-le-Pieux, par l'Astronome, font mention du placité général de l'an 799, sur lequel les autres annalistes se taisent.

Les Annales d'Éginhard et les Annales de Metz font mention du placité général de l'an 800, dont les autres annalistes ne parlent pas.

Un capitulaire de Charlemagne, les Annales de Metz et la Chronique de Moissac font mention d'un placité général de l'an 803, dont les autres auteurs ne parlent pas.

Des Annales, écrites l'an 810, font mention d'un placité général tenu l'an 807, et d'un autre tenu l'an 810, dont les autres annalistes ne parlent pas.

Une lettre authentique de Charlemagne fait mention de la convocation d'un placité général dont la tenue n'est indiquée par aucun autre monument.

Les anciennes Annales des Francs et les Annales d'Éginhard suivies par celles de saint Bertin et de Fulde, font mention d'un placité général de l'an 814, dont Thégan et l'Astronome ne parlent point.

Les Annales d'Éginhard et de saint Bertin et la charte de division de Louis-le-Pieux font mention d'un placité général de l'an 817, sur lequel Thégan garde le silence.

Thégan et la Chronique de Moissac font mention d'un placité général de l'an 818, dont les Annales d'Éginhard, celles de saint Bertin et les écrits de l'Astronome ne parlent point.

Les Annales d'Éginhard et de saint Bertin font mention d'un placité général de l'an 824, dont l'Astronome et Thégan ne parlent pas.

La Vie de Louis-le-Pieux par l'Astronome et les Annales d'Eginhard et de saint Bertin font mention du placité général de l'an 825, dont les autres auteurs ne parlent pas.

Les Annales de saint Bertin font mention d'un placité général de l'an 830, dont les autres auteurs ne parlent pas.

Les annales de saint Bertin et les Annales de Metz font mention des placités généraux des années 831 et 834, dont les autres écrivains ne parlent pas.

Les écrits de l'Astronome, les Annales de saint Bertin et de Metz parlent du placité général de l'an 832, dont les autres auteurs ne font pas mention.

Thégan, l'Astronome, un écrit des clercs de Reims et une lettre de Charles-le-Chauve font mention d'un placité général de l'an 835, dont les Annales de saint Bertin ne parlent pas.

L'Astronome et les Annales de Fulde font mention d'un placité général de l'an 836, dont les autres écrivains ne parlent pas.

L'Astronome et Nitard font mention d'un placité de l'an 839, dont les Annales de saint Bertin ne parlent pas.

Un privilége souscrit par tous les évêques et un diplôme authentique de Charles-le-Chauve attestent la convocation d'un placité général de l'an 843, dont les écrivains contemporains ne font nulle mention.

La Chronique de Fontenelle fait mention de deux placités généraux des années 849 et 850, dont les autres auteurs ne parlent pas.

Une lettre contemporaine de Loup de Ferrière fait mention des placités généraux tenus en 852 et 855, dont les annalistes ne font point mention.

Les Annales de Metz parlent d'un placité général de l'an 861, dont les Annales de saint Bertin ne disent rien.

Une lettre de Charles-le-Chauve fait mention d'un placité général de l'an 866, dont il n'est pas parlé ailleurs.

Les Annales de saint Bertin font mention des placités généraux des années 870, 872 et 874, dont les autres écrivains ne parlent pas.

Un écrit contemporain, attribué à Hincmar, fait mention

I.

d'un placité général de l'an 871, dont aucun autre monument ne parle.

Enfin, les titres 1, 24 et 45 des capitulaires de Charles-le-Chauve font mention des placités généraux tenus en 871, 852 et 873, dont les autres monuments ne parlent pas.

CHAPITRE XVII.
De la composition du placité général.

La preuve que le placité général réunit le corps du peuple se tire des autorités citées pour la tenue annuelle des placités sous les deux premières races.

I. Sous la première race.

1°. Les auteurs qui rapportent la conversion de Clovis, marquent la convocation de tout le peuple pour délibérer avec le prince sur le dessein qu'il avait formé de recevoir le baptème;

2°. Grégoire de Tours rapporte la convocation des Francs, par Thierri, pour délibérer sur le projet de la guerre contre les Thuringes;

3°. Frédégaire rapporte que tous les Austrasiens, qui étaient les seuls sujets de Sigebert, composèrent une assemblée pour procéder dans ce royaume à l'élection d'un maire du palais;

4°. Le décret de Childebert II déclare que, dans diverses assemblées des calendes ou du champ de mars, tout le peuple a fait des lois avec le prince;

5°. Frédégaire rapporte que, pour terminer les querelles de Théodebert et de Thierri, un placité fut indiqué et le jugement des Francs invoqué par les princes;

6°. Le préambule de la loi des Allemands annonce qu'elle fut établie dans une assemblée qui réunissait, avec le prince, un grand nombre d'évêques et de grands, et tout le reste du peuple;

Ch. XVII. *Voyez*, pour tous les numéros des huit premiers articles, et pour les sept premiers numéros du neuvième, les autorités citées dans le cours du chapitre précédent.

7°. Frédégaire et Aimoin témoignent que ce fut à l'assemblée de tous les Francs et à la convention commune que Clotaire remit la décision de ses prétentions au royaume d'Austrasie;

8°. Quatre auteurs rapportent que les Francs, que tous les Francs et la multitude qui composait l'armée des Francs, forma l'assemblée qui jugea et condamna Brunehaut;

9°. Le préambule des codes saliques, allemands et bavarois, rédigés sous Thierri, annonce que ces codes subirent différentes réformes sous quatre règnes; qu'elles furent faites, par la réunion des rois, des grands et de tout le peuple chrétien de la domination des mérovingiens;

10°. La Chronique de Fontenelle cite une assemblée du champ de mars, sous Clovis, disant que les peuples francs y étaient rassemblés selon la coutume notoire à tous;

11°. Un contemporain du règne de Thierri III marque que ce prince tint la grande assemblée des peuples, et y traita des intérêts et de la défense du royaume; ailleurs il appelle cette assemblée le placité général;

12°. Les Annales de Metz marquent que le maire Pépin de Héristal tenait chaque année aux calendes de mars une assemblée générale avec tous les Francs, selon l'antique coutume;

13°. Un auteur contemporain rapporte une assemblée tenue par Charles-Martel, selon l'usage, et il y marque la réunion des grands, des magistrats et de tout le peuple;

14°. Plusieurs auteurs témoignent, qu'aux assemblées annuelles qui se tenaient sous le gouvernement des maires, le peuple offrait des dons aux rois, et que le maire ordonnait ce qui avait été décidé par les Francs ou par les peuples; enfin ils appellent encore l'assemblée générale où présidait le roi du temps des maires, l'assemblée publique de son peuple.

II. Sous le règne de Pépin.

1°. La Chronique de Frédégaire, parlant du placité général de l'an 754, marque que Pépin y réunit tous les Francs;

2°. Trois annalistes parlant du placité général de l'an 757, marquent que Pépin y réunit tous les Francs;

3°. La Chronique de Frédégaire parlant des placités généraux des années 761 et 763, marque que Pépin appela tous les Francs, et les grands des Francs ;

4°. Les Annales d'Éginhard et de Metz appellent le placité général tenu par Pépin, l'an 764, l'assemblée générale de son peuple ;

5°. Trois auteurs nomment le placité général tenu par Pépin, l'an 765, l'assemblée générale de son peuple ;

6°. La Chronique de Frédégaire marque la réunion des Francs et des diverses nations du royaume qui formèrent en corps d'armée le placité général de l'an 766 ;

7°. Cinq auteurs parlant du placité général de l'année 767, témoignent que Pépin y réunit tous les Francs, suivant l'usage accoutumé.

III. Sous le règne de Charlemagne.

1°. Le premier placité général tenu l'an 770, est appelé par Éginhard, l'assemblée générale du peuple ;

2°. Cinq auteurs témoignent que Charlemagne réunit tous les Francs au placité général de l'an 773 ;

3°. Cinq auteurs parlant du placité général, de l'an 717, témoignent de la réunion des Francs ; Éginhard nomme cette assemblée, l'assemblée générale du peuple ; la Chronique de Moissac la nomme la grande assemblée des Francs ;

4°. Les Annales Pétaviennes parlant du placité général de l'an 781, marquent la réunion des Francs ; la Chronique de Moissac nomme ce placité, la grande assemblée des Francs ;

5°. La Chronique de Moissac, parlant du placité général de l'an 785, marque que Charlemagne le tint avec les Francs, et les Annales d'Éginhard marquent précisément que cette assemblée publique tenue selon l'usage annuel, ne s'effectua que par la réunion de toutes les troupes des Francs ;

6°. Six auteurs témoignent sur le placité général de l'an 788, la réunion des peuples de toutes les provinces, au jugement de Tassillon ;

7°. Cinq auteurs, traitant du placité général de l'an 790, rapportent que Charlemagne le tint avec les Francs ;

8°. Cinq auteurs attestent, qu'au placité général de l'an

792, le roi réunit les Francs et ses autres fidèles, et que tout le peuple chrétien y étant avec son roi, condamna Pépin ;

9°. Les Annales de Moissac marquent la réunion des divers ordres des grands et de tout le reste du peuple fidèle, au placité général de l'an 793 ;

10°. Des Annales contemporaines marquent la réunion des Francs au placité général de 807 ;

11°. Un capitulaire qui fut fait au placité général de l'an 813, marque la réunion des grands, et de tous les fidèles chrétiens ; la Chronique de Moissac explique que Charles y réunit la grande assemblée du peuple de tout son royaume, et des divers ordres des grands.

IV. Sous le règne de Louis-le-Pieux.

1°. D'anciennes Annales contemporaines, parlant du placité général de l'an 814, témoignent que Louis-le-Pieux le tint avec les Francs ; trois autres auteurs nomment cette assemblée, l'assemblée générale du peuple de Louis-le-Pieux ;

2°. Sur le placité général de l'an 815, deux écrits contemporains témoignent que Louis-le-Pieux y réunit tout son peuple ;

3°. Les anciennes Annales des Francs parlant du placité général de l'an 817, témoignent que l'empereur tint cette assemblée avec les Francs ; et la charte de division de Louis-le-Pieux porte qu'il a assemblé à ce placité la généralité de son peuple, et que le vœu de tout son peuple s'y est uni au sien ;

4°. La Chronique de Moissac rapporte qu'au placité général de l'an 818, Louis-le-Pieux défèra à l'assemblée des Francs, l'affaire de Bernard, roi d'Italie ; les écrits de Thégan disent que Louis-le-Pieux tint, à ce placité, la grande assemblée des peuples, et les instruisit de l'affaire de Bernard ;

5°. Sur le placité général de l'an 820, trois auteurs rapportent que Louis-le-Pieux y réunit la multitude de son peuple ;

6°. Trois auteurs rapportent qu'au placité général de l'an 822, l'empereur se réconcilia avec ses frères en présence de ses grands et de tout son peuple ;

7°. Sur les placités généraux de l'an 825 et 826, les écrits de l'Astronome portent que l'empereur y assembla son peuple ;

8°. Sur le placité général de l'an 832, les Annales de saint Bertin et celles de Metz témoignent ensemble, que l'empereur y appela tous les Francs, orientaux et occidentaux, et que tout le peuple se rendit à ce placité ;

9°. Les Annales de saint Bertin et de Metz, témoignent que les fils de Louis-le-Pieux conduisirent au placité général de l'an 834, les Aquitains, les peuples d'en deçà de la Seine, les Bavarois, les Austrasiens, les Saxons, les Allemands, avec les Francs ;

10°. Sur le placité général de l'an 835, l'Astronome témoigne, que tout le peuple y vint, d'après l'ordre du roi ;

11°. Sur le placité général de l'an 838, les Annales de saint Bertin témoignent que l'empereur y appela généralement tous les fidèles, et qu'ils y accoururent de toutes parts ;

12°. Sur le placité général de l'an 839, l'Astronome témoigne que tout le peuple y fut appelé.

V. Sous le règne de Charles-le-Chauve.

1°. Un acte publié par les évêques réunis au placité général de l'an 843, témoigne que tous les peuples du royaume de Charles y furent rassemblés ; un diplôme de Charles atteste également la convocation de tous les peuples des Gaules de son partage, au placité, avec les évêques et les grands ;

2°. Le placité général que Charles-le-Chauve tint l'an 846, est appelé par les Annales de saint Bertin, l'assemblée générale de son peuple ;

3°. Sur le placité général de l'an 849, la Chronique de Fontenelle porte, que Charles tint cette assemblée avec les Francs ;

4°. Dans un capitulaire formel promulgué au placité général de l'an 853, le prince déclare que tous ses fidèles (c'est-à-dire ses sujets) y furent réunis et y consentirent des capitulaires ;

5°. Un capitulaire de Charles-le-Chauve, marque qu'il convoqua généralement tous ses fidèles, au placité général de l'an 856;

6°. Deux capitulaires de Charles-le-Chauve marquent la réunion du grand nombre de ses sujets, désignés sous le nom de fidèles, évêques, abbés, comtes, et le reste des fidèles de son royaume, aux placités généraux de l'an 857 et 862;

7°. Sur le placité général de l'an 864, les Annales de saint Bertin marquent la réunion des sujets, sous le nom de fidèles avec le roi;

8°. Sur le placité général de l'an 866, une lettre de Charles-le-Chauve marque encore la réunion des sujets, ou des fidèles du royaume avec le prince;

9°. Sur le placité général de l'an 869, les capitulaires de Piste marquent formellement la réunion de tous les sujets, désignés par le mot fidèles;

10°. Sur le placité général de l'an 870, les Annales de saint Bertin marquent la réunion du plus grand nombre des sujets, ou fidèles, rassemblés de toutes parts par le prince;

11°. Sur le placité général de l'an 871, un écrit d'Hincmar marque la réunion des fidèles du roi, c'est-à-dire, de ses sujets;

12°. Enfin sur le placité général de l'an 877, un capitulaire marque de même, la réunion des fidèles, ou sujets du roi.

VI. La preuve de la réunion du corps du peuple aux placités de l'automne se tire des autorités employées pour prouver l'existence de ces seconds placités.

Sous le règne de Charlemagne.

1°. Un capitulaire de ce prince ordonne en général, que tous les hommes libres viennent deux fois l'année aux placités, à celui du printemps et à celui de l'automne;

2°. Un capitulaire de Charlemagne rapporte une demande générale de tout le peuple au prince, qui fut présentée au second placité de l'an 803.

VII. Sous le règne de Louis-le-Pieux.

1°. L'Astronome déclare que Louis-le-Pieux eut tout son peuple réuni devant lui, au second placité général de l'an 819;

2°. Les Annales d'Éginhard rapportent que la multitude du peuple des Francs se réunit au second placité de l'an 821 :

3°. L'Astronome parlant à la fois des deux placités généraux de l'année 825, appelle ces deux assemblées, assemblées générales du peuple ;

4°. Thégan marque que l'empereur réunit la multitude des hommes de ses royaumes, au second placité général de l'an 830 ; l'Astronome marque qu'il y réunit ses peuples ;

5°. Sur le placité général de l'an 831, l'Astronome marque que l'empereur ordonna que son peuple s'y assemblât tout entier ;

6°. Sur le second placité général de l'an 839, les Annales de saint Bertin marquent que l'empereur ordonna à tous les fidèles de son royaume de venir l'y trouver.

VIII. La preuve que tous les grands et les vassaux royaux, ecclésiastiques et laïques, avaient séance et voix délibérative avec les simples citoyens au placité général, résulte de plusieurs des autorités qui ont été citées pour prouver l'usage annuel des placités généraux.

Sous la première race.

1°. Le décret de Childebert II, proclamant des lois votées à diverses assemblées du champ de mars, marque l'assistance et la délibération des grands avec le peuple à ces assemblées :

2°. Le préambule de la loi des Allemands, montre que cette loi fut établie par le roi, ensemble avec les princes, évêques, ducs, comtes et le reste du peuple ;

3°. Le préambule des codes saliques, allemands et bavarois, rédigés, réformés et corrigés par quatre princes successivement, le furent par l'accord du roi, des grands et de tout le peuple de la domination des mérovingiens ;

4°. Les Annales de Metz, sans désigner d'années particulières, disent que Pépin de Héristal, suivant l'antique coutume, appelait à l'assemblée générale tout le peuple et tous les grands ; un écrit contemporain du règne de Thierri III, marque l'assistance des évêques au placité général de l'an 684, avec tout le reste du peuple ;

5°. Un auteur contemporain rapporte que Charles-Martel

réunit les grands, les magistrats et tout le peuple à un placité général ;

6°. Sur l'an 761, la Chronique de Frédégaire marque la réunion des grands et de tous les Francs, des grands et du peuple aux placités généraux des années 761 et 763 ;

7°. Sur l'an 788, sept auteurs qui rapportent le placité général, où les peuples de tout le royaume se réunirent, marquent que Tassillon s'y rendit comme les autres vassaux du roi ;

8°. Sur l'an 793, la Chronique de Moissac marque la réunion des évèques, abbés et comtes avec le peuple   placité général ;

9°. Sur l'an 813, le sommaire d'un capitulaire et la Chronique de Moissac témoignent de la réunion des évèques, abbés, comtes et ducs, avec tout le reste du peuple, au placité général où Charlemagne couronna son fils ;

10°. Sur l'an 822, les Annales d'Éginhard et de saint Bertin, et les écrits de l'Astronome, marquent la réunion des évèques, des abbés et des grands, au placité général ;

11°. Sur l'an 844, un acte donné par les évèques de France, atteste que les évèques furent réunis avec tout le peuple au placité général ; un diplôme de Charles-le-Chauve atteste le même fait, et ajoute que les grands du royaume assistèrent aussi à ce placité ;

12°. Sur l'an 857, un capitulaire marque la réunion des évèques, abbés et comtes, au placité général ;

13°. Sur l'an 861, les Annales de Metz marquent l'assistance des grands au placité général ;

14°. Sur l'an 862, un capitulaire marque la réunion des évèques, abbés et comtes avec le reste du peuple au placité général ;   .

15°. Sur l'an 864, les Annales de saint Bertin marquent la condamnation de Pépin et de ses complices, par les grands du royaume et généralement par tous, au placité général ;

16°. Sur une année incertaine que l'on croit être l'an 871, un écrit de l'archevêque Hincmar marque la réunion des comtes, vassaux royaux et tous autres fidèles, ou sujets, au placité général ;

17°. Sur l'an 877, les Annales de saint Bertin marquent la réunion des grands avec le reste du peuple au placité général ;

18°. Sur l'an 833, les auteurs qui rapportent le placité général de l'automne tenu à Compiègne, marquent la réunion des évêques, abbés, comtes, hommes illustres, grands du royaume avec la généralité du peuple, avec le peuple de tout âge et dignité, à cette assemblée.

Après ces autorités positives remarquons encore, que partout où les monuments témoignent la réunion de tous les sujets, et des peuples de toutes nations, ils indiquent nécessairement avec la classe inférieure des citoyens, la réunion des premières classes, quand même ils ne les expriment pas.

IX. La preuve que les citoyens de diverses nations qui formaient le peuple de la monarchie, avaient séance et voix délibérative, aussi bien que les Francs, aux placités généraux, semble établie d'une manière incontestable par le rapprochement de deux sortes de preuves; celles qui ont établi, dans le cours de cet ouvrage, que les nations différentes qui entrèrent dans la monarchie ne formèrent plus qu'un seul peuple avec les Francs; et celles qui ont établi, dans les deux chapitres précédents, que les placités généraux se désignaient aussi souvent, sous le nom d'assemblée générale du peuple, et de tout le peuple, que sous celui d'assemblée des Francs, et de tous les Francs.

L'existence de plusieurs nations dans un seul peuple, aux époques les plus rapprochées de la naissance de la monarchie, est un fait tellement notoire et avéré que l'on ne doit pas s'étonner que les contemporains des premières races se soient le plus souvent dispensés, en traitant des assemblées générales du peuple et de tout le peuple, de faire mention expresse des nations de diverse origine qui composaient ce corps unique.

On peut cependant encore compléter ici la démonstration, en recourant de nouveau aux preuves chronologiques qui établissent l'existence des placités généraux.

1°. Le placité général de l'an 813 est désigné par cinq auteurs sous le seul titre d'assemblée générale; la Chronique de Moissac appelant la même assemblée, la grande assemblée des peuples de tout le royaume, montre que les autres auteurs sous-entendent, ce qu'elle exprime ici, la réunion de plusieurs peuples dans un peuple;

2°. La même Chronique de Moissac sous-entend sur l'an 818, ce qu'elle a exprimé sur l'an 813, et Thégan exprimant ici ce qu'elle a sous-entendu, désigne par ces mots, la grande assemblée des peuples, la même assemblée que la Chronique a seulement appelée assemblée des Francs ;

3°. Un acte des évêques des Gaules, et un diplôme de Charles-le-Chauve, faisant mention du placité général de l'an 843, marquent expressément la réunion de tous les peuples qui étaient dans le royaume de Charles, de tous les peuples des Gaules qui étaient sous sa domination ;

4°. Les Annales de saint Bertin marquent seulement la tenue d'une assemblée à Nimègue, en automne, l'an 830 ; l'Astronome marque que Louis-le-Pieux y assembla les peuples ; mais Thégan atteste qu'à cette assemblée, la multitude des peuples de tous les royaumes de Louis-le-Pieux se réunit ;

5°. La Chronique de Frédégaire parlant du placité général de l'an 766, marque expressément la réunion des Francs, et de diverses nations qui demeuraient dans le royaume, à cette assemblée, que les autres auteurs ne désignent que par les noms d'assemblée, ou de placité ;

6°. Sur le placité général de l'an 788, les Annales de Loisel, suivies par les Annales de saint Bertin, et la Chronique de Réginon, marquent expressément la réunion des Francs, Bavarois, Saxons, Lombards, et ceux des autres provinces ; la Chronique de Moissac marque la réunion des Francs, et des autres nations qui étaient sous la domination de Charlemagne ; et c'est cette même assemblée qu'Éginhard désigne, selon son style ordinaire, sous le titre d'assemblée générale du peuple ;

7°. Les Annales de saint Bertin et les Annales de Metz rapportent la réunion des Aquitains, et des peuples d'en deçà de la Seine, des Bavarois, Austrasiens, Saxons, Allemands et Francs, au placité général de l'an 834 ;

8°. On peut citer après ces autorités un passage qui n'a pas

8°. Est urbe fixa maris, Ligeris quæ fluminis
Æquor arat late, ingrediturque rapax ; [unda
Veneda cui nomen galli dixere priores ....

Sæpius infestans Brittonum hanc turba nocentum
Visitat, et belli munera more velit.
Ergo illuc Cæsar Francos gentesque subactas
Esse jubet placito, pergit et ipse simul.
Conveniunt prisco Franci sub nomine primo ;
Adsueti bellis arma parata ferunt.

Alba Suevorum veniunt trans flumina Rheni
Millia centenis accumulata viris.
Et Saxona cohors patulis præcincta pharetris,
Atque Thuringa manus consociata venit.
Multimodam pubem Burgundia mittit, et auget
Francorum numerum, consociando viros.

(*Extr. d'un poème du moine Ermold, présenté à Louis-le-Pieux, avant l'an 827.*
D. Bouquet, t. VI, p. 42 et 43.)

trouvé sa place dans les autorités chronologiques sur les placités : c'est un récit du poëme du moine Ermold, présenté à
Louis-le-Pieux. Il décrit avec étendue la composition du placité général de Vannes, de l'an 818 ; on y reconnait « les
« Francs, les nations soumises par les Francs, les Suèves,
« les Saxons, les Thuringiens, les Bourguignons. » Cette description d'un contemporain prouve évidemment que l'on
voyait plusieurs nations dans le corps du peuple qui formait
les placités généraux.

CHAPITRE XVIII.

De l'identité du placité général et de l'armée.

I. La preuve que l'ordre du roi, qui appelait à l'armée les
comtes, les autres grands, les simples bénéficiers, et les hommes
libres des comtés, astreints au service militaire de l'armée, les
obligeait, en paix comme en guerre, à se rendre d'abord en
armes et tout équipés au placité général indiqué par le roi,
résulte :

1°. Des autorités citées au chapitre XVI, sur la première
assemblée des calendes de mars qui nous soit connue du
temps de Clovis ; elles marquent que ce fut l'armée et le corps
des guerriers équipés en guerre, qui se réunirent à la convocation de Clovis, et font voir cependant que cette assemblée se tint en temps de paix, et ne fut suivie d'aucune campagne ;

2°. D'un capitulaire de Charlemagne, de l'an 807, il ordonne « que tous les bénéficiers et tous les hommes libres »
qui possèdent en propre la somme de propriété, à raison de
laquelle le service militaire de l'armée doit être exigé, se rendent à l'armée, et y servent à leurs frais ; il appelle aussi à l'ar-

---

1. — 1°. *Voyez* les autorités citées
au chap. XVI, art. I, n° 1.

2°. Memoratorium qualiter ordi-
navimus,... et de ultra Sequana omnes
exercitare debeant.

In primis quicunque beneficia habere videtur, omnes in hostem veniant.

Quicunque liber mansos quinque

de proprietate habere videtur, similiter in hostem veniat. Et qui quatuor
mansos habet, similiter faciat, etc.

Voyez la suite de ce texte au chap. XI
de ce livre, art. I, n° 1.

Omnes itaque fideles nostri capi-
tanei cum eorum hominibus, et carra
sive dona, quantum melius praeparare
potuerint, ad condictum placitum

mée la partie des propriétaires inférieurs qui doivent y marcher défrayés par d'autres. Il résume ensuite cette sommation détaillée par l'ordre général, à tous les fidèles du roi appelés à l'armée, de se réunir au mois d'août, à un placité indiqué. Enfin le même capitulaire somme, en particulier, les comtes et vassaux royaux de la Frise, de venir à ce placité avec l'équipement nécessaire :

3°. Du second capitulaire de Charlemagne de l'an 812; il veut que tous ceux qui ont des honneurs royaux (c'est-à-dire tous les grands), étant appelés à l'armée, se rendent préalablement à un placité qui leur est indiqué;

4°. D'un capitulaire de Charlemagne de l'an 813, il ordonne à chaque comte « d'appeler chaque homme de son « comté, sous peine d'une amende de 60 sous, pour marcher « à l'armée, afin qu'ils viennent tous au placité indiqué avec « les armes nécessaires : il veut que les évêques, abbés et « comtes viennent avec leurs hommes bien équipés au jour du « placité indiqué, au temps de la guerre, c'est-à-dire au temps « de l'été ; »

5°. D'une lettre de Charlemagne à un abbé ; elle le somme

veniant. Et unusquisque missorum nostrorum per singula ministeria considerare faciat unum de vassallis nostris, et præcipiat de verbo nostro ut cum illa minore manu et carra de singulis comitatibus veniant, et eos post nos pacifice adducat, ita ut nihil exinde remaneat, et mediante mense augusto ad Rhenum sint. Hæc autem constituta volumus ut observent omnes generaliter, præsenti anno, qui ultra Sequanam commanere videntur.

De Fresonibus volumus ut comites et vassalli nostri, qui beneficia habere videntur, et caballarii, omnes generaliter ad placitum nostrum veniant bene præparati. (*Extr. d'un capitulaire de Charlemagne, de l'an 807, art. 1, 2, 3 et 6. Baluze, t. I, p. 457 et suiv.*)

3°. De his qui regales habent honores, et in hostem banniti ad condictum placitum non venerint.

Quicunque homo nostros habens honores in hostem bannitus fuerit, et ad condictum placitum non venerit, quot diebus post placitum condictum venisse comprobatus fuerit, tot diebus

abstineat carne et vino. (*Extr. du capitulaire 2 de Charlemagne, de l'an 812,* art. 3. Même dispositif à l'art. 69 du liv. III de la *collection d'Anségise.* Baluze, t. I, p. 49 et 767.)

4°. Ut comes in suo comitatu de bannum unumquemque hominem per sexaginta solidos in hostem pergere bannire studeat, ut ad placitum denuntiatum ad illum locum ubi jubetur veniant. Et ipse comes prævideat quomodo sint parati, id est, lanceam, scutum, aut arcum, cum duabus cordis et sagittis duodecim... Et episcopi, comites, abbates, hos homines habeant qui hoc bene prævideant, et ad diem denuntiati placiti veniant, et ibi ostendant quomodo sint parati. Habeant loricas, vel galeas et temporalem hostem, id est, æstivo tempore. (*Extr. du capitulaire 2 de Charlemagne, de l'an 813,* art. 1. Baluze, t. I, p. 508 et 509.)

5°. Carolus... imperator... Fulrado abbati. Notum sit tibi, quia placitum nostrum generale anno præsenti condictum habemus infra Saxoniam... in loco qui dicitur Starasfurt. Quaprop-

de se rendre au placité général que ce prince a indiqué, avec tous ses hommes bien préparés et bien armés, afin que cet abbé et ses hommes puissent aller à la guerre, du lieu du placité en quelque lieu que ce soit, ou le roi l'ordonnait ;

6°. D'une lettre de Loup de Ferrière ; elle témoigne que les abbés étaient obligés de se rendre au placité indiqué par le roi, pour remplir le service militaire qui leur était imposé ; et que quand ils ne pouvaient marcher en personne à ce placité, ils y envoyaient leurs hommes, avec les comtes du canton pour exécuter le service militaire selon l'usage accoutumé ;

7°. D'un capitulaire de Charlemagne ; il impose à ceux qui manqueront de se réunir après la convocation royale, au placité établi qu'il appelle le placité de l'armée, la même amende qui était infligée au refus du service militaire.

II. La preuve que les citoyens appelés au placité étaient obligés de s'y rendre dans le même ordre qui était prescrit pour marcher à l'armée, les seigneurs conduisant leurs vassaux, les comtes conduisant les hommes libres de leurs districts, sous la peine du ban pour les contrevenants à cet ordre, résulte évidemment des autorités que l'on vient de citer à l'article précédent.

III. La preuve que tous les citoyens appelés au placité géné-

---

ter præcipimus tibi ut pleniter cum hominibus bene armatis et præparatis ad prædictum locum venire debeas xii kal. jul. quod est septem diebus ante missam Sancti-Joannis-Baptistæ ita vero præparatus... ad prædictum locum venias ut iude, in quamcumque partem nostra fuerit jussio, exercitaliter ire possis, id est, cum armis, atque utensilibus, nec non et cætero instrumento bellico, in victualibus et vestimentis, ita ut unusquisque caballarius habeat scutum et lanceam et spatham... arcum et pharetras cum sagittis. (*Extr. d'une lettre de Charlemagne à l'abbé Fulrad*. D. Bouquet, t. V, p. 633.)

6°. .... Ab expeditione Aquitanica gravatus infirmitate redii,.... necdum revalui ; quæ res, ne cum aliis ad condictum occurrerem placitum, prohibuit ; misi tamen homines nostros una cum comite pagi, qui expeditionis

officia more solito exequerentur ; vestram igitur supplicamus pietatem ut nos offensæ metu levare dignemini : si quidem quamquam ad obsequendum cum aliis paratissimam haberem voluntatem, imbecillitati tamen obviare non potui. (*Extr. d'une lettre de Loup de Ferrière*. D. Bouquet, t. VII, p. 481.)

7°. De banno domni imperatoris Karoli, quod per semetipsum consuetus est bannire... de mundeburdo ecclesiarum... et de exercitali placito instituto, ut hi qui ista inruperint, bannum dominicum..... componant. (*Extr. du capitulaire 2 de Charlemagne, de l'an 802, art. 20*. Même dispositif à l'art. 1 du *capitulaire 7*, de l'an 803. Baluze, t. I, p. 377 et 401.)

III. — 1°. *Voyez* les autorités rappelées aux art. III, IV, V, VI, VII et VIII, du chapitre précédent.

ral se rendaient à cette assemblée de toutes les parties du royaume, même des régions les plus éloignées du lieu où elle se tenait, s'induit en général :

1°. De la suite d'autorités rappelées au chapitre précédent, qui ont présenté le placité général, comme l'assemblée du peuple et de tout le peuple ;

2°. De l'ensemble des autorités citées à l'art. Ier de ce chapitre ; elles ont montré que la même convocation avait lieu pour le placité général et pour l'armée, et il a été complétement prouvé ailleurs, que la distance des lieux ne dispensait personne de l'obéissance à la convocation générale à l'armée.

IV. La preuve de la réunion des citoyens de toutes les contrées du royaume aux placités généraux se tire enfin des autorités déjà rappelées au dernier article du chapitre précédent ; ces monuments marquent sur cinq différents placités généraux la réunion des « peuples de tout le royaume, de tous les « peuples qui étaient dans le royaume, de tous les peuples des « Gaules qui étaient sous la domination de Charles-le-Chauve, « de la multitude des peuples de tous les royaumes de Louis-le-« Pieux ; » enfin ces monuments attestent la réunion des Francs et des diverses nations qui demeuraient dans le royaume de Pépin.

Ces réunions, faites dans un même lieu, de la généralité des peuples et des nations, montrent que l'éloignement ne dispensait personne de l'obéissance à la convocation. Sur trois autres placités généraux, les auteurs qui les rapportent attestent pareillement la réunion de tous les peuples et de toutes les nations, en nommant plusieurs de ces nations, ou en les nommant toutes, et montrant que le rapprochement de cette multitude avait lieu des extrémités du royaume, au lieu où chacun des placités était convoqué.

V. La preuve que le placité général et l'armée étaient le même corps de peuple, combattant ou délibérant avec le roi, ressort déjà, de toutes parts, des faits qui ont été établis jusqu'ici ; elle résulte en outre spécialement :

1°. D'une requête du peuple à Charlemagne ; elle est pré-

2°. *Voyez* les autorités citées ou rapportées à l'art. Ier de ce chapitre.

V. — 1°. Petitio populi ad imperatorem.

Flexis omnes precamur poplitibus majestatem vestram ut episcopi deinceps sicut hactenus, non vexentur hostibus. Sed quando vos nosque in

sentée au placité général de Worms, le même corps de peuple qui compose l'assemblée, y reconnait aussi qu'il forme l'armée qui marche à la guerre avec le roi ;

2°. D'un poème du moine Ermold ; en rapportant une expédition guerrière, où Louis-le-Pieux réunit toutes les nations dans une même armée, il marque que c'est au placité général que cette armée se réunit et se forma ;

3°. D'un capitulaire de Charles-le-Chauve ; il s'adresse aux membres du placité général, et les avertit de se tenir prêts à marcher, au premier ordre du prince, contre les ennemis de l'état, et à venir le trouver tout équipés pour la guerre.

Pour résumer définitivement cette preuve, on se servira de tous les exemples qui font réellement reconnaitre l'armée dans le placité, et le placité dans l'armée.

VI. Sous la première race.

1°. Les historiens qui rapportent la première assemblée du champ de mars sous Clovis, la représentent à la fois comme réunion d'une armée, et comme une assemblée annuelle tenue en temps de paix ;

2°. Les historiens qui rapportent l'assemblée générale convoquée extraordinairement par Clovis, lorsqu'il embrassa la religion chrétienne, font reconnaitre le corps du peuple, qui formé en armée venait de vaincre avec le prince, et qui peu après délibéra avec lui ;

3°. Les écrits de Grégoire de Tours rapportent la convocation des Francs par Thierry ; ils les représentent comme délibérant d'abord avec le prince, sur le projet de la guerre

hostem pergimus, ipsi propriis resideant in parochiis. (*Extr. d'une requête du peuple à Charlemagne, capitulaire 8 de l'an 803. Baluze, t. I, p. 505.*)
Voyez un passage du poème d'Ermold, à l'article IX, n° 8 du chapitre précédent.
3°. Gratias vobis agimus ... quia pleniter ... ad hoc nostrum placitum convenistis.
Monemus fidelitatem vestram ut ... semper sicut Dei et nostri ... fideles

parati sitis, ut, si necessitas nobis evenerit, aut contra paganos aut contra quoscunque alios, ut statim quando unicuique nuntius venerit, aut nobis necesse audierit, ... hostiliter praeparatus ... possit nobis occurrere. (*Extr. d'un capitulaire de Charles-le-Chauve, dans l'édit de Piste, tit. 36, 1 et 2, annonciation, art. 1. Baluze, t. I, p. 174 et 195.*)
VI. *Voyez* les autorités citées au chap. XVI, art. Ier, nos 1, 2, 3, 4 et 10.

contre les Thuringiens, et comme partant immédiatement en corps d'armée pour combattre sous ses ordres;

4°. En confrontant les témoignages des historiens, qui rapportent la condamnation et la mort de Brunehaut, on voit que ce fut l'assemblée des Francs, des Bourguignons et des Austrasiens, qui jugea la reine, et l'on voit que cette assemblée fut l'armée même qui suivait Clotaire II.

VII. Sous la seconde race.

1°. La Chronique de Frédégaire sur l'an 754, rapporte que Pépin ayant rassemblé les Francs aux calendes de mars, « l'année révolue et dans le temps que les rois ont cou- « tume d'aller à la guerre, » il se mit immédiatement après en marche « avec les troupes de ces mêmes Francs, et des autres « nations de son royaume, » pour attaquer Astolphe en Lombardie. Les Annales de Metz viennent ici à l'appui de la Chronique de Frédégaire, et d'après ces deux autorités, l'on conclut que le même corps de peuple forma l'assemblée et forma l'armée;

2°. Le continuateur de Frédégaire, et les Annales d'Éginhard et de Metz, rapportent que Pépin ayant appris l'an 761, la révolte du duc Vaifre, « ordonna que les Francs vinssent le « trouver à la Loire, au placité établi, préparés à combattre;

VII. — 1°. An. DCCLIV. Rex Pipinus quod ... petierat non impetrasset, evoluto anno ... rex ad kalendas martias omnes Francos, sicut mos Francorum est, Bernaco villa ... ad se venire praecepit.... Eo tempore, quo solent reges ad bella procedere, cum Stephano papa, et reliquæ nationes, quæ in suo regno commorabantur, et Francorum agmina ad partes Langobardiæ cum omni multitudine per Lugdunum Galliæ et Viennam pergentes, usque Mauriennam pervenerunt. Aistulfus, rex Langobardorum .. usque ad Clusas, quæ cognominatur Valle Seusana veniens, ibi cum omni exercitu suo castra metatus est. (Extr. du continuateur de Frédégaire, chap. 120. D. Bouquet, t. V, p. 2.)

Pippinus rex placitum habuit secundum consuetudinem kalendis martiis Brennaco villa. Accepto inde con-

silio optimatum suorum, partibus Italiæ se cum omni apparatu suo profecturum esse indixit : et cum omni multitudine per Lugdunum Galliæ et Viennam pergentes, usque ad Mauriennam pervenerunt. (Extr. des Annales de Metz. D. Bouquet, t. V, p. 336.)

2°. An. DCCLXI. Evoluto anno omnes optimates Francorum ... ad campo-madio, pro salute patriæ et utilitate Francorum tractanda, placito instituto ad se venire praecepit. Dum hæc agerentur, Waifarius, ... contra Pippinum regem Francorum insidias parat, ... usque ad Cavillonum, omnem exercitum suum transmisit, et totam regionem illam, ... vastaverunt. .. Quum hoc Pippino regi nuntiatum fuisset, Waifarius maximam partem regni sui vastasset, ... nimium in ira commotus jubet om-

« que le prince ayant réuni ses forces de toutes parts , mit
« l'armée en marche aussitôt. » L'armée était donc formée
par le placité ;

3°. Le même continuateur de Frédégaire rapporte que, l'an
« 763, « Pépin ayant mis de nouveau toute l'armée en marche
« contre Vaifre , et venant avec toute cette armée à Nevers,
« y tint le placité au champ de mai , avec ses Francs et ses
« grands, » et poursuivit aussitôt après avec eux la campagne
de guerre. Ici l'on voit clairement l'armée former le placité, et
le placité se reformer en armée. Les Annales d'Éginhard rentrent dans le sens de ce premier récit, quoiqu'elles n'en arti-
culent pas tous les détails ;

4°. Le même continuateur de Frédégaire rapporte que
« Pépin mit en marche toute l'armée des Francs, et de plu-
« sieurs nations de son royaume, et s'arrêta à Orléans, où il
« tint son placité, » l'an 766, pour reprendre aussitôt après
le cours de son expédition : ainsi l'armée forma le placité ;

---

nes Francos ut hostiliter , placito instituto , ad Ligerem venissent. Com-
motoque exercitu cum omni multitudine ... usque ad Trecas accessit.
(*Extr. du continuateur de Frédégaire,*
chap. 125. D. Bouquet, t. V, p. 4.)

Waifarius dux quanquam obsides
dedisset, sacramentaque jurasset, ...
exercitum suum, qui Francorum possessiones populatur , usque ad Cabillonem civitatem fecit accedere. Quod
quum Pippino regi generalem conventum agenti in villa Duria fuisset
nuntiatum , coactis undique auxiliis,
cum magno belli apparatu Aquitaniam ingressus. (*Extr. des Annales
d'Éginhard.* D. Bouquet, t. V,
p. 199.)

Pippinus rex conventum Francorum habuit in Duria villa, ... et de
utilitate regni Francorum tractans
suos ibi optimates adunavit. Waifarius autem ... exercitum ... in fines
Burgundiæ misit. Hoc quum Pippino
regi nuntiatum fuisset, quod Waifarius fidem promissam postponeret,
cum exercitu ad Ligerim fluvium
venit. (*Extr. des Annales de Metz.*
D. Bouquet, t. V, p. 338.)

3°. An. DCCLXIII. Iterum ... commoto omni exercitu Francorum , per
Trecas, inde Autisioderum , usque

ad Nievernum urbem cum omni exercitu veniens , ibique cum Francis et
proceribus suis placitum suum campo-madio tenens. Postea Ligere transacto Aquitaniam pergens , usque ad
Lemodicas accessit , totam regionem
illam vastans , villas publicas , quæ
ditionis Waifarii erant, totas igne
concremare praecepit. (*Extr. du continuateur de Frédégaire*, chap. 130.
D. Bouquet, t. V, p. 6 et 7.)

Congruo tempore , conventu in Nivernis habito, et contractis undique
copiis , rex Pippinus Aquitaniam repetit , ... omnia quæ extra munitio-
nes erant ferro et igne depopulatus...
Cum exercitu integro in Franciam se
recepturus, per Limovicam regreditur. (*Extr. des Annales d'Éginhard.*
D. Bouquet, t. V, p. 199.)

4°. An. DCCLXVI. Evoluto ... anno ,
commoto omni exercitu Francorum,
vel plurium nationum, quæ in regno
suo commorabantur, usque ad Aurelianis veniens, ibi placitum suum
tenens.... Iterum Ligere transacto,
totam Aquitaniam pergens , ... totam
regionem illam devastavit..... Cum
omni exercitu Francorum .... reversus est in Franciam. (*Extr. du
dernier continuateur de Frédégaire*,
chap. 131. D. Bouquet, t. V, p. 7.)

5°. Cinq auteurs contemporains s'accordent pour témoigner que ce fut encore l'armée des Francs qui au milieu de sa marche contre Vaifre, s'arrêta, à Bourges, pour y tenir le placité général de l'an 767, et poursuivre aussitôt sa campagne de guerre ;

6°. Six annalistes témoignent que ce fut du placité général de l'an 773, où tous les Francs étaient réunis, que Charlemagne fit la division de son armée en deux corps, et que du lieu du placité il commença lui-même la campagne ;

7°. Sept auteurs témoignent que ce fut au lieu du placité général de l'an 775, que Charlemagne partit « avec l'armée « des Francs, avec toutes les forces de son royaume, » pour porter la guerre en Saxe. Le placité général avait donc réuni toutes ces forces ;

8°. Six auteurs témoignent que Charlemagne partit du lieu même du placité général de l'an 780, pour porter la guerre en Saxe. Le roi avait donc trouvé encore son armée dans son placité général ;

9°. Les Annales d'Éginhard rapportent que, l'an 782, « au « commencement de l'été, où l'abondance des pâturages per- « mettait de faire marcher l'armée, le roi pensa qu'il fallait la « mener dans la Saxe, et y tenir l'assemblée générale de la « manière dont elle se tenait tous les ans dans la France ; il

5°. An. DCCLXVII. Commoto omni exercitu Francorum ... ad Betoricas accessit.... Iterum campo-madio, sicut mos erat, ibidem tenere jubet, ... ad persequendum Waifarium ire perrexit. (Extr. du dernier continuateur de Frédégaire, chap. 132. D. Bouquet, t. V, p. 7.)

Rex Pipinus ... in mense augusto iterum perrexit partibus Aquitaniæ, Bituricam usque venit. Ibi synodum fecit cum omnibus Francis solito more in campo. Et inde iter peragens, usque ad Garonnam pervenit. (Extr. des Annales de Loisel. Même récit dans les Annales de saint Bertin et dans celles de Réginon. D. Bouquet, t. V, p. 36.)

Rex Pipinus ... mense augusto ad reliquias belli profectus est ... conventum more francico in campo egit. Indeque ad Garonnam fluvium accedens, castella ... cepit.... Reversusque Bituricam, exercitum in hiberna dimisit. (Extr. des Annales d'Éginhard, D. Bouquet, t. V, p. 200.)

6°. An. DCCLXXIII. Voyez les récits de six auteurs contemporains de la seconde race, cités ou indiqués au chap. XVI, art. V, n° 4.

7°. An. DCCLXXV. Voyez les récits de sept auteurs contemporains de la seconde race, cités ou indiqués au chap. XVI, art. V, n° 5.

8°. An. DCCLXXX. Voyez les autorités citées au chap. XVI, art. V, n° 9.

9°. An. DCCLXXXII. Æstatis initio, quum jam propter pabuli copiam exercitus duci poterat, in Saxoniam cundum, et ibi, ut in Francia quotannis solebat, generalem conventum habendum censuit. Trajectoque apud Coloniam Rheno, cum omni Francorum exercitu ad fontem Lippiæ venit : et castris ibi positis, per dies

«passa le Rhin avec toute l'armée des Francs, et vint aux
« sources de la Lippe; les tentes ayant été dressées, il y de-
« meura quelques jours, » et y traita de plusieurs affaires. Ce
fut donc l'armée en marche de guerre qui forma l'assemblée
et traita des affaires du royaume;

10°. Cinq auteurs rapportent que Charlemagne, « lorsque
« le temps fut convenable, réunit son placité à Paderborn et
« de là entra en campagne et dévasta la Saxe. » La réunion de
l'assemblée fut donc celle de l'armée;

11°. Six auteurs rapportent la réunion du placité général de
l'an 795 sur les frontières de la Saxe, et montrent l'armée et
le prince partant du lieu du placité pour entrer en Saxe;

12°. Les Annales d'Éginhard et les écrits de l'Astronome
rapportent une nouvelle campagne de guerre, pour laquelle
le roi et l'armée partirent encore du lieu du placité général de
l'an 799, ayant tenu cette assemblée dans un des points de
leur route vers le pays ennemi;

13°. Les Annales de Metz marquent la tenue du placité

non paucos ibidem moratus est ... Inter cetera negotia et legatos ... regis
Danorum, et... principes Hunorum...
et audivit et solvit. Quumque conventu completo trans Rhenum in Galliam se recepisset. (Extr. des *Annales
d'Éginhard.* D. Bouquet, t. V, p. 205.)

10°. An. DCCLXXXV. Rex Carolus...
reversus est Heresburgum.... Ibi tota
hieme residens, ibidem Pascha ...
celebravit.... Dum tempus congruum
venisset, synodum publicum celebravit apud Paderbrunnen. Et inde
iter peragens, vias apertas, faciens
nemine contradicente per totam
Saxoniam quodcunque voluit. (*Extr.
des Annales de Loisel.* Même récit
dans les *Annales de Metz,* dans celles
de *saint Berlin,* et dans la *Chronique
de Reginon.* D. Bouquet, t. V, p. 43,
44 et 345.)

Rex demoratus est in Saxonia ad
Heresburg, de Natale Domini usque
in mense junio, ... placitumque habuit ad Partes-Brunna cum Francis
et Saxonibus. Et tunc demum perrexit trans flavium Wissare, et pervenit ad Barduwic. (*Extr. de la Chronique de Moissac.* D. Bouquet, t. V,
p. 71.)

11°. An. DCCLXXXV. Rex ... conventum generalem trans Rhenum in
villa Cassenstein, quae super Mœnum
contra Moguntiacum urbem sita est,
more solemni habuit, atque inde cum
exercitu Saxoniam ingressus, pene
totam populando peragravit. (*Extr.
des Annales d'Éginhard.* D. Bouquet, t. V, p. 311.)

Rex venit ad locum qui dicitur
Cullinstang in suburbio Moguntia-
censis urbis, et tenuit ibi placitum
suum. Audiens vero quod Saxones
more solito promissionem suam... ir-
ritam fecissent, cum exercitu in Saxoniam ingressus est, et usque ad fluvium Albim pervenit. (*Extr. des Annales de Loisel.* Même récit dans les
Annales de Metz, dans les *Annales
Tilliennes,* dans celles de *saint Bertin,* et dans la *Chronique de Reginon.*
D. Bouquet, t. V, p. 49, 22 et 345.)

12°. An. DCCXCIX. *Voyez* les extraits
des Annales d'Éginhard et des récits
de l'Astronome, au chap. XVI,
art. V, n° 21.

13°. An. DCCC. *Voyez* l'extrait des
Annales de Metz, au chap. XVI,
art. V, n° 22.

général de l'an 800, et le départ du roi et de l'armée du lieu même de ce placité pour une campagne de guerre;

14°. La Chronique de Moissac rapporte comment Charlemagne après avoir réuni son assemblée, l'an 806, détacha des troupes pour une expédition, et marcha lui-même à la tête de son armée pour attaquer l'ennemi d'une autre part;

15°. Les anciennes Annales des Francs nous montrent Charlemagne marchant vers la Saxe, l'an 810, à la tête de l'armée des Francs, et s'arrêtant sur la route pour tenir le placité;

16°. Les Annales de saint Bertin rapportent, que l'empereur, après avoir fixé à Orléans le lieu du placité général, l'an 83., et apprenant subitement que l'Allemagne était attaquée par son fils, changea le lieu de son placité et le transporta à Mayence, qui le rapprochait de l'Allemagne. « Là, il or-« donna que tous les Francs orientaux et occidentaux, avec « les Saxons, vinssent le trouver aux calendes de mai, et « quand tout ce peuple se fut rendu au placité indiqué, ce ne « fut point pour délibérer, mais pour passer le Rhin et le Mein « dès le lendemain, pour camper au delà, pour épouvanter et « chasser les rebelles. » L'auteur conclut enfin son récit par ces mots : « l'empereur ayant terminé ainsi ce placité, con-« gédia l'armée; »

14°. An. DCCCVI. Karolus imperator celebravit Pascha ad Neumaga, et misit filium suum Karolum regem super Buringa, ad locum qui vocatur Waladala : ibique habuit conventum suum. Et inde misit scaras suas ultra Albiam : ipse vero movit exercitum suum ultra Sala. (*Extr. de la chronique de Moissac. D. Bouquet, t. V, p. 81.*)

15°. An. DCCCX. *Voyez* un extrait tiré d'anciennes Annales des Francs, au chap. XVI, art. V, n° 27.

16°. An. DCCCXXXII. Imperator.... convocatis... consiliariis, habitoque cum eis consilio... statutum est ut suum generale placitum in Aurelianis civitate habendum denunciaretur.... Subito perventum est ad aures... imperatoris. Ludoicum cum omnibus Bajoariis liberis et servis,... quos ad se vocare poterat, Alemanniam...

ingredi velle... Quumque hoc compertum esset,.... imperator, mutato placito, omnes Francos occidentales, et australes, nec non et Saxones,... kalend. maii Maguntiam venire præcepit. Dominus imperator quum Maguntiam venit, ubi et ad placitum quod eis constituerat omnis populus occurrit, mox in crastinum cum valida Francorum... manu, Rheno et Moin fluminibus transitis, circa Triburim villam castra metatus est... Quumque Ludoicus patrem suum cum tanta fidelium copia Rhenum transisse cognovit, et expetitæ injustæ potentiæ spes ablata est,... cum suis hominibus Bajoariam... reversus est... Imperator.... pervenit... ad Augustburg super Lech... Peracto... placito ...et exercitu dimisso, ipse... ad Salz venit. (*Extr. des Annales de saint Bertin. D. Bouquet, t. VI, p. 196.*)

17°. Les Annales de saint Bertin, suivies par celles de Metz, rapportent que l'an 834, les deux fils puînés de Louis-le-Pieux rassemblèrent les peuples de toutes les provinces, et se mirent en marche avec eux, pour aller au secours de leur père ; que le roi rétabli par le zèle de Pépin et de Louis, et de tout le reste de ses fidèles, qui l'avaient secouru avec tant de promptitude, tint le placité avec eux, avant de les congédier. Ce placité fut donc composé de l'armée générale ;

18°. L'Histoire de Nitard porte, que l'empereur menacé par son fils, se rendit à l'assemblée indiquée à Mayence l'an 838, et par la marche de l'armée força son fils à fuir. Cette armée fut donc le placité général même ;

19°. Les Annales de saint Bertin parlent du placité général de l'an 846, où le roi tint l'assemblée générale de son peuple, pour partir du lieu même du placité avec l'armée, et marcher en Bretagne ;

20°. Les mêmes Annales prononcent plus positivement encore, que le roi indiqua le placité général de l'an 867, pour aller en Bretagne contre le duc des Bretons ; c'était donc réellement une armée qu'il convoquait ;

21°. Les récits d'Éginhard et de l'Astronome montrent positivement, une très-grande armée, des troupes rassemblées de toutes parts, formant le placité général de l'automne de l'an 818, et ensuite du lieu de ce placité, ces mêmes troupes, cette même armée partant pour porter la guerre en Bretagne ;

22°. Enfin, les Annales de saint Bertin parlant du placité général de l'automne de l'an 830, tenu lors de la révolte de Lothaire, marquent que l'armée des deux partis y fut

17°. An. DCCCXXXIV. *Voyez* l'extrait des Annales de saint Bertin, suivies par les Annales de Metz, au chap. XVI, art. VI, n° 19.

18°. An. DCCCXXXVIII. Nuntiatur quod Lodhuwicus a patre suo... descivisset,.... et quicquid trans Rhenum regni continebatur, sibi vindicare vellet.... Indicto conventu, Maguntiam convenit, ac trajecto exercitu, fugere illum in Bajuariam compulit. Post Aquis exultans rediit. (*Extr. de l'Hist. de Nitard,* liv. 1, chap. 6. D. Bouquet, t. VI, p. 70.)

19°. An. DCCCXLVI. *Voyez* l'extrait des Annales de saint Bertin, au chap. XVI, art. VII, n° 3.

20°. An. DCCCLXVII. *Voyez* l'extrait des Annales de saint Bertin, au chap. XVI, art. VII, n° 16.

21°. An. DCCCXVIII. *Voyez* les extraits des écrits d'Éginhard et de l'Astronome, au chap. XVI, art. IX, n° 1.

22°. An. DCCCXXX. Alium conventum.... imperator.... circa kalendas octobris Noviomago condixit... Nam illuc ex utraque parte, scilicet... imperatoris et Hlotharii, multorum congregatus est exercitus. (*Extr. des*

réunie; une armée, encore une fois, composait donc le placité.

CHAPITRE XIX.

Différence du placité général de l'automne et du placité général du printemps.

I. La preuve de ce qui a été dit sur les différences essentielles du placité général du printemps, et du placité général
de l'automne, résulte :

1°. De l'ouvrage d'Hincmar sur l'ordre du sacré palais; il
marque « qu'un placité se tenait pour régler l'état du royaume
« au commencement de l'année ; que ce qui avait été ordonné
« à ce premier placité ne se changeait jamais, à moins d'une
« nécessité si pressante qu'elle intéressât la sûreté générale de
« l'état. Il affirme que tous les grands en général, tant clercs
« que laïques, assistaient à ce premier placité de l'année. »
Parlant ensuite du placité de l'automne, second de l'année,
qui se tenait pour recevoir les dons de tous, Hincmar marque
« qu'il n'y assistait que les plus anciens des grands et les prin-
« cipaux conseillers ; que ceux qui se trouvaient à ce placité
« considéraient à l'avance ce que les circonstances des temps
« et des affaires exigeraient de faire, et que l'avis qu'ils pro-
« posaient restait caché jusqu'au placité général suivant ; »

2°. De la réponse de Charlemagne, faite en conséquence

Annales de saint Bertin. D. Bouquet,
t. VI, p. 193.)

I. — 1°. Consuetudo.... tunc temporis talis erat, ut non sæpius, sed
bis in anno, placita duo tenerentur.
Unum, quando ordinabatur status
totius regni ad anni vertentis spatium,
quod ordinatum nullus eventus rerum, nisi summa necessitas, quæ
similiter toto regno incumbebat, mu-
tabatur. In quo placito generalitas
universorum majorum, tam clericorum quam laicorum, conveniebat :
seniores, propter consilium ordinandum : minores, propter idem consilium suscipiendum.

Propter dona generaliter danda,
aliud placitum cum senioribus tantum
et præcipuis consiliariis habebatur :
in quo jam futuri anni status tractari
incipiebatur, si forte talia aliqua se

præmonstrabant, pro quibus necesse
erat præmeditando ordinare... Quam
...per eorumdem seniorum consilium,
quid futuri temporis actio vel ordo
agendi posceret, a longe considera-
rent : et quum inventum esset, sub
silentio idem inventum consilium, ita
funditus ab omnibus aliemis incognitum usque ad aliud... generale placitum, ac si inventum, vel a nullo
tractatum esset, maneret : ut si forte
tale aliquid aut infra aut extra regnum
ordinandum esset, quod præscientia
quorumdam, aut destruere, aut...
inutile reddere, aut... laboriosius
faciendum convertere voluisset, hoc
nullatenus facere potuisset (*Extr. de
l'ouvrage d'Hincmar su l'ordre du
sacré palais*, chap. 29 et 30. D. Bouquet, t. IX, p. 267 et 268.)

2°. Omnibus notum esse volumus

d'une requête que le peuple lui présenta au placité de l'automne ; elle porte que ce prince au prochain placité général, c'est-à-dire, celui du printemps, « confirmera par écrit par le « conseil de tous ses fidèles, les règlements que le peuple de- « mande, pour qu'ils soient conservés inviolablement dans tous « les temps à venir. » Le prince marque clairement ensuite la cause de la supériorité du placité du printemps sur celui d'automne, en disant, qu'à cette assemblée, où les règlements projetés seront confirmés, « un plus grand nombre d'évêques et de comtes seront réunis ; »

3°. Des Annales de saint Bertin ; elles nous apprennent qu'au placité général d'automne de l'an 830, où l'armée se rassembla en grand nombre, on ne se permit point de prononcer définitivement sur les objets les plus pressants ; on y convainquit les auteurs de la première conjuration tramée contre Louis-le-Pieux ; « on leur donna des gardes jusqu'au « placité qui devait avoir lieu : on rétablit le prince dans son « autorité ; il fut jugé par tous les évêques, les abbés, les « comtes et les autres Francs, que la reine qui avait été enle- « vée à l'empereur contre la loi et sans jugement, serait ra- « menée au prochain placité, qu'elle s'y défendrait par les « lois, ou subirait le jugement des Francs. » Les Annales de saint Bertin rapportent ensuite la réunion du placité général

quia non solum ea quæ... fieri rogitastis, concedere optamus, sed quicquid pro sanctæ Dei ecclesiæ et sacerdotum sive.... vestra utilitate inveneritis, concedere paratissimi sumus. Et modo ista, sicut petistis, concedimus. Et quando,... ad generale placitum venerimus, sicut petistis, consultu omnium fidelium nostrorum scriptis firmare, nostris... atque futuris temporibus infragabiliter manenda.... cupimus. Modo ea quæ generalia sunt, et omnibus conveniunt ordinibus, statuere ac cunctis sanctæ Dei ecclesiæ nostrisque fidelibus... tradere parati sumus, et ad proximum synodalem nostrum conventum ac generale placitum, ubi plures episcopi et comites convenerint, ista, sicut postulastis, firmabimus. (*Extr. d'une réponse de Charlemagne à une requête du peuple; capitulaire de Charlemagne, de l'an 803. Baluze, t. I, p. 407 et suiv.*)

3°. An. DCCCXXX. Alium conventum domnus imperator cum filio suo Hlothario circa kalendas octobris Noviomago condixit, ubi Saxones et orientales Franci convenire potuissent. Nam illuc ex utraque parte scilicet domni imperatoris et Hlotharii multorum congregatus est exercitus. Ibique domnus imperator, recuperato imperio, jussit auctores illius facti, quorum fraus detecta, et conspiratio patefacta erat,.... in custodiam mitti usque ad aliud placitum, quod Aquisgrani erat habiturus. Ab omnibus episcopis, abbatibus, comitibus, ac ceteris Francis judicatum est ut conjux ejus, quæ injuste et sine lege ac judicio ei ablata fuerat, ad... condictum placitum reduceretur : et si quislibet aliquod crimen illi objicere vellet, aut se legibus defenderet, aut judicium Francorum subiret.

An. DCCCXXXI. Circa kalendas fe-

complet au commencement de l'an 831, où « ceux qui avaient
« offensé l'empereur se rendirent ; où tout le peuple qui se
« trouvait là, discuta leur cause et jugea qu'ils subiraient la
« peine capitale ; où le peuple informa contre l'impératrice
« Judith, et où elle se purgea, selon le jugement des Francs,
« de tous les crimes qui lui étaient imputés. »

II. La preuve que les rois carliens étaient maîtres d'ordonner aux citoyens de venir sans armes au placité de l'automne,
résulte d'un récit de l'Astronome ; il rapporte que Louis-le-
Pieux ordonna aux peuples qui s'assemblèrent l'an 830, à
Nimègue, pour la seconde fois de l'année, dans un temps de
trouble, de venir en simple appareil, et sans armes, au placité ; et qu'il renvoya de l'assemblée un abbé qui était venu
équipé pour la guerre.

Observation sur les placités de l'an 813 et de l'an 833.

On pourrait objecter contre ce que nous venons d'établir,
sur l'infériorité du second placité de l'année, l'exemple du
célèbre placité général de l'an 813, tenu au mois de septembre, où Charlemagne transmit la couronne à son fils et ajouta,
de l'aveu de tous, des capitulaires aux lois.

Mais il faut remarquer qu'aucun monument ne nous a indiqué un autre placité général dans cette année; que les auto-

bruarii, sicut condictum fuerat, generale placitum habuit, eosque, qui
anno superiori ... imperatorem offen-
derant, venire jussit, ut illorum
causa discuteretur et dijudicare-
tur.... A filiis ejus, ac a cuncto qui
aderat populo judicatum est ut capitalem subirent sententiam. Tunc...
imperator solita pietate vitam et
membra illis indulsit, ipsosque per
diversa loca ad custodiendum commendavit.... Ad quod placitum dom-
na imperatrix, sicut jussum fuerat,
veniens.... Percunctatus ... est populus, si quislibet in eam aliquod crimen objicere vellet. Quumque nullus
inventus esset, qui quodlibet illi malum inferret, purificavit se secundum
judicium Francorum quibus accusata
fuerat. (*Extr. des Annales de saint
Bertin*. D. Bouquet, t. VI, p. 193.)

II. — Quum instaret autumnalis
temperies, hi qui imperatori contraria sentiebant, alicubi in Francia
conventum fieri generalem volebant.
... Obtinuit tamen sententia imperatoris ut in Neomago populi convenirent.... Jussit ut unusquisque ad idem
veniens placitum, simplici uteretur
commeatu. Præcepit etiam comitem
Lantbertum finium sibi deputatorum custodiam habere : Helisachar
item abbatem ... cum eo direxit....
Imperator ... Hilduinum abbatem
culpans, interrogavit cur, quum simpliciter venire jussus sit, hostiliter
advenerit.... Continuo ex palatio exire
jussus est, et ... juxta Patrisbrunam
in expeditionali hiemare tabernaculo.
Walach abbas jussus est ad monasterium redire Corbeiæ. (*Extr. de la
Vie de Louis-le-Pieux, par l'Astronome*, chap. 45, année 830. D. Bouquet, t. VI, p. 111.)

OBSERVATION. Les textes relatifs au
placité général de l'an 813 se trouvent

rités graves qui nous parlent avec détail de celui-ci, nous le représentent comme la grande assemblée des peuples, qui réunit tous les grands, et comme l'assemblée la plus complète qui fut jamais. Il est donc très-croyable que le placité général, qu'on avait coutume de tenir au printemps, fut reculé cette année-là par les circonstances jusqu'au mois de septembre, et l'on peut le croire d'autant plus aisément que l'on a prouvé par une foule d'exemples, que les placités généraux n'avaient point d'époques absolument fixes, pourvu qu'ils se tinssent une fois dans l'année.

Enfin si l'on veut que le placité général de l'an 813, soit envisagé comme le second de l'année, on ne contredira pas nos principes ; car si ce placité extraordinaire eut toute l'autorité du placité général donné par la constitution, c'est qu'il réunit contre l'ordinaire toutes les conditions que la constitution avait exigées pour donner à ces assemblées l'autorité souveraine et législative.

On ne doit pas tirer d'objection du second placité de l'an 833 ; les auteurs de la déposition de Louis-le-Pieux qui en sont les historiens, y supposent, il est vrai, la réunion de tous les grands et de tout le peuple ; mais l'on ne peut donner aucun caractère constitutionnel à la réunion, à la composition, aux actes de cette assemblée qui ne fut qu'une violation formelle de la constitution monarchique, et l'exemple n'en a pu être employé ici qu'à prouver combien l'usage des assemblées nationales et le concours du peuple à tous les actes de la puissance publique, étaient reconnus nécessaires au neuvième siècle.

OBSERVATION générale sur quelques systèmes modernes relatifs aux placités généraux.

Les diverses erreurs adoptées par des écrivains modernes, sur l'usage de la convocation des placités généraux, et sur la composition de ces assemblées, trouvent une réfutation complète dans la chaine de preuves que l'on vient d'offrir.

au chap. XVI de ce livre, art. V, n° 3.
Les textes relatifs au placité de l'automne de l'an 833 se trouvent au même chapitre, art. IX, n° 12.

OBSERVATION. Les textes invoqués ici se trouvent tous au chap. XVI, XVII, XVIII et XIX de ce livre.

Ceux qui avaient supposé que les grands seuls composaient le placité général, voient d'abord cette supposition démentie par les autorités qui ont démontré que l'assemblée du placité général fut, durant les premiers siècles de la monarchie, l'assemblée de tous les Francs, de tout le peuple, dont tous les membres étaient expressément désignés sous le titre de fidèles.

Enfin ces mêmes autorités démontrant positivement que les citoyens inférieurs aux grands avaient, aussi bien que les grands, séance et voix délibérative au placité général, achèvent de fixer le fait d'une manière incontestable.

L'abbé de Mabli * a prétendu que les assemblées générales du peuple cessèrent dans l'empire franc, sous les petits-fils de Clovis, et ne reparurent sous la seconde race, qu'à l'époque du règne de Charlemagne, par l'effet de la magnanimité de ce prince qui voulut bien rétablir ces assemblées ; ce système particulier tombe encore devant les preuves qui viennent d'être produites.

On a montré que sous le règne de Clotaire, il y eut une assemblée où tout le peuple assista, et où la loi des Allemands fut rédigée ; que sous Clovis, second fils de Dagobert, tous les peuples francs s'assemblèrent, selon la coutume ; que Thierri III rassembla les peuples à un placité général ; que Charles-Martel assembla, selon l'usage dans un champ, tout le peuple avec les grands.

Éginhard et cinq autres écrivains des huitième et neuvième siècles, ont attesté que le peuple s'assemblait tous les ans devant le roi, durant l'administration des maires du palais et jusqu'au couronnement de Pépin.

Enfin Éginhard et l'auteur des miracles de saint Goard ont attesté que Pépin Ier assemblait tout le peuple aux placités généraux, et l'on a prouvé la tenue consécutive de huit placités généraux sous le règne de ce prince.

CHAPITRE XX.

Réflexions sur l'identité du placité général et de l'armée.

Ce chapitre n'exige point de preuves.

* Observations sur l'Histoire de France, liv. 1er, chap. 3, t. I, p. 39 et 40, 293 et 294; liv. II, t. I, p. 131 et 132.

EXPOSITION ET RÉFUTATION

DU SYSTÈME DE M. MOREAU, HISTORIOGRAPHE DE FRANCE, SUR LES ASSEMBLÉES GÉNÉRALES.

L'historiographe de France a cherché à écarter l'idée qu'il ait existé chez les Français des assemblées nationales, dans les quatre premiers siècles de la monarchie ; son système se divise en deux parties : la première porte sur la première race, la seconde porte sur la seconde race ; on va la discuter séparément.

PREMIÈRE PARTIE.

M. Moreau (*Troisième Discours*, t. III, p. 107), commence par déclarer que « c'est avec la plus parfaite impar- « tialité qu'il a examiné la question de fait » sur l'existence de ces assemblées ; et que « c'est de la meilleure foi du monde « qu'il va exposer les preuves qui l'ont convaincu que les « champs de mars de notre première race étaient une chimère. »

Iʳᵉ PROPOSITION. La première remarque de M. Moreau (*Troisième Discours*, t. III, p. 109), c'est que Tacite ne désigne point chez les Germains d'assemblées générales sous le nom de champ de mars.

RÉPONSE. Le témoignage de Tacite ne peut servir que pour les temps qui l'ont précédé et pour celui où il vivait.

Ce fut trois siècles après la mort de Tacite que les Francs commencèrent leur établissement dans les Gaules ; une fois répandus dans ce vaste territoire, il ne fut plus possible aux citoyens de se réunir chaque mois dans les assemblées régulières ; les assemblées qui s'étaient tenues tous les mois en Germanie, devinrent annuelles dans les Gaules, et furent renvoyées au mois de mars ; et ce ne fut qu'alors que ces assemblées furent appelées assemblées du champ ou des calendes de mars. Ainsi l'historiographe de France a argué du silence de Tacite pour des faits qui se sont passés trois siècles après lui.

Mais si Tacite n'a point parlé des assemblées annuelles du

RÉPONSE à la Iʳᵉ proposition. *Voyez* les extraits de Tacite sur les mœurs des Germains, au liv. IX et dernier de la première époque, chap. V, art. IV.

champ de mars, qui n'ont été connues qu'après l'établissement des Francs dans les Gaules, il nous a fait reconnaître des assemblées essentiellement semblables à celle du champ de mars dans les assemblées générales qui se tenaient tous les mois en Germanie ; il a rapporté que les Germains s'y réunissaient en armes, qu'ils y prenaient séance en plein air, qu'ils y traitaient des affaires publiques.

II⁰ Proposition. M. Moreau (*Troisième Discours* , t. III, p. 109), observe que Grégoire de Tours est le seul historien contemporain qui ait parlé du premier champ de mars réuni sous Clovis, et que ce champ de mars fut la revue d'une armée, et non une assemblée politique.

Réponse. Si M. Moreau avait connu le point de fait qui a été établi dans cet ouvrage, que l'armée des Francs était composée du peuple, que le placité général et l'armée étaient le même corps, il n'eût pas contesté le texte de Grégoire de Tours sur le champ de mars de Clovis.

III⁰ Proposition. M. Moreau (*Troisième Discours*, t. III, p. 110 à 116; et p. 459, aux notes), avoue que les historiens et annalistes du neuvième siècle firent fréquemment mention des champs de mars ; mais il méprise l'autorité de ces auteurs, « qui ne connaissaient que les usages de leurs « temps, et qui ont écrit dans un temps d'ignorance et de « grossièreté. »

Réponse. Parmi les autorités que M. Moreau a refusé de faire entendre et de discuter, on doit remarquer

1°. La Vie de saint Remi par Hincmar qui rappelant l'assemblée dont Grégoire de Tours avait parlé sous le nom de champ de mars, dit que « c'est cette assemblée qui se tient « quand les rois ont coutume d'aller à la guerre et que les « Francs appelèrent dans la suite le champ de mai ; »

2°. La Chronique de Fontenelle, qui porte que sous le règne de Clovis II, « les peuples francs étaient assemblés dans le

---

Réponse à la II⁰ proposition. *Voyez* toute la partie de ce livre qui traite de l'armée et du placité général , depuis le chap. VII jusqu'au chap. XX inclusivement.

Réponse à la III⁰ proposition. —

1°. *Voyez* l'extrait de la Vie de saint Remi , par Hincmar, au chap. XVI de ce livre, art. I, n° 1, dernière autorité.

2°. *Voyez* l'extrait de la Chronique de Fontenelle, chap. XVI, art. II, n° 1.

« champ de mars, où ils avaient coutume de s'assembler tous
« les ans aux calendes de mars, comme il est notoire à tous ; »

3°. Les Annales de Metz, qui attestent que « Pépin de
« Héristal tenait, chaque année aux calendes de mars, une
« assemblée générale avec tous les Francs, selon l'antique cou-
« tume ; »

4°. L'auteur contemporain de la Vie de saint Sauve, qui,
écrivant sous la première race, rapporte une assemblée formée par Charles-Martel, pour laquelle il « ordonna de prépa-
« rer le grand champ comme c'était l'usage des Francs, et y
« réunit les grands, les magistrats et tout le peuple ; »

5°. Après tous ceux-ci, les Annales des Francs, Théophane,
les Annales de Fulde, l'auteur de la Vie de saint Burchard,
Adrevalde, Éginhard, qui n'ont tous qu'une voix pour attester
que, sous l'administration des maires, « l'assemblée du champ
« de mars qui réunissait le peuple, se tenait chaque année aux
« calendes de mars, selon l'ancienne coutume pour l'utilité du
« royaume ; »

6°. Et enfin le dernier continuateur de Frédégaire qui
écrivit par ordre du comte du palais de Pépin, et qui est contemporain de ce prince ; c'est lui qui en rapportant les assemblées qu'il a pu voir, témoigne que « le roi y réunissait tous
« les Francs aux calendes de mars ou au champ de mai, selon
« la coutume des Francs. »

Le poids de ces autorités, dans lesquelles les témoignages
contemporains viennent appuyer ceux qui ne le sont pas, et
qui déposent uniformément sur le fait éclatant de l'assemblée
annuelle d'un grand peuple, c'est-à-dire, sur le fait que la
tradition a dû nécessairement conserver, rendent inutile toute
autre discussion de l'erreur de M. Moreau.

IV° PROPOSITION. M. Moreau (*Troisième Discours*, t. III,
p. 113, 116, 117, 118), rappelle le temps où, sous le nom de
champ de mars, on désignait à Rome un lieu destiné aux exer-

3°. *Voyez* l'extrait des Annales
de Metz, mêmes chapitre et article,
n° 3.

4°. *Voyez* l'extrait de la Vie de
saint Sauve, même article, n° 4.

5°. *Voyez* les textes des Annales
des Francs, de Théophane, des Annales de Fulde, de la Vie de saint Burchard, d'Adrevalde et d'Éginhard,
même article, n°° 5 et 6.

6°. *Voyez* enfin l'extrait du dernier continuateur de Frédégaire, au
chap. XVI, art. III, n° 1.

cices militaires; il remarque que ce nom avait désigné encore des lieux particuliers, hors des murs de quelques villes des Gaules, où les empereurs avaient assemblé et harangué leurs soldats.

Il finit par comparer l'assemblée de l'armée francque, convoquée annuellement par Clovis, aux assemblées des troupes impériales, où le césar Julien et d'autres empereurs faisaient des revues au champ de mars dans les cités des Gaules.

On n'a pas besoin de répondre à cette proposition, dans un ouvrage qui a déjà démontré que les armées des empereurs furent un corps de stipendiaires et non pas un corps de peuples, et que les armées de Clovis et de ses successeurs étaient composées du corps du peuple de la monarchie, et n'étaient pas un corps de stipendiaires.

V⁵ PROPOSITION. M. Moreau (*Second Discours*, t. II, p. 74 à 77, et *Troisième Discours*, t. III, p. 102, 110 à 114, 121, 137 et 138), a imaginé qu'il se tenait tous les ans, aux calendes de mars, dans chaque cité des Gaules, un plaid ou une assise solennelle, où l'on traitait spécialement des affaires générales de l'état; et selon lui, ces plaids ou assises se tenaient aussi dans les autres mois; mais elles n'étaient alors destinées qu'à l'expédition des procès, et ne touchaient point aux affaires réservées aux seules assises des calendes de mars. Selon M. Moreau (*Troisième Discours*, t. III, p. 114; *Neuvième Discours*, t. VII, p. 64, 80, 107), il y avait encore un autre « plaid ou assise présidée par le roi, composée « des évêques, des magistrats suprêmes et des officiers du pa-« lais. » Ce sont les plaids ou assises des calendes de mars tenues dans chaque cité, que M. Moreau suppose avoir été prises mal à propos pour des assemblées générales du peuple, et c'est le plaid souverain que le roi présidait qui, recevant les délibérations partielles des plaids des cités, exerçait seul, selon cet auteur, la puissance législative, par la seule volonté du monarque; enfin M. Moreau appelle ce plaid royal *la cour plénière*.

Il a recueilli à l'appui de cette proposition qui devient la base de son système (*Second Discours*, t. II, p. 75 et 76; *Troisième Discours*, t. III, p. 112 et 113, 121 et 122), un récit de Grégoire de Tours, où l'on lit qu'un grand nommé

Roccolénus, fut envoyé extraordinairement à Tours par Chilpéric, pour arracher de force un homme suspect au prince,
de l'asile de Saint-Martin ; que cet envoyé extraordinaire du
prince passa de Tours à Poitiers et y mourut, lorsqu'il préparait les moyens dont il se servirait pour frapper et condamner
les citoyens de Poitiers aux calendes de mars.

RÉPONSE. Nous donnons ici en entier le passage dont l'historiographe de France a tiré de si grandes conséquences, pour
que tout lecteur puisse l'apprécier ; on y trouvera une anecdote
bizarre, un récit dépourvu de suite, mêlé de circonstances
fabuleuses et incroyables.

Ce récit ne conduit à aucune conclusion, il porte seulement
qu'un méchant homme envoyé par un méchant prince, tenta
toutes sortes de violences contre la ville de Tours, et menaçait
de la brûler lorsque, frappé de Dieu, il mourut. Ce récit
ajoute que ce méchant homme au moment de sa mort, préparait encore « les moyens par lesquels il frapperait et con-
« damnerait les citoyens de Poitiers aux calendes de mars. »
Il est essentiel d'observer d'ailleurs que le passage ne dit pas
un mot de plaids, d'assises, qui eussent eu lieu dans diverses
cités et en différents mois ; il ne marque pas même que l'envoyé extraordinaire de Chilpéric fût venu pour tenir ou convoquer à Poitiers le placité des calendes de mars. Ainsi toutes
les inductions tirées par M. Moreau du récit de Grégoire de
Tours, uniquement propres à cet auteur, ne sont pas appuyées
par le texte, non plus que le nom de cour plénière, qu'il n'a

---

Réponse à la Vᵉ proposition. —
An. DLXXVI. His diebus Roccolenus
ab Chilperico missus, Turonis advenit cum magna jactantia, et ultra Ligerim castra ponens, nuntios
ad nos direxit, ut scilicet Guntchramnum, qui tunc de morte Theo-
doberti impetebatur, a basilica sancta
deberemus extrahere. Quod si non
faceremus, et civitatem et omnia suburbana ejus deberet incendio con-
cremari. Quo audito mittimus ad
eum legationem, dicentes : hæc ab
antiquo facta non fuisse, quæ hic
fieri deposcebat ; sed non modo per-
mitti posse, ut basilica sancta viola-
retur : quod si fieret nec sibi fore

prosperum, nec regi qui hæc jussa
mandasset : metueretque magis sanctitatem antistitis ... Ille ... a Deo per-
cutitur, morboque regio affectus mandata aspera remittit.... Interim advenit dies sanctus Epiphaniæ, et hic
magis ac magis torqueri cœpit. Tunc
accepto a suis consilio, amne transacto ; ad civitatem accedit.... Exinde...
Pictavis abiit. Erant enim dies sanctæ
quadragesimæ.... Dispositis vero actionibus, quibus in calendis martis
cives pictavos vel adfligeret, vel
damnaret, pridie animam reddidit.
(*Extr. de l'Hist. de Grégoire de Tours,*
liv. v, chap. 4. D. Bouquet, t. II.
p. 234 et 235.)

emprunté d'aucun monument contemporain des deux premières races.

VIᵉ PROPOSITION. Le décret de Childebert II, qui reproduit des délibérations prises aux calendes de mars, présente une contradiction que l'historiographe de France (*Troisième Discours*, t. III, p. 133, 134, 135) a saisie, pour en aider son système sur les plaids particuliers des cités, supposés par lui, et la cour plénière qu'il a imaginée ; la première délibération « date de la vingtième année du règne de Childebert, du lieu « d'Andernach, et des calendes de mars ; » une autre de ces délibérations date « du lieu de Maestricht et des calendes de « mars ; » la troisième, « des calendes de mars et du lieu de Co- « logne ; » enfin la publication faite par l'ordre de Childebert de toutes ces délibérations, est aussi datée de Cologne, du premier jour des calendes de mars de la vingtième année du règne de Childebert.

Dans des assemblées telles que les assemblées générales annuelles que nous avons représentées, il y a une presque impossibilité à ce que le prince ait pu se trouver au même mois dans trois lieux différents, aussi distants les uns des autres, avec l'ensemble de son peuple, et de là M. Moreau conclut qu'il s'agit dans le décret de Childebert, de ces mêmes assemblées partielles, de ces mêmes plaids solennels des cités qui, selon lui, se tenaient aux calendes de mars, et qui pouvaient envoyer au roi des délibérations, auxquelles il était maître de donner force de loi, en les publiant en son nom.

RÉPONSE. On ne saurait nier la contradiction relevée ici par M. Moreau, mais on réfutera la conséquence qu'il en tire.

En suivant littéralement le décret de Childebert, on voit que les termes et les dates du décret ne s'accordent point avec l'idée des assemblées partielles, des plaids des cités, qu'a supposés M. Moreau.

RÉPONSE à la VIᵉ proposition. *Voyez* l'extrait du décret de Childebert II, au chap. XXI de ce livre, art. I, nᵒ 4.

(Decretio Childeb.) Sex omnino edicti hujus exemplaria habuimus, duo a bibliotheca regia, tertium e Tilliana, quartum ex veteri libro ecclesiæ Bellovacensis, quintum ex monasterio sancti Remigii Remensis, sextum qui olim huc venit ex urbe Lingonensi.

In uno exemplari regio et in Lingonensi legitur anno XXI, in Tilliano anno XXII, in altero regio anno XXV. (*Notes de Baluze sur le décret de Childebert II, capitulaires*, t. II, p. 987 et 988.)

En effet, si trois assemblées se sont tenues à la fois, l'une à Andernach, une autre à Maestricht, la troisième à Cologne, aux calendes de mars de la vingtième année du règne de Childebert, ce ne sont point leurs délibérations qui ont été publiées par ce prince, le premier jour des calendes de mars de la même année : il était aussi impossible à des assemblées partielles tenues à Maestricht et à Andernach, aux calendes de mars, de faire parvenir les actes de leurs délibérations à Cologne, le premier des calendes de mars, qu'il était impossible à Childebert de présider à la fois dans trois lieux différents, trois différentes assemblées : d'un monument essentiellement contradictoire à lui-même, on ne peut rien conclure, sinon une erreur dans la rédaction, ou une faute dans la copie ; et tout système qui ne repose que sur des monuments semblables, tombe à la première discussion.

Reste à chercher maintenant, d'où a pu venir l'erreur qui a rendu le décret de Childebert contradictoire à lui-même. Les notes de Baluze nous apprennent qu'il y a six exemplaires de ce décret, qui varient entre eux sur la date de sa publication ; Baluze qui a fixé cette date à la vingtième année du règne de Childebert, avertit que deux autres exemplaires la portent à l'année 21, un quatrième à l'année 22, un cinquième à l'année 25 ; il n'y a donc que le sixième qui adopte la même date que Baluze.

Si M. Moreau a choisi entre les six manuscrits du décret de Childebert, ceux qui pouvaient prêter un argument à son système, en plaçant dans une même année la publication des délibérations de trois assemblées des calendes de mars, et ces délibérations mêmes, on lui oppose les quatre manuscrits qui placent ces délibérations et leur publication à des années différentes, et qui permettent d'envisager ces assemblées comme successives et annuelles ; ou plutôt on s'arrête à cette considération décisive : les manuscrits du décret de Childebert étant entièrement contradictoires quant aux dates, ce n'est pas sur les dates que l'on peut invoquer leur autorité, mais les six manuscrits se soutiennent tous quant aux dispositifs, et il faut se servir de ces dispositifs incontestables pour expliquer la contradiction et l'erreur des dates ; on va donc entrer dans la discussion de ces dispositifs.

« Childebert, roi des Francs. . . . . nous tous, traitâmes
« avec nos grands. »

Voilà les termes du prologue du décret; n'est-ce pas Childebert qui parle? n'est-ce pas lui personnellement qui a traité,
avec tous et avec ses grands, des lois qu'il va promulguer?

Il faut lier maintenant le prologue et les dispositifs du
décret.

Prologue. « Nous tous traitâmes aux calendes de mars. »

Art. 1er. « Ainsi il fut convenu, aux calendes de mars,
« à Andernach. »

Par qui fut-il convenu? par ceux qui traitèrent : ceux qui
traitèrent furent le roi, qui parle, et tous ; ce fut donc affirmativement le roi et tous, qui convinrent à Andernach.

Art. 3. « Il fut convenu par nous au champ de Maes-
« tricht. »

Art. 4. « De la même manière, il fut convenu aux calendes
« de mars, par nous tous assemblés. »

Art. 8. « De même il fut convenu aux calendes de mars, à
« Cologne, et nous ordonnons. »

Dans ces quatre articles, n'est-ce pas toujours Childebert
qui parle, qui dit : « il fut convenu par nous, par nous tous
« assemblés? »

Le roi n'était-il pas avec tous, à Maestricht, comme il était
à Andernach, puisqu'il y convenait avec tous ?

Le roi ne convint-il pas avec tous, à Andernach et à Maestricht, dans des assemblées pareilles à celle où il convint et
ordonna, à Cologne ; puisqu'il dit expressément, qu'il convint
à Cologne, de même qu'à Andernach et à Maestricht, et puisqu'il ordonna par un seul et même ordre, à Cologne, l'observation des trois différentes conventions ?

Si le roi avait été seul législateur dans l'empire franc ; si les
assemblées du champ de mars eussent été des plaids ou assises
tenus en différents lieux de l'empire, chargés de délibérer et
d'envoyer au prince leurs délibérations, pour qu'il les pro-
mulguât comme lois, si bon lui semblait ; si, enfin de Maestricht et d'Andernach, on eût envoyé à Childebert, la vingtième année de son règne, des délibérations qu'il eût jugé à
propos de mettre au rang des lois, et de promulguer à Cologne, aux calendes de mars, la vingtième année de son règne,

le décret que l'historiographe invoque, se serait expliqué bien différemment.

Le roi n'aurait pas dit simplement, « ainsi il fut convenu « aux calendes de mars, à Andernach ; » encore moins aurait-il dit, « il fut convenu par nous au champ de Maestricht ; » enfin il n'aurait pas dit, « il fut convenu aux calendes de mars, « par nous tous assemblés. »

Le roi n'eût pu dire autre chose, sinon : « il nous fut pro-« posé par l'assemblée d'Andernach, par l'assemblée de Maes-« tricht ; » et nécessairement il eût dû ajouter l'approbation et l'adoption qu'il eût données à Cologne, aux délibérations en-voyées d'Andernach et de Maestricht.

Il est donc évident que M. Moreau ne peut tirer en faveur de son système, aucun avantage de cette ordonnance de Chil-debert.

DEUXIÈME PARTIE.

M. Moreau, qui a cru pouvoir nier la réalité des assem-blées générales de la première race, sous le nom de champ de mars, ne peut éluder l'autorité de tous les contempo-rains de la seconde race, qui parlent partout de champs de mai, de placités généraux, d'assemblées générales du peuple ; cependant constant dans son système, il ferme les yeux, ou du moins il garde le silence sur les soixante-dix-huit placités gé-néraux du printemps, de la seconde race, dont la tenue est attestée par les monuments que l'on a recueillis sur cet objet, et pour définir à son gré ces assemblées, il va chercher

1°. L'exemple d'un placité général de l'automne, qui ne fut point le vrai placité général établi par la primitive constitution ;

2°. Un monument isolé qui, par une interprétation forcée, servirait à contredire l'idée de l'existence des placités géné-raux ;

3°. Un trait historique tout à fait étranger aux placités généraux, qu'il en rapproche arbitrairement, pour donner de l'essence et de la composition de ces assemblées l'idée la plus inconcevable et la plus contradictoire aux idées données par tous les monuments.

On relèvera premièrement ici les trois citations que l'on vient d'énoncer pour démontrer leur nullité.

On exposera ensuite sommairement le tableau que M. Moreau présente des assemblées constitutives de la France, et qu'il a appuyé sur ces seules autorités.

On rapprochera enfin ce tableau de celui que l'on a présenté et appuyé par des preuves irréprochables.

1re CITATION. Texte de la Vie de Louis-le-Pieux par l'Astronome, concernant le placité d'automne de 830.

L'Astronome, contemporain de la Vie de Louis-le-Pieux, rapporte que ce prince se détermina à convoquer le placité général de l'automne de l'an 830, dans la Germanie, parce qu'il crut que les habitants de ce pays lui étaient plus favorables que ceux de la France orientale.

M. Moreau (*Neuvième Discours*, tome VII, p. 56 et 57, 62 à 66) estime que le choix que fit Louis-le-Pieux du lieu de Nimègue, parce qu'il y avait plus de partisans, est une preuve que les placités généraux ne réunissaient que la partie des grands et du peuple du lieu et du canton où l'assemblée était fixée.

Il relève ensuite l'ordre donné par Louis-le-Pieux de venir

1re CITATION. An. DCCCXXX. Quum... instaret autumnalis temperies, hi qui imperatori contraria sentiebant, alicubi in Francia conventum fieri generalem volebant. Imperator autem clanculo obnitebatur, diffidens quidem Francis, magisque se credens Germanis. Obtinuit tamen sententia imperatoris ut in Neomago populi convenirent. Verens porro ne multitudo contrariorum superaret paucitatem fidelium suorum, jussit ut unusquisque ad idem veniens placitum, simplici uteretur commeatu. Præcepit etiam comitem Lantbertum suum sibi deputatorum custodiam habere: Helisachar item abbatem justitias facturum cum eo direxit. Tandem ergo Neumagum ventum est, omnisque Germania eo confluxit, imperatori auxilio futura. Imperator autem volens adhuc vires adversariorum tenuare, Hilduinum abbatem culpans, interrogavit cur, quum simpliciter venire jussus sit, hostiliter advenerit. Qui quum negare nequiret, continuo ex palatio exire jussus est, et cum paucissimis hominibus juxta Patrisbrunnam in expeditionali hiemare tabernaculo. Walach abbas jussus est ad monasterium redire Corbeia, ibique regulariter obversari. Hæc quum hi, qui imperatori adversaturi venerant, providerent, ad desperationem ultimam infracti viribus sese verterunt : ... per totam noctem coeuntes, atque in habitaculum Lotharii.... convenientes, hortabantur aut bello confligendum, aut aliquo secedendum absque imperatoris voluntate.... Mane imperator filio mandat ne inimicis communibus credat, sed ad se tamquam ad patrem filius veniat. Ad patrem venit.... Ingresso ... illo intra penita regiæ domus, ... vulgus contra se coepit furere, processissetque furor usque ad mutuam cædem, nisi imperatoria prospexisset prudentia.... Imperator ad cunctorum cum filio prospexit aspectum. Quo facto, ... omnis facessit popularis tumultus. (*Extr. des écrits de l'Astronome*, chap. 45. D. Bouquet, t. VI, p. 3.)

Voyez de plus les autorités citées sur le placité général de l'automne de l'an 830, au chap. XIX de ce livre, art. I, n° 3.

sans armes au placité de Nimègue, comme une défense expresse et générale aux grands de conduire aux placités généraux les citoyens qui les suivaient à l'armée. De là, M. Moreau
conclut que le roi était toujours maître d'écarter des placités
généraux les simples citoyens qui suivaient les grands à l'armée, et ceux des grands qu'il lui plaisait d'exclure ; qu'ainsi
les placités généraux, loin d'être l'assemblée générale des simples citoyens et des grands, n'étaient formés que de ceux des
grands que le roi voulait bien appeler.

RÉPONSE. Louis-le-Pieux, dans un temps difficile, convoqua le placité général en Germanie où il était aimé, plutôt
qu'en France où il était haï; on n'a pas besoin de la conséquence forcée que M. Moreau tire de ce choix de Louis-le-
Pieux pour concevoir qu'il fut conforme à ses intérêts, et
qu'un prince aura toujours eu de l'avantage à placer l'assemblée générale de son peuple dans le lieu où il a le plus de sujets
fidèles et attachés : cette circonstance ne peut donc fournir
aucun argument solide au système de M. Moreau.

Louis-le-Pieux défendit aux citoyens de venir armés à Nimègue : il usa d'un droit qui lui appartenait; dans la convocation des placités de l'automne, il renvoya l'abbé Hilduin et
ses hommes, qui contrevinrent à cet ordre, et parurent armés : il usa d'un droit qui était la conséquence nécessaire du
premier; il avait exclu deux autres grands de cette même
assemblée : il avait encore le droit de le faire au placité de
l'automne, et les circonstances lui conseillaient d'user de tous
ses droits pour écarter ceux qui pouvaient lui être contraires.

Mais comment le renvoi d'un abbé, de ses vassaux et l'exclusion de deux grands, d'une assemblée générale, prouve-t-
elle l'exclusion de tous les simples citoyens? L'ordre aux citoyens
de venir sans armes à un placité n'est-il pas un appel aux citoyens
avec une condition exprimée dans leur comparution? Un appel
n'est-il pas le contraire d'une exclusion? Oui, sans doute, et
M. Moreau s'est visiblement mépris.

Il est vrai que la totalité des grands n'était pas réunie de
nécessité aux placités généraux de l'automne; mais la multitude du peuple s'y trouvait toujours sans armes ou armée :
nous l'avons expressément prouvé. D'ailleurs l'autorité que
M. Moreau invoque contre ce fait l'atteste elle-même.

C'est l'Astronome qui dit « Louis-le-Pieux obtint que les
« peuples s'assemblassent à Nimègue l'an 830 ; » c'est l'Astronome qui apprend encore à M. Moreau que « la multitude,
« divisée entre Lothaire et Louis-le-Pieux, se trouva en si
« grand nombre qu'on pensa en venir aux mains, » et recom-
mencer une guerre civile.

L'Astronome ne dit point que le prince eût défendu aux
citoyens de venir armés aux placités généraux du printemps ;
il dit qu'il défendit aux citoyens de venir en armes au placité
général de l'automne de l'an 830 ; et il fait apercevoir, dans
la suite de son récit, les motifs particuliers qui portèrent le
prince à exclure certains grands, à en renvoyer un autre.

De tant d'exceptions propres au placité de l'automne ; de
tant de circonstances particulièrement propres au placité de
l'automne de l'an 830, M. Moreau ne saurait faire autant de règles de la composition des placités généraux annuels du printemps, institués et réglés par la constitution primitive.

On ne dira plus qu'un mot : le placité général de l'automne
de l'an 830 fut incomplet, mais aussi il fut reconnu, et il se
déclara lui-même incompétent pour connaître et pour juger
des causes majeures qui furent portées devant lui ; ces causes
y furent agitées ; mais le jugement en fut renvoyé au placité
général du printemps suivant ; on a établi ce fait sur des preuves incontestables, et c'en est assez pour anéantir tout argument tendant à comparer deux assemblées essentiellement
différentes.

IIe CITATION tirée d'un capitulaire de Louis-le-Pieux.

On doit établir d'abord ici un fait destiné à être développé
complétement dans la suite.

Il était d'usage dans l'empire franc que les rois envoyassent
tous les ans, dans les provinces, des hommes qui devaient y

IIe CITATION. De nominibus locorum in quibus missi dominici legatione funguntur.

In Vesontio, quæ est diœcesis Bernoini archiepiscopi. Heiminus episcopus et Monogoldus comes. In Mogontia, etc.

Le capitulaire continue de nommer pour chaque légation deux différents envoyés.

Volumus ut medio mense maio conveniant iidem missi unusquisque in sua legatione, cum omnibus episcopis, abbatibus, comitibus, ac vassis nostris, advocatis nostris ac vicedominis abbatissarum, necnon et co-

rendre la justice en leur nom sous le titre d'envoyés royaux (*missi dominici*); il y avait dans ces provinces des tribunaux provinciaux composés de citoyens que ces envoyés royaux convoquaient à leur passage, et qui étaient appelés placités.

M. Moreau cite un capitulaire de Louis-le-Pieux qui ordonne aux envoyés royaux de partir au mois de mai pour tenir, dans les provinces, les placités particuliers dont on vient de parler.

Le capitulaire ordonne que « tous les évêques, abbés, com« tes, vassaux royaux, les avocats du roi, les vidames des « abbesses » se réunissent dans chaque district à ces placités particuliers; « que chaque comte y ait avec lui ses vicaires, « ses centeniers, aussi bien que trois ou quatre des premiers « scabins. »

M. Moreau (*Neuvième Discours*, tome VII, p. 43 à 52) suppose que ces assemblées particulières étaient fixées régulièrement à tous les mois de mai; qu'ainsi elles avaient lieu chaque année pendant la tenue des placités généraux, et que ces assemblées retenant dans chaque province le grand nombre des comtes et des vassaux royaux, ce ne pouvait être que le petit nombre choisi par le prince qui se réunit aux placités généraux.

Réponse. La réponse à cet argument est bien simple; vous supposez que c'est en conséquence d'un usage établi que Louis-le-Pieux fixa au mois de mai, dans une certaine année, le départ de ses envoyés et la tenue des placités provinciaux : pourquoi le supposez-vous? le capitulaire ne le marque ni ne l'indique.

Recourez à la liste chronologique que l'on a donnée, dans cet ouvrage, des placités généraux; vous y verrez qu'ils devaient se tenir au temps de l'été, mais qu'ils se tenaient aussi souvent aux mois de mars, d'avril, de juin, de juillet qu'au mois de mai; placez à une des années où la tenue du placité général a devancé ou suivi le mois de mai, la réunion des placités pro-

---

rum qui propter aliquam ... necessitatem ipsi venire non possunt.... Habeat unusquisque comes vicarios et centenarios suos, necnon et de primis scabineis suis tres aut quatuor. (*Extr. d'un capitulaire sans* date, publié par Baluze, et qu'il suppose de l'an 823, art. 25 et 28. Même dispositif aux art. 25 et 26, liv. II, des *capitulaires de la collection d'Anségise.* Baluze, t. I, p. 642, 643 et 743.)

vinciaux ordonnés au mois de mai par le capitulaire sans date que vous citez, et toute obscurité disparaît.

D'ailleurs, pour admettre votre proposition, il faudrait nier positivement l'existence des placités généraux, puisqu'aux termes du capitulaire, si les placités provinciaux retenaient tous les évêques, tous les abbés, tous les grands laïques dans les diverses provinces, il ne serait plus réellement resté personne, ou tout au plus il n'y aurait eu que quelques grands particuliers, arrachés à leurs fonctions par l'ordre du prince, pour composer ces assemblées que la voix de quatre siècles appelle assemblées générales ou placités généraux.

IIIᵉ CITATION tirée d'un capitulaire de Charles-le-Chauve, en 877.

Dans le dernier capitulaire de Charles-le-Chauve, ce prince recommande à Louis-le-Bègue, son fils, qu'il charge du gouvernement du royaume pendant son voyage d'Italie, de réunir auprès de lui, pour le conseiller, un petit nombre d'évêques, d'abbés et de comtes, dont il lui donne les noms, qui doivent changer, selon que Louis-le-Bègue changera lui-même de résidence, et dont le plus grand nombre est de dix-sept. Charles-le-Chauve autorise encore le jeune prince à appeler auprès de lui d'autres fidèles de chacune des contrées où il se trouvera.

Voilà selon M. Moreau (*Neuvième Discours*, tome VII, p. 52 à 59), une idée donnée par Charles-le-Chauve de la forme et de la composition des placités généraux.

RÉPONSE. M. Moreau ne prend pas garde que le nom de

IIIᵉ CITATION. Qualiter et quo ordine filius noster in hoc regno remaneat, et qui debeant esse quorum auxilio utatur, et vicissitudine cum eo sint. Videlicet ex episcopis assidue sint cum illo, aut Ingiluvinus, Reinelmus, sive Odo, sive Hildeboldus. Ex abbatibus, si alia necessitas non evenerit, assidue sint cum eo Welpho, Gauzlinus, et Folco. Ex comitibus vero, aut Teudericus, aut Balduinus, sive Chuonradus, sive Adalelmus, alteratim cum illo consistent, et, quanto sæpius pro nostra utilitate potuerint, Boso et Bernardus. Si versus Mosam perrexerit, sint cum eo Franco epis- copus, Johannes episcopus, Arnulfus comes, Gislebertus, Letardus, Matfridus, Widicus, Gotbertus, Adalbertus, Ingelgerus, Rainerus, una cum prædictis. Si ultra Sequanam perrexerit, Hugo abba, Waltherus episcopus, Wala episcopus, Gislebertus episcopus, et cæteri nostri fideles illius partis, una cum prædictis. Sed et de aliis fidelibus nostris, secundum quod in unaquaque parte regni necesse fuerit. (*Extr. d'un capitulaire de Charles-le-Chauve, de l'an 877, art. 15. Baluze, t. II, p. 264 et 265.*)

placité général n'est pas même employé dans le capitulaire unique où il puise son étrange proposition.

Quelques grands nommés et choisis dont un jeune prince se servira pour aider son inexpérience, quelques autres qu'il appellera auprès de lui, à la place de ceux-ci, quand il changera de résidence et selon la commodité des lieux ; voilà pourtant les assemblées que M. Moreau subroge aux véritables assemblées constitutives de la monarchie, à ces placités généraux qui, selon tant de contemporains, naquirent de la plus ancienne coutume, et se perpétuèrent sous les deux premières races.

Il ne semble pas qu'il soit nécessaire d'argumenter contre un si étrange abus des textes et des faits.

Conséquences tirées par M. Moreau des autorités ci-dessus alléguées.

Les grands et les simples citoyens des provinces les plus rapprochées des lieux des placités généraux, si l'on en croit M. Moreau, pouvaient seuls s'y rendre ; les simples citoyens ne s'y trouvaient même qu'accidentellement, ils y venaient à la suite des grands ; quelques-uns y venaient pour leurs affaires particulières, d'autres par curiosité.

Ces propositions sont éparses, et sans cesse reproduites dans l'ouvrage. *Voyez* entre autres, le *Septième Discours*, t. VI, p. 352 à 362 ; le *Neuvième Discours*, t. VII, p. 59 à 61, 64, 80, 182 à 186.

Les simples citoyens y pouvaient être appelés avec les grands, dans les circonstances où le roi avait ordonné d'arriver en armes, c'est-à-dire en temps de guerre ; mais cette multitude réunie par occasion devant le roi, n'était point convoquée à ces assemblées, elle n'y avait ni séance ni voix délibérative ; enfin la séance, et la voix délibérative n'appartenaient qu'aux grands, et aux seuls grands que le choix du prince appelait aux placités généraux.

Réponse. On en appelle ici pour la dernière fois contre un système dépourvu de base, ou appuyé sur des erreurs, à la chaîne des faits qui ont démontré l'existence, l'essence, la composition des placités généraux.

On a vu que les placités généraux qui se convoquaient sous

la seconde race, en vertu de l'ancienne coutume, réunissaient non-seulement tous les grands, mais encore le corps du peuple ; que les citoyens de toutes les classes eurent voix et séance aux placités généraux.

On a vu que, dans l'empire franc, l'armée générale fut formée des citoyens, et que l'obligation de chaque citoyen de marcher à l'armée fut inséparable du droit de chaque citoyen de voter au placité.

On a vu que le peuple de tout le royaume, que les citoyens des provinces les plus éloignées du lieu de réunion de l'armée et du placité général, entraient dans l'armée et dans le placité ; que les simples citoyens aussi bien que les grands, assistaient aux placités généraux, en paix comme en guerre.

On a vu enfin que ce n'était point accidentellement, mais en vertu de la convocation expresse du roi, que le peuple assistait aux placités généraux ; puisqu'il faisait partie essentielle de cette auguste assemblée, qu'il y avait séance et voix délibérative, comme les grands et avec les grands.

CHAPITRE XXI.

De la distribution de la puissance législative.

I. La preuve que la puissance législative fut partagée entre le prince et le peuple, dès l'origine de la monarchie francque, résulte des autorités qui montrent que les diverses lois qui s'établirent sous la première race, reçurent leur sanction de l'aveu du roi et du peuple.

1°. Des notes mises à la suite du décret de Childebert II, témoignent que « Clovis établit et retoucha souvent, ensemble « avec les Francs, » les divers articles de la rédaction de la loi salique qu'il publia ; et que Childebert Ier, fils de Clovis, convint aussi avec les Francs d'ajouter divers articles à cette loi.

I. — 1°. Expliciunt legis salicæ libri III . quam Clodoveus rex Francorum statuit, et postea una cum Francis pertractavit , ut ad titulos aliquid amplius adderet , sicut a primo usque ad septuagesimum octavum perduxerit. Inde vero Childebertus post multum tempus tractavit, et quicquid invenire potuerit ibi cum suis Francis adderet ; hoc est, a LXXVIII usque ad LXXXIV , quicquid invenit digne ibidem imposuisse cognoscitur. (Extr. des notes jointes aux manuscrits authentiques du décret de Childebert II. D. Bouquet , t. IV, p. 113.)

2°. Le prologue d'une ancienne rédaction de la loi salique, rédaction commencée sous Clovis, continuée sous ses fils et achevée sous Dagobert, se conclut par ces mots : « ceci fut « établi par le roi, les grands et tout le peuple chrétien de la « domination des mérovingiens. »

3°. Le prologue d'une ancienne rédaction de la loi des Allemands, marque que cette loi des Allemands fut établie « par « le roi Clotaire II, ensemble avec les évêques, ducs, comtes, « et tout le reste du peuple. »

4°. Au premier article du décret de Childebert II, le prince déclare qu'il est convenu « ensemble avec ses grands et tous, » des règlements qu'il publie, et il présente ces divers articles comme l'effet d'une convention commune.

5°. Et enfin dans son édit de l'an 616, Clotaire II annonce que « cette délibération fut prise tant avec les évêques et les « grands, qu'avec ses fidèles. »

II. La preuve que la règle constitutive du concours à la puissance législative entre les rois francs et leurs peuples, conserva son empire sous la seconde race, résulte des textes mêmes des lois qui furent portées et reçurent leur sanction de l'aveu du roi et de l'aveu du peuple.

Cette preuve s'établit d'abord par plusieurs capitulaires des

2°. Hoc decretum est apud regem et principes ejus et apud cunctum populum christianum, qui infra regnum merweingorum consistunt. (*Extr. du prologue de l'ancienne rédaction de la loi Salique.* D. Bouquet, t. IV, p. 124.)

3°. Lex Alamannorum, quæ temporibus Clotarii regis una cum principibus suis, id sunt xxxiii episcopis, et xxxiv ducibus, et lxx duobus comitibus, vel cætero populo constituta est. (*Extr. du prologue d'une ancienne rédaction de la loi des Allemands.* Notes de Baluze sur les capitulaires, t. II, p. 1001.)

4°. Childebertus rex Francorum vir inluster. Quum.... nos omnes kalendas martias... una cum nostris optimatibus, pertractavimus, ad unumquemque notitiam volumus venire.

Ita... Antonaco kalendas martias... convenit...

Convenit una cum leudis nostris...
Similiter Trejecto convenit nobis campo...
Pari conditione convenit kalendas martias omnibus nobis adunatis...
Similiter kalendas martias Colonia convenit... (*Extr. du décret de Childebert II, de l'an 595, préambule et art. 1, 4 et 8.* Baluze, t. I, p. 17 et 18.)

5°. Quicunque vero hanc deliberationem, quam cum pontificibus vel tam magnis viris optimatibus aut fidelibus nostris... instituimus, temerare præsumpserit, in ipsum capitali sententia judicetur.

Quam auctoritatem vel edictum perpetuis temporibus valiturum, manus nostræ subscriptionibus decrevimus roborandum. (*Extr. d'un édit de Clotaire II, art. 24.* D. Bouquet, t. IV, p. 119.)

II.—1°. Quam nos... anno DCCCXVII. .... mense julio, Aquisgrani palatio nostro more solito sacrum conventum

premiers carliens, qui furent reçus pour lois, et nous sont parvenus en entier.

1°. Le préambule du capitulaire de l'an 817, qui contient la charte de partage de Louis-le-Pieux, témoigne que le prince « ayant réuni, selon l'usage, l'assemblée sacrée et la généralité « de son peuple pour traiter des affaires de l'église et de celles « de tout le royaume, » le projet du partage du royaume fut agité et mis en délibération ; que « le vœu du prince et celui « de tout son peuple s'accordèrent ; qu'il plut au roi et à tout « son peuple assemblé que Lothaire fût couronné du diadème « impérial; » que les capitulaires qui contenaient ce partage furent « examinés par le roi ensemble avec tous les fidèles « avant d'être écrits et enfin confirmés par leurs souscriptions, « afin, conclut la charte, que comme tout cela fut fait par « un vœu commun et par tous, ces capitulaires soient conser- « vés inviolablement par tous. »

2°. Le préambule du capitulaire de l'an 857, témoigne que Charles-le-Chauve traita, dans le synode des évêques et dans l'assemblée des fidèles, des dispositions de cette loi et statua de concert avec eux.

3°. Le préambule des capitulaires de l'an 862, témoigne

et generalitatem populi nostri propter ecclesiasticas, vel totius imperii nostri utilitates pertractandas, congregassemus.... actum est ut nos fideles nostri commoverent quatenus manente nostra incolomitate et pace undique a Deo concessa, de statu totius regni et de filiorum nostrorum causa, more parentum nostrorum, tractaremus... Actum est ut nostra et totius populi nostri... in primogeniti nostri... Hlotharii electione vota concurrerent. Itaque.... placuit et nobis et omni populo nostro more solenni imperiali diademate coronatum, nobis et consortem et successorem imperii,.... communi voto constitui. Cæteros vero fratres ejus, Pippinum videlicet et Hludovicum,.... communi consilio placuit regiis insigniri nominibus, et loca inferius denominata constituere in quibus post decessum nostrum, sub seniore fratre, regali potestate potiantur juxta inferius adnotata capitula, quibus quam inter eos consti-

tuimus conditio continetur. Quæ capitula, ... cum omnibus fidelibus nostris considerare placuit, et considerata conscribere et conscripta propriis manibus firmare, ut... sicut ab omnibus communi voto actum est, ita communi devotione a cunctis inviolabiliter conserventur (Estr. de la charte de division de Louis-le-Pieux. Baluze, t. I, p. 573, 574 et 575.)

2°. Notum sit fidelitati vestræ quia xvi kal. mart.. synodum episcoporum ac conventum fidelium nostrorum apud Carisiacum fecimus convenire. Cum quibus... consideravimus qualiter rapinæ et depopulationes quæ... in regno nostro... grassantur... sedari valeant et amoveri.

Quorum consultu decrevimus. (Estr. d'un capitulaire de Charles-le-Chauve, de l'an 857, tit. 23, art. 1 et 2. Baluze, t. II, p 87.)

3°. Karolus, gratia Dei, rex, et episcopi, abbates quoque, et comites,

que ces capitulaires furent formés « dans l'assemblée du roi, « des évêques, des abbés, des comtes et du reste des fidèles « chrétiens, et que la délibération fut conclue, par la con- « vention commune. »

4°. Dans un autre capitulaire de l'an 864, Charles-le-Chauve rappelle les capitulaires de l'an 864, comme ayant reçu la sanction législative « du conseil et consentement de tous « les fidèles. » Le capitulaire de l'an 864 promulgue ensuite plusieurs articles, marquant surtout qu'ils ont été « traités, sta- « tués, établis par le consentement et conseil des fidèles du « prince et par l'autorité royale. »

III. La même preuve se fortifie par l'autorité des écrivains contemporains, qui ont recueilli par extraits certains capitu- laires, et y ont ajouté des notes ou sommaires, où il est attesté que ces capitulaires reçurent la sanction législative par le concours du roi et du peuple.

1°. Au commencement du huitième capitulaire de l'an 803, recueilli par Baluze et Benoît Lévite, on trouve un sommaire rapporté par l'un et l'autre de ces deux auteurs; il marque que ces capitulaires de Charlemagne furent « décrétés générale- « ment à Worms, et confirmés par tous, pour être tenus pour « loi par tous. »

ac cæteri in Christo renati fideles, qui ex diversis provinciis super flu- vium Sequanam in locum qui Pistis dicitur, ubi... convenimus anno... DCCCLXII.

Communi placito constituimus... (*Extr. d'un capitulaire de l'an 862, préambule*, et art. 3 du tit. 34. Baluze, t. II, p. 153 et 159.)

4°. Illa quæ jam tertio anno hic una cum consensu et consilio fidelium nostrorum constituimus, et vobis adcognitari fecimus, libenter audisse et suscepisse comperimus.

Karolus, gratia Dei, rex.

Hæc quæ sequuntur capitula nunc in isto placito nostro anno... DCCCLXIV, ... VII kalend. julias, in loco qui dici- tur Pistis, una cum fidelium nostro- rum consensu atque consilio consti- tuimus, et cunctis sine ulla refraga- tione per regnum nostrum observanda mandamus.

Consensu et consilio fidelium nos- trorum statuimus.

Constituimus cum fidelium nos- trorum consensu atque consilio.

Una cum consensu atque consilio nostrorum fidelium constituimus.

Una cum consensu et fidelium nos- trorum consilio constituimus.

Cum episcopis et cæteris Dei ac nostris fidelibus tractavimus quid nobis esset agendum; et quod cum eis inde invenimus ac constituimus, præsenti edicto decrevimus... Quod et nos per regnum nostrum, una cum consensu et fidelium nostrorum con- silio, observari regia auctoritate præ- cipimus..... Una cum consensu et fidelium nostrorum consilio consti- tuimus. (*Extr. d'un capitulaire, de l'an 864*, tit. 36, *annonciation*, art. 3, *préambule* et art. 6, 15, 25, 33 et 34. Baluze, t. II, p. 173, 174, 176, 179, 186, 191 à 193.)

III. — 1°. Ex capitulis.... Karoli imperatoris Wormatiæ generaliter decretis, atque ab omnibus firmatis et cunctis pro lege tenendis. (*Extr.*

2°. Dans le sommaire du second capitulaire de l'an 813, rapporté par Baluze et dont il existe six autres manuscrits contemporains, on voit que Charlemagne établit des capitulaires avec « les évêques, les abbés, les comtes, les ducs et tous les « fidèles de l'église chrétienne, de leurs consentement et con- « seil; que lui-même les confirma de sa main comme tous les « fidèles les confirmèrent de leurs signatures, » et que ces ca- pitulaires furent ajoutés aux lois nationales.

3°. Dans le sommaire du premier capitulaire de l'an 819, on lit que l'empereur Louis promulgua des capitulaires avec « l'assemblée générale de son peuple et ordonna qu'ils fussent « ajoutés à la loi salique; » et dans un capitulaire de l'année suivante le prince dit lui-même que ce fut par le consentement de tous que cette addition fut faite.

4°. Un intitulé mis par Benoit Lévite aux capitulaires de Louis-le-Pieux, de l'an 826, marque « que ces capitulaires « furent établis par l'autorité apostolique, la sanction synodale, « et généralement par le consentement et l'exhortation de tous « les clercs et laïques. »

5°. Dans le sommaire des capitulaires de l'an 851, on lit que les trois fils de Louis-le-Pieux « établirent ces capitulaires « par l'avis des évêques et du reste des fidèles, qu'ils les sous-

du sommaire du capitulaire 8 de Charlemagne, de l'an 803. Baluze, t. I, p. 405 et 406.)

2°. Karolus... imperator.... cum episcopis, abbatibus, comitibus, ducibus, omnibusque fidelibus christianæ ecclesiæ, cum consensu consilioque constituit ex lege salica, romana, atque gundobada, capitula ista in palatio Aquis, ut unusquisque fidelis justitias faceret, quæ et ipsa manu propria firmavit capitula ista, ut omnes fideles manu roborare studuissent. (Extr. du sommaire du capitulaire 2 de Charlemagne, de l'an 813. Baluze, t. I, p. 505 et 506.)

3°. Hæc capitula domnus Hludouvicus, imperator,.... cum universo cœtu populi in Aquisgrani palatio promulgavit, atque legi salicæ addere præcepit. Ipseque postea, quum in Theodonis villa generalem conventum habuisset, ulterius capitula appellanda esse prohibuit, sed ut lex tantum dicerentur voluit. (Extr. du sommaire du capitulaire 1 de Louis-le-Pieux, de l'an 819. Baluze, t. I, p. 597.)

Generaliter omnes admonemus ut capitula quæ præterito anno legi salicæ per omnium consensum addenda esse censuimus, jam non ulterius capitula, sed tantum lex dicantur, immo pro lege teneantur. (Extr. d'un capitulaire de Louis-le-Pieux, de l'an 820. Baluze, t. I, p. 623 et 624.)

4°. Capitula domni Hludouvici Inghilenheim apostolica auctoritate, et synodali sanctione, omnium clericorum ac laicorum generaliter consensu atque hortatu, decreta. (Extr. de l'intitulé d'un capitulaire de l'an 826. Baluze, t. I, p. 647.)

5°. Hæc quæ sequuntur capitula acta sunt anno DCCCLI,... quando tres fratres reges, Hlotarius scilicet, Hludouvicus et Karolus secus municipium Trejectum,... iterum convenerunt, et consultu episcoporum et

« crivirent de leur propre main, et promirent de les conser-
« ver à perpétuité entre eux et leurs fidèles. »

6°. Un sommaire placé avant le titre 3a des capitulaires de
Charles-le-Chauve, porte que « les capitulaires de Conflans,
« de l'an 860, furent acceptés par les rois Charles, Louis,
« Lothaire, et leurs fidèles. »

7°. Le sommaire des capitulaires de Charles-le-Chauve de
l'an 869, porte que « ces capitulaires furent établis par le roi
« Charles, avec le conseil et le consentement des fidèles de
« Dieu et du prince ; et que le prince les publia, pour qu'ils
« fussent inviolablement conservés. »

8°. Dans le sommaire des capitulaires de l'an 873, on voit
que « ces capitulaires furent établis par le roi Charles dans le
« placité général de Chierci-sur-Oise, avec la volonté et le
« consentement de tous, et qu'ils furent confirmés par le même
« roi, et par tous ceux qui se trouvèrent présents. »

9°. Enfin le sommaire des capitulaires de l'an 877, témoigne
que « ces capitulaires furent établis par Charles-le-Chauve, à
« Chierci-sur-Oise, avec le consentement de ses fidèles. »

IV. La même preuve ressort également d'un grand nombre
de dispositifs, des capitulaires des rois carliens, et des collections d'Anségise et de Benoit Lévite ; ce sont ces dispositifs
mêmes qui annoncent expressément la sanction qui les consa-

cæterorum fidelium eadem capitula subscripserunt manibus propriis, et inter se ac inter fideles suos perpetuo se conservaturos promiserunt. (*Extr. du sommaire des capitulaires de l'an 851, tit. 10. Baluze, t. II, p. 45 et 46.*)

6°. Summa capitulorum quæ apud Confluentes modo accepta sunt a senioribus nostris regibus et illorum fidelibus. (*Extr. du sommaire d'un capitulaire, de l'an 860, tit. 3a. Baluze, t. II, p. 148.*)

7°. Hæc quæ sequuntur capitula constituta sunt a domno nostro Karolo rege,... cum consilio et consensu... Dei et suorum fidelium qui adfuerunt in loco qui dicitur Pistis, anno... DCCCLXIX,... et ab eo denuntiata sunt a se et ab omnibus fidelibus suis, secundum uniuscujusque ordinem et personam, inviolabiliter conservanda.

(*Extr. du sommaire des capitulaires, de l'an 869, tit. 40. Baluze, t. II, p. 209 et 210.*)

8°. Anno... DCCCLXXIII,... hæc capitula quæ sequuntur ab eodem rege statuta sunt in placito generali apud Carisiacum, omnium cum voluntate et consensu, et a præfato rege, et ab omnibus qui præsentes fuerunt confirmata. (*Extr. du sommaire des capitulaires de l'an 873, tit. 45. Baluze, t. II, p. 227 et 228.*)

9°. Hæc capitula constituta sunt a ...Karolo, glorioso imperatore, cum consensu fidelium suorum apud Carisiacum anno... DCCCLXXVII,... XVIII kalendas julias. (*Extr. du sommaire des capitulaires de Charles-le-Chauve, de l'an 877, tit. 52. Baluze, t. II, p. 259 et 260.*)

IV.—1°. Placuit, sicut Leonis papæ et omnium episcoporum nostrorum

era, c'est-à-dire, l'accord de la volonté du prince et de l'aveu du peuple.

1°. Deux dispositifs du premier capitulaire de l'an 803, conformes dans deux collections, prononcent deux règles nouvelles qui émanèrent du prince, marquant qu'elles furent expressément consacrées « par l'avis général des évêques, et du « reste de ses fidèles, par l'autorité et le consentement de tous « les évêques, prêtres, lévites, et du reste de ses fidèles et de « l'avis de tous ses conseillers. »

2°. Dans un dispositif d'un capitulaire de l'an 808, publié par Baluze, Charlemagne ordonne « l'observation des choses « qui furent établies par ses fidèles. »

3°. Un dispositif des capitulaires de la collection de Benoît Lévite contient plusieurs règlements sur des objets particuliers ; il porte que Charlemagne établit ces règlements « ensemble « avec l'avis de ses fidèles, et ordonna ensemble avec eux qu'ils « fussent publiés. »

4°. Un autre capitulaire de la même collection commande à tous les sujets, et à chacune des différentes nations soumises à la monarchie, « de tenir et recevoir pour loi à perpétuité, « une sentence du code Théodosien qui a été placée entre les « capitulaires, par le conseil de tous les fidèles, tant clercs que « laïques. »

5°. Deux capitulaires de Louis-le-Pieux promulguant des

---

atque reliquorum fidelium generali et synodali consultu decrevimus, ut nullus chorepiscopus per manus impositionem Spiritum sanctum tradere... præsumat. (*Extr. d'un capitulaire de Charlemagne, de l'an 803*, art. 5. Même dispositif, liv. vii, art. 423. Baluze, t. I, p. 382 et 1115.)

2°. Ut ea quæ constituta sunt a fidelibus nostris observentur. (*Extr. d'un capitulaire de l'an 808*, art. 11. Baluze, t. I, p. 464.)

3°. Visum est nobis una cum consultu fidelium nostrorum statuere.... Hæc ab Adalardo comite palatii nostri... una cum aliis fidelibus nostris... nostra vice publice adnuntiari jussimus. (*Extr. d'un capitulaire de la collection de Benoît Lévite*, liv. v, art. 303. Baluze, t. I, p. 886 et 887.)

4°. Volumus atque præcipimus ut

omnes ditioni nostræ... subjecti, tam Romani, quam Franci, Alamanni, Bajuvarii, Saxones, Turingii, Fresones, Galli, Burgundiones, Britones, Longobardi, Vascones, Beneventani, Gothi et Hispani, cæterique nobis subjecti omnes, licet quocumque videantur legis vinculo constricti vel consuetudinario more connexi, hanc sententiam, quam ex sexto decimo Theodosii imperatoris libro, capitulo videlicet xi... sumpsimus, et inter nostra capitula... consultu omnium fidelium nostrorum tam clericorum quam et laicorum, posuimus, lege cunctis perpetua tenenda. (*Extr. d'un capitulaire de la collection de Benoît Lévite*, liv. vi, art. 366. Baluze, t. I, p. 985.)

5°. De operibus in restaurationem ecclesiarum... Hoc omnibus notum

régles déjà portées, marquent « qu'elles ont été établies par le « prince, par le commun conseil, par le consentement de tous « ses fidèles. »

6°. Dans un capitulaire de la collection de Benoît Lévite, le prince promulgue une loi expresse, mais il marque en la promulguant, que « les dispositifs en ont été dressés et con- « firmés par le consentement et l'exhortation des peuples de « tout son empire et de ses grands. »

7°. Le sommaire d'un capitulaire de Charles-le-Chauve porte, que « les règlements qu'il contient furent formés dans « le concile qui se tint à Soissons, et un article de ce capitu- « laire porte que le roi fit relire devant ses fidèles, dans le « palais de Verberie, ces capitulaires, qu'il avait proposés à « l'assemblée sacrée, et que tous ses fidèles, d'une voix, les « reçurent et les acceptèrent. »

V. La preuve que la puissance législative ne s'exerçait dans l'empire franc sous la seconde race, que par le concours des volontés du roi et du peuple, se confirme par le témoignage de divers monuments contemporains qui citent un grand nom- bre de lois, comme produites par le vœu du prince et le con- sentement de tous, et qui attestent en général que les capitu- laires législatifs des princes carliens émanèrent tous de ce concours.

On admet parmi ces autorités certains passages des capitu-

sit, quia quicumque negligenter exinde egerit, et coram nobis exinde negligens repertus fuerit, illud volu- mus omnino ut subeat quod in nostro capitulari de hac re communi con- sultu fidelium nostrorum ordinavi- mus. (*Extr. d'un capitulaire de Louis- le-Pieux, de l'an 823, art. 22.* Même dispositif à l'art. 272 du liv. v de la *collection de Benoît Lévite.* Baluze, t. I, p. 742 et 878.)

De honore ecclesiarum, ut per omnia eis exhibeatur sicut nuper a nobis cum consensu omnium fidelium nostrorum constitutum est. (*Extr. d'un capitulaire de l'an 819, art. 5.* Même dispositif à l'art. 48 du liv. iv. Baluze, t. I. p. 615 et 786.)

6°. Si quis... hæc decreta apostolica et synodali atque imperiali auctoritate renovata, et maxime omnium imperii nostri populorum ac procerum nos- trorum consensu et hortatu conscripta atque firmata, temerare præsumpse- rit, si clericus fuerit, gradus sui periculo subjacebit. Si vero... laicus fuerit, a liminibus ecclesiæ... extorris fiat. (*Extr. d'un capitulaire de la col- lection de Benoît Lévite*, liv. vii, art. 411. Baluze, t. I, p. 1119.)

7°. Hæc quæ sequuntur definitiones in synodo apud Vermerium palatium habita actæ sunt.

Sed et capitula quæ synodali con- sultu... rex Karolus in consilio memo- rato apud Suessionis civitatem sacro proposuit conventui, coram fidelibus suis in eodem palatio Vermeria relegi fecit, et omnibus consonanter sus- cepta sunt et accepta. (*Extr. d'un capitulaire de Charles-le-Chauve, de l'an 853, tit. 12, sommaire et art. 3.* Baluze, t. II, p. 57 et 60.)

laires qui ne sont pas des dispositifs de lois, mais qui rappelant des lois précédentes, ou annonçant le projet de quelques lois nouvelles, établissent à quelle condition elles avaient été, ou devaient être promulguées.

1°. Thégan et la Chronique de Moissac nous apprennent que « toute l'armée, les évêques, les abbés, les ducs, les « comtes, le peuple de tout le royaume, le sénat des Francs, « furent réunis devant le roi, l'an 813 ; que Charlemagne leur « proposa le dessein qu'il avait d'associer son fils à l'empire, « leur demandant à tous, depuis le plus petit jusqu'au plus « grand, s'il leur agréait : leur proposant ensuite quarante-six « capitulaires nouveaux ; que tous consentirent unanimement « à ses propositions, et que Charlemagne avec le consentement « et l'acclamation de tous les peuples transmit l'empire à son « fils. »

2°. Agobard, dans un écrit adressé à Louis-le-Pieux, rappelle à ce prince que c'est avec le consentement de tout son empire que l'association de Lothaire au trône a été déterminée.

3°. Paschase Radbert écrit que cette association fut faite par

V. — 1°. Imperator quum jam intellexisset appropinquare sibi diem obitus sui... vocavit filium suum Ludovicum ad se cum omni exercitu, episcopis, abbatibus, ducibus, comitibus :.... habuit grande colloquium cum eis Aquisgrani palatio... Interrogans omnes a maximo usque ad minimum, si eis placuisset ut nomen suum, id est. imperatoris, filio suo Ludewico tradidisset. (*Extr. de la Vie de Louis-le-Pieux, par Thégan*, chap. 6. année 813. D. Bouquet, t. VI, p. 75.)

An. DCCCXIII. Mense septembri.... Karolus fecit conventum magnum populi apud Aquis palatium de omni regno... suo. Et convenerunt episcopi, abbates, et comites, et senatus Francorum ad imperatorem in Aquis : et ibidem constituit capitula numero XLVI, de causis quæ erant necessariæ ecclesiæ Dei et christiano populo. Post hæc habuit consilium cum præfatis episcopis et abbatibus, et comitibus, et majoribus natu Francorum, ut constituerent filium suum Ludovicum regem et imperatorem.

Qui omnes pariter consenserunt, dicentes hoc dignum esse : omnique populo placuit. Et cum consensu et acclamatione omnium populorum Ludovicum filium suum constituit imperatorem secum, et per coronam auream tradidit ei imperium. (*Extr. de la chronique de Moissac*. D. Bouquet, t. V, p. 82 et 83.)

2°. Si... Gregorius papa... quod vestra voluntate et potestate cum consensu totius imperii vestri factum est.... hoc vult in pristinum reducere statum.... opportunus est ejus adversatus. (*Extr. d'une lettre d'Agobard à Louis-le-Pieux, de l'an 833.* D. Bouquet, t. VI, p. 366.)

3°. Honorius (Lotharius) ab Italia evocatus venisset,.... Justinianus (Ludovicus) sibi olim et successorem totius monarchiæ cum voluntate et consensu omnium eum fecerat. Unde Honorius (Lotharius) una cum fratribus... ait :... « Me consortem « totius imperii celsitudo vestra una « cum voluntate populi constituit in « omni potestate et honore,... proh

Louis-le-Pieux, avec la volonté de tous ; il ajoute que ce fut à ces titres que Lothaire réclama l'exécution de ce partage.

4°. Éginhard rappelle encore à Lothaire cette association comme ayant été faite « par le consentement de tout le peuple du royaume. »

5°. Hincmar parle d'un capitulaire particulier de Charlemagne, qui doit être observé et suivi comme loi, parce qu'il fut confirmé « par le consentement des fidèles. »

Ailleurs Hincmar cite comme loi un capitulaire de l'an 829, comme ayant été « établi par Louis-le-Pieux, avec le vœu de « tous, tant des évêques que des fidèles laïques. »

6°. Une requête des évêques de France à Louis-le-Pieux demande que, « s'il plaît aux princes, et aux autres fidèles, « qu'une telle règle nouvelle soit admise : » l'approbation et la souscription de tous consacre cette institution ; un capitulaire est donné en conséquence par le prince, l'an 822,

---

« dolor ! quid contigerit, quod tam « religiosissimus.. imperator... incon- « sulte egit... alioquin filios nunquam « tam.... crudeliter insecutus esset : « quum ipsi nihil... vellent, nisi ea ut « inconcussa manerent, quæ ipse pri- « num, et populus universus ordina- « rant. » (*Extr. d'un écrit de Paschase Radbert*. Actes des Saints de l'ordre de saint Benoît, liv. II, siècle 4, première partie, p. 502, 512 à 514.)

4° Quoniam æque vos atque piissimum dominum meum patrem vestrum semper dilexi,... postquam vos in societatem nominis et regni consensu totius populi sui adsumpsit, meæque parvitati præcepit ut vestri curam gererem. (*Extr. de la lettre 34 d'Éginhard à Lothaire*. D. Bouquet, t. VI, p. 377.)

5° Tenendum atque sequendum est præcedens capitulum de presbiterorum comprobatione vel purgatione ; consulta sedis apostolicæ et tantorum episcoporum, ac ceterorum ecclesiasticorum, Deique fidelium consensu firmatum.

Nostri etiam ævi augustus... Hludouvicus in synodo ac placito generali apud Wormatiam,.... papæ Gregorii commeante legato, cum aliis plurimis,.... de hac unde agitur causa, omnium, tam episcoporum, quam et fidelium laicorum, votis convenien-

tibus, ita decernens.... (*Extr. des écrits d'Hincmar*. OEuvres d'Hincmar, t. II. p. 786, et t. I, p. 590.)

6°. Petitio episcoporum.

In concilio apud Theodonis villam, ubi interfuerunt XXXII episcopi,.... cum nuntiis reliquorum episcoporum Galliæ et Germaniæ... decretum est ut... supplicaretur auribus principis, ...ut calumnia in... sacerdotes...juxta synodalia determinaretur pleniter statuta,.... id est, ut canonica feriantur sententia, hi videlicet qui timorem Domini postponentes, in ministros suos grassare præsumunt.

Aistolfus, Maguntinensis archiepiscopus, dixit : « Si principibus « placuerit aliisque suis fidelibus, « rogemus ut conlaudetur et subscri- « batur ». Et conlaudatum est et subscriptum est, tum a principe quam a cæteris omnibus. (*Extr. d'un capitulaire de Louis-le-Pieux, sur une demande des évêques des Francs, de l'an 822, préambule et art. 4*. Baluze, t. I, p. 625, 626 et 628.)

Placuit nobis et fidelibus nostris, ut sicut ab episcopis et reliquis sacerdotibus, ac Dei servis alio anno apud Theodonis villam... fuimus... rogati, episcopi et eorum ministri.... intacti permaneant.

Hoc de nostro adjecimus, ut si quis in his supradictis sanctorum canonum

qui motive la promulgation par ce commun consentement. Le prince ajoute dans la promulgation, une disposition de son chef; mais il la propose seulement en ces termes : « Si vous « tous approuvez ces réglements, dites-le. Tous s'écrièrent par « trois fois, nous les approuvons. »

7°. Un capitulaire de l'an 829 rapporté par Baluze, propose une délibération et une loi sur la propriété, mais le prince déclare que cette loi demeurera suspendue, « jusqu'à ce qu'il « en délibère et l'établisse avec ses fidèles. »

8°. Les évêques de France, dans une représentation adressée à Charles-le-Chauve, rappellent à ce prince, comme lois, des capitulaires, « disant qu'il les a confirmés avec ses fidèles. »

9°. Hincmar dans une lettre au même prince lui rappelle, dans le même sens, d'autres capitulaires de son règne établis et souscrits « par l'avis de ses fidèles, tant des évêques que « des laïques. »

10°. Charles-le-Chauve, dans une plainte qu'il présente au concile national de Savonière, atteste que ce fut « par le con-« sentement des évêques et du reste de ses fidèles, que lui et « ses sujets écrivirent une promesse mutuelle qui contenait « comment il devrait agir envers ses fidèles, et comment ses « fidèles le conseilleraient et secourraient. »

---

nostrique decreti sanctionibus, episcopis inobediens et contumax extiterit, primum canonica sententia feriatur, deinde in nostro regno beneficium non habeat, et alodis ejus in bannum mittatur.

Et si omnibus vobis ista complacuerint, dicite. Et tertio ab omnibus conclamatum est : placet. (*Extr. du decret de l'empereur après la demande des évêques, préambule et art. 6. Baluze, t. I, p. 627 et 629.*)

7°. Volumus ut omnes res ecclesiasticæ eo modo contineantur sicut res ad fiscum nostrum pertinentes contineri solent, usque dum nos ad generale placitum nostrum cum fidelibus nostris invenerimus et constituerimus qualiter in futurum de his fieri debeat. (*Extr. d'un capitulaire de Louis-le-Pieux, de l'an 829, art. 5. Baluze, t. I, p. 673.*)

8°. Monemus... ut capitula quæ vos ipse cum fidelibus vestris in Colonia villa manu propria confirmastis... ad memoriam reducatis. (*Extr. des représentations des évêques de France à Charles-le-Chauve, tit. 8. Baluze, t. II, p. 77 et 78.*)

9°. Leges... servari decrevisse didicimus antiquos imperatores et prædecessores vestros... nobis vestra dominatio servaturam se et verbo et subscriptione promisit in Carisiaco, ubi hoc capitulum consultu ac consilio fidelium vestrorum, tam episcoporum quam et laicorum condidistis, et ei subscripsistis. (*Extr. d'une lettre d'Hincmar à Charles-le-Chauve. OEuvres d'Hincmar, t. II, p. 840.*)

10°. Quum seditiones in regno nostro cœperunt crebrescere, consensu episcoporum ac cæterorum fidelium nostrorum chirographum invicem conscripsimus, qualiter ego erga eos ...agere vellem, et qualiter mihi consilio et auxilio iidem fideles nostri... solatium ferre debuissent. (*Extr. de*

11°. Un écrit des envoyés de Charles-le-Chauve de l'an 857, en proclamant comme lois les capitulaires de cette année, témoigne que donnés par le prince, « ils furent confirmés par le « grand nombre des fidèles de son royaume. »

12°. Les évêques de France, dans une lettre adressée à Louis-le-Bègue à son couronnement, et dans une autre lettre adressée à Carloman son fils, rappellent le dernier capitulaire de Charles-le-Chauve, et demandent qu'il soit conservé comme loi : parce qu'étant émané du prince, il est consacré « par le « consentement de ses fidèles. »

13°. Les actes du concile de sainte Macre, après avoir noté différents articles des capitulaires recueillis par Anségise et Benoit Lévite, disent au roi Louis III : « Voilà ce que vos « prédécesseurs, empereurs et rois établirent dans les divers « synodes et placités, par l'avis des évêques et du reste de leurs « fidèles. »

14°. L'intitulé mis à la tête de la collection d'Anségise nomme les capitulaires de cette collection, « les capitulaires « des rois, des évêques et principalement de tous les nobles, « c'est-à-dire de tous les hommes libres, francs. »

15°. Benoit Lévite, dans sa préface, dit qu'il recueille les

la plainte de Charles-le-Chauve au concile de Savonière, de l'an 859, tit. 3o, art. 4. Baluze, t. II, p. 135.)

11°. Senior noster Karolus plurimos fideles regni sui..... mediante februario mense apud Carisiacum congregans, hæc capitula ab ipsis confirmata nobis transmisit, ut ea vobis denuntiaremus, ut et vos... legali imperio observare... studeatis, omnesque christiani qui in nostro cor estunt missatico. (Extr. d'un écrit des envoyés de Charles-le-Chauve, capitulaire de Charles-le-Chauve, de l'an 857, tit. 24. Baluze, t. II, p. 95.)

12° A vobis perdonari nobis petimus ut... nobis et ecclesiis nobis commissis, secundum primum capitulum quod novissime in Carisiaco domnus imperator... consentientibus fidelibus suis ac vestris... legente Gauzleno, denuntiavit, canonicum privilegium et debitam legem atque justitiam conservetis. (Demande des évêques de France à Louis-le-Bègue, en l'année 877, répétée par les mêmes

évêques à Carloman, son fils, en 882. Baluze, t. II, p. 271, 281 et 282.)

13°. Quædam capitula, a præcedentibus... regibus statuta, in unum collecta subjungere dignum duximus, quæ ita se habent :

(Après les citations de ces capitulaires, qui se trouvent tous dans les collections d'Anségise et de Benoit Lévite, les évêques poursuivent :)

Ecce quæ antecessores vestri imperatores ac reges, in diversis synodis ac placitis, consilio episcoporum ac ceterorum fidelium suorum inde constituerunt. (Extr. des actes du concile de sainte Macre, de l'an 881, chap. 6. Sirmond, t. III, p. 508 et 511.)

14°. Incipiunt capitula regum et episcoporum, maximeque nobilium omnium Francorum. (Intitulé des capitulaires de la collection d'Anségise, liv. 1. Baluze, t. I, p. 697 et 698.)

15°. Illa... Pippini ac Karoli atque Hludouvici... investigare curavimus, ... Hæc... capitula... in diversis syno-

capitulaires de Pépin, Charlemagne et Louis-le-Pieux ; que
« ces capitulaires furent approuvés par le consentement de
« tous les Francs, de la part de l'un et de l'autre ordre d'hom-
« mes, » c'est-à-dire, des laïques et des ecclésiastiques. Benoît
Lévite marque enfin, que « les princes, leurs fidèles et les
« fidèles de la sainte église de Dieu, établirent ensemble les
« capitulaires » dont il donne la collection.

16º. Plusieurs capitulaires de Charles-le-Chauve marquent
expressément l'autorité législative des capitulaires de ses ancêtres et des siens propres, comme dérivant du concours des
suffrages des princes et des peuples.

Le capitulaire de l'an 862, porte que ce fut « avec le con-
« seil et le consentement du reste des fidèles, que les rois et les
« évêques précédents avaient établi leurs divers capitulaires
« pour assurer l'état de l'église, et pour que les habitants du
« royaume de tout ordre et état fussent gouvernés par la loi et
« la justice. »

Un capitulaire de l'an 873, porte que « les Francs jugèrent
« que les capitulaires de Charlemagne et Louis-le-Pieux se-
« raient observés comme loi, et que les fidèles de Charles-le-
« Chauve ordonnèrent dans le placité général que ces capitu-
« laires seraient observés. »

---

dis ac placitis generalibus edita erant
...Est in fronte primi libelli posita
Zachariæ papæ epistola,..... quam
sequuntur duo synodales conventus...
Post ista quoque quæ sequuntur,....
maxima ut diximus ex parte, et omnium Francorum utriusque ordinis
virorum assensu sunt roborata... Precamur... lectores omnes,... pro ipsis
principibus eorumque et sanctæ Dei
ecclesiæ fidelibus, qui hæc eadem
simul cum eis tractaverunt,... et jam
dicta capitula pariter... venerari,
amare, legibusque tenere. (*Extr. de
la préface des capitulaires de la collection de Benoît Lévite*, liv. v. Baluze,
t. I, p. 802 et 803.)

16º. Reges et episcopi qui ante nos
fuerunt, ducti amore et timore divino,
cum cæterorum fidelium Dei consilio
atque consensu plura statuerunt capitula, providentes qualiter sancta Dei
ecclesia statum,.... et regni habitatores
in omni statu et ordine haberent legem

atque justitiam. (*Extr. d'un capitulaire de Charles-le-Chauve, de
l'an 862, tit. 3, art. 1, Baluze, t. II,
p. 153.*)

Capitula avi et patris nostri, quæ
Franci pro lege tenenda judicaverunt,
et fideles nostri in generali placito
nostro   conservanda   decreverunt.
(*Extr. d'un capitulaire de Charles-le-
Chauve, de l'an 873, tit. 45, art. 8.
Baluze, t. II, p. 231.*)

Capitula quæ avus et pater noster
pro statu et munimine sanctæ Dei
ecclesiæ ac ministrorum ejus, et pro
pace ac justitia populi ac quiete regni
constituerunt, et quæ nos cum fratribus nostris regibus, et nostris ac eorum
fidelibus communiter constituimus,
sed et quæ nos consilio et consensu
episcoporum, ac cæterorum Dei et
nostrorum fidelium, pro suprascriptis
causis in diversis placitis nostris conservanda statuimus, et manere inconvulsa decernimus. (*Extr. d'un capitu-

Enfin les capitulaires des années 869 et 877, qui sont conformes entre eux, commandent de nouveau l'observation inviolable des capitulaires que Charlemagne et Louis-le-Pieux avaient établis ; ils commandent aussi l'observation des capitulaires que Charles-le-Chauve avait publiés pendant son règne, expliquant qu'il « établit quelques-uns de ces capitulaires, en « commun avec les rois ses frères, ses fidèles et les leurs ; » et qu'il établit les capitulaires qui lui sont particuliers, par « le conseil et le consentement des évêques et du reste des « fidèles de Dieu et de ses fidèles. »

17°. Et enfin une lettre par laquelle Hincmar de Reims adresse son ouvrage sur l'ordre du sacré palais aux grands de la cour de Louis III, petit-fils de Charles-le-Chauve, porte que les monarques carliens, ancêtres de ce prince, « éri- « gèrent en lois leurs capitulaires par le consentement général « de leurs fidèles. »

VI. Pour compléter la démonstration de cet important objet, nous ferons entendre enfin les autorités qui invoquent ou rappellent le principe du partage de la puissance législative entre le prince et le peuple, comme une maxime constante et constitutive admise sans contradiction et sans équivoque aux huitième et neuvième siècles.

Cette dernière preuve résulte :

1°. D'une requête du peuple à Charlemagne, et de la réponse de ce prince sur cette requête. Le peuple demande au prince une loi nouvelle ; il le supplie de la consacrer, « en la « mettant au nombre de ses capitulaires, afin qu'elle soit con-

---

laire de Charles-le-Chauve, de l'an 869, tit. 40, art. 3. Même dispositif dans l'annonciation du dernier capitulaire de Charles-le-Chauve, tit. 35, art. 2. Baluze, t. II, p. 210 et 269.)

17°. Reges et reipublicæ ministri... habent capitula regum ac progenitorum suorum; quæ generali consensu fidelium suorum legaliter promulgaverant. (Extr. de la lettre 14 d'Hincmar, chap. 8. OEuvres d'Hincmar, t. II, p. 204.)

VI.—1°. Petitio populi ad imperatorem.

Flexis omnes precamur poplitibus majestatem vestram ut episcopi dein-

ceps,... non vexentur hostibus. Sed quando vos mosque in hostem perginus, ipsi propriis resideant parochiis ... Postulata concedite. Ut ergo hæc omnia a vobis et a nobis, sive a successoribus vestris et a nostris, futuris temporibus absque ulla dissimulatione conserventur, scriptis ecclesiasticis inserere jubete, et inter vestra capitula interpolare præcipite.

Concessio imperatoris ad suprascriptam petitionem.

Omnibus notum esse volumus quia non solum ea quæ... rogitastis, concedere optamus, sed quidquid pro sanctæ Dei ecclesiæ et sacerdotum, sive totius populi et vestra utilitate

« servée inviolablement » par le prince et le peuple. Le prince
accorde la loi ; mais à la condition qu'elle sera « confirmée
« par l'avis de tous les fidèles afin qu'elle soit conservée in-
« violablement de son temps, et dans tous les temps à venir ; »

2°. De trois capitulaires de Charlemagne : le premier renferme un des articles de la capitulation convenue entre ce
prince et les députés des Saxons ; il n'accorde au roi la faculté
d'augmenter à l'égard des Saxons, l'amende appelée ban du
roi, qu'autant qu'il prononcera cette augmentation, du « con-
« sentement des sujets francs et saxons. »

Le second capitulaire porte, « que le peuple doit être in-
« terrogé sur les capitulaires que l'on ajoute de nouveau à la
« loi, et que lorsque tous les auront consentis, tous doivent
« faire leur souscription et confirmation sur ces mêmes capi-
« tulaires. »

Le troisième capitulaire dont la date nous manque et que
Baluze a rapporté, explique que c'est « avec le consentement
« de tous, qu'il fut ajouté des capitulaires à la loi salique, et
« qu'ils ne doivent plus être appelés capitulaires, mais lois, et
« doivent être respectés, comme la loi salique même ; »

3°. D'un capitulaire de Louis-le-Pieux ; il annonce qu'un

inveneritis, concedere paratissimi
sumus. Et modo ista, sicut petistis,
concedimus. Et quando,....ad generale
placitum venerimus sicut petistis,
consultu omnium fidelium nostrorum
scriptis firmare, nostris nostrorum-
que atque futuris temporibus inrefra-
gabiliter manenda firmissime, .. cupimus. Modo ea quæ generalia sunt,
ut omnibus conveniunt ordinibus,
statuere ac cunctis sanctæ Dei ecclesiæ
nostrisque fidelibus... tradere parati
sumus ; et ad proximum synodalem
nostrum conventum ac generale placitum, ubi plures episcopi et comites
convenerint, ista, sicut postulastis,
firmabimus. (*Extr. d'une demande
du peuple à Charlemagne, et de la loi
portée, sur cette demande, dans le capitulaire 8 de l'an 803. Même dispositif
à l'art. 370 du liv. vi de la collection
de Benoît Lévite.* Baluze, t. I, p. 405,
408 et suiv., et 987.)

2°. Placuit ut ... domnus rex ...
una cum consensu Francorum et fidelium Saxonum, secundum quod ei

placuerit, juxta quod causa exigit,
... solidos sexaginta multiplicare in
duplum. (*Extr. d'un capitulaire de
Charlemagne, de l'an* 797, art. 9.
Baluze, t. I, p. 278.)

Ut populus interrogetur de capitulis quæ in lege noviter addita sunt.
Et postquam omnes consenserint,
subscriptiones et manufirmationes
suas in ipsis capitulis faciant. (*Extr.
du capitulaire 3 de l'an 803, art. 19.
Même dispositif à l'art. 237, liv. vi,
de la collection de Benoît Lévite.*
Baluze, t. I. p. 394 et 963.)

Generaliter omnes admonemus ut
capitula quæ præterito anno legi salicæ cum omnium consensu addenda
esse censuimus, jam non ulterius capitula, sed tantum leges dicantur,
immo pro lege salica teneantur. (*Extr.
d'un capitulaire de Charlemagne, de
l'an* 801, art. 49. Baluze, t. I. p. 356.)

3°. In quibus etiam apicibus inserere vobis placuit ut . si Deus pacem
undique et otium vobis tribueret, in
hoc placitum vestrum generale ... ut

certain capitulaire du prince ne sera point publié, jusqu'à ce qu'il en ait délibéré avec le plus grand nombre de ses fidèles :

4°. D'une lettre des évêques du concile de Paris à Louis-le-Pieux ; elle fait mention d'une lettre de ce prince, où il a déclaré que c'est dans son placité général qu'il a dessein de s'occuper de la réforme de plusieurs abus « avec le consentement « de ses fidèles ; »

5°. Des propositions portées par les envoyés de Charles-le-Chauve à des sujets mécontents ; elles contiennent l'annonce de « la convocation de la généralité des fidèles, et le dessein « d'y proposer une convention qui sera confirmée par le con- « sentement de tous ; afin que cette convention se conserve « tous les jours de la vie du prince, et de la vie des sujets ; « que lui-même la laisse à ses successeurs pour la conserver « contre les sujets, et que les sujets la laissent à leurs succes- « seurs, pour la conserver envers les successeurs du prince ; »

6°. De ces paroles tirées d'un capitulaire de Charles-le-Chauve, donné à Piste : « la loi se fait par le consentement du « peuple et la constitution du roi. »

VII. La preuve qu'en conséquence du concours du prince et du peuple à la puissance législative dans l'empire franc les rois et les sujets furent étroitement obligés d'observer les uns à l'égard des autres les lois établies, et ne purent y déroger par leurs volontés partielles, peut s'établir de deux manières :

Premièrement, en montrant que cette règle constitutive fut

---

primum quidquid in vobis, id est in persona et ministerio vestro, corrigendum inveniretur,... corrigeretis. Deinde quæcumque in omnibus ordinibus imperii vestri Deo displicerent inquireretis, et secundum ejus voluntatem cum consensu fidelium vestrorum ad tramitem rectitudinis revocaretis; scilicet ut cum vobis populoque vobis commisso propitium faceretis. (*Extr. d'une lettre du concile de Paris à Louis-le-Pieux*, de l'an 829. D. Bouquet, t. VI, p. 346.)

4°. Sciatis quia ad hoc ... statuendum atque confirmandum, cum nostro et cæterorum fidelium suorum consensu, habet noster senior ... ad... palatium Vermeriam generaliter omnes fideles suos convocatos, ut omnibus suam voluntatem et perdonationem et nostram, qui fideles illius sumus, devotionem accognitet, ut ista convenientia, quam teste Deo confirmabimus, inante diebus vitæ suæ et diebus vitæ nostræ conservetur, et ipse suis successoribus contra successores nostros et nos nostris successoribus suis successoribus conservandam... reliquamus. (*Extr. d'une proposition portée par les envoyés de Charles-le-Chauve aux Francs et aux Aquitains*, dans le capitulaire de l'an 856, tit. 19, art. 11. Baluze, t. II, p. 82.)

5°. Lex consensu populi fit et constitutione regis. (*Extr. de l'édit de Piste, de l'an 864*, art. 6, tit. 36. Baluze, t. II, p. 177.)

VII. — 1°. Post mortem vero Chlothacharii regis, Chariberto regi po-

reconnue et suivie par le prince et par les sujets ; ensuite, en produisant ces monuments positifs par lesquels les princes et les sujets s'avouent eux-mêmes inviolablement soumis à ce devoir et liés par cette règle.

Preuves pour la première race.

Quant à la première race, dont peu de monuments nous sont parvenus, la preuve se réduira à établir que des princes mérovingiens avouèrent et adoptèrent l'obligation de respecter et de conserver les lois établies avant eux :

1°. Un récit de Grégoire de Tours témoigne que lorsque le peuple de Tours prêta le serment de fidélité au roi Caribert, après la mort de Clotaire, « Caribert promit avec serment, « qu'il n'imposerait au peuple de Tours, ni loi, ni coutume « nouvelle, mais le maintiendrait dans le même état où il avait « vécu du temps de son père ; »

2°. Une constitution de Clotaire ordonne généralement, « que la forme du droit ancien soit suivie dans toutes les af- « faires ; que l'on observe tout ce qui est ordonné par les lois ; « que personne ne puisse obtenir le droit d'y déroger ; » elle enjoint aux juges de déclarer nul quelque ordre que ce puisse être, contraire à la forme du droit ancien ;

3°. L'auteur contemporain de la Vie de saint Léger té- moigne, que « tous les peuples obtinrent de Childéric II, « qu'il s'engageât dans les trois royaumes, à observer la loi et « la coutume de chaque pays. »

pulus hic sacramentum dedit : simi- liter etiam, et ille cum juramento promisit, ut leges consuetudine-que novas populo non infligeret, sed in illo quo quondam sub patris domi- natione statu vixerant, in ipso hic eos deinceps retineret. (*Extr. des écrits de Grégoire de Tours*, liv. ix, chap. 3o, année 589. D. Bouquet, t. II, p. 35o.)

2°. Per hanc generalem auctoritatem precipientes jubemus ut in omnibus causis antiqui juris forma servetur. In parentum ergo successionibus, quicquid legibus decernitur, obser- vetur, omnibus contra impetrandi aliquid licentia derogata ; quæ si quolibet ordine impetrata fuerit vel obtenta, a judicibus repudiata inanis habeatur et vacua. (*Extr. d'une con- stitution de Clotaire Ier, de l'an 56o*, chap. 5, art. 1 et 2. D. Bouquet, t. IV, p. 115.)

3°. Interea Hilderico regi expetunt universi, ut talia daret decreta per tria quæ obtinuerat regna, ut unius- cujusque patriæ legem vel consue- tudinem observaret, sicut antiqui judices conservavere. (*Extr. de la Vie de saint Léger, écrite par un contemporain*, chap. 4, année 67o. D. Bouquet, t. II, p. 613.)

VIII. Preuves pour la seconde race.

Plusieurs des autorités citées dans les articles précédents ont déjà montré que les princes et leurs sujets avouant la nécessité de leur accord pour la formation des lois, déclaraient les lois produites par cet accord, inviolables, perpétuelles et obligatoires pour tous.

Nous allons produire maintenant les autorités par lesquelles les princes et les peuples adoptèrent expressément le devoir de l'obéissance aux lois établies, et l'obligation de ne jamais y déroger par leurs volontés particulières :

1°. Un capitulaire de Charlemagne marque que « comme « le prince veut observer la loi envers tous, il veut que tous « l'observent envers lui ; »

2°. Dans plusieurs capitulaires promulgués à Mersen et à Conflans, dans des assemblées générales par les trois princes fils de Louis-le-Pieux, ces rois promettent à leurs sujets qu'ils conserveront à tous et chacun la même loi qu'ils eurent sous leurs prédécesseurs, « qu'ils ne condamneront, ni ne désho- « noreront, ni n'opprimeront aucun de leurs sujets contre la « loi et la justice ; »

VIII. — 1°. Volumus ut sicut nos omnibus legem conservamus, ita omnes comites nobis legem conservare faciant. (*Extr. d'un capitulaire de Charlemagne, de l'an 801, art. 28. Baluze. t. I, p. 353.*)

2°. Hæc quæ sequuntur capitula acta sunt quando tres reges fratres, Hlotharius scilicet, Hludouvicus, et Karolus, simul convenerunt ... in loco qui dicitur Marsna, anno ... DCCCXLVII.

Ut singulis eorum fidelibus talis lex conservetur qualem temporibus priorum regum, et præcipue avi patrisque eorum, habuisse noscuntur. (*Extr. d'un capitulaire de Charles- le-Chauve, de l'an 851, tit. 9, intitulé* et art. 5. Baluze, t. II, p. 41.)

Hæc quæ sequuntur capitula acta sunt anno DCCCLI, ... quando tres fratres reges, Hlotharius scilicet, Hludouvicus, et Karolus, ... penes locum qui dicitur Marsna, iterum convenerunt, et consultu episcoporum et cæterorum fidelium eadem capitula subscripserunt manibus propriis,

et inter se ac inter fideles suos perpetuo se conservaturos promiserunt.

Ut nostri fideles, unusquisque in suo ordine et statu, veraciter sint de nobis securi quia nullum abhinc inante contra legem et justitiam ... aut damnabimus, aut dehonorabimus, aut opprimemus, vel indebitis machinationibus affligemus (*Extr. d'un capitulaire de Charles-le-Chauve, de l'an 851, tit. 10, intitulé et art. 6. L'art. 10 des capitulaires de Conflans, de l'an 860, est conforme à l'art. 6 de celui-ci. Baluze, t. II, p. 45, 46 et 141.*)

Sapiatis quia legem qualem antecessores nostri, hoc est, pater et avus noster, vestris antecessoribus concesserunt et servaverunt, nos similiter vobis perdonamus, et inviolabiliter ... et præsentibus et futuris temporibus, per omnia volumus observare. (*Extr. d'un capitulaire de Lothaire et de Charles-le-Chauve, de l'an 851, tit. 16, art. 3. Baluze, t. II, p. 72.*)

3°. Le serment prêté par Charles-le-Chauve, lorsqu'il fut couronné roi de Lorraine, et plusieurs des capitulaires qu'il promulgua avec ses frères dans des placités généraux, répètent les mêmes engagements, dans les termes les plus formels ; mais lorsque les trois princes s'engagent ainsi envers le peuple à lui conserver les droits que « les lois lui ont assurés, ils « exigent en retour que l'honneur royal, la puissance, l'obéis-« sance et les secours qui leur sont dus pour conserver et dé-« fendre le royaume, leur soient rendus par chacun. » Enfin l'engagement est mutuel et réciproque. Les princes et le peuple

3°. Anno ... DCCCLXIX, hæc quæ se-quuntur capitula Adventius episco-pus ... coram rege et episcopis qui adfuerunt, populo et scripto et ver-bis denuntiavit.

Dignum ... esse videtur ut ex ejus ore audiamus quod a .. rege fideli et unanimi in servitio illius populo, unicuique in suo ordine, convenit audire.

Post hæc rex Karolus ... denun-tiavit :

Sciatis me honorem et cultum Dei atque sanctarum ecclesiarum ... con-servare et unumquemque vestrum secundum suis ordinis dignitatem et personam, juxta meum scire et posse, honorare et salvare, et honoratum ac salvatum tenere velle, et unicuique in suo ordine secundum sibi com-petentes leges, tam ecclesiasticas quam mundanas, legem et justitiam conservare ; in hoc ut honor regius et potestas, ac debita obedientia, atque adjutorium ad regnum mihi a Deo datum continendum et de-fensandum, ab unoquoque vestrum secundum suum ordinem et dignita-tem atque possibilitatem mihi exhi-beatur, sicut vestri antecessores... meis antecessoribus exhibuerunt. (Extr. du serment fait par Charles-le-Chauve, lorsqu'il fut couronné roi de Lorraine, tit. 41, intitulé et art. 3. Baluze, t. II, p. 215, 217 et 218.)

Volumus ut vos et cæteri homines fideles nostri talem legem ... et tale salvamentum in regnis nostris ha-beatis sicut antecessores vestri tem-pore antecessorum nostrorum ha-buerunt, et nos talem honorem et potestatem in nostro regio nomine apud vos habeamus, sicut nostri an-

tecessores apud vestros antecessores habuerunt : et justitia et lex omni-bus conservetur et pauperes homines talem defensionem habeant sicut tem-pore antecessorum nostrorum lex et consuetudo fuit, et sicut hic fideles nostri communiter consenserunt, et scripto nobis demonstraverunt, et nos cum illorum consilio consenti-mus et observari communiter volu-mus. Et si aliquis hoc perturbare voluerit, a nullo nostrum recipiatur, nisi ut aut ad rectam rationem aut ad rationabilem indulgentiæ conces-sionem deducatur.

Eadem domnus Karolus adnun-tiavit.

Domnus Hlotharius ... in supra adnuntiatis capitulis se consentire dixit, et se observaturum illa promi-sit. (Extr. d'un capitulaire de Charles-le-Chauve, de l'an 860, tit. 31, art. 5 et 7. Baluze, t. II, p. 143 et 144.)

Honor etiam regius, et potestas regali dignitati competens, ... et obtemperantia seniori debita, ... nobis in omnibus et ab omnibus, sicut tempore antecessorum nostro-rum consueverat, exhibeatur. Et si quis quemcumque ... contra hanc pactam sinceritatem aliquid moliri manifesto cognoverit, si eum con-verti nequiverit, aperte ... denotet. Et sic consilio atque auxilio episco-palis auctoritas et fidelium unani-mitas, ut noster honor et potestas inconvulsa permaneat ... procuret.

Quia ... debitum esse cognoscimus ut a quibus honorem suscipimus, eos... honoremus, volumus ut omnes fideles nostri certissimum teneant, neminem cujuslibet ordinis aut dig-nitatis deinceps nostro inconvenienti

« veulent en commun que la loi et la justice soient observées
« par tous, tant rois que sujets. »

« Nos fidèles, disent encore les trois princes, réunis en ce lieu,
« sont convenus en commun, de ces articles, et nous les ont pré-
« sentés par écrit : nous les avons consentis avec eux. Si quel-
« qu'un tente d'enfreindre cet engagement, qu'il soit dénoncé
« publiquement, et que le concert unanime des fidèles pré-
« serve de toute atteinte notre honneur et puissance royale ;
« mais afin que de notre part nous puissions observer cette
« règle plus étroitement, vous-mêmes prendrez soin de la
« conserver ; »

4°. Le capitulaire de Piste en 869, témoigne l'obligation
mutuelle du prince et des sujets, de respecter les lois, et de se
conserver mutuellement les droits que les lois leur ont donnés ;

5°. Par le serment prononcé à son couronnement, Louis-
le-Bègue « promet au peuple de lui conserver les lois établies,
« comme ses prédécesseurs ont arrêté qu'elles s'observeraient
« et se maintiendraient inviolablement ; »

lihita, aut alterius calliditate vel injusta cupiditate, promerito honore debere privari, nisi justitiæ judicio et ratione atque æquitate dictante. Legem vero unicuique competentem, sicut antecessores sui tempore meorum prædecessorum habuerant, in omni dignitate et ordine ... me observaturum perdono.

Quod ut facilius atque obnixius nostra auctoritas valeat observare, omnes sicut in vestra bene memorabili convenientia pepigistis, conservare studebitis. (*Extr. d'un capitulaire de Charles-le-Chauve, de l'an 844, tit. 1, art. 2, 3 et 4. Baluze, t. II, p. 5 et 6.*)

4°. Ut omnes nostri fideles veraciter sint de nobis securi, quia, quantum sciero, et juste ac rationabiliter patuero, Domino adjuvante, unumquemque secundum sui ordinis dignitatem et personam honorare et salvare, ... conservare, volo, ... secundum sibi competentes leges tam mundanas quam ecclesiasticas; ... nullum fidelium nostrorum contra legem et justitiam ... ac justam rationem, aut damnabo, aut dehonorabo, aut op-

primam, aut indebitis machinationibus affligam, et legem, ut prædiximus, unicuique competentem sicut antecessores sui tempore antecessorum meorum habuerunt, in omni dignitate et ordine, adjuvante Domino, conservaturum perdono, duntaxat ... mihi fideles et obedientes, ac veri adjutores atque cooperatores juxta suum ministerium et personam, consilio et auxilio ... secundum Deum ac secundum seculum fuerint, sicut per rectum unusquisque in suo ordine et statu regi suo et suo seniori esse debet. (*Extr. des capitulaires donnés à Piste, l'an 869, tit. 4°, art. 3. Même dispositif à l'art. 3 de l'annonciation du capitulaire de l'an 877, art. 62. Baluze, t. II, p. 209, 210 et 269.*)

5°. Polliceor ... me servaturum leges et statuta populo qui mihi ad regendum misericordia Dei committitur, ... secundum quod prædecessores mei imperatores et reges gestis inseruerunt, et omnino inviolabiliter tenenda et observanda decreverunt. (*Extr. du serment de Louis-le-Bègue, fait l'an 878. Baluze, t. II, p. 273 et 274.*)

6°. D'une lettre d'Hincmar adressée aux grands du royaume, à l'avénement de Louis III; elle développe avec beaucoup de force, les principes de l'obligation commune aux peuples, aux magistrats, aux rois de respecter et de conserver les lois établies par la volonté de tous, ajoutant que « quoique ceux « qui les ont établies, les aient conformées alors à leurs idées « particulières, après qu'elles ont été établies et confirmées, il « ne leur est plus libre de les changer; mais qu'ils doivent s'y « conformer; »

7°. D'une lettre d'Hincmar à Louis III; il rappelle à ce prince dans les termes les plus graves, qu'il a été élu roi par les évêques « et tout le reste des fidèles à condition d'observer « les lois. »

CHAPITRE XXII.

Droit du placité général de concourir avec le roi à l'exercice de la puissance législative.

I. La nécessité de prouver que la puissance législative qui appartenait indivisiblement au roi et au peuple franc, ne s'exerçait jamais ailleurs que dans les placités généraux, oblige à réunir pour ainsi dire en un seul corps, toutes les autorités essentielles à cette preuve et qui se trouvent éparses pour d'autres objets dans le cours de cet ouvrage :

1°. A l'article 1er du chapitre précédent on trouve le décret de Childebert Ier, qui rappelle plusieurs lois convenues

---

6°. Sicut dictum est de legibus ecclesiasticis, quod nulli ... suos liceat canones ignorare, ... ita legibus sacris decretum est, ut leges nescire nulli liceat aut quæ sunt statuta contemnere.... Nulla persona in quocumque ordine mundano excipitur, quæ hac sententia non constringatur: habent enim reges et reipublicæ ministri leges, quibus in quacumque provincia degentes regere debent. Habent capitula christianorum regum ac progenitorum suorum, quæ generali consensu fidelium suorum tenere legaliter promulgaverunt. De quibus beatus Augustinus dicit « quia « licet homines de his judicent,

« quum eas instituunt, tamen quum « fuerint institutæ atque firmatæ, « non licebit judicibus de ipsis judi« care, sed secundum ipsas. » (*Extr. d'une lettre d'Hincmar à l'avénement de Louis III*, tit. 14, chap. 18. OEuvres d'Hincmar, t. II, p. 204.)

7°. Ego cum collegis meis, et ceteris Dei ac progenitorum vestrorum fidelibus, vos elegi ad regimen regni, sub conditione debitas leges servandi. (*Extr. d'une lettre d'Hincmar à Louis III*, chap. 7. OEuvres d'Hincmar, t. II, p. 198.)

I.—1°. Voyez le décret de Childebert II au chapitre précédent, art. Ier, n° 4.

entre tous et qui marque expressément la tenue de quatre différentes « assemblées des calendes, ou du champ de mars, » ou
ces lois furent convenues entre le roi et tous ses sujets;

2°. A l'article II du chapitre précédent, on trouve la
charte, par laquelle Louis-le-Pieux fit le partage de son
royaume à ses fils, émanée du vœu réuni de tout le peuple
assemblé avec le roi, et consacrée par le vœu commun, pour
avoir une autorité générale perpétuelle. Elle est faite « dans le
« placité général de l'an 817. »

Les capitulaires de Charles-le-Chauve, promulgués à Chierci et à Piste, ensemble « avec ses évêques, abbés, comtes,
« grands et le reste des fidèles, par leur conseil et consente-
« ment, » marquent que ces lois émanèrent des placités généraux des années 857, 862, et 864;

3°. L'article III du chapitre précédent offre les sommaires
des anciens manuscrits des capitulaires.

L'intitulé des capitulaires de l'an 803 porte « qu'ils furent
« arrêtés généralement à Worms, confirmés et approuvés par
« tous, pour être tenus pour lois par tous, « et l'exposé chronologique donné ci-dessus montre « que Charlemagne tint cette
« année-là le placité général à Worms. »

L'intitulé des capitulaires de l'an 813, sur les lois salique, allemande et bourguignonne, marque que « ces capi-
« tulaires furent formés par le conseil et consentement des
« évêques, abbés, comtes, ducs, de tous les fidèles de l'é-
« glise chrétienne réunis, souscrits de la main du roi et de
« tous les fidèles au palais d'Aix-la-Chapelle. » On a vu que
« Charlemagne tint l'an 813, le placité général à Aix-la-Cha-
« pelle. »

Le sommaire des capitulaires de Louis-le-Pieux, de l'an
819, marque que « ce fut dans l'assemblée générale de son
« peuple, » que ce prince ajouta des capitulaires à la loi salique.

L'intitulé des capitulaires donnés à Ingelseim, l'an 826,
marque « la réunion de l'autorité apostolique, la sanction
« synodale, et généralement le consentement et l'exhortation

2°. *Voyez* les capitulaires de Louis-
le-Pieux et de Charles-le-Chauve au
chapitre précédent, art. II.

3°. *Voyez* les sommaires contemporains des capitulaires au chapitre
précédent, art. III.

« de tous les clercs et laïques, » pour ce qui fut statué ; on a
vu dans la suite chronologique des placités généraux, que « le
« placité général se tint cette année à Ingelsheim. »

Le sommaire des capitulaires des années 851 et 860 des
trois enfants de Louis-le-Pieux, annonce qu'ils furent convenus et souscrits à Maestricht et à Conflans, entre les princes fils
de Louis-le-Pieux, « les évêques et tous leurs fidèles, pour
« être conservés à perpétuité; » on a vu plus haut qu'il se tint
un placité général à Maestricht, l'an 851, et un autre à Conflans, l'an 860.

Le sommaire des capitulaires de l'an 869 marque qu'ils
furent « dressés par le roi, du conseil et consentement du
« peuple ou des fidèles réunis à Piste, » et nous avons vu
que ce fut un « placité général qui se réunit à Piste cette
« année-là. »

Les sommaires des capitulaires de l'an 873 et de l'an 877
marquent formellement qu'ils « furent établis par le roi avec
« la volonté, le consentement et la confirmation de tous dans
« le placité général de Chierci-sur-Oise ; »

4°. L'article V du chapitre précédent recueille le témoignage des contemporains, et les textes de quelques lois qui
marquent la coopération du roi et du peuple aux actes de législation ; il présente des preuves variées, qui s'appliquent à
l'objet que l'on traite.

La Vie de Louis-le-Pieux par Thégan et la Chronique de
Moissac parlent avec détail « de la grande assemblée des peu-
« ples de tout le royaume au placité général de l'an 813, der-
« nier du règne de Charlemagne, où le prince recueillit avec
« tant d'authenticité les conseils, les voix, le consentement de
« tous ses grands, évêques, abbés, comtes, ducs et de tout son
« peuple, les interrogeant, depuis le plus grand jusqu'au plus
« petit, » et ils montrent que dans cette assemblée on détermina le couronnement de Louis-le-Pieux, et que « l'on ajouta
« quarante-six capitulaires aux lois. »

Hincmar témoigne que ce fut « dans le placité général de
« Worms, que Louis-le-Pieux, en 828, établit des capitu-
« laires, par le vœu des évêques et des autres fidèles. »

4°. *Voyez* les autorités citées au 6, 7, 13, 15, et les deux dernières
chapitre précédent, art. V, n°° 1, 5, autorités du n° 16.

Un capitulaire de Louis-le-Pieux rapporte une demande des évêques pour l'établissement d'une loi ecclésiastique, et le décret de l'empereur sur cette demande; il atteste que la demande des évêques et le décret du prince ont été formés l'un et l'autre, de l'avis et du consentement exprès de tous, au placité général de Thionville, de l'an 822.

Un capitulaire de l'an 829 annonce le projet d'une loi nouvelle, ajoutant que ce ne sera qu'au placité général que le prince pourra en délibérer et l'établir avec ses fidèles.

Le concile de sainte Macre présente au roi une collection qu'il vient de faire de « plusieurs capitulaires établis en lois, « par les rois précédents ; » il ajoute que ce fut « dans les « divers placités, par le conseil des évêques et du reste des « fidèles, » qu'ils reçurent leur sanction.

La préface de Benoît Lévite rendant compte des capitulaires dont l'auteur donne la collection, distingue sous le titre de « grands capitulaires, ceux qui furent publiés dans les divers « placités généraux, approuvés par le consentement de tous « les Francs de l'un et de l'autre ordre d'hommes, et déclare « que ceux-là seuls doivent être tenus pour lois et observés « comme lois. »

Dans le capitulaire de l'an 873, Charles-le-Chauve dit que les Francs jugèrent, « que les capitulaires de son aïeul et de « son père seraient observés et tenus pour lois, » et c'est dans son placité général et par l'ordre de ses fidèles unis au sien, qu'il leur donne cette sanction.

Enfin « le prince ordonne encore l'observation de ses pro- « pres capitulaires ; mais il ajoute qu'ils furent établis, par « le conseil et le consentement des évêques et du reste des « fidèles, dans les divers placités ; »

5°. L'article VI du chapitre précédent présente « la réponse « de Charlemagne à une demande du peuple ; » le prince agrée cette demande, mais déclare qu'il faut attendre la réunion du prochain placité général du printemps pour que cette demande, et tous autres règlements que le peuple jugera à propos d'établir, « soient confirmés, par écrit, par l'avis de tous les fidèles,

5°. *Voyez* les autorités citées au chapitre précédent, art. VI, n°° 1, 4 et 5.

« pour être observés inviolablement dans les temps présents
« et à venir. »

Une lettre des évêques du concile de Paris rappelle une
lettre de Louis-le-Pieux, où ce prince déclare qu'il attend son
placité général pour déterminer les réformes qui conviennent
à l'intérêt commun.

Un écrit des envoyés de Charles-le-Chauve annonce à des
sujets mécontents, « la convocation du placité général de
« Vermerie pour que la convention mutuelle formée par la
« volonté du prince et l'accord de tous les fidèles, soit invio-
« lable et perpétuelle, » et lie également le prince et le
peuple.

II. La preuve que ce fut dans les placités généraux que
s'exerça la plénitude de la puissance législative, se complète
enfin par les autorités qui nous montrent que ce fut dans ces
assemblées, que les princes carliens ajoutèrent des capitulaires
aux lois nationales, pour qu'ils formassent dans la suite une
partie de ces lois :

1°. Le sommaire contemporain d'un capitulaire de l'an
813, déjà cité, marque que « Charlemagne établit des capitu-
« laires sur la loi salique, la loi romaine et la loi gombette,
« dans le palais d'Aix-la-Chapelle, » où l'on sait qu'il tint le
placité général cette année, la dernière de sa vie;

2°. Un capitulaire de l'an 819, marque que « ce fut au
« placité général de cette année, que Louis-le-Pieux ajouta des
« capitulaires à la loi salique. » Un capitulaire de l'année suivante, donné dans le placité général de Piste, de l'an 820,

---

II. — 1°. Voyez le sommaire contemporain d'un capitulaire de Charlemagne au chapitre précédent,
art. III, n° 2.

2°. Hæc capitula domnus Hludouvicus imperator, anno imperii sui
quinto, cum universo cœtu populi
sui in Aquisgrani palatio promulgavit, atque legi salicæ addere præcepit. (Extr. du capitulaire 1 de Louis-
le-Pieux, de l'an 819. Baluze, t. 1,
p. 597 et 598.)

De capitulis præterito anno additis
legi salicæ.

Generaliter omnes admonemus ut
capitula quæ præterito anno legi salicæ

per omnium consensum addenda esse
censuimus, jam non ulterius capitula,
sed tantum lex dicantur, immo pro
lege teneantur. (Extr. d'un capitulaire
de l'an 820, art. 5. Baluze, t. 1,
p. 623 et 624.)

Qua hieme imperator... conventum
publicum populi sui celebravit....
interea capitula quædam legibus
superaddidit, in quibus causæ fo-
renses claudicare videbantur, quæ
hactenus...... pernecessaria servau-
tur. (Extr. de la Vie de Louis-le-
Pieux, par l'Astronome, chap. 32,
année 819. Dom Bouquet, t. VI,
p. 102.)

ordonne « que ces capitulaires ajoutés à la loi, par le consen-
« tement de tous, ne s'appellent plus capitulaires, mais lois,
« et soient tenus pour lois. »

Les écrits de l'Astronome et d'Éginhard, et les Annales de
saint Bertin attestent encore l'addition faite par Louis-le-
Pieux, l'an 819, de plusieurs capitulaires à la loi salique, dans
l'assemblée générale qui se tint cette année-là à Aix-la-Chapelle.

CHAPITRE XXIII.

De la manière dont le roi et le corps du peuple concouraient aux actes législatifs.

I. La preuve de ce qui a été dit sur les principes qui réser-
vaient au monarque seul l'institution et l'initiative des lois, et
qui réduisaient le droit colégislatif du peuple au refus ou à
l'acceptation simple des lois proposées par le roi, se trouve
dans la chaîne des preuves qui ont montré le partage de la puissance législative, dont il suffit de rappeler ici les expressions.

1°. Des notes jointes au décret de Childebert II, portent
que « le roi Clovis établit et retoucha la loi salique ensemble
« avec les Francs; qu'après lui, Childebert II traita avec ses
« Francs pour ajouter à cette loi ce qu'il jugeait convenable. »

Les lois salique et allemande ont été établies par le roi et
ses grands, formant sa cour ou son conseil, avec tout le reste
du peuple, selon qu'il est attesté dans les prologues de ces
deux lois.

Childebert II recueille divers articles dont il compose une
seule loi de concert avec ses grands. Il les publie et promulgue
en son nom comme devant avoir une autorité souveraine.
Aussi le prince indique-t-il à chaque article le lieu et l'assemblée où cet article « a été convenu entre lui et les leudes, par
« tous réunis. »

L'édit de Clotaire II est publié en son nom, confirmé par sa
seule souscription, « pour avoir une autorité perpétuelle, »

Conventus Aquisgrani post Natalem
Domini habitus, in quo... legibus
etiam capitula quædam,...... quia
decrant,... addita sunt. (*Extr. des
Annales d'Éginhard*, année 819,
suivies par les *Annales de saint Bertin*. Dom Bouquet, t. VI, p. 178.

I.—1°. *Voyez* au chapitre XXI de
ce livre, l'art. 1er en entier et les
nos 1 et 4 de l'art. II.

sous la sanction des peines capitales pour le réfractaire ; mais le titre qui fixe le caractère de cette loi est que « la délibération « en a été prise par le roi, avec les évêques, ses grands et les « autres fidèles ou sujets. »

La charte de division de Louis-le-Pieux publiée au nom du prince, est suggérée « par le vœu de tout le peuple ; sur ce vœu « le prince dresse des capitulaires qu'il lui plaît d'examiner « ensuite avec ses fidèles, avant de les faire écrire. »

Les capitulaires de Charles-le-Chauve de l'an 864, sont publiés et établis par lui, « avec le consentement et le conseil « de ses fidèles. »

Ainsi les lois nationales et générales qui nous sont parvenues en entier, appartiennent au roi dans leur conception, leur projet, leur rédaction, leur établissement. Le peuple n'y a concouru que par un consentement, sans lequel elles ne pouvaient obtenir aucune autorité.

2°. Les sommaires des capitulaires des années 803, 813, 819, les supposent « décrétés, établis, promulgués par le roi « et confirmés par le conseil et consentement de tous les fidèles « de l'église chrétienne, avec l'assemblée générale ; aussi se-« ront-ils tenus pour lois par tous et ne pourront plus s'appeler « capitulaires, mais lois. » De même les sommaires des capitulaires des années 826, 851, 869, 873, 877, les présentent comme émanés des rois, propres aux rois, « faits par eux, « établis par eux, d'après l'avis, le conseil, le consentement, « la volonté de tous leurs fidèles aux placités généraux. »

Les sommaires dont il s'agit appartiennent presque tous à des contemporains, ils sont sans uniformité, pleins d'imperfections, et ne peuvent s'accorder dans leurs définitions que sur les principes notoires et invariables.

3°. « Nous avons ordonné par le conseil général de nos « évêques et du reste de nos fidèles ; il nous a paru convena-« ble d'établir ; nous voulons, nous ordonnons que tous ceux « de notre puissance tiennent pour loi, telle sentence que nous « avons placée entre nos capitulaires, par le conseil de tous nos « fidèles. » C'est par ces expressions que les textes extraits du

2°. *Voyez* au chapitre XXI de ce livre, l'art. III.

3°. *Voyez* au même chapitre, l'art. IV.

corps des capitulaires, unissent le droit d'institution du roi, au droit de consentir du peuple. On voit encore des dispositions partielles, intimer au nom des rois l'observation de certains statuts qui ont été établis par eux, dressés ou renouvelés « par « leur autorité, sur l'avis commun, le consentement, l'exhor- « tation de tous les fidèles, de tous les peuples de l'empire ; » enfin les capitulaires que Charles-le-Chauve donna à Verberie l'an 853, avaient bien été rédigés sous l'autorité du roi sans le concours du peuple, puisqu'il les fit relire devant les fidèles, afin d'obtenir leur consentement.

4°. Après les textes des lois, le témoignage des historiens se présente. Thégan et un autre contemporain nous montrent Charlemagne qui ayant tout réglé avec ses grands ou sa cour sur sa succession, ayant de plus préparé quarante-six capitu- laires sur divers objets, présente son travail à tout le peuple, « interrogeant depuis le plus petit jusqu'au plus grand, et re- « cueillant leur agrément, leur applaudissement, leur consen- « tement général. »

Agobard et Paschase Radbert distinguent précisément « la « volonté et la puissance du roi Louis-le-Pieux, qui a pro- « noncé sur sa succession, et le consentement, la volonté de « tout l'empire qui l'a ratifié. » Lorsque Lothaire réclame les droits qu'il a acquis par cet acte, il l'attribue « d'abord à la « volonté du roi, ensuite à celle de tout le peuple. » Éginhard présente cet acte dans le même sens.

Quand Hincmar et les évêques de France citent et rappel- lent certains capitulaires ecclésiastiques, ils les attribuent aux princes « qui les ont faits, décernés, établis, confirmés, pu- « bliés par l'avis des évêques, » mais il ajoute « qu'ils ont été « confirmés par le consentement des fidèles, par l'unanimité « des vœux de tous, leur avis, leur conseil. »

La préface de la collection de Benoît Lévite présente ses capitulaires comme propres aux rois, mais « approuvés par le « consentement de tous les Francs ; » et c'est dans des termes de la même valeur, que Charles-le-Chauve parle des capitulaires de ses ancêtres et des siens mêmes.

4°. *Voyez* au chapitre XXI de ce livre, art. V, les six premiers numé- ros et les n°° 15 et 17.

Voyez enfin à l'art. VI, le n° 5.

Enfin les expressions d'Hincmar et celles de l'édit de Piste peuvent être reçues comme définition exacte de l'action colégislative combinée du roi et du peuple. « Les rois érigèrent les « capitulaires en loi, par le consentement général de leurs « fidèles : la loi se fait par le consentement du peuple et la « constitution du roi. »

II. La preuve de ce qui a été dit sur le droit de pétition du peuple qui n'altérait point le droit du roi de composer, rédiger, instituer en son nom la loi proposée, résulte :

1°. De la requête du peuple à Charlemagne déjà citée ; c'est une supplication instante « pour que les évêques ne soient plus « exposés aux dangers de la guerre. » Le peuple désire une loi qui opère ce changement, il demande « qu'elle soit mise au « nombre des capitulaires du roi, » mais il n'essaie pas d'en suggérer ni d'en tracer les dispositions.

Le prince répond avec affection et bienveillance, « qu'il « est disposé à accorder à son peuple, non-seulement ces rè- « glements, mais tous ceux que ce peuple croira à propos « d'établir, » s'il y voit l'avantage commun ; il promet « qu'à « son prochain placité général, les règlements que le peuple « vient de demander, seront confirmés par écrit par le conseil « général de ses fidèles, » qui opineront encore sur la rédaction.

2°. De la charte de division de Louis-le-Pieux, de l'an 817. Le prince y déclare lui-même, « que ses fidèles l'engagèrent « à traiter de l'état de son empire et de sa succession pendant « qu'il était encore en santé, et que son vœu s'accorda au leur : » le prince, en conséquence, arrête des capitulaires, les examine avec ses fidèles, les fait écrire, les confirme de sa souscription, parce qu'ils « sont faits d'un vœu commun et par tous ; »

3°. D'un capitulaire du même prince de l'an 822. On y voit le droit de pétition exercé par les évêques sur des matières ecclésiastiques ; ils demandent que « si tels règlements « plaisent au prince et aux autres fidèles, ils soient approuvés « et souscrits. » Le décret du prince différé jusqu'à l'année

---

II. — 1°. *Voyez* au chap. XXI de ce livre, l'art. VI, n° 1.

2°. *Voyez* au même chapitre, l'art. II, n° 1.

3°. *Voyez* au même chapitre, l'art. V, n° 6.

suivante est ainsi énoncé : « il a plu à nous et à nos fidèles,
« comme les évêques nous le demandèrent. » Il énonce ensuite
un nouvel article « qu'il a ajouté de lui-même, » et conclut
en pleine assemblée : « si vous tous approuvez ces règlements,
« dites-le, et tous s'écrient par trois fois, nous les approuvons. »

On verra au chapitre suivant, dans les textes d'Hincmar
de Reims, que le prince faisait examiner, travailler, rédiger
sous ses yeux « les projets de lois qui lui avaient été présentés
« par l'assemblée, » aussi bien que ceux qu'il se destinait à lui
proposer, et que les rédactions des uns et des autres étaient
un travail à part qui précédait les délibérations définitives de
l'assemblée.

CHAPITRE XXIV.

De la forme des délibérations aux placités généraux.

I. La preuve de l'existence, de la composition et des fonctions de la cour royale, étant réservée à une autre partie de
cet ouvrage, on ne donne ici que la preuve relative aux conseillers du roi, qui faisaient partie des grands, et qui toujours
attachés à la personne du prince, traitaient avec le roi des plus
importantes affaires de l'état. Cette preuve résulte :

1°. Des actes du concile de sainte Macre ; ils marquent que
« Charlemagne avait toujours auprès de lui trois de ses prin-
« cipaux conseillers, » et traitait avec eux des principales
affaires du royaume ;

2°. D'un capitulaire de Charlemagne ; il témoigne que ce
prince « avait pris l'avis de tous ses conseillers » sur ce capitulaire ;

I.—1°. Nullo unquam tempore sine
tribus de sapientioribus et eminen-
tioribus consiliariis suis esse patieba-
tur :... ut eis possibile foret, secum
habebat, et quæ sive in die, sive in
nocte, de utilitate sanctæ ecclesiæ,
et de profectu ac soliditate regni me-
ditabatur, in... tabulis adnotabat, et
cum iisdem consiliariis, quos secum
habebat, inde tractabat. (*Extr. des
actes du concile de sainte Macre, de
l'an 881, chap. 8. D. Bouquet, t. IX,
p. 307.*)

2°. Nostrorum episcoporum omnium, cæterorumque sacerdotum ac
levitarum... consensu, atque reliquorum fidelium et cunctorum consilia-
riorum nostrorum consulta definitum
est, vobis omnibus... scire volumus.
(*Extr. d'un capitulaire de Charlemagne, de la collection de Benoît Lévite,
liv. v. art. 36.* Même dispositif au
capitulaire 7 de l'an 803. Baluze, t. I,
p. 832 et 383, et à la *lettre 48 d'Hincmar.* Œuvres d'Hincmar, t. II, p. 783.)

3°. D'un texte d'Hincmar ; il dit que l'abbé « Adalard, pro-
« che parent de Charlemagne, était le premier entre les prin-
« cipaux conseillers de ce prince; »

4°. Des écrits de Paschase Radbert ; il appelle « l'abbé Vala
« un des conseillers et sénateurs du palais et du royaume ; »

5°. De l'ouvrage d'Hincmar sur l'ordre du sacré palais ; il
témoigne l'existence des conseillers du roi, clercs et laïques,
choisis parmi les hommes qui avaient le plus d'expérience des
affaires, et parmi les grands ; il fait voir que ces conseillers
étaient convoqués aux placités généraux.

II. Les idées générales, que l'on a données dans ce chapitre sur les formes des délibérations des placités généraux,
sont tirées presque littéralement des textes d'Hincmar ; ces
textes présentent d'autres détails qui n'entrent pas dans la
preuve, et qu'on ne peut en séparer, mais dont on doit prévenir la fausse interprétation.

3°. Adalbardum senem et sapientem
...Caroli magni imperatoris propinquum, et monasterii Corbeiæ abbatem, inter primos consiliarios primum
in adolescentia mea vidi. (*Extr. d'une
lettre d'Hincmar sur l'ordre du sacré
palais*, chap. 12. OEuvres d'Hincmar,
t. II, p. 206.)

4°. Rectoris officium... suscepit,...
consiliarius totius imperii una cum
cæteris prælectis constitutus... Est
ordinatus senator... cum aliis... palatii
vel regni senatoribus, ut consilium
daret de singulis. (*Extr. de la Vie de
Vala, par Paschase Radbert.* Actes
des Saints de l'ordre de saint Benoît,
quatrième siècle, première partie,
liv. II, p. 509.)

5°. Consiliarii... quantum possibile
erat, tam clerici quam laici, tales
eligebantur, qui... secundum... quisque... ministerium Deum timerent.

Apocrisiarius autem, id est, capel-
lanus, vel palatii custos, et camerarius
semper intererant. Et idcirco cum
summo studio tales eligebantur, aut
electi instruebantur, qui merito interesse potuissent. (*Extr. de l'ouvrage
d'Hincmar sur l'ordre du sacré palais*,
chap. 31 et 32. OEuvres d'Hincmar,
t. II, p. 212 et 213.)

Consuetudo tunc temporis talis
erat, ut... bis in anno, placita duo
tenerentur. Unum quando ordinabatur status totius regni ad anni vertentis spatium... In quo placito generalitas universorum majorum, tam
clericorum quam laicorum, conveniebat.

Propter dona generaliter danda,
aliud placitum cum senioribus tantum et præcipuis consiliariis habebatur. (*Extr. des OEuvres d'Hincmar*, chap. 29 et 30, t. II, p. 211.)

II. — 1°. Proceres... sive in hoc sive
in illo... placito, quin et primi senatores regni, ne quasi sine causa con-
vocari viderentur,... auctoritate regia
per denominata et ordinata capitula,
quæ vel ab ipso... inventa, vel undique
sibi nuntiata post eorum abscessum...
fuerant, eis... ad considerandum pote
facta sunt... Interdum die uno, interdum biduo, interdum etiam triduo,
vel amplius, prout rerum pondus
expetebat, accepto,... tam diu... nullo
extraneo appropinquante, donec res
singulæ ad effectum perductæ... principis... obtutibus exponerentur, et
quicquid... sapientia ejus eligeret,
omnes sequerentur. Ecce sicut de uno,
ita de duobus, vel quotquot essent
capitulis agebatur, quousque omnia
...necessaria expolirentur.

Interim vero, quo hæc in regis
absentia agebantur, ipse princeps
reliquæ multitudini... occupatus erat:
ita tamen, ut quotienscumque segre-

Hincmar suppose dans nos antiques placités généraux, la séparation des grands d'avec le reste du peuple dans certaines circonstances, et ensuite, la subdivision des grands ecclésiastiques et laïques entre eux : en voilà assez pour fournir un prétexte aux enthousiastes du système de la représentation anglaise, qui supposeront deux chambres au placité général; en voilà assez pour surprendre les publicistes plus versés dans l'histoire politique de la troisième race, que des deux premières, qui cherchent, avant le neuvième siècle, la distinction des trois ordres qui ne s'est établie que plus tard.

Mais on doit remarquer qu'Hincmar considère d'abord « les « grands avec les sénateurs du royaume » dans le placité général: « ils n'y sont pas convoqués sans cause, » ils y ont une fonction particulière. Tous les projets dont le roi doit s'occuper avec l'assemblée sont remis à ces grands et à ces sénateurs, pour qu'ils les examinent mûrement, « sans qu'aucun étran- « ger les approche, jusqu'à ce que chaque affaire traitée ait été « remise sous les yeux du roi. »

Cette assemblée des sénateurs et des grands ne délibère pas; elle travaille et ne travaille que pour le roi, elle fait l'unique office de conseil ou de bureau : les résultats de son travail sont la matière des délibérations que le roi doit proposer à l'assemblée générale.

Telle est la manière de procéder, pour laquelle « il est « nécessaire qu'il y ait des lieux distingués où les grands et

gatorum voluntas esset, ad eos veniret, similiter quoque quanto spatio voluissent cum eis consisteret...

Sed nec illud prætermittendum, quomodo si tempus serenum erat, extra, sin autem, intra, diversa loca distincta erant, ubi et hi abundanter segregati semotim, et cetera multitudo separatim residere potuissent... Quæ utraque tamen seniorum susceptacula sic in duobus divisa erant, ut primo omnes episcopi, abbates vel hujusmodi honorificentiores clerici, absque ulla laicorum commixtione congregarentur. Similiter comites, vel hujusmodi principes sibimet honorificabiliter a cetera multitudine primo mane segregarentur, quousque tempus, sive presente sive absente rege, occur-

rerent : et tunc prædicti seniores more solito, clerici ad suam, laici vero ad suam constitutam curiam, subselliis similiter honorificabiliter præparatis, convocarentur. Qui quam separati a ceteris essent, in eorum manebat potestate, quando simul, vel quando separati resident, prout eos tractandæ causæ qualitas docebat... Similiter, si propter quamlibet vescendi vel investigandi causam quemcumque convocare voluissent, et re comperta discederet, in eorum voluntate manebat. Hæc interim de his, quæ eis a rege ad tractandum proponebantur. (*Extr. de l'ouvrage d'Hincmar sur l'ordre du sacré palais, chap. 34 et 35. OEuvres d'Hincmar, t. II, p. 214 et 215.*)

« les sénateurs puissent se séparer de la multitude; » mais il
faut remarquer encore que dans le lieu qui réunit tous les
grands et les sénateurs, il y a une séparation ménagée, où les
grands ecclésiastiques peuvent se retirer, pour discuter à part
des grands laïques et des sénateurs du royaume, quand il s'agit
de matières ecclésiastiques sur lesquelles la sanction particulière du corps épiscopal est nécessaire.

Hincmar dit nettement « qu'il est à la disposition des grands
« ecclésiastiques et laïques, » dans le lieu de leur travail préalable, « d'être divisés ou d'être ensemble, que cela se décide,
« selon que la nature des affaires le demande, » c'est-à-dire
que les grands ecclésiastiques et laïques ne cessent de former
un seul conseil, qu'à raison de leur compétence différente sur
certains points, et que leur séparation est accidentelle et non
nécessaire et soutenue.

L'ouvrage d'Hincmar n'a pour objet que l'ordre du palais
ou de la cour royale; il ne suit que les opérations de cette cour
au placité général, et quand il a détaillé ses fonctions particulières, il s'arrête, et ne nous montre point les délibérations
définitives du corps du peuple sur les projets que la cour royale
a dû préparer avec le roi. Cependant avant de quitter son
sujet, il nous fait très-bien entendre, que les grands qui tra-
vaillaient à part avant les délibérations du placité général,
n'étaient pas toujours séparés de la multitude, puisqu'au lieu
de dire expressément : les grands et la multitude résidaient
séparément, il dit : « les lieux étaient ménagés de manière que
« les grands et la multitude pouvaient résider séparément : »
et qu'il ajoute, relativement aux séances successives : « les
« grands se séparaient de grand matin de la multitude pour
« leur travail de bureau, jusqu'au temps, jusqu'à l'heure où
« ils s'y réunissaient et venaient avec ou sans le roi, aux places
« qui leur étaient destinées, s'asseoir sur les siéges qui leur
« avaient été préparés par honneur. »

Voilà donc les membres de la cour royale, que l'évêque Hincmar appelle le palais, remplissant ensemble auprès du roi, dans
l'assemblée générale, les fonctions d'assistance et de conseil,
qui leur étaient propres en tout temps; ce n'est que par exception, « et quand la nature des affaires le demande, » que le
corps ecclésiastique compris dans ce conseil, travaille à part;

ce conseil prépare les délibérations et ne les forme pas, puisque aussitôt son travail achevé, les membres du conseil se réunissent au corps du placité général. Comme les évêques, les officiers du palais, les sénateurs du royaume, les comtes, les autres grands ont des prééminences, ils ont « des places « destinées, des sièges préparés par honneur; » mais il n'y a qu'un seul et même lieu, pour renfermer ces grands tant ecclésiastiques que laïques et la multitude des hommes libres.

III. La preuve que les délibérations définitives des placités généraux émanaient de tous les membres de ces assemblées, et non pas du concours des suffrages séparés et distincts des grands et des simples citoyens, résulte de plusieurs autorités déjà citées.

1°. Grégoire de Tours et les autres historiens de la première race, nous montrent que le peuple approuva sur-le-champ, par acclamation, dans un même lieu, la proposition que lui fit Clovis d'embrasser la foi chrétienne; ils ne marquent point de distinction de voix entre les grands et les simples citoyens;

2°. Grégoire de Tours dit que tous les Francs, convoqués par Thierri, approuvèrent d'une voix unanime le projet de ce prince de faire la guerre aux Thuringiens;

3°. Le décret de Childebert, rappelant les délibérations des assemblées des calendes de mars, marque qu'elles furent prises « par tous, ensemble avec les grands; » il dit en particulier de celles qui furent prises à Cologne : « il a été convenu par nous « tous assemblés; »

4°. La requête du peuple à Charlemagne est présentée au nom « de tout le peuple, » et non pas séparément, au nom des grands et des simples citoyens qui formaient le peuple;

5°. C'est le vœu du peuple en corps, et non point le vœu distinct de chacune des classes qui le composent, que Charlemagne déclare qu'il faut interroger sur les nouveaux capitulaires;

6°. Les Annales de Loisel, les Annales de saint Bertin,

III. Pour les n°° 1, 2 et 3 de cet article, voyez les autorités citées au chap. XVI, art. 1, n°° 2, 3 et 5.

4°. *Voyez* la requête du peuple à Charlemagne au chap. XXI, art. VI, n° 1.

5°. *Voyez* un capitulaire de Charlemagne de l'an 803, au chap. XXI, art. VI, n° 2, seconde autorité.

6°. *Voyez* les écrits des Annalistes sur le placité général de l'an 788, au chap. XVI, art. V, n° 15.

et les Annales d'Éginhard témoignent que les citoyens rassemblés au placité général de l'an 788, déclarèrent tous unanimement que Tassillon était digne de mort ;

7°. Les écrits de Thégan et la Chronique de Moissac attestent qu'au placité général de l'an 813, où Charlemagne transmit la couronne à son fils, et fit recevoir des lois nouvelles, il interrogea « tous depuis le plus grand jusqu'au plus petit, et « que le consentement et l'acclamation de tous » sans distinction d'aucun ordre, décida de toutes les propositions ;

8°. Les capitulaires de Louis-le-Pieux marquent que l'assemblée générale du peuple et le consentement de tous, fit ajouter des capitulaires aux lois ; ils ne marquent aucune distinction d'ordre ;

9°. La charte de partage de Louis-le-Pieux est admise par le vœu commun des sujets, de tout ordre, sans aucune distinction de voix.

10°. Un capitulaire que Charles-le-Chauve donna à Verberie, fut reçu par l'ensemble des fidèles, qui « l'approuvèrent « tous d'une voix ; »

11°. Et enfin le capitulaire de Chierci, de l'an 857, après avoir marqué la délibération des évêques et de tous les fidèles, exprime dans la détermination, l'accord individuel de tous.

Nota. Il est des monuments dont la forme ou l'expression pourrait présenter une apparence de contradiction avec les preuves qu'on vient d'établir ; mais la plus simple critique en fixe le sens.

Les lois qui font mention expresse du consentement des évêques, sont celles qui portent sur des matières ecclésiastiques, où ils ont ajouté le vœu distinct de l'église gallicane au vœu de la puissance temporelle ; si l'on isolait ces textes, il faudrait encore y trouver un *veto* attribué au corps des grands, pour en induire quelque chose, mais on ne l'y trouve pas.

Il est aussi des textes qui font mention distincte du consen-

---

7°. *Voyez* les récits de Thégan, et la Chronique de Moissac au chap. XXI, art. V, n° 1.

8°. *Voyez* les capitulaires de Louis-le-Pieux au chap. XXII, art. II, n° 2.

9°. *Voyez* la charte de Louis-le-Pieux, au chap. XXI, art. II, n° 1.

10°. *Voyez* un capitulaire de Charles-le-Chauve, donné à Verberie, au chap. XXI, art. IV, n° 7.

11°. *Voyez* un capitulaire de Charles-le-Chauve au chap. XXI, art. II, n° 2.

tement des évêques et abbés, des grands laïques, du reste du peuple, et leurs expressions suffiraient à peine pour donner l'indice des trois ordres et de leur *veto*; mais qu'on fasse attention à la nature des textes dont il s'agit, on verra qu'ils appartiennent aux historiens, ou aux éditeurs qui ont ajouté des sommaires aux capitulaires; ce sont des contemporains, des témoins qui récitant ou rapportant ce qui s'est passé sous leurs yeux, le rapportent dans le détail et dans l'ordre où ils l'ont vu. Ils ont vu dans l'énonciation des voix individuelles, les hommes les plus élevés par leur dignité parler les premiers, les évêques avant les grands laïques, les grands avant les simples citoyens. Enfin on doit observer que ce sont les textes mêmes des lois et des actes législatifs, qui tous d'accord et sans équivoque, attribuent la voix colégislative au peuple, à tout le peuple, aux fidèles, à tous les fidèles, aux Francs, à tous les Francs, sans jamais admettre l'idée de délibérations partagées par chambres, par états ou par ordres.

CHAPITRE XXV.

Conclusion de ce livre.

Ce chapitre n'exige pas de preuves.

●

DISCUSSION

Sur deux capitulaires qui présentent quelques obscurités, et n'ont pas été admis dans le corps des preuves que nous avons offertes sur le partage de la puissance législative dans l'empire franc.

Un capitulaire vraiment législatif de Louis-le-Pieux donné l'an 816; un capitulaire également législatif de Charles-le-Chauve de l'an 844, qui nous sont parvenus en entier, ne portant pas avec eux une preuve assez sensible qu'ils ont été consentis par le corps du peuple, n'ont point été admis parmi les preuves qui établissent le partage de la puissance législative.

Nous ne laisserons point passer sans discuter leur véritable sens, ces deux autorités importantes, qui, mal interprétées, pourraient être opposées à nos principes, et qui bien approfondies, ne peuvent que les fortifier.

I. Observation sur le capitulaire de l'an 816.

Le préambule du capitulaire de l'an 816, porte que Louis-le-Pieux « ayant mandé devant lui quelques évêques, abbés, « chanoines, moines et fidèles, s'est appliqué à chercher, par « leurs avis et sages informations, ce qui convenait à chaque « ordre; » il reprend ensuite et dit « qu'ayant fait sur tout cela, « par le conseil de ses fidèles, ce que Dieu lui a permis de « faire, ayant eu soin de délibérer de ce qui convient à chaque « ordre par le vœu commun et le consentement commun, il « proclame comme loi ce qui a été convenu. » Les premières expressions du capitulaire de Louis-le-Pieux ne présentent point l'idée de la réunion du peuple et du prince, pour la consécration de la loi, elles ne l'excluent pas non plus; le prince a consulté quelques-uns de ses fidèles sur les articles d'une loi. Il reste à savoir comment cette loi a été mise au rang des lois; la suite du texte nous l'apprend. Après que Louis-le-Pieux a travaillé avec quelques grands choisis, sur des règlements projetés, il a délibéré, et par un vœu commun et un consentement commun, il a proclamé des lois. Voilà, ce semble, le sens le plus naturel du texte; mais s'il lui reste quelque obscurité, d'autres textes plus précis s'offrent pour l'interpréter.

I. Notum sit omnibus fidelibus sanctæ Dei ecclesiæ nostrisque... quia ... quarto anno imperii nostri, accersitis nonnullis episcopis, abbatibus, canonicis, et monachis, et fidelibus, oblatibus nostris, studuimus eorum consulta sagacissima investigare inquisitione, qualiter unicuique ordini, ... juxta quod ratio dictabat et facultas suppetebat ... consuleremus.... Sed qualiter de his, ... consultu fidelium, ... licet ... quantum a Deo posse accepimus, egerimus, et quid unicuique ordini, communi voto communique consensu, consulere studuerimus, ita ut quid canonicis proprie de his, quidve monachis observandum quid etiam in legibus mundanis, quid quoque in capitulis inserendum foret, adnotaverimus, et singulis singula observanda contraderemus, tamen ut ... inviolabiliter ... conservarentur, libuit nobis ea quæ gesta sunt ... in publico archivo recondere.

Operæ pretium duximus ... apud sacrum conventum ex dictis sanctorum patrum ... quosdam ... flosculos carpendo, in unam regulam canonicorum et canonicarum congerere.... Statuimus ut ab omnibus in eadem professione degentibus ... observetur. (*Extr. d'un capitulaire de l'an 816, prologue et art. 3. Baluze, t. I, p. 562, 563 et 566.*)

Imperator generalem habuit conventum Aquisgrani.... Congregatis enim episcopis, nobilissimoque sanctæ ecclesiæ clero, fecit componi ... librum canonicæ vitæ normam gestantem.... Quem librum per omnes civitates et monasteria canonici ordinis sui imperii misit per manus missorum. (*Extr. de la Vie de Louis-*

Les articles 3, 6 et 10 du capitulaire de l'an 816, portèrent des règlements nouveaux qui eurent leur effet; ces règlements sont rappelés par un auteur contemporain comme ayant été publiés au placité général tenu à Aix-la-Chapelle l'an 816; on a assez fortement établi que c'était la voix du peuple en corps qui s'unissait à celle du prince, aux placités généraux : tous doutes sont donc écartés sur l'autorité qui donna la sanction au capitulaire de l'an 816, et l'on peut lui donner rang parmi les monuments qui prouvent le concours du prince et du peuple à l'exercice de la puissance législative.

II. Observation sur l'autorité d'un capitulaire de l'an 844.

Le sommaire contemporain des capitulaires de l'an 844, porte que « ces capitulaires furent faits dans l'assemblée géné- « rale qui se tint à Cologne, et confirmés par la souscription « du roi, des évêques, du reste des fidèles de Dieu, du con- « sentement de Warin et des autres grands. »

Le capitulaire de l'an 844, porte encore dans son préam- bule, que les fidèles « s'assemblant, tant ceux du vénérable « ordre du clergé, que les hommes illustres établis dans le no- « ble habit laïque, présentèrent au roi une convention unanime- « ment formée par leur assemblée, qu'il s'obligea d'observer, « et que le conseil commun ordonna qu'elle serait souscrite « par tous. »

Ces expressions sont obscures : « les hommes illustres éta- « blis dans le noble habit laïque; » pour en découvrir le sens, il faut les rapprocher de celles qui sont plus précises et qui les

---

le-Pieux, par l'Astronome, chap. 28, année 817. D. Bouquet, t. VI, p. 100.)
De ordinatione servorum.
Statutum est nullus episcoporum deinceps eos ad sacros ordines pro- movere præsumat, nisi prius a do- minis propriis libertatem consecuti fuerint. (Extr. de l'art. 6 du capitu- laire de l'an 816. Baluze, t. I, p. 564.)
Considerans ... imperator non de- bere Christi ministros obnoxios esse humanæ servituti ... statuit ut qui- cumque ex servitii conditione ... ad ministerium assisterentur altaris, pri- mum manumittantur a propriis do- minis. (Extr. de la Vie de Louis-le- Pieux, par l'Astronome, chap. 28,

année 817. D. Bouquet, t. VI, p. 100 et 101.)
Statutum est unicuique ecclesiæ unus mansus integer ... adtribuatur. (Extr. de l'art. 10 du capitulaire de l'an 816. Baluze, t. I, p. 565.)
Volens unamquamque ecclesiam habere proprios sumptus, ... inseruit prædicto edicto, ut super singulas ecclesias mansus tribueretur unus cum pensione legitima et servo atque ancilla. (Extr. de la Vie de Louis- le-Pieux, par l'Astronome, chap. 28, année 817. D. Bouquet, t. VI, p. 101.)
II. Capitula quæ acta sunt anno quarto regni ... Karoli gloriosi regis ... in conventu habito in villa quæ

précédent; il faut les comparer à celles qui furent usitées dans le style ordinaire des monuments du même genre à pareille époque, ces capitulaires « furent confirmés par la souscription « du roi, des évêques et du reste des fidèles, du consentement « de Warin et des autres grands, » est-il dit dans le sommaire des capitulaires.

« Les fidèles s'assemblant, » est-il dit dans le préambule.

On doit s'arrêter à ces énoncés formels. Le sommaire distingue précisément le clergé, le peuple, les grands : le préambule les désigne confusément sous le titre de fidèles; la réunion des fidèles signifie la réunion du peuple; le peuple signifie l'ordre ecclésiastique et l'ordre laïque.

C'est par des termes absolument généraux que Charles-le-Chauve distingue ensuite tous les fidèles ou sujets de l'ordre du clergé.

Par des termes aussi généraux, mais singuliers et inusités, il distingue les fidèles ou sujets de l'ordre laïque; « les hommes « établis dans le noble habit laïque, » sont littéralement tous ceux qui ne portent pas l'habit de clerc.

On a pu observer dans tous les écrits de Charles-le-Chauve, qu'il marque par une espèce d'emphase, l'honneur qu'il porte à son peuple, et qu'il ne mesure pas ses expressions. Charles-le-Chauve rend ici les mots « hommes illustres » génériques, en les appliquant à tous; ils n'étaient pas génériques, et désignaient une classe de grands; nous le montrerons dans la suite.

Essaierait-on de rendre ici aux mots « hommes illustres » le sens le plus littéral, en les traduisant par grands? ce qui précède démentirait cette interprétation : il s'agit de l'assemblée

dicitur Colonia : quæ etiam subscriptione ejusdem principis et episcoporum, ac cæterorum fidelium Dei confirmata fuere, consensu Warini et aliorum optimatum.

Venientes in unum fideles nostri, tam in venerabili ordine clericali, quam et inlustres viri in nobili laicali habitu constituti ... conventu unanimiter ... perpetrato, nostræ mansuetudini suam ... actionem suggesserunt. Nos autem ... nostram potestatem eorum ... convenientiæ ... sociam et comitem fore ... spopondi-

mus.... Qua de re communiter inito consilio, hoc scriptum fieri proposuimus, quod etiam manuum omnium nostrorum subscriptione roborandum decrevimus. (*Extr. du capitulaire de l'an 844, tit. 1, préface.* Baluze, t. II, p. 2 et 3.)

Voyez les représentations des évêques assemblés à Boneuil et les écrits d'Hincmar, au chap. XXI, art. V, n° 8 et 9.

Voyez les capitulaires de Charles-le-Chauve, au même article, n° 16.

I.

41

de tous les fidèles ; ce qui suit la contredirait également :
l'habit laïque est l'habit de tous ceux qui ne sont pas clercs.

Ne pouvant cependant donner de la clarté à des expressions
obscures en elles-mêmes, il convient d'appeler d'autres témoignages qui nous puissent attester ce que Charles-le-Chauve
voulut exprimer quand il parla de l'assemblée de tous ses fidèles à Cologne, et des classes qui la composaient.

Les évêques du concile de Bonneuil mettent le capitulaire
de Cologne, au rang de ceux que Charles-le-Chauve a établis
avec le consentement des évêques et du reste de ses fidèles.

Charles-le-Chauve a déclaré lui-même, vers la fin de son
règne, que tous les capitulaires qu'il a établis dans ses placités, l'ont été avec le consentement des évêques et du reste de
ses fidèles.

D'après ces autorités on peut supposer que le placité général
qui dut avoir lieu l'an 844, en vertu de l'usage annuel, fut au
nombre de ceux que les contemporains ont oubliés, d'autant
qu'il y a eu des capitulaires promulgués dans cette année.
Quant aux capitulaires en eux-mêmes, on doit toujours reconnaître qu'ils rentrent plutôt dans la preuve du concours du
prince et du peuple à l'exercice de la puissance législative,
qu'ils ne sont susceptibles de la contredire par l'incertitude de
leurs expressions.

III. Éclaircissement sur quelques édits et un capitulaire qui pourraient être
envisagés comme contradictoires aux principes établis ici sur le partage de
la puissance législative.

L'édit de Gontran ordonne généralement aux évêques l'observation des lois et de la justice : il veut que les peines cano-
niques et les peines légales répriment les coupables, et n'ordonne rien de particulier ni de nouveau.

L'édit de Pépin, maire du palais, porte que ceux qui violeront quelques-unes de ses dispositions seront sujets, selon la
nature des infractions, aux peines établies par les lois ; cet
édit n'ordonne que ce que les lois avaient déjà ordonné sous la
sanction de diverses peines.

L'édit de Charlemagne, de l'an 801, dit que ceux qui vio-

III. Cet article n'exige point de preuves.

leront les ordres qu'il contient, seront cités devant le prince, et punis selon les capitulaires établis l'année précédente : il ne fait que rapporter ce que ces capitulaires mêmes avaient ordonné sous des peines exprimées.

Enfin un édit de Charles-le-Chauve, de l'an 873, ordonne l'exécution des lois établies contre les colons qui décrient la monnaie du prince, et déclare lui-même qu'il n'établit point de règles nouvelles.

Ces divers édits furent autant d'actes de la puissance exécutrice qui maintient les lois; puissance bien différente de celle qui les crée; puissance qui appartient toujours aux rois dans la monarchie française.

Après les monuments qui viennent d'être cités et discutés ici, il peut en exister d'autres de la même nature, il peut même s'en découvrir qui nous sont échappés, et l'on doit mettre les principes de cet ouvrage à l'abri des arguments que l'on pourrait tirer de ces contradictions ou apparentes ou réelles.

Pour pouvoir tirer d'un acte quelconque émané du roi sans le concours du peuple, un argument valable contre le droit co-législatif du peuple, il faudrait démontrer qu'un tel acte eut un effet législatif, que l'édit, ordonnance, diplôme, ou capitulaire, porta une loi nouvelle, et que cette loi fut reconnue pour loi, par tous les membres de l'état, en vertu de la seule sanction que lui donna l'autorité royale; un acte de cette nature produirait une contradiction réelle avec les principes généraux du droit public primitif de la monarchie; il ne l'annulerait pourtant pas : un acte de cette nature indiquerait la violation et non la destruction du droit primitif, et toutes les conséquences que l'on en pourrait tirer, disparaîtraient devant le grand nombre d'autorités décisives, qui ont établi, par le droit et par le fait, la puissance législative du peuple et l'exercice constant de cette puissance dans les placités généraux, depuis le commencement de la première race jusqu'à la fin du règne de Charles-le-Chauve.

Enfin aucun acte particulier ne saurait élever un doute plausible sur la réalité du droit du peuple, de concourir à la législation, étant rapproché des capitulaires qui renferment l'aveu exprès de ce droit de la part des monarques carliens.

IV. Éclaircissement sur les dispositifs de diverses lois.

Plusieurs dispositifs des lois des deux premières races, qui nous sont parvenues en entier, paraissent l'ouvrage du roi seul ; d'autres paraissent le fruit de la seule délibération du placité général.

« Il a été convenu par nous tous assemblés, » porte l'article 4 du décret de Childebert II.

« Nous ordonnons d'observer, » porte l'article 5 du même décret.

« Il a été convenu ensemble avec nos leudes, » porte l'article 2 de ce même décret.

« Nous ordonnons d'observer, » porte l'article 7.

Les articles des capitulaires de l'an 817 s'énoncent tous de cette sorte : « Nous ordonnons, etc. »

Le dispositif du capitulaire de l'an 862, s'exprime en ces termes : « il a été ordonné d'un commun consentement, etc. »

Les mêmes variations que l'on vient de remarquer dans les énoncés des dispositifs des lois qui nous sont parvenues en entier, se rencontrent dans les dispositifs des lois de la première race, et dans le grand nombre des capitulaires dont le préambule original nous manque.

Plusieurs de ces dispositifs paraissent l'ouvrage d'une délibération commune dans laquelle il n'est point fait mention expresse du roi ; beaucoup paraissent l'ouvrage du prince seul.

Les préambules des lois qui nous sont parvenues en entier, préviennent toutes les conséquences que l'on pourrait tirer des variations entre les énoncés des dispositifs, chacun attestant que les règlements renfermés dans la loi qui va suivre ont été établis par l'accord du prince et du peuple.

IV. On ne rapporte point les textes dont on a parlé dans cet article, parce qu'ils sont étrangers à la législation. Si l'on en a fait mention, c'est seulement pour prévenir l'abus possible de ces textes de la part de ceux qui les rencontreraient isolés ou qui, ennemis des vrais principes, chercheraient à surprendre le public en présentant une apparence de contradiction entre ces mêmes textes et ceux qui prouvent le partage de la puissance législative. S'il est important de maintenir l'ensemble et la méthode dans cet ouvrage, il ne l'est pas moins d'y éviter les détails étrangers au fond du sujet, et qui ne seraient propres qu'à distraire et à fatiguer le lecteur.

Quant aux différentes lois dont les préambules originaux nous manquent, et qui n'expriment pas clairement quelle fut l'autorité dont elles reçurent leur sanction, il faut chercher la preuve positive du concours du prince et du peuple à leur formation, dans la chaîne d'autorités qui ont prouvé avec tant de force la nécessité de ce concours.

Il ne faut jamais perdre de vue l'effet de l'ignorance et de la simplicité du premier âge de la monarchie.

Ces rois, ce peuple, qui maintenaient dans toute leur vigueur les grands principes de la constitution politique, connaissaient si peu le poids des termes, le prix des formes, qu'on ne remarque pas dans toute cette période, un style, un protocole consacré pour l'expression des lois; mais le caractère du pouvoir législatif, toujours actif, toujours nécessaire, était si bien maintenu par la tradition, que le défaut du préambule ou de la conclusion d'une loi qui exprimait insuffisamment le concours du roi ou le concours du peuple, était presque indifférent à nos pères, bien éloignés de prévoir, qu'un jour leurs derniers neveux auraient peine à retrouver la tradition des droits politiques qu'ils devaient leur transmettre.

Voilà la véritable clef des contradictions apparentes du style des monuments législatifs des deux premières races ; on peut se fier à leurs assertions sur les droits du roi ou ceux du peuple, parce que la tradition les éclaire tellement, qu'ils ne peuvent essayer à tromper; mais on ne doit tenir aucun compte de leur silence, pour dénier des droits attestés par d'autres autorités.

Pour se convaincre enfin de l'inutilité des discussions qui se fondent uniquement sur les variantes des expressions de nos monuments barbares, il faut se rappeler les grands principes de la constitution française. Le roi et le peuple sont deux êtres politiques auxquels la plénitude de la puissance législative fut dévolue dès la naissance de la monarchie : le roi, le peuple, ne purent exercer séparément et tour à tour aux mêmes époques et dans la confection des mêmes lois, cette puissance propre à l'un et propre à l'autre, mais ils l'exercèrent toujours ensemble, et la voix initiative ne fut que l'organe qui exprima l'acte qui appartenait à leur concours.

V. Éclaircissement sur les sommaires des capitulaires.

Les sommaires ajoutés aux dispositifs des capitulaires recueillis par Baluze, sont l'ouvrage des copistes anciens et ordinairement contemporains, dont Baluze a publié le travail; et les sommaires mis à la tête de quelques dispositifs des capitulaires de la collection de Benoit Lévite, sont l'ouvrage de Benoit Lévite lui-même.

On a pu invoquer avec confiance ceux de ces sommaires qui marquent l'intervention du peuple et du roi dans la promulgation des lois nouvelles, puisqu'il ne tombe pas sous le sens que les auteurs contemporains, qui tiraient ces extraits des lois originales, aient pu se méprendre ou en imposer sur de pareils faits.

Cependant, comme rien n'obligeait les contemporains ni Benoit Lévite lui-même de marquer toutes les formes qui avaient eu lieu dans la promulgation des lois, dont ils donnaient les extraits, il n'y a point à s'étonner de ce que beaucoup de ces extraits n'ont été accompagnés d'aucun sommaire, ou n'ont eu que des sommaires incomplets; souvent les copistes contemporains n'avaient en vue que la disposition textuelle de certaines lois; ils laissaient la notoriété et la tradition garantir à leur siècle et à la postérité que ces lois étaient sorties de la véritable source. Ils omettaient jusqu'au règne, jusqu'à la date de la loi, ils n'indiquaient même pas le lieu où elle avait été promulguée; on peut croire à la fidélité des textes, ainsi dépouillés des formes, mais on n'en peut tirer d'arguments pour ou contre aucune forme.

D'autres copistes ont placé à la tête de leurs extraits des sommaires imparfaits et négligés, qui servaient seulement d'indication pour faire reconnaître l'époque ou la matière de la loi; mais comme ils n'ont point eu pour objet d'éclairer sur la nature et l'exercice de la puissance législative, on ne doit pas peser leurs expressions et leurs omissions au même poids que les textes complets des lois, qui portent nécessairement et dans leur essence, le sceau de la puissance qui les a

---

V. *Voyez* un capitulaire de Charlemagne, au chap. XXI de ce livre, art. VI, n° 2, troisième autorité.

Voyez un capitulaire de Charles-le-Chauve, au même chapitre, art. IV, n° 7.

fait naître. Parmi les sommaires des capitulaires, recueillis par Baluze et Benoît Lévite, nous en remarquons sept qui ne marquent point l'intervention du peuple dans la formation de ces capitulaires.

Le sommaire des quatre premiers capitulaires de l'an 769, marque que Charlemagne, les évêques et les grands, consentirent ce capitulaire, et ne fait pas mention du peuple.

Le sommaire du second capitulaire de l'an 803 marque que l'empereur Charles ordonna d'ajouter ces capitulaires à la loi salique, et ne marque rien de plus.

Un autre sommaire qui se trouve dans un seul manuscrit, dit que Charlemagne ordonna d'écrire ces capitulaires dans son conseil, et ordonna de les placer dans les autres lois ; il ne fait pas mention du concours du peuple.

Le second capitulaire de l'an 806, est intitulé : « capitulaire « que le seigneur empereur ordonna d'ajouter, etc. »

Le premier capitulaire de l'an 809, est intitulé : « capitulaire « que le seigneur empereur établit à Aix-la-Chapelle. »

Le second capitulaire de la même année est intitulé : « capi- « tulaire que le seigneur empereur établit. »

Le second capitulaire de l'an 803 est intitulé : « capitulaire « que le seigneur empereur établit à Boulogne. »

Enfin les capitulaires de Charles-le-Chauve de l'an 853, sont intitulés : « capitulaires établis par le roi Charles dans le « concile de Soissons, de l'an 853, au mois d'avril. »

Dans le nombre des capitulaires que les sommaires contemporains présentent sans détail et sans exprimer la coopération du peuple à les former, remarquons ceux de l'an 803, que Charlemagne ajouta à la loi salique, et ceux que Charles-le-Chauve promulgua l'an 853.

Sur les premiers, il est attesté dans un autre capitulaire de Charlemagne, que ce fut du consentement de tous que ce prince ajouta des capitulaires à la loi salique.

Sur les seconds, il est attesté dans des capitulaires ultérieurs de Charles-le-Chauve, que les capitulaires de ce prince publiés l'an 853 « ont été dressés et confirmés par l'exhortation et le consentement de tous les peuples de son empire et de ses grands. »

Voici la preuve expresse que des sept sommaires que nous avons cités, deux sont incomplets, n'ayant fait mention que de l'autorité du prince qui promulgua les lois, et ayant omis celle du peuple, qui les avait effectivement consenties.

On ne saurait articuler la même preuve directe pour les cinq autres, parce que les lois qu'ils annoncent ne sont point parvenues dans d'autres collections, et qu'il n'en est pas fait mention dans d'autres monuments; mais c'est assez d'avoir prouvé par deux exemples, que les auteurs des sommaires dont il s'agit ne prétendaient point en exclure ce qu'ils manquaient d'y exprimer, pour prévenir tous les arguments que l'on pourrait tirer de ce que ces sommaires ont d'incomplet.

OBSERVATION sur le sens des mots *consensus* et *consultus*, employés alternativement dans les textes cités au chap. XXI.

Le suffrage par lequel les Francs, les fidèles, le peuple concouraient avec le roi à l'exercice de la puissance législative dans l'empire franc, est exprimé dans le plus grand nombre des monuments par des termes qui établissent que ce suffrage était absolument nécessaire à la sanction des lois nouvelles.

L'expression la plus ordinaire est celle de consentement, et ce mot désigne un suffrage que le peuple est également libre de donner ou de refuser.

Mais il est aussi des lois et d'autres monuments de la seconde race admis dans les preuves du partage de la puissance législative, qui appellent seulement avis le suffrage du peuple invoqué par le prince pour la promulgation des lois.

Deux difficultés sont à prévenir ici; comme le mot avis désigne naturellement un suffrage que l'on est libre de demander ou de ne pas demander, on pourrait dire que les textes qui ne parlent que de l'avis du peuple ne signifient pas son concours nécessaire à la législation, et que le prince qui l'invoque, pouvait ne le pas invoquer; qu'ainsi ces textes ne peuvent entrer dans les preuves du droit co-législatif du peuple.

On pourrait craindre encore que les mots avis et consentement étant employés alternativement pour désigner le même suffrage du peuple, on ne tentât de faire prévaloir le sens de la première expression sur l'autre, et de persuader que le consentement ne signifiait rien de plus qu'avis, et que l'avis du peuple exigé par la constitution avant la promulgation des lois laissait le prince libre de créer des lois nouvelles d'après cet avis, ou indépendamment de cet avis.

La première difficulté tombe si l'on démontre que le mot avis fut employé dans le même sens que le mot consentement : la seconde difficulté est écartée si l'on prouve que les mots avis et consentement désigneront réellement le suffrage que le peuple était libre de donner ou de refuser, et dont le prince était obligé de dépendre pour la promulgation de toute loi nouvelle ; la solution de ces deux difficultés tient à la même preuve.

Les monuments qui appellent avis du peuple le suffrage du peuple, requis pour la promulgation des lois, emploient ce mot dans un tel sens qu'il exprime le consentement exprès ; en effet on ne verra dans aucune loi ni dans aucun monument de législation, le roi ordonner après avoir consulté son peuple, mais on le verra ordonner par l'avis de son peuple.

Or l'acte par lequel le peuple déclare être d'avis de l'établissement d'une loi, renferme essentiellement son consentement à l'établissement de cette loi ; être d'avis d'une proposition que l'on doit à l'instant adopter ou rejeter, c'est l'avoir déjà consentie.

Que l'on repasse les monuments de législation qui ont formé les preuves de ce chapitre, on y trouvera plusieurs lois authentiques qui expriment à la fois l'avis du peuple qui approuve, et son consentement qui admet les lois proposées, *consensu atque consilio*; que l'on entre dans le détail, que l'on compare les textes de certaines lois et les autres monuments qui font mention de ces mêmes lois, on remarquera sans cesse, que le suffrage du peuple annoncé dans telle loi par le mot avis, est annoncé dans tels autres monuments contemporains par le mot consentement, et que sur d'autres lois, l'auteur contemporain se sera contenté de marquer l'avis du peuple, et la loi aura formellement exprimé le consentement de tous.

Concluons sur tant de raisons et de preuves, que l'avis du peuple en corps sur une loi, équivaut à son consentement à cette loi, et le comprend essentiellement.

Si l'avis quand il est joint à la faculté de consentir peut signifier le consentement même, le mot consentement ne peut désigner le suffrage de ceux qui n'ont que la faculté de con-

seiller ; le consentement demandé par quelqu'un est une condition nécessaire, sans laquelle la proposition qu'il fait reste-
rait nulle. L'avis séparé de la faculté de consentir n'a aucun
effet nécessaire et réel. que par l'adoption volontaire de celui
qui le reçoit et qui pourrait le rejeter. Que l'on repasse les
monuments de la législation qui annoncent le consentement
du peuple, on y voit l'action de commander d'une part,
tellement unie à celle de consentir de l'autre, que si le peuple
n'avait pas consenti, le roi n'aurait pu commander.

Les rois reconnaissent la nécessité de cette condition essentielle, quand ils disent : « que le peuple soit interrogé sur les
« lois nouvelles, et qu'après que tous les auront consenties, ils
« les souscrivent ; » et quand ils interrogent eux-mêmes tous
les membres de ce peuple : « si vous approuvez ces règlements,
« dites-le. »

Enfin le mot consentement est le mot le plus employé, parce
qu'il est l'expression la plus fidèle de l'acte qui émane du
peuple délibérant sur les lois. C'est ce mot qu'a choisi Benoît
Lévite, en annonçant l'édition de tous les capitulaires législatifs des carliens ; « ils ont été approuvés, dit-il, par le consen-
« tement de tous les Francs. » Charles-le-Chauve parle de la
même manière de toutes les lois de ses ancêtres.

Enfin quittant la discussion sur la valeur intrinsèque des
termes avis et consentement, et considérant la chose en elle-
même, il faudra convenir que si le peuple a été réellement en
possession d'exercer en corps le droit co-législatif avec le prince,
on ne peut plus supposer qu'une telle année le peuple exerça
le droit de prononcer son consentement formel, et qu'il fut
réduit l'année suivante à n'exercer que la voix consultative.

Tous les monuments de la première race, cités sur la puissance législative dans ce chapitre, tranchent d'abord la question ;
ils n'emploient ni le mot avis, ni le mot consentement, mais
ils marquent que c'était réellement « avec les Francs, avec
« tout le peuple chrétien, avec tous leurs fidèles, » que les rois
établissaient les lois.

Charlemagne, après avoir arrêté le projet de plusieurs lois
par l'avis des fidèles, au placité de l'automne, attend, dit-il,
la réunion du placité général du printemps, pour les promulguer, ces lois, et dans la même année il ordonne que le peuple

soit interrogé sur les capitulaires, et qu'après que tous les auront approuvés, ils les souscrivent. Enfin, le sommaire de ces mêmes capitulaires apprend qu'ils ont été approuvés et confirmés par tous, pour être tenus comme lois par tous.

Dans un capitulaire de Louis-le-Pieux, sur le partage de son empire à ses fils, le prince dit : « il plut à nous et à tout notre « peuple assemblé; tout ceci fut fait par un vœu commun et « par tous. »

« La loi se fait, dit Charles-le-Chauve, par le consentement « du peuple et la constitution du roi. » Enfin, quand Anségise annonce la collection des capitulaires des rois, il marque que ce sont les capitulaires de tous les hommes libres francs.

Voilà des textes qui n'ont pas besoin du mot consentement pour signifier que le suffrage du peuple était une condition essentielle à la législation, sous la seconde race, comme sous la première.

DISCUSSION ET RÉFUTATION

DES PROPOSITIONS PAR LESQUELLES L'HISTORIOGRAPHE DE FRANCE A TENTÉ D'INTERVERTIR LE VÉRITABLE SENS DU MOT LOI, DANS LES MONUMENTS DES DEUX PREMIÈRES RACES.

I. Anecdote qui a servi à M. Moreau pour intervertir le sens naturel de l'édit de Pîste et le sens naturel du mot loi.

Il était établi par la loi salique que tout homme libre appelé en jugement pour une affaire criminelle, serait cité à sa maison devant plusieurs témoins, dont l'affirmation pourrait prouver en cas de contumace qu'il y aurait eu une citation.

Il arriva sous Charles-le-Chauve que quelques hommes libres, habitants des contrées qui avaient été dévastées par les Normands, se fondant sur ce que la lettre de la loi voulait qu'on citât les accusés à leurs maisons, prétendaient que n'ayant plus leurs maisons, qui avaient été brûlées par les Normands, ils ne pouvaient plus être cités en jugement, et ils commettaient impunément toutes sortes de crimes.

I. Ad nos perventum est quod quidam leves homines de istis comitatibus qui devastati sunt a Nortmannis, in quibus res et mancipia et domos habuerunt, quia nunc ibi mancipia et domos non habent, quasi licenter malum faciunt; quia, sicut dicunt, non habent unde ad justitium faciendam adducantur : et quia non habent domos ad quas secundum legem manniri et banniri possint, dicunt quod de mannitione vel banni-

Pour rendre inutile la vaine subtilité de ces hommes libres, Charles-le-Chauve déclare, dans l'article 6 de l'édit de Piste, « qu'il a établi par le conseil et le consentement de ses fidèles, « que quand il s'agira de citer en justice qui que ce soit de ces « hommes libres, le comte enverra un homme de sa part à la « terre dans laquelle celui que l'on veut citer a eu autrefois « une maison, et ordonnera de l'appeler ou de le citer en jus- « tice dans ce lieu même; et que parce que la loi se fait par le « consentement du peuple et la constitution du roi, les Francs « devront jurer que suivant le mandement royal, il aura été « cité ou appelé pour faire justice selon les lois; qu'en consé- « quence si l'homme ajourné ne comparait pas, ses biens se- « ront mis au ban, par le jugement des scabins. »

II. Interprétation donnée par M. Moreau à l'anecdote et au texte
que nous venons de rapporter.

L'historiographe de France (*Quatrième Discours*, t. IV, p. 283 à 290) soutient le plus affirmativement possible que dans l'article 6 de l'édit de Piste, Charles-le-Chauve n'a point posé cette maxime : « la loi se fait par le consentement du « peuple et la constitution du prince, » qu'il a seulement entendu que certaines procédures criminelles se font par l'autorité du roi que le comte exerce, et par le consentement du peuple qui est exprimé par la voix des scabins, magistrats élus par le peuple; que ce sont enfin ces procédures faites par le comte et les scabins, qui s'appellent lois, et que le prince a en vue en disant, la loi se fait par le consentement du peuple et la constitution du roi. Aussi dans la traduction qu'il donne du capitulaire entier, il rend ces mots : *lex consensu populi fit et constitutione regis*, par ceux-ci : « toute instruction se « fait par les témoignages de l'assemblée et en vertu des ordres « donnés au nom du roi. »

tione legibus comprobari et legaliter judicari non possunt. Contra quorum malas insidias, consensu et consilio fidelium nostrorum, statuimus ut comes missum suum ad illam terram in qua domos quis habuit, mittat, et eum bannire et mannire jubeat. Et quoniam lex consensu populi fit et constitutione regis, Franci jurare debeant quia secundum regium mandatum nostrum, ad justitiam reddendam vel faciendam, legibus bannitus vel mannitus fuit; et sic ipsæ res illi judicio scabiniorum in bannum mittantur, ... qui ad justitiam reddendam venire noluerit. (*Extr. d'un capitulaire de Charles-le-Chauve, dans l'édit de Piste, de l'an 864, tit. 36, art. 6. Baluze, t. II, p. 176 et 177.*)

III. Réponses aux assertions précédentes de M. Moreau.

Dans l'édit de Piste le mot loi est constamment employé dans son acception naturelle, et non dans l'acception forcée que le nouvel historiographe de France veut lui donner, et l'article 6 de l'édit de Piste en particulier ne dit point: « parce « que la loi se fait par le consentement du peuple et la constitu- « tion du roi, les hommes libres jureront que les procédures « faites par l'intervention des scabins du comté ont fait la loi, « ont été loi. »

L'article 6 de l'édit de Piste, dit au contraire : « parce que « la loi se fait par le consentement du peuple et la constitution « du roi, les hommes libres jureront que celui qui aura été « ajourné, l'aura été selon la loi ; » il dit cela à l'instant même où une nouvelle loi a été formée par le consentement du peu- ple et promulguée par le prince, pour autoriser cette forme d'ajournement.

L'article 6 de l'édit de Piste peut-il donc mieux prouver ce qu'il contient formellement, c'est-à-dire, que la loi, l'acte sou- verain qui commande généralement à tous, se fait par la consti- tution du roi et le consentement du peuple dans l'empire franc, qu'après avoir énoncé, dans le préambule, qu'il émane lui- même du concours de ces deux puissances ?

IV. Texte employé par M. Moreau pour appliquer le nom de loi aux registres des cités.

M. Moreau (*Neuvième Discours*, tome VII, p. 168 et 169), annonce avec assurance qu'il va produire un « procès-verbal « de la publication des lois saliques réformées, l'un des plus « précieux textes de cette époque. »

Le texte porte : « ces capitulaires de l'an 803, furent remis « au comte Étienne, afin qu'il les fit publier dans le placité « public de la cité de Paris, devant les scabins, les évêques, « les abbés; et tous les scabins, les évêques et les comtes con-

III. On renvoie au texte original de l'édit de Piste, trop volumineux pour être placé ici ; on peut y véri- fier que le mot loi y est employé dans tous les articles sous son véri- table sens.

IV. Inter schedas Jacobi Sirmundi reperi exemplar superiorum capi- tulorum, quod ille ex veteri codice descripserat, in quo hæc epigraphe legebatur :

Anno tertio clementissimi domini

« sentirent unanimement à ces capitulaires, s'engagèrent à les
« observer, et les souscrivirent de leurs propres mains. » Ce texte
sert à M. Moreau pour éluder l'autorité du capitulaire de
l'an 803, qui veut « que le peuple soit interrogé sur les capi-
« tulaires que l'on ajoute nouvellement à la loi, et que tous
« souscrivent et consentent ces capitulaires. » Car au lieu du
consentement et des souscriptions du peuple, il présente le
consentement d'un plaid particulier et les souscriptions d'un
acte consigné dans le registre de la cité.

V. Discussion du texte cité par M. Moreau.

Baluze annonce dans ses notes sur les capitulaires de l'an
803, qu'ils ont été corrigés sur onze manuscrits qu'il indique
tous, et ces capitulaires mêmes ne présentent point le texte
qu'a cité M. Moreau, comme l'un des plus précieux de cette
époque. On le rencontre enfin dans une note ajoutée à la rédaction de Baluze, où il dit, « j'ai trouvé dans les papiers de
« Jacques Sirmond, un exemplaire des anciens capitulaires,
« qu'il avait tiré d'un ancien manuscrit dans lequel on lisait
« cet intitulé, etc. » Or Baluze n'a pas jugé à propos d'admettre
ce douzième exemplaire parmi ceux qui ont réglé sa réduction ;
il est donc croyable qu'il l'a trouvé indigne de confiance. En
effet, cet intitulé contraste d'une manière frappante avec les
usages du temps auquel il se rapporte, en supposant qu'il y
avait eu plusieurs évêques et plusieurs comtes au placité de la
cité de Paris, à une époque où il est constant qu'il n'y avait
qu'un évêque et qu'un comte par cité. Il n'y a que le caractère
de contemporain qui donne quelque valeur à un manuscrit
anonyme; et celui dont il s'agit, qui ne peut être regardé que
comme l'ouvrage de quelque copiste ignorant, qui écrivait
longtemps après le neuvième siècle, perd tout crédit par la
critique si simple que nous venons d'en faire.

nostri Karoli augusti, sub ipso anno, hæc facta capitula sunt, et consignata Stephano comiti, ut hæc manifesta faceret in civitate Parisius mallo publico, et illa legere faceret coram scabineis : quod ita et fecit. Et omnes in uno consenserunt, quod ipsi voluissent omni tempore observare usque in posterum. Etiam omnes scabinei, episcopi, abbates, comites manu propria subtersignaverunt. (*Extr. d'une note de Baluze, ajoutée au capitulaire 2 de l'an 803. Baluze, t. I, p. 391.*)

VI. Conséquences tirées par l'historiographe de France sur l'application du mot loi aux registres particuliers.

On a cité et discuté les deux seuls textes qui servent de base à l'étrange système de M. Moreau * sur le mot loi. Le reste ne présente plus que des interprétations forcées, des suppositions gratuites et une chaîne de subtilités étendues dans cinquante pages dont la décomposition serait aussi difficile que vaine ; mais sa conclusion formelle renverse le corps entier de la législation des deux premières races, efface d'un seul coup tous les traits caractéristiques de la constitution franque. Cette erreur est si manifeste, elle a été si funeste dans ses conséquences, qu'il n'est pas permis de la connaître sans la démasquer.

Selon M. Moreau, non-seulement le capitulaire de l'an 803, qui veut que le peuple soit interrogé sur les capitulaires que l'on ajoute à la loi, et qu'ils soient consentis par tous, ne doit pas être pris à la lettre ; mais bien d'autres capitulaires qui expriment le même sens, ne doivent pas être crus davantage.

Selon cet auteur, toutes les fois que les princes ont dit qu'ils avaient ajouté des capitulaires à telle ou telle loi, par le consentement de tous ; que ces capitulaires ne doivent plus s'appeler capitulaires, mais doivent s'appeler lois, et doivent être respectés comme lois, les princes ont dit des paroles vides de sens, ou bien ils ont eu des idées contraires au sens naturel de leurs paroles.

A en croire M. Moreau, tous les autres capitulaires dans lesquels il est énoncé que le peuple a concouru à les ériger en lois, nous ont trompés ; de même le prince seul avait créé ces lois, créait toutes les lois, mais lorsqu'il était question d'ajouter le capitulaire à la loi, c'est-à-dire de l'inscrire dans les registres des cités qui s'appelaient lois, cette action se faisait en présence et du consentement du peuple de chaque cité, ou du placité particulier.

Où sont donc les placités généraux ? où sont les assemblées

---

* *Quatrième Discours*, t. IV, p. 283 à 304 ; et *Neuvième Discours*, t. VII, p. 153 à 180.

Ces assertions et les suivantes, jusqu'à la fin de cette discussion, sont tellement éparses et rebattues dans l'ouvrage, que l'on croit impossible de les ranger sous des renvois plus précis que le précédent, qui indique les cinquante pages où elles se trouvent mêlées et reproduites sans aucun ordre.

annuelles du peuple ?... Nous devons nous souvenir que
M. Moreau les dénie et qu'il suit ici un plan profond : il a
d'abord affirmé à la France que ce que dans les premiers siècles de la monarchie on appelait l'assemblée générale de la
nation, n'était que la réunion de quelques mandataires du
prince, ou la réunion partielle du peuple de chaque cité ; et
partant de ce point, il parvient par mille détours à insinuer
qu'il n'y eut dans l'empire franc d'autre puissance législative
que la volonté des monarques ; il enlève enfin, d'un mot, la
constitution tout entière, en osant créer un glossaire nouveau
pour le mot loi, ce mot le plus fixe dans son sens, le plus uniformément employé dans toutes les sociétés humaines, et sans
lequel il n'y aurait point de sociétés.

Réfutation des propositions précédentes.

Nous n'avons point ici à opposer les lois aux lois, à balancer
l'autorité des monuments contemporains, par des monuments
contradictoires ; mais à opposer à l'opinion purement arbitraire d'un homme, un corps entier de lois et d'autorités irréprochables.

M. Moreau croit, il affirme que les registres des cités s'appelaient lois.

Les monuments qui nous parlent des registres des actes volontaires conservés dans les cités sous l'empire romain et sous
l'empire franc, consistent dans le corps du droit romain et dans
diverses formules des sixième, septième et huitième siècles ;
aucuns de ces monuments n'ont appelé lois les registres des cités.

M. Moreau suppose dans l'empire franc un registre de lois
par chaque cité.

Les autorités les plus incontestables ont montré dans cet
ouvrage qu'il n'y avait dans l'empire franc d'autres registres
de lois que le registre qui se conservait au palais du roi.

M. Moreau atteste qu'ajouter des capitulaires aux lois, du
consentement du peuple, c'était faire inscrire dans les placités
particuliers de chaque cité, et sur de prétendus registres de
ces cités, ce qu'il avait plu au prince d'ériger en loi.

Les autorités les plus graves ont prononcé que c'était dans
les placités généraux, en vertu des délibérations des membres

de ces assemblées, que les rois ajoutaient des capitulaires aux lois. Tous les monuments de législation des quatre premiers siècles se sont accordés pour donner le nom de lois aux règles générales émanées du pouvoir législatif exercé individuellement par le prince et par le corps du peuple.

Enfin des autorités incontestables ont montré ci-dessus que c'était dans les placités généraux annuels, que le droit du peuple de consentir les lois nouvelles s'exerçait exclusivement, et que ces lois devaient être observées par tous, du jour que les rois les avaient publiées au placité général. Ces lois ne pouvaient donc plus être l'objet des délibérations d'aucune assemblée particulière, puisque leur autorité avait été parfaitement établie au moment de leur création.

M. Moreau avance que le nom de loi était donné au jugement qui appliquait la loi sous les deux premières races.

L'autorité dont il essaie d'étayer cette assertion imprudente, la renverse, comme nous l'avons montré dans la discussion qui vient d'être faite du texte de l'édit de Piste.

Concluons : si tous les monuments des premiers siècles de la monarchie s'accordent à appeler *registre* le registre, et à conserver le nom de *loi* à la loi, il n'est pas permis d'affirmer que ces monuments ont confondu les noms de loi et de registre.

Enfin si l'ensemble des monuments des premiers siècles de la monarchie s'accorde à donner aux lois le nom qui leur est propre, les définit dans tous leurs caractères, distingue leur origine, leur nature, leurs effets, aucune opinion arbitraire, aucun système moderne, n'a droit de s'élever contre un tel témoignage.

Nota. Il n'est point de termes si précis et si sacrés qui n'aient été quelquefois employés abusivement ou pris dans un sens différent.

M. Moreau a ignoré deux autorités qui lui eussent été précieuses, et que pour ne rien omettre, nous devons lui restituer : un texte de la loi des Allemands et un extrait informe d'un capitulaire de Charlemagne publié par Baluze, sur un seul manuscrit, portent que les magistrats font la loi, quand ils terminent une procédure selon la loi.

L'abus des termes qui se remarque ici dans deux textes isolés, ne peut plus paraître qu'une exception vraiment insignifiante, après que l'on a reconnu que l'usage universel le réprouva. Aussi ne les cite-t-on point ici pour les discuter, mais pour conserver jusque dans les moindres détails cette impartialité qui ne dissimule rien.

FIN DU TOME PREMIER.

TABLE DES MATIERES

CONTENUES DANS LE TOME PREMIER.

PREMIÈRE ÉPOQUE.

LOIS POLITIQUES DES GAULOIS AVANT L'ÉTABLISSEMENT DE LA MONARCHIE.

LIVRE PREMIER.

DE L'ÉTAT DE LA GAULE AU MOMENT OU LES ROMAINS EN FIRENT LA CONQUÊTE; DES EFFETS DE LA CONQUÊTE, ET DE L'ÉTABLISSEMENT DU GOUVERNEMENT IMPÉRIAL DANS LA GAULE.

LIVRE DEUXIÈME.

DE LA DIVISION DES TERRES DE L'EMPIRE; DE L'ÉTAT DU PEUPLE DE ROME; DE LA COMPOSITION DU SÉNAT, ET DE L'ÉTAT DES DIVERSES CLASSES DE CITOYENS QUI POSSÉDAIENT DANS L'EMPIRE DIFFÉRENTS PRIVILÈGES.

LIVRE SIXIÈME.

DES REVENUS PUBLICS, DES CHARGES AUXQUELLES LES CITOYENS ÉTAIENT SUJETS DANS
L'EMPIRE ROMAIN, ET DE LA DISTRIBUTION DU POUVOIR FISCAL.

LIVRE SEPTIÈME.

DE L'ORIGINE DE LA PUISSANCE IMPÉRIALE; DES MALHEURS DES PEUPLES ET DES PRINCES
SOUS LE GOUVERNEMENT IMPÉRIAL, ET DES CAUSES DE LA CHUTE DE L'EMPIRE.

LIVRE HUITIÈME.

LIVRE NEUVIÈME.

DEUXIÈME ÉPOQUE.

RENFERMANT LES SIÈCLES QUI S'ÉCOULÈRENT DEPUIS L'ÉLÉ-
VATION DE CLOVIS SUR LE TRÔNE, JUSQU'A LA FIN DU
RÈGNE DE CHARLES-LE-CHAUVE.

PREMIÈRE PARTIE.

DE L'ÉTENDUE DU DOMAINE DE LA MONARCHIE, DE L'ÉTAT CIVIL DES SUJETS,
DE L'INSTITUTION DE LA ROYAUTÉ, DES ARMÉES ET DES ASSEMBLÉES GÉNÉ-
RALES, DE LA PUISSANCE LÉGISLATIVE SOUS LES DEUX PREMIÈRES RACES.

LIVRE PREMIER.

TABLEAU DES CONQUÊTES DES FRANCS SOUS LEURS PREMIERS ROIS, ET DE TOUTES LES
ACQUISITIONS QUI ÉTENDIRENT LE DOMAINE DE LA MONARCHIE, DEPUIS CLOVIS
JUSQU'A CHARLEMAGNE.

EXPOSITION ET RÉFUTATION

DU SYSTÈME DE L'ABBÉ DUBOS, CONCERNANT LES ARBORIQUES ET LES ARMORIQUES, LA CONNIVENCE QU'IL ATTRIBUE AUX ÉVÊQUES CATHOLIQUES DU ROYAUME DES VISI-GOTHS AVEC CLOVIS, ET UNE PRÉTENDUE CESSION DE TOUTES LES GAULES AUX FRANCS, PAR LES OSTROGOTHS ET PAR L'EMPEREUR JUSTINIEN.

LIVRE DEUXIÈME.

DES RÈGLES QUI FIXÈRENT L'ÉTAT POLITIQUE ET CIVIL DES HABITANTS DE LA MONARCHIE, ET DE LA NATURE DES MONUMENTS QUI PEUVENT NOUS FAIRE CONNAÎTRE CES RÈGLES.

LIVRE TROISIÈME.

DU PARTAGE DU BUTIN ET DES TERRES CONQUISES ENTRE LES ROIS FRANCS ET LEURS PEUPLES; IDÉES GÉNÉRALES SUR LE TAUX DES MONNAIES ET L'ÉTAT DE LA CULTURE, DANS LES PREMIERS AGES DE LA MONARCHIE; DE LA DIVISION PAR MANSES DE TOUTES LES TERRES DU ROYAUME.

LIVRE QUATRIÈME.

DU GRAND NOMBRE DES ESCLAVES QUI SE TROUVAIENT DANS LA MONARCHIE FRANQUE; DE LA PROPORTION QUI EXISTAIT ENTRE LE NOMBRE DES HOMMES LIBRES ET LE NOMBRE DES ESCLAVES; DE LA GRANDE SUPÉRIORITÉ DU NOMBRE DES HOMMES LIBRES FRANCS OU BARBARES, SUR LE NOMBRE DES HOMMES LIBRES GAULOIS OU ROMAINS.

PREMIÈRE SECTION.

SECONDE SECTION.

LIVRE CINQUIÈME.

EXPOSITION ET RÉFUTATION

DU SYSTÈME DE M. MOREAU, HISTORIOGRAPHE DE FRANCE, SUR LES ASSEMBLÉES
GÉNÉRALES.

DISCUSSION ET RÉFUTATION

DES PROPOSITIONS PAR LESQUELLES L'HISTORIOGRAPHE DE FRANCE A TENTÉ D'INTERVERTIR LE VÉRITABLE SENS DU MOT LOI, DANS LES MONUMENTS DES DEUX PREMIÈRES RACES.

FIN DE LA TABLE DU TOME PREMIER.